Karl Bartsch

Das Nibelungenlied

Karl Bartsch

Das Nibelungenlied

ISBN/EAN: 9783743330979

Hergestellt in Europa, USA, Kanada, Australien, Japan

Cover: Foto ©ninafisch / pixelio.de

Weitere Bücher finden Sie auf **www.hansebooks.com**

DEUTSCHE CLASSIKER

DES

MITTELALTERS.

MIT WORT- UND SACHERKLÄRUNGEN.

HERAUSGEGEBEN

VON

FRANZ PFEIFFER.

DRITTER BAND.

DAS NIBELUNGENLIED.

LEIPZIG:

F. A. BROCKHAUS.

1866.

DAS

NIBELUNGENLIED.

HERAUSGEGEBEN

VON

KARL BARTSCH.

LEIPZIG:
F. A. BROCKHAUS.

1866.

EINLEITUNG.

In fernes Alterthum hinauf reicht, nicht des Liedes Entstehung, dem die nachfolgenden Blätter zur Einleitung dienen sollen, wohl aber der Ursprung der Sage, die im Nibelungenliede gewissermaßen einen zusammenfassenden Abschluß gefunden hat. Der ursprüngliche Kern der Sage ist ein mythischer: Gestalten der germanischen heidnischen Götterwelt leben in ihr, die jedoch, allmälich mehr und mehr ihres göttlichen Wesens entkleidet, zu Heroen, zu sterblichen Helden wurden, deren einst göttliche Natur nur noch in einzelnen Zügen hervorleuchtet. Welterschütternde Ereignisse im Leben der germanischen Völker giengen nicht spurlos an der alten Göttersage vorüber: die Verschmelzung mit ihnen hatte zur Folge, daß historische Namen und Beziehungen an Stelle der mythischen traten, daß, zumal seit die Germanen das Christenthum angenommen, der mythische Gehalt sich mehr und mehr verdunkelte und auf der einen Seite das Geschichtliche, weil es in lebendiger Erinnerung fortlebte und fortwirkte, auf der andern das ethische Element stärker in den Vordergrund trat.

Von den geschichtlichen Ereignissen des Mittelalters hat keines so gewaltig alle Verhältnisse erschüttert als dasjenige, womit das Mittelalter anhebt: die Völkerwanderung und die meteorartig aufleuchtende und untertauchende Erscheinung des Hunnenkönigs Attila. Kein Wunder daher, wenn diese Ereignisse am tiefsten auf die Gestaltung der Heldensage eingewirkt haben: sie bilden den historischen Kern, welcher allmälich den ursprünglich mythischen in den Hintergrund drängte. Die Vernichtung eines burgundischen Königs und seiner Macht durch Attila ist die geschichtliche Grundlage der Katastrophe unsers Nibelungenliedes, die den zweiten Theil des Gedichtes bildet. Attila (Etzel) und sein Bruder Bleda (Blœdelin), wie Theodorich der Große (Dietrich von Bern) und der Burgundenkönig Gundicar (Gunther) sind aus der Geschichte in diesen Theil der Sage übergegangen: aber Attila und Theodorich, die durch ein Menschenalter voneinander getrennt sind, erscheinen hier als Zeitgenossen, daher kann diese Vermischung erst vor sich gegangen sein, als die Erinnerung an sie den Nachlebenden sich verwirrt und getrübt hatte, sicherlich also nicht vor dem 6. Jahrhundert. Auch in der Verbindung des fränkischen Nationalhelden Siegfried mit dem burgundischen Gunther liegt der Nachklang eines historischen Ereignisses: des Aufgebens des burgundischen Reiches im fränkischen. Bestimmtere geschichtliche Beziehungen aber hat man diesem Theile der Sage, der die vordere Hälfte des Nibelungenliedes bildet, vergebens abzuringen versucht. Vielmehr waltet hier das mythische Element vor, das trotz aller Verdunkelung noch in mannichfachen Zügen hindurchbricht. Zu einem tieferen Verständniss des mythischen Gehaltes führen die Lieder und Sagen der skandinavischen Germanen, die, dem Schauplatze der historischen Begebenheiten ferner stehend, naturgemäß das geschichtliche Element weniger begünstigt, dafür das mythische treuer bewahrt haben. Wir müssen daher in kurzen Umrissen den Inhalt der nordischen Überlieferung vorführen. Erhalten ist die älteste Fassung derselben in den Liedern der Edda, jüngere in der prosaischen Edda Snorri's und der Wǫlsungasaga, während der Bericht der Thidrekssaga, die dem 13. Jahrhundert angehört, auf deutschen Quellen beruht, die nicht über das Nibelungenlied hinaufreichen. Wir schließen uns im Nachfolgenden im wesentlichen der Erzählung der prosaischen Edda an, welcher ältere Lieder zu Grunde liegen.

Die drei Asen Odin, Loki und Hönir kommen auf einer Wanderung durch die Welt zu einem Wasserfalle, bei welchem eine Otter sitzt und einen gefangenen Lachs verzehrt. Loki tödtet sie mit einem Steinwurf, und sie ziehen ihr den Balg ab. Abends suchen sie bei einem Bauern, Namens Hreidmar, Herberge und zeigen ihm den Otternbalg. Hreidmar ruft seine Söhne Fafnir und Regin herbei und sagt, ihr Bruder Otter sei erschlagen. Da griffen sie die Asen und banden sie. Als Lösegeld verlangte Hreidmar, sie sollten den Balg mit rothem Golde füllen und ebenso von außen ihn mit Gold umhüllen. Loki wird ausgeschickt, um das Gold zu holen: er fängt im Wasser den Zwerg Andwari, der sich in einen Fisch verwandelt und ihm zur Lösung sein Gold geben muß. Einen Ring will er behalten, der ihm das Gold wieder mehren kann; als auch diesen Loki ihm nimmt, spricht der Zwerg einen Fluch über den Schatz aus. Loki kehrt zu Hreidmar zurück, die Buße wird gezahlt: da sieht Hreidmar noch ein Barthaar der Otter unbedeckt, auf sein Verlangen wird der Ring darauf gelegt. Loki theilt den Fluch mit, der an dem Golde hafte, daß es seinem Besitzer das Leben kosten solle. Des Erschlagenen Brüder verlangen Theil an der Buße: als der Vater es weigert, tödten sie ihn. Fafnir nimmt das Gold allein für sich, in Schlangengestalt ruht er auf der Gnitahaide und hütet des Schatzes. Regin, der entflohen, reizt Sigurd, den Sohn des Königs Siegmund von Frankenland, zur Rache, und schmiedet, ein kunstreicher Schmied, ihm das Schwert Gram, das so scharf ist, daß, als Sigurd es in den Strom hält, es eine dagegentreibende Wollenflocke zerschneidet. Sigurd fährt zur Gnitahaide, gräbt auf Fafnir's gewöhnlichem Wege eine Grube und durchbohrt, in ihr verborgen, den Drachen. Regin schneidet ihm das Herz aus, und verlangt von Sigurd, daß er es ihm brate. Sigurd will versuchen ob es gar sei, hält den Finger an das herabträufelnde Fett und steckt ihn, da er sich verbrennt, in den Mund. Plötzlich versteht er der Vögel Sprache: er vernimmt, daß Regin Verrath an ihm sinne; auf ihren Rath tödtet er ihn und nimmt das Gold, das er in zwei Bündeln auf sein Ross Grani ladet. Er kommt zu einem Hause auf einem Berge: darin findet er einen Gepanzerten schlafend, und erkennt, nachdem er den Helm abgenommen, in ihm ein Weib. Es ist die Walküre Brynhild, die Odin, weil sie gegen seinen Willen einem Manne Sieg verliehen, in Schlaf versenkt hat. Beide schwören sich Eide der Treue, Brynhild lehrt ihn Runen. Von da kommt Sigurd zu Giuki, einem Könige am Rheine. Mit dessen Söhnen Gunnar, Högni und Guthorm schließt er Freundschaft und theilt ihre Heerfahrten. Giuki's Tochter Gudrun, der Träume Unglück geweissagt haben, reicht auf Rath ihrer zauberkundigen Mutter Grimhild Sigurd den Zaubertrank, der ihn Brynhild vergessen und mit Gudrun sich vermählen macht. Gunnar will um Brynhild, die Schwester von Atli, Budli's Sohne, werben: Sigurd begleitet ihn auf die Fahrt. Brynhild's Burg umgibt lohende Flamme, und nur den, der hindurchreitet, will sie zum Manne nehmen. Gunnar versucht es, aber sein Ross scheut zurück;

auch als Sigurd ihm sein Ross Grani leiht, will dieses nicht vorwärts. Erst als Sigurd, der mit Gunnar die Gestalt vertauscht, es besteigt, dringt es durch die Flamme. Er bleibt die Nacht bei Brynhild, aber ohne sie zu berühren: sein Schwert Gram liegt zwischen ihnen auf dem Lager. Am Morgen wechseln sie die Ringe: Sigurd gibt ihr den Ring des Zwergs Andwari und empfängt einen andern. Dann kehrt er zu Gunnar zurück, tauscht wieder die Gestalt mit ihm, und Gunnar führt Brynhild als sein Weib heim.

Einst waschen Brynhild und Gudrun ihre Haare im Rheine: Brynhild geht höher hinauf am Strome, damit das Wasser, das aus Gudrun's Haar rinne, nicht an ihr Haupt komme, weil sie doch einen bessern Mann habe. Sie streiten über den Werth ihrer Männer und im Zorne entdeckt Gudrun, daß Sigurd für Gunnar durch das Feuer geritten und den Ring mit ihr gewechselt habe. Brynhild geht schweigend heim. Sieben Tage liegt sie ohne Schlaf und Speise, auf Unheil sinnend. Sie reizt Gudrun's Brüder, ihn zu tödten: Guthorm stiften diese an, ihn zu ermorden, nachdem sie ihm Schlangen und Wolfsfleisch zu essen gegeben, damit er ergrimme. Guthorm geht in Sigurd's Kammer; aber als Sigurd ihn mit den leuchtenden Augen ansieht, entflieht er; er entflieht zum zweiten male; das dritte mal ist Sigurd entschlummert und Guthorm durchbohrt ihn. Sigurd erwacht und schleudert ihm sein Schwert nach, das den Fliehenden in der Mitte entzwei schneidet. Gudrun sieht beim Erwachen Sigurd im Blute schwimmend. Sie schlägt jammernd die Hände zusammen, daß die Rosse im Stalle sich regen und das Geflügel im Hofe kreischt. Als Brynhild ihre Wehklage hört, lacht sie von ganzem Herzen. Gudrun sitzt über Sigurd's Leiche: sie kann nicht weinen, ihr Herz droht vor Leid zu zerspringen. Sie zu trösten, erzählen ihre Frauen ihr eigenes erlebtes Leid, aber Gudrun kann nicht weinen. Da hebt ihre Schwester Gullrönd das Tuch von Sigurd's Leiche. «Auf sah Gudrun einmal nur, sah des Helden Haar erharscht vom Blute, die leuchtenden Augen des Fürsten erloschen, vom Schwert durchbohrt die Brust des Königs. Da sank aufs Kissen zurück die Königin, ihr Stirnband riß, roth ward die Wange, ein Regenschauer rann in den Schoß.» Brynhild aber durchbohrt sich mit dem Schwerte und wird mit Sigurd's Leiche verbrannt. Gunnar und Högni nehmen den Schatz an sich. Gudrun wird mit Atli, dem Könige von Hunaland, Brynhild's Bruder, vermählt. Dieser lud Gunnar und Högni zum Gastgebot ein. Ehe sie von Hause fuhren, verbargen sie den Schatz im Rheine, und er ward seitdem nie wieder gefunden. Gudrun sucht durch Runen, die sie den Boten mitgibt, die Brüder zu warnen; auch unheilvolle Träume der Frauen schrecken sie nicht. Sie steigen zu Schiffe und rudern so stark, daß die Wirbel der Ruder brechen. Gelandet, lassen sie das Schiff auf den Wogen treiben und reiten in Atli's Burg. Atli hat ein Heer versammelt und fordert Sigurd's Gold, das nun Gudrun gehöre. Sie weigern: ein harter Kampf erhebt sich. Alle Mannen der Brüder fallen, sie selbst werden gefangen und gebunden. Atli verlangt von Gunnar zu hören, wo der Schatz sei: dann wolle er ihm das Leben schenken. Gunnar aber will, ehe er es ansagt, das Herz seines Bruders Högni sehen. Ihn zu täuschen, wird einem Knechte das Herz ausgeschnitten; am Zittern desselben erkennt Gunnar, daß es Högni's Herz nicht sei. Nun lässt Atli dem Högni das Herz ausschneiden: Högni lacht, während er die Qual erduldet. Als Gunnar es sieht, sagt er: nun wisse niemand den Schatz als er allein und keiner werde es erfahren. Da lässt ihn Atli in den Schlangenhof werfen; aber heimlich wird ihm eine Harfe gebracht, die er mit den Zehen schlägt, weil ihm die Hände gebunden sind, sodaß alle Schlangen einschlafen bis auf eine Natter, die ihm ins Herz sticht. Für Gudrun's Brüder veranstaltet Atli eine Leichenfeier. Gudrun tödtet vorher ihre und Atli's beide Söhne, lässt aus den Schädeln Trinkgeschirre bereiten, aus welchen sie Atli Meth, mit dem Blute der Kinder gemischt, trinken lässt; ihre Herzen gibt sie gebraten ihm zu essen. In der Nacht tödtet sie ihn, zündet den Saal an und springt ins Meer; aber die Wellen tragen sie zur Burg des Königs Jonakur, der sie zum Weibe nimmt. Gudrun's weitere Schicksale berühren uns hier nicht, weil sie keinen Zusammenhang mit dem Nibelungenliede zeigen.

Vergleichen wir mit dieser Erzählung das deutsche Lied, so springt in die Augen, wie in letzterem der mythische Gehalt verdunkelt erscheint. Das frühere Verhältniss von Siegfried und Brunhild ist ohne die nordische Sage geradezu unverständlich: es ist zwar an mehreren Stellen Bezug auf eine vorausgegangene Bekanntschaft genommen, Brünhild kennt unter den Helden, die gen Island kommen, nur den einen Siegfried, aber nirgend wird angeführt oder angedeutet, wo und wann sie ihn schon gesehen. Die Thränen Brünhildens beim Anblick des glücklichen Paares, Siegfried's und Kriembildens, erhalten ihre tiefere Begründung erst durch die Kenntniss der nordischen Sage. Die Bedeutung des Schatzes ist verwischt: der düstere Fluch, der auf dem Golde ruht, der jeden Besitzer desselben dem Verderben weiht, ist verschwunden. Halb unverständlich ist dadurch geworden, warum es sich nun doch noch immer bis zuletzt um den Besitz des Schatzes handelt, warum Kriemhild, die nach unserer Auffassung nur den ermordeten Siegfried rächen müsste, immer wieder auf das Gold zurückkommt. Die nordische Sage, schon weil sie in frühere Zeit hinaufreicht, zeigt uns den Geist des germanischen Heidenthums treuer bewahrt: es sind rauhe, beinahe dämonische Gestalten, in denen die weicheren Empfindungen nicht so leicht zum Durchbruch kommen. Zum Ersatz dafür ist in dem deutschen Liede das ethische Element bedeutender, wodurch die Gestalten desselben unserm eigenen Handeln und Empfinden näher gerückt werden, und wodurch nicht am wenigsten das Nibelungenlied unser populärstes mittelhochdeutsches Gedicht geworden ist.

Die Grundlage des ersten Theils unsers Liedes ist im wesentlichen ein vermenschlichter Mythus vom Tode des Gottes Balder. Baldur hatte schwere Träume, die seinem Leben Gefahr drohten; da dachten die Asen auf seine Sicherheit, und Frigg nahm allen Wesen und der ganzen Natur Eide ab, daß sie Baldur's schonen wollten. Nun stellten sie ihn in ihre Mitte und warfen und schossen nach ihm, aber nichts konnte ihm schaden. Da gieng Loki in Gestalt eines alten Weibes zu Frigg und erforschte von ihr, ob alle Dinge auf Erden geschworen. Er erfuhr, daß östlich von Walhall eine Mistel wachse, die der Göttin zu jung geschienen, um sie in Eid zu nehmen. Mit dieser geht Loki in den Kreis der Asen und treibt den blinden Gott Hödur, der fern von den andern steht, auf Baldur mit dem Mistelzweige zu schießen. Hödur thut es und todt sinkt Baldur dahin. — Baldur ist eine Lichtgottheit, das Licht, das im Mittsommer seine Höhe erreicht hat; sein Tod bedeutet das sich von da abwärts neigende Licht. Hödur ist blind, d. h. lichtlos, demnach die dem Lichte der Sonne feindliche Macht des Winters. Als Sonnengott kennzeichnen Sigurd in der nordischen Sage noch die leuchtenden Augen, vor denen sein Mörder sich fürchtet, sodaß er erst, als sie vom Schlafe geschlossen sind, die That zu vollbringen wagt. Siegfried's göttliche Natur blickt noch in seiner Unverwundbarkeit hervor: nur an einer Stelle seines Leibes ist er tödtlich, wie nach dem nordischen Mythus nur ein Ding auf Erden, weil es nicht geschworen, Baldur zu schaden vermag. Hödur's Blindheit macht sich in Siegfried's Mörder Hagen noch dadurch kenntlich, daß er, nicht im Nibelungenliede, wol aber nach ältern Berichten, einäugig ist.

Es kann nicht bezweifelt werden, daß ältere deutsche Lieder, wären sie uns erhalten, gleicherweise wie die nordischen Berichte das mythische Element in reinerer Gestalt uns zeigen würden. Aber befremden wird es uns nicht, daß in dem Jahrhunderte, dem das Nibelungenlied angehört, das Verständniss des mythischen Inhalts fast ganz erloschen war. Zwar hafteten viele Überlieferungen aus dem Heidenthume im Volke und haben bekanntlich noch in die Gegenwart sich gerettet; aber gerade die Betrachtung der heutigen Volksüberlieferung lehrt uns auch, wie dergleichen Traditionen sich verdunkeln und trüben. Die Lieder mythischen und sagengeschichtlichen Inhalts, die im Volke lebten, wurden nicht unverändert von Geschlecht zu Geschlecht vererbt. Die ewig neue Kraft der Volkspoesie sang den altüberlieferten Stoff in immer neuer Form und Weise; eine so durchgreifende Veränderung der poetischen Form, wie der Übergang von der Alliteration zum Reime, kann nicht geschehen sein, ohne daß die Lieder eine gänzliche Erneuerung erfuhren, und von dem alliterierenden Gewande, das die ältesten Lieder trugen, blieb nichts übrig, als der Gleichklang der Namen im Anlaut, wie denn Siegemund, Siegelind, Siegfried, und Gunther, Gernot, Giselher schon äußerlich ihre Zusammengehörigkeit und Verwandtschaft durch die Alliteration darthun. Aber nicht nur die Form, sondern ebenso der Inhalt, die Art und Weise der poetischen Einkleidung und Gestaltung wechselte von Jahrhundert zu Jahrhundert. Jede Zeit schaute die Sage in ihrem eigenen Lichte und übertrug in sie die Anschauungen und Empfindungen, von denen sie selbst erfüllt war. Den Liedern zur Seite steht die mündliche Überlieferung in Form von Erzählung: der Vater vererbt dem Sohne, und dieser dem seinen, das uralte gemeinsame Besitzthum der Heldensage. Jeder aus dem Volke ist mithin vertraut mit dem Inhalt derselben, und wenn der Volkssänger eine einzelne Begebenheit oder Episode herausgreift und der lauschenden Menge singt, dann gibt er dem Stoffe nach Bekanntes, da braucht er nur die Namen der Helden zu nennen und hat nicht nöthig, ihre Herkunft und frühere Geschichte zu erzählen: jeder ist gleich mitten drin in dem Gegenstande, denn die Sage ist in ihnen allen lebendig. Wie aber beim Erzählen von Mund zu Mund ein Stoff in kleinen Zügen sich verändert, bald wächst und reicher wird, bald einbüßt und verarmt, so blieb auch bei der mündlichen Überlieferung vom Vater auf den Sohn zwar der wesentliche Inhalt der Sage unangetastet, aber die veränderte Anschauung der Zeit machte ebenso wie im Liede auch in der Sage sich geltend.

Nicht über das 12. Jahrhundert zurück können wir die Geschichte unsers Nibelungenliedes verfolgen.*) Ein österreichischer Dichter war es, der noch vor Mitte des Jahrhunderts die zu seiner Zeit gesungenen Lieder und die ihm wie jedem Andern bekannte mündliche Überlieferung zu einem großen Ganzen gestaltend verarbeitete. Wie weit ihm Überlieferung und Volkslied darin vorangegangen, können wir im Einzelnen nicht angeben: so viel aber dürfen wir aus der älteren nordischen Gestaltung der Sage schließen, daß die Vereinigung der beiden Hälften, in welche das Nibelungenlied dem Auge des Betrachtenden zerfällt, in der Volksüberlieferung längst vor sich gegangen war. Somit war der einheitliche Gedanke des Ganzen bereits vorgebildet; die kunstvolle Gliederung und Aufeinanderfolge im Einzelnen, die Ausfüllung der Lücken, welche die Lieder und vielleicht auch die ihm bekannte Tradition ließen, blieb ihm überlassen. Er drückte dem Stoffe das Gepräge seiner Zeit auf: die Helden, die ihrem eigensten Empfinden und Handeln nach in eine weit entlegene Zeit hinaufreichten, wurden unter seiner Hand zu ritterlichen Gestalten des 12. Jahrhunderts, denen Gedanken und Worte geliehen sind, wie der damalige Mensch sie fühlte und sprach. Das Stoffliche aber ließ sich nicht überall in dieser Weise umwandeln: daher handeln diese ritterlichen Gestalten im Sinne und Charakter einer vergangenen Zeit. Sitten und Bräuche sind geschildert, wie sie auf den Burgen und an den Höfen des 12. Jahrhunderts herrschten, im Prunke höfischer Kleidung schreiten die Helden der alten Zeit an unsern Blicken vorüber. Inwiefern das Volkslied dem Dichter in dieser Beziehung vorgearbeitet hatte, lässt sich nicht ermessen: seine knappere Darstellungsweise schloß Schilderungen des höfischen Lebens, wie sie mehr oder minder behaglich ausgeführt im Epos begegnen, von vornherein

---

*) In Bezug auf das Folgende verweise ich auf meine »Untersuchungen über das Nibelungenlied« (Wien 1865).

aus, aber ganz wird auch das Volkslied sich dem Einflusse der Zeitanschauung nicht entzogen haben, auch in ihm erfuhr sicher das Denken und Empfinden der Helden eine allmäliche Umwandlung. In des Liedes vorderer Hälfte finden wir jene Schilderungen des höfischen Lebens und Treibens häufiger als in der zweiten, und es liegt das in der Natur des Stoffes. Ahnt der Hörer auch schon von Anfang an (und der Dichter selbst hat dafür gesorgt, daß wir es ahnen), daß die Begebenheiten zu einem tragischen Ende führen, so ruht doch auf den Scenen, die er uns im ersten Theile seines Werkes darstellt, noch der Sonnenblick eines friedlichen Daseins, das in Glanz und Pracht sich entfalten kann. Aber je näher wir der Katastrophe rücken, je mehr der Dichter selbst von dem furchtbaren Schicksal ergriffen wird, welches über seine Helden hereinbricht, desto mehr tritt auch diese Ausmalung des Äußerlichen zurück, desto mehr drängt sich alles um den eigentlichen Mittelpunkt der Handlung. Mit Geschick und kunstvoller Berechnung weiß der Dichter von dem malerischen Elemente Gebrauch zu machen: ehe Siegfried seinem Verhängniss anheim fällt, da führt der Dichter den zur frohen Jagd, wie er meint, ausgezogenen Helden uns noch einmal im vollen Glanze seiner äußeren Erscheinung vor Augen, da schildert er uns im Einzelsten seine Jagdkleidung und Ausrüstung, deren bunte Farbenpracht einen eigenthümlichen Gegensatz bildet zu dem düsteren Schicksal, das wenige Stunden nachher ihn erreicht. Nicht minder kunstvoll ist es, wenn der Dichter, ehe seine Helden der Stätte nahen, wo der Tod sie finden soll, uns noch einmal auf Rüdiger's gastlicher Burg ein Bild friedlichen und glücklichen Lebens entwirft, das seltsam contrastiert zu dem Empfange an dem äußerlich prachtvollen, aber innerlich freudlosen Hofe Kriemhildens.

Eines Dichters Name ist uns nicht überliefert: wir dürfen aber mit größter Wahrscheinlichkeit einen österreichischen Ritter um 1140, aus dem Geschlechte der Kürenberger, die in der Gegend von Linz an der Donau saßen, als denjenigen betrachten, der das Epos in seiner ursprünglichen, leider nicht auf uns gekommenen Gestalt dichtete. Der Kürenberger ist zugleich der älteste höfische Lyriker, der sich in seinen lyrischen Gedichten derselben strophischen Form bediente, die er für sein Epos verwendete. Und das darf uns nicht befremden: damals wo die weltliche Lyrik der Höfe kaum ihre ersten schüchternen Töne stammelte, hatte sie den

Fesseln der Epik, aus der sie bei uns wie bei andern Völkern erwachsen, sich noch nicht entwunden. So finden wir manche von des Kürenberger's Strophen*) ganz in erzählende Form gekleidet, während auf der andern Seite auch das Nibelungenlied, die nahe geistige Verwandtschaft bezeugend, namentlich in seiner ersten Hälfte, manches Lyrische enthält. Die Strophenform, deren sich der Dichter bediente, ist von ihm erfunden; sie für eine den Dichtungen der Heldensage eigenthümliche Form der Volkspoesie zu halten, berechtigt noch nicht der Umstand, daß seit der Mitte des 13. Jahrhunderts und später diese Strophe in etwas modificierter Gestalt eine häufige Form solcher Dichtungen ward, denn erst der Einfluß des Nibelungenliedes kann hiervon Ursache gewesen sein, und auch erst zu einer Zeit, als man anfieng, sich Kunstformen früherer Dichter anzueignen. Im 12. aber bis in die Mitte des 13. Jahrhunderts finden wir keine Belege, daß ein Dichter von einem andern, sei es eine lyrische, sei es eine epische, Strophenform entlehnt; die Erfindung des «Tones» galt bei den Deutschen selbst noch in der Überlieferung der Meistersänger als dasjenige, was den originalen Dichter vom Nachahmer unterscheidet.

Des Kürenberger's lyrische Strophen, zumal die Art und Weise seiner Assonanzen, nöthigen in Verbindung mit den urkundlichen Documenten zur Geschichte der deutschen Lyrik, ihn noch der Zeit vor der Mitte des 12. Jahrhunderts zuzuweisen. Um dieselbe Zeit also muß das Nibelungenlied gedichtet sein, dessen freieste Assonanzen auf dieselbe Epoche hinleiten. Aber nicht unüberarbeitet ist es auf uns gekommen. Die etwa vor einem Menschenalter entstandene Dichtung unternahm um 1170 ein Jüngerer theilweise umzuarbeiten. Der Grund dazu lag in den veränderten und gesteigerten Ansprüchen an die poetische Form: die Assonanz, um 1140 noch in voller Blüte, wurde mehr und mehr durch den der Genauigkeit sich nähernden Reim beschränkt: diesem formellen Bedürfniss sollte die neue Bearbeitung nachkommen. Der Inhalt blieb dabei im wesentlichen unberührt, wenn auch von der Originalität und Frische des Ausdrucks manches verloren gieng; denn es lässt sich begreifen, daß eine Umwandlung einer oder mehrerer Zeilen, um alte Assonanzen zu beseitigen, nicht geschehen konnte, ohne den Ausdruck oft gänzlich zu verändern.

---

*) Vgl. meine «Deutschen Liederdichter», S. 1–3.

Gegen Ende des 12. Jahrhunderts war der genaue Reim zur ausschließlichen Herrschaft gekommen, die Assonanz so gut wie verschwunden; unter den Händen der begabtesten Dichter begann die dichterische Form sich zur höchsten Vollendung zu erheben. Um diese und in der folgenden Periode finden wir daher die Beispiele häufiger werden, daß ältere Dichtungen, die noch in der freieren Form der Assonanz abgefasst waren, umgereimt wurden. So sehr hatte die dichterische Schönheit des Nibelungenliedes sich bereits damals geltend gemacht, daß zwei Dichter zu ziemlich derselben Zeit (zwischen 1190 und 1200) es unternahmen, das Gedicht aus der Gestalt, die es um 1170 empfangen, in die strenge Form der reinen Reime umzugießen. Sie verfuhren unabhängig von einander, beide aber nicht mit solcher Consequenz, daß sie nicht hin und wieder eine Assonanz hätten stehen lassen. Diese beiden Bearbeitungen sind uns in zahlreichen Handschriften erhalten, die meisten aber gehören derjenigen an, deren ältesten und würdigsten Repräsentanten, die St.-Galler (B), wir nach einer neuen Vergleichung unserm Texte zu Grunde gelegt haben. Ein hochbegabter Dichter war dieser Bearbeiter nicht; aber er schonte den ursprünglichen Ausdruck, soweit es ihm die Rücksicht auf sein Vorhaben, die Assonanz zu beseitigen, gestattete. Namentlich enthielt er sich aller Zusätze von seiner eigenen Erfindung, ließ aber auch, soviel wir ermitteln können, nichts von dem fort, was sein Original ihm darbot. So liefert er uns das relativ treueste Bild der in ihrer ursprünglichen Gestalt verlorenen Dichtung. Nur eine einzige Handschrift, die von Lachmann zu Grunde gelegte Münchener (A), die ungemein nachlässig geschrieben ist, aber eine gute und alte Vorlage hatte, überspringt meist aus Nachlässigkeit eine Anzahl Strophen. Die Bearbeitung B hat im 13. und 14. Jahrhundert ihre weitere Entwickelungsgeschichte gehabt, die zahlreichen Handschriften sondern sich in mehrere Gruppen, die aber im wesentlichen denselben Text darstellen.

Der andere Bearbeiter (C), dessen Werk in weniger zahlreichen Handschriften erhalten ist, verfährt mit größerer Consequenz, nicht in formeller Beziehung, denn auch er lässt hin und wieder Assonanzen durchschlupfen, wohl aber in Hinsicht auf den Inhalt. Er sucht die bestehenden, zum Theil wohl erst durch die frühere Bearbeitung um 1170 hereingekommenen, zum Theil auch schon vom ersten Dichter übersehenen Widersprüche in der Sage möglichst auszugleichen, er sucht eine Verbindung mit der von einem andern Dichter um 1170 gedichteten Fortsetzung des Nibelungenliedes, der sogenannten «Klage», herzustellen, deutet zu diesem Zwecke in seiner Schlußstrophe auf die Fortsetzung hin, die er, wie der andere Bearbeiter auch, ebenso wie das Nibelungenlied in formeller Beziehung umarbeitete, und fügte, was am wichtigsten, dem alten Texte eine Reihe von Strophen ein. Den Stoff zu diesen Zusätzen entnahm er zum Theil der Klage, deren Motivierung er auch darin sich aneignete, daß er Kriemhildens Partei ergriff und ihre Treue gegen Siegfried als das entschuldigende Motiv ihres Handelns hervorhob. Auch den Titel der Dichtung veränderte er, weil ihm *der Nibelunge nôt* nur für den letzten Theil passend scheinen mochte, und setzte dafür *der Nibelunge liet* in jener Schlußstrophe, die er, um die Beziehung auf die nachfolgende Klage anzubringen, hinzudichtete. Wenn wir gleichwohl den populär gewordenen Titel beibehalten haben, so glauben wir uns damit einer Inconsequenz gegen die von uns befolgte Bearbeitung noch nicht schuldig zu machen.

Es darf uns nicht befremden, daß weder die ursprüngliche Gestalt, noch die älteste Umarbeitung auf uns gekommen. Die Dichtungen des 12. Jahrhunderts besitzen wir, mit äußerst wenigen Ausnahmen, nur in je einer oder zwei Handschriften; viele sind uns verloren gegangen, andere nur überarbeitet erhalten, wie eben das Nibelungenlied auch. Der veränderte Geschmack in Bezug auf die Form hatte Umarbeitungen hervorgerufen: nachdem diese da waren, lag kein Anlaß mehr vor, die alten Texte durch Abschreiben zu vervielfältigen, da durch die Umarbeitungen dem Bedürfniss besser genügt zu sein schien.

Eine doppelte Bearbeitung, wie sie das Nibelungenlied erfahren, konnte nicht ohne Verlust geschehen: ein Umarbeiter, er mag noch so geschickt sein, noch so sehr sich der Treue befleißigen, ist eben nicht der Dichter, er steht im besten Falle in dem Verhältniss eines Übersetzers zu seinem Originale. In den Dichtungen des 12. Jahrhunderts liegt eine poetische Frische, die selbst den meisten Werken aus der Blütezeit unserer mittelhochdeutschen Literatur abgeht. Mich dünkt, wir können, wie das Verhältniss zum Originale sein würde, etwa ermessen, wenn wir Strophen des Nibelungenliedes in der uns erhaltenen Gestalt mit den lyrischen des Kürenbergers vergleichen, die uns wahrscheinlich im wesentlichen unüberarbeitet überliefert sind. Der naturkräftige

Hauch, der aus diesen athmet, fehlt zumal der ersten Hälfte des Nibelungenliedes in viel höherem Grade als der zweiten. Und auch das lässt sich erklären: die Kraft und Consequenz der Umarbeiter erlahmt, das zeigen uns zahlreiche Belege aus der mittelhoehdeutschen Poesie, fast immer gegen das Ende, uns zum Nutzen, weil dadurch der Charakter der ursprünglichen Dichtung weniger verwischt wurde. Auch in formeller Beziehung zeigt die zweite Hälfte der alten Reimfreiheiten und Assonanzen weit mehr als die erste.

Der Dichter kannte die Sage in ihrem ganzen Umfange: aber er hat mit verständigem Maßhalten aus ihr und aus den ihm bekannten Volksliedern nur das aufgenommen, was für die künstlerische Composition des Ganzen ihm passend schien. So geht er über Siegfried's Jugendgeschichte kurz hinweg, und, da einige Hauptbegebenheiten derselben, die Besiegung des Lindwurms und die Erwerbung des Hortes, nicht umgangen werden konnten, weil sie für das Verständniss wichtig sind, so holt er dieselben episodisch nach und legt den Bericht darüber dem länderkundigen Hagen in den Mund, als Siegfried auf den Hof der burgundischen Könige geritten kommt. Statt also hierin einen Fehler oder ein jüngeres Einschiebsel zu erblicken, erscheint diese Episode uns als ein die Kunst des Dichters kennzeichnender Zug: ein höfischer Dichter des 13. Jahrhunderts würde uns nicht erlassen haben, alle seine Jugendthaten schon früher zu hören, ehe er zu dem eigentlichen Stoffe, der beabsichtigten Werbung um Kriemhild, gekommen, die bei unserm Dichter nun schon mit der 47. Strophe beginnt. Auch hat er ebenso am Schlusse da geendet, wo dem einheitlichen Plane nach das Ganze abschließt: als Kriemhild ihr furchtbares Ziel erreicht und sie selbst zum Opfer gefallen, da endet das Lied und der Dichter erlässt uns den Schmerz des überlebenden Etzel, wie ihn die Klage so endlos und ermüdend ausmalt. Die Theilnahme des Hörers, des Lesers weilt nur bei den Gefallenen, nicht bei den Überlebenden: nur matt konnte erscheinen, was nach dem erschütternden Schicksal kam.

Bewährt sich der Dichter als Meister in dem maßvollen Hineinziehen und Abweisen des Stoffes, so zeigt sich seine Größe nicht minder in den Charakteren, die er uns vorführt. Ihr Handeln war durch den Gang des Epos vorgezeichnet, aber immer blieb dem schöpferischen Genius Spielraum genug zu individueller Ausmalung der Situationen und Empfindungen. Am großartigsten zeigt sich uns die Entwickelung im Charakter Kriemhildens. Wir sehen die heranblühende Jungfrau in der Obhut der Mutter, ein traumhaftes Dasein führend, noch ist in ihrem Herzen die Liebe nicht erwacht, die sie so selig und so elend machen soll; wir sehen sie dann aus der Kemenate verstohlen nach dem herrlichen Manne ausschauen, den sie im Stillen liebt, und wie das Morgenroth aus trüben Wolken leuchtet sie, als sie zum ersten male ihm entgegentritt. Die Knospe der Liebe entfaltet sich zu herrlicher Blüte; hold verschämt, aber innerlich selig reicht sie dem geliebten Manne die Hand. Wir sehen sie dann auf der Höhe ihres Glücks, stolz, den Helden, der alle andere übertrifft, den Ihren zu nennen; aber sie hat eben schon den Gipfel erreicht, von dem es abwärts geht, der verhängnissvolle Streit der Frauen weckt das schlummernde Schicksal: Siegfried muß fallen, das Opfer eines beleidigten Weibes. Damit ist die Umwandlung in Kriemhildens Charakter vollzogen: in dem zarten Weibe ist der finstere Dämon der Rache erwacht, nur der Rache allein lebt sie fortan, sie zu erlangen, reicht sie Etzeln die Hand und vertauscht die Heimat mit einem freudlosen Leben in der Fremde. Und als sie ihren Zweck erreicht, als die Brüder und mit ihnen der Mörder Hagen gekommen, da lodern die Flammen des Hasses immer heller auf, im Blute der Erschlagenen badet sich ihre mordtrunkene Seele, und sie ruht und rastet nicht, bis sie das Haupt Hagen's mit Siegfried's Schwerte abgeschlagen. Wenn nun der alte Hildebrand, im Zorne darüber, daß eines Weibes Hand so herrliche Helden getödtet, hinzuspringt und mit einem Schwertstreich ihrem Leben ein Ende macht, da ist äußerlich nur das geschehen, was nach innerer Nothwendigkeit geschehen musste: ein Leben, das innerlich, nachdem es die Rache vollbracht, zum Ziele gekommen, hat auch äußerlich seinen Abschluß gefunden, für sie konnte das Dasein keinen Werth mehr haben, ihn hatte es nur, so lange Siegfried ungerächt geblieben. In allem Elend und Unheil, das dieses zum Dämon verwandelte Weib angerichtet, ist gleichwol etwas, was unser Mitgefühl für sie wach ruft: es ist die Treue, die das Grab überdauert, die Treue gegen den Mann, den einzigen, den sie mit ganzer Seele geliebt hat, denn an ihrer Vermählung mit Etzel hat nur der Verstand, nicht das Herz einen Antheil. Dieser Treue zu Liebe vergisst sie die Rechte der angestammten Blutsverwandtschaft, reißt sie die Bande, welche nach altgermanischer Anschauung die Menschen am innigsten aneinander ketten. Ob diese auf christlicher, nicht auf heidnisch-germanischer Denkungsweise ruhende Idee erst unserm Dichter gebührt, ob die deutsche Sage seiner Zeit schon dieselbe ihm darbot, wir wissen es nicht; so viel aber zeigt die Vergleichung mit der nordischen Gestalt, in welcher Gudrun, die deutsche Kriemhild, an Atli den Mord ihrer Brüder rächt, also das Bewusstsein der Zusammengehörigkeit von Blutsverwandten festgehalten ist, daß die im Nibelungenliede durchgeführte Idee nicht die ursprüngliche der Sage ist.

Gegen Kriemhild tritt die zweite weibliche Gestalt des Liedes, tritt Brünhild bedeutend zurück. Die Hoheit der nordischen Walküre ist von ihr genommen, und nur das über das Maß des Weiblichen Hinausgehende ihres Wesens ihr geblieben: sie zeigt sich uns als ein stolzes finsteres Weib. Wahrhafte Theilnahme vermag die deutsche Brünhild uns nicht einzuflößen, zumal da ihr früheres Verhältniss zu Siegfried ganz verdunkelt erscheint. In der nordischen Sage, und dies ist das Ursprüngliche, ist sie durch tiefste unauflösliche Liebe an Sigurd gekettet, sie opfert ihn ihrer Rache, weil er sie einer Andern preisgegeben; aber nachdem das Opfer gebracht ist, da hat das Leben keinen Werth mehr für sie und sie folgt dem geliebten Manne in den Tod nach. Hierin liegt etwas Großartiges, was ebenso mächtig ergreift wie die Treue der deutschen Kriemhild: im Nibelungenliede verschwindet Brünhild uns aus den Augen, nachdem Siegfried gefallen ist, und eine weitere Theilnahme vermag der Dichter für sie nicht zu erwecken, wie ja auch thatsächlich nach der ursprünglichen Sage ihre Rolle mit Siegfried's Tode ausgespielt war.

Einen Gegensatz, der in mancher Beziehung an die beiden genannten Charaktere erinnert, bilden Siegfried und Hagen; einen Gegensatz, in welchem noch ihre ursprüngliche mythische Bedeutung nachklingt und nachwirkt. Siegfried, der leuchtende Sonnengott, verbreitet das Licht der Freude um sich her: keine Schatten fallen in seine Seele, kein Misstrauen greift in ihr Platz. Selbst den angstvollen warnenden Träumen Kriemhildens setzt er nur das frohe Bewusstsein entgegen, daß er ja niemand gekränkt, mithin auch keinen Verrath zu fürchten habe. Es ist eine ideale Heldengestalt, die jugendlich von der Erde scheidet, im vollen Gefühle der Kraft, wie eben auch der Frühling niemals alt wird, eine Gestalt, an der man so recht seine herzliche Freude haben kann, ein echter Mann mit einem vertrauenden Kinderherzen.

Wie anders Hagen! Das Finstere, beinahe Bösartige seines

Wesens lag gewiss ursprünglich nicht in diesem Charakter, wiewol ihm etwas Düsteres schon seiner mythischen Bedeutung nach nicht abgesprochen werden kann. Gleich von Anfang an zeigt er Siegfried gegenüber etwas von Neid und Missgunst; aber es ist weniger kleinlicher Neid als die Grundverschiedenheit ihres Wesens, was zwischen beiden keine Beziehungen freundlicher und traulicher Art aufkommen lässt. Als nun der Streit ausgebrochen, da ist Hagen der erste, der freudig die Gelegenheit ergreift, um seinen lange verhaltenen Groll gegen Siegfried laut werden zu lassen: er räth die List, die Siegfried Verderben bringen soll, und führt den tödtlichen Lanzenstoß, nachdem er auf hinterlistige Weise die verwundbare Stelle des Helden erfahren. Mit herausfordernden Trotze bekennt er sich zu der That, mit starrer Grausamkeit häuft er Leid auf Leid über die Witwe und bietet, nachdem er das bevorstehende Verhängniss als ein unentrinnbares erkannt, demselben kühn die Stirne. Es ist ein Ringen um Leben und Tod, das zwischen ihm und Kriemhilden stattfindet; in ihm liegt noch etwas vom Geiste des nordischen Högni, der lacht, als man ihm das Herz ausschneidet. Aber der Trotz dieser übermenschlichen Natur ruht auf einer menschlich schönen Grundlage: es ist die Treue gegen seinen Herrn und König, die er mit dem Tode besiegelt, wie auch sein König ihm die Treue bis zum Tode hält; es ist ein schöner Grundzug des germanischen Wesens, der aber hier, weil auch Kriemhild ihrerseits mit gleicher Festigkeit an der Treue hält, zu furchtbarem, tragischem, Conflicte führt.

Wenn uns Hagen durch seine übermenschliche Charakterstärke und seinen Trotz Bewunderung abnöthigt, so ergreift uns menschliches Rühren beim Anblick einer andern Gestalt, der schönsten vielleicht, die der Dichter erschaffen: des Markgrafen Rüdiger. In ihm tritt das ethische Element der Sage am bestimmtesten hervor. Geschmückt mit allen Tugenden, die einen Fürsten und Ritter zieren, vor allem ein Spiegelbild der Gastfreiheit, daher er häufig im Liede «der milde» genannt wird, muß auch er in dem grausamen Zusammenstoß untergehen. Seine Diensttreue, die er mit dem Eide besiegelt, und die Pflicht der Gastfreundschaft, die er gegen die burgundischen Könige geübt, deren jüngstem er seine Tochter verlobt hat, bringen ihn in ergreifenden Conflict, den er mit seinem Tode löst, bejammert und beklagt mehr als einer der andern Helden, denn der Vater aller Tugenden ist mit ihm dahingegangen. Selbst die gegen alle weicheren Empfindungen bereits abgestumpften burgundischen Recken können sich der Thränen nicht erwehren, als sie ihn in den Tod gehen sehen. Ursprünglich der Sage gewiss fremd, wurde er ihr erst einverleibt, als das ethische Element zur breiteren Geltung gelangte, wie ich auch den ritterlichen Spielmann Volker, der mit seiner Fiedel, dem Schwerte, blutige Weisen streicht, für eine auf gleicher Grundlage erwachsene Gestalt, wahrscheinlich erst des Dichters, halte, aber auch sie für eine der schönsten, auf welcher des Dichters Blick mit sichtbarer Vorliebe weilt.

Noch ist eine historische Persönlichkeit zu erwähnen, die in den Rahmen des Liedes verwebt ist und einer viel jüngeren Epoche angehört, als die früher genannten: der Bischof Pilgrim von Passau (971—991) wird im Nibelungenliede als Verwandter der burgundischen Könige dargestellt. Diese Persönlichkeit war offenbar, wenn irgend eine, der Sage ursprünglich fremd, nur persönliche Beziehungen konnten einen Dichter bewegen, ihn in dieselbe zu verflechten. Solche Beziehungen aber bestanden, wie urkundliche Zeugnisse darthun, mehrfach zwischen den Kürenbergern und den Passauer Bischöfen. Sie allein schon hätten den Verfasser bewegen können, einen Vorgänger des Bischofs auf diese Weise poetisch zu verherrlichen. Aber wir bedürfen einer solchen Annahme nicht. Die Klage berichtet uns, Bischof Pilgrim habe durch seinen Schreiber Konrad die Sage, wie er sie aus dem Munde von Spielleuten vernommen, lateinisch aufzeichnen lassen. Da wir gerade im 10. Jahrhundert die lateinische Poesie sich mit Stoffen der deutschen Heldensage beschäftigen sehen, so haben wir um so weniger Grund, diese Nachricht zu bezweifeln. Dem lateinischen Werke Konrad's also, welches der Kürenberger kannte, ist die Verbindung Pilgrim's mit dem Schicksal der burgundischen Könige zuzuschreiben. Der ungeheure Anachronismus, der in dieser Verbindung lag, hatte für einen mittelalterlichen Schriftsteller nichts Beunruhigendes, vermuthlich war er desselben sich gar nicht bewusst.

Es kann die Möglichkeit nicht abgewiesen werden, daß der Dichter des Nibelungenliedes auch sonst von dem lateinischen Werke, welches im wesentlichen den Inhalt der Sage und der Lieder, wie sie im 10. Jahrhundert umliefen, enthalten haben wird, einiges benutzt habe, sodaß für ihn eine dreifache Quelle seiner Sagenkenntniss anzunehmen wäre: die größere Wahrscheinlichkeit jedoch spricht dafür, daß er die

Sage in der Hauptsache so erzählte, wie er sie aus mündlicher Überlieferung und Liedern der Gegenwart kannte. Außer Pilgrim, den er der lateinischen Bearbeitung entlehnte, könnte etwa noch Rüdiger aus der gleichen Quelle stammen. Denn wenn auch ein historischer Rüdiger nicht zu erweisen ist, so kann doch die Zeit, in welche spätere Tradition ihn setzt, das 10. Jahrhundert, wiederum auf die lateinische Redaction in derselben Epoche hinführen.

Nicht den uralten viermal gehobenen Vers, dem wir bei allen germanischen Völkern als der ursprünglichen Form der epischen Poesie begegnen, hat der Dichter für sein Werk benutzt, sondern er hat sich eine neue strophische Form aus Elementen des altepischen Verses geschaffen. Ich glaube nicht, daß, so schön die Nibelungenstrophe an sich ist, und so trefflich sie in der lyrischen Behandlung wirkt, ihre Verwendung für die Epik ein glücklicher Gedanke war. Dem Epos widerstrebt überhaupt eine Eintheilung in regelmäßige Strophen: der ruhige Fluß der epischen Erzählung bedarf zwar auch der Ruhepunkte, aber nicht in bestimmten, sondern in freien Zwischenräumen. Und so sehen wir es überall gehalten, wo ein wahres Epos sich entwickelt hat, bei den Indern, bei den Griechen, bei den Franzosen. Der Zwang der Strophe nöthigt, das was der Dichter sagen will, entweder unnöthig auszuspinnen, damit es die Strophe fülle, oder gewaltsam zusammenzudrängen, damit es im Rahmen der Strophe Platz habe, wenn nicht, was auch, aber seltener, vorkommt, der Satz aus einer Strophe in die andere hinübergeführt wird, was wiederum dem Wesen der Strophe entgegen ist. Der Umstand, daß häufig die epische Thatsache, die in der Strophe zum Ausdruck kommen sollte, schon mit der dritten Zeile abgeschlossen war, veranlasste, daß die vierte Zeile einen allgemeinen Gedanken, eine Hindeutung auf das Kommende oder etwas Anderes, genau genommen Entbehrliches enthielt, wodurch das Ganze an streng epischer Haltung einbüßt. Manches der Art mag erst durch das Ungeschick und die Verlegenheit des Überarbeiters hineingekommen sein; vieles aber rührt sicher schon vom ersten Dichter her. Wie sehr die strophische Eintheilung zur unnützen Ausmalung führt, davon geben selbst so gewandte Dichter wie Tasso und Ariosto Zeugniss, die doch durch ihre genaue Kenntniss der antiken Literatur über einen ungleich größeren Gedankenvorrath zu gebieten hatten, und trotzdem die Verlegenheit, wie sie die Strophe ausfüllen sollen, nicht immer verbergen können.

Die Nibelungenstrophe ist vierzeilig: jede Zeile zerfällt durch die feststehende Cäsur in zwei Theile; die vordere Hälfte hat vier, die hintere drei Hebungen, nur in der letzten Zeile ist die Zahl der Hebungen in beiden Theilen gleich, dies nach einem in der deutschen Strophenbildung häufig hervortretenden Grundsatze, gegen das Ende hin eine Verlängerung des Verses eintreten zu lassen. Die Cäsur geht gewöhnlich klingend oder weiblich aus, d. h. der weibliche Ausgang wird für zwei Hebungen gerechnet, indem nur die Senkung zwischen der dritten und vierten Hebung fehlt. Bezeichnen wir die Hebung durch den Acutus, so sind gleich die Halbverse

dô wúohs in Níderlánden
des váter dér hiez Sígemúnt.

Die Senkungen können an jeder Stelle fehlen, nur in der letzten Halbzeile waltet das durch den Wohllaut bedingte Gesetz, daß, wenn eine Senkung fehlt, dies nur zwischen der zweiten und dritten Hebung der Fall sein kann. So lautet die achte Halbzeile mit Ausfüllung sämmtlicher Senkungen

des ích genénnen níene kán,

und mit Auslassung einer Senkung

diu wás ze Sántén genánt.

Wenn, was äußerst selten vorkommt, zwei Senkungen fehlen, so können es nur die beiden zwischen erster, zweiter und dritter Hebung sein, z. B.

der mórtgrímmíge mán;

es tritt dieser Fall nur ein, wenn die drei ersten Hebungen der Halbzeile auf éin Wort fallen.

Der Reim geht stumpf oder männlich aus: eine scheinbare Ausnahme bilden Verse wie

Den troum siu dô sagete ir muoter Uótén.
sine kunde's niht besceiden baz der gúotén;

aber auch hier gilt der weibliche Reim für zwei Hebungen und das eigentliche Tongewicht des Reimes lag ursprünglich wie immer beim stumpfen Reime auf der letzten Silbe; bei der zunehmenden Tonlosigkeit der Flexionsvocale zog sich das Gewicht auf die Stammsilbe zurück. Auch solche Reime sind ein Beweis, daß zu der Zeit, wo das Gedicht abgefasst wurde, die Tonlosigkeit der letzten Silbe noch nicht in dem Grade vorhanden war. Beschränkt aber bleiben die klingenden Endreime auf die erste und zweite Zeile aus dem oben erwähnten Grunde, weil in der achten Halbzeile die Senkung nicht zwischen den beiden letzten Hebungen fehlen darf, was der Fall wäre, wenn eine Strophe mit einem Reimpaare wie *Uote*: *guote* schlösse.

Im Übrigen verweise ich, was das Metrische betrifft, auf das, was ich in der Einleitung zum zweiten Bande, welcher Kudrun enthält, bemerkt habe: das dort als Gesetz Bezeichnete findet genau auf das Nibelungenlied Anwendung.

Um das Strophenverhältniss zu A und C zu bezeichnen, habe ich in kleinerem Drucke zur Rechten die Zählung der Lachmann'schen Ausgabe (A) und (in Klammern eingeschlossen) der Holtzmann'schen (C) hinzugefügt.

Rostock, im März 1866.

Karl Bartsch.

INHALT.

DER NIBELUNGE NÔT.

I. ÂVENTIURE.

In Burgund wuchs eine edle Jungfrau, Namens Kriemhild, die Tochter Dancrat's und Utens, die Schwester Gunther's, Gernot's und Giselher's, die zu Worms saßen und denen auserwählte Helden dienten. Der Jungfrau träumte, daß sie einen Falken gezogen, den vor ihren Augen zwei Adler zerfleischten. Ihre Mutter deutet den Traum auf einen edeln Mann, den sie, wenn Gott ihn nicht behüte, verlieren müsse.

---

1 Uns ist in alten mæren wunders vil geseit 1
von heleden lobebæren, von grôzer arebeit, (1)
von fröuden, hôchgezîten, von weinen und von klagen,
von küener recken strîten muget ir nu wunder hœren sagen.

2 Ez wuohs in Búrgónden ein vil édel magedîn, 2
daz in allen landen niht schœners mohte sîn, (2)
Kriemhilt geheizen: siu wart ein scœne wîp.
dar umbe muosen degene vil verlíesén den lîp.

1, 1 *mære* stn., Erzählung, Bericht. — *wunders* gen. von dem substantivischen Neutrum *vil* abhängig: viel Wunderbares. — *geseit*, contrahiert aus *gesaget*. — 2 *heleden* von *helet*, der ältern und ursprünglichen Form für das spätere *helt*. — *lobebære*, lobenswerth, preiswürdig. — *arebeit* stf., Anstrengung, Streben. — 3 *hôchgezît* stf., auch *hôchzît*, Fest; die Freuden und Festlichkeiten stehen dem Weinen und Klagen gegenüber. — 4 *recke* swm., eigentlich der Verbannte, dann jeder Kriegsdienst suchende wandernde Held, und Held überhaupt. — *muget ir*, konnt ihr. — *wunder*, Wunderbares, viel.

2, 1 *Burgonden*, eigentlich nur das Volk, zugleich Name des Landes. — *vil*, verstärkend, sehr, gar. — *edel*, von edler Geburt. — *magedîn* stn., von *maget* abgeleitet, Jungfrau. — 2 *daz*, zu ergänzen ist vorher: von solcher Beschaffenheit. — *schœners* gen., von *niht* abhängig: nichts Schöneres. — 3 *scœne*, gewöhnlich *schœne*. Nach älterer Weise steht häufig im Nibelungenlied noch *sc* für *sch*, auch vor *e* und *i* wie *sk* zu sprechen. — 4 *dar umbe*, um derentwillen. — *muose* oder *muoste* præt. von *muoz*. — *degene* gen. pl., von *vil* abhängig (wie 1, 1); *degen*, Mann, besonders der tapfere Mann, Held. — *verliesen* stv., verlieren. — *lîp*, Leben.

3 Der minneclichen meide triuten wol gezam. 3
ir muotten küene recken: niemen was ir gram.
âne mâzen schœne sô was ir edel lip:
der juncvrouwen tugende zierten ándériu wip.

4 Ir pflâgen drîe künege edel unde rich, 4
Gunther unde Gêrnôt, die recken lobelich, (5)
und Gîselher der junge, ein ûz erwelter degen.-
diu frouwe was ir swester, die fürsten heten s' in ir pflegen.

5 Die herren wâren milte, von arde hôhe erborn, 5
mit kraft unmâzen küene, die recken ûz erkorn. (5)
dâ zen Búrgónden sô was ir lant genant.
sie frumten starkiu wunder sit in Étzélen lant.

6 Ze Wormze bi dem Rine sie wonten mit ir kraft. 6
in diente von ir landen vil stolziu ritterscaft (6)
mit lobelichen êren unz an ir endes zit.
sie sturben jæmerliche sint von zweier edelen frouwen nit.

7 Ein richiu küneginne, frou Uote ir muoter hiez: 7
ir vater der hiez Dancrât, der in diu erbe liez (4)
sit nâch sîme lebene, ein ellens richer man:
der ouch in siner jugende grôzer êren vil gewan.

3, 1 *meide* dat. sing. von *meit* = *maget*, Jungfrau. — *triuten* swv., lieb haben, lieben. Der Infinitiv hat hier passivischen Sinn. — *gezam* præt. von *gezemen*, geziemen: sie verdiente wohl geliebt zu werden. — 2 *muotten* præt. von *muoten* mit gen., begehren. — *was* præt. von *wesen*, war. — *gram*, feindlich gesinnt, mit dat., *ir*. — 3 *âne mâzen*, verstärkend: ungemein, sehr. — *sô* nimmt, für uns pleonastisch, den vorhergehenden Begriff oder Satztheil nochmals auf. — 4 die Jungfrau besaß so viele Tugenden, vortreffliche Eigenschaften, daß sie auch andere Frauen damit hätte schmücken können. *zierten* ist conj. præt. In *juncvrouwe* und *wîp* liegt hier kein Gegensatz.

4, 1 *pflâgen* præt. von *pflegen* mit gen., für sie sorgten, sie beschützten. — *drîe*, flectierte Form von *drî*. — *rich*, mächtig. — 2 *lobelich*, löblich, preiswürdig. — 3 *ûz erwelt*, auserwählt, vortrefflich, tapfer. — 4 *frouwe*, hier zur Bezeichnung einer edeln Jungfrau. — *ir* gen. pl. = *eorum*; *ir* erscheint im Nibelungenliede noch nicht als flectiertes Pronomen possess.

5, 1 *milte*, freigebig; eine in mittelalterlichen Dichtungen an Fürsten hauptsächlich gerühmte Eigenschaft. — *arde* dat. von *art*, Abstammung. — *erborn*, geboren. — 2 *unmâzen* dat. pl. von *unmâze*, in sehr hohem Maße. — 3 *dâ zen Burgonden*, dort bei den Burgunden, dort in Burgund; im Nhd. nur: Burgund. Im Mhd. steht *ze*, für uns pleonastisch, vor Ortsnamen nach *lant*, *stat*. — 4 *frumten* præt. von *frümen*, vollbringen. — *starkiu wunder*, große, wunderbare Thaten. — *sit* adv., später.

6, 1 *kraft*, hier die Menge der Dienstmannen. — 2 *stolz*, herrlich, stattlich. — 3 *unz*, bis. — 4 *jæmerliche* adv., auf klägliche Weise. — *sint*, dasselbe was *sît* (5, 4). — *von*, durch, infolge von. — *nît*, Haß.

7, 2 *diu erbe* pl. von *daz erbe*, die ererbten Länder. — *liez*, hinterließ. — 3 *sîme*, aus *sîneme*, *sînme*, seinem. — *ellen* stn., Kraft; der Genetiv hängt von *richer* ab.

8 Die drie künege wâren, als ich gesaget hân, 8
von vil hôhem ellen: in wâren undertân (7)
ouch die besten recken, von den man hât gesaget,
stárc únd vil küene, in scarpfen strîten unverzaget.

9 Daz was von Tronege Hagene und ouch der bruoder sîn, 9
Dancwart der vil snelle, von Metzen Ortwîn, (8)
die zwêne marcgrâven Gêre und Ekkewart,
Volkêr von Alzeije, mit ganzem ellen wol bewart.

10 Rûmolt der kuchenmeister, ein ûz erwelter degen, 10
Sindolt und Hûnolt, dise hêrren muosen pflegen (9)
des hoves unt der êren, der drîer künege man.
sie heten noch manegen recken, des ich genennen niene kan.

11 Dancwart der was marscalch: dô was der neve sîn 11
truhsæzé des küneges, von Metzen Ortwîn. (10)
Sindolt der was scenke, ein ûz erwelter degen.
Hûnolt was kamerære: sie kunden hôher êren pflegen.

12 Von des hoves krefte und von ir wîten kraft, 12
von ir vil hôhen werdekeit und von ir ritterscaft, (11)
der die herren pflâgen mit vröuden al ir leben,
des enkunde iu ze wâre niemen gar ein ende geben.

8, 1 *als*, wie. — *hân*, contrahiert aus *haben*, ich habe. — 2 *in*, ihnen. — 3 *beste*, wie der Positiv *guot*, in der Bedeutung: tapfer. — 4 *scarpfen*, scharfen.

9, 1 *Daz was*, diese Recken waren folgende. — 3 *marcgrâve* swm., königlicher Richter eines Grenzlandes. — 4 *ganz*, vollständig. — *bewart* part. von *bewarn*, ausgerüstet.

10, 3 *des hoves*, sie hatten die Hofämter inne. — *der êren*, sie hatten für die Repräsentation zu sorgen, zumal bei der Ankunft von Gästen und bei Hoffesten. — *man* pl., Mannen. — 4 *sie*, die Könige. — *des*, abhängig von *niene* (aus *niht ne*, *nihtes*), welches wie *niht* mit dem Genetiv verbunden wird.

11, 1 *marscalch*, gewöhnlich *marschalc*, Stallmeister. — *dô*, dagegen. — 2 *truhsæze*, der die Speisen auftragende Hofbeamte. — 3 *scenke* = *schenke* swm., Mundschenk. — 4 *kamerære*, Kämmerer: er hatte vorzugsweise die Aufsicht über die Schatz- und Kleiderkammer. — *sie*, die genannten Hofbeamten, verstanden es, für die Etikette des Hofes Sorge zu tragen.

12, 1 *krefte* dat. von *kraft*, in derselben Bedeutung wie 6, 1; im zweiten Theile des Verses bedeutet *kraft*, Macht, die sich weit erstreckt (*wîten*). — 2 *werdekeit*, Würde, Herrlichkeit. — *ritterscaft*, das ritterliche Leben. — 4 *ze wâre*, für wahr. — *niemen*, niemand. — *gar ein ende geben*, mit gen. (*des*), etwas vollständig, bis zu Ende angeben: das könnte euch fürwahr niemand vollständig berichten.

13 In disen hôhen êren troumtè Kriemhílde, 13
wie si züge einen valken, starc scœ̂n' und wilde, (12)
den ir zwên' aren erkrummen, daz siu daz muoste sehen:
ir enkunde in dirre werlde leider nímmér gescehen.

14 Den troum siu dó sagete ir muoter Úotén. 14
sine kúnde's niht besceiden baz der guoten: (13)
«der valke den du ziuhest, daz ist ein edel man:
in welle got behüeten, du muost in sciere vloren hán.»

15 «Waz saget ir mir von manne, vil liebiu muoter mîn? 15
âne recken minne sô wil ich immer sîn. (14)
sus scœne ich wil beliben unz an mînen tôt,
daz ich von mannes minne sol gewinnen nimmer nôt.»

16 «Nu versprích ez niht ze sêre», sprach aber ir
muoter dô. 16
«soltu immer herzenliche zer werlde werden vrô, (15)
daz gesciht von mannes minne. du wirst ein scœne wip,
obe dír noch got gefüeget eins rehte guoten ritters lip.»

17 «Die rede lât beliben», sprach siu. «frouwe mín. 17
ez ist an manegen wîben vil dicke worden scín (16)
wie líebé mit leide ze jungest lônen kan.
ich sol sie mîden beide: son' kan mir nimmer missegán.»

13, 1 Wahrend sie in solcher Herrlichkeit lebte. — 2 *züge* præt. conj. von *ziehen*, aufzöge. — 3 *aren* pl. von *ar* swm., Aar. — *erkrummen* præt. pl. von *erkrimmen*, mit den Klauen zerhacken. — *daz — sehen*, vor ihren Augen. — 4 *werlde*, Welt (nom. *werlt*); *dirre* aus *disere*, *disre*, dieser. — *leider* comp. des Adverbiums, größeres Leid; nämlich als in dem Traume, wo sie dies sehen musste.

14, 2 *kunde's* = *kunde es*, konnte ihn, den Traum; der Genetiv hängt wieder von *niht* ab. — *besceiden*, deuten, auslegen. — *baz* adv., besser. — 4 *in welle* für *in enwelle*, es sei denn, daß ihn wolle, wenn ihn nicht will. — *sciere*, gewöhnlich *schiere*, bald. — *vloren* für *verloren*.

15, 2 *âne* præp., ohne. — 3 *sus*, so; so schön wie ich jetzt bin. — 4 *daz*, so daß. — *von*, durch.

16, 1 *versprechen* mit acc., etwas verreden. — *sprach aber*, antwortete. — 2 *immer*, jemals, überhaupt. — *herzenliche*, herzlich, von Herzen. — *zer werlde*, auf der Welt. — 3 *daz*, das Frohwerden. — *wîp*, Eheweib; Gegensatz *maget* oder *juncvrouwe*. — 4 *obe*, wenn. — *gefüeget*, zu Theil werden lässt. — *rehte* adv., verstärkend, sehr. — *ritters lîp* = *ritter*; *lîp* häufig zur Umschreibung der Person.

17, 1 *lât* imper. pl. von *lân*, lasst. — *frouwe*, Herrin; hier von der Tochter der Mutter gegenüber gebraucht. — 2 *dicke*, oft. — *scîn* (*schîn*) *werden*, sich zeigen; *schîn* adj., sichtlich, offenbar. — 3 *liebe* stf., Freude. — *ze jungest*, zuletzt. — 4 *beide*, die Freude und das Leid, das die Minne gibt. — *missegân*, schlecht ergehen.

18 Kriemhilt in ir muote   sich minne gar bewac. 18
sît lebete diu vil guote   vil manegen lieben tac, (17)
daz sine wesse niemen   den minnen wolde ir lîp.
sît wart siu mit êren   eins vil küenen recken wîp.

19 Der was der selbe valke,   den si in ir troume sach, 19
den ir besciet ir muoter.   wie sêre siu daz rach (18)
an ir næhsten mâgen,   die in sluogen sint!
durch sîn eines sterben   starp vil maneger muoter kint.

18, 1 *muot*, Sinn, Herz. — *bewac* præt. von *bewegen; sich bewegen* mit gen., auf etwas verzichten; *minne* ist gen. — 2 *sît*, seitdem, nach diesem Traume und Gespräche. — 3 *wesse* præt. von *weiz*, statt *weste*, auch diese Form und *wiste* kommt im Nibelungenliede vor. — *ir lîp*, sie (zu 16, 4). — 4 *siu* nom. sing. fem. von *er*.

19, 2 *rach* præt. von *rechen*, rächen. — 3 *sluogen*, erschlugen. — 4 *durch*, um — willen; *sîn* ist gen., und dazu das Adjectivum *eines*: weil er allein, dieser eine, starb.

II. ÂVENTIURE,

VON SÎFRIDE.

Zu derselben Zeit erwuchs in Niederland Siegfried, der Sohn Konig Sigemund's und der Sigelind, der schon in jungen Tagen Wunderbares vollbrachte. Nach sorgfältiger Erziehung ins rittermäßige Alter getreten, wurde er von seinem Vater mit vierhundert Altersgenossen zum Ritter geschlagen. Das Fest währte bis zum siebenten Tage; der junge Siegfried theilte Lehen aus, wollte aber bei Lebzeiten seiner Eltern nicht die Krone tragen.

---

20 Dô wuohs in Niderlanden eins edelen küneges kint, 20
des vater der hiez Sigemunt, sîn muoter Sigelint, (19)
in einer rîchen bürge, wîten wol bekant,
nidene bî dem Rîne: diu was ze Sántén genant.

21 Sîvrit was geheizen der snelle degen guot. 22
er versúochte vil der rîche durch ellenthaften muot. (20)
durh sînes lîbes sterke er reit in menegiu lant.
hei waz er sneller degene sît zen Búrgónden vant!

22 In sînen besten zîten, bî sînen jungen tagen, 23
man möhte michel wunder von Sîvride sagen, (22)
waz êren an im wüehse und wie scœne was sîn lîp.
sît heten in ze minne diu vil wǽtlîchen wîp.

20, 1 *Dô*, damals, zu jener Zeit. — 3 *bürge* dat. von *burc*, Stadt. — *wîten*, weithin. — 4 *nidene*, unten; am Niederrhein. — *ze Santen*, nhd. Santen; sieh zu 5, 3.

21, 2 *er versuochte*, er erprobte; nämlich im Kampfe, im Kriege. — *vil der rîche*, viele Reiche. — *ellenthaft*, kräftig, tapfer. — 3 *reit* præt. von *rîten*, ritt. — *menegiu* für *manegiu*, manche. — 4 *hei*, Ausrufpartikel. — *waz* mit gen., wieviel; ebenso 22, 3. 23, 2.

22, 3 wie viel Ehre an ihm wuchs, wie viel Ehre er besaß. — 4 *heten in ze minne*, betrachteten ihn als Gegenstand der Liebe, liebten ihn. — *wætlich*, eigentlich kleidsam (von *wât*); schmuck, schön.

23 Man zôch in mit dem vlîze als im daz wol gezam. 24
von sîn selbes muote waz túgende er án sich nam! (23)
des wurden sît gezieret sînes vater lant,
daz man in z'allen dingen sô rehte hêrlîchen vant.

24 Er was nu sô gewahsen daz er ze hove reit. 25
die liute in sâhen gerne: manec fróuwe und manec meit
im wunschten daz sîn wille in immer trüege dar.
holt wurden im genuoge: des wart der herre wol gewar.

25 Vil selten âne huote man rîten lie daz kint. 26
in hiez mit kleidern zieren Sigmúnt und Sigelint. (24)
sîn pflâgen ouch die wîsen, den êre was bekant.
des mohte er wol gewinnen beidiu liut unde lant.

26 Nu was er in der sterke daz er wol wâfen truoc: 27
swes er dar zuo bedorfte, des lag an im genuoc. (25)
er begúndé mit sinnen werben scœniu wîp:
die trûten wol mit êren des küenen Sîvrides lîp.

27 Dô hiez sîn vater Sigemunt künden sînen man, 28
er wolde hôhgezîte mit lieben vriwenden hân. (26)

23, 1 *zôch* præt., erzog. — *vlîz* stm., Sorgfalt. — 2 wie viel Tugenden, gute Eigenschaften schöpfte er aus seinem eigenen Herzen, die ihm nicht erst durch Erziehung zu Theil wurden. *tugent* ist im Mhd. ein viel äußerlicherer Begriff als unser Wort; oft bezeichnet es nur gute Lebensart. — 3 *des*, dadurch, davon; von *des* hängt *daz* (4) ab. — 4 *z'allen dingen*, in jeder Beziehung. — *vant*, erfand, erprobte.

24, 1 *ze hove reit*, an den Hof kam, in die Öffentlichkeit trat, während er bis dahin ein mehr zurückgezogenes Leben geführt hatte. — 3 *dar*, nämlich *ze hove*. — 4 *genuoge*, viele.

25, 1 *huote*, Aufsicht. — *lie* soviel wie *liez*, ließ. — 2 *hiez*, der Singular des Verbums bei zwei Subjecten ist im Nibelungenliede häufig, und nicht nur, wenn wie hier das Verbum vorausgeht. — 3 *die wîsen*, die Erfahrenen. — *den êre was bekant*, die sich darauf verstanden, was feine Sitte war. — 4 *beidiu* mit *unde*, zwei Begriffe verbindend, unser «sowohl — als auch».

26, 1 *in der sterke*, in solcher Kraft, besaß solche Kraft. — *wâfen truoc*, im Stande war die Waffen zu führen; er besaß nun das rittermäßige Alter. — 2 *swes* gen. von *swaz* (aus *sô waz*), was nur immer. — *dar zuo*, zu den Waffen, zu Führung der Waffen. — *des lag an im genuoc*, das war in genügendem Maße in ihm vorhanden. — 3 *mit sinnen*, mit Verstand. — *werben* mit acc. oder *umbe*, werben um. — 4 *trûten* præt. von *triuten*, lieben. — *mit êren*, es gereichte ihnen zur Ehre, machte ihnen keine Schande.

27, 1 *man* dat. pl. — 2 *hôhgezîte*, kann pl. von *hôhgezît*, aber auch sing. acc. sein. *hôhgezît* und *hôhzît*, andere Schreibung für *hôchgezît*, *hôchzît*. — *vriwenden* von *vriwent*, gewöhnlich *vriunt*, Freund, Verwandter. —

diu mære man dô fuorte in ander künege lant.
den vremden und den kunden gab er róss únd gewant.

28 Swâ man vant deheinen der ritter solde sîn 29
von art der sînen mâge, diu edelen kindelîn (27)
diu ladet' man zuo dem lande durh die hôhgezît:
mit dem jungen künege swert genâmén sie sît.

29 Von der hôhgezîte man möhte wunder sagen. 30
Sigemunt unde Sigelint die mohten wol bejagen (28)
mit guote michel êre: des teilte vil ir hant.
des sah man vil der vremden zuo z'in rîten in daz lant.

30 Vier hundert swertdegene die solden tragen kleit 31
samet Sîvrîde. vil manec scœniu meit (29)
von werke was unmüezec, wan sie im wâren holt:
vil der edelen steine die frouwen leiten in daz golt,

31 Die sie mit porten wolden wurken ûf ir wât 32
den jungen stolzen recken: des newas niht rât. (30)
der wirt der hiez dô sidelen vil manegen küenen man,
z'einen sunewenden, dâ Sîvrit ritters namen gewan.

27, 3 *mære* stn., Kunde, Nachricht. — *fuorte*, führte hinaus, verbreitete; dies geschah durch die ausgesendeten Boten. — 4 *kunden*, nom. *kunde*, die Einheimischen.

28, 1 *Swâ*, wo immer. — *dehein*, irgendein. — 2 *art*, Geschlecht. — *mâc* stm., Verwandter; *der sînen mâge*, seiner Verwandten; *der*, im Mhd. vor dem Pronomen possess. häufig, für uns entbehrlich. — *edelen*, edelgebornen. — *kindelîn*, junge Männer, Knappen. — 4 *swert genâmen*, wurden zu Rittern geschlagen, wobei die Hauptceremonie in der Ertheilung des Schwertes bestand. — *sît*, nachher.

29, 2 *mohten*, konnten. — *bejagen*, erringen. — 3 *michel*, groß. — *des*, des Gutes. — *teilte*, theilte aus. — 4 *zuo z'in*, die Præposition steht zweimal: zu ihnen.

30, 1 *swertdegene*, die zu Rittern geschlagenen jungen Männer. — *tragen kleit*, Kleider bekommen; dieselben wurden von dem Festgeber (hier Sigemund) geschenkt. — 2 *samet* præp., mit, sammt. — 3 *von werke*, mit Arbeit. — *unmüezec*, sehr beschäftigt. — *wan*, verkürzt aus *want*, *wande*, weil, denn. — *im*, Siegfried. — 4 *leiten* aus *legeten*, legten. Edelsteine in Gold legen, d. h. namentlich die goldenen Borten, Besätze mit Edelsteinen schmücken.

31, 1 *porte* = *borte* swm., Borte, Band von Seide und Golddraht. — *wât* stf., Kleid, Kleidung; *ir* bezieht sich auf *recken* (2). — 2 *des newas niht rât*, dessen war keine Abhilfe, das war nicht zu umgehen, war nothwendig. — 3 *sidelen* swv., Sitze errichten; es wurden Bänke aufgeschlagen, weil die gewöhnlichen Stühle und Bänke nicht ausreichten. — *manegen man* dat. pl., für manche Männer. — 4 *ze*, bei, an. — *sunewende*, Sonnenwende; hier dat. pl., wir müssen nhd. den Singular brauchen. — *dâ*, wo.

32 Dô gie zę einem münster vil manec richer kneht 33 (31)
und manec edel ritter. die wîsen heten reht
daz sie den tumben dienden, als in was ê getân.
sie heten kurzwîle und ouch vil maneger vreuden wân.

33 Gote man dô zen êren eine messe sanc. 34 (32)
dô huop sih von den liuten vil michel der gedranc,
dâ sie ze ritter wurden nâh ritterlîcher ê
mit alsô grôzen êren, daz wætlîch immer mêr ergê.

34 Sie liefen dâ sie funden gesatelt manec marc. 35 (33)
in hove Sigemundes der bûhurt wart sô starc
daz man erdiezen hôrte palas unde sal.
die hôhgemuoten degene die heten grœzlîchen scal.

35 Von wîsen und von tumben man hôrte manegen stôz, 36 (34)
daz der scefte brechen gein den lüften dôz.
trunzûne sach man vliegen für den palas dan
von maneges recken hende: daz wart mit vlîzé getân.

36 Der wirt der bat ez lâzen: dô zôch man dan diu marc. 37 (35)
man sach ouch dâ zebrochen vil manege buckel starc,

32, 1 *gie* = *gienc.* — *kneht*, Knappe, der noch nicht zum Ritter geschlagene adeliche junge Mann. — 2 *die wîsen*, die Bejahrten, entgegengesetzt *den tumben*, den Jungen; die ältern Ritter leisteten an diesem Tage den Ritter werdenden Dienst. — 3 *in*, ihnen, den *wîsen.* — *getân*, vertritt das Verbum *dienen*, wie ihnen früher gedient worden war. — 4 *wân* stm., Hoffnung, Erwartung.

33, 1 *zen êren*, zu Ehren; der Artikel (*zen* = *ze den*) ist für uns entbehrlich; auch mhd. heißt es daneben *ze êren.* — 2 *huop sih*, erhob sich. — *gedranc* stm., Gedränge. — 3 *ê* stf., Recht, Gesetz. — 4 *wætlîch* adv., vielleicht, vermuthlich; in negativen Sätzen: so leicht. Die Negation muß hier wie mhd. häufig in Sätzen mit *daz* ergänzt werden; *immer mêr*, nimmer mehr. — *ergê*, geschehen möchte: *daz* (für *dazz*, *daz ez*), daß es so leicht nimmer mehr geschehen möchte.

34, 1 *dâ*, dorthin wo = *dar dâ.* — *marc* stn., Streitroß, Turnierroß. — 2 *bûhurt* stm., das ritterliche Zusammenrennen zu Pferde. — 3 *erdiezen* stv., ertosen, wiederhallen. — *palas* stm., der Hauptbau der mittelalterlichen Hofburg, in welchem die Gesellschaftsräume sich befanden. — 4 *hôhgemuot*, hochstrebend. — *heten*, verursachten. — *grœzlîch*, sehr groß. — *scal* = *schal* stm., Lärm.

35, 1 *stôz*, Zusammenstoß. — 2 *scefte*, die Lanzenschäfte, der hölzerne Theil der Lanze. — *gein den lüften*, in die Lüfte empor; *gein* aus *gegen.* — *dôz* præt. von *diezen* (zu 34, 3), tönen. — 3 *trunzûn* stm., Lanzensplitter, französisch *tronçon.* — *für den palas*, den Palas entlang, am Palas vorbei. — *dan*, von dannen, fort. — 4 *hende* dat. sing. von *hant.* — *mit vlîze*, mit Eifer.

36, 1 *lâzen*, unterlassen: er bat, dem Ritterspiele ein Ende zu machen. — *zôch dan*, führte fort, in den Stall. — 2 *buckel* stf., die Erhöhung in der Mitte des Schildes auf der Außenseite. —

vil der edelen steine gevellet ûf daz gras
ab liehten schildes spangen: von hurte daz gescehen was.

37 Dô giengen 's wirtes geste dâ man in sitzen riet. 38
vil der edelen spîse sie von ir muede sciet (36)
und wîn der aller beste, des man in vil getruoc.
den vremden und den kunden bôt man êren dâ genuoc

38 Swie vil sie kurzwîle pflâgen al den tac, 39
vil der varender diete ruowe sich bewac: (37)
sie dienden nâch der gâbe die man dâ riche vant.
des wart mit lobe gezieret allez Sigemundes lant.

39 Der herre hiez lîhen Sivrit den jungen man 40
lánt únde bürge, als er het ê getân. (38)
sînen swertgenôzen den gap dô vil sîn hant:
dô liebet' in diu reise, daz sie kómen in daz lant.

40 Diu hôhgezît werte unz an den sibenden tac. 41
Sigelint diu riche nâch alten siten pflac (39)
durch ir sunes liebe teilen rôtez golt.
siu kunde'z wol gedienen daz im die liute wâren holt.

41 Vil lützel man der varnder ármén dâ vant. 42
róss únde kleider daz stoup in von der hant. (40)

36, 3 *gevellet*, gefällt, hingeworfen. — 4 *ab* præp., von. — *lieht* adj., leuchtend. — *spange*, das Band, womit der Schild am Arme befestigt wurde; dasselbe war mit Edelsteinen besetzt. — *hurte* stf., Zusammenrennen. — *daz*, das Zerbrechen der Buckel und Herabfallen der Steine.

37, 1 *in sitzen riet*, sie sitzen hieß. — 2 *muede* stf., Müdigkeit. — *sciet*, schied, trennte, befreite. — 3 *getruoc*, herbeibrachte. — 4 *êren* gen. pl., von *genuoc* (substantivisch gebrauchtes Neutrum) abhängig.

38, 1 *kurzwîle* gen. von *pflâgen* abhängig. — *al den tac*, den ganzen Tag. — *varndiu diet*, oder *die varnden* (41, 1), das herumziehende Volk der Spielleute, die sich bei solchen Festen haufenweise einfanden. — *ruowe* stf., Ruhe. — 3 *sie*, die *varnden*. — *dienen nâch*, dienen, um etwas zu erreichen.

39, 1 *Der herre*, Sigemund. — *lîhen*, als Lehen ertheilen. — 2 *er*, Sigemund. — 3 *swertgenôze*, die mit Siegfried Ritter gewordenen Knappen. — 4 *liebet'*, war angenehm.

40, 1 *werte* præt. von *wern*, währen, dauern. — 2 *pflac teilen*, theilte fortwährend aus. — 3 *rôt*, ein gewöhnliches Beiwort des Goldes. — 4 *gedienen*, verdienen.

41, 1 *lützel*, substantivisch gebrauchtes Neutrum des Adjectivums, wenig, mit gen. — *der varnder*, die starke Form des Adjectivums nach dem Artikel. — *armen*, der Singular in collectivem Sinne. — 2 *stoup* præt. von *stieben*, stob, flog.

sam sie ze lebene hêten niht mêr deheinen tac.
ich wæn' ie ingesinde sô grôzer milté gepflac.

42 Mit lobelichen êren sciet sich diu hôhgezît. 43
von den richen herren hôrte man wol sit (41)
daz sie den jungen wolden z'eime herren hân:
des engerte niht her Sivrit, der vil wǽtlîche man.

43 Sit daz noch beide lebeten, Sigmúnt und Sigelint, 44
niht wolde tragen krône ir beider liebez kint: (42)
doch wold'er wesen herre für allen den gewalt
des in den landen vorhte der degen küen' ünde balt.

41, 3 *sam*, als ob, mit conj. — 4 *ie*, auch hier die Negation ausgelassen, für *nie*. — *ingesinde* stn., die zum Hofe gehörigen Mannen, nicht nur die niedere Dienerschaft. Auch diese theilten ihre Geschenke aus. — *milte* stf., Freigebigkeit. — *gepflac* mit gen., ausübte.

42, 1 *sciet sich*, gieng auseinander, endete. — 2 *herren* sind die großen Vasallen des Reichs. — *hôrte man*, hörte man äußern. — 3 *den jungen*, den jungen Mann, Siegfried. — *z'eime herren*, zum Herrn; auch hier ist der Artikel für uns entbehrlich. — 4 *gerte*, begehrte (inf. *gern*), mit gen.

43, 1 *Sit daz*, causal, da. — 3 *für* bezeichnet die Abwehr: er wollte Herr sein zur Abwehr aller Gewaltthätigkeit: wiewohl nicht dem Namen nach König, übte er doch thatsächlich Herrschergewalt aus. — 4 *des* gen., abhängig von *vorhte*, præt. von *vürhten*. — *balt* adj., kühn, muthig.

III. ÂVENTIURE,

WIE SÎFRIT ZE WORMZE KOM.

Siegfried vernimmt von Kriemhildens Schönheit und beschließt um sie zu werben. Seine Eltern versuchen ihm abzureden; da er aber auf seinem Willen besteht und nöthigenfalls die Jungfrau mit Gewalt zu erwerben denkt, so wird er mit elf Begleitern herrlich ausgerüstet. Am siebenten Morgen kommen sie nach Worms, wo sie niemand kennt, bis Hagen herbeigerufen wird und den Fremden für Siegfried erklärt, indem er zugleich von seinen Thaten erzählt. Ehrenvoll aufgenommen, gibt er als Zweck seiner Fahrt an, er wolle Gunther sein Land abkämpfen. Doch lässt er sich besänftigen und bleibt ein Jahr am Hofe, ohne jedoch Kriemhild zu sehen.

---

44 Den herren muoten selten deheinin herzen leit. 45
er hôrte sagen mære wie ein scœniu meit (44)
wære in Búrgónden, ze wunsche wol getân;
von der er sit vil vreuden und ouch arebeit gewan.

45 Diu ir unmâzen scœne was vil witen kunt, 46
und ir hôhgemüete zuo der selben stunt (45)
an der juncfrouwen sô manec helt ervant:
ez ladete vil der geste in daz Gúnthéres lant.

46 Swaz man der wérbénden nâh ir minne sach, 47
Kriemhilt in ir sinne ir selber nie verjach, (46)

44, 1 *Den herren*, Siegfried. — *muoten* præt. von *müejen*, kränken. — *selten*, mit leichter Ironie, soviel wie niemals. — *herzen leit*, Leiden des Herzens (*herzen* gen.). — 3 *ze wunsche*, wie man nur wünschen konnte. — *wol getân*, wohl beschaffen, schön. — 4 *arebeit* stf., Mühe, Noth, in *ouch* liegt ein Gegensatz: und auf der andern Seite.

45, 2 *hôhgemüete* stn., hohe Gesinnung. — *stunt* stf., Zeit. — 4 *ez*, entweder auf *hôhgemüete* oder besser auf den ganzen vorhergehenden Satz zu beziehen: der Umstand, daß sie so schön und hochgesinnt war. — *daz*, für uns pleonastisch; vor einem Eigennamen im Genetiv im Nibelungenliede häufig.

46, 1 *Swaz* mit gen., wieviel auch. — *nâh*, zu *werbenden* gehörig. — 2 *ir* (das zweite) dat., sich selbst. — *verjach* præt. von *verjehen*, gestand zu, räumte ein. —

daz siu deheinen wolde z'eime trûte hân.
er was ir noch vil vremde, dem siu wart sider undertân.

47 Do gedâht' ûf hôhe minne daz Sigelinde kint. 48
ez was ir aller werben wider in ein wint. (47)
er mohte wol verdienen scœner frouwen lîp.
sît wart diu edele Kriemhilt des küenen Sivrides wîp.

48 Im rieten sîne mâge und genúoge sîne man, 49
sît er ûf stæte minne tragen wolde wân, (48)
daz er dan eine wurbe diu im möhte zemen.
dô sprach der küene Sivrit: «sô wil ich Kriemhilden nemen,

49 Die scœnen juncfrouwen von Burgonden lant 50
durch ir unmâzen scœne. daz ist mir wol bekant, (49)
nie keiser wart sô rîche, der wolde haben wîp,
im zæme wol ze minnen der rîchen küneginne lîp.»

50 Disiu selben mære gehôrte Sigemunt. 51
ez reiten sîne liute: dâ von wart im kunt (50)
der wille sînes kindes was im harte leit,
daz er werben wolde die vil hêrlichen meit.

51 Ez gevriesc ouch Sigelint, des edelen küneges wîp. 52
siu hete grôze sorge umbe ir kindes lîp, (51)
wan siu wol erkande Gunthérn und sîne man.
den gewérp mán dem degene sêre léidén began.

46, 3 *z'eime*, vgl. zu 42, 3. — *trût* stm., Geliebter. — 4 *er*, derjenige. — *sider*, was *sît* und *sint*, nachher, später.

47, 1 *hôhe minne*, Minne zu einer hochstehenden hochgebornen Jungfrau. 2 *wider in*, im Vergleich mit ihm. — *ein wint*, etwas Geringfügiges, ein Nichts.

48, 1 *genuoge sîne man*, nhd. viele seiner Mannen. — 2 *sît*, causal, da. — *stæte*, beständig, treu. — *wân* stm., Absicht; da er auf treue Liebe denken wollte. — 3 *zemen* stv., geziemen, angemessen sejn; in Hinsicht auf edle Geburt. — 4 *sô*, Nachsatz, zu welchem der Vordersatz leicht zu ergänzen ist.

49, 3. 4 niemals ward ein Kaiser so mächtig, wenn er ein Weib haben wollte, daß ihm nicht wohl ziemte zu lieben die mächtige Königin. — 4 *im zæme* = *in enzæme*.

50, 2 *reiten*, contrahiert aus *redeten*. — *sîne liute*, seine Dienerschaft. — 3 *der wille* ist Subject zweier Sätze, der Verba *wart* und *was*. — *harte* adv. von *herte*, sehr.

51, 1 *gevriesc* præt. von *gevreischen*, erfahren. — 2 *lîp*, hier Leben. — 3 *erkande*, kannte. — 4 *gewerp* stm., Werbung. — *leiden* swv., verleiden.

52 Dô sprach der küene Sîvrit: «vil lieber vater mîn, 53
ân' edeler frouwen minne wold' ich immer sîn, (52)
ih enwurbe dar mîn herze vil grôze liebe hât.
swaz iemen reden kunde, des ist deheiner slahte rât.»

53 «Unt wil du niht erwinden», sprach der künec dô, 54
«sô bin ich dînes willen wærlîchen vrô, (53)
und wil dir'z helfen enden, sô ich aller beste kan.
doch hât der künec Gunther vil manegen hôhférten man.

54 Ob ez ander niemen wære wan Hagene der degen, 55
der kan mit übermüete der hôhverte pflegen, (54)
daz ich des sêre fürhte, ez müg' uns werden leit,
ob wir werben wellen die vil hêrlîchen meit.»

55 «Waz mag uns daz gewerren?» sprach dô Sivrit.
«swaz ich friwentlîche niht ab in erbit,
daz mac sus erwerben mit ellen dâ mîn hant.
ich trouwe an im erdwingen beidiu liut unde lant.»

56 Dô sprach der fürste Sigemunt: «dîn rede diu ist
mir leit.
wan würden disiu mære ze Rîne geseit,
dune dörftest nimmer gerîten in daz lant.
Gunther unde Gêrnôt die sint mir lange bekant.

57 Mit gewalte niemen erwerben mac die magt»,
sô sprach der künec Sigemunt: «daz ist mir wol gesagt.

52, 3 [illegible] denn, daß ich werbe [illegible] wen [illegible] werben sollte [illegible], wohin sich die Zuneigung meines Herzens richtet. — 4 [illegible], konnte, [illegible] Art, Weise, das ist in keiner Weise zu [illegible], ich werde von meiner Absicht nicht lassen.
53, 2 [illegible] 2. pers. für [illegible], ablassen, abstehen [illegible] *lîchen* adv., in Wahrheit, aufrichtig [illegible] wie [illegible] adv., aufs beste. [illegible], eine [illegible] Wendung [illegible] *hôchvertec* adj., hoffärtig, stolz.
54, 1 *ander niemen*, niemand anders [illegible] als [illegible] Übermuth [illegible] solcher [illegible] von *hôhvart*. [illegible], wollen.
55, 1 [illegible] stv., hinderlich sein. — 2 [illegible] adv., freundschaftlich, im Guten. — 3 [illegible], sonst, auch ohne das. — 4 [illegible], sich getrauen. — *erdwingen*, gewöhnlich [illegible] etwas an einem, jemand etwas abzwingen; abnöthigen.
56, 2 [illegible] conj., würden. — *ze Rîne*, am Rheine. — [illegible] contrahiert aus *gesaget*, wie *meit* aus *maget* u. s. w. — 4 [illegible], seit langer Zeit.
57, 1 [illegible] durch Metathesis für [illegible]

wil aber du mit recken riten in daz lant,
ob wir iht haben vriwende, die werdent sciere besant.»

58 «Des enist mir niht ze muote», sprach aber Sivrit, 59
«daz mir sulen recken ze Rîne volgen mit (58)
durh deheine hervart (daz waere mir vil leit),
dâ mit ich solde ertwingen die vil hêrlichen meit.

59 Sie mac wol sus erwerben dâ mîn eines hant. 60
ich wil selbe zwelfte in Gúnthéres lant. (59)
dar sult ir mir helfen, vater Sigemunt.»
dô gap man sinen degenen ze kleidern grâ unde bunt.

60 Do vernám ouch disiu maere sin muoter Sigelint. 61
siu begunde trûren umbe ir liebez kint: (60)
daz vorhte siu verliesen von Guntheres man.
diu edele küneginne vil sêre wéinen began.

61 Sivrit der herre gie dâ er sie sach; 62
wider sine muoter er güetlichen sprach: (61)
«frouwe, ir sult niht weinen durh den willen mîn.
jâ wil ich âne sorge vor allen wiganden sin.

62 Und helfet mir der reise in Burgonden lant, 63
daz ich und mine recken haben sölch gewant, (62)
daz alsô stolze helde mit êren mügen tragen.
des wil ich iu genâde mit triuwen waerlichen sagen.»

57, 4 *iht* mit gen. *vriwende*, etwas von Freunden, irgendwelche Freunde. — *besant* part. von *besenden*, holen lassen.

58, 1 *mir ist ze muote* mit gen., ich habe etwas im Sinne. — 2 *volgen mit*, begleiten. — 3 *hervart* stf., Kriegszug. — 4 *dâ mit*, wodurch, auf *hervart* bezüglich.

59, 1 *sus*, so, auf andere Weise, etwa. — 2 *selbe zwelfte*, selbzwölft, ich mit elf Genossen, eine kleine Ungenauigkeit, indem 64, 3. 161, 3. 197, 3 ihm zwölf Begleiter gegeben sind. Die andere Bearbeitung entfernt dieselbe, indem sie hier hat *mit zwelf gesellen*. — 3 *dar — helfen*, dahin verhelfen. — 4 *grâ*, Grauwerk, eine Art Pelzwerk, *bunt*, zweifarbiges Pelzwerk, romanisch *vair et gris*.

60, 1 *ouch* gehört zu *sîn muoter*. — 3 *man*, durch [illegible] ist wieder dat. pl.

61, 2 *wider*, zu. — *güetlichen* adv., freundlich. — 3 *durch den willen mîn*, um meinetwillen. — 4 *jâ*, fürwahr, wahrlich. — *wîgant*, altes Particip, der Kämpfer, der Held.

62, 1 *helfen* mit dat. der Person, gen. der Sache, jemand in etwas unterstützen. — *in*, nach. — 2 *daz*, die Hilfe soll darin bestehen, daß. — 3 *daz*, auf *gewant* bezüglich. — 4 *genâde* stf., Dank; eigentlich Verneigen. — *mit triuwen*, in treuer, aufrichtiger Gesinnung, aufrichtigen Dank.

63 «Sît du niht wil erwinden», sprach frou Sigelint, 64
«sô hilf' ich dir der reise, mîn einigez kint, (63)
mit der besten wæte, die ritter ie getruoc,
dir und dînen gesellen: ir sult ir füerén genuoc.»

64 Dô neic der küneginne Sîvrit der junge man. 65
er sprach: «ih wil zer verte niemen mêre hân (64)
niwan zwelef recken: den sol man prüeven wât.
ich wil daz sehen gerne wie'z umbe Kriemhilde stât.»

65 Dô sâzen scœne frouwen náht únde tac, 66
daz lützel ir deheiniu rúowé gepflac, (65)
unze man geworhte die Sîvrides wât.
er wolde sîner reise haben deheiner slahte rât.

66 Sîn vater hiez im zieren sîn ritterlich gewant, 67
dâ mit er wolde rûmen daz Sigemundes lant, (66)
und ir vil liehten brünneje die wurden ouch bereit,
und ir vesten helme, ir schilde scœ́n' únde breit.

67 Dô nâhet' in ir reise zen Búrgónden dan. 68
um sie begunde sorgen wîp únde man, (67)
ob si immer komen solden heim wider in daz lant.
die helde in hiezen soumen beide wâfen und gewant.

68 Ir ros diu wâren scœne, ir geréite goldes rôt. 69
lebt' iemen übermüeter, des enwas niht nôt (68)

63, 2 *einic* adj., einzig. — 3 *wæte* dat. sing. von *wât*. — 4 *geselle* swm., Begleiter. — *ir füeren genuoc*, ihrer (der Kleidung) genug mit euch nehmen.

64, 1 *neic* prät. von *nîgen*, sich verneigen, mit dat. vor jemand. — 2 *verte* dat. von *vart*, Fahrt, Reise. — 3 *niwan*, außer, als, was *wan* (zu 54, 1). — *zwelef*, die ursprüngliche Form von *zwelf*. — *prüeven* swv., zurecht machen. — 4 *sehen*, versuchen, erforschen.

65, 2 *lützel*, hier in adverbialem Sinne; doch kann man auch *deheiniu* davon abhängig machen. — 3 *geworhte*, von *wurken*, bereiten. — 4 *haben rât* mit gen., auf etwas verzichten.

66, 2 *dâ mit*, auf *gewant* bezüglich. — *rûmen*, räumen, verlassen. — 3 *brünneje*, gewöhnlich *brünne* stf., Brustharnisch.

67, 1 *dan* mit *reise* zu verbinden: ihre Abreise von dort, *zen Burgonden* bezeichnet das Ziel der *reise*: nach Burgund. — 2 *um*, verkürzt aus *umb*, *umbe*. — 3 *immer*, jemals. — 4 *in*, für sich. — *soumen* swv., aufladen (auf die *soume*, *soumære*).

68, 1 *gereite* stn., Reitzeug, Pferdegeschirr. — *goldes rôt*, roth von Gold. — 2. 3 wenn jemand übermüthiger war als Siegfried und seine Mannen, so war das unnütz; niemand hatte mehr Ursache übermüthig zu sein als er.

denne wære Sivrit und die sîne man.
urloubes er dô gerte zuo den Burgonden dan.

69 In werten trûreclîchen der künec und sîn wîp. 70
er trôste minneclîchen dô ir beider lîp. (69)
er sprach: «ir sult niht weinen durch den willen mîn:
immer âne sorge sult ir mînes lîbes sîn.»

70 Ez was leit den recken, ez weinte ouch manec meit. 71
ich wæn' in het ir herze rehte daz geseit, (70)
daz in sô vil der friwende dâ von gelæge tôt.
von sculden sie dô klageten: des gie in wærliche nôt.

71 An dem sibenden morgen ze Wormez ûf den sant 72
riten die vil küenen. allez ir gewant (71)
was von rôtem golde, ir geréite wol getân.
ir ross in giengen ebene, des küenen Sivrides man.

72 Ir schilde wâren niuwe, lieht únde breit, 73
und vil scœne ir helme, dâ ze hove reit (72)
Sivrit der vil küene in Gúnthéres lant.
man gesach an heleden nie sô hérlich gewant.

73 Diu ort ir swerte giengen nider ûf die sporn: 74
ez fuorten scarpfe gêren die ritter ûz erkorn. (73)
Sivrit der fuort' ir einen wol zweier spannen breit,
der ze sînen ecken vil harte vreislichen sneit.

68, 3 *wære*, weil der Dichter diesen Fall für unwahrscheinlich hält, so steht auch in dem Satze mit *denne* (als) der Conjunctiv. — 4 *urloup* stm., Erlaubniss zu gehen. — *zuo den*, das Ziel des Gehens (zu 67, 1).

69, 1 *werten* præt. von *wern*, mit acc. der Person, gen. der Sache, jemand etwas gewähren. — 2 *trôsten*, infin. *trœsten*. — *minneclîchen*, liebreich. — 4 *mînes lîbes*, abhängig von *sorge*: um mein Leben.

70, 1 *ez weinte*, darüber weinte; *weinen* mit acc. — 3 *dâ von*, infolge dessen. — *gelæge*, liegen sollte. — 4 *von sculden*, mit Recht. — *mir gât nôt* mit gen., ich habe etwas nöthig, ich habe Ursache zu etwas.

71, 1 *sant*, Ufersand, Ufer; dazu gehört *ze Wormez*. — 4 *ebene* adv., sanft. — *man* dat. pl., der durch das vorausgeschickte *in* (ihnen) angedeutet ist.

72, 1 *niuwe* adj., neu. — 2 *ze hove*, an den Hof des Königs, in die Königsburg. — 4 *sô*, wie sie es trugen.

73, 1 *ort* stn., Spitze; *swerte* ist gen. pl. — 2 *gêren* swm., gewöhnlich *gêr* stm., Wurfspieß. — 3 *ir einen*, einen der Wurfspieße. — 4 *ze*, an. — *ecke* stf., Schneide. — *vreislîchen* adv., schrecklich. — *sneit* præt. von *snîden*.

74 Die goltvarwen zoume fuorten s' an der hant, 75
sidînin fürbüege: sus kômen s' in daz lant. (74)
daz volc sie allenthalben kapfen an began:
dô liefen in engegene vil der Gunthêres man.

75 Die hôhgemuoten recken, ritter unde kneht, 76
die giengen zuo den herren (daz was michel reht) (75)
und enpfiengen dise geste in ir herren lant,
und nâmen in die mœre mit den schilden von der hant.

76 Diu ros sie wolden dannen ziehen an gemach. 77
Sivrit der vil küene, wie snelle er dô sprach: (76)
«lât uns stên die mœre, mir und mînen man.
wir wellen sciere hinnen: des ich guoten willen hân.

77 Swem sin kunt diu mære, der sol mich niht verdagen, 78
wâ ich den künec vinde, daz sol man mir sagen, (77)
Gunthern den vil rîchen ûz Burgonden lant.
dô sagete'z im ir einer dem ez rehte was bekant.

78 «Welt ir den künic vinden, daz mac vil wol geschehen. 79
in jenem sale witen hân ich in gesehen (78)
bi den sînen helden. dâ sult ir hine gân;
dâ muget ir bi im vinden manegen hêrlîchen man.»

79 Nu wâren dem künige diu mære geseit 80
daz dâ komen wæren ritter vil gemeit, (79)
die fuorten wîze brünne und hêrlich gewant:
sin' erkande niemen in der Burgonden lant.

74, 1 *goltvar* adj., gen. *goltvarwes*, goldfarbig. — 2 *fürbüege* stn., Brustriemen der Pferde. — *kômen* præt. pl. von *komen*, auch *kâmen*, *quâmen*, letzteres die ursprüngliche Form. — 3 *kapfen* swv., gaffen. — 4 *man* gen. pl.

75, 2 *herren* sind die Ankommenden. Den Gästen entgegenzugehen forderte die Sitte; darauf bezieht sich die Parenthese. — 4 *mœre* pl. von *mör*, ursprünglich wohl ein schwarzes Pferd bezeichnend, dann überhaupt Ross, namentlich zur Reise. — *mit*, sammt, soviel wie *und*.

76, 1 *an gemach*, wo sie (die Rosse) ruhen konnten, ihre Bequemlichkeit hatten. — 2 *wie*, ausrufend — 4 *hinnen*, fort von hier. — *des*, dazu (zu dem baldigen Fortreiten) habe ich guten Willen, es ist meine ernste Absicht.

77, 1 *verdagen* swv. mit acc. der Person (und Sache), verschweigen. — 2 *wâ*, wo. — *vinde*, finden kann.

79, 1 *Nu*, während der Zeit. — 2 *gemeit* adj., fröhlich, lebensfroh. — 3 *fuorten* wie *erkande* (4) ist conj. im Sinne der Berichtenden. — *wîz*, weiß: Beiwort der *brünne* wegen ihres hellen Glanzes. — 4 *erkande*, kannte.

80 Den künec des hete wunder, von wannen kœmen dar 81
die hêrlichen recken in wæte lieht gevar (80)
und mit sô guoten scilden, niuwe unde breit.
daz im daz sagte niemen, daz was Gúnthére leit.

81 Des ántwúrt' dem künege von Metzen Ortwin 82
(rîch únde küene moht' er wól sîn) (81)
«sît wir ir niht erkennen, sô sult ir heizen gân
nâch mînem œheim Hagenen: den sult ir sie sehen lân.

82 Dem sint kunt diu rîche und ouch diu vremden lant. 83
sint im die herren künde, daz tuot er uns bekant.» (82)
der künec bat in bringen unde sîne man:
man sach in hêrliche mit recken hin ze hove gân.

83 Waz sîn der künec wolde, des vrâgte Hagene. 84
«ez sint in mîme hûse unkünde degene, (83)
die niemen hie bekennet: habt ir si ie gesehen,
des sult ir mir, Hagene, der rehten wârheite jehen.»

84 «Daz tuon ich», sprach Hagene: z'eim' venster er dô gie, 85
sîn ouge er dô wenken zuo den gesten lie. (84)
wol behágte im ir geverte und ouch ir gewant:
sie wâren im vil vremde in der Burgonden lant.

85 Er sprach, von swannen kœmen die recken an den Rîn, 86
ez möhten selbe fürsten oder fürsten boten sîn. (85)
«ir ros diu sint scœne, ir kleider harte guot.»
von swánnén sie füeren, «sie sint hôhé gemuot.»

80, 1 *mich hât wunder, eines dinges*, ich wundere mich über etwas. — 2 *lieht gevar*, lichtgefärbt, leuchtend. 4 *sagte*, sagen konnte.

81, 1 *Des antwurt'*, darauf antwortete; *antwurt'* aus *antwurtete* (aber mhd. immer syncopiert) mit gen., auf etwas antworten.

82, 2 *künde* adj., bekannt. — *tuot bekant*, theilt mit. — 4 *hêrlîche* adv., stattlich.

83, 1 Was der König von ihm wollte, begehrte. — *vrâgen* mit gen., nach etwas fragen. — 2 *unkunde*, fremde. — 4 *jehen* stV., sagen, mit gen. (*wârheite*), und von *wârheite* hangt *des* ab: die Wahrheit in Bezug darauf, ob ihr sie je gesehen habt. *reht*, gerade, unverfälscht.

84, 1 *eim'* aus *eineme*, *einme*, *eime* verkürzt. — 2 *wenken* swv., schweifen. — 3 *geverte* stn., Ausrüstung.

85, 1 *von swannen*, von wo auch. — *kœmen*, gekommen wären (conj. prät.). — 4 Übergang erst aus directer Rede (3) in indirecte (4^a) und dann wieder gleich in directe (4^b). — *hôhe* adv., hoch *hôhe gemuot* dem Sinne nach — *hôchgemuot*

86 Alsô sprach dô Hagene. «ich wil des wol verjehen, 87
swie ich Sîvrîden nie mêre habe gesehen, (86)
sô wil ich wol gelouben, swie ez dar umbe stât,
daz ez sî der recke, der dort sô hêrlîchen gât.

87 Er bringet niuwemære her in ditze lant. 88
die küenen Nibelunge sluoc des heldes hant. (87)
Schilbúnc und Nibelungen, diu rîchen küneges kint.
er frumte starkiu wunder mit sîner grôzen krefte sint.

88 Dâ der helt al eine ân' alle helfe reit, 89
er vant vor einem berge, daz ist mir wol geseit, (88)
bî Nibelunges horde vil manegen küenen man:
die wâren im ê vremde, unz er ir kunde dâ gewan.

89 Hort der Nibelunges der was gar getragen 90
ûz eime holn berge. nu hœret wunder sagen, (89)
wie in wolden teilen der Nibelunge man:
daz sach der degen Sîvrit: den helt es wündern began.

90 Er kom zuo z'in sô nâhen daz er die helde sach 91
und ouch in die degene. ir einer drunder sprach: (90)
«hie kumet der starke Sîvrit, der helt von Niderlant.»
vil séltsǽniu mære er an den Nibelungen vant.

91 Den recken wol enpfiengen Scilbúnc und Nibelunc. 92
mit gemeinem râte die edelen fürsten junc (91)
den scaz in bâten teilen, den wætlîchen man,
und gerten des mit vlîze: der herre loben in'z began.

86, 1 *ich wil*, ich habe Lust, dient hier und 86, 3 wie öfter nur zur Umschreibung des Conjunctivs: ich möchte wohl glauben. — 2 *swie*, obgleich, mit conj. — *nie mêre*, überhaupt nie. — 3 *swie ez*, wie auch immer: wie es sich damit auch verhalte, wie es auch zu erklären sei. 4 *daz*, hängt sowohl von *verjehen* als von *gelouben* ab.

87, 1 *niuwemære*, Neuigkeiten. — *ditze* neutr. von *diser*, dieser.

88, 1 *helfe* stf., Hilfe; seltener *hilfe*. — 3 *horde* dat. von *hort*, Schatz. — 4 *die*, mit Beziehung auf das collective *manegen man*. — *kunde gewinnen* mit gen., etwas oder jemand kennen lernen.

89, 1 *Hort der*, die Nachsetzung des Artikels, wenn auf denselben ein Genetiv oder Adjectiv folgt, ist im Nibelungenliede häufig. — 2 *hol* adj., hohl. — 4 *mich wundert* mit gen., ich wundere mich über, vgl. zu 80, 1.

90, 2 *ir einer drunder*, einer von ihnen darunter, *ir* oder *drunder* ist für uns pleonastisch. — 4 *seltsæne* adj., seltsam. — *vant*, erfand, erfuhr; lernte kennen.

91, 2 *gemeine*, allgemein, gemeinsam. *mit gemeinem râte*, mit gemeinsamem Beschlusse. 4 *mit vlîze*, eifrig. — *loben*, einem etwas, geloben. — *begunnen* dient hier wie häufig nur zur Umschreibung des Verbums.

92 Er sach sô vil gesteines, sô wir hœren sagen, 93
hundert kanzwägene ez möhten niht getragen; (92)
noch mê des rôten goldes von Nibelunge lant:
daz sold' in allez teilen des küenen Sîvrides hant.

93 Dô gâben si im ze miete daz Nibelunges swert. 94
sie wâren mit dem dienste vil übele gewert, (93)
den in dâ leisten solde Sîvrít der hélt guot.
er'n kunde'z niht verenden: sie wâren zórnéc gemuot.

94 Sie heten dâ ir friwende zwélf küener man, 95
daz starke risen wâren: waz kunde'z sie vervân? (95)
die sluoc sit mit zorne diu Sîvrides hant,
und recken siben hundert dwang er von Nibelunge lant

95 Mit dem guoten swerte, daz hiez Balmunc. 96
durch die starken vorhte vil manec recke junc,
die sie zem swerte hêten und an den küenen man,
daz lant zuo den bürgen sie im tâten undertân.

96 Dar zuo die rîchen künege die sluog er beide tôt. 97
er kom von Albriche sit in grôze nôt. (96)
der wânde sîne herren rechen dâ zehant,
unz er die grôzen sterke sit an Sîvride vant.

97 Done kúnde im niht gestriten daz stárké getwerc. 98
alsam die lewen wilde sie liefen an den perc, (97)

92, 1 *sô wir*: *sô* bezieht sich nicht auf das erste *sô*, sondern leitet einen Zwischensatz ein: wie. Dem ersten sollte ein *daz* entsprechen (*daz ez möhten*), statt dessen ein unabhängiger Satz. — 2 *kanzwagen* stm., Rüstwagen. — 3 *mê*, mehr: des Goldes war noch mehr als der Steine.

93, 1 *miete* stf., Belohnung. — 2 mit dem Dienste, den ihnen Siegfried leisten sollte, war ihnen schlimm Gewähr geleistet; der Dienst hatte schlimme Folgen für sie. — 4 *verenden*, zu Ende führen. — *zornec*, über seine Theilung. — *gemuot*, gesinnt.

94, 1 *friwende* ist gen. pl. — *man*, ebenfalls gen. pl., von *zwelf* abhängig. — 2 *vervân*: *mich vervâhet* etwas, mir nützt etwas. — 4 *dwang*, gewöhnlich *twang*. — *von Nibelunge lant* mit *recken* zu verbinden.

95, 3 *die*, auf *vorhte* (stf., Furcht) bezüglich. — *zem swerte* und *an den man*, beides von *vorhte* abhängig: vor, gegenüber. — 4 *zuo*, sammt, mit, etwa soviel wie *und* (zu 75, 1). — *sie*, nimmt den Begriff *manec recke* (2) auf.

96, 1 *Dar zuo*, knüpft an 94, 3 an. — 2 *von*, durch. — 3 *wânde* praet. von *wænen*, glauben, hoffen. — *zehant*, auf der Stelle.

97, 1 *gestriten* mit dat. der Person, es im Streite mit jemand aufnehmen. — *getwerc* stn., der Zwerg. — 2 *lewe*, Löwe. — *perc*, gewöhnlich *berc*, und so oft im Anlaute *p* für *b*.

da er die tarnkappen sit Albrich ane gewan.
dô was der hordes herre Sîvrit der vreisliche man.

98 Die dâ torsten vehten, die lâgen alle erslagen. 99
den scaz den hiez er balde füeren unde tragen (100)
dâ in dâ vor dâ nâmen die Nibelunges man.
Albrich der vil starke dô die kameren gewan.

99 Er muos' im sweren eide, er diente im sô sîn knebt. 100
aller hande dinge was er im gereht. (99)
sô sprach von Tronege Hagene. «daz hât er getân:
alsô grôzer krefte nie mêr recke gewan.

100 Noch weiz ich an im mêre daz mir ist bekant. 101
einen lintrachen sluoc des heldes hant. (100)
er badet' sich in dem bluote: sîn hût wart hurnîn.
des snidet in kein wâfen: daz ist dicke worden scin.

101 Wir süllen den herren enpfâhen deste baz, 102
daz wir iht verdienen des jungen recken haz. (101)
sîn lîp der ist sô küene, man sol in holden hân:
er hât mit sîner krefte sô menegiu wunder getân.»

102 Dô sprach der künec riche: «du maht wol haben wâr. [illegible]
nu sich wie degenliche er stêt in strites vâr,
er und die sînen degene, der vil küene man.
wir sulen im engegene hin nider zuo dem recken gân.»

97, 3 *tarnkappe* swf., unsichtbar machender, verbergender Mantel. — *an* (*an*) *gewinnen*, *einem ein dinc*, jemand etwas abgewinnen, abringen. — 4 *dô*, da, als die Tarnkappe sein geworden.

98, 1 *torsten* prät. von *turren*, präs. *tar*, wagen, Muth haben. — 3 *dâ* (das erste) dorthin wo (oder woher); *dâ vor*, vorher; das dritte *dâ* verstärkt das erste. — *nâmen*, genommen, geholt hatten. — 4 *kamere* swf., Kammer; hier das Kammereramt (zu 11, 4): er wurde Hüter des Schatzes.

99, 1 *muose* prät. von *muoz*, wechselt mit *muoste*. — *diente* conj., wollte dienen. — 2 *gereht*, bereit; mit dat. der Person, gen. der Sache (zu etwas): *dinge*. — 4 der Genetiv *krefte* hängt von *mêr* ab.

100, 1 *daz* Relativum, was. — 2 *lintrache* swm., Landwurm, der erste Theil bezeichnet Schlange und hat mit Lande nichts zu thun. — 3 *hût* stf., Haut. — *hurnîn* adj., von Horn, hornen. — 4 *des*, daher.

101, 1 *baz* adv., besser. — 2 *iht* für *niht*, im Absichtssatze. — 3 *holden hân*, gewogen machen.

102, 1 *haben wâr*, Recht haben; *wâr* stn. — 2 *sich* imp. von *sehen*. — *degenliche*, ritterlich. — *vâr* stf., Trachten, Streben. — 4 *hin nider*, hinab.

103 «Daz mugt ir», sprach dô Hagene, «wol mit êren tuon. (103)
er ist von edelem künne, eins rîchen küneges sun.
er stêt in der gebære, mich dunket, wizze Krist,
ez ensîn niht kleiniu mære dar umb' er her geriten ist.»

104 Dô sprach der künec des landes: «nu sî uns willekomen. 103
er ist edel und küene, daz hân ich wol vernomen: (104)
des sol ouch er geniezen in Burgonden lant.»
dô gie der herre Gunther dâ er Sîvriden vant.

105 Der wirt und sîne recken enpfiengen sô den gast 104
daz in an ir zühten vil wênec iht gebrast. (105)
des begunde in nîgen der wætliche man,
daz sie in heten grüezen sô rehte scœ̂nê getân.

106 «Mich wundert dirre mære», sprach der künec zehant, 105
von wanne ir, edel Sîvrit, sît komen in ditze lant, (106)
oder wáz ir wellet werben ze Wormez an den Rîn.»
dô sprach der gast zem künege: «daz sol iuch unverdaget sîn.

107 Mir wart gesaget mære in mînes vater lant, 106
daz hie bî iu wæren (daz het ich gerne erkant) (107)
die küenísten recken (des hân ich vil vernomen),
die ie künec gewunne: dar umbe bin ich her bekomen.

108 Ouch hœre ich iu selben der degenheite jehen 107
daz man künec deheinen küener habe gesehen. (108)

103, 1 *mit êren*, daß es euch zur Ehre gereicht. — 2 *künne* stn., Geschlecht. — 3 *gebære* stf., Benehmen, Haltung. — 4 *kleiniu*, unbedeutend, geringfügig. — *mære*, hier Sache, Gegenstand.

104, 1 *sî*, soll er sein. — *nu* begründet. — 3 *geniezen* stv. mit gen., Nutzen von etwas haben.

105, 2 *zuht* stf., artiges Benehmen. — *vil wênic iht*, gar wenig etwas, d. h. gar nichts. — *gebrast* præt. von *gebresten*, gebrechen, mangeln. — 4 *grüezen*, abhängig von *getân*, als Substantiv gebrauchter Infinitiv, aber mit dem Adverbium *scône* und mit der Rection des Verbums (*in*). *grüezen tuon* = grüßen.

106, 2 *wanne* soviel als *wannen*. — 3 *werben*, ausrichten, betreiben; zugleich liegt darin ein Begriff der Bewegung, daher verbunden mit *an den Rîn:* was zu betreiben seid ihr an den Rhein gekommen. — 4 *unverdaget*, unverschwiegen, mit der Rection des Verbums (zu 77, 1).

107, 4 *gewunne*, gewonnen, besessen hätte. — *bekomen* stv., soviel als *komen*.

108, 1 *degenheit* stf., Tapferkeit. — *jehen*, zugestehen, *iu*, euch, *der degenheite* (gen.) solche Tapferkeit. — 2 *dehein* hier in negativem Sinne kein. —

des redent vil die liute über elliu disiu lant:
nune wil ich niht erwinden unz ez mir werde bekant

109 Ich bin ouch ein recke und solde krône tragen. 108
ich wil daz gerne fuegen daz sie von mir sagen (109)
daz ich habe von rehte liute unde lant
dar umbe sol min êre und ouch min houbet wesen pfant.

110 Nû ir sit sô küene, als mir ist geseit, 109
sone rúoche ich, ist ez iemen liep óder leit: (110)
ich wil an iu ertwingen swaz ir muget hân,
lánt únde bürge, daz sol mir werden undertân.»

111 Den künec hete wunder und sine man alsam 110
umbe disiu mære, diu er hie vernam, (111)
daz er des hete willen, er næme im sinin lant.
daz hôrten sine degene: dô wart in zurnén bekant.

112 «Wie het ich daz verdienet», sprach Gunther der degen, 111
«des min vater lange mit êren hât gepflegen, (112)
«daz wir daz solden vliesen von iemannes kraft?
wir liezen übele schinen daz wir ouch pflegen ritterschaft.»

113 «I'ne wil es niht erwinden», sprach aber der küene man. 112
«ez enmüge von dinen ellen din lant den fride hân, (113)
ich wil es alles walden: und ouch diu erbe min.
erwirbest du'z mit sterke, diu sulen dir undertænec sin.

108, 3 *über*, die Ausdehnung bezeichnend. — 4 *nu*, begründend.
109, 2 *fuegen*, bewerkstelligen, erreichen. — 3 *von rehte*, von Rechts wegen: weil ich auch persönlichen Muth habe. — 4 Ehre und Leben verpfändet er, setzt er zum Pfande: er will beides verlieren, wenn er unterliegt.
110, 1 *Nû*, da nun. — 2 *ruochen*, sich kümmern, mit einem abhängigen Satze.
111, 1 *alsam*, ebenso. — 2 *umbe*, wegen. — 3 *des* deutet wieder auf ein folgendes *daz*: statt dessen *er næme*. — 4 da geriethen sie in Zorn.
112, 3 *iemannes*, irgendjemandes. — 4 *liezen* conj.: wenn wir unser Erbgut verloren, so zeigten wir schlecht, bewiesen wir nicht, daß wir auch Ritterschaft üben. — *schinen*, sich zeigen.
113, 1 *I'ne* = *ich ne*, ich nicht. — 2 es sei denn, daß deine Kraft deinem Lande Schutz verleihe. — *dinen ellen*, entweder dat. pl., oder *dinen* für *dinem*. — 3 *walden* mit gen. (*es alles*), gebieten über; *es* bezieht sich auf *lant*. — *ouch*, andererseits. — 4 *du'z*, du es, nämlich daß sie dir unterthan werden.

114 Dîn erbe und ouch daz mîne sulen gelîche ligen. 113
sweder unser einer am andern mac gesigen, (114)
dem sol ez allez dienen, die liute und ouch diu lant.»
daz widerredete Hagene unde Gêrnôt zehant.

115 «Wir hân des niht gedingen», sprach dô Gêrnôt, 114
«daz wir iht lande ertwingen, daz iemen drumbe tôt (115)
gelige vor heldes handen. wir haben rîchiu lant:
diu dienent uns von rehte, ze niemen sint siu baz bewant.»

116 Mit grimmigem muote dâ stuonden friwende sîn. 115
dô was ouch dar under von Metzen Ortwîn; (116)
der sprach: «disiu suone ist mir harte leit.
iu hât der starke Sîvrit unverdienet widerseit.

117 Ob ir und iuwer bruoder hetet niht die wer, 116
und ob er danne fuorte ein ganzez küneges her, (117)
ih trûte wol erstrîten daz der küene man
diz starkez übermüeten von wâren schulden müese lân.»

118 Daz zurnde harte sêre der helt von Niderlant. 117
er sprach: «sich sol vermezzen niht wider mich dîn hant (118)
ich bin ein künec rîche, sô bistu küneges man:
jane dörften mich dîn zwelve mit strîte nimmêr bestân.»

114, 1 *gelîche ligen*, gleich stehen, als Kampfpreis. — 2 *sweder*, welcher von zweien; davon abhängig *unser*, *einer* ist nom. sing. zu *sweder*. — *gesigen an einem*, jemand besiegen. — 4 *widerreden* mit acc. der Sache, gegen etwas reden.

115, 1 *gedinge* swm., Absicht. — 2 *iht lande*, irgendwelche Lande. — *daz*, so daß. — 4 *bewant* von *bewenden*, *ein dinc ze —*, etwas bei jemand anbringen: sie sind bei niemand besser angebracht als bei uns.

116, 1 *friwende sîn*, der Artikel fehlt nach alterthümlicher Weise. — 3 *suone* stf., Sühne, Versöhnung. — 4 *widerseit* part. von *widersagen*, den Frieden aufkündigen.

117, 1 *bruoder* pl. neben *brüeder*. — *wer* stf., Vertheidigung, streitbare Mannschaft; *die*, die hinreichende. — 2 *küneges her*, Heer wie es einem Könige zukommt. — 3 *trûte* aus *trûwete*, von *triuwen*, *trouwen* (zu 55, 4). — *erstrîten*, durch Streit erringen. — 4 *übermüeten* swv., übermüthig sein. — *von wâren schulden*, mit vollem Rechte.

118, 1 *zurnde* præt. von *zurnen*, *zürnen* mit acc., über etwas zürnen. — 2 *vermezzen*, *sich*, sich anmaßen, sich erkühnen, *wider*, gegen jemand. — 3 *sô*, dagegen. — 4 *dîn zwelve*, deiner zwölf. — *mit strîte bestân*, streitend angreifen.

119 Nâch swerten rief dô sêre von Metzen Ortwin: 118
er mohte Hagenen swester sun von Tronege vil wol sin. (119)
daz der sô lange dagete, daz was dem künege leit.
dô understuond ez Gêrnôt, der ritter küen' ûnt gemeit.

120 Er sprach ze Ortwine: «lât iuwer zurnen stân: 119
uns enhât der herre Sivrit solhes niht getân. (120)
wir mügen'z noch wol sceiden mit zühten, dêst min rât,
und haben in ze friwende: daz uns noch lobelicher stât.»

121 Dô sprach der starke Hagene: «uns mac wol wesen leit, 120
allen dinen degenen, daz er ie gereit (121)
durch striten her ze Rine. er solde'z haben lân:
im heten mine herren sölher leide niht getân.»

122 Des antwurte Sivrit, der kréftige man: 121
«müet iuch daz, her Hagene, daz ich gesprochen hân, (122)
sô sol ich lâzen kiesen daz die hende min
wellent vil gewaldec hie zen Burgonden sin.»

123 «Daz sol ich eine wenden», sprach aber Gêrnôt. 122
allen sinen degenen reden er verbôt (123)
iht mit übermüete des im wære leit.
dô gedâhte ouch Sivrit an die vil hêrlichen meit.

124 «Wie zæme uns mit iu striten?» sprach aber Gêrnôt. 123
«swaz helde nu dar under müesen ligen tôt, (124)
wir heten's lützel êre und ir vil kleinen frum.»
des antwurte ime dô Sivrit, des künec Sigemundes sun:

119, 2 Zwei Genetive voneinander abhängig: der Sohn der Schwester Hagen's von Tronege. — 3 *der*, Hagen. — *dagen*, schweigen. — 4 *understuond ez*, trat dazwischen, verhinderte es.

120, 1 *stân*, auf sich beruhen, bleiben. — 2 *solhes*, nämlich daß man deswegen zu den Waffen greifen musste. — 3 *ez sceiden*, die strittige Sache beilegen; *mit zühten*, auf anständige Weise. — *dêst*, das ist.

121, 1 *wesen*, sein. — 2 *gereit*, ritt. — 3 er hätte es unterlassen, bleiben lassen sollen; *hân* part. für *getân*. — 4 *sölher*, vgl. zu 120, 2.

122, 3 *kiesen*, sehen. — 4 *wellent*, zur Bezeichnung des Futurums. — *hie zen Burgonden*, hier in Burgund.

123, 1 *ich eine*, ich allein. — *wenden*, verhindern, abwenden. — 3 *des*, Attraction für *des daz*; *des* hängt von *leit* ab. — 4 der Gedanke an Kriemhild machte auch Siegfrid friedlicher gestimmt.

124, 1 *zæme*, würde geziemen. — 2 *dar under*, dazwischen, dabei: bei dem Kampfe. — 3 *heten's*, hatten davon. — *frum* stm., Nutzen.

125 «War umbe bitet Hagene und ouch Ortwin, 124
daz er niht gâhet strîten mit den friwenden sîn, (125)
der er hie sô manegen zen Burgonden hât?»
sie muosen rede vermîden: daz was Gêrnôtes rât.

126 «Ir sult uns wesen willekómen», sô sprach daz Uoten kint, 125
«mit iuwern hergesellen, die mit iu komen sint. (126)
wir sulen iu gerne dienen, ich und die mâge mîn.»
dô hiez man den gesten scenkèn den Gúnthéres wîn.

127 Dô sprach der wirt des landes: «allez daz wir hán, 126
geruochet ir's nâch êren, daz si iu undertân, (127)
und sî mit iu geteilet lîp únde guot.»
dô wart der herre Sivrit ein lützel sánftér gemuot.

128 Dô hiez man in behalten allez ir gewant. 127
man suochte herberge, die besten die man vant, (128)
Sîvrides knehten: man scuof in guot gemach.
den gast man sît vil gerne dâ zen Burgonden sach.

129 Man bôt im michel êre dar nâch ze manegen tagen, 128
tûsent stunden mêre dann' ich iu kan gesagen. (129)
daz hete versolt sîn ellen. ir sult gelouben daz,
in sach vil lützel iemen der im wǽré gehaz.

130 Sich vlizzen kurzwîle die künege und ouch ir man. 129
sô was er ie der beste swes man dâ began: (130)

125, 1 *bîten* stv., warten. — 2 *gâhen* swv., eilen; mit inf. (*strîten*). — 4 sie mussten schweigen.

126, 1 *daz Uoten kint*, so heißt insbesondere Giselher, als der jüngste der Brüder. — 2 *hergeselle*, Kampfgenosse. — 3 *sulen*, zur Umschreibung des Futurums.

127, 2 *geruochet ir's*, begehrt ihr es; *nâch êren*, wie es der Ehre gemäß ist, auf ehrenvolle Weise. — *undertân*, zur Verfügung gestellt.

128, 1 *behalten*, aufheben; *in* ist dat. ihnen. — 3 *knehten*, für die Knechte. — *gemach* stn., Bequemlichkeit.

129, 2 *stunden* dat. pl., mal: um tausend mal mehr. — *dann'*, als. — 3 *versoln*, verschulden, verdienen. — 4 *vil lützel iemen*, gar wenig jemand, niemand. — *gehaz*, feindlich gesinnt.

130, 1 *vlizzen* praet. pl. von *vlîzen*, *sich*, mit gen., sich befleißigen. — 2 *sô*, wenn das geschah, so. — *ie*, immer. —

des'n kund' im gevolgen niemen, sô michel was sîn kraft,
sô sie den stein wurfen oder schûzzen den scaft.

131 Swâ sô bi den frouwen durch ir hôfscheit 130
kurzewîle pflâgen die ritter vil gemeit,
dâ sah man ie vil gerne den helt von Niderlant.
er het ûf hôhe minne sîne sinnè gewant.

132 Swes man ie begunde, des was sîn lip bereit. 131
er truoc in sîme sinne ein minnecliche meit,
und ouch in ein diu frouwe die er noh nie gesach,
diu im in heinliche vil dicke guetlichen sprach.

133 Swenn' ûf dem hove wolden spilen dâ diu kint. 132
ritter unde knehte, daz sach vil dicke sint
Kriemhilt durch diu venster, diu küneginne hêr:
deheiner kurzwîle bedorfte s' in den zîten mêr.

134 Wess' er daz in sæhe die er in herzen truoc, 133
dâ het er kurzewîle immer von genuoc.
sæhen sie sîn ougen, ich wil wol wizzen daz,
daz im in dirre werlde kunde nimmer werden baz.

135 Swenn' er bi den helden ûf dem hove stuont, 134
alsô noch die liute durch kurzewîle tuont,
sô stuont sô minnecliche daz Sigelinde kint,
daz in durch herzen liebe trûte manec vrouwe sint.

136 Er gedâht' ouch manege zîte: wie sol daz geschehen 135
daz ich die maget edele mit ougen muge sehen.

130, 3 *des*, darin. — *im gevolgen*, es ihm gleichthun. — 4 *sô*, wenn. — *stein werfen*, eine beliebte ritterliche Übung, wobei es darauf ankam, einen schweren Stein so weit als möglich zu schleudern. Auch den Schaft schießen bezeichnet das Schleudern von Lanzen nach einem Ziele.
131, 1 *Swâ sô*, wo nur immer. — *hôfscheit*, feines höfisches Benehmen.
132, 1 *beginnen* mit gen.; das Praet. st. und sw. *begun* und *begunde*. — *sîn lip*, er. — 3 *ein diu frouwe*, eine Frau von solcher Beschaffenheit: *frouwe* häufig auch von Jungfrauen höhern Standes gebraucht. — 4 *heinliche* stf., Heimlichkeit; *in h.*, insgeheim. — *im sprach*, von ihm sprach. — *güetlichen* adv., wohlwollend, freundlich.
133, 1 *Swenne*, wann immer. — *diu kint*, die jungen Leute. — 4 *in den zîten*, in dem Augenblicke, wenn sie das sah.
134, 2 *dâ* mit *von* zu verbinden. — 3 *ich wil wol wizzen*, ich glaube zu wissen. — 4 *werden baz*, besseres zu Theil werden, es besser gehen.
135, 2 *alsô*, wie. — *noch*, heutzutage. — 3 *minnecliche* adv., liebenswürdig.
136, 1 *zîte* acc. pl. —

die ich von herzen minne und lange hân getân?
diu ist mir noch vil vremde: des muoz ich trûric gestân.»

137 Sô ie die künege riche riten in ir lant, 136
sô muosen ouch die recken mit in al zehant. (138)
dâ mite muos' ouch Sivrit: daz was der frouwen leit.
er leit ouch von ir minne dicke michel arebeit.

138 Sus wond' er bi den herren, daz ist alwâr, 137
in Guntheres lande volleclich ein jâr, (139)
daz er die minneclichen die zite nien' gesach,
dâ von im sît vil liebe und ouch vil léidé gescach.

136, 3 *hân getân*, geliebt habe; *tuon* vertritt wieder das vorausgehende Verbum. — 4 *gestân*, bleiben, sein.
137, 1 *Sô ie*, jedesmal wann. — 2 *muosen*, mussten reiten; ebenso 3. — 3 *der frouwen*, Kriembilde. — 4 *leit* praet. von *lîden*, litt.
138, 1 *alwâr*, gänzlich wahr. — 3 *daz*, so daß. — *minneclichen* acc. sing. der schwachen Form. — *die zite*, während der Zeit. — 4 *dâ von*, von der. — *liebe* und *leide* sind Adverbien.

IV. ÂVENTIURE.

WIE ER MIT DEN SAHSEN STREIT.

Der Sachsenkönig Liudeger und der Dänenkönig Liudegast kündigen Gunthern Krieg an. Gunther macht Siegfried Mittheilung davon. Dieser mit tausend Mannen Gunther's und seinen zwölf Recken zieht nach Sachsen, während Gunther daheimbleibt. Er besiegt im Zweikampfe Liudegast und macht ihn zum Gefangenen. In der dann folgenden Schlacht wird auch Liudeger gefangen genommen. Boten werden nach Worms vorausgesendet; einen derselben lässt Kriemhild zu sich kommen, fragt ihn aus und beschenkt ihn reichlich. Die Sieger kehren heim, die beiden gefangenen Könige werden gegen Bürgschaft freigelassen. Siegfried, der sich beurlauben will, wird gebeten noch zu bleiben.

---

139 Nu nâhent vremdiu mære in Gúnthêres lant, 138
von boten die in verre wurden dar gesant (140)
von únkúnden recken die in truogen haz.
dô si die rede vernâmen, leit was in wærliche daz.

140 Die wil ich iu nennen: ez was Liudegêr 139
ûzer Sahsen lande, ein richer fürste hêr, (141)
und ouch von Tenemarke der künec Liudegast.
die brâhten in ir reise vil manegen hêrlichen gast.

141 Ir boten komen wâren in Gúnthêres lant, 140
die sine widerwinnen heten dar gesant. (142)

139, 1 *vremde*, hier seltsam, wunderbar. — 2 *verre* adv., fern, von fern her. — *in*, ihnen, den burgundischen Königen, die 138, 1 mit *herren* gemeint waren.

140, 1 *Die*, die *unkunden recken*. — 2 *ûzer* präp., aus. — 4 *brâhten*, führten mit sich. — *in ir reise*, auf ihren Kriegszug. — *gast*, häufig von feindlichen Kriegern gebraucht, lat. *hostis*.

141, 2 *widerwinne* swm., Feind.

dô vrâgte man der mære die únkúnden man.
man hiez die boten balde ze hove für den künec gân.

142 Der künec sie gruozte scône; er sprach: «sît willekomen. 141
wer iuch hèr habe gesendet, des'n hân ich niht vernomen: (143)
daz sult ir lâzen hœren», sprach der künec guot.
dô vorhten sie vil sêre den grimmen Gúnthéres muot.

143 «Welt ir, künec, erlouben, daz wir iu mære sagen, 142
diu wir iu dâ bringen, sone sulen wir niht verdagen, (144)
wir nennen iu die herren die úns hèr hábent gesant:
Liudegast und Liudegêr die wellent suochen her enlant.

144 Ir habt ir zorn verdienet. jâ hôrten wir wol daz 143
daz iu die herren beide tragent grôzen haz. (145)
sie wellent herverten ze Wormez an den Rîn:
in hilfet vil der degene. daz wizzet ûf die triuwe mîn.

145 Inre zwelf wochen diu reise muoz geschehen. 144
habt ir iht guoter friwende, daz lâzet balde sehen, (146)
die iu vriden helfen die bürge und iuwer lant.
hie wirt von in verhouwen vil manec helm unde rant.

146 Oder wélt ir mit in dingen, so enbietet ez in dar: 145
sone ritent iu sô nâhen niht die manegen scar (147)
der iuwer starken vinde ûf herzenlîchiu leit,
dâ von verderben müezen vil guote ritter gemeit.»

147 «Nu bitet eine wîle», sprach der künec guot, 146
«unz ich mich baz versinne: ich künd' iu mînen muot. (148)

141, 3 *vrâgen* mit acc. und gen. (*der mære*). — 4 *für*, vor.

142, 1 *scône* adv., geziemend. — 4 *grimme*, schrecklich.

143, 2 *diu dâ* gehört zusammen. — 3 *wir nennen* = *wir ennennen*; *nennen* ist conj. — 4 *suochen*, häufig vom feindlichen Einfall gebraucht; sie wollen feindlich hierher ins Land einfallen. — *enlant*, geschwächt aus *in lant*.

144, 1 *verdienet*, verschuldet. — 3 *herverten*, eine Heerfahrt thun. — 4 *ûf die triuwe mîn*, bei meiner Treue, wahrhaftig.

145, 1 *Inre* præp. mit dat. innerhalb. — 3 *vriden*, beschirmen. — 4 *von in*, von den beiden Königen. — *verhouwen*, zerhauen. — *rant*, Schild.

146, 1 *dingen* swv., unterhandeln. — *dar*, dorthin, in ihr Land. — 2 *sone*, wenn ihr das thut, so. — *manegen*, zahlreichen, vielen. — 3 *ûf*, den Zweck bezeichnend: um euch zuzufügen. — 4 *dâ von*, durch das *rîten*.

147, 2 *sich versinnen* stv., bei sich überlegen. — *muot*, Gesinnung, Entschluß. —

hân ich getriuwer iemen, die sol ich niht verdagen
disiu starken mære sol ich mînen friwenden klagen.»

148 Gúnthére dem rîchen wart léidé genuoc. 117
die rede er tougenlichen in sîme herzen truoc. (149)
er hiez gewinnen Hagenen und ander sîne man
und bat ouch harte balde ze hóve nâch Gérnóte gân.

149 Dô kómén die besten swaz man der dâ vant. 118
er sprach: «man wil uns suochen her in unser lant (150)
mit starken herverten; daz lât iu wesen leit.»
des antwurte Gêrnôt, ein ritter küen' únt gemeit:

150 «Daz wer et wir mit swerten», sprách Gérnôt. 119
«dâ sterbent wan die veigen: die lâzen ligen tôt. (151)
dar umbe ich niht vergezzen mac der êren mîn.
die unser vîände sulen uns willekomen sîn.»

151 Dô sprach von Tronege Hagene: «daz endunket mich niht guot. 120
Liudegast unt Liudegér die tragent übermuot. (152)
wir mugen uns niht besenden in sô kurzen tagen;»
sô sprach der küene recke: «wan muget ir'z Sivride sagen?»

152 Die boten herbergen hiez man in die stat. 121
swie vîent man in wære, vil scóne ir pflegen bat (153)
Gunther der rîche, daz was wol getân,
unz er revant an friwenden wer im dâ wóldé gestân.

147, 3 *iemen* mit gen., jemand von Getreuen. — 4 *disiu starken mære*, diese wichtige Nachricht, ist Object von *verdagen* wie von *klagen*.

148, 1 *genuoc*, bezeichnet dem Sinne nach: sehr, mit leichter Ironie. — 2 *tougenlichen* adv., geheim. — *rede*, bezeichnet oft nur Sache. — 3 *gewinnen*, herbeiholen. — 4 *ze hove*, in den Konigspalast; *nâch Gernôte*, um Gernot holen zu lassen. Gunther kann deswegen auch in der Hofburg sich aufgehalten haben.

150, 1 *wer wir* = *wern wir*, wehren wir; das *n* wird in der Regel nur abgeworfen, wenn *wir* unmittelbar auf das Verbum folgt. — *et*, doch. — 2 *wan*, nur. — *die veigen*, die zum Tode Bestimmten. — *lâzen* conj., wollen wir lassen. — 3 *dar umbe*, weil ich etwa auch fallen musste. — 4 *vîant* altes part., auch *vîent*, *vînt*, Feind.

151, 3 *sich besenden*, seine Mannen herbeiholen, versammeln lassen. *in* — *tagen*, in so kurzer Zeit (145, 1). — 4 *wan*, warum nicht.

152, 1 *in die stat*, nicht: in der Stadt, wegen des in *herbergen* liegenden Begriffs der Bewegung: in die Herberge führen. — 2 *vîent* hier adj., feindlich, Feind. — *bat*, gebot. — 4 *revant* = *ervant*, erforschte. — *gestân*, beistehen, helfen.

153 Dem künege in sînen sorgen was idoch vil leit. 152
dô sah in trûrende ein ritter vil gemeit, (154)
der niht mohte wizzen waz im was gescehen:
dô bat er im der mære den künec Gûnthér verjehen.

154 «Mich nimt des michel wunder», sprach dô Sivrit, 153
«wie habt ir sô verkêret die vrœlîchen sit (155)
der ir mit uns nu lange habet alher gepflegen.»
des antwurt' ime dô Gunther, der vil zierliche degen:

155 «Jane mag ich allen liuten die swære niht gesagen 154
die ich muoz tougenliche in mîme herzen tragen: (156)
man sol stæten vriwenden klagen herzen nôt.»
diu Sivrides varwe wart dô bleich unde rôt.

156 Er sprach zuo dem künege: «i'ne hân iu niht verseit. 155
ich sol iu helfen wenden elliu iuwer leit. (157)
welt ir vriwent suochen, der sol ich einer sin
unt trouwe ez wol volbringen mit êren an daz ende mîn.»

157 «Nu lôn' iu got, her Sivrit: diu rede mich dunket guot. 156
und ob mir nimmer helfe iwer éllén getuot, (158)
ich freu mich doch der mære, daz ir mir sît sô holt.
leb' ich deheine wîle, ez wirdet umb' iuch wol versolt.

158 Ich wil iuch lâzen hœren war umbe ich trûrec stân. 157
von boten mîner vînde ich daz vernomen hân (159)
daz sie mich wellen suochen mit herverten hie.
daz getâten uns noch degene her zuo disen landen nie.»

153, 1 *was leit*, er war betrübt. — 2 *ein ritter*, Siegfried. — 4 er bat den König, ihm die Kunde, die Sache mitzutheilen.

154, 2 *verkêren*, verwandeln. — *sit* = *site* stm., Benehmen; hier pl. — 3 *alher*, bisher. — 4 *zierlich*, stattlich.

155, 1 *swære* stf., Kummer. — *gesagen*, verstärktes *sagen*. — 3 *stæte*, treu. — 4 *varwe* stf., Farbe. Er wechselte die Farbe vor innerer Bewegung.

156, 1 Ich habe euch niemals etwas abgeschlagen, ihr könnt also nur euern Kummer vertrauen. — 2 *elliu* neutr. pl. von *al*. — *vriwent* acc. pl., hier unflectiert. — 4 *ez*, euer Freund zu sein. — *volbringen*, durchführen. — *an*, bis an.

157, 3 *freu* = *freuwe*. — *holt*, freundlich, wohlwollend gesinnt. — 4 *deheine wîle*, noch eine Zeit lang. — *versoln*, durch Dienst erwidern, belohnen: *umb' iuch*, in Bezug auf euch, an euch. — *wirdet*, die ursprüngliche Form von *wirt*.

158, 4 *getâten*, vertritt *suochen*, daher verbunden mit *her zuo disen landen* (vgl. zu 113, 4).

159 «Daz lât iuch ahten ringe», sprach dô Sivrit, 158
«unt senftet iuwerm muote: tuot des ich iuch bit. (160)
lât mich iu erwerben êre unde frumen,
und bittet iuwer degene daz sie iu euch ze helfe kumen.

160 Swenn' iuwer starke vinde z'ir helfe möhten hân 159
drîzec tûsent degene, sô wold' ich sie bestân, (161)
und het ich niwan tûsent: des lât iuch an mich.»
dô sprach der künec Gunther: daz dien' ich immer umbe dich.»

161 «Sô heizet mir gewinnen tûsent iuwer man, 160
sît daz ich der mînen bî mir niht enhân (162)
niwan zwélf recken: sô wer ich iuwer lant.
iu sol mit triuwen dienen immer Sîvrides hant.

162 Des sol uns helfen Hagene und ouch Ortwîn, 161
Dancwart und Sindolt, die lieben recken dîn. (163)
ouch sol dâ mit rîten Volkêr der küene man:
der sol den vanen füeren; baz ich's niemén engan.

163 Unt lât die boten rîten héim in ir lant: 162
daz sie uns sehen sciere, daz tuo man in bekant, (164)
sô daz unser bürge müezen vride hân.»
dô hiez der künec besenden beide mâge unde man.

164 Die boten Lîudegêres ze hove giengen dô. 163
daz sie ze lande solden, des wâren sie vil vrô. (165)
dô bôt in rîche gâbe Gunthêr der künec guot,
und scuof in sîn geleite: des stuont in hôhé der muot.

159, 1 *mich ahtet ringe*, mich kümmert wenig, mir macht nicht viel Sorge. — 2 *senften* swv., beschwichtigen, Linderung verschaffen: mit dat. — *biten* mit acc. und gen. (*des*, warum). — 3 *frume* swm., Nutzen.

160, 3 *und* am Anfang eines Conditionalsatzes, für uns pleonastisch. — *sich lâzen an*, sich verlassen auf; *des*, in Bezug darauf, darin. — 4 *dienen*, etwas *umbe* einen, etwas mit Dienst an einem vergelten.

161, 3 *niwan*, außer, nur. — *sô*, wenn ihr mir die tausend herbeischafft. — 4 *mit triuwen*, in treuer Gesinnung.

162, 3 *dâ mit*, mit ihnen. — 4 *van* (für *vane*) swm., die Fahne. — *baz*, besser, lieber. — *gan*, gönne (inf. *gunnen*), mit dat. der Person, gen. der Sache.

163, 2 *sehen*, nämlich in ihrem Lande. — 3 *sô*, in solcher Weise.

164, 2 *ze lande*, heim in ihr Land. — *solden*, reisen sollten. — 4 *scuof*, verschaffte. — *geleite* stn., Geleit, schützende Begleitung, daß sie unterwegs nicht angefallen wurden. Darüber waren sie erfreut.

165 «Nu saget,» sprach dô Gunther, «den vîänden mîn, 164
sie mugen mit ir reise wol dâ heime sîn. (166)
welln aber sie mich suochen her in mîniu lant,
mir'n zerínne mîner vriwende, in wirdet arbeit erkant.»

166 Den boten rîche gâbe man dô für trúoc: 165
der het in ze gebene Gúnthér genuoc. (167)
dine torsten niht versprechen die Lindegêres man.
dô si úrlóup genâmen, sie schieden vrœlîche dan.

167 Dô die boten wâren ze Tenemarke komen, 166
unt der künec Lindegast hete daz vernomen (168)
wie sie von Rîne kômen, als im daz wart geseit,
ir starkez übermüeten was im wærlichen leit.

168 Sie sagten daz sie hêten vil manegen küenen man: 167
ouch sâhen sie dar under einen recken stân, (169)
«der was geheizen Sîvrit, ein helt ûz Niderlant.»
ez leidet' Lindegaste, do er daz mære rehte ervant.

169 Dô die von Tenemarke ditze hôrten sagen, 168
dô ilten sie der friwende deste mê bejagen (170)
unze daz her Lindegast sîner küenen man
zweinzec tûsent degene zuo sîner réisé gewan.

170 Do besánde ouch sich von Sahsen der künec Lindegêr, 169
unz sie vierzec tûsent heten unde mêr, (171)
mit den sie wolden rîten in Burgonden lant.
dô het ouch sich hie heime der künec Gúnthér besant

171 Mit den sînen mâgen und sîner bruoder man, 170
die sie wolden füeren durch urliuge dan, (172)

165, 2 sie sollen nur daheim bleiben: eine Drohung. — 4 *mir'n — vriwende*, es müsste denn sein, daß meine Freunde mir ausgehen, mangeln, mich im Stiche lassen. — *in wirdet erkant*, sie sollen kennen lernen.
166, 3 *versprechen*, versagen, verweigern, ablehnen. — 4 *genâmen*, genommen hatten. — *dan*, von dort.
167, 3 *wie*, auf welche Weise, mit welchem Bescheide. — *als*, sobald. — 4 *ir*, der burgundischen Könige.
168, 1 *Sie*, die Boten; *sie*, die burgundischen Könige. — 3 Übergang in directe Rede. — 4 *leiden*, leid sein, zuwider sein.
169, 2 *bejagen*, herbeischaffen. — 4 *zweinzec*, zwanzig.
170, 1 *ouch* gehört zu *Lindegêr*, nicht zu *sich*, wird aber gern vor das Pronomen pers. gestellt; derselbe Fall 170, 4.
171, 1 *sich besenden mit mâgen*, durch Boten die Verwandten zusammenkommen lassen. — 2 *urliuge* stn., Kampf. —

und ouch die Hagenen recken: des gie den helden nôt.
dar umbe muosen degene sider kiesen den tôt.

172 Sie vlizzen sich der reise, dô sie wolden dan, 171
den vanen muose leiten Volkêr der küene man, (170)
alsô sie wolden rîten von Wormez uber Rîn.
Hagene von Tronege der muose scarmeister sîn.

173 Dâ mite reit ouch Sindolt unde Hûnolt, 172
die wol gedienen kunden daz Guntheres golt. (171)
Dancwart Hagenen bruoder und ouch Ortwîn,
die mohten wol mit êren in der herverte sîn.

174 »Her künec, sît hie heime«, sprach dô Sîvrit, 173
»sît daz iuwer recken mir wellent volgen mit. (172)
belîbet bî den frouwen und traget hôhen muot.
ich trouwe in wol behueten beidiu êre unde guot.

175 Die iuch dâ wolden suochen ze Wormez an den Rîn, 174
daz wil ich wol behueten, sie mugen dâ heime sîn. (173)
wir sulen in gerîten sô nâhen in ir lant,
daz in ir übermüeten werde in sorgen erwant.«

176 Von Rîne sie durch Hessen mit ir helden riten 175
gegen Sahsen lande: dâ wart sît gestriten. (174)
mit roube und ouch mit brande wuosten sie daz lant,
daz ez den fürsten beiden wart mit arebeit bekant.

177 Sie kômen ûf die marke: die knehte zogeten dan. 176
Sîvrit der vil starke vrâgen des began: (175)

171, 3 das hatten sie nöthig, nämlich sich zu besenden. — 4 *kiesen*, erproben, kennen lernen.

172, 3 *alsô*, als, sobald. — 4 *scarmeister*, Führer der Schaar, Heermeister.

173, 2 *gedienen*, durch Dienst erringen. — 4 *in der herverte*, bei der Heerfahrt; als Theilnehmer.

174, 2 *mir volgen mit*, mich begleiten. — 3 *traget hôhen muot*, seid fröhlich.

175, 2 *daz behueten*, dafür sorgen. — *sie mugen dâ heime sîn*, vgl. [illegible], 2. — 3 *suln*, Umschreibung des Futurums. — 4 *werde erwant*, umgewendet werde, in das Gegentheil verwandelt werde.

176, 3 *wuosten* praet. von *wüesten*. — 4 *fürsten*, Liudegast und Liudeger. — *mit arebeit*, mit Noth, die durch die Verwüstung ihr Land erfuhr.

177, 1 *marke* stf., Grenze. — *zogen* swv., ziehen. —

«wer sol des gesindes uns nu hüeten hie?»
jâne wart den Sahsen geriten schedelîcher nie.

178 Sie sprâchen: «lât der tumben hüeten ûf den wegen 177
den küenen Dancwarten; der ist ein sneller degen. (179)
wir vliesen deste minre von Liudegêres man.
lât in und Ortwînen hie die nâhhuote hân.»

179 «Sô wil ich selbe rîten», sprach Sîvrit der degen, 178
«unde wil der warte gegen den vînden pflegen, (180)
unz ich rehte ervinde wâ die recken sint.»
dô wart gewâfent sciere der scœnen Sigelinden kint.

180 Daz volc bevalh er Hagenen, dô er wolde dan, 179
unde Gêrnôte dem vil küenen man: (181)
dô reit er eine dannen in der Sahsen lant.
des wart von im verhouwen des tages manec helmebant.

181 Dô sah er here daz grôze daz ûf dem velde lac, 180
daz wider sîner helfe mit ùnfüoge wac: (182)
des was wol vierzec tûsent oder dannoch baz.
Sîvrit in hôhem muote sach vil vrœlîchen daz.

182 Dô het ouch sich ein recke gein den vînden dar 181
erhaben ûf die warte: der was ze vlîze gar. (183)
den sach der herre Sîvrit, und in der küene man:
ietweder dô des andern mit nîde hüetèn began.

183 Ich sage iu wer der wære, der der warte pflac. 182
ein liehter scilt von golde im vor der hende lac. (184)

177, 3 *hüeten* mit gen., die Aufsicht führen: *uns* ist dat. — 4 wahrlich nie wurde den Sachsen zu größerm Schaden ein Einfall in ihr Land gemacht; denn *rîten* hat im Mhd. einen weitern Sinn als reiten.
178, 1 *ûf den wegen*, unterwegs. — 3 *minre*, weniger. — *von*, durch. — 4 *nâhhuote*, die Aufsicht über den Nachtrab.
179, 2 *warte* stf., Spähen, Recognoscieren des feindlichen Heeres. — 3 *ervinde*, erforsche.
180, 1 *bevalh* præt. von *bevelhen*, anvertrauen. — *wolde dan*, fortreiten wollte. — 4 *des*, infolge dessen. — *des tages*, an dem Tage. — *helmebant*, gewöhnlich *helmbant* stn., das Band, womit der Helm festgebunden wird.
181, 2 *wider*, im Vergleich mit. — *wac* von *wegen*, wiegen, aufwiegen: *mit unfuoge*, in ungeheuerm Maße. — 3 *des*, auf *here* bezüglich. — *dannoch baz*, noch mehr.
182, 1 *vinden*, sind hier Siegfried und die Seinen. — 2 *erhaben*, aufgemacht, *dar*, dahin. — *ze vlîze*, sorgfältig. — *gar* adj., ausgerüstet, gewaffnet. — 4 *ietweder*, jeder von beiden. — *hüeten*, Acht geben, beobachten.

ez was der künec Liudegast; der huote sîner schar.
dirre gast vil edele sprancte hêrlîchen dar.

184 Nu het ouch in her Liudegast vîentlîche erkorn. 183 (186)
ir ros sie nâmen beide zen sîten mit den sporn,
sie neigten ûf die schilde die scefte mit ir kraft.
des wart der künec rîche mit grôzen sórgén behaft.

185 Diu ros nâch stiche truogen diu rîchen künegeskint 184 (187)
beide für ein ander, sam sie wæte ein wint.
mit zoumen wart gewendet vil ritterlîchen dan:
mit swerten ez versuochten die zwêne grimmige man.

186 Dô sluoc der herre Sîvrit daz al daz velt erdôz. 185 (188)
dô stoup ûz dem helme sam von brenden grôz
die viwerrôten vanken von des heldes hant.
ir ietweder den sînen an dem ándéren vant.

187 Ouch sluog im her Liudegast vil manegen grimmen slac. 186 (189)
ir ietwederes ellen ûf schilden vaste lac.
dô heten dar gehüetet wol drîzec sîner man:
ê daz im die kœmen, den sic doch Sîvrit gewan

188 Mit drin starken wunden die er dem künege sluoc 187 (190)
durch eine wîze brünne, diu was guot genuoc.
daz swert an sînen ekken bráht' ûz wunden bluot.
des muost' der künec Liudegast haben trûrigen muot.

183, 4 *sprancte* von *sprengen*, ließ springen, nämlich sein Ross; das Object wird immer ausgelassen.

184, 1 *rientliche* adv., feindlich. — *erkorn* part. von *erkiesen*, erspähen. — 2 *nâmen zen sîten mit den sporn*, schlugen die Sporen in die Seiten. — 3 *neigten*, die Lanzen wurden aufrecht geführt und beim Zusammenrennen auf den Schild des Gegners geneigt. — 4 *künec*, Liudegast.

185, 1 *nâch stiche*, nachdem sie im vollen Aufeinanderrennen ihre Speere verstochen hatten. — 2 *fur ein ander*, aneinander vorüber. — *wæte* præt. von *wæjen*, wehen. — 3 sie wendeten um und giengen wieder aufeinander los.

186, 2 *sam*, gleichwie. — *brenden* dat. pl. von *brant*, Feuerbrand. — 3 *fiurrôt*, feuerroth. — *vanke* swm., Funke. — 4 *den sînen*, seinen Mann.

187, 2 Ihre Kraft ruhte auf dem Schilde des Gegners, der die Schwertschläge zu tragen hatte. — 3 *dar gehüetet*, ihre Aufmerksamkeit dahin gerichtet. — *sîner*, Liudegast's. — 4 *im*, dat. commodi.

188, 1 *Mit*, vermittelst. — 2 *guot genuoc*, sehr gut. — 3 *bræhte*, rief hervor, entlockte.

189 Er bat sich leben lâzen und bôt im sîniu lant 188
und sagte im daz er wære Liudegast genant. (190)
dô kômen sîne recken: die heten wol gesehen
waz dâ von in beiden ûf der warte was gescehen.

190 Er wolde in füeren dannen: dô wart er an gerant 189
von drîzec sînen mannen. dô wert' des heledes hant (191)
sînen richen gîsel mit ungefüegen slegen.
sît tet scaden mêre der vil zierlîche degen.

191 Die drîzec er ze tôde vil werlîche sluoc. 190
er liez ir leben einen: balde er reit genuoc (192)
und sagte hin diu mære waz hie was gescehen.
ouch mohte man's die wârheit an sîme rôtem helme sehen.

192 Den von Tenemarke was vil grimme leit, 191
ir herre was gevangen, dô in daz wart geseit. (193)
man sagte ez sînem bruoder: toben er began
von ungefüegem zorne, wand' im was léidé getân.

193 Liudegast der recke was gefüeret dan 192
von Sîvrides gewálte zuo Gúnthéres man. (194)
er bevalh in Hagenen: dô in daz wart geseit
daz ez der künec wære, dô was in mæzlîche leit.

194 Man hiez den Burgonden ir vanen binden an. 193
«wol ûf», sprách Sîvrit, «hie wirt mêr getân, (195)
ê sich der tac verende, sol ich haben den lîp.
daz müet in Sahsen lande vil manec wætlichez wîp.

189, 1 *sich*, weil dasselbe Subject, wie im Lateinischen: nhd. ihn.

190, 1 *Er*, Siegfried. — 2 *sînen mannen*, nicht der partitive Genetiv wie im Nhd. — *werte*, vertheidigte. — 3 *gîsel* stm., derjenige, der im Kampfe besiegt sich in die Gewalt des Gegners gibt. Die *gîsel* wurden gegen Geld ausgelöst; daher ein *richer gîsel* besondern Werth hatte. — *ungefüege*, kräftig, gewaltig. — 4 *scaden* ist gen., von *mêre* abhängig.

191, 1 *werlîche* adv., wehrhaft. — 2 *er reit*, der am Leben Gebliebene. — *genuoc* ist mit *balde* zu verbinden. — 3 *sagte hin*, berichtete dahin, wo das Heer lag. — 4 *man's*, man davon; *es* hangt von *wârheit* ab: die Wahrheit seines Berichtes.

192, 1 *grimme* adv., grimmig, sehr. — 2 *ir — gevangen* hängt von *geseit* ab. *was*, Indicat. statt des nhd. Conj., ebenso 209, 2. — 3 *sînem bruoder*, Liudeger. — 4 *wand* (*wande*), denn.

193, 2 *von*, durch. — *man* dat. pl. — 3 *in*, den Mannen. — 4 *mæzlîche* adv., mäßig; ironisch statt: da waren sie sehr froh.

194, 1 Das Anbinden der Fahne an den Schaft ist das Zeichen des beginnenden Kampfes. — 2 *mêr*, noch mehr. — 3 *sich verenden*, enden, zu Ende gehen. — *sol ich haben den lîp*, wenn mir bestimmt ist so lange zu leben. — 4 *muet* = *müejet*, bekümmert, betrübt.

195 Ir helde von dem Rîne, ir sult mîn nemen war: 194
ich kan iuch wol geleiten in Lindegêres scar. ([illegible])
sô seht ir helme houwen von guoter helede hant.
ê daz wir wider wenden, in wirdet sorge bekant.

196 Zen rossen gâhte Gêrnôt unde sîne man. 195
den vanen zuhte balde der starke spileman, ([illegible])
Vôlkêr der herre: dô reit er vor der scar.
dô was ouch daz gesinde ze strîte hêrlîchen gar.

197 Sie fuorten doch niht mêre niwan tûsent man, 196
dar über zwelf recken. stieben dô began ([illegible])
diu molte von den strâzen: sie riten über lant.
dô sah man von in scînen vil manegen hêrlîchen rant.

198 Dô wâren ouch die Sahsen mit ir scarn komen 197
mit swerten wol gewahsen, daz hân ich sît vernomen. ([illegible])
diu swert diu sniten sêre den helden an der hant:
dô wolden sie den gesten weren burge unde lant.

199 Der herren scarmeister daz volc dô fuorten dan. 198
dô was ouch komen Sîvrit mit den sînen man, ([illegible])
die er mit im brâhte ûzer Nîderlant.
des tages wart in sturme vil manec bluotigiu hant.

200 Sindolt und Hûnolt und ouch Gêrnôt 199
die sluogen in dem strîte vil manegen helt tôt, ([illegible])
ê sie daz rehte erfunden wie kuene was ir lîp.
daz muose sît beweinen vil manec wætlichez wîp.

195, 1 *mîn nemen war*, auf mich achten. — 3 *sô*, wieder elliptisch: wenn ihr mir folgt. — *houwen*, zerhauen werden. — 4 *wider wenden*, umkehren, heimkehren. — *in*, ihnen, den Sachsen.

196, 2 *zuhte* præt. von *zücken*, fortreißen, schnell ergreifen. — *spileman*, Spielmann. — 3 *herre*, er war ein Edelgeborner.

197, 2 *dar über*, außerdem; zu den tausend Mannen. — 3 *molte*, stf. Staub. — 4 *scînen*, *schînen*, leuchten, glänzen; *von* bezeichnet woher der Glanz ausgeht.

198, 2 *gewahsen*, adj. scharf. — 4 *weren*, vertheidigen, m. acc. etwas, und dat. der Person, gegen jemand.

199, 1 Die Burgunden hatten nur einen Schaarmeister, weil ihre Schaar klein war (172, 4). — 4 *sturm*, Kampf. — *wart*, wurde gemacht.

200, 3 *sie*, die von ihnen Erschlagenen; ehe sie noch recht zum Bewusstsein der Tapferkeit ihrer Gegner kamen.

201 Vólkêr und Hagene und ouch Ortwîn 200
die lascten ime strîte vil maneges helmes schîn (202)
mit vliezéndem bluote, die sturmküene man.
dô wart von Dancwarte vil michel wúndér getân.

202 Die von Tenemarke versuochten wol ir hant. 201
dô hôrte man von hurte erdiezen manegen rant, (203)
und ouch von scarpfen swerten, der man dâ vil gesluoc.
die strîtküenen Sahsen tâten scaden dâ genuoc.

203 Dô die von Burgonden drungen in den strît, 202
von in wart erhouwen vil manec wunde wît. (204)
dô sah man über sätele fliezén daz bluot.
sus wurben nâch den êren die ritter küene unde guot.

204 Man hôrt' dâ lûte erhellen den helden an der hant 203
diu vil scarpfen wâfen, dô die von Niderlant (205)
drungen nâch ir herren in die herten scar:
sie kômen degenliche mit samt Sîvride dar.

205 Volgen der von Rine niemen man im sach. 204
man mohte kiesen vliezen den bluotigen bach (206)
durch die liehten helme von Sîvrides hant,
unz er Lindegêren vor sînen hergesellen vant.

206 Drie widerkêre het er nu genomen 205
durch daz her an'z ende: nu was Hagene komen, (207)
der half im wol ervollen in sturme sînen muot.
des tages muose ersterben vor in vil manec ritter guot.

201, 2 *lascten*, prät. von *lëschen*, *leschen*, löschen: sie tilgten durch Blut den Glanz der Helme. — 3 *sturmküene*, kühn im Kampfe.

202, 1 *versuochten*, erprobten, im Kampfe. — 2 im Gedränge stießen die Schilde aneinander und machten Geräusch (zu Kudrun 16, 3). — 3 *gesluoc*, schlagend bewegte.

203, 2 *erhouwen*, stv. aufhauen. — 4 *wurben*, praet. pl. von *werben*, ringen. — *nach den eren*, nach der dem Sieger zu Theil werdenden Ehre.

204, 1 *lûte*, adv. laut. — *erhellen* stv., ertönen. — 2 *wâfen*, vorzugsweise die Schwerter. — 3 *nâch*, hinter — her. — *herte* adj., hart, fest, stark.

205, 1 Die Burgunden blieben hinter dem unaufhaltsam vordringenden Siegfried zurück. — *von*, bezeichnet die Ursache, den Anlaß. — 4 *vor*, an der Spitze.

206, 1 *widerkêre* stf., Umkehr; er hatte dreimal kämpfend das Heer durchritten. — 3 *ervollen* swv., erfüllen, sättigen. — 4 *vor in*, der vor ihrer Hand fiel.

207 Dô der starke Lindegêr Sivriden vant, 206
und daz er alsô hôhe truog an sîner hant (209)
den guoten Balmungen und ir sô manegen sluoc,
des wart der herre zornec unde grimmic genuoc.

208 Dô wart ein michel dringen und grôzer swerte klanc, 207
dâ ir ingesinde zuo z'ein ander dranc. (210)
do versûochten sich die recken beide deste baz.
die scar begunden wichen: sich huop dâ grœzlicher haz.

209 Dem vogete von den Sahsen was daz wol geseit, 208
sin bruoder was gevangen: daz was im harte leit. [illegible]
wol wess'er daz ez tæte daz Sigelinde kint.
man zêh es Gêrnôten: vil wol ervânt ér ez sint.

210 Die slege Lindegêres die wâren alsô starc 209
daz im under satele strûchté daz marc. (211)
dô sich daz ross erholte, der küene Sivrit
der gewán in dem sturme einen vreislichen sit.

211 Des half im wól Hágene und ouch Gêrnôt, 210
Dancwart und Volkêr: des lag ir vil dâ tôt. (212)
Sindolt und Hûnolt und Ortwin der degen,
die kunden in dem strite zem tôde manegen nider legen.

212 In sturme ungesceiden wâren die fürsten hêr. 211
dô sah man über helme vliegen manegen gêr (213)
durch die liehten schilde von der helde hant.
man sah dâ var nâch bluote vil mangen hêrlichen rant

213 In dem starken sturme erbeizte manec man 212
nider von den rossen. ein ander liefen an (214)

207, 2 *daz* hangt auch von *vant* ab. — 4 *des*, daruber.
208, 1 *dringen* stv., drangen. — 3 *beide*, auf beiden Seiten. — 4 *die scar*, die Schaaren der Sachsen.
209, 1 *voget* stm., Schirmherr (*vocatus*), Fürst. — 4 *zêh* prat. von *zîhen*, einen einer Sache, beschuldigen; zuschreiben. — *ez*, wie es sich verhielt.
210, 2 *im*, Siegfried. — *strûchen*, straucheln. — 3 *ross*, das doppelte *s* steht sonst nicht im Auslaut; aber ofter vor Vocalen. — 4 *sit*, Benehmen.
211, 2 *des*, infolge dessen. — 4 *zem tôde nider legen*, todt hinstrecken.
212, 4 *var* adj., gefarbt; *nâch bluote*, dem Blute ahnlich, wie Blut.
213, 1 *erbeizen* swv., absteigen. — 2 *ein ander liefen an*, rannten aufeinander los.

Sivrit der küene und ouch Liudegêr.
man sach dâ scefte vliegen unde manegen scarpfen gêr.

214 Duo floue daz schiltgespenge von Sivrides hant. 213
den sie gedâht' erwerben der helt von Niderlant (215)
an den küenen Sahsen der man vil wunder sach.
hei waz dâ liehter ringe der küene Danewart zebrach!

215 Dô het der herre Liudegêr ûf eime schilde erkant 214
gemâlet eine krône vor Sivrides hant. (216)
wol wess'er daz ez wære der kréftige man.
der helt zuo sînen friwenden lûte rúofén began:

216 «Geloubet iuch des sturmes, alle mine man. 215
sun den Sigemundes ich hie gesehen hân: (217)
Sîvríden den starken hân ich hie bekant.
in hât der übele tiuvel her zen Sáhsén gesant.»

217 Die vanen hiez er lâzen in dem sturme nider. 216
vrides er dô gerte: des werte man in sider. (218)
doch muos'er werden gisel in Gúnthéres lant:
daz het an im betwungen des küenen Sivrides hant.

218 Mit gemeinem râte sô liezen sie den strit. 217
dürkel vil der helme und ouch der schilde wit (219)
sie leiten von den handen; swaz sô man der vant,
die truogen bluotes varwe von der Burgonden hant.

219 Sie viengen swen sie wolden: des heten sie gewalt. 218
Gêrnôt und Hagene, die réckén vil balt, (220)

214, 1 *Duo*, Nebenform von *dô*. — *floue* præt. von *fliegen*. — *schiltgespenge* stn., die Spangen des Schildes (collectivum). — 3 *an*, bei, gegenüber. — *wunder* starker Gen. pl. von *wunt*, verwundet: unter denen man viele Verwundete sah. — 4 *ringe*, Panzerringe, auch für Panzer überhaupt gebraucht; gemeint ist der Kettenpanzer.

215, 2 Der Schild wird vor der Hand getragen. Liudeger erkennt Siegfried am Schildwappen. — 4 *ruofen*, *zuo-*, zurufen.

216, 1 *gelouben*, *sich* mit gen., von etwas ablassen. — 3 *bekant*, erkannt. — 4 *übele*, böse: gewöhnliches Beiwort des Teufels.

217, 1 Das Senken der Fahnen bezeichnet Ergebung. — 2 den (Frieden) gewährte man ihm. — 3 *in Guntheres lant*, steht auf die Frage wohin; der Begriff der Bewegung liegt in *werden*. — 4 *betwungen*, mit Zwang erreicht.

218, 2 *durkel* (von *durch*), durchlöchert. — 3 *der*, der Schilde und Helme. 4 *von*, durch.

219, 1 *viengen*, nahmen gefangen. —

die wunden hiezen bâren: sie fuorten mit in dan
gevangen zuo dem Rîne fünf hundert wætlicher man.

220 Die sigelôsen recken ze Tenemarken riten. 219 (221)
done heten ouch die Sahsen sô hôhe niht gestriten
daz man in lobes jæhe: daz was den heleden leit.
dô wurden ouch die veigen von vriwenden sêre geklêt.

221 Sie hiezen daz gewæfen wider sôumen an den Rîn. 220 (222)
ez hete wol geworben mit den helden sîn
Sîvrit der recke, der het ez guot getân:
des im jehen muosen alle Guntheres man.

222 Gegen Wormez sande der herre Gêrnôt. 221 (223)
heim zuo sîme lande den vriwenden er enbôt,
wie gelungen wære im und sînen man:
ez heten die vil küenen wol nâch êren getân.

223 Die garzûne liefen: von den wart ez geseit. 222 (224)
dâ freuten sich vor liebe, die ê heten leit,
dirre lieben mære diu in dâ wâren komen.
dâ wart von edelen frouwen michel vrâgen vernomen.

224 Wie gelungen wære des rîchen küneges man. 223 (225)
man hiez der boten einen für Kriemhilde gân.
daz gescach vil tougen: jane torste s' über lût;
wan sîn hete dar under ir vil liebez herzen trût.

225 Dô sîn den boten komende z'ir kemenâten sach. 224 (226)
Kriemhilt diu scœne vil guetlîchen sprach:

219, 3 *bâren* swv., auf Tragbahren legen.

220, 2 *done*, andererseits, ebenso. — *hôhe* adv., gewaltig, trefflich. — 3 daß man ihnen hätte Lob ertheilen können. — 4 *die veigen* sind hier die Gefallenen. — *geklêt* = *geklaget*, beklagt.

221, 1 *gewæfen* stn. collect., die Waffen. — *an den Rîn*, um an den Rhein zurückzukehren. — 2 *geworben*, gehandelt, zu Ende geführt. — 3 *ez guot getân*, tapfer gekämpft.

222, 2 *vriwenden*, Verwandten. — 3 *gelingen*, impers. mit dat., *mir gelinget*, mir glückt, fällt etwas gut aus. — *nâch êren*, der Ehre gemäß.

223, 1 *garzûn*, franz. *garçon*, Knappe, hauptsächlich zu Botendiensten und Waffentragen verwendet. — 2 *liebe*, Annehmlichkeit, Freude. — 3 die ihnen gekommen waren.

224, 3 *tougen* adv., geheim. — *über lût*, laut, öffentlich. — 4 *dar under*, unter den Mannen (224, 1). — *trût* stn., Geliebter, *herzen trût*, Herzliebster.

225, 1 *kemenâte* swf., ein heizbares, vorzugsweise von Frauen bewohntes Gemach.

«nu sag' an liebiu mære: jâ gib' ich dir mîn golt,
tuost du'z âne liegen, ich wil dir immer wesen holt.

226 Wie sciet ûz dem strîte mîn bruoder Gêrnôt 225
und ander mîne friwende? ist uns iht maneger tôt? (227)
oder wér tet dâ daz beste? daz solt du mir sagen.»
dô sprach der bote sciere: «wir heten ninder einen zagen.

227 Ze ernste und ze strîte reit niemen alsô wol, 226
vil edeliu küneginne, sît ich'z iu sagen sol, (228)
sô der gast vil edele ûzer Niderlant:
dâ worhte michel wunder des küenen Sîvrides hant.

228 Swaz die recken alle in strîte hânt getân, 227
Dankwart und Hagene und ander 's küneges man, (229)
swaz sie striten nâch êren, daz ist gar ein wint
unz eine an Sîvrîden, des künec Sigemundes kint.

229 Sie frumten in dem sturme der helde vil erslagen: 228
doch möhte iu daz wunder niemen wol gesagen (230)
waz dâ worhte Sîvrit, swenn' er ze strîte reit.
den frouwen an ir mâgen tet er diu grœzlichen leit.

230 Ouch muoste dâ belîben vil maneger frouwen trût. 229
sîne slege man hôrte ûf helmen alsô lût, (231)
daz sie von wunden brâhten daz fliezénde bluot.
er ist an allen tugenden ein ritter küen' unde guot.

231 Swaz dâ hât begangen von Metzen Ortwîn 230
(swaz er ir mohte erlangen mit dem swerte sîn, (232)

226, 2 *iht*, etwa. — 3 *tet daz beste*, erwarb den ersten Preis, zeichnete sich am meisten aus. — 4 *ninder*, nirgend, durchaus nicht. — *zage* swm., Feigling.

227, 1 *ernest* stm., Ernst, hauptsächlich der ernste Kampf; im Gegensatz zu dem ritterlichen Spiel des Turniers. *ze*, im. — *wol*, vortrefflich. — 4 *worhte*, vollbrachte; inf. *wurken*.

228, 2 *'s küneges* = *des küneges*. — 3 *nâch êren*, entweder: um Ehre zu gewinnen, oder: der Ehre gemäß (222, 1). — 4 bis einzig auf Siegfried, im Vergleich mit dem einen Siegfried.

229, 1 *frumten*, machten, bewirkten. — 2 *daz wunder*, die wunderbaren Thaten. — 4 *diu grœzlichen leit*, der Artikel abweichend vom Nhd. gesetzt.

230, 1 *belîben*, auf dem Platze bleiben. — 2 *sîne*, Siegfried's. — 4 *an*, in Bezug auf.

die muosen wunt belîben oder meiste tôt),
dâ tet iuwer bruoder die aller græzisten nôt

232 Diu immer in den sturmen kunde sîn gesehen. 231
man muoz der wârheite den ûz erwelten jehen: (267)
die stolzen Burgonden habent sô gevarn
daz sie vor allen scanden ir êre kunnen wol bewarn.

233 Man sach dâ vor ir handen vil manegen satel blôz, 232
dâ von liehten swerten daz velt sô lûte erdôz. (268)
die recken von dem Rîne die habent sô geriten
daz ez ir vîanden wære bezzer vermiten.

234 Die küenen Tronegære die frumten grôzin leit, 233
dâ mit volkes kreften daz her zesamene reit. (269)
dâ frumte manegen tôten des küenen Hagenen hant,
des vil ze sagene wære her ze Burgonden lant.

235 Sindolt und Hûnolt, die Gêrnôtes man, 234
und Rûmolt der küene, die hânt sô vil getân (270)
daz ez Liudegêre mag immer wesen leit
daz er den dînen mâgen ze Rîne hete widerseit.

236 Strît den aller hœhsten der inder dâ gescach 235
ze jungest und zem êrsten den ie man gesach, (271)
den tet vil willecliche diu Sîvrides hant.
er bringet rîche gîsel in daz Guntheres lant.

237 Die twanc mit sînen ellen der wætlîche man, 236
des ouch der kunec Liudegast muoz den scaden hân, (272)
und ouch von Sahsen lande sîn bruoder Liudegêr.
nu hœret mîniu mære, vil edeliu küneginne hêr.

231, 3 *meiste* adj., zum größten Theile. — 4 *bruoder*, Gernot. — *græziste*, die ursprüngliche Form von *græste*.
232, 3 *habent gevarn*, haben verfahren, gehandelt.
233, 2 *dâ*, dort im Kampfe wo. — 3 *rîten*, mit *haben* wie mit *sîn* verbunden. — 4 daß es für ihre Feinde besser wäre, es (das *rîten*) wäre unterblieben.
234, 2 mit großer Volksmenge. — *daz her zesamene*, ungenau für *daz her*, wenn es nicht bloß auf die Sachsen und Dänen zu beziehen ist. — 4 *her*, zu berichten hierher (vgl. 191, 3).
235, 4 *ze Rîne* wohl mit *widerseit* zu verbinden: seine Friedensaufkündigung an den Rhein entbieten ließ (vgl. 240, 1).
236, 1 *inder*, irgendwo; *dâ* gehört zu *der*. — 2 *zem êrsten*, zuerst. — 3 *willeclîche* adv., bereitwillig.
237, 2 *des*, davon; auf die ganze vorhergehende Zeile zu beziehen.

238 Sie hât gevangen beide diu Sivrides hant. 237
nie sô manegen gîsel man brâht' in ditze lant (239)
sô von sinen schulden nu kumet an den Rîn.»
ir kunden disiu mære nimmer liebér gesîn.

239 «Man bringet der gesunden fünf hundert oder baz, 238
unt der vérchwúnden (frouwe, wizzet daz) (240)
wol ahzec rôte bâre her in unser lant.
die meistec hât verhouwen des küenen Sivrides hant.

240 Die durch übermüeten widerságeten an den Rîn, 239
die müezen nu gevangen die Guntheres sîn: (241)
die bringet man mit vreuden her in ditze lant.»
do erblüete ir liehtiu varwe dô siu diu mære
reht' ervant.

241 Ir scœnez antlütze daz wart rôsenrôt, 240
do mit liebe was gesceiden ûz der grôzen nôt (242)
der wætliche recke Sivrit der junge man.
siu freute ouch sich ir friwende; daz was von
sculdén getân.

242 Dô sprach diu minnecliche: «du hâst mir wol geseit. 241
du solt haben dar umbe ze miete richiu kleit (243)
und zehen marc von golde, die heiz' ich dir tragen.»
des mac man sölhiu mære richen frouwen gerne sagen.

243 Man gab im sine miete, daz golt und ouch diu kleit. 242
dô gie an diu venster vil manec scœniu meit. (244)
sie warten ûf die strâze: riten man dô vant
vil der hôhgemuoten in der Burgonden lant.

238, 3 *von sinen schulden*, durch ihn veranlaßt. — 4 sie hätte keine liebere Nachricht hören können. — *gesîn*, sein.

239, 2 *verchwunt*, ins Leben (*verch*) verwundet, todtlich wund. — 3 *rôte*, roth von Blut. — *bâre* stf., Tragbahre; dieselben, zum Fortschaffen der Verwundeten bestimmt, wurden aus Zweigen geflochten. — 4 *die*, die Verwundeten. — *verhouwen*, verwunden.

240, 2 *gevangen* = *gevangenen*; der Artikel (*die*) steht nach. — 4 *erblüete*, præt. von *erblüejen*, aufblühen, rosig werden.

241, 2 *liebe*, Freude. — 4 *daz* — *getân*, das war auch recht, war in der Ordnung.

242, 1 *wol geseit*, guten Bericht erstattet. — 2 *dar umbe*, dafur. — 3 *marc* stf., ein halbes Pfund. — *tragen*, bringen. — 4 wegen des reichen Lohnes kann man gern reichen Frauen Mare sagen.

243, 3 *warten* præt. (aus *warteten*), ausschauen. — *vant*, bemerkte.

244 Dâ kómen die gesunden: die wunden tâten sam. 213
sie mohten gruezen hœren von friwenden âne scam. (248)
der wirt gein sînen gesten vil vrœlichen reit.
mit vreuden was verendet daz sîn vil grœzliche leit.

245 Dô enptie er wol die sîne, die vremden tet er sam: 214
wan dem rîchen künege anders niht enzam (249)
wan danken guetliche den die im wâren komen,
daz sie den sic nâch êren in sturme hêten genomen.

246 Gunther bat im mære von sînen vriwenden sagen, 215
wer im an der reise ze tôde wære erslagen. (250)
dô het er vloren niemen niwan sehzec man.
verklagen man die muose, sô sît nâch heleden ist getân.

247 Die gesunden brâhten zerhowen manegen rant 216
und helme vil verscrôten in Guntheres lant. (251)
daz volc erbeizte nidere für des küneges sal:
ze liebem ântpfânge man hôrte vrœlichen scal.

248 Dô hiez man herbergen die recken in die stat. 217
der künec sîner geste vil scône pflegen bat. (252)
er hiez der wunden hüeten und scaffen guot gemach.
wol man sîne tugende an sînen vîänden sach.

249 Er sprach ze Lindegaste: «nu sît mir willekomen. 218
ich hân von iuwern sculden scaden vil genomen: (253)
der wirt mir nu vergolten, ob ich gelucke hân.
got lône mînen vriwenden: sie hânt mir liebe getân.»

250 «Ir muget in gerne danken», sprach dô Lindegêr: 219
«alsô hôher gîsel gewan nie künec mêr. (254)

244, 1 *sam*, ebenso. — 2 *âne scam*, ohne sich der Begrüßung schämen zu müssen. — 3 *gein — reit*, ritt entgegen.
245, 1 *tet* für *enpfie*, daher mit derselben Construction. — 2 *anders niht*, nichts anderes. — 4 *den sic genomen*, den Sieg errungen.
246, 4 *verklagen*, aufhören zu beklagen. — *nâch heleden*, hinter Helden her, nach dem Tode von Helden; *ist getân*, geschehen ist.
247, 2 *verscrôten* stv., zerschneiden, zerhauen. — 3 *für*, vor, *sal* ist acc., nicht dat. — 4 *ze*, bei. — *ântpfanc* (zu *enpfâhen*) stm., Empfang, *liebem*, freundlichem.
248, 3 *scaffen gemach*, dazu muß ein Dativ (*in*) ergänzt werden. — 4 *an*, gegenüber.
249, 4 *liebe* adv., freudebereitend, zur Freude.
250, 1 *Ir muget*, ihr habt Ursache. — 2 *hôher gîsel* gen. plur. von *mêr* abhängig. —

umbe scœne huote wir geben michel guot,
daz ir genædecliche an iuwern vîänden tuot.»

251 «Ich wil iuch beide lâzen», sprach er, «ledec gên. 250
daz mîne vîände hie bî mir bestên, (252)
des wil ich haben pürgen, daz sie mîniu lant
iht rûmen âne hulde.» des bôt dô Liudegêr die hant.

252 Man brâhte sie ze ruowe und scuof in ir gemach. 251
den wunden man gebettet vil güetlîchen sach: (253)
man schancte den gesunden met und guoten wîn.
dô kunde daz gesinde nimmer vrœlicher sîn.

253 Ir zerhouwen schilde behálten man truoc. 252
vil blúotíger sätele der was dâ genuoc: (254)
die hiez man verbergen, daz weinten niht diu wîp.
dâ kom hermüede vil maneges guoten ritters lîp.

254 Der künec pflac sîner geste vil grœzliche wol. 253
der vremden und der kunden diu lant wâren vol. (255)
er bat der sêre wunden vil güetliche pflegen.
dô was ir übermüeten vil harte ríngé gelegen.

255 Die erzenie kunden den bôt man rîchen solt, 254
silber âne wâge, dar zuo daz liehte golt, (256)
daz sie die helde nerten nâch des strîtes nôt:
dar zuo der künec den gesten gâbe grœzlichen bôt.

250, 3 *scœne huote*, ehrenvolle Behandlung in der Gefangenschaft. — 4 *daz*, damit.

251, 1 *ledec*, frei von Fesseln. — 2 daß meine Feinde mir nicht fortlaufen. — 4 *âne hulde*, ohne Erlaubniss. In Bezug darauf bot Liudeger die Hand, das gelobte er mit Handschlag.

252, 2 *betten, einem*, das Bett bereiten. — 3 *met, mete* stm., Meth, ein mit Honig gemischtes Getränk.

253, 1 *behalten*, aufheben, aufbewahren. — 2 *vil*, sehr, nicht: viel. — 4 *hermüede*, müde von der Heerfahrt, vom Kriege.

254, 1 *grœzliche* adv., außerordentlich. — 3 *sere wunt*, schwer verwundet; *sere* hier in seiner ursprünglichen Bedeutung (von *ser*, Schmerz). — 4 *ringe* adv., werthlos: lag wie etwas Werthloses am Boden, war niedergeworfen.

255, 1 *erzenie* stf., Arzneikunst. — 2 *âne wâge*, ungewogen; als Bezeichnung unbeschrankter Freigebigkeit. — 3 *nerten* præt. von *nern*, erretten, genesen machen. — 4 *geste* sind hier Gunthers versammelte Mannen.

256 Die wider heim ze hûse heten reise muot, 255
die bat man noch belîben alsô man vriwende tuot. (277)
der künec gie ze râte wie'r lônte sînen man:
sie heten sînen willen nâch grôzen êren getân.

257 Dô sprach der herre Gêrnôt: »man sol sie rîten lân. 256
über sehs wochen si in daz kunt getân (278)
daz sie komen widere z'einer hôhgezît:
sô ist maneger geheilet der nu vil sêre wunden lît.«

258 Dô gert' ouch urloubes Sîvrit von Niderlant. 257
dô der künec Gunther den willen sîn ervant, (279)
er bat in minneclîche noch bî im bestân.
niwan durch sîne swester, sone wær' ez nimmér getân.

259 Dar zuo was er ze rîche, daz er iht næme solt. 258
er het daz wol verdienet, der künec was im holt. (280)
sam wâren sîne mâge: die heten daz gesehen,
waz von sînen kreften in dem strîte was gescehen.

260 Durch der scœnen willen gedâht' er noch bestân, 259
ob er sie gesehen möhte. sît wart ez getân: (281)
wol nâch sînem willen wart im diu maget bekant.
sît reit er vrœlîche in daz Sigemundes lant.

261 Der wirt hiez z'allen zîten ritterscefte pflegen: 260
daz tet dô willeclîchen vil manec junger degen. (282)
die wîle hiez er sidelen vor Wormez an den sant
den die im komen solden zuo der Burgonden lant.

262 In den selben zîten, dô sie nu solden komen, 261
dô het diu scœne Kriemhilt diu mære wol vernomen, (283)

256, 1 *heten reise muot*, hatten Lust zu der Reise, *heim ze hûse*, nach Hause — 2 *tuot* = *bitet*. — 3 *lônen* mit dat. der Person.

257, 2 *über sehs wochen* gehört zu *komen widere*. — 3 *widere* adv., zurück. — 4 *sô*, alsdann.

258, 3 *bestân*, bleiben. — 4 wenn es nicht um seiner Schwester willen geschehen wäre, so wäre es sicher nicht geschehen (daß er blieb).

259, 1 *iht* adv. acc., irgendwie. — 2 *der künec* — *holt*, statt eines Satzes mit *daz*.

260, 2 nachher geschah es, daß er sie sah. — 3 *wart im bekant*, lernte er kennen.

261, 1 *ritterscefte pflegen*, ritterliche Übungen treiben. — 3 *die wîle*, in der Zwischenzeit, bis die sechs Wochen um waren. — 4 *den*, für diejenigen.

er wolde hôhgezite durch liebe vriwende hân:
dô wart vil michel vlizen von scœnen fróuwén getán

263 Mit wæte und mit gebende daz sie dâ solden tragen. 262
Uote diu vil rîche diu mære hôrte sagen (264)
von den stolzen recken die dâ solden komen.
dô wart ûz der valde vil rîcher kléidér genomen.

264 Durch ir kinde liebe hiez siu bereiten kleit: 263
dâ mite wart gezieret vil fróuwen und mánec meit (265)
und vil der jungen recken ûz Burgonden lant.
ouch hiez siu vil den vremeden prüeven hêrlîch gewant.

262, 3 *hôhgezîte* acc. sing. — 4 *vlîzen*, subst. gebrauchter Infinitiv, Befleißigen.
263, 1 *gebende* stn., Kopfschmuck der Frauen. — 3 *von*, in Bezug auf, lat. *de*. — 4 *valde* stf., Tuch zum Einschlagen der guten Kleider.
264, 1 *kinde*, gen. plur. — 2 es war üblich, daß bei großen Festen der Festgeber der Dienerschaft neue Kleider schenkte; ebenso den Fremden (264, 4).

V. ÂVENTIURE,

WIE SÎFRIT KRIEMHILT ÊRSTE GESACH.

Bei dem zu Pfingsten stattfindenden Feste erblickt Siegfried zum ersten Male Kriemhilden und erfahrt die besondere Auszeichnung, daß auf Anlaß ihrer Brüder die Jungfrau ihn grüßt und daß er sie küssen darf. Nach dem Gottesdienste sieht er sie wieder, sie dankt ihm für die geleistete Kriegshilfe. Das Fest dauert zwölf Tage; die beiden gefangenen Könige werden ohne Lösegeld mit dem Versprechen, Frieden halten zu wollen, entlassen. Siegfried will auch fort, bleibt aber auf Giselher's Bitte noch länger da.

---

265 Man sach sie tägelichen nu riten an den Rin, 264
die zer hôhgezite gerne wolden sin.
die durch des küneges liebe kômen in daz lant,
den bôt man sumelichen ross und hêrlich gewant.

266 In was ir gesidele allen wol bereit, 265
den hœhsten und den besten, als uns daz ist geseit,
zwein und drizec fürsten, dâ zer hôhgezit.
dâ zierten sich engegene die scœnen frouwen wider strit.

267 Ez was dâ vil unmüezec Giselher daz kint. 266
die geste mit den kunden vil güetliche sint
die enpfienc ér und Gêrnôt und ouch ir beider man.
jâ gruozten sie die degene, als ez nâch êren was getân.

265, 2 *zer hôhgezîte*, bei dem Feste. — 4 *den — sumelîchen*, manchen von denen, im Mhd. kein partit. Genetiv. Der Sinn ist übrigens: vielen, dieselbe Ausdrucksweise wie *genuoge* u. ähnl.
266, 1 *gesidele* stn., die Sitze; vgl. zu 31, 3. — 4 *dâ — engegene*, in Erwartung, im Hinblick auf das Fest. — *zieren*, schmücken. — *wider strît*, im Wettstreit, wetteifernd.
267, 1 *daz kint*, der junge Mann. — 3 *man*, Mannen. — 4 wie es der Ehre gemäß war.

268 Vil goltrôter sätele sie fuorten in daz lant, 267
zierlîche scilde und hêrlich gewant (269)
brâhten sie ze Rîne zuo der hôhgezît.
manegen ungesunden sah man vrœlîchen sît.

269 Die in den betten lâgen und heten wunden nôt, 268
die muosen des vergezzen, wie herte was der tôt. (270)
die siechen ungesunden muosen sie verklagen.
sie vreuten sich der mære gein der hôhgezîte tagen,

270 Wie sie leben wolden dâ zer wirtscaft. 269
wünne âne mâze, mit vreuden überkraft, (271)
heten al die liute, swaz man ir dâ vant.
des huop sich michel vreude über ál daz Gúnthéres lant.

271 An einem pfinxtmorgen sáh man füre gân, 270
gekleidet wünnecliche, vil manegen küenen man, (272)
fünf tûsent oder mêre dâ zer hôhgezît.
sich huop diu kurzewîle an manegem ende wider strît.

272 Der wirt der hete die sinne, im was daz wol erkant, 271
wie rehte herzenlîche der helt von Niderlant (273)
sîne swester trûte, swie'r sie nien' gesach,
der man sô grôzer scœne vor allen júncfróuwen jach.

273 Dô sprach zuo dem künege der degen Ortwîn: 272
«welt ir mit vollen êren zer hôhgezîte sîn, (275)
sô sult ir lâzen scouwen diu wünneclîchen kint
die mit sô grôzen êren hie zen Burgonden sint.

274 Waz wære mannes wünne, des vreute sich sîn lîp, 273
ez entæten scœne mägede und hêrlîchiu wîp? (276)

268, 1 *goltrôt*, roth von Gold, mit Gold geschmückt. — *fuorten*, brachten mit sich. — 4 *ungesunt*, verwundet. — *vrœlîchen* ist adj.
269, 2 sie dachten nicht daran, daß sie in Todesgefahr schwebten. — 3 *sie* ist ein anderes Subject als *die* in Z. 1. — 4 *gein*, im Hinblick auf.
270, 1 *wirtscaft* stf., Bewirthung, Gasterei. — 2 *überkraft*, überströmende Fülle: nebst Fülle von Freuden. — 4 *über*, rings in.
271, 1 *füre gân*, hervorkommen; aus den Häusern.
272, 1 *hete die sinne*, hatte den Verstand, war so klug. — 3 *nien'*, niemals.
273, 2 soll die Ehre, die ihr durch dieses Fest einlegt, vollständig sein. — 3 *kint* sind hier Jungfrauen: darauf bezieht sich *die* (4), nicht grammatisch genau, sondern dem Sinne nach.
274, 1 *vreute* ist conj. prät., freuen konnte. — 2 *entæten*, wenn es (das Freuen) nicht bewirkte.

lâzet iuwer swester für iuwer geste gân.»
der rât was ze liebe vil manegem helde getân.

275 «Des wil ich gerne volgen», sprach der kunec dô. 274
alle die'z erfunden, die wâren's harte vrô. (277)
er'nbôt éz froun Uoten und ir tohter wol getân,
daz siu mit ir mägeden hin ze hove solde gân.

276 Dô wart ûz den schrînen gesuochet guot gewant, 275
swaz man in der valde der edelen waete vant, (278)
die bouge mit den porten, des was in vil bereit.
sich zierte flîzecliche vil manec waetlichiu meit.

277 Vil manec recke tumber des tages hete muot, 276
daz er an ze sehene den frouwen waere guot, (279)
daz er dâ für niht naeme eins rîchen küneges lant.
sie sâhen die vil gerne die sie nie hêten bekant.

278 Dô hiez der künec rîche mit sîner swester gân, 277
die ir dienen solden, wol hundert sîner man, (280)
ir und sîner mâge: die truogen swert enhant.
daz was daz hovegesinde vón der Búrgónden lant.

279 Uoten die vil rîchen die sach man mit ir komen. 278
diu hete scœne frouwen gesellecliche genomen (281)
wol hundert oder mêre: die truogen rîchiu kleit.
ouch gie dâ nâch ir tohter vil manec waetlichiu meit.

280 Von einer kemenâten sah man sie alle gân: 279
dô wart vil michel dringen von helden dar getân, (282)
die des gedingen hêten, ob kunde daz geschehen,
daz sie die maget edele solden vrœlichen sehen.

275, 1 *volgen* mit gen. der Sache, folgsam sein in etwas. — 2 *erfunden*, erfuhren, hörten. — 3 *enbieten*, durch einen Boten wissen laßen. — 4 *ze hove*, in die Gesellschaft der Männer.
276, 3 *bouc* stm. (von *biegen*), Armring; meist von Golde. — *mit*, soviel wie *und*. — 4 *flîzecliche* adv., mit Sorgfalt.
277, 1 *tumber*, junger. — *hete muot*, war darauf bedacht, davon hängt *daz* (Z. 3) ab, und von *dâ für* der Satz mit *daz* (Z. 2), daß er vor den Frauen sich gut ausnähme. — 3 das war sein höchstes Ziel und Bestreben. — 4 *sie* sind die jungen Männer, *die* die Frauen. — *bekant*, kennen gelernt.
278, 3 die hundert Mannen bestanden aus Verwandten von ihm und ihr. — *enhant*, in der Hand. — 4 *hovegesinde* stn., Dienerschaft des Hofes.
279, 2 *gesellecliche* adv., zur Gesellschaft. — 4 *nâch*, hinter — her.
280, 2 *dar*, dahin, wo die Frauen herkamen. — 3 *gedinge* swm., Hoffnung.

281 Nu gie diu minnecliche alsô der morgenrôt 280
tuot ûz den trüeben wolken. dâ sciet von maneger nôt (283)
der sie dâ truog in herzen und lange het getân:
er sach die minneclichen nu vil hêrlichen stân.

282 Jâ lûhte ir von ir wæte vil manec edel stein: 281
ir rôsenrôtiu varwe vil minneclichen scein. (284)
ob iemen wünscen solde, der kunde niht gejehen
daz er ze dirre werelde hete iht scœners gesehen.

283 Sam der liehte mâne vor den sternen stât, 282
der scîn sô lûterliche ab den wolken gât, (285)
dem stuont siu nu geliche vor maneger frouwen guot.
des wart dâ wol gehœhet den zieren heleden der muot.

284 Die richen kamerære sah man vor in gân. 283
die hôhgemuoten degene die'n wolden daz niht lân, (286)
sine drungen dâ sie sâhen die minneclichen meit.
Sivride dem herren wart beide lieb unde leit.

285 Er dâhte in sinem muote: «wie kunde daz ergân 284
daz ich dich minnen solde? daz ist ein tumber wân. (287)
sol aber ich dich vremeden, sô wære ich sanfter tôt.»
er wart von den gedanken vil dicke bleich unde rôt.

286 Dô stuont sô minnecliche daz Sigemundes kint, 285
sam er entworfen wære an ein pérmínt (288)
von guotes meisters listen, als man ime jach,
daz man helt deheinen nie sô scœnén gesach.

287 Die mit der frouwen giengen, die hiezen von den wegen 286
wichen allenthalben: daz leiste manec degen. (290)

281, 2 *tuot* vertritt *gât*; ebenso 3 *het getân* = *het getragen.*
282, 1 *lûhte* prät. von *liuhten*, leuchten. — 3 wenn jemand sich das Schönste wünschen sollte. — *gejehen*, sagen.
283, 1 *mâne* swm., Mond. — 2 *lûterliche* adv., hell, klar. — 4 *gehœhet*, erhöht, freudig erregt. — *ziere* adj., stattlich, herrlich.
284, 2 *niht lân*, *sine drungen*, nicht unterlassen sich zu drängen. — 4 *lieb unde leit:* er freute sich des holden Anblickes, während die im Folgenden ausgedrückten Gedanken ihm das Herz schwer machen.
285, 1 *ergân*, sich ereignen. — 2 *wân*, Hoffnung. — 3 *vremeden* mit acc., meiden. — *sanfter*, leichter, lieber.
286, 2 *entwerfen* stv., malen. — *pérmínt* stn., Pergament. — 3 *list* stm., Kunst. — *als man ime jach*, wie man von ihm sagte.
287, 1 *von den wegen*, aus dem Wege. — 2 *leiste* (für *leistete*), befolgte.

diu hôhe tragenden herzen vreuten manegen lîp.
man sach in hôhen zühten manec hêrlîchez wîp.

288 Dô sprach von Burgonden der herre Gêrnôt: 287
der iu sînen dienest sô güetlîchen bôt, ([illegible])
Gunther, lieber bruoder, dem sult ir tuon alsam
vor allen disen recken: des râts ich nimmer mich gescam.

289 Ir heizet Sîvriden zuo mîner swester kumen, 288
daz in diu maget grüeze: des habe wir immer frumen. ([illegible])
diu nie gegruozte recken, diu sol in gruezen pflegen:
dâ mite wir haben gewunnen den vil zierlîchen degen.

290 Dô giengen 's wirtes mâge dâ man den helt vant. 289
sie sprâchen zuo dem recken ûzer Niderlant: ([illegible])
»iu hât der künec erloubet, ir sult ze hove gân,
sîn swester sol iuch grüezen: daz ist zen êren iu getân.»

291 Der herre in sînem muote was des vil gemeit. 290
dô truog er ime herzen lieb âne leit, ([illegible])
daz er sehen solde der scœnen Uoten kint.
mit minneclîchen tugenden siu gruozte Sîvriden sint.

292 Dô siu den hôhgemuoten vor ir stênde sach, 291
dô erzunde sich sîn varwe. diu scœne magt sprach: ([illegible])
»sît willekomen, her Sîvrit, ein edel ritter guot.»
dô wart im von dem gruoze vil wol gehœhet der muot.

293 Er neig ir flîzeclîche: bi der hende siu in vie. 292
wie rehte minneclîche er bî der frouwen gie! ([illegible])

287, 3 *hôhe tragenden*, hochstrebenden; *hôhe* ist adv.

288, 3 *alsam*, ebenso: ihr sollt ihm einen Gegendienst erweisen. — 4 *gescam* von *gescamen*, *geschamen*, schämen.

289, 2 *grüeze*: da im Mittelalter die Frauen zuerst grüßten, so gilt es für eine besondere Siegfried gewährte Auszeichnung, daß er von Kriemhilde einen Gruß erhalten soll; vgl. 289, 3; 290, 4. — 3 *gegruozte*, gegrüßt hat. — *grüezen pflegen*: hier dient *pflegen* nur zur Umschreibung des Verbums, ähnlich wie *beginnen*. — 4 *gewunnen*, für uns zum Freunde gewonnen.

291, 4 *tugenden*, feinem Benehmen.

292, 2 *erzunde* prät. von *erzunden*, *sich*, entbrennen, roth werden. — 3 *sît* beim Vocativ mhd. häufig.

293, 1 *flîzeclîche* adv., aufmerksam. — Männer und Frauen pflegten sich, wenn sie nebeneinander giengen, bei der Hand zu fassen.

mit lieben ougen blicken ein ander sâhen an
der herre und ouch diu frouwe: daz wart vil tougenlich getân.

294 Wart iht dâ friwentlîche getwungen wîziu hant 293
von herzen lieber minne, daz ist mir niht bekant. (296)
doch enkan ich niht gelouben daz ez wurde lân:
siu het im holden willen kunt vil sciere getân.

295 Bî der sumerzîte und gein des meijen tagen 294
dorft' ér in sîme herzen nimmer mêr getragen (297)
sô vil der hôhen vreude denn' er dâ gewan,
dô im diu gie enhende die er ze trûte wolde hân.

296 Do gedâhte manec recke: «hei wær' mir sam geschehen, 295
daz ich ir gienge enhende, sam ich in hân gesehen, (298)
oder bî ze ligene! daz liez' ich âne haz.
ez gediente noch nie recke nâch einer küneginne baz.

297 Von swelher künege lande die geste kômen dar, 296
die nâmen al geliche niwan ir zweier war. (299)
ir wart erloubet küssen den wætlichen man:
im wart in dirre werlde nie sô liebé getân.

298 Der künec von Tenemarke der sprach sâ zestunt: 297
«diss vil hôhen gruozes lit maneger ungesunt, (300)
des ich vil wol enpfinde, von Sîvrides hant.
got enlâze in nimmer mêre komen in mînin künges lant.»

299 Man hiez dô allenthalben wîchen von den wegen 298
der scœnen Kriemhilde. manegen küenen degen (301)

294, 1 *friwentlîche* adv., freundlich, liebevoll. — *getwungen*, gedrückt. — 2 *von*, aus. — 3 *lân*, unterlassen. — 4 *holden willen*, geneigte Gesinnung.

295, 1 *gein* temporal, die annähernde Zeit bezeichnend, um. — 3 *dâ*, dort in Worms. — 4 *enhende* an der Hand, zur Seite. — *trût* stn., Lieb, Geliebte.

296, 3 *bî ligen*, umarmen. — *lâzen âne haz* mit acc., sich etwas gern gefallen laßen. — 4 *nâch*, um ihre Huld und Liebe zu gewinnen.

297, 1 *swelh*, welcher auch. — 2 *nâmen war*, achteten.

298, 1 *zestunt*, sofort; verstärkt durch *sâ*, sogleich. — 2 *lit* — *liget*, liegt. — 3 *des* bezieht sich auf die ganze vorhergehende Zeile; *enpfinden* mit gen.

299, 2 *Kriemhilde*, für Kriemhild. —

sah man gezogenliche ze kirchen mit ir gân.
sit wart von ir gesciden der vil wætliche man.

300 Dô gie siu zuo dem münster: ir volgte manec wîp. 299
dô was ouch sô gezieret der küneginne lîp, (1302)
daz dâ hôher wünsche maneger wart verlorn.
siu was dâ z'ougen weide vil manegem réckén geborn.

301 Vil kûme erbeite Sivrit daz man dâ gesanc. 300
er mohte sînen sælden immer sagen danc (1303)
daz im diu was sô wæge die er in herzen truoc:
ouch was er der scœnen holt von scúldén genuoc.

302 Dô siu kôm ûz dem münster sam er ê hete getân, 301
man bat den degen küenen wider zuo z'ir gân. (1304)
alrêst begunde im danken diu minnecliche meit,
daz er vor manegem helde sô rehte hêrlichen streit.

303 «Nu lôn' iu got, her Sivrit», sprach daz scœne kint. 302
«daz ir daz habt verdienet daz iu die recken sint (1305)
sô holt mit rehten triuwen als ich sie hœre jehen.»
do begúnd'er minnecliche an froun Kriemhilden sehen.

304 «Ich sol iu immer dienen», alsô sprach der degen, 303
«und enwil mîn houbet nimmer ê gelegen, (1306)
ih enwerbe nâch ir willen, sol ich mîn leben hân.
daz ist nâch iuwern hulden, mîn frou Kriemhilt, getân.»

305 Inre tagen zwelven, der tage al ieslich, 304
sah man bi dem degene die maget lobelich, (1307)

299, 3 *gezogenliche* adv., anstandig. — 4 als man in die Kirche gieng, konnte er nicht mehr an ihrer Seite gehen.
300, 3 *hôher*, hochstrebender. — 4 *ougen weide*, Nahrung, Lust der Augen.
301, 1 *kûme* adv., kaum. — *erbeite* (= *erbeitete*), erwartete, konnte erwarten. — *gesanc*, die Messe zu Ende gesungen hatte. — 2 *sælde* stf., Gluck. 3 *wæge* adj., gewogen.
302, 1 Er war fruher aus der Kirche gekommen als sie. — 3 *alrêst* (aus *aller êrst*), nun erst. — 4 *vor manegem helde*, an der Spitze mancher Helden.
303, 3 *mit rehten triuwen*, in aufrichtiger Gesinnung. — 4 *sehen an einen*, jemand ansehen.
304, 2 *gelegen*, zur Ruhe legen. — 3 *ih enwerbe*, es sei denn daß ich handle. — 4 *nâch iuwern hulden*, um eure Huld zu erwerben. — *mîn frou*, ehrendes Pradicat, wie franz. *madame*.
305, 1 *ieslich*, jeder, an jedem einzelnen der Tage. —

sô siu ze hove solde vor ir vriwenden gân.
der dienest wart dem recken durch grôze líebé getân.

306 Vreude unde wünne, vil grœzlichen scal 305
sah man áller tägeliche vor Guntheres sal, (308)
dar ûze und ouch dar inne, von manegem küenen man.
Ortwin unde Hagene vil grôzer wúndér began.

307 Swes iemen pflegen solde, des wâren sie bereit 306
mit volleclicher mâze, die helde vil gemeit. (309)
des wurden von den gesten die recken wol bekant.
dâ von sô was gezieret allez Guntheres lant.

308 Die dâ wunde lâgen, die sah man für gân: 307
sie wolden kurzwile mit dem gesinde hân, (310)
schirmen mit den scilden und schiezen manegen scaft.
des hulfen in genuoge: sie heten grœzliche kraft.

309 In der hôhgezîte der wirt hiez ir pflegen 308
mit der besten spîse. er hete sich bewegen (311)
aller slahte scande die ie künec gewan.
man sah in vriwentliche zuo den sînen gesten gân.

310 Er sprach: «ir guoten recken, ê daz ir sceidet hin, 309
sô nemt mîne gâbe: alsô stêt mîn sin (312)
daz ich'z immer diene. versmæhet niht mîn guot:
daz wil ich mit iu teilen. des hân ich willigen muot.»

311 Die von Tenemarke sprâchen sâ zehant: 310
«ê daz wir wider riten heim in unser lant, (313)

305, 3 *vor*, vor den Augen ihrer Verwandten. — 4 *dienest*, Dienstleistung, Aufmerksamkeit.

306, 2 *aller tägelîche: aller tage* ist gen. plur., von *lîch*, jeder, abhängig: an jedem aller Tage: den Umlaut *ä* bewirkt das *î* in *lîch*. — 4 *began*, sing. des Verbums nach vorausgehenden zwei Subjecten.

307, 1 *pflegen*, treiben. — 2 in reichlichem Maße. — 3 *des*, dadurch. — *die recken*, Ortwin und Hagen. — 4 *sô*, den Begriff *dâ von* aufnehmend.

308, 1 *für gân*, herauskommen. — 3 *schirmen*, sich mit dem Schilde decken gegen den geschossenen Speer.

309, 1 *In*, während. — 2 *sich bewegen*, sich losgesagt von. — 4 er mischte sich leutselig unter die Schaar der Gäste.

310, 1 *hin*, von hier. — 2 *gâbe*, Geschenke. — Ich bin so gesonnen, daß ich es immer durch Dienst vergelten will, wenn ihr meinen Wunsch erfüllt. — 4 *willic*, bereitwillig.

311, 2 *wider*, zurück. —

wir gern stæter suone. des ist uns recken nôt:
wir hân von iuwern degenen manegen lieben vriwent tôt.»

312 Liudegast geheilet sîner wunden was: 311
der vogt von den Sahsen nâch strîte wol genas.
eteliche tôten sie liezen dar enlant.
dô gie der kunec Gunther dâ er Sîvriden vant

313 Er sprach zuo dem recken: «nu râte wie ich tuo. 312
die unser widerwinnen die wellent rîten fruo,
und gerent stæter suone an mich und mîne man:
nu râtâ, degen Sîvrit, waz dich des dunke guot getân.

314 Waz mir die herren bieten, daz wil ich dir sagen. 313
swaz fünf hundert mœre goldes mugen tragen,
daz gæben sie mir gerne, wold' ich sie ledec lân.»
dô sprach der starke Sîvrit: «daz wær' vil übele getân.

315 Ir sult sie ledeclîchen hinnen lâzen varn: 314
und daz die recken edele mêre wol bewarn
vientlîchez rîten her in iuwer lant,
des lât iu geben sicherheit hie der beider herren hant.»

316 «Des râtes wil ich volgen.» dâ mite sie giengen dan. 315
den sînen vianden wart daz kunt getân,
ir goldes gerte niemen daz sie dâ buten ê.
dâ heime ir lieben vriwenden was nâch den hermüeden wê.

317 Manege schilde volle man dar scatzes truoc: 316
er teilte's âne wâge den vriwenden sîn genuoc,

311, 3 *stæter*, fester, dauernder; *suone*, Versöhnung. — *des*, des Begehrens.
312, 1 *sîner wunden*, von seinen Wunden. — 3 *eteliche*, einige: ironisch für viele. — *dar enlant*, dort im Lande.
313, 1 *tuo* conj., thun soll. — 2 *fruo*, in der Frühe, am nächsten Morgen. 3 *gern an einen*, von jemand begehren. — 4 *râtâ* imper., mit der Partikel *â*, die den Imper. verstärkt. — *des*, in Bezug darauf.
314, 4 *übele* adv., schlecht, unpassend.
315, 2 *daz* hängt ab von *geben sicherheit*. — *mêre*, hinfort. — *bewarn* mit acc., sich vor etwas in Acht nehmen. — 4 *sicherheit geben* mit gen., etwas zusichern.
316, 1 *dâ mite*, mit diesen Worten. — 3 *buten* praet. plur. von *bieten*, boten. — 4 *vriwende* sind auch hier Verwandte. — *was wê*, sie hatten schmerzliche Sehnsucht.
317, 1 Nach altgermanischer Weise wird das Gold in der Schildwölbung gemessen und gegeben. — 2 *teilte's*, vertheilte davon. Gunther ist gemeint. —

bî fünf hundert marken, und eteslichen baz.
Gêrnôt der vil küene der riet Gunthere daz.

318 Urlóup sie alle nâmen, alsô sie wolden dan. 317
dô sah man die geste für Kriemhilde gân (320)
und ouch dâ frou Uote diu küneginne saz.
ez'n wart noch níe dégenen mêre geúrlóubet baz.

319 Herbérge wurden lære dô sie von dannen riten. 318
noch bestuont dâ heime mit hêrlichen siten (321)
der künec mit sînen mâgen, vil manec edel man.
die sah man tägeliche zuo froun Kriemhilde gân.

320 Urlóup ouch nemen wolde Sivrít der helet guot: 319
er trûwet' niht erwerben des er dâ hete muot. (322)
der künec daz sagen hôrte daz er wolde dan:
Giselher der junge in von der reise gar gewan.

321 «War woldet ir nu rîten, vil edel Sivrit? 320
belîbet bî den recken, tuot des ich iuch bit, (323)
bî Gúnthére dem künige und ouch bî sînen man.
hie ist vil scœner frouwen, die sol mán iuch gerne sehen lân.»

322 Dô sprach der starke Sivrit: «diu ros lâzet stân. 321
ich wolde hinnen rîten: des wil ich abe gân. (324)
und traget ouch hin die scilde. jâ wóld' ich in mîn lant.
des hât mich her Giselher mit grôzen tríuwén erwant.

323 Sus beleip der küene durch vriwende liebe dâ. 322
jâ wær' er in den landen ninder anderswâ (325)

317, 3 *eteslichen*, manchen, dat. plur.
318, 3 *und ouch dâ*, und auch dahin gehen, wo. — 4 *noch nie wære*, noch niemals. — *urlouben* mit dat., jemand Urlaub, die Erlaubniss zu gehen, geben. — *baz*, auf bessere, schönere Weise.
319, 1 *Herberge*, der Artikel fehlt in alterthümlicher Art. — 3 *vil manec edel man* bezieht sich auf *mâge*, als wenn da stände: *und sîne mâge*.
320, 2 *des er dâ hete muot*, worauf seine Absicht gerichtet war: Kriemhildens Liebe. — 4 *gewan*, abbringen, zurückbringen, *von*.
321, 1 *War*, wohin. — 4 *ist* der Sing., weil das Subject das Neutr. *vil* ist, *frouwen* ist gen.
322, 1 *stân*, in den Ställen. — 2 *abe gân*, zurücktreten, abgehen. — 3 *traget hin*, tragt fort. — 4 *erwenden*, einen von etwas abwenden, abbringen.
323, 2 *anderswâ*, anderswo.

gewesen alsô sanfte. dâ von daz gescach
daz er nu tägeliche die scœnen Kriemhilde sach.

324 Durch ir unmâzen scœne der herre dâ beleip. 323
mit maneger kurzewîle man nu die zît vertreip, ([illegible])
wan daz in twanc ir minne: diu gab im dicke nôt.
dar umbe sît der küene lac vil jæmerliche tôt.

323, 3 *sanfte* adv., angenehm: er hätte nirgend ein so angenehmes Leben gehabt. — *dâ von*, durch sein längeres Verweilen.

324, 3 *wan daz*, ausgenommen daß: die Noth, welche ihm die Liebe verursachte, war die einzige, die er kannte. — 4 *dar umbe*, um der Liebe willen, durch die Liebe.

VI. ÂVENTIURE,

WIE GUNTHER GÊN ÎSLANDE NÂCH BRÜNHILT FUOR.

Gunther vernimmt von der Schönheit der Königin Brünhild in Island, die nur derjenige gewinnt, der sie in drei Spielen besiegt, und beschließt sie zu erwerben. Siegfried nebst Hagen und Danewart begleiten ihn; nachdem ersterer von Gunther das Versprechen erhalten, Kriemhild zum Weibe zu bekommen, wenn Gunther Brünhild erwerbe. Von Kriemhild und ihren Jungfrauen mit herrlichen Kleidern versehen, fahren sie zu Schiffe nach Island, wo sie Gunthern für Siegfried's Herrn ausgeben wollen.

---

325 Iteniuwe mære sich huoben über Rîn. 324
man sagte daz dâ wære manec scœne magedîn. (327)
der gedâht' im eine erwerben Gunthér der künec guot:
dâ von begund' dem recken vil sêre hôhén der muot.

326 Ez was ein küneginne gesezzen über sê: 325
ir geliche enheine man wesse ninder mê. (329)
diu was unmâzen scœne, vil michel was ir kraft.
siu scôz mit snellen degenen umbe minné den scaft.

327 Den stein warf siu verre, dar nâch siu witen spranc. 326
swer ir minne gerte, der muose âne wanc (330)
driu spil an gewinnen der frouwen wol geborn:
gebrast im an dem einem, er hete daz houbet sîn verlorn.

325, 1 *Iteniuwe* adj., ganz neu. — *sich huoben*, machten sich auf, gelangten. — 2 *daz dâ wære*, daß es gäbe. — 4 *hôhen* swv., *hôch*, stolz, freudig werden.

326, 1 *über sê*, jenseits des Meeres. — 2 *enheine*, irgend eine, keine. — *wesse*, wusste, kannte. — 4 *umbe*, den Preis bezeichnend.

327, 1 *dar nâch*, nach, hinter dem Steine her. — 2 *âne wanc*, ohne Fehl, sicherlich. — 3 *driu* neutr., von *drî*. — *spil*, ritterliche Spiele. — *wol geborn*, von edler Geburt. — 4 *gebrast im*, mangelte ihm: unterlag er in einem der drei Spiele.

328 Des het diu juncfrouwe unmâzen vil getân. 327
daz gevriesch bî dem Rîne ein ritter wol getân, ([illegible])
der wande sîne sinne an daz scœne wîp:
dar umbe muosen helede sît verliesen den lîp.

329 Dô sprach der vogt von Rîne: «ich wil nider an den sê 328
hin ze Prünhilde, swie ez mir ergê. ([illegible])
ich wil durch ir minne wâgen mînen lîp:
den wil ich verliesen, sine wérdé mîn wîp.»

330 «Daz wil ich widerrâten», sprach dô Sîvrit. 329
«jâ hât diu küneginne sô vreisliche sit, ([illegible])
swer umbe ir minne wirbet, daz ez im hôhe stât.
des muget ir der reise haben wærlîchen rât.»

331 «Sô wil ih iu daz râten», sprach dô Hagene, 330
«ir bitet Sîvride mit iu ze tragene ([illegible])
die vil starken swære, daz ist nu mîn rât:
sît im daz ist sô kündec wie'z umbe Prünhilde stât.»

332 Er sprach: «wil du mir helfen, edel Sîvrit, 331
werbèn die minneclîchen? tuostu des ich dich bit, ([illegible])
und wirt mir z'eime trûte daz minneclîche wîp,
ich wil durch dînen willen wâgen êre unde lîp.»

333 Des antwurte Sîvrit, der Sigemundes sun: 332
«gistu mir dîne swester, sô wil ich ez tuon, ([illegible])
die scœnen Kriemhilde, ein küneginne hêr:
sô ger ich keines lônes nâch mînen arebeiten mêr.»

328, 2 *ein ritter*: als wenn von Gunther vorher noch nicht die Rede gewesen wäre; ebenso wurde 153, 2 Siegfried neu eingeführt; vgl. 1178, 1218, 1585. — 3 *wande* prät. von *wenden*.

329, 1 *nider*, weil sie rheinabwärts fahren. — 4 *sine werde*, es sei denn daß sie wird.

330, 3 *hôhe stât* mit dat., theuer zu stehen kommt. — 4 *haben rât*, verzichten; mit gen.

331, 1 *Sô*, wenn ihr diese Absicht habt, so. — 2 *ir bitet*, daß ihr bittet. — 3 *swære*, Beschwerde.

332, 3 *z'eime trûte*, zur Geliebten. — 4 *wâgen*, aufs Spiel setzen, zum Opfer bringen.

333, 2 *gist* = *gibest du*. — *ez tuon*, dir helfen. — 4 *sô*, wenn du mir sie gibst, so.

334 «Daz lobe ich», sprach dô Gunther, «Sivrít, an dîne hant, 333
und kumt diu scœne Prünhilt her in ditze lant, (340)
sô wil ich dir ze wîbe mîne swester geben:
sô mahtu mit der scœnen immer vrœliche leben.»

335 Des swuoren sie dô eide, die réckén vil hêr. 334
des wart ir arebeiten verre deste mêr, (341)
ê daz sie die frouwen brâhten an den Rîn.
des muosen die vil küenen sît in grôzen sorgen sîn.

336 Sivrít der muose füeren die kappen mit im dan, 335
die der helt vil küene mit sórgén gewan (344)
ab éimé getwerge, daz hiez Albrich.
sich beréiten zuo der verte die recken küen' unde rîch.

337 Alsô der starke Sivrit die tarnkappen truoc, 336
sô het er dar inne kréfté genuoc, (345)
zwélf manne sterke zuo sîn selbes lîp.
er warp mit grôzen listen daz vil hêrlîche wîp.

338 Ouch was diu selbe tarnhût álsó getân 337
daz dar inne worhte ein ieslicher man (346)
swaz er selbe wolde, daz in doch niemen sach.
sus gewán er Prünhilde: dâ von im léidé gescach.

339 «Nu sage mir, degen Sivrit, ê daz mîn vart ergê, 338
daz wir mit vollen êren komen an den sê, (347)
suln wir iht recken füeren in Prünhilde lant?
drîzec tûsent degene die werdent scíeré besant.

340 «Swie vil wir volkes füeren», sprach aber Sivrit, (348)
«ez pfliget diu küneginne sô vreislîcher sit,

334, 1 *lobe*, gelobe. — *an dîne hant*, in deine Hand, mit Handschlag.
335, 2 *arebeiten* swv., Mühsal erdulden; hier substantivisch gebraucht. — *verre*, zu *mêr* gehörig: viel.
336, 1 *kappe* swf., ein das Haupt mit bedeckender Mantel; vgl. 337, 1. — *dan*, von dannen. — 2 *mit sorgen*, mit Gefahr.
337, 1 *Alsô*, wenn, sobald. — 3 die Stärke von zwölf Männern außer seiner eigenen.
338, 1 *tarnhût*, unsichtbar machender Mantel, was *tarnkappe*. — *getân*, beschaffen. — 2 *worhte* (von *würken*), vollbrachte. — 3 *daz*, sodaß.
339, 3 *iht recken*, etwas von Recken, irgend welche Recken. — 4 nämlich wenn du meinst, daß wir Recken mitnehmen sollen.

die müesen doch ersterben von ir übermuot.
ich sol iuch baz bewisen, degen küene unde guot.

341 Wir suln in recken wise varn ze tal den Rîn. (58)
die wil ich dir nennen, die daz sulen sîn.
selbe vierde degene varn wir an den sê:
sô erwerben wir die frouwen, swie'z uns dar nâch ergê.

342 Der gesellen bin ich einer, der ander soltu wesen, 339
der dritte daz si Hagene (wir mugen wol genesen), (59)
der vierde daz sî Dancwart, der vil küene man.
uns endurfen ander tûsent mit strite nimmer bestân.»

343 «Diu mære wess' ich gerne», sprach der künec dô, 340
«ê daz wir hinnen füeren (des wære ich harte vrô), (60)
waz wir kleider solden vor Prünhilde tragen,
diu uns dâ wol gezæmen: daz sult ir Gunthere sagen.»

344 «Wât die aller besten die ie man bevant, 341
die treit man z'allen ziten in Prünhilde lant. (61)
des sulen wir richiu kleider vor der frouwen tragen,
daz wir's iht haben scande, sô man diu mære hœre sagen.»

345 Dô sprach der degen guoter: «sô wil ich selbe gân (62)
zuo miner lieben muoter, ob ich erwerben kan
daz uns ir scœnen magede helfen prüeven kleit,
diu wir tragen mit êren für die hêrlichen meit.»

340, 3 *ir*, auf die Königin zu beziehen. — 4 *bewisen*, anleiten, belehren.

341, 1 *in recken wise*, nach Art von Rittern, die auf Abenteuer ziehen. — *ze tal*, hinab. — 2 *die daz sulen sîn*, welche die mit uns Fahrenden sein sollen. — 3 *selbe vierde*, wir beide mit noch zweien. — 4 was auch die weiteren Folgen dieser Erwerbung für uns sein mögen.

342, 2 *genesen*, mit dem Leben davonkommen. — 4 *en* oder *ne*, Negation, «nicht», immer in Verbindung mit einem andern Worte.

343, 3 *kleider* gen., abhängig von *waz*: was für Kleider. — 4 *Gunthere*, soviel als *mir*, die redende Person nennt ihren eigenen Namen öfter.

344, 1 *bevant*, fand. — 2 *treit* aus *treget* contrahiert, tragt. — 3 *des*, deshalb. — 4 *sô*, wenn.

345, 1 *sô*, wenn sich das so verhält, so. — 4 *tragen für die*, nicht *tragen vor der*, wiewohl es auch so heißen konnte (344, 3), in *tragen* liegt der Begriff der Bewegung, vor sie hintragen, indem wir vor sie treten.

346 Dô sprach von Tronege Hagene mit hêrlîchen siten: (354)
«wes welt ir iuwer muoter sölher dienste biten?
lât iuwer swester hœren wes ir habet muot:
sô wirdet iu ir dienest zuo dirre hovereise guot.»

347 Do enbôt er sîner swester daz er sie wolde sehen, 342
und ouch der degen Sîvrit. ê daz was gescehen, (355)
dô hete sich diu scœne ze wunsche wol gekleit.
daz komen der vil küenen daz was ir mæzlîche leit.

348 Dô was ouch ir gesinde geziert als im gezam. 343
die fürsten kômen beide, dô siu daz vernam, (356)
dô stuont siu von dem sedele. mit zühten siu dô gie
dâ siu den gast vil edelen und ouch ir brúodér enpfie.

349 «Willekómen sî mîn bruoder und der geselle sîn. 344
diu mære ich wiste gerne», sô sprach daz magedîn, (357)
«waz ir herren woldet, sît ir ze hove gât.
daz lât ir mich hœren wie'z iu edelen recken stât.»

350 Dô sprach der künec Gunther: «frouwe, ich wil'z iu
sagen. 345
wir müezen michel sorgen bî hôhem muote tragen. (358)
wir wellen höfscen riten verre in vremdiu lant:
wir solden zuo der reise haben zierlîch gewant.»

351 «Nu sitzet, lieber bruoder», sprach daz küneges kint, 346
«und lât mich rehte hœren wer die frouwen sint, (359)
der ir dâ gert mit minnen in ander künege lant.»
die ûz erwelten beide nam diu frouwe bî der hant.

346, 2 *wes*, warum. — 4 *zuo*, den Zweck bezeichnend. — *hovereise* stf., Reise an den Hof. — *wirdet iu guot*, kommt euch zu statten, hilft euch.

347, 1 *sehen*, besuchen. — 2 *daz*, der Besuch. — 3 *gekleit* aus *gekleidet*.

348, 2 *die fürsten kômen beide* ist abhängig von *vernam*. — 3 *sedel* stm., Sitz. Sie gieng ihnen auf anständige Weise, wie es sich geziemte, entgegen.

349, 1 *sî*, soll sein. — 3 *ze hove gât*, hier auffallend dem König selbst gegenüber gebraucht, zu dem man sonst *ze hove* zu gehen pflegte. Es bezeichnet hier eben nichts weiter als in Gesellschaft, namentlich der Frauen, gehen. — 4 *ir*, beim Imper. öfter. — *wie'z iu stât*, wie es mit euch steht, was ihr vorhabt.

350, 2 *bî*, bei, trotz. — 3 *höfscen*, gewöhnlich *höfschen*, *höveschen*, den Hof machen, hofieren, namentlich Frauen.

351, 1 *sitzet*, setzt euch. — 3 *lant* ist acc., nicht dat.; wiederum liegt im Verbum der Begriff der Bewegung.

352 Dô gie siu mit in beiden dâ siu ê dâ saz, 347
ûf mátráz diu richen, ich wil wol wizzen daz, (306)
geworht von guoten bilden, mit golde wol erhaben.
sie mohten bî den frouwen guote kurzwîle haben.

353 Friwentliche blicke und guetlichez sehen, 348
des mohte dâ in beiden harte vil gescehen. (307)
er truoc sie ime herzen, siu was im sô der lîp.
sît wart diu scœne Kriemhilt des starken Sîvrides wîp.

354 Dô sprach der künec riche: «vil liebiu swester mîn, (308)
âne dîne helfe kund' ez niht gesîn.
wir wellen kurzwîlen in Prünhilde lant:
dâ bedórften wir ze habene vor frouwen hêrlich gewant.

355 Dô sprach diu juncfrouwe: «vil lieber bruoder mîn, (309)
swaz der mînen helfe dar an kan gesîn,
des bringe ich iuch wol innen, daz ich iu bin bereit.
versagt iu ander iemen, daz wære Kriemhilde leit.

356 Ir sult mich, ritter edele, niht sôrgénde biten: (310)
ir sult mir gebieten mit hêrlîchen siten.
swaz iu von mir gevalle, des bin ich iu bereit,
unt tuon ez willecliche», sprach diu wünneclichiu meit.

357 «Wir wellen, liebiu swester, tragen guot gewant. (311)
daz sol helfen prüeven iuwer edeliu hant:
des volzíehen iuwer mägede, daz ez uns rehte stât:
wande wir der verte hân deheiner slahte rât.

352, 1 Das zweite *dâ* dient zur Verstärkung des ersten. — *saz*, gesessen hatte. — 2 *mátráz* stn., mit Wolle gefüttertes Ruhebett, der Artikel *diu* ist im Nhd. nicht zu übersetzen. — *ich wil wizzen*, ich glaube zu wissen. — 3 auf den Matratzen waren goldgestickte Bilder.
353, 2 *in beiden*, Siegfried und Kriemhild. — 3 *ime* aus *in deme*, *neme inne*, im. Sie war ihm so (theuer), galt ihm so (viel) wie das Leben.
354, 2 *ez*, unser Vorhaben. — 3 *in Prünhilde lant*, in das Land Prünhildens, gehört zunächst zu *wellen*. — 4 *dâ*, begründend darum. — *bedórften* ist conj. — *vor frouwen*, um es vor den Frauen zu tragen (344, 3).
355, 2 *dar an*, in Bezug darauf. — 3 *bringe iuch innen* mit gen. der Sache, zeige euch, lasse euch erkennen. — *bin bereit*, zu ergänzen dazu (*des*). — 4 *Kriemhilde*, wieder = *mir* (343, 4).
356, 1 *sorgende*, wie einer der sich in Sorge befindet. — 3 *von mir*, was von mir ausgeht, was ich thun kann. — 4 *wünneclich*, wonniglich, hold.
357, 3 *volziehen*, vollenden, beschaffen, [illegible]

358 Dô sprach diu juncfrouwe: «nu merket waz ich sage. 349
ich hân selbe sîden: nu scaffet daz man trage (366)
gesteine uns ûf den scilden: sô wurken wir diu kleit.»
des willen was dô Gunther und ouch Sîvrit bereit.

359 «Wer sint die gesellen», sprach diu künegin, 350
«die mit iu gekleidet ze hove sulen sîn?» (367)
er sprach: «ich selbe vierde. zwêne mîne man,
Dánewárt und Hagene, suln ze hove mit mir gân.

360 Ir sult vil rehte merken waz ich iu, frouwe, sage, 351
daz ich selbe vierde ze vier tagen trage (368)
ie drier hande kleider und alsô guot gewant,
daz wir âne scande rûmen Prünhilde lant.»

361 Mit guotem urloube die herren schieden dan. 352
dô hiez ir juncfrouwen drîzec meide gân (369)
ûz ir kemenâten Kriemhílt diu künegîn,
die zuo solhem werke heten grœzlîchen sin.

362 Die árâbíschen sîden wîz alsô der snê 353
unt von Zázamanc der guoten grüen' alsam der klê, (370)
dar in sie leiten steine; des wurden guotiu kleit.
selbe sneit siu Kriemhilt, diu vil hêrlîche meit.

363 Von vremder visce hiuten bezoc wol getân 354
ze sehene vremde'n liuten, swaz man der gewan, (371)
die dahten sie mit sîden, sô sie sie solden tragen.
nu hœret michel wunder von der liehten wæte sagen.

358, 2 *trage*, bringe. — 3 *gesteine* stn., Edelsteine. — 4 *des willen bereit*, dazu bereitwillig.

359, 2 *ze hove*, am Hofe, nämlich Prünhildens. — 3 *mîne man*, nicht *mîner man*.

360, 2. 3 An jedem der vier Tage wollen sie dreimal die Kleider wechseln.

361, 1 *Mit guotem urloube*, nachdem sie freundlich sich verabschiedet hatten. — 2 *juncfrouwen* ist gen., dreißig Mägde unter ihren Jungfrauen, Dienerinnen. — *gân*, kommen. — 4 die auf solche Arbeit sich sehr gut verstanden.

362, 2 *der guoten*, nämlich *sîden*. — 3 *dar in sie leiten* ist der Hauptsatz; *die arâbischen sîden* steht, außerhalb der Construction, voran. — *des*, davon.

363, 1 *bezoc* stm., Unterfutter. — 2 *vremde'n* = *vremede den*, den Menschen wunderbar anzusehen. — 3 *dahten* praet. von *decken*. — *sô*, wie.

364 Von Marroch ûz dem lande und ouch von Lybîân 355
die aller besten sîden die ie mêr gewan (372)
deheines küneges kunne, der heten sie genuoc.
wol lie daz scînen Kriemhilt daz si in holden willen truoc.

365 Sît sie der hôhen verte heten nu gegert, 356
hérmîne vedere dûhten si únwért. (373)
pfelle drobe lâgen swarz alsam ein kol:
daz noch snellen heleden stüende in hôhgezîten wol.

366 Ûz árâbischem golde vil gesteines scein. 357
der frouwen unmuoze diu newas niht klein: (374)
inre siben wochen bereiten sie diu kleit.
dô was ouch ir gewæfen den guoten réckén bereit.

367 Dô sie bereitet wâren, dô was in ûf den Rîn 358
gemachet flîzeclîchen ein starkez sciffelîn, (375)
daz sie tragen solde vol nider an den sê.
den edelen juncfrouwen was von arebeiten wê.

368 Dô sagte man den recken, in wæren nu bereit, (376)
diu sie dâ füeren solden, ir zierlîchen kleit,
alsô sie dâ gerten. daz was nu getân:
done wólden sie niht langer bî dem Rîné bestân.

369 Nâch den hergesellen wart ein bote gesant, 359
ob sie wolden scouwen niuwez ir gewant, (377)
ob ez den helden wære ze kurz und ze lanc.
ez was in rehter mâze: des sageten sie den frouwen danc.

370 Fur alle die sie kômen die muosen in des jehen (378)
daz sie zer werlde hêten bezzers niht gesehen.

364, 1 Zu verbinden: *ûz dem lande von Marroch*. — 3 *kunne* stn., Geschlecht. — 4 *lie scînen*, zeigte. — *in*, Gunthern und seinen Begleitern.

365, 1 *hôhen*, auf hohes Ziel gerichteten. — 2 *vedere* stf., Pelzwerk. — *unwert*, gering; erschien ihr zu gering für den bezeichneten Zweck. — 3 *pfelle* stm., ein feines Seidenzeug, die *pfelle* bildeten den Ueberzug. — 4 *daz*, was.

366, 4 *dô*, zu derselben Zeit.

367, 1 *bereitet*, ausgerüstet. — *ûf den Rîn*, um auf den Rhein zu fahren. — 3 *vol*, vollständig. — 4 *was wê*, sie hatten viel Mühe.

368, 2 *diu*, auf *kleit* bezüglich. — 3 *daz was nu getân*, diese Kunde war ihnen zugekommen.

370, 1 *Fur alle — kômen*: wir würden nhd. construieren [illegible] *die sie kômen*. —

des mohten sie sie gerne dâ ze hove tragen:
von bezzer recken wæte kunde niemen niht gesagen.

371 Vil grœzliche danken wart dâ niht verdeit. 360
dô gerten urloubes die recken vil gemeit: (379)
in ritterlichen zühten die herren tâten daz.
des wurden liehtiu ougen von weinen trüeb' únde naz.

372 Siu sprach: «vil lieber bruoder, ir möhtet noh bestân 361
unt wurbet ander frouwen (daz hiez' ich wol getân), (380)
dâ iu sô sêre enwâge stüende niht der lip.
ir muget hie nâher vinden ein alsô hôchgeboren wip.»

373 Ich wæn' in saget' ir herze daz in dâ von geschach. 362
sie weinten al geliche, swaz íemén gesprach. (381)
ir golt in vor den brüsten wart von trähenen sal:
die vielen in genóte von den ougen hin ze tal.

374 Siu sprach: «herre Sivrit, lât iu bevolhen sîn 363
ûf triuwe und ûf genâde den lieben bruoder min, (382)
daz im iht gewerre in Prünhilde lant.»
daz lobte der vil küene in froun Kriemhilde hant.

375 Dô sprach der degen riche: «ob mir min lip bestât, 364
sô sult ir aller sorgen, frouwe, haben rât. (383)
ich bringe'n iu gesunden her wider an den Rin:
daz wizzet sicherlichen.» im neic daz scœne magedin.

376 Ir goltvarwen seilde man truog in ûf den sant 365
unde brâhte in zúo z'ín allez ir gewant. (384)

370, 4 *kunde*, conj. könnte, mit *künde* wechselnd. — *gesagen*, verstärktes *sagen*.
371, 1 *verdeit* = *verdaget*, verschwiegen.
372, 1 *Siu*, Kriemhild. — *ir möhtet*, ihr hattet Grund dazu. — 2 *wurbet*, solltet werben um. — 3 *enwâge stân*, auf der Wage stehen, gefährdet sein. — 4 *alsô*, ebenso.
373, 1 *daz*, was; *geschach*, später geschah. — 2 *al geliche*, alle. — Was jemand auch (zum Troste, zur Beruhigung) sprechen mochte. — 3 *trähenen* dat. plur. von *trahen*. — *sal*, trübe. — 4 *genôte* adv. von *genôte*, eifrig, sehr.
374, 2 *ûf* bezeichnet die Erwartung, Hoffnung. — 3 *gewerren* stv., im Wege sein, schaden; *iht* hat negativen Sinn. — 4 *lobte*, gelobte.
375, 1 *bestât*, bleibt: wenn ich am Leben bleibe. — 2 *haben rât*, entrathen, entbehren. — 3 *bringe'n* = *bringe in*.
376, 2 *zuo z'in*, dahin wo sie waren. —

ir ros hiez man in ziehen: sie wolden riten dan.
dô wart von scœnen frouwen vil michel wéinén getân.

377 Dô stuonden in den venstern diu minneclichen kint. 366
ir scif mit dem segele daz ruorte ein hôher wint. (395)
die stolzen hergesellen die sâzen ûf den Rîn.
dô sprach der küene Gunther: «wer sol nu scif-
meister sîn?»

378 «Daz wil ich», sprach Sivrit: «ich kan iuch ûf der fluot 367
hinnen wol gefüeren, daz wizzet, helede guot. (396)
die rehten wazzerstrâzen die sint mir wol bekant.
sie scieden vrœlichen ûz der Burgonden lant.

379 Sîvrit dô balde ein scálten gewan: 368
von stade begunde schieben der kreftige man. (397)
Gúnthér der küene selbe ein ruoder nam.
dô huoben sich von lande die snellen ritter lobesam.

380 Sie fuorten riche spîse, dar zuo guoten wîn, 369
den besten den man kunde vinden umbe'n Rîn. (398)
ir ros diu stuonden scône, sie heten guot gemach.
ir scif daz gie vil ebene: vil lützel leides in gesach.

381 Ir vil starken segelseil wurden in gestraht: 370
sie fuoren zweinzec mîle ê daz ez wurde naht, (399)
mit eime guoten winde nider gegen dem sê.
ir starkez arebeiten tet sît den hôhgemuoten wê.

382 An dem zwelften morgen, sô wir hœren sagen, 371
heten sie die winde verre dan getragen (400)
gegen Îsensteine in Prünhilde lant:
daz was ir deheinem niwan Sivride erkant.

376, 3 *ziehen*, herbeiführen.
377, 2 *mit*, zugleich mit. — *ruorte* prät. von *rueren*, in Bewegung setzen. — 3 *sâzen*, schifften sich ein.
379, 1 *scalte* swf., Stange zum Fortstoßen des Schiffes. — *gewan*, ergriff. — 4 *huoben sich*, setzten sich in Bewegung.
380, 2 *umbe'n* = *umbe den*. — 3 *gemach*, Bequemlichkeit.
381, 1 *gestraht* part. von *strecken*, ausstrecken. — 4 *arebeiten*, anstrengen, Anstrengung.
382, 4 *erkant*, bekannt: Beziehung auf eine frühere Bekanntschaft Siegfried's mit Prünhild, einen früheren Besuch auf Isenstein, dessen Zusammenhang aber ohne die nordische Sage unverständlich ist.

383 Dô der künec Gunther sô vil der bürge sach 372
und ouch die wîten marke, wie balde er dô sprach! (391)
«saget mir, friwent Sîvrit, ist iu daz bekant,
wes sint dise bürge und ouch daz hêrlîche lant?»

384 Des antwurte Sîvrit: «ez ist mir wol bekant. 373
ez ist Prünhilde liut ûnde lant (392)
und Isenstein diu veste, als ir mich hôrtet jehen.
dâ muget ir noch hiute vil scœner fróuwén gesehen.

385 Unt wil iu helden râten, ir habet einen muot, 374
ir jéhet geliche, jâ dunket ez mich guot. (394)
swenne wir noch hiute für Prünhilde gân,
sô müezen wir mit sorgen vor der küneginne stân.

386 Sô wir die minneclichen bî ir gesinde sehen, 375
sô sult ir, helede mære, wan einer rede jehen, (395)
Gunther sî mîn herre, und ich sî sîn man:
des er dâ hât gedingen, daz wirdet állez getân.»

387 Des wâren sie bereite swaz er sie loben hiez. 376
durh ir übermüete deheiner ez niht liez, (396)
sie jâhen swes er wolde: dâ von in wol gescach,
dô der künec Gunther die scœnen Prünhilde sach.

388 «Jane lob' ih'z niht sô verre durch die liebe dîn (397)
sô durch dîne swester, daz scœne magedîn.
diu ist mir sam mîn sêle und sô mîn selbes lîp:
ich wil daz gerne dienen daz siu wérdé mîn wîp.»

384, 2 es gehört Prünhilde Volk und Land; *liut* kann Singular sein, aber auch für *liute* stehen.
385, 1 *ir habet einen muot*, daß ihr einmüthig (in eurer Aussage) seid. — 2 *geliche* adv., auf gleiche Weise, übereinstimmend.
386, 2 *mære* adj., berühmt, herrlich. — 3 *man*, Lehensmann. 4 nämlich wenn ihr meinem Rathe folgt.
387, 1 *bereite* adj., bereit. — 2 wiewohl sie übermüthig waren, so folgten sie doch seiner Anordnung.
388, 1 *ih* = *ich*, und so öfter im Auslaute *h* für *ch*. — *verre*, sehr. — 4 *dienen*, durch Dienst erwerben.

VII. ÂVENTIURE,

WIE GUNTHER PRÜNHILDE GEWAN.

Gunther und seine Begleiter landen in Isenstein. Prünhild wähnt, Siegfried komme um sie zu werben. Sie rüstet sich zu dem Kampfspiele, Siegfried holt aus dem Schiffe die Tarnkappe und vollbringt, unsichtbar neben Gunther stehend, den Gerwurf und Steinwurf, sodaß Prünhild sich von Gunther für besiegt erklärt und ihre Mannen ihm huldigen heißt. Siegfried, der die Tarnkappe wieder ins Schiff getragen, stellt sich als erwarte er, der Kampf werde erst beginnen. Prünhild's Mannen sammeln sich; Siegfried reist ab, um der Nibelungen tausend Mann zu holen.

---

389 In den selben zîten dô was ir scif gegân 377
der bürge alsô nâhen: dô sah der künec stân (398)
oben in den venstern vil manege scœne meit.
daz er ir niht erkande, daz was Gunthere leit.

390 Er vrâgte Sivride, den gesellen sîn: 378
«ist iu daz iht künde umb' disin magedîn, (399)
die dort her nider scouwent gein uns ûf die vluot?
swie ir herre heize, sie sint vil hôhé gemuot.»

391 Dô sprach der herre Sivrit: «nu sult ir tougen spehen 379
undèr den juncfrouwen, und sult mir danne jehen (400)
welhe ir nemen woldet, hetet ir's gewalt.
«daz tuon ich», sprach Gunther, «ein ritter küen'
unde balt.

389, 1 *In den selben zîten*, inzwischen, während sie (s.) miteinander sprachen. — *gegân* part., gekommen. — 4 *ir* ist plur. (gen. von *meit* abhängig), auf das collective *manege meit* bezüglich.

390, 2 *iht*, irgendwie, etwa. — *umb'*, in Bezug auf.

391, 3 *hetet ir's gewalt*, wenn ihr Macht darüber zu entscheiden hattet.

392 «Sô sihe ich ir eine in jenem venster stân, 380
in snêwîzer wæte: diu ist sô wol getân, (401)
die wellent mîniu ougen durch ir scœnen lîp.
ob ich gewalt des hête, siu müese wérdén mîn wîp.»

393 «Dir hât erwelt vil rehte dîner ougen scîn: 381
ez ist diu edele Prünhilt, daz scœne magedîn, (402)
nâch der dîn herze ringet, dîn sin unt ouch der muot.»
elliu ir gebærde diu dûhte Guntheren guot.

394 Dô hiez diu küneginne ûz den venstern stân 382
ir hêrliche mägede: sin' solden dâ niht stân (403)
den vremden an ze sehene. des wâren sie bereit.
waz dô die vrouwen tâten, daz ist uns sider ouch geseit.

395 Gegen den unkunden strichen sie ir lîp, 383
des ie site hêten diu wætlichen wîp. (404)
an diu engen venster kômen sie gegân,
dâ sie die helde sâhen: daz wart durh schóuwén getân.

396 Ir wâren niwan viere, die kômen in daz lant. (405)
Sîfrit der küene ein ros zóch ûf den sant;
daz sâhen durch diu venster diu wætlichen wîp:
des dûhte sich getiuret des künec Guntheres lîp.

397 Er habt' im dâ bî zoume daz zierliche marc, (406)
gúot únde schœne, vil michel unde starc,
unz der künic Gunther in den satel gesaz.
alsô diente im Sîfrit: des er doch sît vil gar vergaz.

392, 1 *Sô sihe ich*, ich sehe also. — 3 *wellent*, wählen, gewohnlich *welnt*; das doppelte *l* erklart sich aus *lj* (ahd. *weljan*).

393, 4 *elliu* nom. sing. fem. von *al*.

394, 1 *stân*, treten. — 3 zum Anblick fur die Fremden.

395, 1 *Gegen*, die Erwartung ausdrückend: in Erwartung, im Hinblick auf. — *strîchen* stv., putzen. — 2 *ie*, immer; *des* hangt von *site* ab. — 4 *durh schouwen*, um zu schauen.

396, 2 *zôch*, führte; namlich das Ross, auf welchem Gunther reiten sollte. Siegfried thut das absichtlich, um sogleich seine dienstbare Stellung zu Gunther auszudrücken. — 4 *des*, dadurch; namlich daß Siegfried, der selbst ein König war, sein Ross führte. — *tiuren*, werth machen, an Werth erhöhen.

397, 1 *Er*, Siegfried; *habte*, hielt. — 3 *gesaz*, sich gesetzt hatte.

398 Dô zôh er ouch daz sîne von dem schiffe dan. (407)
er hete sôlhen dienest vil selten ê getân,
daz er bî stegereife gestuende ie helede mêr.
daz sâhen durch diu venster die vrouwen schœn' unde hêr.

399 Rehte in einer mâze den helden vil gemeit 384
von snêblanker varwe ir ros unt ouch ir kleit (408)
wâren vil geliche, ir schilde wol getân:
die lûhten von den handen den vil wætlichen man.

400 Ir sätele wol gesteinet, ir fürbüege smal: 385
sie riten hêrliche für Prünhilde sal: (409)
dar an hiengen schellen von liehtem golde rôt.
sie kômen zuo dem lande als ez ir ellen in gebôt,

401 Mit spern niuwesliffen, mit swerten wol getân, (410)
diu ûf die sporn giengen den wætlichen man:
diu fuorten die vil küenen, schárpf ûnde breit.
daz sach alliz Prünhilt, diu vil hêrliche meit.

402 Mit im kom dô Dancwart unt ouch Hagene. 386
wir hœren sagen mære, wie die degene (411)
von rabenswarzer varwe truogen richiu kleit.
ir schilde wâren schœne, michel, guot unde breit.

403 Von Indiâ dem lande man sah sie steine tragen: 387
die kôs man an ir wæte vil hêrliche wagen. (412)
sie liezen âne huote ir schiffel bî der fluot:
sus riten zuo der bürge die helde küene unde guot.

398, 2 *selten*, auch hier im Sinne von niemals. — 3 *stegereif* stm., Stegbügel.

399, 1 *in einer mâze*, übereinstimmend. — 4 *handen*, der Dativ plur. lautet so und *henden*.

400, 1 *gesteinet*, mit Edelsteinen geschmückt. — 3 *dar an*, an den Sateln. — 4 *als — gebôt*, wie es ihrer Kraft, Wehrhaftigkeit angemessen war.

401, 1 *niuwesliffen*, neugeschliffen. — 2 *ûf*, bis auf.

402, 1 *Mit im*, mit Siegfried. — 3 weiße Kleider hatten demnach nur Siegfried und Gunther, Hagen und Dancwart dagegen schwarze.

403, 2 *wagen* swv., sich bewegen, hier von dem gleichsam beweglichen Schimmer der Edelsteine. — 3 *âne huote*, ohne Aufsicht.

404 Sehs unt ahzec türne sie sâhen drinne stân, 388
drî pálas wîte unt einen sál wól getân (413)
von edelem marmelsteine grüene alsam ein gras,
dar inne selbe Prünhilt mit ir ingesinde was.

405 Diu burc was entslozzen, vil wîte ûf getân. 389
dô liefen in engegene die Prünhilde man (414)
unt enpfíengen dise geste in ir vrouwen lant.
ir ros hiez man behalden unt ir schilde von der hant.

406 Dô sprach ein kameræere: «ir sult uns geben diu swert 390
unt ouch die liehten brünne.» «des sît ir ungewert», (415)
sprach von Tronege Hagene: «wir wellen s' selbe tragen.»
dô begonde im Sîfrit dâ von diu rehten mære sagen:

407 «Man pfliget in dirre bürge, daz wil ich iu sagen, 391
daz neheine geste hie wâfen sulen tragen. (416)
nu lât siu tragen hinnen: daz ist wol getân.»
des volgte vil ungerne Hagene Guntheres man.

408 Man hiez den gesten scenken unt scaffen ir gemach. 392
vil manigen snellen recken man dâ ze hove sach (417)
in fürstlicher wæte allenthalben gân:
doch wart michel schouwen an die küenén getân.

409 Dô wart vroun Prünhilde gesaget mit mæren (418)
daz unkunde recken dâ komen wæren
in hêrlicher wæte gevlozzen ûf der fluot.
dâ von begonde vrâgen diu maget scœne unde guot.

404, 1 *drinne*, in der Burg. — 4 *dar inne*, in dem Saale.

405, 1 *entsliezen*, aufschließen. — 3 *lant* ist acc. — 4 *behalden*, ihnen abnehmen und aufheben.

406, 2 *des sît ir ungewert*, dieses Verlangen gewähren wir euch nicht. — 4 *begonde*, Nebenform von *begunde*. — *dâ von*, in Bezug darauf. — *diu rehten mære*, den rechten Bericht, nämlich wie es Sitte am Hofe Prünhildens wäre (407, 1).

407, 2 *nehein*, kein. — 3 *hinnen*, hinweg von hier.

408, 1 *scenken*, Wein einschenken zum Bewillkommnungstrunke. — 2 *recken*, Prünhildens Recken. — 3 *allenthalben*, von allen Seiten. — 4 *doch*, wiewohl auch Prünhildens Recken in fürstlicher Kleidung erschienen, so richtete sich die Aufmerksamkeit doch auf die Fremden. — *wart schouwen getân an*, sie wurden angeschaut.

409, 1 *sagen mit mæren*, gewöhnlich *sagen mære*, berichten. — 3 *gevlozzen*, gesegelt, gefahren. — 4 *dâ von*, deshalb.

410 «Ir sult mich lâzen hœren», sprach diu kunegîn, 393
«wer die vil unkunden recken mugen sîn, (419)
die in mîner bürge sô hêrlîche stân,
ûnt durch wés liebe die helde her gevaren hân.»

411 Dô sprach ein ir gesinde: «vrouwe, ich mac wol jehen 394
daz ich ir deheinen nie mêr habe gesehen; (420)
wan gelîche Sîfrîde einer drunder stât.
den sult ir wol enpfâhen: daz ist mit triuwen mîn rât.

412 Der ander der gesellen der ist sô lobelich: (421)
op er gewalt des héte, wol wær' er künic rîch
op wîten fürsten landen, und maht' er diu hân.
man siht in bî den andern sô rehte hêrlîche stân.

413 Der dritte der gesellen der ist sô gremelich (422)
unt doch mit schœnen lîbe, küneginne rîch,
von swinden sînen blicken, der er sô vil getuot.
er ist in sînen sinnen, ich wæne, grimmé gemuot.

414 Der jüngeste drunder der ist sô lobelich: (423)
magetlicher zühte sih' ich den degen rîch
mit gúotém gelæze sô minneclîche stân.
wir möhten'z alle fürhten, het im hie iemen iht getân.

415 Swie blîde er pflege der zühte, und swie scœne si sîn lîp, (424)
er mohte wol erweinen vil wætlîchiu wîp,
swenn' er begonde zürnen. sîn lîp ist sô gestalt,
er ist in allen tugenden ein degen küene unde balt.»

410, 4 *varn*, hier mit *hân* verbunden, sonst mit *sîn*; vgl. 421, 2.

411, 1 *ein ir gesinde*, einer ihrer Diener, *gesinde* ist hier swm. — 3 *wan*, außer; er beschränkt damit, was er eben gesagt, daß er keinen der Fremden je gesehen habe.

412, 2 *op*, wenn; gewöhnlich *ob*, *obe*. — 3 *op* prep., gewöhnlich *ûf*, aber — *unt*, wieder am Beginn des Conditionalsatzes. — *mahte*, gewöhnlich *mohte*, aber die Form mit *a* ist die ursprüngliche. — *diu* nämlich *lant*. Dieser zweite ist Gunther; der dritte (413) Hagen, der vierte (414) Dancwart.

413, 1 *gremelich*, grimmig, finster, leicht erzürnt. — 3 *von*, wegen, zu *gremelich* gehörig. — *swinde*, stark, furchtbar.

414, 2 *magetlicher zühte*, in jungfräulichem Benehmen. — 3 *gelæze* stn., Bildung, Benehmen.

415, 1 *blîde* adj., heiter, fröhlich. — *pflege der zühte*, sich (anständig) benehme. — 2 *erweinen*, zum Weinen bringen. — *wîp*, deren Männer er im Zorn des Kampfes tödtet. — 3 *sîn — gestalt*, er sieht so aus.

416 Dô sprach diu küneginne: «nu brinc mir mîn gewant. 395
unt ist der starke Sîfrit komen in ditze lant (425)
durch willen mîner minne, ez gât im an den lip.
i'ne fürhte in niht sô sêre daz ich wérdé sîn wîp.»

417 Prünhilt diu schœne wart schiere wol gekleit. 396
dô gie mit ir dannen vil manic schœniu meit, (426)
wol hundert oder mêre: gezieret was ir lîp.
ez wolden sehen die geste diu vil wætlîchen wîp.

418 Dâ mite giengen degene dâ ûz Îslant, 397
die Prünhilde recken: die truogen swert enhant, (427)
fünf hundert oder mêre. daz was den gesten leit.
dô stuonden von dem sedele die helde küene unt gemeit.

419 Dô diu küneginne Sîfriden sach, 398
nu muget ir gerne hœren wie diu maget sprach. (428)
«sît willekomen, Sîfrit, her in ditze lant.
waz meinet iuwer reise? gerne het ich daz bekant.»

420 «Vil michel iwer genâde, mîn vrou Prünhilt, 399
daz ir mich ruochet grüezen, fürsten tohter milt, (429)
vor disem edelen recken, der hie vor mir stât:
wan der ist mîn herre: der êren het ich gerne rât.

421 Er ist geborn von Rîne: waz sol ich sagen mêr? 400
durch die dîne liebe sîn wir gevaren her. (430)
der wil dich gerne minnen, swaz im dâ von geschiht.
nu bedénke dich's bezîte: mîn herre erlât dich es niht.

416, 4 *i'ne* = *ich ne*, ich nicht. — *daz ich werde sîn wîp*, daß ich aus Furcht von ihm besiegt zu werden auf den Kampf verzichte und sein Weib werde.

417, 4 *diu wîp* ist Subject; *die geste* Object.

418, 1 *Dâ mite*, mit Prünhild und ihren Jungfrauen. — 4 die Gäste waren inzwischen von Prünhildens Hofbeamten empfangen worden (408).

419, 3 *her*, wegen des Begriffs der Bewegung in *willekomen*, erwünscht gekommen. — 4 *meinet*, bedeutet, bezweckt. — *bekant*, erfahren.

420, 1 *genâde*, Dank: ich danke euch gar sehr. — 2 *ruochen*, geruhen. — *milt*, freigebig, gewöhnlich *milte*. — 3 *vor*, eher als. — 4 die Ehre, den ersten Gruß zu erhalten, wollte ich gern entbehren.

421, 3 *minnen*, heirathen. — 4 *bezîte*, bei Zeiten: überlege dir es vorher, ehe der Kampf beginnt, ob du nicht lieber auf denselben verzichten willst. — *erlât*, erlässt, mit acc. der Person und gen. der Sache, einem etwas, einen einer Sache überheben.

422 Er ist geheizen Gunther unt ist ein kunic hêr. 401
erwurbe er dîne minne, sone gert' er nihtes mêr. (431)
ja gebôt mir her ze varne der recke wol getân:
möht' ich es im geweigert haben, ich het iz gërne verlân.

423 Sin sprach: «ist er dîn herre unt bistû sîn man, 402
diu spil diu ich im teile, und getár er diu bestân, (432)
behabt er des die meisterschaft, sô wird' ich sîn wip:
unt ist daz ich gewinne, ez gêt in allen an den lip.

424 Dô sprach von Tronege Hagene: «frouwe, lât uns sehen 403
iuwer spil diu starken. ê daz iu müeste jehen (433)
Gúnthér mîn herre, dâ mües'iz herte sîn.
er trouwet wol erwerben ein alsô schœne magedîn.»

425 «Den stein schol er werfen unt springén dar nâch, 404
den gêr mit mir sciezen. lât iu niht sîn ze gâch. (434)
ir muget wol hie verliesen die êre und ouch den lip:
des bedénket iuch vil ebene», sprach daz minnecliche wip.

426 Sifrit der küene zuo dem künege trat, 405
allen sînen willen er in reden bat (435)
gegen der küneginne; er solde ân' angest sîn:
«ich sol iuch wol behüeten vor ir mit den listen mîn.»

427 Dô sprach der künec Gunther: «küneginne hêr, 406
nu teilt swaz ir gebietet. unt wær'es dannoch mêr. (436)

422, 4 *weigern*, mit dat. der Person, gen. der Sache, jemand etwas abschlagen. — *verlân*, unterlassen.

423, 2 *spil teilen*, einen Wettkampf zur Wahl vorlegen; franz. *partir le jeu*, prov. *lo joc*, im Part. *jeu parti*, *jocs partitz*, mhd. *geteiltez spil*. Es kann in Werken wie in Worten bestehen; letzteres ist der Fall in den romanischen Tenzonen, in denen zwei Dichter über eine Streitfrage handeln, ersteres hier. — *getar*, wagt. — 3 *behaben*, behaupten. — *meisterschaft*, Sieg.

424, 2 *starken*, hier im Sinne von gefährlich. — *jehen*, den Preis, den Sieg einräumen. — 3 *herte*, schlimm. — 4 *alsô*, wie ihr seid.

425, 1 *schol*, die ursprüngliche Form von *sol*. — Mit dem Steinwerfen war zugleich der Sprung verbunden, indem man sich bemühte, dem geschleuderten Stein möglichst weit nachzuspringen. — 2 *gâch*, eilig übereilt euch nicht, bedenkt es euch wohl. — 4 *ebene* adv., genau.

426, 2 *allen sînen willen*, alles was er wollte.

427, 2 *swaz ir gebietet*, was ihr Lust habt. — *wær'es*, wäre dessen, *es* von *mêr* abhängig. —

daz bestüende ich allez durch iuwern schœnen lîp.
mîn houbet wil ich vliesen, ir enwérdét mîn wîp.»

428 Dô diu küneginne sîne rede vernam, 107
der spile bat siu gâhen, als ir daz gezam. (437)
siu hiez ir gewinnen ze strîte guot gewant,
ein prünne rôtes goldes unt einen guoten schildes rant.

429 Ein wâfenhemede sîdîn dáz leit' án diu meit, 108
daz in deheime strîte wâfen nie versneit, (438)
von pfelle ûzer Lybîâ. ez was vil wol getân:
von porten lieht gewürhte daz sach man schînén dar an.

430 Die zît wart disen recken mit gelfe vil gedreut. 109
Dancwart unt Hagene die wâren ungefreut. (439)
wie iz dem künege ergienge, des sorget' in der muot.
sie dâhten: «unser reise ist uns recken niht ze guot.»

431 Die wîle was ouch Sîfrit, der wætliche man, 110
ê iz iemén erfunde, in daz schif gegân, (440)
da er sîne tarnkappen verborgen ligen vant.
dar in slouf er vil schiere: dô was er níemén bekant.

432 Er îlté hin widere: dô vant er recken vil, 111
dâ diu küneginne teilte ir hôhen spil. (441)
dar gie er tougenliche (von listen daz geschach),
aller die dâ wâren, daz in dâ níemén ensach.

433 Der rinc der was bezeiget, dâ solde'z spil geschehen 112
vor manigem küenen recken, die daz solden sehen. (442)

427, 4 *ir enwerdet*, ihr werdet denn, oder ihr müsst werden.
428, 2 *gâhen*, eilen, mit gen. mit etwas. — *als — gezam*, wie ihr das angemessen war: sie hatte keinen Grund mehr mit dem Beginn zu zögern. — 3 *gewinnen*, bringen. — *schildes rant*, dasselbe was *schilt* oder *rant*.
429, 2 *versnîden*, præt. *versneit*, zerschneiden. — 4 *gewürhte* stn., gewürkte Arbeit.
430, 1 *Die zît*, in der Zwischenzeit. — *disen recken*, den Gästen. — *gelfe* stm., Übermuth. — *gedreut* part. von *dreuen*, *dreun*, drohen. — 2 *ungefreut*, betrübt. — 4 *niht ze guot*, mit mhd. Ironie: sehr schlimm.
431, 2 *iz*, ältere Form für *ez*. — *erfunde* conj. præt., bemerkte. — 4 *slouf* præt. von *sliefen*, schlüpfen. — Da erkannte ihn niemand.
432, 3 *von listen*, aus Klugheit — 4 *aller* von *niemen* abhängig.
433, 1 *rinc*, der abgesteckte Kampfplatz. — *bezeigen*, bezeichnen. — 2 *vor*, in Gegenwart. — *die*, auf das collective *manigem* bezüglich. —

mêr danne siben hundert die sah man wâfen tragen:
swem an dem spil gelunge, daz ez die helde solden sagen.

434 Dô was komen Prunhilt: gewâfent man die vant 413
sam ob siu solde striten umbe elliu kuniges lant. (443)
jâ truoc siu ob den siden vil manigen goldes zein:
ir minneclichiu varwe dar under hêrlichen schein.

435 Dô kom ir gesinde: die truogen dar ze hant 414
von alrôtem golde einen schildes rant, (444)
mit stahelherten spangen, vil michel unde breit,
dar under spilen wolde diu vil minnecliche meit.

436 Der vrouwen schiltvezzel ein edel porte was. 415
dar üffe lâgen steine grüene sam ein gras. (445)
der lûhte maniger hande mit schîne wider daz golt.
er mueste wesen vil kuene dem diu vrouwe wurde holt.

437 Der schilt was under buckeln, als uns daz ist gesaget, 416
wol drîer spannen dicker, den tragen solt' diu maget. (446)
von stahel unt ouch von golde rich er was genuoc:
den ir kameræere selbe vierde kûme truoc.

438 Alsô der starke Hagene den schilt dar tragen sach, 417
mit grimmigem muote der helt von Tronege sprach: (447)
»wâ nu, künic Gunther? wie vliese wir den lip!
der ir dâ gert ze minnen, diu ist des tiuveles wip.

433, 4 Es waren die Kampfrichter.
434, 2 *sam ob*, was das einfache *sam*: als ob. — 3 *ob*, über. — *den síden* plur., das seidene Gewand. — *zein* stm., Stab, Draht; die goldene Rüstung ist gemeint. — 4 *dar under*, unter dem Panzer.
435, 2 *alrôt*, ganz roth. — 3 *stahelherte*, stahlhart. — 4 *dar under*, weil man sich mit dem Schilde deckt, sich hinter ihm, unter ihm birgt.
436, 1 *schiltvezzel* stm., das Band, an welchem man den Schild fasst. — 2 *dar üffe*, auf der Borte. — 3 *der*, von den Steinen, das Subject des Satzes ist das zu éinem Begriff gewordene *maniger hande*, mancherlei von den Steinen. — *wider*, gegen; die Steine spiegelten sich in dem Golde. — 4 *dem — holt*, der die Liebe der Frau gewonne, weil es nur durch Kampf geschehen konnte.
437, 1 *under buckeln*, in der Mitte des Schildes, wo *diu buckel* (zu 30, 2) sich befindet, ist derselbe natürlich am dicksten. — 2 *dicker* ist flectierte Form des Adj. — 4 *selbe vierde*, der Kammerer mit drei andern.
438, 3 *wâ nu*, wo bist du nun? was soll nun aus dir und uns werden? — 4 *minnen* ist dat. plur., um sie zu lieben oder zu heirathen.

439 Vernemt noch von ir wæte: der hete siu genuoc. (448)
von Azagouc der sîden einen wâfenroc siu truoc,
edel unde rîche: ab des varwe schein
von der küneginne vil manic hêrlîcher stein.

440 Dô truoc man dar der vrouwen swære unde grôz 418
einen gêr vil scharpfen, den si alle zîte schôz, (449)
starc unt ungefüege, michel unde breit,
der ze sînen ecken harte vreislîchen sneit.

441 Von des gêres swære hœret wunder sagen. 419
wol vierdehalbiu messe was dar zuo geslagen. (450)
den truogen kûme drîe Prünhilde man.
Gúnthér der edele vil harte sórgén began.

442 Er dâhte in sînem muote: «waz sol ditze wesen? (451)
der tiuvel ûz der helle wie kunder dâ vor genesen?
wær' ich ze Burgonden mit dem lebene mîn,
siu müeste hie vil lange vrî vor mîner minne sîn.»

443 Dô sprach Hagenen bruoder, der küene Danewart: 420
«mich riuwet inneclîchen disiu hovevart. (453)
nu hiezen wir ie recken: wie vliese wir den lîp,
suln uns in disen landen nu verdérbén diu wîp!

444 Mich müet daz harte sêre daz ich kòm in daz lant. 421
unt hete mîn bruoder Hagene sîn wâfen an der hant, (454)
unt ouch ich daz mîne, sô möhten sanfte gân
mit ir übermüete alle Prünhilde man.

439, 2 Zu verbinden: *einen wâfenroc der sîden von Azagouc.* — 3. 4 von dem Waffenrock leuchtete mancher Stein, und auch von Prünhild, die den Waffenrock trug.

440, 1 *truoc*, brachte. — 3 *ungefüege*, ungeheuer.

441, 2 *messe* stf., eine Metallmischung, hier als bestimmtes Maß an Metall, dessen Gewicht sich nicht festsetzen lässt. — *vierdehalbiu* im Mhd. der Singular in flectierter Form. — *dar zuo geslagen*, darauf verwendet, dazu gebraucht.

442, 2 *kunde*, konnte. — 3 *ze Burgonden*, in Burgund.

443, 2 *inneclîchen* adv., im Innern, von Herzen. — *hovevart*, Fahrt an den Hof. — 3 *ie*, immer. — *wie*, auf welche (schimpfliche) Weise. — 4 *suln*, conditionaler Satz.

444, 2 *wâfen*, Schwert. — 3 *sanfte gân mit ir übermüete*, sich in ihrem Übermuthe mäßigen.

445 Daz wizzet sicherlichen, sie solden'z wol bewarn. (455)
unt het ich tûsent eide ze einem vride geswarn,
ê daz ich sterben sæhe den lieben herren mîn,
jâ muese'n lîp verliesen daz vil schœne magedîn.»

446 «Wir solden ungevangen wol rûmen ditze lant», 122
sprach sîn bruoder Hagene, «heten wir daz gewant (456)
des wir ze nôt bedurfen unt ouch diu swert vil guot:
sô wurde wol gesenftet der starken vrouwen übermuot.»

447 Wol hôrt' diu maget edele waz der degen sprach. 123
mit smieléndem munde sin über ahsel sach: (457)
«nu er dunke sich sô küene, sô traget in ir gewant:
ir vil scharpfen wâfen gebet den recken an die hant.»

448 Dô sie diu swert gewunnen, alsô diu maget gebôt, 124
der vil küene Dancwart vor vréudén wart rôt. (458)
«nu spilen swes sie wellen», sprah der snelle man:
«Gunthér ist umbetwungen, sit daz wir unser wâfen hân.»

449 Diu Prünhilde sterke vil grœzlichen schein. 125
man truoc ir zuo dem ringe einen swæren stein, (459)
grôz unt ungefüege, michel unde wel:
in truogen küme zwelve helde küene unde snel.

450 Den warf sin z'allen zîten, sô sin den gêr verscôz. 126
der Burgonden sorge wurden harte grôz. (460)
«wâfen», sprach dô Hagene, «waz hât der künic ze trût!
jâ solde s' in der helle sîn des übelen tiuvels brût.»

451 An vil wîzen armen sin die ermel want: 127
sin begunde vazzen den schilt an der hant. (461)

445, 1 *bewarn*, sich in Acht nehmen. — 2 *ze*, den Zweck bezeichnend, *geswarn* part. von *swern*, schwören; gewöhnlich *gesworn*. — 4 *muese'n* = *muese den*.
446, 2 *gewant*, hier die Rüstung. — 3 *ze nôt*, im Falle der Noth, im Kampfe.
447, 2 *smielen*, lächeln. — *über ahsel*, über die Achsel, nach hinten oder seitwärts blickend. — 3 *nu*, causal da.
448, 3 *spilen* wird mit dem Genetiv (*eines spils*) verbunden. — 4 *um*, vor Labiallauten häufig für *un*. — *sît daz*, seitdem, da.
449, 1 *schein*, zeigte sich. — 3 *wel* adj., rund.
450, 1 *sô*, wenn. *verscôz*, verschossen hatte. — 3 *wâfen* interject., Hilfe und Weheruf, eigentlich zu den Waffen! — *ze trût*, zur Geliebten.
451, 1 *want* praet., von *winden*, zurückschlagen. —

den gêr siu hôhe zuhte: dô gienc iz an den strît.
Gunther unt Sîfrit die vorhten Prünhilde nit.

452 Unde wære im Sîfrit niht ze helfe komen, 428
sô het siu dem künige sînen lîp benomen. (463)
er gie dar tougenlîche unt ruort' im sîne hant.
Gunther sîne liste vil harte sorclîch ervant.

453 «Waz hât mich gerüeret?» dâht' der küene man. (464)
dô sah er allenthalben: er vant dâ niemen stân.
er sprach: «ich pin'z Sîfrit, der liebe vriunt dîn.
vor der küneginne soltu gar ân' angest sîn.

454 Den scilt gip mir von hende unt lâ mich den tragen, 129
unde merke rehte waz du mich hœrest sagen. (465)
nu habe du diu gebære: dîn were wil ich begân.»
do er în rehte erkande, ez was im liebé getân.

455 «Nu hil du mîne liste, dine soltu niemen sagen: (466)
sô mac diu küneginne vil lützel iht bejagen
an dir deheines ruomes, des siu doh willen hât.
nu sihtu wie diu vrouwe vor dir unsórclîchen stât.»

456 Dô scôz vil krefteclîche diu hêrlîche meit 130
ûf einen schilt niuwen, michel unde breit: (467)
den truoc an sîner hende daz Sigelinde kint.
daz fiwer spranc von stahele alsam ez wǽté der wint.

457 Des starken gêres snîde al durch den schilt brach, 131
daz man daz fiwer lougen ûz den ringen sach. (468)
des scuzzes beide strûchten die kréftigen man:
wan diu tarnkappe, sie wæren tôt dâ bestân.

451, 3 *zuhte*, zückte.
452, 4 *sorclîch* adv., mit Furcht: weil er nicht wusste, was ihn plötzlich anfasste.
453, 2 *allenthalben*, nach allen Seiten.
454, 1 *von hende*, aus der Hand. — 3 mache du die Bewegungen des Schleudernden und Schirmenden. — 4 *liebe* adv., angenehm, zur Freude.
455, 1 *hil* imp. von *heln*. — 3 *deheines ruomes* hängt von *iht* ab. — *des*, des *bejagens*. — 4 *unsorclîchen* adv., ohne Furcht.
456, 4 *fiwer* stn., Feuer. — *alsam*, als ob.
457, 1 *al*, vollständig. — 2 *lougen* swv., lohen, leuchten. — 3 *des scuzzes*, von dem Schusse, infolge des Schusses. — 4 *wan*, wäre nicht gewesen. — *bestân* part., geblieben.

458 Sifride dem vil kuenen von munde brast daz pluot. 432
vil balde spranc er widere: dô nam der helet guot (469)
den gêr den siu gescozzen im hete durch den rant:
den frumte ir dô hin widere des starken Sifrides hant.

459 Er dâhte: «ich wil niht schiezen daz schœne magedîn. (470)
er kêrt' des gêres snide hinder'n rucke sîn;
mit der gêrstangen er scôz ûf ir gewant
daz ez erklanc vil lûte von sîner ellenthaften hant.

460 Daz fiwer stoup ûz ringen alsam ez tribe der wint. 433
den scuz scôz mit ellen daz Sigemundes kint. (471)
sine mohte mit ir kreften des scuzzes niht gestân.
ez'n hete der künic Gunther entriuwen nimmêr getân.

461 Prünhilt diu schœne wie balde sî ûf spranc! 434
«Gunther, ritter edele, des scuzzes habe danc.» (472)
siu wânde daz er'z hête mit sîner kraft getân:
ir was dar nâch geslichen ein verre kreftiger man.

462 Dô gie siu hin vil balde: zornec was ir muot; 435
den stein huop vil hôhe diu edele maget guot. (473)
siu swanc in kreftecliche vil verre von der hant:
dô spranc siu nâch dem wurfe, ja erklanc ir allez ir gewant.

463 Der stein der was gevallen wol zwelf klâfter dan: 436
den wurf brach mit sprunge diu maget wol getân. (474)

458, 1 *brast* praet. von *bresten*, brechen (bersten). — 2 *widere*, zurück. — 4 *frumte*, beförderte; er sandte ihr denselben Ger wieder zurück.

459, 2 Er warf sie mit dem Schafte, nicht mit der Spitze. — 4 *ez*, das Gewand, der Panzer.

460, 3 *gestân* mit gen., vor etwas stehen bleiben; sie fiel nieder (vgl. 461, 1). — 4 *hete* ist Conjunctiv.

461, 2 *danc haben* mit gen. bezeichnet mhd. auch: Lob gewinnen für etwas; der Sinn ist also hier: diesen Schuß muß ich loben. — 4 *dar*, dorthin, nicht mit *nâch* zu verbinden. — *kreftiger* compar.

462, 3 *von der hant*, aus der Hand, mit *swanc*, nicht mit *verre* zu verbinden. — 4 *nâch dem wurfe*, hinter dem Wurfe her.

463, 1 *klâfter* stf., das Maß der ausgebreiteten Arme. — 2 *den wurf — sprunge*, sie durchschnitt, übertraf mit ihrem Sprunge die Weite des Wurfes, sie sprang weiter als der Stein geflogen war. —

dar gie der herre Sîfrit dâ der stein gelac:
Gunther in dô wegete, der helt in wérfénnes pflac.

464 Sîfrit was küene, vil kreftec unde lanc. 437
den stein den warf er verrer, dar zuo er wîter spranc. (475)
von sînen schœnen listen er hete kraft genuoc
daz er mit dem sprunge den künic Gunthere truoc.

465 Der spruno der was ergangen, der stein der was gelegen. (476)
dô sah man ander niemen wan Gunther den degen.
Prünhilt diu schœne wart in zorne rôt:
Sîfrit hete geverret des künic Guntheres tôt.

466 Zuo z'ir ingesinde ein teil siu lûte sprach, 438
dô siu z'ent des ringes den helt gesunden sach: (477)
«vil balde kumt her nâher, ir mâge unt mîne mân:
ir sult dem künic Gunther alle wesen undertân.»

467 Dô leiten die vil küenen diu wâfen von der hant, 439
sie buten sich ze füezen ûz Burgonden lant (478)
Gunther dem rîchen, vil manic küener man.
sie wânden daz er hête diu spil mit sîner kraft getân.

468 Er gruozte s' minneclîche, jâ was er tugende rîch. 440
dô nam in bî der hende diu maget lobelich: (479)
si erloubte im daz er solde haben dâ gewalt.
des freute sich dô Hagene, der degen küene unde balt.

469 Siu bat den ritter edele mit ir dannen gân 441
in den palas wîten. alsô daz wart getân, (480)

463, 1 *wegete*, bewegte, schwang. — *der helt*, Siegfried. — *werfennes pflac*, pflog des Werfens, warf; trotz des subst. Gebrauchs des Infinitivs steht dabei der Accusativ (*in*).

464, 2 *verrer*, weiter, als Prünhild. — 3 *von — listen*, durch seine schöne Kunst. — 4 während er sprang, trug er zugleich den König Gunther.

465, 4 *verren* swv., entfernen, beseitigen, verhindern.

466, 1 *ein teil*, etwas, zu *lûte* gehörig, aber der Sinn ist: sehr laut. — 2 *ent*, verkürzt aus *ende*, am Ende; Siegfried (mit Gunther) war an das äußerste Ende des bezeichneten Raumes gesprungen. — 3 *her nâher*, näher heran.

467, 2 sie knieten vor Gunther nieder, als Zeichen der Huldigung. — *ûz Burgonden lant* gehört zu *Gunther*.

468, 3 sie stellte alles zu seiner Verfügung.

469, 1 *ritter*, Gunthern. —

dô erbôt man'z den recken mit dienste deste baz.
Dancwart unt Hagene die muosen'z lâzen âne haz.

470 Sîfrit der snelle wîs er was genuoc. 442
sîne tarnkappen er abe behalten truoc. (481)
dô gie er hine widere dâ manic vrouwe saz.
er sprach zuo dem künige, unt tet vil wîsliche daz:

471 «Wes pitet ir, mîn herre? wan beginnet ir der spil, (482)
der iu diu küneginne teilet alsô vil?
unt lât uns balde schouwen wie diu sîn getân.»
sam er's niht enwesse, gebârt' der listige man.

472 Dô sprach diu küniginne: «wie ist daz geschehen (483)
daz ir habt, her Sîfrit, der spil niht gesehen,
diu hie hât errungen diu Guntheres hant?»
des antwurt' ir Hagene ûzer Burgunden lant.

473 Er sprach: «dâ het ir, vrouwe, betrüebet uns den muot: (484)
dô was bî dem scheffe Sîfrit der helet guot,
dô der vogt von Rîne diu spil iu an gewan:
des ist ez im unkünde», sprach der Guntheres man.

474 «Sô wol mich dirre mære», sprach Sîfrit der degen, 443
«daz iuwer hôhverten ist alsô gelegen, (485)
daz iemen lebet der iuwer meister müge sîn.
nu sult ir, maget edele, uns hinnen volgen an den Rîn.»

469, 3 man erwies ihm mit größerer Aufmerksamkeit Dienste. — 4 Dancwart und Hagen mussten sich das gefallen lassen; sie ließen es sich gern gefallen.

470, 2 *abe*, wiederum. — *behalten truoc*, brachte, um sie aufzuheben, sie fort. — 4 *wîsliche* adv., klug, schlau.

471, 1 *pitet* für *bitet*, worauf wartet ihr. — *wan*, warum nicht. — 3 *sîn getân*, beschaffen seien. — 4 *gebârte*, benahm sich.

473, 1 *dâ* begründet, es verhalt sich so, es kam so. — 2 *dô*, zu der Zeit. — *schef* und *schif*, beide Formen begegnen im Nibelungenlied. — 3 *diu spil in an gewan*, auch in den Spielen besiegte. — 4 *des*, deshalb. — *unkünde*, unbekannt.

474, 1 *Sô wol mich*, wohl mir denn! mit gen. über, wegen. — 2 *hôhverten* swv., stolz sein. — *ist gelegen*, daniederliegt. — 4 *hinnen*, von hier.

475 Dô sprach diu wol getâne: «des ęnmác noch niht ergân. 444
ez müezen ê bevinden mâge unt mîne man. (486)
janę mag ich alsô lîhte gerûmen mîniu lant:
die mîne besten friunde müezen werden ê besant.»

476 Dô hiez siu boten rîten allenthalben dan, 445
siu besande ir vriunde, mâge unde man. (487)
die bat siu z'Îsensteine komen unerwant,
unt hiez in geben allen rîch unt hêrlîch gewant.

477 Sie riten tägeliche spâte unde vruo 446
der Prünhilde bürge schárháfte zuo. (488)
«jarâjâ», sprach Hagene, «waz haben wir getân!
wir rebéiten hie vil übele der schœnen Prünhilde man.

478 Sô sie nu mit ir kreften koment in daz lant. 447
(der küneginne wille ist uns unbekant: (489)
waz ob siu alsô zürnet daz wir sîn verlorn?),
sô ist uns diu maget edele ze grôzen sórgén geborn.»

479 Dô sprach der starke Sîfrit: «daz sol ich understên. 448
des ir dâ habet sorge, des lâz' ich niht ergên. (490)
ich sol iu helfe bringen her in ditze lant
von ûz erwelten recken die iu nóch nie wúrdén bekant.

480 »Ir sult nâch mir niht vrâgen: ich wil hinnen varn. 449
got müez' iuwer êre die zît wol bewarn. (491)

475, 2 *bevinden*, erfahren. — vor *mâge* ist auch *mîne* zu ergänzen. 3 *lîhte* adv., leicht. — *gerûmen*, verstärktes *rûmen*. — 4 *friunde*, Verwandte, meine nächsten Verwandten.

476, 3 *unerwant*, ungehindert, ungesäumt. — 4 sie ließ ihre Mannen mit neuen Kleidern versehen, damit sie würdig bei Hofe erschienen.

477, 2 *scharhafte* adv., scharenweise. — 3 *jarâjâ*, entstanden aus *jâ — jâ* mit dazwischen geschobenem *a* (zu 313, 4): *r* dient zur Vermeidung des Hiatus: ein verstärktes *jâ*. — 4 *rebeiten* = *erbeiten*, erwarten (mit gen.). — *übele* adv., zu unserm Schaden.

478, 1 *kreften*, Menge, Scharen. — 3 *waz ob*, was geschieht, wenn; wie wenn. — 4 zu verbinden *uns ze grôzen sorgen*.

479, 1 *sol ich* = werde, will ich. — 4 *die iu* muß zu éiner Silbe verbunden werden.

480, 2 *müeze*, wünschend: möge. — *die zît*, in der Zwischenzeit.

ich kume schiere widere unt bringe iu tûsent man
der allerbesten degene der ich ie kündé gewan.

481 «Sone sit et niht ze lange», sprach der künic dô. 130
«wir sîn iuwer helfe vil pillîchen vrô.» (483)
er sprach: «ich kum iu widere in vil kurzen tagen.
daz ir mich habt gesendet, daz sult ir Prunhilde sagen.»

480, 4 *der allerbesten degene*, bestehend aus den allerbesten Degen. — *künde gewan* mit gen., kennen lernen.

481, 1 *sit*, seid unterwegs, bleibt aus. — *et*, nur. — 2 *pillîchen*, mit Recht, mit gutem Grunde.

VIII. ÂVENTIURE,

WIE SÎFRIT NÂCH DEN NIBELUNGEN SÎNEN RECKEN FUOR.

Siegfried in seiner Tarnkappe fährt auf dem Schiffe zu den Nibelungen, erzwingt von dem wachhabenden Riesen den Eingang und kämpft mit Albrich, der ihn nicht erkennt. Mit tausend Nibelungen kehrt er nach Isenstein zurück; Gunther gibt dieselben für seine Mannen aus. Prünhild will die Gäste beschenken und macht Dancwart zu ihrem Kämmerer, der aber allzu freigebig austheilt. Die Königin bestellt einen Verwandten zur Hut des Landes und zieht in Begleitung zahlreichen Gefolges und der Nibelungen mit Gunther an den Rhein.

482 Dannen gie dô Sîfrit zer porten ûf den sant 451
in sîner tarnkappen, dâ er ein schiffel vant. (493)
dar an sô stuont vil tougen daz Sigemundes kint:
er fuort' ez balde dannen, alsam ez wǽté der wint.

483 Den schéfmeistér sach niemen: daz schiffel sére vlôz 452
von Sîfrides kreften: die wâren alsô grôz. (494)
sie wânden daz ez fuorte ein sunderstarker wint:
nein, ez fuorte Sîfrit, der schœnen Sigelinde kint.

484 Bî des tages zîte unt in der einen naht 453
kom er z'einem lande mit grœzlîcher maht, (495)
wol hundert langer raste unde dannoch paz:
die hiezen Nibelunge dâ er den grôzen hort besaz.

482, 1 *Dannen*, von dannen. — *zer porten*, zur Pforte der Burg, die am Ufer stand. — 3 *dar an stuont*, in dieselbe trat.
483, 1 *schefmeister*, Lenker des Schiffes, Steuermann. — 2 *von*, durch. 3 *sie*, die in der Burg waren. — *sunderstarc*, besonders stark.
484, 1 In der Zeit, die vom Tage noch übrig war und der darauf folgenden Nacht. — 2 *maht*, Kraft, Anstrengung. — 3 *raste* stf., Meile. — *paz* (= *baz*), mehr. — 4 *die*, die in dem Lande wohnten; der Name des Landes und Volkes ist wieder identisch.

485 Der helt fuor aleine ûf einen wert vil breit: 454
daz seil gebant vil balde der ritter vil gemeit
er gie z'einem berge, dar ûf ein burc stuont,
unt suochte herberge, sô noch die wegemüeden tuont.

486 Dô kom er für die porten: verslozzen im diu stuont. 455
jâ huoten sie ir êren, sô noch die liute tuont.
an'z tor begunde bôzen der unkunde man.
daz was vil wol behüetet: dô vant er innerthalben stân

487 Einen ungefüegen der der bürge pflac. 456
bi dem z'allen ziten sin gewæfen lac.
der sprach: «wer ist der bôzet sô vaste an daz tor?»
dô wandelt' sine stimme der küene Sifrit dâ vor.

488 Er sprach: «ich pin ein recke: entsliuz ûf daz tor. 457
ich erzürne ir eteslichen noch hinté dâ vor.
der gerne sampfte læge unt hete sin gemach.»
daz muot' den portenære, dô daz Sifrit gesprach.

489 Nu hete der rise küene sin wæfen an getân, 458
sinen hélm ûf sin houbet: der vil starke man
den schilt er balde zuhte, daz tor er ûf dô swief:
wie rehte gremelichen er an Sifriden lief!

490 Wie er getorste wecken sô manigen küenen man. 459
dâ wurden slege swinde von siner hant getân.
dô begonde im schirmen der hêrliche gast.
dô scuof der portenære daz sin gespéngé zebrast

485, 1 *wert* stm., Werder, Insel. — 4 *wegemüede* adj., müde von der Reise.

486, 2 *ir êren* gen. pl., sie hatten Acht auf ihre Ehre, die verloren wäre, wenn jemand die Burg eroberte. — 3 *bôzen* stv., klopfen, schlagen. — 4 *innerthalben*, inwendig, auf der innern Seite des Thores.

487, 1 *ungefüeger*, als Subst. Riese. — 4 *wandeln*, vertauschen, verändern.

488, 1 *recke*, ein auf Abenteuer umherziehender Ritter. — 2 *erzürnen*, in Zorn bringen. — *dâ vor*, vor dem Thore. — 3 *sampfte* adv., sanft, weich. — 4 *portenære* stm., Pfortner.

489, 2 sc. *getân*. — 3 *swief* præt., von *sweifen* stv., schwingen, er schwang das Thor auf, riß es auf. — 4 er lief auf Siegfried los, griff ihn an.

490, 1 Zu ergänzen: mit den Worten. — 3 *schirmen*, sw., sich decken, parieren. — 4 *gespenge* stn., dasselbe was *schiltgespenge* (211. D). — *zebresten* stv., zerbrechen.

491 Von einer îsenstangen: des gie dem helde nôt. 460
ein teil begonde fürhten Sîfrit den tôt, (502)
dô der portenære sô kreftechlichen sluoc.
dar umbe was im wæge sîn herre Sîfrit genuoc.

492 Sie striten alsô sêre daz al diu burc erscal. 461
dô hôrte man daz diezen in Nibelunges sal. (503)
er twanc den portenære, daz er in sît gebant.
diu mære wurden künde in al der Nibelunge lant.

493 Dô hôrt' daz grimme striten verre durch den berc 462
Albrich der vil küene, ein wildíz getwerc. (504)
er wâfende sich balde: dô lief er dâ er vant
disen gast vil edelen, da ér den stárkén gebant.

494 Albrich was vil grimme, dar zuo starc genuoc. 463
hélm únde ringe er an dem libe truoc, (505)
unt eine geisel swære von golde an sîner hant.
dô lief er harte swinde dâ er Sîfriden vant.

495 Siben knöpfe swære die hiengen vor dar an. 464
dâ mit er vor der hende den schilt dem küenen man (506)
sluoc sô pitterlichen, daz im des vil zebrast.
des libes kom in sorge dô der wætliche gast.

496 Den scerm er von der hende gar zebrochen swanc: 465
dô stiez er in die sceide ein wâfen, daz was lanc. (507)
den sînen kameræere wold' er niht slahen tôt:
er scônde sîner zühte als im diu tugent daz gebôt.

497 Mit starken sînen handen lief ér Albrîchen an. 466
dô viene er bî dem parte den altgrîsen man: (508)

491, 1 infolge dessen kam Noth uber den Helden. 2 *ein teil*, etwas, wieder ironisch für: sehr.
492, 1 *erscal* præt. von *erschellen*, ertonen. -- 3 *er*, Siegfried.
493, 2 *wâfende* præt. von *wâfen* (für *wâfenen*). — 4 *den starken*, den Riesen.
495, 1 *knöpfe* sind die Knoten, in welche die Geisel oben ausläuft. — *vor*, vorn. — 2 *vor der hende* gehort zu *den schilt*, den Schild, den er vor der Hand trug. — 3 *pitterlichen* adv., gewaltig, heftig. — *des*, des Schildes.
496, 1 *scerm*, Schirm; hier Schild. — 4 *scônde sîner zühte*, er bewahrte sein feines Betragen, indem er sich nicht vom Zorne hinreißen ließ.
497, 2 *vienc* præt. von *vâhen*, fassen. — *altgrîs*, grau von Alter. —

er zogete'n ungefuoge daz er vil lûte erscrê.
zuht des junges heldes diu tet Albriche wê.

498 Lûte rief der kuene: «nu lâzet mich genesen. 467
unt möht' ich iemens eigen ân' einen recken wesen (*9)
(dem swuor ich des eide, ich wære im undertân),
ich diende iu ê ich sturbe.» sô sprach der lîstige man.

499 Er bant Albrichen alsam den risen ê. 468
die Sifrides krefte tâten im vil wê. (*10)
daz twerc begonde vrâgen: «wie sît ir genant?»
er sprach: «ich heize Sifrit; ich wânde ich wære
iu wol bekant.»

500 «Sô wol mich dirre mære», sprach Albrich daz
getwerc. 469
«nu hân ich wol erfunden diu degenlichen werc, (*11)
daz ir von wâren sculden mügt landes herre wesen.
ich tuon swaz ir gebietet, daz ir lâzet mich genesen.»

501 Dô sprach der herre Sifrit: «ir sult balde gân 470
unt bringet mir der recken, der besten die wir hân, (*12)
tûsent Nibelunge, daz mich die hie gesehen.»
war umbe er des gerte, des hôrt' in niemén verjehen.

502 Dem risen unt Álbríche lôst' ér diu bant. 471
dô lief Albrich balde da er die recken vant. (*13)
er wahte sórgénde der Nibelunge man.
er sprach: «wol ûf ir helde, ir sult ze Sifride gân.»

503 Sie sprungen von den betten unt wâren vil bereit. 472
tûsent ritter snelle wurden wol gekleit. (*14)

497, 3 *zogen*, ziehen, zerren. — *erscrê* praet. von *erscrîen*, *erschrîen*, aufschreien. — 4 *zuht*, hier wortspielend gebraucht; in eigenthchem Sinne das Ziehen (am Barte), dann aber auch die Behandlung, Züchtigung.

498, 2 *eigen*, leibeigen; hier Substantivum. — *ân'*, außer. — 3 *des*, von *eide* abhängig. — 4 *diende* conj., ich würde euch dienstbar sein.

499, 3 *twerc* stn., Zwerg.

500, 2 *degenlîch* adj., tapfer, ritterlich. — 3 *von wâren sculden*, mit vollem Rechte. — 4 *daz*, damit, oder vorausgesetzt daß.

501, 3 *gesehen*, aufsuchen, daß sie zu mir herkommen. — 4 niemand hörte ihn sagen, warum er das verlangte, er theilte keinem mit, was er damit vorhatte.

502, 1 *bant* stn., Fessel. — 3 *wahte* praet. von *wecken*. — *sorgende*, von Sorgen erfüllt.

sie giengen dâ sie funden Sîfriden stân:
dâ wart ein scône grüezen ein teil mit wérkén getân.

504 Vil kerzen was enzündet, man scancte im lûtertranc. 473
daz sie sciere kômen, er saget' in's allen danc. (515)
er sprach: «ir sult hinnen mit mir über fluot.»
des vant er vil bereite die helde küen' unde guot.

505 Wol drizec hundert recken die wâren sciere komen: 474
ûz den wurden tûsent der besten dô genomen. (516)
den brâhte man ir helme unt ander ir gewant,
want er sie füeren wolde in daz Prünhilde lant.

506 Er sprach: «ir guoten ritter, daz wil ich iu sagen, 475
ir sult vil rîchiu kleider dâ ze hove tragen, (517)
want uns dâ sehen müezen vil minneclichiu wîp.
dar umbe sult ir zieren mit guoter wǽté den lîp.»

507 An einem morgen früeje huoben sie sich dan. 476
waz snéllér geverten Sîfrit dô gewan! (520)
sie fuorten ros diu guoten unt hêrlich gewant:
sie kômen ritterlîche in daz Prünhilde lant.

508 Dô stuonden in den zinnen diu minneclichen kint. 477
dô sprach diu küneginne: «weiz iemen wer die sint (521)
die ich dort sihe vliezen sô verre ûf dem sê?
sie füerent segele rîche, die sint noch wîzer dan
der snê.»

509 Dô sprach der künic von Rîne: «ez sint mîne man. 478
die het ich an der verte hie nâhen bî verlân. (522)

503, 4 *grüezen*, subst. gebrauchter Infinitiv, aber mit dem Adverbium verbunden. — *mit werken*, nicht nur mit Worten, sondern auch durch die That, also durch Niederknien.

504, 1 *lûtertranc* stm., ein gewürzter Wein. — 2 *in's*, ihnen dafür; *es* deutet auf den Satz mit *daz* hin. — 4 *des — bereite*, dazu — bereit.

505, 3 *gewant* ist hier Rüstung.

507, 1 *früeje* adv., früh, neben dem häufigeren *fruo*. — *huoben sie sich dan*, brachen sie von dort auf.

508, 1 *zinne* stf., der oberste Theil der Mauer, mit Einschnitten versehen. — *kint*, Jungfrauen. — 3 *vliezen*, schwimmen, fahren.

509, 2 *an der verte*, auf der Reise, auf dem Wege, unterwegs. — *verlân*, zurückgelassen. —

die hân ich besendet: die sint nu, vrouwe, komen.
der hêrlichen geste wart vil grôze war genomen.

510 Dô sah man Sifride vor ineme sealle stân 479
in hêrlicher waete und ander manigen man.
dô sprach diu küneginne: «her künec, ir sult mir sagen,
sol ich die geste enpfâhen oder sol ich gruezen sie verdagen?

511 Er sprach: «ir sult engegen in für den palas gên; 480
ob wir sie sehen gerne, daz sie daz wol verstên.
dô tet diu küneginne als ir der künic geriet.
Sifride mit dem gruoze si'n von den ánderen sciet.

512 Man scuof in herberge unt behielt in ir gewant. 481
dô was sô vil der geste komen in daz lant,
daz sie sich allenthalben drungen mit den scarn.
dô wolden die vil küenen heim zen Burgonden varn.

513 Dô sprach diu küneginne: «ich wold' im wesen holt. 482
der geteilen kunde min silber unt min golt
min unt des küneges gesten, des ich sô vile hân.»
des antwurte Danewart, des künic Giselheres man:

514 «Vil edeliu küneginne, lât mich der slüzzel pflegen. 483
ich trûwe iz sô geteilen», sprach der küene degen,

509, 4 *war genomen* mit gen., jemand Aufmerksamkeit schenken. — *grôz* adv., sehr; nicht adj. zu *war* gehörig.
510, 1 *vor*, vorn; *ineme*=*in deme*. — 2 *ander* vor *man* und pron. possess. in unflectierter Form, wo wir *ander* flectiert unmittelbar vor das Substantivum setzen. — 4 *sol ich gruezen sie verdagen*, soll ich ihnen meinen Gruß verschweigen, soll ich sie nicht grüßen?
511, 1 *engegen* ist hier präpos. mit dat. — *für*, vor. — 2 damit sie an dem Empfange merken, ob sie gern gesehen sind. — 4 sie sonderte Siegfrieden in Bezug auf den Gruß von den andern ab; sie erwies ihm nicht etwa einen besonders freundlichen Gruß, sondern grüßte ihn im Gegentheile geringer und kälter als die andern, indem sie ihn für leibeigen hielt. Aber auch psychologisch ist es ganz richtig, wenn man, was freilich im Nibelungenlied sehr verdunkelt erscheint, Siegfried's früheres Verhältniss zu Prunhild erwägt.
512, 3 *sich drungen*, sich drängten. — *mit den scarn*, welche sie bildeten.
513, 2 *geteilen*, verstärktes *teilen*, austheilen. — 3 *mîn* steht nicht für *mînen*, sondern ist gen. des pers. Pron. — 4 hier und 521, 3 wird Danewart insonderheit als Giselher's Dienstmann bezeichnet, wo andere Handschriften *Guntheres* lesen.
514, 1 *der slüzzel pflegen*, das Schlüsselamt haben, nämlich über die Schatzkammer. —

«swaz ich erwerbe scande, die lât mîn eines sîn.»
daz er milte wære, daz tet er grœzlichen scîn.

515 Dô sich Hagenen bruoder der slüzzel underwant, 184
sô manige rîche gâbe bôt des heldes hant:
swer einer marke gerte, dem wart sô vil gegeben
daz die armen alle muosen vrœlîchen leben.

516 Wol bî hundert pfunden gap er âne zal. 185
genuoge in rîcher wæte giengen vor dem sal,
die nie dâ vor getruogen sô hêrlichiu kleit.
daz gevriesc diu künegîn: ez was ir wærliche leit.

517 Dô sprach diu küneginne: «her künic, ich het des rât, 186
daz iuwer kameræere mir wil der mînen wât
lâzen niht belîben: er swendet gar mîn golt.
der iz noch understüende, dem wold' ich immer wesen holt.

518 Er gît sô rîche gâbe, jâ wænet des der degen,
ich habe gesant nâch tôde: ich wil 's noch langer pflegen.
ouch trûwe i'z wol verswenden, daz mir mîn vater lie.»
sô milten kameræere gewan noch küneginne nie.

519 Dô sprach von Tronege Hagene: «vrouwe, iu sî geseit, 187
ez hât der künec von Rîne gólt únde kleit (528)
alsô vil ze gebene daz wir des haben rât,
daz wir von hinnen füeren iht der Prünhilde wât.»

514, 3 ich will die Schande, die ich durch mein Vertheilen mir zuziehe, gerne auf mich nehmen. — 4 *scîn*, *schîn tuon* mit acc. oder abhängigem Satze, etwas zeigen, beweisen.

515, 1 *sich underwinden* mit gen., etwas auf sich nehmen, um dafür zu sorgen. — 4 *muosen*, durften.

516, 1 *bî hundert pfunden*, an je hundert Pfund. — *âne zal*, zahllosen Menschen.

517, 1 *ich het des rât*, ich könnte dessen wohl entrathen. — 3 *belîben*, übrig bleiben. — *swenden*, verschwenden, schwinden machen, vernichten.

518, 1 *gît* aus *gibet*. — 2 *ich habe gesant nâch tôde*, ich habe nach dem Tode ausgeschickt, um ihn holen zu lassen, d. h. ich wolle sterben. — *wil 's*: *es*, des Goldes. — 3 *i'z* aus *ich ez*. — *verswenden*, ausgeben. — *lie* præt. von *lâzen*, hinterlassen.

519, 3 *des haben rât*, das entbehren können.

520 «Nein, durh mîne liebe», sprach diu kunegin. 188
«nu lâzet mich erfullen zweinzec leitschrîn
von golde unt ouch sîden, daz geben sol mîn hant,
sô wir komen ubere in daz Guntheres lant.»

521 Mit edelem gesteine ladet' man ir diu schrîn. 189
ir selber kameræere dâ mite muosen sîn:
sine wolde's niht getrûwen dem Giselheres man.
Gúnthér unt Hagene dar umbe lâchen began.

522 Dô sprach diu küneginne: «wem lâz' ich mîniu lant? 190
diu sol ê hie bestiften mîn unt iuwer hant.»
dô sprach der künic edele: «nu heizet hér gân
der iu dar zuo gevalle, den sul wir voget wesen lân.»

523 Ein ir hœhsten mâge diu vrouwe bî ir sach 191
(er was ir muoter bruoder), zuo dem diu maget sprach:
«nu lât iu sîn bevolhen die bürge unt ouch diu lant,
unze daz hie rihte des künic Guntheres hant.»

524 Dô welt' siu ir gesindes zweinzic hundert man,
die mit ir varn solden ze Burgunden dan,
zuo jenen tûsent recken ûz Nibelunge lant.
sie rihten sich zer verte: man sach sie rîten ût den sant.

525 Sie fuorten mit in dannen sehs unt ahzec wîp, 192
dar zuo wol hundert mägede: vil scœne was der lîp.

520, 1 *durch mîne liebe*, mir zu Liebe. — 2 *leitschrîn* stn., Reisekasten. — 4 *ubere* adv., hinüber, über Meer.

521, 1 *ladete:* Vermischung mit dem sw. Verbum, indem hier *luot* stehen müsste, während umgekehrt (649, 2) die starke Form *geladen* in der Bedeutung «eingeladen» steht. — 2 *dâ mite*, dabei, bei dem Laden. — 3 *getrûwen* mit dat. der Person und gen. der Sache, jemand in etwas trauen.

522, 1 *lâz' ich*, überlasse ich, vertraue ich an. — 2 *ê*, vorher, ehe ich abreise. — *bestiften* swv., einrichten durch Einsetzung eines Vogtes. — 4 *der*, denjenigen, der.

523, 1 *Ein* für *einen*. — *bî ir*, neben sich. — 4 *rihte*, Recht spreche: bis Gunther selbst die Herrschaft auch in meinem Lande übernimmt.

524, 1 *welt* prät. von *weln*, wählen. — 3 *zuo*, außer. — 4 *rihten sich*, bereiteten, rüsteten sich.

525, 1 *Sie*, diese dreitausend Ritter, oder allgemein *man*. — *wîp*, verheirathete Frauen. — 2 *der lîp*, deren (*scœne*) Leib. —

sin' sûmten sich niht langer, sie wolden gâhen dan.
die sie dâ heime liezen, hei waz der wéinén began!

526 In tugentlîchen zühten siu rûmte ir eigen lant: 493
siu kust' ir vriunt die næhsten, swaz siu der bî ir vant. (534)
mit guotem úrlóube sie kômen ûf den sê.
zuo ir vater lande kom diu vrouwe nimmer mê.

527 Dô hort' man ûf der verte maniger hande spil: 494
aller kurzewîle der hêtén sie vil. (535)
dô kom in zuo ir reise ein rehter wazzerwint:
sie fuoren von dem lande mit vil grôzen vreuden sint.

528 Done wolde siu den herren niht minnen ûf der vart: 495
ez wart ir kurzwîle unz in sîn hûs gespart (536)
ze Wormez zuo der bürge z'einer hôhgezît,
dar sie vil vreuden rîche kômen mit ir helden sît.

525, 4 *waz der*, wieviel derer; ausrufend.
526, 1 Der feinen Sitte gemäß. — 2 *vriunt* pl. in unflectierter Form.
527, 1 *ûf der verte*, unterwegs. — *hant*, Art. — 3 *zuo ir reise*, zum Zweck ihrer Reise, für ihre Reise. — *rehter*, günstiger. — *wazzerwint*, Wind zur Seefahrt.
528, 1 *minnen*, hier in sinnlicher Bedeutung, umarmen. — 2 *kurzwîle*, mit Bezug auf das Beilager. — 3 zu verbinden *zuo der bürge ze Wormez*, für die Stadt Worms aufgespart; ebenso hängt von *gespart* noch *z'einer hôhgezît* ab.

IX. ÂVENTIURE,

WIE SÎFRIT ZE WORMEZ GESANT WART.

Siegfried wird als Bote nach Worms vorausgesendet und meldet Gunther's Brüdern, Mutter und Schwester die bevorstehende Ankunft Prünhildens, welche Kriemhild empfangen solle. Kriemhild gibt Siegfrieden als Botenlohn vierundzwanzig Armringe, die Siegfried sofort unter ihr Gesinde vertheilt. Anstalten zu dem Feste werden getroffen. Kriemhild mit ihren Jungfrauen schmückt sich zum Empfange.

---

529 Dô sie gevaren wâren volle niwen tage, 496
dô sprach von Tronege Hagene: «nu hœrt waz (537)
ih iu sage.
wir sûmen uns mit den mæren ze Wormez an den Rîn.
die iuwern boten solden nu ze Burgonden sîn.»

530 Dô sprach der künic Gunther: «ir habet mir wâr geseit. 497
uns wær' zer selben verte niemen sô bereit (538)
als ir, friwent Hagene. nu rîtet in mîn lant.
die unser hovereise tuot in niemen baz bekant.»

531 Des antwurte Hagene: «ich pin niht bote guot. (539)
lât mich pflegen der kamere. belîben ûf der fluot
wil ich bî den vrouwen, behueten ir gewant,
unze wir sie bringen in der Burgende lant.

529, 1 *niwen*, ursprüngliche Form von *niun*, neun. — 3 *ze Wormez* gehört zu *mæren*, mit der Botschaft nach Worms an den Rhein.
530, 2 *bereit*, passend. — 4 *in*, denen, die in meinem Lande sind, meinen Angehörigen.
531, 2 *pflegen der kamere*, Hüter der Schatzkammer sein: die von Prünhild mitgenommenen Schätze (520, 2) sind gemeint.

532 Nu pitet Sifrîde füerèn die potescaft: 498
der kan sie wol gewerben mit ellenthafter kraft.
versage er iu die reise, ir sult mit guoten siten
durch iuwer swester liebe der bete in vriuntlichen piten.»

533 Er sande nâch dem recken: der kom, dô man in vant. 499
er sprach: «sît daz wir nâhen heim in mîniu lant, (540)
sô solde ich poten senden der lieben swester mîn
und ouch mîner muoter, daz wir nâhen an den Rîn.

534 Des ger ich an iuch, Sîfrit: nu leistet mînen muot, (541)
daz ich ez iemer diene», sprach der degen guot.
dô widerredet' iz Sîfrit, der vil küene man,
unze daz in Gunther sêre vlégén began.

535 Er sprach: «ir sult rîten durch den willen mîn 500
unt ouch durch Kriemhilde, daz scœne magedîn,
daz ez mit mir verdiene diu hêrlîche meit.»
dô daz gehôrte Sifrit, dô was der recke vil bereit.

536 «Nu enbietet swaz ir wellet: des wirdet niht verdaget. 501
ich wil iz werben gerne durch die vil scœnen maget. (542)
zwiu sold' ih die verzihen die ich in herzen hân?
swaz ir durch sie gebietet, daz ist állíz getân.»

537 «Sô saget mîner muoter Uotèn der künegin, 502
daz wir an dirre verte in hôhem muote sîn. (543)
lât wizzen mîne bruoder wie wir geworben hân.
ir sult ouch unser friunde disiu mære hœren lân.

538 Die mînen schœnen swester sult ir niht verdagen 503
mîn únt Prünhilde dienest súlt ír ír sagen, (544)

532, 1 *füeren die potescaft*, die Botschaft ausfuhren, vollbringen. — 2 *gewerben*, besorgen. — 3 *mit guoten siten*, höflich, freundlich. — 4 *bete* stf., Bitte.
533, 1 *dô man in vant*, als man ihn gefunden hatte.
534, 1 *gern* mit gen. und *an*, etwas von jemand begehren. — *leistet mînen muot*, vollzieht meinen Wunsch. — 2 damit ich es immer durch Dienst vergelte. — 4 *vlégen*, flehen.
535, 3 *verdiene*, durch Dienst vergelte.
536, 2 *werben*, ausrichten. — 3 *zwiu* aus *ze wiu* (*wiu* Instrument. von *waz*), zu welchem Zwecke, warum? — *verzihen* mit acc. der Person, jemand versagen. — 4 *daz ist getân*, das ist vollbracht, das geschieht.
537, 3 *geworben*, ausgerichtet, erreicht; wie es uns gegangen ist.
538, 2 *dienest*, Dienstbereitwilligkeit; eine Höflichkeitsformel, eine Empfehlung machen.

unt ouch dem gesinde unt allen mînen man:
dar nâch ie ranc mîn herze, wie wol ich daz verendet hân!

539 Unt saget Ortwîne, dem lieben neven mîn,
daz er heize sidelen ze Wormez an den Rîn.
unt ander mîne mâge die sol man wizzen lân,
ich wil mit Prünhilde grôze hôhzîte hân.

540 Unt saget mîner swester, sô siu daz habe vernomen
daz ich mit mînen gesten si ze lande komen,
daz siu mit vlîze enpfâhe die triutinne mîn.
daz wil ich immer diende umbe Kriemhilde sîn.»

541 Sîfrit der herre balde ûrloup genam
von vroun Prünhilde, als im daz wol gezam,
unt z'allem ir gesinde: dô reit er an den Rîn.
ez enkunde in dirre werlde ein bote bezzer niht gesîn.

542 Mit vier unt zweinzec recken ze Wormez er dô reit.
des küneges kom er âne, dô daz wart geseit,
allez daz gesinde muote jâmers nôt:
sie vorhten daz ir herre dort beliben wære tôt.

543 Dô'rbeizten sie von rossen: vil hôhe stuont ir muot.
vil schiere kom in Gîselher, der junge künec guot,
und Gêrnôt sîn bruoder. wie balde er dô sprach,
dô er den künic Gunther niht bî Sîfride sach!

544 «Sît willekomen, Sîfrit: ir sult mich wizzen lân
wâ ir mînen bruoder den künic habt verlân.

539, 1 *neve*, Neffe; aber im Mhd. in weiterem Sinne, auch jeden näheren Verwandten bezeichnend, wie etwa unser nhd. Vetter. — 2 *sidelen an den Rîn*, Sitze errichten an den Rhein. — [illegible] acc. sing.
540, 2 *ze lande komen*, gelandet; *komen* (part.) nimmt im Mhd. nicht die Vorsilbe *ge* an. — 3 *triutinne* stf., Geliebte. — 4 *diende* = *dienende*; *diende sîn* soviel wie *dienen*. — *umbe*, in Bezug auf, an.
541, 1 *ûrloup nemen*, verbunden mit [illegible] (2) und *ze* (3), [illegible] — 4 [illegible] tauglicher, vorzüglicher.
542, 2 *âne* adj. mit gen., beraubt; der Satz *des küneges kom er âne* hängt ab von *geseit*: daß er ohne den König kam. — *kom* prät. von *komen*, mit getrübtem Stammvocale für *kam*, *quam*. — 3 *muote* prät. von *müejen*, kränkte, betrübte. — *jâmers nôt*, Noth, die durch Jammer verursacht ist.
543, 1 *Dô'rbeizten* für *Dô erbeizten*. — 2 *kom in*, kam, trat zu ihnen.
544, 2 *verlân*, gelassen. —

diu Prünhilde sterke in wæn' uns hât benomen:
sô wære ir hôhiu minne uns ze grôzem scaden komen.»

545 «Die angest lât beliben. in unt den mâgen sîn 510
enbiutet sînen dienest der hergeselle mîn. (531)
den liez ich wol gesunden: er hât mich iu gesant,
daz ich sîn bote wære mit mæren her in iuwer lant.

546 Ir sult daz ahten sciere, swie sô daz geschehe, 511
daz ich die küneginne unt iuwer swester sehe. (532)
die sol ich lâzen hœren waz iu enboten hât
Gúnthér unt Prünhilt: ir dinc in beiden hôhe stât.»

547 Dô sprach der junge Gîselher: «dâ sult ir zuo z'ir gân: 512
dâ habt ir mîner swester vil liebe an getân. (533)
siu treit doch michel sorge umb' den pruoder mîn.
diu maget siht iuch gerne: des wil ich iuwer bürge sîn.»

548 Dô sprach der herre Sîfrit: «swaz ich ir dienen kan, 513
daz sol vil willeclîchen mit triuwen sîn getân. (534)
wer saget nu den vrouwen daz ich wil dár gân?»
des wart dô bote Gîselher, der vil wætliche man.

549 Gîselher der snelle zuo sîner muoter sprach 514
unt ouch zuo sîner swester da er sie beide sach: (535)
«uns ist komen Sîfrit, der helt ûz Niderlant:
in hât mîn bruoder Gunther her ze Rîné gesant.

550 Er bringet uns diu mære wie'z umbe'n künic sté. 515
nu sult ir im erlouben daz er ze hove gê. (536)

544, 3 *wæn'* für *ich wæne*, in den Satz eingeschoben und meist ohne Einfluß auf die Construction: ich glaube. — *benomen*, entrissen, nämlich durch den Tod. — 4 *hôhiu*, stolze. — *sô*, wenn dies der Fall wäre, so.

545, 2 *hergeselle*, hier nicht Kriegsgefährte, sondern Gefährte, Reisegenosse. — 4 *her* gehört zu Bote.

546, 1 *ahten*, überlegen, aussinnen: darauf denken. — *swie sô*, auf welche Weise auch. — 4 *ir dinc*, ihre Angelegenheit. — *hôhe* adv., freudig.

547, 1 *dâ*, häufig am Beginn beantwortender, erklärender Sätze. — 2 *dâ* mit *an* zu verbinden: daran, daß ihr mit der Botschaft vorausgeeilt seid und ihr dieselbe überbringen wollt.

548, 3 wer meldet mich bei den Frauen an. — 4 *des wart bote*, Überbringer dieser Nachricht ward.

550, 2 *nu*, begründend: also, daher. — *ze hove*, in die Gesellschaft der Frauen.

er sagt diu rehten mære her von Îslant.»
noch was den edelen vrouwen michel sórgén bekant.

551 Sie sprungen nâch ir wæte: dô leiten sie sich an. 516
sie bâten Sifride hin ze hove gân.
daz tet er willeclichen, want er sie gerne sach.
Kriemhilt diu edele zuo im güetlichen sprach:

552 «Sît willekomen, her Sifrit, ritter lobelich. 517
wâ ist mîn bruoder Gunther, der edel künic rich?
von Prünhilde sterke den wæn' wir haben verlorn.
owê mir armer meide, daz ich zer werlt ie wart geborn.»

553 Dô sprah der ritter küene: «nu gebet mir botenprôt. 518
ir vil schœne vrouwen, ir weinet âne nôt.
ich liez in wol gesunden: daz tuon ich iu bekant:
sie habent mich iu beiden mit den mæren her gesant.

554 Iu enbiutet holden dienest er unt diu wine sin 519
mit vriuntlicher liebe, vil edelin künegin.
nu lâzet iuwer weinen: sie wellent schiere komen.»
siu het in manegen ziten sô lieber mære niht vernomen.

555 Mit snêwizen gêren ir ougen wol getân
wisete siu nâh trehenen. danken siu began
dem boten dirre mære diu ir dâ wâren komen.
dô was ir michel trûren unde wéinén benomen.

556 Siu bat den boten sitzen: des was er vil bereit. 520
dô sprach diu minneclîche: «mir wære niht ze leit,
ob ich ze botenmiete iu solde gebin min golt.
dar zuo sit ir ze riche: ich wil iu sus immer wesin holt.»

551, 1 *springen*, rasch laufen. — *leiten sich an*, zogen sich an.
552, 4 *zer werlt*, nicht: in der Welt, sondern: zur Welt, in die Welt; von *geborn* abhängig.
553, 1 *botenprôt*, Botenlohn, Lohn für die überbrachte Botschaft. — 2 *âne nôt*, unnöthig, ohne Grund. — 3 *liez*, verliess.
554, 1 *wine* stf., Geliebte. — 3 *wellent*, hier beinahe nur Umschreibung des Futurums. — 4 *in manegen ziten*, während langer Zeit.
555, 1 *gêre* swm., der Theil des Kleides unterhalb der Hüfte, Schoß. — 2 *nâh trehenen*, nachdem sie Thränen vergossen. — 4 *ir* ist Dativ.
556, 2 *niht ze leit*, sehr lieb. — 3 *ze botenmiete*, als Botenlohn. — 4 *sus*, sonst, auf andere Weise: da sie ihm ihre Gewogenheit bei seiner Stellung nicht durch Geschenke beweisen kann

557 «Op ich nu eine hête», sprach er, «drizec lant, 521
so enpfienge ich doh gerne gâbe ûz iuwer hant.» (563)
dô sprach diu tugentrîche: «nu sol ez sîn getân.»
siu hiez ir kamerære nâch der botenmiete gân.

558 Vier unt zweinzec pouge mit gesteine guot 522
die gap siu im ze miete. sô stuont des heldes muot, (564)
er wolde's niht behalden, er gab iz sâ zehant
ir næhstim ingesinde die er ze kemenâten vant.

559 Ir muoter bôt ir dienest in vil güetlîchen an. 523
«ich sol iu sagen mêre», sprach der küene man, (565)
«wes iuch der künic bittet, so er kumet an den Rin.
ob ir daz, vrouwe, leistet, er welle iu immer wæge sîn.

560 Die sîne rîche geste, dés hôrt' ích in gern, 524
daz ir die wol enpfâhet und sult in des gewern (566)
daz ir gegin im rîtet für Wormez ûf den sant.
des sit ir von dem künege mit rehten tríuwén gemant.»

561 Dô sprach diu minneclîche: «des bin ich vil bereit. 525
swaz ich im kan gedienen, daz ist im unverseit. (567)
mit vriuntlichen triuwen sô sol ez sîn getân.»
dô mêrte sich ir varwe die siu vor líebé gewan.

562 Ez enwart nie bote enpfangen deheines fürsten baz. 526
getorste sie in küssen, diu vrouwe tæte daz. (568)
wie rehte minnecliche er von den vrouwen sciet!
dô tâten Burgonden als in Sifrit geriet.

563 Sindolt unt Hûnolt unt Rûmolt der degen, (569)
vil grôzer unmuoze muosen sie dô pflegen,

557, 1 *eine*, allein. — 3 *nu*, also: so soll es denn geschehen, nämlich daß ich euch beschenke.
558, 2 der Sinn des Helden war so beschaffen, war nicht darauf gerichtet es zu behalten. — 4 *die*, auf das collective *ingesinde* sich beziehend.
559, 1 *an bieten*, mit doppeltem Accusativ. — 3 *bittet*, gewöhnlich mit einem *t*, das doppelte ist durch Assimilation aus *tj* entstanden.
560, 3 *gegin im rîtet*, ihm entgegenreitet. *gegin*: *i* in den Endsilben zuweilen für das gewöhnliche mhd. *e*. — 4 *gemant* præt. von *manen*, mahnen, mit acc. der Person, gen. der Sache.
561, 2 *unverseit*, unversagt: das wird ihm gern gewährt. — 4 *mêrte sich*, wurde stärker: sie wurde roth. — *vor liebe*, vor Freude.
562, 4 *Burgonden*, mit ausgelassenem Artikel nach alterthümlicher Weise.

rihten daz gesidele vor Wormez ûf den sant.
des kuniges scaffære man mit arbeiten vant.

564 Ortwîn unt Gêre dine wolden daz niht lân,
sie sanden nâch den friunden allenthalben dan.
sie kunten in die hôhzît diu dâ solde sîn.
dâ zierten sich engegene diu vil scœnen magedîn.

565 Der palas unt die wende was allez über al 527
gezieret gegen den gesten: der Guntheres sal
wart vil wol bezimbert durch manegen vremeden man.
disiu starke hôchgezît huop sich vil vrœlichen an.

566 Dô riten allenthalben die wege durch daz lant 528
der drier kunege mâge, die hete man besant
daz sie den solden warten die in dâ wolden komen.
dâ wart ûz der valde richer wæte vil genomen.

567 Dô sagete man diu mære daz man riten sach 529
die Prünhilde vriunde: dô huop sich ungemach
von des volkes krefte in Burgonden lant.
hei waz man küener degene dâ ze beiden sîten vant!

568 Dô sprach diu scœne Kriemhilt: »ir mîniu magedîn,
die an dem äntpfänge mit mir wellen sîn,
die suochen ûz den kisten diu aller besten kleit:
sô wirt uns von den gesten lob unt êre geseit.

569 Dô kômen ouch die recken: die hiezen tragen dar 530
die hêrlichen sätele von rôtem golde var

563, 4 *scaffære* stm., Schaffner, Hausmeister. — *mit arbeiten*, in voller Anstrengung, Thätigkeit.

564, 1 *daz niht lân, sie sanden*, nicht unterlassen, zu senden; statt des abhängigen Satzes mit *en* steht wiederum ein directer. Doch kann auch *en* ergänzt werden, denn *sanden* ist ebenso gut Conjunctiv. — 3 *kunten* praet. von *kunden*.

565, 1 *wende*: die Wände wurden bei Festen mit kostbaren Teppichen behangen; ein solcher Teppich hieß *umbehanc*. — 2 *gegen*, die Erwartung bezeichnend. — 3 *bezimbern*, herrichten; das bezieht sich namentlich auf die Herstellung von Tischen und Bänken, die im Saale errichtet wurden. — *durch*, wegen manches Mannes, Gastes. — 4 *starke*, große.

566, 1 *die wege*, auf den Wegen. — 3 *warten* mit dat., auf jemand warten.

567, 1 Die ausgestellten Späher berichteten, man sehe sie kommen. — 2 *ungemach*, Unruhe, allgemeine Bewegung. — 3 *kraft*, Menge. — 4 *ze beiden sîten*, auf Seiten der Ankommenden wie der Empfangenden.

568, 2 *an*, bei. — 4 *sô*, bei elliptischem Vordersatze häufig durch ‚dann' zu übersetzen.

569, 1 die burgundischen Mannen. — 2 *die hêrlichen sätel* ist zugleich Object von *tragen* und *rîten*. —

die vrouwen solden rîten ze Wormez an den Rîn.
bezzer pfertgereite kunde níndér gesîn.

570 Hei waz dâ liehtes goldes von den mœren scein! 531
in lûhte von den zoumen vil manic edel stein. (576)
die guldînen scæmel ob liehtem pfelle guot
die brâhte man den frouwen: sie wâren vrœlich gemuot.

571 Ûf dem hove wâren diu vrouwen pfert bereit (577)
den edelen juncvrouwen, als ich iu hân geseit.
diu smalen fürbüege sach man die mœre tragen
von den besten sîden dâ von iu iemen kunde sagen.

572 Sehs unt ahzec vrouwen sach man für gân, 532
die gebende truogen. zuo Kriemhilde dan (578)
kômen die vil schóne unt truogen liehtiu kleit.
dâ kom ouch wol gezieret vil manic wætlichiu meit,

573 Fünfzec unde viere von Burgonden lant: (579)
ez wâren ouch die besten die man inder vant.
die sach man valevahse under liehten porten gân.
des ê der künic gerte, daz wart mit vlîzé getân.

574 Sie truogen rîche pfelle, die besten die man vant, 533
vor den vremden recken, sô manic guot gewant, (580)
daz ir genuoger scœne ze rehte wol gezam.
er wære in swachem muote der ir deheiner wære gram.

575 Von zobel unt von harme vil kleider man dâ vant. 534
dâ wart vil wol gezieret manic árm únde hant (581)

569, 1 *pfertgereite* stn., Pferdezeug, Pferdegeschirr.
570, 3 *scæmel* plur. von *scamel*, *schámel*, Schemmel; solcher bedienten sich Frauen, um auf die Pferde zu steigen. Auf die Erde wurden Pfellel gebreitet, und auf diese die goldenen Schemmel gestellt.
571, 1 *pfert*, vom lat. *paraveredus*, Reise- und Spazierpferd; in der 3. Zeile heißen sie *mære*.
572, 2 *dan*, von dannen: *kômen dan*, traten, giengen hin. — 3 *vil schône*, in sehr schöner, stattlicher Weise. Die Zahl 86 ist eine in der epischen Poesie häufig wiederkehrende; auch Prünhilde hat 86 verheirathete Frauen in ihrem Gefolge (521, 1).
573, 2 *die besten*, die vornehmsten. — 3 *valevahs*, mit blondem Haare; *vahs* stn., Haar. — *under liehten porten*, die Haarbänder sind gemeint. 4 *mit vlîze*, sorgfältig.
574, 3 *ir genuoger scœne*, der Schönheit von vielen unter ihnen. — *ze rehte*, von Rechts wegen. — 4 *in swachem muote*, bei geringem Verstande.
575, 1 *harm* stm., Hermelin. —

mit pougen ob den siden, die sie dâ solden tragen.
in enkunde ditze vlizen ze ende niemén gesagen.

576 Vil manigen gürtel spæhen, rich unde lanc, 535
über lichtiu kleider manec hant dô swanc, (582)
ûf edele röcke ferrans von pfelle ûz Arabî.
den edelen juncvrouwen was vil hôher freuden bî.

577 Ez wart in fürgespenge manic scœniu meit 536
genæt vil minnecliche. ez möht' ir wesin leit, (583)
der ir vil lichtiu varwe niht lûhte gegen der wât.
sô scœnes ingesindes nu niht künges kunne hât.

578 Dô die vil minneclichen nu truogen ir gewant, 537
die sie dâ fueren solden, die kômen dar zehant, (584)
der hôchgemuoten recken ein vil michel kraft.
man truoc ouch dar mit scilden vil manigen
eschinen schaft.

575, 3 *ob den siden*, über den seidenen Kleidern wurden die *bouge* getragen. — 4 *ditze vlizen*, dieses sich Beeifern. — *ze ende*, vollständig.

576, 1 *spæhe* adj., kunstreich. — 3 *ferrans*, Ferrandine: ein Zeug von Seide und Wolle; *s* ist das Nominativzeichen im Französischen, das hier fälschlich beibehalten ist; auch *ferrân* kommt vor. Dieser Stoff war aus arabischer Seide gefertigt. — 4 *was bî*, wohnte bei.

577, 1 *fürgespenge* stn., Spangen vor der Brust zum Zusammenschließen des Kleides. — 2 *genæt*, geschnürt. — 3 diejenige, deren Farbe nicht mit dem Glanze des Kleides wetteiferte, würde das bedauern

578, 1 *truogen*, anhatten. — 2 jede Jungfrau wurde von einem Ritter geführt. — 4 *mit*, sammt. — *eschîn*, aus Eschenholz.

X. ÂVENTIURE,

WIE PRÜNHILT ZE WORMEZ ENPFANGEN WART.

Prünhild wird von Kriemhild empfangen. Nach ritterlichem Spiele geht man zu Tische. Siegfried erinnert Gunthern an sein Versprechen und wird infolge dessen mit Kriemhild verlobt. Prünhild ist bei Tisch traurig und gibt dem fragenden Gunther als Grund an, daß Kriemhild mit einem nicht Ebenbürtigen vermählt sei. Gunther verspricht ihr den Grund später zu sagen. In der Nacht wehrt sich Prünhild gegen Gunther's Minne, bindet ihn mit einem Gürtel und hängt ihn an die Wand, von wo sie ihn erst befreit, nachdem er versprochen, sie unberührt zu lassen. Am andern Tage theilt er Siegfried seinen Kummer mit. Siegfried gelobt ihm Hilfe, kommt die nächste Nacht in Gunther's Zimmer, ringt mit Prünhilden und bezwingt sie, indem er ihr dabei einen Ring und den Gürtel abnimmt, ohne jedoch ihre Minne zu genießen. Dann räumt er Gunthern seinen Platz ein, dem sich nun Prünhild fügt. Das Hochzeitsfest dauert vierzehn Tage.

579 Anderthalp des Rines sach man mit manigen scarn 538
den künic mit sînen gesten zuo dem stade varn. (585)
ouch sah man dâ bî zoume leiten manige meit.
die sie enpfâhen solden, die wâren állé bereit.

580 Dô die von Islande zen schiffen kômen dan, 539
unt ouch von Nibelungen Sifrides man, (586)
sie gâhten zuo dem lande (unmüezec wart ir hant)
dâ man des küniges vriunde des stades anderthalben vant.

579, 1 *Anderthalp* mit gen., auf der andern Seite. — 2 *stat* stn., Gestade. — 3 *bî zoume*, am Zaume; die Ritter fuhrten den Zaum der Pferde der Jungfrauen.

580, 1 Sie werden übergeschifft. — 4 *des küniges vriunde*, die Burgunden. — *des stades anderthalben*, auf der andern Seite des Ufers.

581 Nu hœrt ouh disiu mære von der küneginn.
Uoten der vil rîchen, wie siu diu magedîn
gefrumte von der bürge dar siu dô selbe reit.
dâ gewan ein ander kunde vil manic ritter unde meit.

582 Der herzoge Gêre Kriemhilt zoumte dan
niwan für daz bürgetor: Sîfrit der küene man
der muost' ir fürbaz dienen. siu was ein scœne kint.
des wart im wol gelônet von der juncvrouwen sint.

583 Ortwîn der küene bî vroun Uoten reit,
vil geselleclîchen manic ritter unde meit.
ze sô grôzem ântpfânge, des wir wol mügen jehen,
wart nie sô vil der vrouwen bî ein ánder gesehen.

584 Vil manigen bûhurt rîchen sach man dan getrîben
von helden lobelîchen niht wol wær' ez belîben,
vor Kriemhilt der scœnen zuo den schiffen dan.
dô huop man von den mœren manige vrouwen
wol getân.

585 Der künic was komen übere unt manic werder gast. 512
hei waz starker sceffte vor den vrouwen brast!
man hôrt' dâ hurteclîchen von schilden manigen stôz.
hei waz rîcher puckeln vor gedrange lûte erdôz!

586 Die vil minneclîchen die stuonden an der habe.
Gunthêr mit sînen gesten gie von den sciffen abe:

581, 3 *gefrumte*, beförderte, fortbrachte. — *dar*, dorthin, wohin. — 4 sie machten Bekanntschaft miteinander, indem jeder Ritter sich mit einer Jungfrau unterhielt.

582, 1 *zoumen*, beim Zaume führen; *Kriemhilt* ist acc.: die reitende Kriemhild, Kriemhildens Ross. — 2 nur bis vor das Thor der Burg, dort übernahm Siegfried diesen Ritterdienst. — 3 *fürbaz*, weiter, ferner. — 4 *des*, für das Dienen.

583, 2 *geselleclîchen*, paarweise gesellt. — 3 *grôz* bedeutet hier prächtig, stattlich; *ze*, bei.

584, 1 Den *bûhurt trîben* bezeichnet im Vorwärtsreiten buhurdieren, unterwegs übten sie dies Ritterspiel. — 2 *niht wol*, es wäre nicht passend gewesen, denn die Sitte des Empfangs brachte es mit sich. — *belîben*, unterblieben. — 3 *zuo den schiffen*, bis sie ans Ufer kamen, dauerte der Buhurt fort.

585, 1 *wert*, hochgeschätzt, vornehm. — 3 *hurteclîchen*, als im Zusammenrennen.

586, 1 Kriemhild mit ihren Frauen. — *habe* stf., Hafen. — 2 *gie abe*, stieg aus.

er fuorte Prünhilde selbe an sîner hant.
dâ lûhte wider einander vil liehte stein' unt gewant.

587 Mit vil grôzen zühten vrou Kriemhilt dô gie 514
dâ siu vroun Prünhilde unt ir gesinde enpfie. (593)
man sach dâ scapel rucken mit liehten henden dan,
dâ sie sich kusten beide: daz wart durch zühte getân.

588 Dô sprach gezogenliche Kriemhilt daz mägedîn: 515
«ir sult zuo disen landen uns willekomen sîn, (594)
mir unt mîner muoter unt allen die wir hân
der getriuwen friunde.» dô wart dâ nîgén getân.

589 Die vrouwen sich beviengen mit armen dicke hie. 516
sô minneclîch enpfâhen gehôrte man noch nie
sô die vrouwen beide der briute tâten kunt,
vrou Uote unt ir tohter: die kusten dicke ir süezen munt.

590 Dô Prünhilde frouwen volkômen ûf den sant, 517
dâ wart vil minneclichen genomen bî der hant (595)
von wætlichen recken manic wîp wól getân.
man sah die schœnen mägede vor vroun Prünhilde stân.

591 Ê daz ir gruoz ergienge, daz was ein langiu stunt. 518
jâ wart dâ geküsset manic rôsenvarwer munt. (596)
noh stuonden bî ein ander die küniges tohter rich:
daz liebet' an ze sehene vil manigen recken lobelich.

592 Dô speheten mit den ougen die ê hôrten jehen 519
daz sie alsô scœnes heten niht gesehen (597)

587, 1 *Mit — zühten*, ganz der höfischen Sitte gemäß. — 3 *scapel*, *schapel* stn., aus franz. *chapel*, Kranz (von Blumen, aber auch von Edelsteinen), welchen die Jungfrauen auf dem Haupte trugen. Da das Schapel hier, um zu küssen, gerückt werden muß, was sonst vom *gebende* gilt, so folgt daraus, daß es nicht nur das Haar bedeckte. — 4 *beide*, Kriemhild und Prünhild. — *daz*, das Kussen. — *durch zühte*, um des Anstands willen.

588, 2 *zuo*, wieder wegen des in *willekomen* liegenden Begriffs der Bewegung. — 4 *nîgen*, von seiten Prünhildens.

589, 1 *sich beviengen*, umfassten sich.

590, 1 *volkômen*, vollständig gekommen waren.

591, 1 Ehe sie mit der Begrüßung zu Ende waren. — *stunt*, Zeit. — 2 *rôsenvar*, rosenfarbig. — 4 *liebet'*, war angenehm.

592, 1 *spehen*, prüfen, beobachten. — *die*, denen man gesagt hatte, daß die beiden Frauen die schönsten wären, die man sehen könnte. —

sô die vrouwen beide: des jach man âne lüge.
ouch kôs man an ir lîbe dâ deheiner slahte trüge.

593 Die vrouwen spehen kunden unt minneclîchen lîp, 550
die lobten durch ir scœne daz Guntheres wîp: (1588)
dô sprâchen dâ die wîsen, die hêten iz báz besehen,
man möhte Kriemhilde wol für Prünhilde jehen.

594 Wider ein ander giengen maget unde wîp. 551
man sach dâ wol gezieret vil manigen scœnen lîp. (1589)
dâ stuonden sîdîn hütten und manec rîch gezelt:
der was dâ gar erfüllet vor Wormez állez daz velt.

595 Von des küniges mâgen wart dringen dâ getân. (1590)
dô hiez man Prünhilde unt Kriemhilde gân,
unt mit in al die vrouwen, dâ man scate vant.
dar brâhten sie die degene ûzer Burgonden lant.

596 Nu wâren ouch die geste ze rossen alle komen. 552
vil manic rîchiu tjoste durch scilde wart genomen (1591)
daz velt begunde stouben sam ob al daz lant
mit louge wære enbrunnen: dâ wurden helde wol bekant.

597 Des dâ die recken pflâgen, daz sach vil manic meit. 553
mich dunket daz her Sîfrit mit sînen degenen reit (1592)
vil manige widerkêre für die hütten dan.
er fuort' der Nibelunge tûsent wætlicher man

598 Dô kom von Tronege Hagene, als im der wirt geriet: 554
den bûhurt minneclîche dô der helt gesciet (1593)

592, 3 *des jach man*, das behauptete. — 4 *trüge* stf., Trug, mit Beziehung auf die schon damals üblichen Schönheitsmittel.

593, 3 *die wîsen*, die Erfahrenen. — 4 *für*, den Vorzug bezeichnend. — *jehen*, den Preis einräumen.

594, 1 *Wider ein ander*, aufeinander zu. — 3 *hütte* swf., eine Art kleinerer Zelte. — 4 *der*, mit Hütten und Zelten.

595, 1 *wart dringen getân*, wurde gedrängt. — 3 *scate* stm., Schatten.

596, 1 *die geste*, die ankommenden Ritter waren jetzt alle ausgestiegen. — 2 *tjoste* stf., aus franz. *jouste*, ritterlicher Zweikampf mit dem Speer, daher *durch scilde*, indem die Speere die Schilde durchbrachen. — *genomen*, unternommen. — 4 *louc* stm., Flamme. — *enbrunnen* part. von *enbrinnen*, entbrennen. Da zeigte sich wer ein Held war.

597, 3 *widerkêre*, Umkehr: er ritt oftmals turnierend die Scharen entlang, an den Hütten vorbei. — 4 zu construieren: *tûsent* mit gen. *wætlicher man*, und davon hängt *der Nibelunge* ab.

daz si ungestoubet liezen diu vil schœnen kint.
des wart dô von den gesten gevolget güetlîche sint.

599 Dô sprach der herre Gêrnôt: «diu ros lâzet stân, (604)
unz ez beginne kuolen; sô sul wir ane vân
dienen scœnen wîben für den palas wît;
so der künic welle rîten, daz ir vil bereite sît.»

600 Do der bûhurt was zergangen über al daz velt, 555
dô giengen kurzwîlen under mánic hôch gezelt
die ritter zuo den vrouwen ûf hôher vreuden wân.
da vertrîben sie die stunde unz man rîten wolde dan.

601 Vor âbende nâhen do diu súnne nider gie 556
und ez begonde kuolen, niht langer man daz lie, (605)
sich huoben gegen der bürge manic mán únde wîp.
mit ougen wart getriutet vil maniger scœnen
vrouwen lîp.

602 Dâ wart von guoten helden vil kleider abe geriten 557
von den hôchgemuoten nâch des landes siten, (606)
unze für den palas der künic dâ nider stuont.
dâ wart gedienet vrouwen sô helde hôchgemuote tuont.

603 Dô wurden ouch gesceiden die rîchen künegin. 558
vrou Uote unt ir tohter die giengen beide hin (607)
mit ir ingesinde in ein vil wîtez gadem.
dô hôrt' man allenthalben ze vreuden grœz-
lîchen kradem.

604 Gerihtet wart gesidele: der künic wolde gân 559
ze tische mit den gesten. dô sach man bi im stân (608)

598, 3 *ungestoubet*, unbestaubt. — 4 die Gäste folgten Hagen's Aufforderung bereitwillig.

599, 2 *kuolen*, kühl werden. — *ane vân*, anfangen. — 3 *für den palas*, weil der Dichter in *dienen* den Begriff des ritterlichen Reitens im Sinne hat.

600, 1 *was zergangen*, sich aufgelöst hatte. — 2 *kurzwîlen*, sich unterhalten. — 3 *ûf*, die Erwartung ausdrückend. — 4 *dan*, vom Strande weg.

601, 1 Es war nicht weit vor Abend. — 4 *getriutet*, geliebkost: mit zärtlichen Blicken.

602, 1 *abe rîten*, durch Reiten zerreißen. — 3 *nider stuont*, vom Rosse abstieg. — 4 der Frauendienst besteht hier in dem ritterlichen Turnieren.

603, 3 *gadem* stn., Gemach. — 4 *ze vreuden*, in Freuden. — *kradem* stn., Lärm.

die scœnen Prünhilde. krône siu dô truoc
in des kuneges lande: jâ was siu rîchè genuoc.

605 Vil manic hergesidele mit guoten tavelen breit (609)
vol spîse wart gesetzet, als uns daz ist geseit.
des sie dâ haben solden, wie wênec des gebrast!
dô sach man bî dem künege vil manigen hêrlichen gast.

606 Des wirtes kameræere in pécken von gölde rôt 560
daz wazzer für trûogen. des wære lützel nôt, (610)
ob iu daz iemen sagte daz man diente baz
ze fürsten hôchgezîte: ich wolte niht gelouben daz.

607 Ê daz der vogt von Rîne wazzer dô genam, 561
dô tet der herre Sîfrit als im dô gezam. (611)
er mant' in sîner triuwe, wes er im verjach
ê daz er Prünhilde dâ heime in Îslande sach.

608 Er sprach: »ir sult gedenken wes mir swuor
iuwer hant, 562
swenne daz vrou Prünhilt kœme in ditze lant, (612)
ir gæbt mir iuwer swester. war sint die eide komen?
ich hân an iuwer reise vil michel arebeit genomen.«

609 Dô sprach der künic zem gaste: »ir habet mich
rehte ermant. 563
jane sol niht meineide werden des mîn hant: (613)
ich wil'z in helfen fuegen sô ich beste kan.«
dô hiez man Kriemhilde ze hove für den künic gân.

604, 4 *siu*, Prünhild, nicht auf *krône* zu beziehen. Prünhild war rîch genug, um zur Königin eines solchen Landes zu passen.
605, 1 *hergesidele*, Sitz für das Volk, für eine Menge. — *mit* steht hier wieder für *und*: denn auf die Tafeln zunächst bezieht sich die zweite Zeile. — 3 *des* (das erste), Attraction für *daz*.
606, 1 *pecke* stn., gewöhnlich *becke*, Becken. — 2–4 es wäre unnütz, wenn euch jemand von einem glänzenderen Feste berichtete, denn es wäre doch gelogen.
607, 1 Vor Tische wurde Wasser zum Waschen der Hände herumgereicht. — 3 *triuwe* stf., Versprechen. — *im verjach*, ihm zugestanden hatte.
608, 1 *wes*, Attraction für *waz*. — 3 *war sint die eide komen*, wohin sind die Eide gekommen, was ist aus den Eiden geworden.
609, 2 *meineide* adj., meineidig. — *des*, in Bezug darauf. — 3 *fuegen*, ins Werk setzen, vollenden.

610 Mit ir vil schœnen mägeden siu kom für den sal. 564
dô spranc von einer stiegen Giselher ze tal. (614)
«nu heizet wider wenden disiu magedîn:
niwan mîn swester eine sol hie bî dem künige sîn.»

611 Dô brâht' man Kriemhilde dâ man den künic vant. 565
dâ stuonden ritter edele von maniger fürsten lant. (615)
in dem sale witen man hiez sie stille stân.
dô was diu vrouwe Prünhilt vol hin unz an den tisch gegân.

612 Dô sprach der künic Gunther: «swester vil gemeit, 566
durch dîn selber tugende lœse mînen eit. (617)
ich swuor dich eime recken: unt wirdet er dîn man,
sô hâstu mînen willen mit grôzen tríuwén getân.»

613 Dô sprach diu maget edele: «vil lieber bruoder mîn, 567
ir sult mich niht vlêgen; jâ wil ich immer sîn (618)
swie ir mir gebietet: daz sol sîn getân.
ich wil in loben gerne den ir mir, herre, gebet ze man.»

614 Von lieber ougen blicke wart Sîfrits varwe rôt: 568
ze dienest sich der recke vroun Kriemhilde bôt. (619)
man hiez sie zuo ein ander an dem ringe stân:
man vrâgte sị ob siu wolde den vil wætlichen man.

615 In magtlîchen zühten siu scamte sich ein teil: 569
iedoch sô was gelücke unt Sîfrides heil (620)
daz sị in niht versprechen wolde dâ zehant.
ouch lobte sie ze wîbe der edele künic von Niderlant.

610, 2 Zu dem Saale führte eine Treppe (*stiege*) empor; Kriemhild war mit ihrer Begleitung unten an derselben angekommen, Giselher eilt die Treppe hinab, um zu verhindern, daß die Jungfrauen mit heraufkommen. — 3 *wider wenden*, umkehren.
611, 4 Prünhild schickte sich eben an zu Tische zu gehen. — *vol hin*, vollständig hin.
612, 2 Er beschwört sie bei ihrer feinen Bildung und Erziehung. — 3 *ich swuor dich*, ich schwur dich zu, schwur dich zu geben. — *wirdet er dîn man*, nimmst du ihn zum Manne.
613, 2 ihr habt nicht nöthig mich darum zu bitten. — 4 ich werde ihn gern zum Manne nehmen.
614, 3 *ringe*: es wurde ein Kreis gebildet, in welchen die zu Verlobenden traten.
615, 1 *ein teil*, ein wenig. — 2 *sô* zur Hervorhebung von *iedoch*. Nicht: es war Siegfried's Glück, sondern: das ihm vom Schicksal bestimmte Glück und Heil wollte es. — 4 *lobte sie ze wîbe*, gelobte sie zum Weibe zu nehmen; aber im Mhd. ist nicht etwa ein Infinitiv zu ergänzen.

616 Dô er sie gelobete unt ouch in die meit, 570
güetlich umbevâhen daz was dâ vil bereit (631)
von Sîfrides armen daz minneclîche kint.
vor helden wart gekusset diu scœne küniginne sint.

617 Sich teilte daz gesinde, alsô daz gescah, 571
an daz gagensidele man Sîfride sah (632)
mit Kriemhilde sitzen. dar diente im manic man:
man sach die Nibelunge samet Sîfride gân.

618 Der künic was gesezzen unt Prünhilt diu meit. 572
dô sah siu Kriemhilde (dô wart ir nie sô leit) (633)
bî Sîfride sitzen: weinen siu began.
ir vielen heize trähene über liehtiu wange dan.

619 Dô sprach der wirt des landes: »waz ist iu, vrouwe mîn, 573
daz ir sô lâzet truoben liehter ougen scîn? (634)
ir muget iuch vrewen balde, wan iu ist undertân
mîn lant unt mîne bürge unt manic wætlicher man.«

620 »Ich mac wol balde weinen«, sprach diu scœne meit. 574
»umbe dîne swester ist mir von herzen leit. (635)
die sihe ich sitzen nâhen dem eigenholden dîn:
daz muoz ich immer weinen, sól si alsô verderbet sîn.«

621 Dô sprach der künic Gunther: »ir mügt wol stille dagen. 575
ich wil iu z'andern zîten disiu mære sagen, (636)
war umbe ich mîne swester Sîfride hân gegeben.
jâ mac siu mit dem recken immer vrœliche leben.«

616, 2 *umbevâhen*, umarmen; davon hangt ab *daz minneclîche kint*. — 4 *vor*, in Gegenwart von.

617, 1 *daz gesinde*, der beiden Königinnen. — *alsô*, als, sobald. — 2 *gagensidele* stn., der gegenüberstehende Sitz, und zwar dem Hausherrn gegenüber; dieser Sitz galt für einen Ehrenplatz. — 3 *sitzen*, sich setzen. — *dar*, dahin; *diente im*, wandte sich ihm dienend.

618, 2 *nie sô leit*, wie in diesem Augenblicke. — 4 *dan*, von dannen, herab. — *wange* im Mhd. stn.

619, 2 *truoben*, trüb werden, trub sein. — 3 *balde* adv., kühnlich, mit Fug; immer mit *mac* verbunden; in derselben Bedeutung 620, 1.

620, 3 *eigenholde* swm., Leibeigener. — 4 *weinen* mit acc. beweinen. — *verderbet*, erniedrigt: durch eine Missheirath.

622 Siu sprach: «mich jâmert immer ir sœne unt ouch ir zuht. 576
wess' ich war ich mehte, ich hete gerne fluht, (627)
daz ich in nimmer wolde geligen nâhen bî,
ir'n saget mir wâ von Kriemhilt diu wine Sîfrides sî.»

623 Dô sprach der künic edele: «ich tuon'z iu wol bekant. 577
er hât als wól bürge als ich unt witiu lant: (628)
daz wizzet sicherlîchen. er ist ein künic rîch:
drumbe gán ich im ze minnen die schœnen maget lobelîch.»

624 Swaz ir der künic sagete, siu hete trüeben muot. 578
dô gâhte von den tischen vil manic ritter guot. (629)
ir bûhurt wart sô herte daz al diu burc erdôz.
den wirt bî sînen gesten vil harte sêré verdrôz.

625 Er dâhte er læge sanfter der schœnen vrouwen bî. 579
dô was er des gedingen niht gar in herzen vrî, (630)
im müese von ir schulden liebes vil gescehen:
er begónde vriuntlîchen an vroun Prünhilde sehen.

626 Ir ritterschaft die geste bat man abe lân: 580
der künic mit sîme wîbe ze bette wolde gân. (631)
vor des sales stiegen gesamenten sich sît
Kriemhilt unt Prünhilt: noch was iz ân' ir beider nît.

627 Dô kom ir ingesinde: die sûmten sich des nieht, 581
ir rîchen kameræere die brâhten in diu lieht. (632)
sich teilten dô die recken, der zweier künige man.
dô sach man vil der degene dan mit Sîfride gân.

622, 2 *war ich mehte*, wohin ich (entfliehen) könnte. *mehte* conj. von *mahte*. — *ich hete gerne fluht*, ich wollte dem gern entrinnen, mich entziehen, mit folgendem *daz*. — 3 *nimmer*, weil der ganze Satz negativen Sinn hat; nhd. euch jemals beizuwohnen. — 4 *ir'n saget*, es sei denn daß ihr sagt. — *wâ von*, aus welcher Ursache.

623, 2 *als wol*, ebenso gut. — 4 *gan* praes. von *gunnen*, gönnen.

624, 4 *bî*, in der Gesellschaft von. — *verdrôz* mit acc. der Person (*den wirt*), verdroß zu sein, wurde es langweilig: er konnte die Nacht nicht erwarten.

625, 1 *sanfter*, es würde ihm wohler zu Muthe sein. — 2 *niht gar*, durchaus nicht. — 3 *von ir schulden*, durch sie. — 4 *vriuntlîchen*, zärtlich.

626, 2 *ritterschaft* ist gen. — 3 *gesamenten sich*, kamen zusammen, nachdem sie von Tische aufgestanden waren, wo sie getrennt gesessen.

627, 1 *nieht*, Nebenform des gewöhnlichen *niht*. — 2 die Kämmerer leuchten mit Kerzen in die Schlafgemächer voran.

628 Die herren kômen beide dâ sie solden ligen. 582
dô gedâht' ir ietslicher mit minnen an gesigen (633)
den minneclichen vrouwen: daz senftet' in den muot.
Sîfrides kurzewîle diu wart vil grœzliche guot.

629 Dô der herre Sîfrit bî Kriemhilde lac, (634)
unt er sô minneclîche der juncvrouwen pflac
mit sînen edelen minnen, siu wart im sô sîn lîp:
er næme für sie eine niht tûsent ándériu wîp.

630 Ich sage iu niht mêre wie er der vrouwen pflac. 583
nu hœret disiu mære, wie Gúnthér gelac (635)
bî vroun Prünhilde. der zierliche degen,
er hete dicke sanfter bî andern froúwen gelegen.

631 Daz volc was im entwichen, vrouwen unde man: (636)
dô wart diu kemenâte vil balde zuo getân.
er wânde er solde triuten ir minneclichen lîp:
jâ was iz noch unnâhen ê daz siu würdé sîn wîp.

632 In sabenwîzem hemede siu an daz bette gie. 584
dô dâht' der ritter edele: «nu hân i'z allez hie (637)
des ich ie dâ gerte in allen mînen tagen.
siu muos' im durch ir schœne von grôzen schulden wol behagen.

633 Diu lieht begonde bergen des edelen küniges hant. 585
dô gie der degen küene dâ er die vrouwen vant. (638)
er leite sich ir nâhen: sîn vreude diu was grôz.
die vil minneclichen der helt mit armen umbeslôz.

628, 1 *herren*, Gunther und Siegfried. — 2 *ietslicher*, jeder. — 3 *senftet*, machte freundlich gestimmt.
629, 3 *minnen* dat. plur.; *edelen*, mit Bezug auf seinen hohen Stand.
630, 4 *sanfter*, mit größerer Behaglichkeit.
631, 1 *im entwichen*, von ihm fortgegangen, natürlich auf sein Gebot. — 2 *zuo getân*, zugeschlossen. — 3 *triuten*, in sinnlicher Bedeutung, wie *minnen* auch gebraucht wird (628, 1). — 4 *unnâhen*, fern.
632, 1 *sabenwîz*, weiß wie *saben* (eine feine Leinwand). — 4 *von grôzen schulden*, mit vollem Rechte.
633, 1 Gunther stellt die Lichter hinter die Bettvorhänge, um ihren Schein zu dämpfen.

634 Minneclîche triuten des kund'er vil begân, (639)
ob in diu edele vrouwe het lâzen daz getân.
dô zurnde siu sô sêre daz in gemüete daz.
er wânde vinden vreude: dô vant er vîntlîchen haz.

635 Siu sprach: «ritter edele, ir sult iz lâzen stân. 586
des ir dâ habet gedingen, ja'n mag es niht ergân. (640)
ich wil noch magt belîben (ir sult wol wizzen daz)
unz ich diu mære ervinde.» dô wart ir Gunther gehaz.

636 Dô rang er nâch ir minne unt zerfúorte ir diu kleit. 587
dô greif nâch eime gürtel diu hêrlîche meit: (641)
daz was ein starker porte, den s' umb' ir sîten truoc.
dô tet siu dem künige grôzer léidé genuoc.

637 Die füeze unt ouch die hende siu im zesamne bant, 588
siu truoc in z'eime nagele unt hiene in an die want. (642)
do er sie slâfes irte, die minne si im verbôt.
jâ het er von ir krefte vil nâch gewúnnén den tôt.

638 Dô begonde vlêgen der meister wânde sîn. 589
«nu lœset mîn gebende, vil edeliu künegîn. (643)
i'ne trouwe iu, scœniu vrouwe, doch nimmer an gesigen,
unt sol ouh harte selten iu sô nâhen mêr geligen.»

639 Sine ruochte wie im wære, want siu vil sanfte lac. (644)
dort muost' er allez hangen die naht unz an den tac,
unz der liehte morgen durh diu venster scein.
ob er ie kraft gewunne, diu was an sînem lîbe klein.

634, 1 dessen hätte er viel thun können. — 2 *het lâzen daz getân*, hatte das thun lassen: das Particip *getân* steht für uns auffallend, wo man vielmehr die Participialform von *lâzen* erwartet; derselbe Fall im Mhd. bei *heizen*. — 3 *gemüete*, kränkte. — 4 *dô*, dagegen, im Gegensatze dazu.

635, 1 *lâzen stân*, bleiben lassen. — 4 *diu mære*, nämlich wie es mit Siegfried steht.

636, 1 *nâch*, das Ziel bezeichnend. — *zerfüeren*, in Unordnung bringen.

637, 3 *irren*, *einen eines dinges*, jemand an etwas hindern. — 4 *vil nâch*, beinahe.

638, 1 *meister*, Herr, Gebieter. — 2 *gebende* stn., Fesseln. — 4 *harte selten*, niemals. — *sol*, Futurum.

639, 1 *Sine ruochte*, sie kümmerte sich nicht darum. — 2 *allez* adv. acc., fortwährend, immer. — 4 besaß er jemals Kraft, jetzt war sie verschwunden.

640 Nu saget mir, her Gunther, ist iu daz iht leit, 590
ob iuch gebunden funden , sprach diu scœne meit, (645)
«die iuwern kamerære von einer vrouwen hant?»
dô sprach der ritter edele: daz wurde iu übele bewant.

641 Ouch hete ih's wênic êren», sprach der snelle man. 591
«durch iuwer selber tugende sô lât mich zuo iu gân. (646)
sit daz in mîne minne sint sô starke leit,
ich sol mit mînen handen nimmer rüeren iuwer kleit.»

642 Dô lôste siu in balde, ûf siu in verlie. 592
wider an daz bette er zuo der vrouwen gie. (647)
er leite sich sô verre daz er ir schœne wât
dar nâch vil selten ruorte: des wolde ouch siu dô
haben rât.

643 Dô kom ouch ir gesinde: die brâhten'n niuwiu kleit. 593
der was in an den morgen harte vil bereit. (648)
swie wol man dâ gebârte, trûrec was genuoc
der hêrrê des landes. swie er des tages krône truoc.

644 Nâch siten der sie pflâgen unt man durch reht begie, 594
Gunther unt Prünhilt niht langer daz enlie. (649)
sie giengen zuo dem münster dâ man die messe sanc.
dar kom ouch her Sifrit: sich huop dâ grœzlich
gedranc.

645 Nâch küneclichen êren was in dar bereit 595
swaz sie haben solden, ir krône unt ouch ir kleit. (650)
dô wurden sie gewîhet. dô daz was getân,
dô sah man s' alle viere under krône vrœlichen stân.

640, 1 *iht*, irgendwie, etwa. — 4 *daz ... bewant*, das würde euch übel aufgenommen werden, in den Augen der Leute keine Ehre machen.
641, 1 *ih's*, ich davon. — 2 *zuo iu*, ins Bette. — 3 *starke* adv., sehr.
642, 1 *ûf siu in verlie*, sie ließ ihn wieder auf seine Füße kommen. — 4 dessen wollte sie auch überhoben sein (daß er sie anrührte).
643, 1 *brâhten'n* = *brâhten in*. Am Morgen nach der Hochzeitsnacht wurden neue Kleider angezogen. — 2 *an den morgen*, für den Morgen. — 3 *wol gebâren*, fröhlich sein. — 4 *des tages*, an jenem Tage.
644, 1 Zu ergänzen *unt (die) man*. — *durch reht*, von Rechts wegen.
645, 1 *Nâch*, gemäß. — *dar*, in das Münster waren ihnen ihre Kronen und Kleider gebracht. — 3 *gewîhet*, eingesegnet; gekrönt wurden die Frauen.

646 Vil junger swert dà nâmen, sehs hundert oder baz, 596
den künegen zen èren, ir sult wol wizzen daz. (651)
sich huop vil michel vreude in Burgonden lant.
man hôrte schefte hellen an der swértdégene hant.

647 Dô sâzen in den venstern diu schœnen mägedìn: 597
sie sâhen vor in liuhten vil maniges schildes schîn. (652)
dô het sich gesundert der künic von sînen man:
swes iemen under pflæge, man sah in trűrénde stân.

648 Im unt Sifride ungelîche stuont der muot. 598
wol wesse waz im wære der edele ritter guot. (653)
dô gienc er zuo dem künige, vrâgen er began:
«wie ist iu hînt gelungen? daz sult ir mich wizzen lân.»

649 Dô sprach der wirt zem gaste: «ich hân láster unde scaden: 599
ich hân den übelen tiuvel heim ze hûs geladen. (654)
do ich sie wânde minnen, vil sêre siu mich bant:
siu truoc mich z'eime nagele unt hie mich hôhe an eine want.

650 Dâ hieng ich angestlichen die naht unz an den tac, 600
ê daz siu mich embunde. wie samfte siu dô lac! (655)
daz sol dir vriwentliche ûf genâde sin geklеit.»
dô sprach der starke Sifrit: «daz ist mir wærlîche leit.

651 Des bringe ich iuch wol innen, unt lât ir'z âne nît. 601
ich scaffe daz siu hînaht sô nâhen bi'u gelit, (656)
daz siu iuch ir minne gesûmet nimmer mêr.»
der rede was dô Gunther nâch sînen arebeiten hêr.

646, 1 *Vil junger*, viele junge Edelleute, Knappen. — *swert nâmen*, wurden zu Rittern geschlagen. — 4 *hellen* stv., hallen, tönen.

647, 3 *sundern*, absondern. — 4 *swes — pflæge*, was jemand anders treiben mochte.

648, 2 *ritter*, Siegfried. — 4 *hînt*, diese Nacht; welchen Erfolg habt ihr gehabt?

649, 1 *laster* stn., Schande. — 4 *hie* praet. von *hâhen*, Nebenform von *hern*. — *hôhe* adv.

650, 1 *angestlîchen* adv., in gefahrvoller Lage. — 2 *enbunde* (für *en*, *entb.*), losband. — 3 *ûf genade*, im Hinblick auf, in Erwartung von Gnade.

651, 1 *lât — nît*, wenn ihr nichts dagegen habt, damit einverstanden seid. — 2 *hînaht*, die unverkürzte Form von *hînt* (648, 4). — *bi'u* = *bî iu*. — 3 *sûmen*, *einen eines dinges*, jemand mit etwas hinhalten. — 4 *hêr*, froh.

652 Dô sprach der herre Sîfrit: «du maht wol genesen. (658)
ich wæne uns ungelîche hînaht sî gewesen.
mir ist dîn swester Kriemhilt lieber dan der lîp.
ez muoz diu vrouwe Prünhilt noch hînaht werden
dîn wîp.

653 Er sprach: «ich kume noch hînte zer kemenâten dîn 602
alsô tougenlîche in der tarnkappen mîn, (659)
daz sich mîner liste mac niemen wol verstên.
sô lâ die kameræere zuo z'ir herbergen gên.

654 Sô lesche ich den kinden diu lieht an der hant: 603
daz ich sî dar inne, daz sî dir dâ bî bekant, (660)
daz ich dir gerne diene: sô twinge ich dir dîn wîp,
daz tu sie hînte minnest, oder ich verliuse den lîp.

655 «Âne daz du iht triutest», sprach der künic dô, 604
«die mîne lieben vrouwen, anders pin ich's vrô, (661)
sô tuo ir swaz du wellest. unt næmest ir den lîp,
daz solde ich wol verkiesen: siu ist ein vreislîchez wîp.»

656 «Daz nim ich», sô sprach Sîfrit, «ûf die triuwe mîn, 605
daz ich ir niht enminne. diu scœne swester dîn (662)
diu ist mir vor in allen die ich noch ie gesach.»
vil wol geloubte'z Gunther daz dô Sîfrit gesprach.

657 Dô was von kurzewîle vreude unde nôt. 606
bûhurt unde scallen allez man verbôt, (663)
dâ die vrouwen solden gegen dem sale gân.
dô hiezen kameræere die liute von dem wege stân.

652, 1 *genesen*, frei von Übel sein. — 4 *dîn wîp*, in Wahrheit, indem sie dir ihre Liebe gewährt.

653, 3 *sich verstên* mit gen., etwas bemerken. — 4 Gunther soll die Kämmerer nicht im Schlafzimmer bleiben lassen, bis die Lichter gelöscht werden.

654, 1 *den kinden*, den dienenden Pagen. — 2 von *bekant* hangen hier zwei *daz* ab. — 3 *dir*, für dich. — 4 *tu* = *du*.

655, 1 *âne daz*, ausgenommen daß. — *triutest*, wieder in sinnlicher Bedeutung. — 2 *anders*, im Übrigen. — 4 *verkiesen*, unbeachtet lassen.

656, 1 *nim ich ûf die triuwe mîn*, gelobe, verspreche ich. — 3 *vor*, den Vorzug bezeichnend. — 4 *daz*, was.

657, 1 *nôt*, Mühe, Anstrengung. — 2 *scallen*, Lärm machen. — 3 *gegen*, nach — hin. — 4 *von dem wege stân*, aus dem Weg treten.

658 Von rossen unt von liuten gerûmet wart der hof. 607
der vrouwen iesliche fuorte ein biscof, (664)
dô sie vor den künegen ze tische solden gân.
in volgte an daz gesidele vil manic wætlicher man.

659 Der künic in guotem wâne dô vrœlichen saz: (665)
daz im gelobte Sifrit, wol gedâht' er ane daz.
der eine tac in dûhte wol drizec tage lanc.
an sîner vrouwen minne stuont im aller sîn gedanc.

660 Er erbeite kûme daz man von tishe gie. 608
die schœnen Prünhilde man dô komen lie, (666)
unt ouch Kriembilde, sie bêde an ir gemach.
hei waz man sneller degene vor den küniginnen sach!

661 Sifrit der herre vil minneclîchen saz 609
bi sînem schœnen wîbe, mit vreuden âne haz. (667)
siu trûte sîne hende mit ir vil wîzer hant,
unz er ir vor den ougen sine wésse wénné verswant.

662 Dô siu mit im spilte unt si's niht mêr ensach, 610
zuo sîném gesinde diu küneginne sprach:
«mich hât des michel wunder, wár der künic sî komen.
wer hât die sînen hende ûz den mînén genomen?»

663 Die rede siu lie beliben. dô was er hin gegân 611
da er vil kameræere vant mit liehten stân: (668)
diu begonde er lescen den kinden an der hant.
daz ez Sifrit wære, daz wart dô Gunther bekant.

664 Wol wess' er waz er wolde: dô hiez er dannen gân 612
mägede unde vrouwen. dô daz was getân, (669)

658, 3 *vor*, in Gegenwart.
659, 1 *in guotem wâne*, in guter Hoffnung. 3 *dâhte* praet. von *denken*, däuchte. — 4 *stuont*, war gerichtet; *an*, auf.
660, 3 *bêde*, beide; *gemach*, Bequemlichkeit; hier mit dem nhd. Begriffe «Gemach» sich sehr nahe berührend.
661, 1 *saz*, in den Wohngemachern. 3 *trûte*, drückte zärtlich. — 4 *wenne*, wann: sie konnte den Augenblick seines Verschwindens nicht angeben. Er hatte die Tarnkappe angethan.
662, 1 *spilte*, scherzte. — *si's*, sie ihn.
663, 3 die Lichter werden ausgelöscht, aber nicht alle; vgl. 665, 1.

der rîche kunec selbe dô beslôz die türe:
starker rigele zwêne die warf er snëllè der füre.

665 Diu lieht verbarc er schiere undér die bettewât. 613 (670)
eines spils begonde (des was dô niht rât)
Sîfrit der vil starke unt ouch diu schœne meit:
dáz wás dem kunige beide liep unde leit.

666 Sîfrít sich leite nâhen der juncvrouwen bî. 614 (671)
sin sprach: «nu lât iz, Gunther, als liep als iu daz sî
daz ir iht arebeite lîdet alsam ê.»
sît getet diu vrouwe dem küenen Sîfride wê.

667 Dô hal er sîne stimme, daz er niht ensprah. 615 (672)
Gunther wol hôrte, swie er sîn niht ensah,
daz heimlîcher dinge von in dâ niht geschach:
sie heten an dem bette vil harte kléinén gemach.

668 Er gebârte sam ez wære Gunthér der kunic rîch: 616 (673)
er umbeslôz mit armen die maget lobelîch.
sin warf in ûz dem bette dâ bî ûf eine banc,
daz im sîn houbet lûte an eime scâmél erklanc.

669 Wider ûf mit kreften spranc der vil küene man: 617 (674)
er wold' iz baz versuochen. dô er des began,
daz er sie wolde twingen, dar umb' wart im vil wê.
solch wer deheiner vrouwen diu wæn' immer mèr ergè.

670 Do er niht wolde erwinden, diu maget ûf spranc: 618 (675)
«ir'n sult mir niht zefüeren mîn hemede alsô blanc.
ir sît vil ungefüege: daz sol iu werden leit.
des bringe ich iuch wol innen», sprach diu wæt-
lîchiu meit.

664, 4 *rigele* gen. von *zwêne*, abhängig. — *warf*, schob. — *der füre* (aus *dar füre*), davor (vor die Thür).

665, 1 *bettewât*, Bettzeug; hier insonderheit die Bettvorhänge. — 2 *des — rât*, das war nicht zu umgehen.

666, 2 so wahr euch das lieb ist; *iht* (3) steht für *niht*.

667, 1 *hal*, verhehlte, verbarg. — 2 *sîn niht*, nichts von ihm, ihn nicht. — 3 *heimlîcher dinge*, auf das *minnen* zu beziehen.

668, 4 der Schemmel stand vor dem Bette, und man bediente sich seiner, um ins Bett zu steigen.

669, 2 *baz*, noch weiter. — 3 *wart im wê*, musste er Schmerz erdulden. — 4 *immer mèr* für *nimmer mèr*.

670, 3 *ungefüege*, grob, unschicklich. — 4 das werde ich euch schon zeigen.

671 Sin beslôz mit armen den tiwerlîchen degen: 619
dô wolde sị in gebunden alsam den künic legen, (676)
daz siu an dem bette möhte haben gemach.
daz er ir wât zerfuorte, diu vrouwe iz grœzlîchen rach.

672 Waz half sîn grôziu sterke unt ouch sîn michel kraft? 620
si ẹrzeigete dem degene ir lîbes meisterschaft. (677)
siu truoc in mit gewalte (daz muos' et alsô sîn)
unt druht'in ungefuoge zwischèn der wende und
einen schrîn.

673 «Owê», gedâht' der recke. «sol ich nu mînen lîp 621
von einer magt verliesen, sô mugen elliu wîp (678)
her nâch immer mêre tragen gelpfen muot
gegen ire manne, diu ez sus nimmér getuot.»

674 Der künic ez wol hôrte, er angestẹ umbe'n man. 622
Sîfrit sich schamte, zurnen er began: (679)
mit ungefüeger krefte sazt' er sich ir wider;
er versúocht' ez angestlichen an vroun Prünhilde sider.

675 Den künic ez dûhte lange ê daz er sie betwanc. 623
siu druht' im sîne hende, daz ûz den nagelen spranc (684)
daz pluot im von ir krefte: daz was dem helede leit.
sît brâht' er an ein lougen die vil hêrlichen meit

676 Ir ungefüeges willen des siu ê dâ jach. 624
der künic iz allez hôrte, swie er niht ensprach. (685)
er druhte s' an daz bette, daz siu vil lûte erschrê:
ir tâten sine krefte harte grœzlichen wê.

677 Dô greif siu z'ir siten, dâ siu den porten vant, 625
unt wolt' in hân gebunden: dô wert' ez sô sin hant, (686)

671, 1 *tiwerlich*, herrlich. — 3 *gemach*, Ruhe.
672, 2 *ir libes meisterschaft*, die überlegene Stärke ihres Leibes. — 3 *et*, doch. — 4 *zwischen* mit dem Dativ steht in der ältern Sprache auch bei Verben der Bewegung. — *schrîn* stm., Schrank.
673, 3 *immer mêre*, fortan immer. — *gelpfen muot*, übermüthigen Sinn. — 4 *sus*, sonst. — *ire*, die ältere Form von *ir*. — *diu — getuot*, bezüglich auf *elliu wîp*, als wenn dastände: manch eine, die.
674, 1 *angesten*, Angst empfinden. — 4 *angestlichen* adv., mit Noth und Gefahr.
675, 4 *an ein lougen*, zum Leugnen; davon hangt ab *willen* (676, 1), ihres starken Willens; daß sie denselben verleugnete, ihm entsagte.
676, 1 *des — jach*, den sie vorher ausgesprochen hatte. — 2 *er*, Siegfried.

daz ir diu lit erkrachten, unt ouch al der lîp.
des wart der strit gescheiden: dô wart siu Gun-
thers wîp.

678 Siu sprach: «künic edele, du solt mich leben lân. 626
ez wirt vil wol versuenet, swaz ich dir hân getân. (687)
ich gewer mich nimmer mêre der edelen minne dîn:
ich hân daz wol erfunden daz du kanst vrouwen
meister sîn.»

679 Sîfrit der stuont dannen, ligen lie ér die meit, 627
sam er von im ziehen wolde sînin kleit. (688)
er zôch ir ab der hende ein guldîn vingerlîn,
daz siu des nie wart innen diu vil edele künegîn.

680 Dar zuo nam er ir gürtel: daz was ein porte guot. 628
i'ne weiz ob er daz tæte durh sînen hôhen muot. (689)
er gab iz sînem wîbe: daz wart im sider leit.
dô lâgen bî ein ander der künic unt diu schœniu meit.

681 Er pflac ir minneclichen, als im daz gezam. (690)
dô muoste siu verkiesen ir zorn unt ouch ir scam.
von sîner heinlîche siu wart ein lützel bleich:
hei waz ir von der minne ir vil grôzen krefte entweich!

682 Done was ouch siu niht sterker danne ein ander wîp. 629
er trûte minnecliche den ir vil scœnen lîp. (691)
ob si'z versuochte mêre, waz kunde daz vervân?
daz het ir allez Gunther mit sînen minnen getân.

683 Wie rehte minnecliche siu dô bî im lac 630
mit vriuntlicher liebe unz an den liehten tac. (692)
nu was der herre Sîfrit wider ûz gegân,
da er wart wol enpfangen von einer vrouwen wol getân.

677, 3 *lit* stn., Glied. — 4 *gescheiden*, beigelegt. — *wîp*, zu 652, 4.
678, 3 *gewer mich*, wehre mich, *der minne*, gegen die Liebe.
679, 1 *stuont dannen*, trat beiseite. — 3 *vingerlîn*, Fingerring. — 4 *des wart innen*, das bemerkte; *nie*, durchaus nicht.
680, 2 *durh sînen hôhen muot*, aus Stolz, Freude. — 3 *iz*, Ringlein.
681, 1 *pflac ir minneclichen*, was früher (629, 2) *pflac mit sînen mannen*, in sinnlicher Bedeutung. — 2 *verkiesen*, fahren lassen. — 3 *heinlîche* stf., das vertrauliche Beiwohnen. — 4 der Verlust des Gürtels bezeichnet zugleich das Aufgeben des Magdthums und den Verlust der Kraft.
682, 3 wenn sie's auch noch ferner hätte versuchen wollen, es hätte nichts genutzt, ihre Kraft war verloren.

684 Er understuont ir vrâge der sin hete gedâht. 631
er hal sie sît vil lange daz er ir hete brâht, (693)
unz daz siu under krône in sînem lande gie.
swaz er ir geben solde, wie lützel er'z beliben lie!

685 Der wirt wart an dem morgen verre baz gemuot 632
dann' er dâ vore wære. des wart diu fröwede guot (694)
in allen sînen landen von manigem edelem man,
die er ze hûse ladete: den wart vil diensté getân.

686 Diu hôhgezît werte unz an dén vierzéhenden tac, 633
daz in al der wîle der scal nie gelac (695)
von aller hande vreuden der iemen solde pflegen.
dô wart des küneges koste vil harte hôhé gewegen.

687 Des edelen wirtes mâge, als ez der künic gebôt, 634
gâben durch sîn êre kleidèr unt golt vil rôt, (696)
ross unt dar zuo silber, vil manigem varnden man.
die dâ gâbe gerten, die scieden vrœlichen dan.

688 Sîfrit der herre ûzer Niderlant 635
mit tûsent sînen mannen, alliz daz gewant, (697)
daz sie ze Rîne brâhten, daz wart gar hin gegeben,
unt ouch diu ros mit sätelen: sie kunden hérliche leben.

689 Ê man die richen gâbe alle dâ verswanc, 636
die wider ze lande wolden, die dûhte des ze lanc. (698)
ez enwart nie geste mêre baz gepflegen.
sus endet' sich diu hôhzît: daz wolde Gunther der degen.

684, 1 *understuont*, verhinderte, wich aus. — 2 *hal* mit doppeltem Accusativ (*sie* und *daz*, dasjenige was). — 3 *under krône gie*, gekrönt war. — 4 *solde*, es war des Schicksals Bestimmung.
685, 1 *baz gemuot*, fröhlicher gestimmt. — 2 *fröwede*, ältere Form von *fröude*, *freude*. — *guot*, vortrefflich, vollkommen. — 4 *ze hûse*, in sein Haus.
686, 2 *in al der wîle*, während der ganzen Zeit. — *gelac*, ruhte, aufhörte. — 3 *von*, mit *scal* zu verbinden. — 4 *koste* stf., Aufwand; *hôhe gewegen*, hoch geschätzt: es wurde sehr viel verausgabt.
687, 2 *êre* erwarb hauptsächlich der Ruf der Freigebigkeit (*milte*).
688, 3 *hin gegeben*, verschenkt. — 4 *sie kunden*, sie verstanden es.
689, 1 *verswingen*, wegschwingen, vollständig vertheilen, verschenken. — 2 *ze lande*, nach Haus. — *des*, damit. — 3 *geste* ist gen. plur.

XI. ÂVENTIURE,

WIE SÎFRIT ZE LANDE MIT SÎNEM WÎBE KOM.

Siegfried kehrt mit Kriemhild nach Niederland zurück; der Graf Eckewart folgt ihr. Sie werden festlich empfangen. Siegfried übernimmt die Herrschaft. Kriemhild gebiert im zehnten Jahre einen Sohn, der Gunther getauft wird; zu derselben Zeit stirbt Sigelind. Auch Prunhild hat einen Sohn geboren, der den Namen Siegfried empfängt.

690 Dô die geste wâren alle dan gevarn, 637
dô sprach ze sîm' gesinde Sigemundes barn: ([illegible])
«wir suln ouch uns bereiten heim in mîniu lant.»
liep was ez sînem wîbe dô ez diu vrouwe rehte ervant.

691 Sîu sprach zuo z'ir manne: «wenne sul wir varn? ([illegible])
daz ich sô harte gâhe, daz heiz' ich wol bewarn.
mir suln ê mîne brüeder teilen mit diu lant.»
leit was ez Sîfride, dô er'z an Kriemhilde ervant.

692 Die fürsten zuo z'im giengen unt sprâchen alle drî: 638
«nu wizzet daz, her Sîfrit, daz iu immer sî ([illegible])
mit triuwen unser dienest bereit unz in den tôt.»
dô neig er den degenen, dô man im'z sô guetlich erbôt.

693 «Wir suln ouch mit iu teilen», sprach Gîselher daz kint, 639
«lánt únde burge die unser eigen sint: ([illegible])

690, 2 *sîm'*, synkopiert aus *sîneme*. — *barn* stn., Kind (von *bern*, gebären). — 3 *bereiten heim*, anschicken um heimzukehren. — 4 *sînem wîbe* und *diu vrouwe* ist natürlich beidemal Kriemhild.
691, 2 *bewarn*, verhüten. — 3 *mir — teilen mit*, mit mir theilen. — 4 *ez*, daß sie Anspruch auf die Lande erheben wollte.
692, 2 *sî*, sein soll. — 4 *erbieten*, *ez einem* [illegible], mit einem Adverb, einem das erweisen was das Adverb ausdrückt, hier: so viel Güte.

swaz der wîten rîche uns ist undertân,
der sult ir teil vil guoten samet Kriemhilde hân.»

694 Sun der Sigemundes zuo den fürsten sprach, 610
do er der herren willen gehôrte unde sach: (758)
«got lâz' iu iuwer erbe immer sælic sîn
unt ouch die liute drinne: ja getúot diu liebe wine mîn

695 Des teiles wol ze râte, den ir ir woldet geben. (759)
dâ siu sol tragen krône, unt sol ich daz geleben.
siu muoz werden richer dann' iemen lebender si.
swaz ir sus gebietet, des pin ích iu dienestlichen bî.»

696 Dô sprach diu vrouwe Kriemhilt: «habt ir der
erbe rât, 611
umb' Burgonden degene ez sô lîhte niht enstât, (760)
sie müge ein künic gerne füeren in sîn lant.
jâ sol sie mit mir teilen mîner lieben bruoder hant.»

697 Dô sprach der herre Gêrnôt: «nu nim dir swen du wil. 612
die gerne mit dir rîten, der vindestu hie vil. (761)
von drîzec hundert recken wir geben dir tûsent man:
die sîn dîn heimgesinde.» Kriemhilt dô séndén began

698 Nâch Hagenen von Tronege und ouch nâch Ortwîn, 613
ob die unt ouch ir mâge Kriemhilde wolden sîn.
do gewán dar umbe Hagene ein zornlichez leben;
er sprach: «ja mac uns Gunther zer werlde niemén
gegeben.

699 Ander iwer gesinde daz lât iu volgen mite, 614
want ir doch wol bekennet der Tronegære site:

694, 3 *got lâz' iu sælic sîn:* Formel des ablehnenden Dankes. — 4 *getúot ze râte*, kann entrathen, entbehren.
695, 2 *unt — geleben*, falls ich es erlebe, nämlich daß sie in meinem Reiche Königin wird. — 4 *sus*, im Übrigen. — *pin iu dienestlichen bî*, stehe dienstergeben auf eurer Seite; *des*, darin.
696, 2 so kann man doch nicht so leicht auf die Mannen verzichten, daß sie nicht könnte oder möchte u. s. w.
697, 4 *heimgesinde* stn., das Gesinde zu Hause, Gefolge, Hofstaat.
698, 2 *sîn*, gehören; *Kriemhilde* ist gen. — 3 *ein zornlichez leben*, ein zorniges Benehmen; er wurde zornig — 4 *zer werlde* ist mit *niemen* zu verbinden: niemand auf der Welt.
699, 2 *bekennet*, kennt. —

wir müezen bî den kunigen hie ze hove bestân.
wir suln in langer dienen den wir alher gevolget hân.

700 Daz liezen sie belîben: dô beréiten sie sich dan. 615
ir edel ingesinde vrou Kriemhilt z'ir gewan, (707)
zwô unt drizec meide unt fünf hundert man.
Eckewart der grâve der volgte Kriemhilde dan.

701 Urlóup sie alle nâmen, beide rítter unde kneht, 616
mägede unde vrouwen: daz was vil michel reht. (708)
gescheiden küssénde wurden sie zehant:
sie rûmten vrœlichen des künec Guntheres lant.

702 Do beléiten sie ir mâge vil verre ûf den wegen. 617
man hiez in allenthalben ir nahtselde legen (709)
swâ sie se gerne nâmen, durch der künige lant.
dô wurden boten balde Sigemúndé gesant,

703 Daz er daz wizzen solde, unt ouch Sigelint, 618
daz sîn sûn komen wolde und ouch vroun Uoten kint, (710)
Kriemhilt diu vil schœne, von Wormez über Rîn.
done kúnden in diu mære nimmer liebér gesîn.

704 «Sô wol mich», sprach dô Sigemunt, «daz ich gelebet hân 619
daz diu schœne Kriemhilt sol hie gekrœnet gân. (711)
des müezen wol getiuwert sîn diu erbe mîn.
mîn sún Sifrít der edele sol hie selbe künec sîn.»

705 Dô gáp diu vrouwe Sigelint vil manigen samit rôt, 620
silbèr unt golt daz swære: daz was ir botenbrôt. (712)
sich vrente sich der mære diu sîn dô vernam.
sich kleidet' ir gesinde mit vlîze wol als in gezam.

699, 4 *langer*, auch noch ferner.
700, 1 Damit ließen sie die Sache auf sich beruhen. — 2 *z'ir gewan*, nahm zu sich, mit sich.
701, 3 *küssende*, mit Küssen. — *gescheiden wurden*, trennten sich.
702, 1 *beleiten* (= *beleiteten*), begleiteten, gaben ihr das Geleit. — 2 *nahtselde* stf., Nachtaufenthalt. — *legen*, bereiten, indem der Marschall voransritt. — 3 *se*, geschwächtes *sie*.
703, 4 *in*, Siegmund und Sigelinden: sie konnten keine liebere Nachricht erhalten.
704, 1 *gelebet hân*, den Tag erlebt habe. — 3 *des*, dadurch. — *getiuwert* = *getiuret*, werth gemacht, an Werth erhöht.
705, 1 *samit* stm., Sammt. — 4 *in* bezieht sich auf das collective *gesinde*.

706 Man sagete wer da kœme mit im in daz lant. 651
dô hiezen sie gesidele rihtén zehant, (713)
dar zuo er gekrœnet vor vriunden solde gân.
dô riten im engegene des künic Sigemundes man.

707 Ist iemen baz enpfangen, daz ist mir unbekant, 652
dan die helede mære in Sigemundes lant. (714)
Sigelint diu schœne Kriemhilt engegene reit
mit maniger schœnen frouwen (ir volgten rittér gemeit)

708 In einer tageweide, dâ man die geste sach.
die vremeden unt die kunden die liten ungemach, (715)
unze daz sie kómen z'einer bürge wit,
diu was geheizen Santen: dâ sie krône truogen sit.

709 Mit láchéndem munde Sigelínt unt Sigemunt 654
kusten Kriemhilde durch liebe manige stunt (716)
unt ouch Sifriden: in was ir leit benomen.
allez ir gesinde was in grôze willekomen.

710 Man bat die geste bringen für Sigemundes sal. 655
die schœnen juncvrouwen huop man dâ ze tal (717)
nider von den mœren. dâ was vil manic man,
dô man den schœnen vrouwen mit vlîze dienén began.

711 Swie grôz ir hôhzite bi Rîne was bekant, (718)
noch gap man hie den heleden vil bézzér gewant,
danne si ie getrüegen noch bi állén ir tagen.
man möhte michel wunder von ir richeite sagen.

712 Dô si in ir hôhen êren sâzèn und heten genuoc, 656
waz goltvarwer gêren ir ingesinde truoc, (719)
unt edele gesteine, verwieret wol dar in!
sus pflac ir vlîzeclichen Sigelînt diu edele künegin.

706, 3 *dar zuo*, auf *gesidele* bezüglich. — *vor vriunden*, in Gegenwart oder an der Spitze von Verwandten.
708, 1 *tageweide*, Tagereise. — *dâ*, bis dahin wo. — 2 *liten ungemach*, mussten sich Unbequemlichkeit, Unruhe gefallen lassen.
709, 2 *durch liebe*, aus Freude. — *stunt*, mal. — 4 *ir*, Kriemhildens.
710, 2 *ze tal*, von den Rossen herab, was in der folgenden Zeile noch bestimmter ausgedrückt ist.
711, 2 *noch* mit *vil bezzer* zu verbinden. — 3 *ie noch*, jemals noch. — 4 *richeit* stf., Reichthum, Pracht.
712, 1 *heten genuoc*, Überfluß an allem hatten. — 3 *verwieren*, einflechten. — *dar in*, in die *gêren*. — 4 *pflac*, sorgte für.

713 Dô sprach vor sînen vriunden der herre Sigemunt: 657
den Sîfrides mâgen tuon ich allen kunt.
er sol vor disen recken die mîne krône tragen.
diu mære hôrten gerne die von Niderlanden sagen.

714 Er bevâlh im sîne krône, geriht' unde lant. 658
sît was er ir aller meister die er ze rehte vant
unt dar er rihten solde. daz wart alsô getân
daz man sêre vorhte der scœnen Kriemhilde man.

715 In disen grôzen êren lebet' er, daz ist wâr. 659
und rihte ouch under krône unz an daz zehende jâr,
daz diu schœne vrouwe einen sun gewan.
daz was des küneges mâgen nâch ir willen wol ergân.

716 Den ilte man dô toufen unt gap im einen namen, 660
Gunthêr, nâch sînem œheim: des dorft' er sich
niht schamen.
geriet' er nâch den mâgen, daz wær' im wol ergân.
dô zôh man in mit vlîze: daz was von schulden getân.

717 In den selben zîten starp vrou Sigelint. 661
dô hete'n gewalt mit alle der edelen Uoten kint,
der sô rîchen vrouwen ob landen wol gezam.
daz klageten genuoge, dô sie der tôt von in genam.

718 Nu het ouch dort bî Rîne, sô wir hœren sagen, 662
bî Gunthêr dem rîchen einen sun getragen
Prünhilt diu schœne in Burgonden lant.
durch des heldes liebe sô wart er Sîfrit genant.

713, 1 *vor*, in Gegenwart. — 4 *gerne*, da sie schon früher den Wunsch gehabt hatten (42, 3).

714, 1 *geriht*, Rechtspflege. — 2 er zeigte seine Macht. — *ze rehte*, zu seinem Gerichte gehörend. — 3 *dar er rihten solde*, wohin sein Rechtsprechen sich erstrecken sollte. — *daz*, das *rihten*.

715, 1 mit dem Wunsche der Verwandten stimmte es überein, daß Siegfried ein Sohn geboren war.

716, 3 *gerâten*, arten: im Falle daß er würde wie seine Verwandten, die burgundischen Könige.

717, 2 *hete'n* = *hete den*. — *gewalt* stm., Macht. — *mit alle*, gänzlich, *alle* ist Form des Instrumentalis (ahd. *allû*). — 3 *vrouwen*, Gebieterinnen, *ob*, über. — 4 *sie*, Sigelinden.

718, 2 *bî*, in der Ehe mit. — *getragen*, geboren. — 4 *des heldes*, Siegfried's, der *vater Sîfrides der helt* heißt; vgl. 463, 1.

719 Wie rehte vlîzeclîchen man sîn hüeten hiez! (726)
Gúnthér der edele im magezogen liez,
die ez wol kunden ziehen ze einem bíderbem man.
hei waz im ungelücke sît der vriunde an gewan!

720 Mære z'allen zîten der wart vil geseit, 663
wie rehte lobelîchen die recken vil gemeit (727)
lebeten z'allen stunden in Sigemundes lant:
alsam tet ouch Gunther mit sînen mâgen ûz erkant.

721 Daz lant ze Nibelungen Sifríde diente hie 664
(rîcher sîner mâge wart noheiner nie) (728)
unt Schilbunges recken, unt ir bêder guot.
des truoc der vil küene deste hœhéren muot.

722 Hort den aller meisten, den ie helt gewan, 665
âne die's ê pflâgen, het nu der küene man, (729)
den er vor einem berge mit sîner hende erstreit.
dar umbe er sluoc ze tôde vil manigen ríttér gemeit.

723 Er hete'n wunsc der êren: unt wær' des niht
geschehen, 666
sô müese man von schulden dem edelen recken jehen (730)
daz er wær' ein der beste der ie ûf ors gesaz.
man vorhte sîne sterke unt tet vil pillîche daz.

719, 2 *magezoge* swm., Knabenerzieher. — *liez*, verschaffte, gab. — 3 *biderbe*, bieder, wacker. — 4 *an gewan*, abgewann, raubte.
720, 1 *der* nimmt *mære* auf. — 4 *tet = lebte*. — *ûz erkant*, vorzüglich, herrlich.
721, 2 *sîner mâge* mit *noheiner*, keiner, zu verbinden. — 4 *des*, darum.
722, 2 *âne die's ê pflâgen*, ausgenommen diejenigen, die vorher den Hort verwalteten, besaßen.
723, 1 *wunsc*, *wunsch*, das Höchste was man wünschen kann. — *êre* ist hier die äußere Herrlichkeit. Wäre er aber auch nicht so reich und mächtig gewesen. — 3 *ein der beste*, nhd. einer der besten. — *ors* stn., Umstellung von *ros*.

XII. ÂVENTIURE,

WIE GUNTHER SÎFRIDEN ZUO DER HÔHZÎT BAT

Auf Prunhildens Bitte sendet Gunther den Markgrafen Gere nach Niederland, um Siegfried und Kriemhild zu einem Feste an den Rhein zu laden. Die Boten bleiben neun Tage an Siegfried's Hofe; Siegfried beräth sich mit den Seinen und entbietet, er werde kommen. Zum Empfange der Gäste werden große Vorkehrungen in Worms getroffen.

724 Nu dâht' ouch alle zîte daz Guntheres wîp: 667
»wie treit et alsô hôhe vrou Kriemhilt den lîp?
nu ist doch unser eigen Sîfrit ir man:
er hât uns nu vil lange lützel dienstè getân.

725 Daz truoc siu in ir herzen unt wart och wol verdeit. 668
daz si ir vremede wâren, daz was ir harte leit,
daz man ir sô selten diente von Sîfrides lant.
wâ von daz komen wære, daz hete siu gérnè bekant.

726 Si versúochte'z an dem künige, ob daz möhtè geschehen 669
daz siu Kriemhilde solde noch gesehen.
siu reite'z heinliche des siu dâ hete muot.
dô dûhtè den herren diu rede mæzlichen guot.

724, 2 Wie kommt es, daß Kriemhild so stolz ist, indem weder sie noch ihr Gemahl sich dienstbar benehmen. — 4 es ist nun schon so viel Zeit verflossen, und er hat uns keine Dienstleistung erzeigt.

725, 1 *och*, geschwächt aus *ouch*. — 2 *ir vremede wæren*, sie nicht besuchten. — 3 *diente*, Dienste leistete. — 4 *bekant*, gewusst.

726, 3 *heinliche* adv., vertraulich, *reite'z*, *redete ez*. — 4 *mæzlichen guot*, mäßig gut, nicht gut.

727 «Wie möhte wir sie bringen», sprach der künec rîch, 670 (734)
«her zuo disem lande? daz wære unmügelich.
sie sitzent uns ze verre: ich getár si's niht gebiten.»
des antwurte im Prünhilt in vil lístígen siten:

728 «Swie hôhe rîche wære deheines küneges man, 671 (735)
swaz im gebüte sîn herre, daz sold' er doch niht lân.»
des ersmielte Gunther, dô siu daz gesprach:
er'n jah's im niht ze dienste, swie dicke er Sîfriden sach.

729 Siu sprach: «vil lieber herre, durch den willen mîn 672 (736)
sô hilf mir daz Sîfrit unt diu swester dîn
komen zuo disem lande, daz wir sie hie gesehen:
sone kunde mir ze wâre nimmer líebér gescehen.

730 Diner swester zühte unt ir wól gezogener muot, 673 (737)
swenn' ich dar an gedenke, wie sanfte mir daz tuot,
wie wir ensament sâzen, do ich êrste wart diu wîp!
sie mac mit êren minnen des küenen Sîfrides lîp.»

731 Siu gerte's alsô lange unz daz der künic sprach: 674 (738)
«nu wizzet daz ich geste sô gerne nie gesach.
ir müget mich sanfte vlêgen. ich wil die boten mîn
nâch in beiden senden, daz sie uns komen an den Rîn.»

732 Dô sprach diu küneginne: «sô sult ir mir sagen 675 (739)
wenn' ir sie welt besenden, oder in welhen tagen
unser lieben vriunde suln komen in daz lant.
die ir dar wellet senden, die lât mir wérdén bekant.»

727, 2 *unmügelich*, unmöglich. — 3 *sitzent*, wohnen. — 4 *in listigen siten*, mit klugem Benehmen.

728, 1 *hôhe* adv., hoch, sehr; *hôhe rîche*, sehr reich. — 2 *lân*, unterlassen zu thun. — 3 *ersmielen*, zu lächeln beginnen. — 4 er rechnete es ihm nicht als Dienst an, wenn er Siegfrieden sah.

730, 3 *ensament*, beisammen. — *êrste* adv., zuerst; bei unserer Hochzeit.

731, 3 ihr habt es leicht mich zu bitten, ich bin nicht schwer in diesem Falle zu erbitten.

732, 2 *in welhen tagen*, in welcher Frist. — 4 sie will nicht die Namen der Boten hören, sondern wünscht, daß, wenn die Zeit der Sendung gekommen, man ihr Mittheilung mache, weil sie die Boten vorher sprechen will.

733 »Daz tuon ich«, sprach der fürste, »drîzec mîner man 676
wil ich dar lâzen rîten.« die hiez er für sich gân:
bî den enbôt er mære in Sîfrides lant.
ze liebe gap in Prünhilt vil harte hêrlich gewant.

734 Dô sprach der künic: »ir recken, sult von mir sagen 677
al daz ich dar enbiete (des sult ir niht verdagen),
dem starken Sîfride unt ouch der swester mîn,
daz in endarf zer werlde niemen holdêr gesîn.

735 Und pitet daz siu beidiu z'uns komen an den Rîn. 678
daz welle ich unt mîn vrouwe immer diende sîn.
vor disen sunewenden sol er und sîne man
sehen hie vil manigen der im vil grôzer êren gan.

736 Dem künic Sigemunde saget den dienest mîn, 679
daz ich und mîne vriunde im immer wæge sîn.
und saget ouch mîner swester daz siu niht lâze daz,
siu rite zuo z'ir vriunden: ir zam nie hôhgeziten baz.

737 Prünhilt unt Uote und swaz man dâ vrouwen vant,
die enbuten alle ir dienest in Sîfrides lant 680
den minneclichen vrouwen unt manigem küenem man.
mit küneges vriunde râte die boten huoben sich dan.

738 Sie fuoren reisliche: ir pfert und ir gewant 681
daz was in komen allen: dô rûmten sie daz lant.
in zogete wol der verte dar sie dâ wolden varn.
der künic mit geleite hiez die boten wol bewarn.

733, 3 bî den, durch sie. — 4 ze liebe, zur Freude, um ihnen Freude zu machen.
734, 4 darf, kann. — zer werlde niemen, niemand auf der Welt.
735, 2 welle conj., in indirectem Satze. — diende sîn, durch Dienst vergelten. — 4 sehen, besuchen.
736, 3. 4 lâze daz, siu rite, unterlasse zu reiten. — 4 zam, stand an. — hôhgeziten, das Feiern eines Festes.
737, 4 der König hat vorher, wie auch Siegfried seinerseits thut (7[illegible], 4), seine Verwandten und Mannen um Rath befragt.
738, 1 reisliche Adv., wie man auf einer Reise fährt. — 3 in zogete, ihnen gieng es vorwärts; der verte, mit der Fahrt: dar schließt sich an vart an.

739 Sie kômen in drin wochen geriten in daz lant. 682 (746)
ze Nibelunges bürge, dar wâren sie gesant,
ze Norwæg' in der marke dâ funden sie den degen.
diu ros den boten wâren müede von den langen wegen.

740 Sîfríde und Kriemhilde wart béidén geseit 683 (747)
daz ritter komen wæren. die trüegen solhiu kleit
sam man zen Burgonden dô der site pflac.
siu spranc von einem bette dar an siu rúowénde lac.

741 Dô bat siu z'einem venster eine maget gân. 684 (748)
diu sach den küenen Gêren an dem hove stân,
in unt die gesellen, die wâren dar gesant.
gegen ir herzeleide wie liebiu mære siu bevant!

742 Siu sprach zuo dem künige: »nu seht ir wâ sie stênt, 685 (749)
die mit dem starken Gêren ûf dem hove gênt,
die uns mîn bruoder Gunther sendet nider den Rîn!«
dô sprach der starke Sîfrit: »die suln uns willekomen sîn.«

743 Allez daz gesinde lief dâ man sie sach. 686 (750)
ir ietslîch besunder vil güetlîche sprach
daz beste daz sie kunden zuo den boten dô.
Sigemunt der herre der was ir künfte harte vrô.

744 Dô wart geherberget Gêre unt sîne man: 687 (751)
diu ros man hiez behalten. die boten giengen dan
dâ der herre Sîfrit bî Kriemhilde saz.
in was ze hove erloubet: dâ von sô tâtén sie daz.

745 Der wirt mit sîme wîbe stuont ûf sâ zehant. 688 (752)
wol wart enpfangen Gêre von Burgonden lant

739, 2 *ze*, in, auf.

740, 3 wie man in Burgund damals den Gebrauch hatte, Kleider zu tragen. — 4 *bette*, Ruhebette.

741, 4 *gegen*, in Vergleich mit; das Herzeleid hatte sie im Heimweh kennen gelernt.

742, 1 *nu seht ir wâ sie stênt*, nun seht sie dort stehen. — 3 *nider den Rîn*, den Rhein herunter.

743, 2 *besunder*, besonders; jeder einzelne. — 4 *künfte* gen. von *kunft*, Ankunft, das Kommen.

744, 1 *herbergen*, in die Herberge bringen. — 4 *ze hove erloubet*, erlaubt an den zu Hof kommen. — *dâ von*, deshalb.

mit sînen hergesellen, die Guntheres man.
Gêren den vil rîchen bat man an den sedel gân.

746 Erloubet uns die boteschaft, ê daz wir sitzen gên: 689
«uns wegemüede geste, lât uns die wîle stên. ([illegible])
wir suln iu sagen mære waz iu enboten hât
Gunther und Prunhilt, der dinc vil hôchlîche stât.

747 Unt ouch waz vrou Uote, iwer muoter, her enbôt. 690
Giselher der junge unt ouch her Gêrnôt ([illegible])
unt iuwer besten mâge die habent uns her gesant:
die enbietent iu ir dienest ûzer Burgonden lant.»

748 «Nu lôn' iu got», sprach Sîfrit, «ich getrouwe in harte wol 691
triuwen unde guotes, alsô man vriunden sol: ([illegible])
alsam tuot ouch ir swester. man sol uns mêre sagen
ob unser lieben vriunde dâ heime iht hôhes muotes tragen.

749 Sît daz wir von in scieden, hât iemen iht getân 692
den mînen konemâgen? daz sult ir mich wizzen lân. ([illegible])
daz wil ich in mit triuwen immer helfen tragen,
unze daz ir vînde den mînen dienest müezen klagen.

750 Dô sprach der marcgrâve Gêre, ein recke guot: 693
«sie sint in allen tugenden sô rehte hôh gemuot: ([illegible])
sie ladent iuch ze Rîne z'einer hôhgezît:
sie sæhen iuch vil gerne, daz ir des âne zwîfel sît.

751 Unt pitent mîne vrouwen, siu sül mit iu dar komen, 694
wenne der winder ein ende habe genomen. ([illegible])
vor disen sunewenden sô wolden sie iuch sehen.»
dô sprach der starke Sîfrit: «daz kunde müelîch geschehen.»

745, 1 *an den sedel gân*, sich zu setzen; er aber setzt sich nicht eher, als bis er die Botschaft ausgerichtet.
746, 1 *die boteschaft*, die Botschaft zu sagen; wie wir sagen: erlaubt mir euern Arm. — 2 *die wîle*, inzwischen, so lange. — 4 *hôchlîche* adv., stolz, freudig.
748, 1 *getrouwen* mit dat. und gen., einem etwas zutrauen.
749, 2 *konemâc* stm., Verwandter von seiten der Frau (*kone*). — 4 *dienest*, den ich ihnen leiste, indem ich ihre Feinde bekämpfe.
750, 4 *daz — sît*, darüber sollt ihr ja keinen Zweifel hegen.
751, 1 *sul* conj., solle. — 3 vor der Sommersonnenwende. — 4 *kunde*, konnte; *müelich*, schwerlich.

752 Dô sprach aber Gêre von Burgonden lant: 695
«iuwer muoter Uote diu hât iuch gemant, (759)
Gêrnôt unt Giselher, ir sult in niht versagen.
daz ir in sît sô verre, daz hœre ich tägelîche klagen.

753 Prünhilt mîn vrouwe unt alle ir mägedîn 696
die vreunt sich der mære: obe daz mehte sîn (760)
daz sie iuch noch gesæhen, daz gæbe in hôhen muot.»
dô dûhten disiu mære die scœnen Kriemhilde guot.

754 Gêre was ir sippe: der wirt in sitzen hiez. 697
den gesten hiez er scenken: niht langer man daz liez. (761)
dô was ouch komen Sigemunt, da er die boten sach.
der herre vriuntliche zuo den Burgonden sprach:

755 «Sît willekomen, ir recken, ir Guntheres man. 698
sît daz Kriemhilde ze wîbé gewan (762)
Sîfrit der mîn sún, man sold' iuch dicker sehen
hie in disem lande, wolt ir uns vriuntschefte jehen.»

756 Sie sprâchen, swenne er wolde, sie solden gerne komen. 699
in wart ir michel müede mit vreuden vil benomen. (763)
die boten bat man sitzen, spîse man in truoc:
der hiez dô geben Sîfrit sînen géstén genuoc.

757 Sie muosen dâ belîben bevollen niwen tage. 700
des heten endelîchen die snellen ritter klage, (764)
daz sie niht wider solden rîten in ir lant.
dô het der künic Sîfrit nâch sînen vríundén gesant.

758 Er vrâgte waz sie rieten: ob si sólden an den Rîn. 701
«ez hât nâch mir gesendet Gunthér der friunt mîn, (765)

752, 3 *versagen*, abschlagen.
753, 1 *vrouwe*, Gebieterin. — 4 *dunket*, im Mhd. immer mit acc. der Person.
754, 1 *sippe* adj., verwandt. — 2 *niht — liez*, man befolgte diesen Befehl sofort.
755, 3 *dicker* compar., öfter. — 4 *wolt = woldet*, wenn ihr wolltet uns Freundschaft zugestehen.
756, 2 *müede* stf., Müdigkeit. — *mit vreuden vil*, durch viele Freude, über der Freude vergaßen sie die Müdigkeit.
757, 1 *bevollen*, aus *bî* und dem dat. pl. von *vol*, vollständig, ganz. — 2 *endelîchen* adv., sicherlich. — 3 *wider*, zurück. — 4 *dô*, in der Zeit.

er unt sîne mâge, durch eine hôchgezît:
nu kom' ich im vil gerne, wan daz sîn lant ze verre lît.

759 Unt bitent Kriemhilde daz siu mit mir var. 702
nu râtet, liebe vriunde, wie sol siu komen dar? 766
unt solde ich herverten durch sie in drîzec lant,
dâ müese in dienen gerne hin diu Sîfrides hant.

760 Dô sprâchen sîne recken: »habt ir der reise muot 703
hin zer hôhgezîte, wir râten waz ir tuot. 767
ir sult mit tûsent recken rîten an den Rîn:
sô muget ir wol mit êren dâ zen Burgonden sîn.«

761 Dô sprach von Niderlanden der herre Sigemunt: 704
»welt ir zer hôchgezîte, wan tuot ir mir daz kunt! 768
ob iz in niht versmâhet, sô rîte ich mit iu dare:
ich fuere hundert degene, dâ mite mêr' ich iuwer schare.«

762 »Und welt ir mit uns rîten, vil lieber vater mîn«, 705
sprach der küene Sîfrit, »vil vrô sôl ich des sîn. 769
inre tagen zwelven sô rûme ich mîniu lant.«
alle die's dô gerten, den gap man ross unt ouch gewant.

763 Dô der künic edele der reise hete muot, 706
dô hiez man wider rîten die snellen boten guot. 770
den sînen konemâgen enbôt er an den Rîn,
er wolde harte gerne dâ z'ir hôhgezîte sîn.

764 Sîfrit unt Kriemhilt, alsô wir hœren sagen, 707
sô vil den boten gâben daz iz niht mohten tragen 771
ir mœre heim ze lande: er was ein rîcher man.
ir starken soumære die treip man vrœlichen dan.

758, 4 *wan daz*, außer dass; wenn sein Land nicht so ferne läge.
759, 1 *bitent*, Gunther und seine Verwandten. — 3 *durch sie*, um ihretwillen, wiederum Gunther und die Seinen. — 4 *müese*, sollte. — *dienen gernen*, in ihrem Dienste dahin gehen, ziehen.
761, 2 *wan*, warum nicht. — 3 *versmâhet*, geringschätzig dünkt. — *dare*, ältere Form von *dar* (ahd. *dara*).
762, 4 es werden neue Kleider zur Reise geschenkt.
763, 1 *hete muot*, entschlossen war zu. — 4 *ze*, bei.
764, 4 *soumære* stm., Saumthier, Saumross, Lastpferd.

765 Ir vole kleite Sifrit unt ouch Sigemunt. 708
Eckewart der grâve der hiez an der stunt (772)
vrouwen kleider suochen, diu besten diu man vant
oder índer kunde erwerben über állez Sifrides lant.

766 Die sätele zuo den schilden bereiten man began. 709
rittern unde vrouwen, die mit im solden dan, (773)
den gap man swaz sie wolden, daz in niht gebrast.
dô brâht' er sínen vriunden manigen hérlichen gast.

767 Den boten zogete sére ze lande úf den wegen. 710
dó kom zen Burgonden Gérè der degen. (774)
er wart vil wol enpfangen: do erbeizten sie ze tal
von rossen unt von mœren für den Guntheres sal.

768 Die tumben unt die wísen giengen, só man tuot, 711
vrâgen umbe mære. dó sprach der ritter guot:
«swenn' ich se sage dem künige, dâ hœret siu ze hant.
er gie mit den gesellen dâ er Guntheren vant.

769 Der künic durch grôze liebe von dem sedele spranc. 712
daz sie sô snelle kómen, des sagte in dó danc (775)
Prünhilt diu schœne. Gunthér zen boten sprach:
«wie gehabet sich Sifrit, von dem mir liebes vil
gescach?»

770 Dô sprach der küene Gêre: «dá wart er vröuden rót, 713
er unt iuwer swester. nie vriunden baz enbót (776)
sô getriuwiu mære deheiner slahte man,
als in der herre Sifrit und ouch sín vater hát getán.

771 Dô sprach zem maregrâven des edelen küniges wip: 714
«nu saget mir, kumet uns Kriemhilt? hát noch ir (777)
schœner lip

765, 1 *kleite*=*kleidete*. — 2 *an der stunt*, auf der Stelle. — 3 *suochen*, hervorsuchen.
766, 1 *zuo*, sammt; ziemlich soviel wie *und*. — 3 *niht*, nichts.
767, 1 *zogete*, es eilte ihnen. — 4 *für den sal*, nicht *vor dem sal*, weil im Verbum der Begriff des Reitens vor den Saal hin liegt.
769, 1 *liebe*, Freude. — 4 *wie gehabet sich*, wie geht es? — *liebes* gen. von *liep* stn., Freundlichkeit.
770, 1 *vröuden rót*, roth vor Freude. — 3 *getriuwiu mære*, aufrichtig, treugemeinte Botschaft.

behalten iht der zuhte, der sin wol kunde pflegen?»
«sin kumt in sicherlichen», sô sprach dô Gêrê der degen.

772 Uote bat dô drâte die boten für sich gên. 715
daz moht' man an ir vrâge harte wol versten (778)
daz siu daz gerne horte, was Kriemhilt noch gesunt.
er sagete wie'r sie funde unt daz siu koeme in kurzer stunt.

773 Ouch wart von in diu gâbe ze hove niht verdeit, 716
die in gap her Sifrit: gölt unde kleit (779)
daz brâhte man ze sehene der drier kunige man.
der ir vil grôzen milte wart in dâ danken getân.

774 «Er mac», sprach dô Hagene, «von im sampfte geben: 717
er'n kunde'z niht verswenden, unt sold' er immer leben. (780)
hort der Nibelunge beslozzen hât sin hant.
hei sold' er komen immer in der Burgonden lant!»

775 Allez daz gesinde vreute sich dar zuo 718
daz sie komen solden. spâte unde vruo (781)
wâren vil unmüezec der drier kunege man.
vil manic hergesidele man dô rihtén began.

776 Hûnolt der küene und Sindolt der degen 719
die heten vil unmuoze. die zit sie muosen pflegen, (782)

771, 3 *behalten*, bewahrt. — *iht der zuhte*, etwas von dem feinen Wesen.
772, 1 *drâte* adv., schnell, alsbald. — *für sich gên*, vor sie zu kommen. — 2 *an ir vrâge*, an der Art ihrer Frage konnte man merken, daß sie Kriemhilden wohlwollend gesinnt war. — 3 *was*, wenn Kriemhild noch gesund war. — 4 *funde*, gefunden hatte.
773, 3 *man* ist dat. pl. — 4 *milte* ist gen., für ihre große Freigebigkeit. — *danken getân*, gedankt.
774, 1 *sampfte*, leicht: er hat leicht geben. — *von im*, von seinem Besitze. — 2 *verswenden*, ausgeben. — 3 *beslozzen hât*, hält unter Verschluß, besitzt. — 4 *er*, der Hort. — *immer*, jemals.
775, 1 *dar zuo*, darauf.
776, 2 *die zît*, in der Zwischenzeit, bis die Gäste kamen. — von *pflegen* hängt *rihten* ab: sich damit beschäftigen, zu richten. —

truhsæzen unde scenken, rihten manige banc.
des half in ouch Ortwîn: des ságet' in Gúnthére danc.

777 Rûmólt der kuchenmeister, wie wol er rihte sît 720
die sînen undertânen! vil manigen kezzel wît, (783)
hävene unde pfannen, hei waz man der dâ vant!
do beréite man den spîse die dâ kômen in daz lant.

776, 4 *Gunthere*, die volle Form von *Gunther* (ahd. *Gunthari*, *Guntheri*).
777, 1 *rihte*=*rihtete*, wies an. — 2 *undertânen* sind die unter dem Küchenmeister stehenden Küchenknechte.

XIII. ÂVENTIURE.

WIE SIE ZE DER HÔCHZÎT FUOREN

Siegfried, Kriemhild und Sigemund ziehen mit zahlreichem Gefolge nach Worms. Prunhild empfangt Kriemhilden, indem sie ihr entgegenreitet. Man verbringt die Zeit bis zum elften Tage herrlich und in Freuden mit ritterlichen Spielen, denen die Frauen zuschauen

778 Alle ir unmuoze die lâze wir nu sîn. 721
und sagen wie vrou Kriemhilt unt ouch ir magedîn ([illegible])
gegen Rîne fuoren von Nibelunge lant.
nie getruogen mœre sô manic hêrlich gewant

779 Vil der soumschrîne man schihte zuo den wegen 722
dô reit mit sînen vriunden Sîfrit der degen ([illegible])
unt ouch diu küneginne dar si héten vreuden wân.
sît wart ez in allen ze grôzem léide getân.

780 Dâ heime sie dô liezen Sîfrides kindelîn 723
unt sun den Kriemhilde: daz muos' et alsô sîn. ([illegible])
von ir hovereise erstuont michel sêr:
sîn vater unt sîn muoter gesach daz kindel nimmer mêr.

781 Dô reit ouch mit in dannen der herre Sigemunt. 724
sold' er rehte wizzen, wie ez nâch der stunt ([illegible])

778, 1 *lâze* und *sagen* (2) sind Conjunctive wir wollen lassen, wollen sagen.
779, 1 *soumschrîn* stn., Schrein, der auf ein Saumthier geladen wird. — *schihte* praet. von *schicken*, zurecht machen — *zuo den wegen*, fur die Reise. — 3 *dar — wân*, dorthin wo sie Freude erwarteten.
780, 3 *von*, durch. — *erstuont*, erwuchs, entstand. — *sêr* stn., Schmerz, Weh. — 4 *sîn vater* fur *sînen vater*.

zer hôchgezîte ergienge, er'n hete ir niht gesehen:
im kunde an lieben vriunden leider nímmér gescehen.

782 Bóten man fúr sande, die diu mære sageten dar. 725
dô reit ouch in engegene mit wünneclîcher scar (789)
vil der Uoten vriunde unt der Gúnthéres man.
der wirt gên sînen gesten sich sêre vlîzén began.

783 Er gie zuo Prünhilde da er sie sitzen vant. 726
«wie enpfie et iuch mîn swester do ir kômet in (790)
daz lant?
sam sult ir enpfâhen daz Sîfrides wip.»
«daz tuon ih», sprach siu, «gerne, von schulden holt
ist ir mîn lîp.»

784 Dô sprach der künic rîche: «sie koment uns mor-
gen vruo. 727
welt ir sie enpfâhen, dâ grîfet balde zuo; (791)
daz wir ir in der bürge niht erbîten hie.
mir kom in allen zîten sô rehte lieber geste nie.»

785 Ir meide unt ir vrouwen hiez sin dô sâ zehant 728
suochen guotiu kleider, diu besten diu man vant, (792)
diu ir ingesinde vor gesten solden tragen.
daz tâten sie doch gerne: daz mac man lîhté gesagen.

786 Ouch ilten in dô dienen die Guntheres man. 729
alle sîne recken der wirt zuo sich gewan. (793)
dô reit diu küneginne vil hêrlîche dan.
dâ wart vil michel grüezen die lieben géstê getân.

781, 3 *zer*, bei der. — *ir*, auf *hôchgezît* zu beziehen. — 4 *leider* compar. von *leide* adv.
782, 1 *für*, voraus. — 2 *ouch* bezieht sich nicht auf *in*, sondern auf den ganzen Satz. — *wünneclîch*, herrlich, prächtig. — 4 *gên*, in Erwartung. — *sich vlîzen*, sich beeifern, anstrengen.
783, 3 *sam*, ebenso. — 4 *ist ir mîn lîp*, bin ich ihr.
784, 3 daß wir nicht warten bis sie in die Burg kommen, sondern ihnen entgegenreiten. — 4 *nie* mit gen. (*geste*), als wenn *niht* stände: durchaus nicht so liebe Gäste.
785, 3 *ir ingesinde* ist nur anderer Ausdruck für *meide unt vrouwen*; es könnte auch blos heißen *sie*. — 4 *lîhte* adv., leicht: das ist nicht schwer zu sagen
786, 2 *zuo sich*: es könnte ebenso wohl stehen *zuo im*. — 4 *grüezen* subst. Infinitiv, aber mit der Rection des Verbums; jüngere Handschriften setzen nach nhd. Gebrauche *den lieben gesten*.

787 Mit wie getânen vreuden man die geste enpfie! 730
sie dûhte daz vrou Kriemhilt vroun Prunhilde nie (1794)
sô rehte wol enpfienge in Burgonden lant.
die sie ê nie gesâhen, den wart vil hôher muot erkant.

788 Nu was ouch komen Sifrit mit den sînen man. 731
man sach die helde wenden wider unde dan, (1795)
des veldes allenthalben, mit ungefuegen scharn.
dringen unde stouben kunde niemen dâ bewarn.

789 Dô der wirt des landes Sifriden sach, 732
unt ouch Sigemunden, wie minneclich er sprach! (1796)
«nu sît mir grôze willekomen unt al den vriunden mîn.
der iuwer hovereise sul wir hôhgemuote sîn.

790 «Nu lôn' iu got», sprach Sigemunt, der êre gernde man. 733
«sît daz iuch mîn sun Sifrit ze vriundé gewan, (1797)
dô rieten mîne sinne, daz ich iuch solde sehen.»
dô sprach der künic Gunther: «nu ist mir liebe dran geschehen.

791 Sifrit wart enpfangen, als im daz wol gezam, 734
mit vil grôzen êren: im was dâ niemen gram. (1798)
des half mit grôzen zühten Gîselhér unt Gêrnôt.
ich wæne man ez gesten nie sô güetlich erbôt.

792 Dô nâhten zuo ein ander der zweier kunege wîp. 735
dâ wart vil sätile lære: manic schœner vrouwen lîp (1799)
wart von helde handen erhaben ûf daz gras.
die vrouwen gerne dienten, waz der unmuezigen was!

787, 3 *enpfienge*, empfangen hätte. — 4 *sie* acc., die Gäste. — *wart erkant* wurde bekannt, sie lernten kennen.

788, 2 *wenden*, sich wenden. — *wider unde dan*, hin und zurück: sie ritten das Feld auf und ab. — 3 *des veldes*, der Genetiv hängt von *allenthalben*, auf allen Seiten (*halp*, Seite) ab. — 4 *bewarn*, vermeiden.

789, 4 *hôhgemuote* mhd., abweichend vom Nhd., die flectierte Form des Adjectivums.

790, 1 *êre gernde*, nach Ehre trachtend. — 3 so hatte ich den Wunsch und Gedanken euch zu besuchen. — 4 *liebe* adv. — *dran*, in euerm Besuche.

792, 1 *nâhen* mit *zuo* verbunden, nhd. Dativ. — 2 *wîpe* gen. pl., von *vil* abhängig. — 3 *erhaben* part. von *erheben*, vom Pferde gehoben. — 4 'wie viel waren der unausgesetzt Thätigen, die Frauen gerne dienten'

793 Dô giengen zuo ein ander diu minneclichen wîp. 736
des was in grôzen vreuden vil maniges ritters lîp, (800)
daz ir beider grüezen sô schône wart getân.
dô sah man vil der recken bî den juncfrouwen stân.

794 Daz hêrlich gesinde daz vie sich bî der hant. 737
in zühten grôze nîgen, des man vil dâ vant, (801)
und küssen minneclichen von vrouwen wol getân:
daz was liep ze sehene Gunthêrs und Sîfrides man.

795 Sine biten dâ niht langer, sie riten zuo der stat. 738
der wirt sînen gesten daz wol erzeigen bat (802)
daz man sie gerne sæhe in Burgonden lant.
vil manigen puneiz rîchen man vor den juncfrouwen vant.

796 Ûzer Tronege Hagene unt ouch Ortwîn, 739
daz sie gewaldec wæren, daz tâten sie wol schîn. (803)
swaz sie gebieten wolden, daz torste niemen lân.
von in wart michel dienest den lieben gésten getân.

797 Vil schilde hôrt' man schellen dâ zem bürgetor 740
von stichen und von stœzen. lange habt' der vor (804)
der wirt mit sînen gesten, ê daz sie kômen drin.
jâ gie in diu stunde mit grôzer kurzwîle hin.

798 Für den palas rîchen mit vröweden sie dô riten. 741
mænegen pfellel spæhen, unde wol gesniten, (805)
sach man über sätele den vrouwen wol getân
allenthalben hangen. dô kômen Guntheres man.

793, 1 *diu wîp*, das weibliche Gefolge beider Königinnen.

794, 1 Jeder Ritter fasste je eine Jungfrau bei der Hand und führte sie. — 2 *des* nimmt *nîgen* auf: des sich Verneigens. — 4 *man*, dat. pl.

795, 1 *biten* præt. pl. von *bîten*, warten. — 2 *bat*, nämlich seine Leute. — 4 *puneiz* stm., das Losreiten mit eingelegtem Speere. — *rîchen*, prächtig.

796, 1 *Ûzer Tronege*, des Verses wegen für das sonst übliche *von Tronege*. — 2 *gewaldec*, Macht habend. — 3 *lân*, unterlassen.

797, 1 *schellen* stv., tönen. — *zem*, beim. — 2 *habt*, hielt (zu Pferde). — 3 *drin* = *dar in*, da hinein.

798, 2 Die Pfellel (*pfellel* dasselbe was *pfelle*) giengen tiefer hinab als die Sattel; sie reichten den Pferden beinahe an die Hufen. — 4 Gunther's Mannen: wahrscheinlich sind die aus dem *palas* Kommenden gemeint, die die Gäste in Empfang nehmen und in die für sie bereiteten Zimmer führen.

799 Die geste hiez man füeren   balde an ir gemach. 742 (806)
under wilen blicken   man Prünhilde sach
an vroun Kriemhilde,   diu schœne was genuoc.
ir varwe gegen dem golde   den glanz vil hêrlichen truoc.

800 Allenthalben schallen   ze Wormez in der stat 743 (807)
hôrte man'z gesinde.   Gúnthèr dô bat
Dancwarten sînen marscalc   daz er ir solde pflegen
do begónd'er daz gesinde   harte güetliche legen.

801 Dar ûze unt ouch dar inne   spîsen man sie lie. 744 (808)
jâ wart vremder geste   baz gepflegen nie.
alles des sie gerten,   des was man in bereit.
der künec was sô rîche   daz da niemen niht wárt verseit.

802 Man diende in vriuntliche   und ân' allen haz. 745 (809)
der wirt dô ze tische   mit sînen gesten saz.
man bát Sifride sitzen   als er ê het getân.
dô gie mit im ze sedele   vil manic wætlicher man.

803 Zwélf húndert recken   an dem ringe sîn 746 (810)
dâ ze tische sâzen.   Prünhilt diu künegin
gedáht' daz eigenholde   niht richer kunde wesin.
siu was im noch sô wæge   daz sị in gerne lie genesin.

804 An einem âbénde,   dâ der künec saz, 747 (811)
vil der rîchen kleider   wart von wine naz,
dâ die schenken solden   zuo den tischen gân.
dâ wart vil voller dienest   mit grôzem vlîzé getân.

805 Sô man ze hôhzîten   lange hât gepflegen, 748 (812)
vrouwen unde mägede   hiez man schône legen.

799, 2 *under wilen*, manchmal, dazwischen. — 4 der Glanz ihrer Farbe wetteiferte mit dem des Goldes.
800, 4 *legen*, Lager geben, unterbringen.
801, 1 Sie speisten in der Burg und im Freien. — 4 daß jeder das erhielt, was er wünschte.
802, 3 Siegfried nahm denselben Sitz ein wie früher, nämlich auf dem *gegensidele* (617, 2).
803, 1 *an dem ringe sîn*, in seinem Kreise, an seiner (runden) Tafel. — 4 *lie genesin*, am Leben ließ.
804, 1 *da* ist mit *wart naz* zu verbinden: am Tische des Königs wurden viele Kleider naß von Wein. Es soll dadurch die Fülle der Bewirthung bezeichnet werden.
805, 1 Der Satz mit *sô* gehört zu *legen*. —

von swannen sie dar kômen, der wirt in willen truoc.
mit güetlîchen êren man gap in állén genuoc.

806 Dô diu naht het ende unt der tac erscein, 749
úz den soumscrînen vil manic edel stein (813)
erlûhte in guoter wæte, die ruorte vrouwen hant.
dô wart dar für gesuochet vil manic hêrlîch gewant.

807 Ê daz ez vol ertagete, dô kômen für den sal 750
vil ritter unde knehte: dô huop sich aber scal, (814)
vor einer vruomesse die man dem künige sanc.
dâ riten junge helde daz's in der künec sagete danc.

808 Vil kreftecliche lûte manic pûsûn erdôz: 751
von trumben unt von floyten wart der scal sô grôz (815)
daz Wormez diu vil wîte dar nâch lûte erscal.
die hôhgemuoten helde ze rossen kômen über al.

809 Dô huop sich in dem lande harte hôh ein spil 752
von manigem guotem recken: der sah man dâ vil. (816)
den ir tumbiu herze gâben hôhen muot,
der sah man under seilde manigen zieren recken guot.

810 In diu venster sâzen diu hêrlîchen wîp 753
und vil der schœnen mägede: gezieret was ir lîp. (817)
sie sâhen kurzewile von manigem küenem man.
der wirt mit sînen vriunden selbe rîten dâ began.

811 Sus vertriben sie die wile: diu dûhte sie niht lanc. 754
man hôrte dâ zem tuome maniger glocken klanc. (818)
dô kômen in die mære: die vrouwen riten dan.
den edelen küneginnen volgte manec küene man.

805, 3 *in willen truoc*, war ihnen willfährig.
806, 2 Die mit Edelsteinen besetzten Kleider, die die Frauen anrührten, um sie herauszunehmen, leuchteten aus den Saumschreinen. — 3 *erliuhten*, hervorleuchten. — 4 *dar für*, hervor.
807, 1 *vol ertagete*, völlig Tag geworden war. — 3 schon vor der Frühmesse begann das Reiten wieder. — 4 *daz*, so daß; *'s*, dafür. — *riten*, vom Reiten im Turnier gebraucht.
808, 1 *kreftecliche* adv., hier sehr. — *pusûn* stm., Posaune. — 2 *trumbe* swf., Trompete. — *floyte* swf., Flöte. — 3 *diu:* die Namen der Städte sind Feminina. — *dar nâch*, nach, von dem Lärm der genannten Instrumente. — 4 *ze rossen kômen*, stiegen zu Pferde.
809, 3 *tumbiu*, jugendlichen. — *herze* wird in einigen Casus stark flectiert. — 4 *der*, solcher junger Leute.
810, 1 *sâzen*, setzten sich. — 4 *vriunden*, Verwandten.
811, 2 *zem tuome*, im Dome. — 3 *in*, für sie.

812 Sie stuonden vor dem münster nider ûf daz gras. 755
Prünhilt ir gesten dannôch vil wæge was. (816)
sie giengen under krône in daz münster wît.
diu liebe wart sît gesceiden: daz frumte grœzlicher nît.

813 Dô sie gehôrten messe, sie fuoren wider dan 756
mit vil manigen êren. man sach sie sider gân (817)
ze tische vrœliche. ir vreude nie gelac
dâ zer hôhgezîte unz an den einleften tac.

812, 1 *stuonden*, stiegen ab. 2 *dannoch*, damals noch. 4 *liebe*, Zuneigung. *frumte*, bewirkte.
813, 1 *gehôrten*, gehört hatten. 3 *gelac*, stille lag, ruhte. 4 *einlefte*, elfte.

XIV. ÂVENTIURE,

WIE DIE KÜNIGINNEN EIN ANDER SCHULTEN.

Prünhild und Kriemhild gerathen miteinander in Streit, weil jene behauptet, Siegfried sei Gunther's Mann; Kriemhild, im Zorne, verräth, daß Prünhild durch Siegfried besiegt worden und will beim Kirchgange beweisen, daß sie auch eine Königin sei. Vor dem Münster zusammentreffend erneuen sie den Streit; Prünhild heißt Kriemhilden warten, bis sie eingetreten. Zum Beweise ihrer früheren Behauptung zeigt Kriemhild den Ring und den Gürtel. Prünhild lässt Gunthern rufen, der nach Siegfried schickt. Dieser soll sich mit einem Eide reinigen, den ihm Gunther jedoch erlässt. Die Frauen werden getrennt; Hagen begibt sich zu Prünhild und verspricht, sie zu rächen. Gunther will von Siegfried's Tode nichts wissen; Hagen räth, falsche Botschaft mit einer Kriegserklärung kommen zu lassen und will es einrichten, daß auf diesem Zuge Siegfried das Leben verliere. Dazu lässt sich Gunther überreden.

814 Vor einer vesperzîte huop sich grôz ungemach, 757
daz von manigem recken ûf dem hove geschach. (823)
sie pflâgen ritterschefte durch kurzewîle wân.
dô liefen dar durch schouwen vil manic wîp unde man.

815 Ze samene dô gesâzen die küneginne rîch. 758
si gedâhten zweier recken, die wâren lobelich. (824)
dô sprach diu schœne Kriemhilt: «ich hân einen man,
daz elliu disiu riche zuo sînen handen solden stân.»

---

814. In der Überschrift *schulten* præt. plur. von *schelten*. — 1 *vesperzît*, die Zeit 3 Uhr nachmittags (im Winter 2 Uhr). — *ungemach*, Unruhe. — 3 *durch kurzewîle wân*, in der Hoffnung auf Unterhaltung, um sich zu unterhalten.

815, 4 *zuo sînen handen*, in seiner Macht: er verdiente Herrscher aller dieser Länder zu sein.

816 Dô sprach diu vrouwe Prünhilt: »wie kunde daz gesîn? 759
ob niemén enlebete wan sîn unde dîn, (725)
sô móhten im diu rîche wol wesen undertân:
die wîle lebet Gunther, sô kunde'z nimmér ergân.«

817 Dô sprach aber Kriemhilt: »nu sihestu wie er stât, 760
wie rehte hêrlîche er vor den recken gât, (726)
alsam der liehte mâne vor den sternen tuot?
des muoz ich von schulden tragen vrœlîchen muot.«

818 Dô sprach diu vrouwe Prünhilt: »swie wætlich sî din man, 761
swie bíderbe unt swie scœne, sô muost tu vor im lân (727)
Gunthern den recken, den edelen bruoder dîn:
der muoz vor allen künegen, daz wizze, wærliche sîn.«

819 Dô sprach aber Kriemhilt: »sô tiwer ist wol mîn man, 762
daz ich in âne schulde niht gelobet hân. (728)
an vil manegen dingen ist sîn ére grôz.
geloubestu des, Prünhilt, er ist wol Gunthers genóz.«

820 »Jane solt du mir'z, Kriemhilt, ze arge niht verstân, 763
want ich âne schulde die rede niht hân getân. (729)
ich hôrt' sie jehen beide, do ih s' áller êrste sach,
und dâ des küneges wille an mîme lîbé gescach,

821 Unt dâ er mîne minne sô ritterlich gewan, 764
dô jach des selbe Sîfrit, er wære's küneges man. (730)
des hân ich in für eigen, sît ih's in hôrte jehen.«
dô sprach diu scœne Kriemhilt: »sô wær' mir übele geschehen.

816, 2 *wan* mit gen., außer ihm und dir. — 4 *die wîle*, so lange. — *kunde... nimmer ergân*, konnte es nimmer geschehen, daß er hier König würde.

818, 2 *vor im lân*, den Vorzug vor ihm geben.

819, 1 *tiwer*, werth, ausgezeichnet, meist *tiure*. — 2 *âne schulde*, ohne Grund. — 4 *genôz*, der sich einem gleichstellen kann.

820, 1 *ze arge verstân*, in bösem Sinne auffassen, übel aufnehmen. — 3 *aller êrste*, zum ersten Male. — 4 der König erlangte seinen Willen an ihr, indem er sie im Zweikampfe besiegte. Denn darauf, nicht auf die Hochzeitsnacht, ist diese und die folgende Zeile zu beziehen.

821, 3 *hân ich*, halte ich. — 4 so wäre ich übel dran, indem ich eines Dienstmanns Weib wäre.

822 Wie heten sô geworben die edelen bruoder mîn, 765
daz ich eigenmannes wine solde sîn? (831)
des wil ich dich, Prünhilt, vil friuntlîchen biten
daz du die rede lâzest durch mich mit güetlîchen siten.»

823 «I'ne mac ir niht gelâzen», sprach des küneges wîp. 766
«zwiu sold' ich verkiesen sô maniges ritters lîp, (832)
der uns mit dem degene dienstlîch ist undertân?»
Kriemhilt diu vil schœne vil sêre zürnén began.

824 «Du muost in verkiesen, daz er dir immer bî 767
wone deheiner dienste. er'st tiwerr danne si (833)
Gunther mîn bruoder, der vil edele man.
du solt mich des erlâzen daz ich von dir vernomen hân.

825 Und nimet mich immer wunder, sît er dîn eigen ist 768
unt daz du über uns beidiu sô gewaltec bist,
daz er dir sô lange den zins versezzen hât.
der dîner übermüete sold' ich von rehte haben rât.»

826 «Du ziuhest dich ze hôhe», sprach des küniges wîp. 769
«nu wil ich sehen gerne, op man den dînen lîp (834)
habe ze solhen êren sô man den mînen tuot.»
die vrouwen wurden beide vil sêre zórnée gemuot.

827 Dô sprach diu vrouwe Kriemhilt: «daz muoz et nu geschehen. 770
sît du mînes mannes für eigen hâst verjehen, (835)
nu müezen hiute kiesen der beider künige man,
op ich vor küniges wîbe ze kirchen türré gegân.

822, 1 *werben*, handeln. — 2 *eigenman*, Leibeigener. — *wine*, Geliebte, aber auch Ehefrau. — 3 *des*, deshalb. — 4 *mit güetlîchen siten*, in freundlicher Weise.

823, 2 *verkiesen*, verzichten auf. — 3 *degene*, Siegfried.

824, 1. 2 *dir bî wone deheiner dienste*, dir nahe mit irgend welchen Diensten, dir irgend welche Dienste leiste; *immer*, je. — 2 *tiwerr*, compar. — *sî*, sein kann. — 4 *erlâzen*, überheben.

825, 2 *daz* für *sît daz*, da. — 3 *versitzen*, zu lange sitzen bleiben und dadurch etwas versäumen: daß er so lange versäumt hat dir den Zins zu zahlen. — 4 *haben rât*, überhoben sein.

826, 1 Du erhebst dich zu hoch. — 2 *gerne* ist nicht mit *sehen*, sondern mit *wil* zu verbinden. — 3 *habe ze êren*, ehre.

827, 1 *daz*, nämlich das Erproben, wen man mehr ehrt. — 2 *verjehen eines für*, etwas, jemand für etwas ausgeben. — 4 *gegân*, verstärktes *gân*.

828 Du muost daz hiute schouwen daz ich bin adelvrî: 771
und daz mîn man ist tiuwerr dan der dîne sî, (824)
dâ mite wil ich selbe niht bescholten sîn.
du solt noch hiute kiesen wie dîn eigendiwe dîn

829 Ze hove gê vor recken in Burgonden lant 772
ich wil selbe tiwerr wesen dann' iemen habe bekant (825)
deheine küneginne diu krône ie her getruoc.
dô huop sich under'n vrouwen grôzes nîdes genuoc.

830 Dô sprach aber Prünhilt: «wiltu niht eigen sîn, 773
sô muostu dich scheiden mit den vrouwen dîn (826)
von mînem ingesinde, dâ wir zem münster gân.»
des antwurte Kriemhilt: «entriuwen, daz sol sîn getân.»

831 «Nu kleidet iuch, mîn mägede», sprach Sîfrides wîp. 774
«ez muoz âne schande belîben hie mîn lîp. (827)
ir sult wol lâzen schouwen, und habt ir rîche wât.
sîn mac sîn gerne lougen dés Prünhilt verjehen hât.»

832 Man mohte in lîhte râten: sie suochten rîchiu kleit: 775
dâ wart vil wol gezieret manic vrouwe unde meit. (828)
dô gie mit ir gesinde des edelen küniges wîp:
dô wart ouch wol gezieret der schœnen Kriemhilde lîp,

833 Mit drin und vierzec meiden, die brâhte s' an den Rîn: 776
die truogen liehte pfelle geworht in Arâbîn. (829)
sus komen zuo dem münster die meide wol getân:
ir warten vor dem hûse alle Sîfrides man.

828, 1 *adelvri*, adelich frei. Gegensatz *eigen*. — 3 *bescholten*, beschimpfen: daß ich behauptet habe, mein Mann sei vornehmer als der deine, das soll man mir nicht vorwerfen, daraus will ich mir keinen Vorwurf machen lassen. — 4 *eigendiwe* stf., leibeigene Dienerin; *eigen-diu* 838, 4. Du wirst noch heute sehen, wie deine Leibeigene an den Hof kommt.
829, 1 *vor*, an der Spitze von. — 3 *ie her*, jemals, bisher.
830, 2 so musst du dich mit deinem Gesinde von dem meinigen absondern. — 4 *entriuwen*, in Treuen, fürwahr; *es* geschwächt aus *ez*.
831, 3 *und habt ir*, wenn ihr habt. — 4 *sin* und *Prünhilt* sind dieselbe Person. Sie (Prünhilt) hat Grund, gerne das zu verleugnen was sie behauptet hat.
832, 1 sie kamen der Aufforderung gerne nach. — 3 *küniges*, Gunther's. *gie*, kam.
833, 4 *ir*, dat., auf Kriemhild bezüglich. — *vor dem hûse*, aus welchem sie traten, standen wartend Siegfried's Mannen, um Kriemhild zum Münster zu begleiten.

834 Die liute nâm des wunder, wâ von daz gescach 777
daz man die küneginne alsô gescheiden sach, (842)
daz sie bî ein ander niht giengen alsam ê.
dâ von wart manigem degene sît vil sorclîchen wê.

835 Hie stuont vor dem münster daz Guntheres wîp. 778
dô hete kurzewîle vil maniges ritters lîp (843)
mit den schœnen vrouwen der sie dâ nâmen ware.
dô kom diu vrouwe Kriemhilt mit maniger hêr-
lîchen schare.

836 Swaz kleider ie getruogen edeler ritter kint, 779
wider ir gesinde daz was gar ein wint. (844)
siu was sô rîch des guotes, daz drîzec künige wîp
möhten niht erziugen daz tete Kriemhilde lîp.

837 Ob iemen wünschen solde, der kunde niht gesagen 780
daz man sô richer kleider gesæhe ie mêr getragen (845)
alsô dâ trúogen ir meide wol getân.
wan ze léide Prünhilde, ez hete Kriemhilt verlân.

838 Ze samne sie dô kômen vor dem münster wît. 781
ez tet diu hûsvrouwe durch einen grôzen nit, (846)
siu hiez vil übellîche Kriemhilde stille stân:
«jâ sol vor küniges wîbe nimmer eigendiu gegân.»

839 Dô sprach diu frouwe Kriemhilt (zornec was ir muot): 782
«kundèstu noch geswîgen, daz wǽré dir guot. (847)
dû hast gescendet selbe den dînen schœnen lîp:
wie möhte mannes kebese immer werden küniges wîp?»

834, 4 Hindeutung auf den tragischen Ausgang. — *sorclichen* adv., mit Sorge, Furcht.

835, 3 *ware*, die ursprüngliche Form von *war*, ahd. *wara*.

836, 2 *ir*, Kriemhildens. — 4 *erziugen*, aufweisen, aufbringen. — *tete* vertritt *erziugte*.

837, 1 *wünschen*, nämlich prächtige Kleider zu sehen. — 4 *wan*, elliptisch: hätte sie es nicht Prünhilden zu Leide, zum Tort gethan. — *verlân*, unterlassen.

838, 2 *ez*, das folgende. — *hûsvrouwe*, Herrin des Hauses, Prünhilt. — 3 *übellîche* adv., in böser Weise.

839, 3 *gescendet dînen lîp*, Schande über dich gebracht. — 4 *kebese*, Kebsweib. — *immer*, jemals.

840 «Wen hâstu hie verkebset?» sprach des küniges wîp. 783
«daz tuon ich dich», sprach Kriemhilt. «den dînen schœnen lîp (848)
minnet' êrste Sîfrit, mîn vil lieber man.
jane wás ez niht mîn bruoder der dir den magetuom an gewan.

841 War kómen dîne sinne? ez was ein arger list. 784
zwiu lieze du in minnen, sît er dîn eigen ist? (849)
ich hœre dich», sprach Kriemhilt, «ân' alle schulde klagen.»
«entriuwen», sprach dô Prünhilt, «daz wil ich Gunthere sagen.»

842 «Waz mac mir daz gewerren? dîn übermuot dich hât betrogen: 785
du hâst mich ze dienste mit rede dich an gezogen. (850)
daz wizze en rehten triuwen, ez ist mir immer leit:
getriuwer heinlîche sol ich dir wesen unbereit.»

843 Prünhilt dô weinde: Kriemhilt niht langer lie, 786
vor des küniges wîbe in'z münster siu dô gie (851)
mit ir ingesinde. dâ huop sich grôzer haz:
des wurden liehtiu ougen vil starke trüeb' unde naz.

844 Swie vil man gote gediende oder iemen dâ gesanc, 787
des dûhte Prünhilde diu wîle gar ze lanc: (852)
wand' ir was vil trüebe der lîp und ouch der muot.
des muosen sît engelten manic hélet küen' unde guot.

845 Prünhilt mit ir frouwen gie für daz münster stân. 788
si gedâhte: «mich muoz Kriemhilt mêre hœren lân (853)

840, 1 *verkebsen* swv., zum Kebsweib machen, Kebsweib nennen. — 4 *magetuom* stm., die Jungferschaft.
841, 1 *arc*, böse, nichtswürdig. — *list* stm., Geschicklichkeit, Klugheit. — 3 *klagen*, daß ich dich Kebsweib genannt habe.
842, 2 du hast mich mit deinen Worten zu Diensten berufen, hast behauptet, daß ich dir zu Diensten verpflichtet sei. — 4 *heinlîche*, Vertraulichkeit. — *unbereit*, nicht bereit, mit gen. von: Mit der Vertraulichkeit zwischen uns hat es ein Ende.
843, 1 *lie*, unterließ. — 4 *starke* adv., sehr.
844, 2 *des* von *wîle* abhängig: die Zeitdauer dessen. — 4 *engelten* stv., Strafe für etwas bezahlen, Nachtheil von etwas haben (mit gen.), Gegensatz *geniezen*.
845, 2 *mêre*, noch Weiteres, davon hangt *des* ab.

des mich sô lûte zîhet daz wortræze wîp.
hât er sich's gerüemet, ez gêt an Sîfrides lîp.»

846 Nu kom diu edele Kriemhilt mit manigem küenem man. 789
dô sprach diu vrouwe Prünhilt: «ir sult noch stille stân. (854)
ir jâhet mîn ze kebesen: daz sult ir lâzen sehen.
mir ist von iuwern sprüchen, daz wizzet, léidé geschehen.»

847 Dô sprach diu vrouwe Kriemhilt: «ir möht mich lâzen gân. 790
ich erzíuge'z mit dem golde deich an der hende hân: (855)
daz brâhte mir mîn vriedel do er êrste bî iu lac.»
nie gelebte Prünhilt deheinen léidéren tac.

848 Siu sprach: «diz golt vil edele daz wart mir verstoln 791
und ist mich harte lange vil übele vor verholn: (856)
ich kum es an ein ende, wer mir'z hât genomen.»
die vrouwen wâren beide in grôz ungemüete komen.

849 Dô sprach aber Kriemhilt: «i'ne wil's niht wesen diep. 792
du möhtes wol gedaget hân, und wær' dir êre liep. (857)
ich erzíuge'z mit dem gürtel den ich hie umbe hân,
daz ich niht enliuge: jâ wart mîn Sîfrít dîn man.»

850 Von Ninnivê der sîden siu den porten truoc, 793
mit edelem gesteine: jâ was er guot genuoc. (858)

845, 3 *zîhen* mit acc. und gen., einen einer Sache beschuldigen. — *wortræze*, scharf in Worten. 4 *er* und *Sîfrit* wieder dieselbe Person (831, 4).

846, 3 *jehen* mit gen. und *ze*, jemand für etwas ausgeben. — *lâzen sehen*, beweisen. 4 *spruch*, Rede.

847, 1 *möht* = *möhtet*, ihr hättet Grund. — 2 *erziugen*, beweisen. — *golt*, goldner Ring. — *deich* = *daz ich*. — 3 *vriedel*, Geliebter, Mann. — *êrste*, zuerst.

848, 1 *verstoln*, stehlen. — 2 *ist mich vor verholn*, ist vor mir verborgen worden. — *übele* adv., in böser Weise. — 3 *eines dinges an ein ende komen*, etwas vollständig erforschen. — 4 *ungemüete* stn., Verstimmung.

849, 1 *wil's*; *es* hängt von *diep* ab. — 2 *möhtes*, die zweite Person auf *s* statt des gewöhnlichen *st*. — 4 *dîn man*, er gewann deine Minne (in sinnlicher Bedeutung); in demselben Sinne steht nachher andererseits *wîp* (851, 4).

850, 1 zu verbinden: *den porten der sîden von Ninnivê*. — 2 *guot genuoc*, sehr gut, sehr prächtig. —

dô den gesach vrou Prunhilt, weinen sin began:
daz muose vreischen Gunther und alle Burgonden man.

851 Dô sprach diu küneginne: «heizet here gân 794
den fürsten vonme Rîne. ich wil in hœren lân (859)
wie mich hât gehœnet siner swester lip.
siu sagt hie offenlîchè, ich si Sîfrides wip.»

852 Der künic kom mit recken. weinen er dô sach 795
die sinen triutinne: wie guetlich er sprach: (860)
«saget mir, liebiu vrouwe, wer hât iu getân?»
siu sprach zuo dem künige: «ich muoz unvrœliche stân

853 Von allen minen êren mich diu swester din 796
gerne wolde scheiden. dir sol geklaget sin, (861)
siu gihet, mich habe gekebeset Sîfrit ir man.»
dô sprach der künec Gunther: «sô hete s' übele getân.»

854 «Siu treit hie minen gürtel den ich hân verlorn, 797
und min golt daz rôte. daz ich ie wart geborn, (862)
daz riuwet mich vil sêre, dun' beredest, künic, mich
der vil grôzen schanden: daz diene ich immer umbe dich.»

855 Dô sprach der künic Gunther: «er sol her füre gân. 798
hât er sich's gerüemet, daz sol er hœren lân: (863)
oder sin muoz lougen der helt ûz Niderlant.»
den Kriemhilde vriedel hiez man bringen så zehant.

856 Dô der herre Sîfrit die ungemuoten sach, 799
er'n wesse niht der mære: wie balde er dô sprach: (864)

850, 4 *ervreischen*, erfahren, vernehmen: sie konnte nicht umhin es ihn wissen zu lassen.
851, 2 *vonme* = *von deme*. — 3 *hœnen*, beschimpfen.
852, 3 *wer — getân*, wer hat euch (etwas) gethan. — 4 *stân*, habe guten Grund.
853, 3 *gihet*, dritte Person präs. von *jehen*, behauptet. — 4 *kebesen*, zum Kebsweibe machen.
854, 3 *riuwet mich*, reut mich, beklage ich. — *bereden* mit acc. und gen., jemand gegen etwas vor Gericht vertheidigen: wenn du mich nicht vertheidigst.
855, 2. 3 er muß entweder eingestehen, daß er sich dessen gerühmt hat, oder er muß es von sich abweisen.
856, 1 *ungemuot*, verstimmt, betrübt, zornig. — 2 *der mære*, die Sache, den Sachverhalt.

«waz weinent dise vrouwen? daz het ich gerne erkant;
oder von welhen schulden mich der künic habe besant.»

857 Dô sprach der künic Gunther: «dâ ist mir harte leit: 800
mir hât mîn vrouwe Prünhilt ein mære hie geseit, (865)
du habes dich des gerüemet, daz du ir schœnen lîp
alrêrst habes geminnet, daz seit frou Kriemhilt dîn wîp.»

858 Dô sprach der herre Sîfrit: «und hât siu daz geseit, 801
ê daz ich erwinde, ez sol ir werden leit: (866)
und wil dir daz enpfüeren vor allen dînen man
mit mînen hôhen eiden daz ich's ir niht gesaget hân.»

859 Dô sprach der künec von Rîne: «daz soltu lâzen
sehen. 802
den eit den du biutest, unt mac der hie geschehen, (867)
aller valscen dinge wil ich dich ledic lân.»
man hiez zuo dem ringe die stolzen Burgonden stân.

860 Sîfrit der vil küene zem eide bôt die hant. 803
dô sprach der künic rîche: «mir ist sô wol bekant (868)
iuwer grôz unschulde: ich wil iuch ledic lân,
des iuch mîn swester zîhet, daz ir des niene habt getân.»

861 Dô sprach aber Sîfrit: «geniuzet es mîn wîp, 804
daz siu hât betrüebet den Prünhilde lîp, (869)
daz ist mir sicherlîchen âne mâze leit.»
dô sâhen zuo z'ein ander die guoten rittér gemeit.

856, 3 *waz*, warum.

857, 4 *alrêrst*, zuerst. — *seit* = *saget*, behauptet.

858, 1 *siu*, Kriemhild. — 2 er droht, nicht zu ruhen, bis er sie dafür bestraft habe; vgl. 894, 2. — 3 *enpfüeren*, durch einen Reinigungseid erhärten. — 4 *hôhen*, theuern: wie wir sagen «hoch und theuer schwören».

859, 2 *den eit*, Attraction durch das folgende Relativum für *der eit*. — 3 *valscen dinge*, Unredlichkeit. — *ledic lân*, freisprechen, mit gen. — 4 sie bildeten einen Kreis um den Schwörenden. — *stân*, treten.

860, 2 Der König erlässt ihm die Vollstreckung des Eides im Bewusstsein des eigenen Schuldgefühls. — 4 *des* von *niene* abhängig: durchaus nichts davon.

861, 1 *geniezen* mit gen., Nutzen von etwas haben; conditionaler Satz. — 4 *sâhen zuo z'ein ander*, sahen einander an: sie wunderten sich über das Vorgefallene.

862 «Man sol sô vrouwen ziehen», sprach Sîfrit der degen, 805
«daz si üppecliche sprüche lâzen under wegen. (870)
verbint ez dînem wîbe, der mînen tuon ich sam.
ir grôzen ungefüege ich mich wærlîchen scam.»

863 Mit rede was gescheiden manic schœne wîp. 806
dô trûret' alsô sêre der Prünhilde lîp, (871)
daz ez erbarmen muose die Guntheres man.
dô kom von Tronege Hagene zuo sîner vrôuwén gegân.

864 Er vrâgte waz ir wære: weinende er sie vant. 807
dô sagte si im diu mære. er lobet' ir sâ zehant (872)
daz ez erarnen müese der Kriemhilde man:
oder er wolde nimmer dar umbe vrœlich gestân.

865 Zuo der réde kom Ortwîn unde Gérnôt, 808
dâ die helde rieten den Sîfrides tôt. (873)
dar zuo kom ouch Giselher, der edelen Uoten kint.
do er ir rede gehôrte, er sprach getriuwelîche sint:

866 «Ir vil guoten recken, war umbe tuot ir daz? 809
jane gediende Sîfrit nie alsolhen haz (874)
daz er dar umbe solde verliesen sînen lîp.
jâ ist es harte lîhte, dar umbe zürnént diu wîp.»

867 «Suln wir gouche ziehen?» sprach aber Hagene: 810
«des habent lützel êre sô guote degene. (875)
daz er sich hât gerüemet der lieben vrouwen mîn,
dar umbe wil ich sterben, ez engè im an daz leben sîn.»

862, 2 *üppeclîch*, übermuthig. — *lâzen under wegen*, unterlassen. — 4 *ungefüege* stf., unschickliches Benehmen.
863, 1 *Mit rede*, in Bezug auf die Rede: sie redeten nicht mehr miteinander. — 4 *vrouwen*, Herrin.
864, 3 *erarnen* swv., Strafe für etwas leiden, es büßen. — 4 *gestân*, sein, leben.
865, 1 *rede*, Gespräch. — 2 *die helde* sind Hagen und Gunther, denn diese müssen wir uns in Prünhild's Zimmer anwesend denken (863, 1), dazu kommen Gernot, Giselher und Ortwin. — 4 *getriuwelîche* adv., in treuer Gesinnung.
866, 2 *gediende*, verdiente. — 4 *lîhte* adj., unbedeutend, wenig, der Genetiv (*es*) steht dabei wie bei *lützel*, vgl.: um etwas Unbedeutendes zürnen Weiber miteinander.
867, 1 *gouch* stm., Bastard; eigentlich Kukuk. — 3 *sich gerüemen der vrouwen*, geprahlt ihre Liebe genossen zu haben. — 4 entweder ich oder er muß deswegen sterben.

868 Dô sprach der künic selbe: «er'n hât uns niht getân 811
niwan guot und êre; man sol in leben lân. (876)
waz touc ob ich dem recken wære nu gehaz?
der was uns ie getriuwe und tet vil willecliche daz.»

869 Dô sprach vone Metzen der degen Ortwîn: 812
«jane kan in niht gehelfen diu grôze triuwe sîn. (877)
erloubet mir'z mîn herre, ich tuon im allez leit.»
dô heten im die helde âne schulde widerseit.

870 Sin gevolgte niemen, niwan daz Hagene 813
riet in allen zîten Gunthér dem degene. (878)
ob Sîfrit niht enlebte, sô wurde im undertân
vil der künege lande. der helt dô trûrén began.

871 Dô liezen si'z beliben: spilen man dô sach. 814
hei waz man starker schefte vor dem münster brach (879)
vor Sîfrides wîbe al zuo dem sale dan!
dô wâren in unmúote genuoge Guntheres man.

872 Der künic sprach: «lât beliben den mortlichen zorn. 815
er ist uns ze sælden unt ze êrén geborn. (880)
ouch ist sô grimme starker der wundernküene man:
ob er sîn innen wurde, sô torste in niemén bestân.»

873 «Nein er», sprach dô Hagene. «ir muget wol stille dagen: 816
ich getrúuwe'z heinliche alsố wol án getragen, (881)
daz Prünhilde weinen sol im werden leit.
jâ sol im von Hagenen immer wesen widerseit.»

868, 3 *touc* præs. von *tugen*, taugen, nützen. — 4 *daz*, das *getriuwe* sein.
869, 1 *vone*, die ältere Form für *von*, ahd. *fona*. — 2 *gehelfen*, nützen mit acc. *(in)*. — 4 *widerseit*, die Freundschaft aufgekündigt.
870, 1 Niemand verfolgte die Sache weiter; nur Hagen ruhte nicht und stachelte immer aufs neue. — 2 *riet*, mit seinem Rathe in den Ohren lag. — 3 *im*, Gunthern. — 4 *der helt*, Gunther.
871, 1 *beliben*, auf sich beruhen. — *spilen*, ritterliches Spiel ist gemeint. — 3 *zuo dem sale*, bis zum Saale hin, in welchen Kriemhild gieng, begleiteten sie sie buhurdierend. — 4 *dô*, dagegen: nun Siegfried's Mannen gaben sich wie früher der Freude hin.
872, 1 *mortlich*, mörderisch. — 3 *grimme* adv., sehr, gewaltig. — *starker*, flectierte Form des Adjectivums. — *wunderuküene*, wunderbar kühn. — 4 wenn er es bemerkte, würde er auf seiner Hut sein und dann konnte niemand wagen ihn anzugreifen.
873, 1 *Nein er*, nein, er wird es nicht bemerken. — 2 *an getragen*, einrichten, anstiften. — Nach *alsô* folgt hier kein Satz mit *daz*, sondern ein unabhängiger.

874 Dô sprach der künic Gunther: wie mohte daz ergân? 817
des antwurte Hagene: ich wil'z iuch hœren lân. (879)
wir heizen boten rîten zuo z'uns in daz lant
widersagen offenlîche, die hie niemen sîn bekant.

875 Sô jehet ir vor den gesten daz ir und iuwer man 818
wellet hervarten. alsô daz ist getân, (880)
sô lobet er in dar dienen: des vliuset er den lîp:
sô ervare ich uns diu mære ab des küenen recken wîp.

876 Der künic gevolget' übele Hagenen sînem man. 819
die starken untriuwe begonden tragen an, (881)
ê iemen daz erfunde, die ritter ûz erkorn.
von zweier vrouwen bâgen wart vil manic helt verlorn.

874, 3 wir lassen welche von unsern Leuten als Boten ins Land reiten. — 4 *widersagen*, um Krieg anzukündigen. — Es sollen nicht Leute sein, die man am Hofe kennt, also erkennen würde.
875, 4 *uns*, für uns. — *diu mære*, nämlich auf welche Weise Siegfried verwundbar ist. Hagen will bei günstiger Gelegenheit Siegfried verräterisch ermorden. — *ab*, von, aus ihrem Munde.
876, 1 *übele*, mit Unrecht, zu seinem Schaden. — 3 *bâgen* stv., zanken, hier als subst. Infinitiv.

XV. ÂVENTIURE.

WIE SÎFRIT VERRÂTEN WART.

Am vierten Morgen bringen die falschen Boten eine Kriegserklärung von Liudegast und Liudeger. Siegfried erfährt es und erbietet sich, gegen die Feinde zu ziehen. Hagen verabschiedet sich bei Kriemhild und erfährt Siegfried's verwundbare Stelle. Er lässt nun Boten kommen, die friedliche Nachrichten bringen. Man beschließt im Waskenwalde zu jagen; Siegfried will an der Jagd theilnehmen.

877 An dem vierden morgen zwên' unt drîzec man 820
sach man ze hove rîten. daz wart dô kunt getân (885)
Gunther dem vil rîchen, im wære widerseit.
von lüge erwuohsen vrouwen diu aller grœzésten leit.

878 Urloup sie gewunnen, daz sie für solden gân, 821
und jâhen daz si'z wæren die Liudegêres man, (886)
den ê dâ hete betwungen diu Sîfrides hant
unt in ze gîsel brâhte in daz Guntheres lant.

879 Die boten er dô gruozte und hiez sie sitzen gân. 822
ir einer sprach dar under: herre, lât uns stân (887)
unz wir sagen mære diu iu enboten sint.
jâ habet ir ze vînde, daz wizzet, maniger muoter kint.

880 »Iu widersaget Liudegast unde Liudegêr, 823
den ir dâ wîlen tâtet diu gremelîchen sêr: (888)

878, 1 *Urloup sie gewunnen*, sie bekamen Erlaubniss. — *für gân*, vor den König kommen. — 2 *si'z*; *ez* ist für uns im Nhd. überflüssig. — 4 *brâhte*, gebracht hatte.
879, 1 *er*, Gunther, der 878, 1 gemeint war. — 4 *habet ze vînde*, habt zum Feinde, als Feind.
880, 2 *wîlen* dat. plur. von *wîle*, einstmals. —

die wellent zuo z'in rîten mit her in ditze lant
der künic begunde zürnen dô er diu mære bevant.

881 Man hiez die meinræten zen herbergen varn. 824
wie möhte sich Sîfrit dô dâ vor bewarn, 880
er oder ander iemen, daz sie dô truogen an?
daz wart sît in selben ze grôzem leide getân.

882 Der künic mit sînen vriunden rûnende gie. 825
Hagene von Tronege in nie geruowen lie. 881
noch heten ez gesceiden genuoge 's küniges man:
dône wolde et Hagene nie des râtes abe gân.

883 Eines tages Sîfrit sie rûnende vant. 826
dô begonde vrâgen der helt von Niderlant: 882
»wie gât sô trûrecliche der künic unt sîne man?
daz hilfe ich immer rechen, hât im iemen iht getân.«

884 Dô sprach der künic Gunther: »mir ist von schulden leit. 827
Liudegast und Liudegêr die habent mir widerseit. 883
sie wellent offenliche rîten in mîn lant.«
dô sprach der degen küene: »daz sol diu Sîfrides hant

885 Nâch allen iuwern êren mit vlîze understân. 828
ich getuon noch den degenen als ich hân ê getân: 884
ich gelege in wüeste ir bürge und ouch ir lant,
ê daz ich erwinde: des sî mîn houbet iuwer pfant.

886 Ir unt iuwer recken sult hie heime bestân, 829
und lât mich zuo z'in rîten mit den die ich hân. 885
daz ich iu gerne diene, daz lâz' ich iuch sehen:
von mir sol iuwern vînden, daz wizzet, leide geschehen.

880, 3 *mit her*, mit einem Heere. — 4 *bevant*, erfuhr.
881, 1 *meinræte* adj., verrätherisch. Man that alles so, als wenn es wirklich Boten aus fremdem Lande wären. — 3 *daz* mit *truogen an* zu verbinden, vor dem was. — 4 *in selben*, ihnen selbst, denen die den Anschlag machten. — *wart getân*, schlug aus.
882, 1 *rûnen*, flüstern, sich heimlich berathen. — 3 *ez gesceiden*, es gütlich beigelegt. — 4 *rât*, Anschlag.
884, 1 *mir ist leit*, ich bin betrübt. — 3 *rîten*, vom feindlichen Einfall gebraucht.
885, 1 *Nâch allen êren*, ganz so wie es eurer Ehre gemäß ist. — *understân*, verhindern. — 2 *noch*, auch jetzt noch. — 3 *gelege wüeste*, mache wüst durch Niederschlagen.
886, 1 *bestân*, bleiben. — 2 *z'in*, das Feindliche bezeichnend, wie 880, 3.

887 «Sô wol mich dirre mære», sprach der künic dô, 830
als ob er ernestliche der helfe wære vrô.
in valsche neig im tiefe der ungetriuwe man.
dô sprach der herre Sîfrit: «ir sult kleine sorge hân.»

888 Dô schihten sie die reise mit den knehten dan: 831
Sîfride und den sînen ze sehen ez was getân. (895)
dô hiez er sich bereiten die von Niderlant:
die Sîfrides recken die suochten strîtlich gewant.

889 Dô sprach der herre Sîfrit: «mîn vater Sigemunt, 832
ir sult hie belîben. wir komen in kurzer stunt, (896)
gît uns got gelücke, her wider an den Rîn.
ir sult bî dem künige hie vil vrœliche sîn.»

890 Diu zeichen si ane bunden, alsô sie wolden dan. 833
dô wâren dâ genuoge Guntheres man, (897)
dine wéssen niht der mære, wâ von ez was geschehen:
man mohte grôz gesinde dô bî Sîfride sehen.

891 Ir helme und ouch ir prünne sie bunden ûf diu marc: 834
sich beréite vome lande vil manic ritter starc. (898)
dô gie von Tronege Hagene da er Kriemhílde vant
unt bat im geben urloup: sie wolden rûmén daz lant.

892 «Nu wol mich», sprach dô Kriemhilt, «deich ie gewan den man 835
der mînen lieben vriunden sô wol tar vor gestân, (899)
alsô mîn herre Sîfrit tuot den vriunden mîn.
des wil ich hôhes muotes», sprach diu küneginne, «sîn.

887, 2 *ernestliche* adv., im Ernste. — 4 *kleine sorge*, mit der mhd. Ironie für: gar keine Sorge.

888, 1 *schicken*, anordnen; *dan* ist mit *reise* zu verbinden. — 2 es geschah so, daß Siegfried und die Seinen es sahen, um noch mehr getauscht zu werden. Die Knechte wurden einstweilen voransgeschickt, oder wenigstens die Vorbereitungen dazu getroffen.

890, 1 *zeichen*, Fahne, lat. *signum*. — *ane bunden*, vgl. zu 194, 1. — *alsô*, als ob, wie wenn. — *wolden dan*, ein Verbum der Bewegung ist zu ergänzen. — 4 viele von Gunther's Mannen drangten sich herzu, um Siegfried's Zurüstungen zu sehen.

891, 2 *sich bereite von*, schickte sich an, machte sich fertig, (zu gehen) aus. — 4 *wolden* ist conj. praet.

892, 2 *vriunden*, Verwandten. — *vor gestân* mit dat., schützen.

893 Vil lieber vriunt Hagene, nu gedenket ane daz, 836
daz ich iu gerne diene und noch nie wart gehaz. (990)
des lâzet mich geniezen an mînem lieben man.
er'n sol des niht engelten, hab' ich Prünhilde
iht getân.

894 «Daz hât mih sît gerouwen», sprach daz edele wîp. 837
«ouch hât er sô zerblouwen dar umbe mînen lîp, (991)
daz ich iz ie geredete daz beswârte ir den muot,
daz hât vil wol errochen der helt küene unde guot.»

895 «Ir werdet wol versüenet her nâch disen tagen. 838
Kriemhilt, liebiu vrouwe, jâ sult ir mir sagen (992)
wie ich iu müge gedienen an Sîfride iuwerm man.
daz tuon ich gerne, vrouwe: baz ih's niemen engan.»

896 «Ich wære ân' alle sorge», sprach daz edele wîp, 839
«daz im iemen næme in sturme sînen lîp, (993)
ob er niht volgen wolde sîner übermuot:
sô wære immer sicher der degen küene unde guot.»

897 «Vrouwe», sprach dô Hagene, «unt habet ir des wân 840
daz man in müge versnîden, ir sult mich wizzen lân, (994)
mit wie getânen listen ich daz sul understên.
ich wil im ze huote immer rîten unde gên.»

898 Siu sprach: «dû bist mîn mâc, sô bin ich der dîn. 841
ich bevilhe dir mit triuwen den holden wine mîn, (995)
daz tu mir wol behüetest den mînen lieben man.»
siu seit' im kundiu mære, diu bezzer wæren verlân.

893, 2 von dieser dienstbereitwilligen Gesinnung lasst mich an meinem Manne Nutzen haben, er soll den Nutzen davon haben. — 4 *hab'* ist Conjunctiv.

894, 1 *gerouwen* part. von *riuwen*, reuen. — 2 *zerblouwen* part. von *zerbliuwen*, zerblauen; aber nicht im unedeln Sinne des Nhd. — 3 *iz* deutet auf das folgende *daz*, was. — *beswârte* prät. von *beswæren*, betrüben. — 4 *errochen*, gerochen, nämlich an mir.

895, 1 *Ir*, ihr Frauen, ihr und Prünhild. *versüenet*, versöhnt, euer Streit wird beigelegt werden. — *her nâch disen tagen*, nach der Zeit von jetzt an. — 4 *baz*, mehr als euch.

896, 3 *übermuot* stf., übermäßiger Muth, Tollkühnheit.

897, 1 *habet ir wân*, glaubt ihr. — 2 *versnîden*, verwunden. — 4 ich will beim Reiten und Gehen immer auf seinen Schutz bedacht sein.

898, 1 *sô*, ebenso. — 2 *mit triuwen*, aufrichtig. — 4 *kundiu mære*, sie machte ihn mit einer Mittheilung bekannt. — *verlân*, unterlassen, unterblieben.

899 Siu sprach: «mîn man ist küene, dar zuo starc genuoc. 812
dô er den lintrâchen an dem berge sluoc, (906)
dâ badet' sich in dem pluote der recke vil gemeit.
dâ von in sît in stürmen nie déhein wâfén versneit.

900 Iedoch pin ich in sorgen, swenn' er in sturme stât 813
und vil der gêrscüzze von helde handen gât, (907)
daz ich dâ verliese den mînen lieben man.
hei waz ich grôzer leide dick' úmbe Sîfriden hân!

901 Ich melde iz ûf genâde, vil lieber vriunt, dir, 814
daz du dîne triuwe behaldest ane mir. (908)
dâ man dâ mac verhouwen den mînen lieben man.
daz lâz' ich dich hœren: dêst ûf genâdé getân.

902 Dô von des trachen wunden vlôz daz heize bluot 815
und sich dar inne badete der küene recke guot, (909)
dô viel im zwischen herte ein linden blat vil breit.
dâ mac man in verhouwen: des ist mir sorgen vil bereit.

903 Dô sprach von Tronege Hagene: «ûf daz sîn gewant 816
næt ir ein kleinez zeichen. dâ bî ist mir bekant (910)
wâ ich in müge behüeten, sô wir in sturme stân.»
siu wânde'n helt vristen: ez was ûf sînen tôt getân.

904 Siu sprach: «mit kleinen sîden næ ich ûf sîn gewant 817
ein tougenlichez kriuze. dâ sol, helt, dîn hant (911)
den mînen man behüeten, so ez an die herte gât,
swenn' er in den stürmen vor sînen vîänden stât.»

899, 2 *an*, bei. — 4 *dehein* muß hier des Verses wegen auf der vorletzten Silbe betont werden.
900, 2 *gêrscuz*, Schuß mit dem *gêr*.
901, 1 *ûf genâde*, im Vertrauen auf deine Theilnahme und Hilfe. — 2 *behaldest*, bewahrst, nicht brichst. — 3 *da* schließt sich an *melde* an: ich thue dir kund, wo. — *verhouwen*, verwunden. — 4 *dest* = *daz ist*.
902, 3 *herte* stf., Schulterblatt; der Artikel ist nach alterthümlicher Weise ausgelassen. — 4 *ist mir bereit*, ist mir zur Hand, ist mir nahe.
903, 2 *da bî — bekant*, daran erkenne ich. — 4 *vristen*, am Leben erhalten. — *ez*, Hagen's Frage und Vorschlag. — *ûf*, bezeichnet den Zweck
904, 1 *kleine*, fein. — 2 *tougenlich* adj., heimlich, kaum bemerkbar. — 3 *herte* stf., harter, ernster Kampf

905 Daz tuon ich», sprach dô Hagene, «vil liebiu vrouwe mîn. 848 (912)
dô wânde ouch des diu vrouwe, ez solde im vrume sîn:
dô was dâ mite verrâten der Kriemhilde man.
urloup nam dô Hagene: dô gie er vrœliche dan.

906 Des küneges ingesinde was alliz wol gemuot. 849 (914)
ich waene immer recke deheiner mêr getuot
sô grôzer meinræte sô dâ von im ergie,
dô sich an sîne triuwe Kriemhilt diu künegin verlie.

907 Des ânderen morgens mit tûsent sîner man 850 (915)
reit der herre Sîfrit vil vrœlichen dan.
er wânde er solde rechen der sîner vriunde leit.
Hagene im reit sô nâhen daz er geschouwet' diu kleit.

908 Als er gesach daz pilde, dô seiht' er tougen dan, 851 (916)
die sageten ander mære, zwêne sîner man:
mit vride solde blîben daz Guntheres lant,
und sie hete Liudegêr zuo dem künige gesant.

909 Wie ungerne Sîfrit dô hin wider reit, 852 (917)
er'n het etwâz gerochen sîner vriunde leit!
wand' in vil kûme erwanden die Guntheres man.
dô reit er zuo dem künige: der wirt im dânkén began.

910 «Nu lôn' iu got des willen, vriwent Sîfrit. 853 (918)
daz ir sô willeclîchen tuot des ich iuch bit,
daz sol ich immer dienen, als ich von rehte sol.
vor allen mînen vriunden sô getrouwe ich iu wol.

911 Nu wir der herverte ledic worden sîn, 854 (919)
sô wil ich jagen rîten bërn unde swîn

905, 2 *vrume*, Nutzen. — 3 *dô*, dagegen. — *dâ mite*, durch dies Kreuz.
906, 2 *immer* in negativem Sinne. — 3 *meinrât*, Verrath. — 4 *sich verlâzen an*, sich verlassen auf.
907, 4 *geschouwet'*, betrachtete; in *ge* liegt das Genaue des Betrachtens.
908, 1 *pilde*, Bild; das Kreuz ist gemeint. — 2 *ander mære*, entgegengesetzte Botschaft. — 3 *mit vride*, im Frieden. — 4 *hete*, wie *solde* conj., im Sinne der Boten.
909, 2 *er'n het*, ohne gerochen zu haben. — 3 *erwenden*, zum Umkehren veranlassen. — *kûme*, mit Mühe.
910, 3 *sol* (das erste), werde; das zweite: Ursache habe, Verpflichtung habe. — 4 *vor*, Vorzug.

hin zem Waskenwalde, als ich vil dicke hân.»
daz het gerâten Hagene, der vil ungetriuwe man.

912 «Allen mînen gesten den sol man daz sagen, 855
daz wir vil vruo rîten: die mit mir wellen jagen, (920)
daz sie sich bereiten; die wellen hie bestân
hövschen mit den vrouwen, daz sî mir liebé getân.»

913 Dô sprach der herre Sîfrit mit hêrlichem site: 856
«swenne ir jagen rîtet, dâ wil ich gerne mite. (921)
sô sult ir mir lîhen einen suochman
und etelîchen bracken: sô wil ich rîten in den tan.»

914 «Wolt ir niht wan einen?» sprach der künic zehant. 857
«ich lîhe iu, welt ir, viere, den wol ist bekant (922)
der walt und ouch die stîge, swâ diu tier hine gânt,
die iuch niht fürewîse zen herebergen rîten lânt.»

915 Dô reit zuo sînem wîbe der recke vil gemeit. 858
schiere hete Hagene dem künige geseit (923)
wie'r gewinnen wolde den tiwerlîchen degen:
sus grôzer untriuwe solde nimmer man gepflegen.

911, 3 *hân*, gejagt habe. — 4 *ungetriuwe*, treulos.
912, 2 *vruo*, früh am Morgen. — 4 *daz — getân*, das sei mir auch angenehm; wenn jemand *(die)* hier bleiben will.
913, 3 *suochman*, Jäger, der das Wild aufsucht, auftreibt. — 4 *bracke* swm., Spurhund. — *tan*, Wald.
914, 1 *niht wan*, nichts als, nur. — 4 *fürewîse* adj., verirrt, zu *verwîsen*, falsch weisen, gehörig. — *hereberge* bezeichnet hier die Stätte, wo die Jäger sich sammeln: die verhindern, daß ihr die Herberge verfehlt, indem ihr euch verirrt. Vgl. 928, 1.
915, 1 *recke*, Gunther. — 3 *gewinnen*, in die Gewalt bekommen, bezwingen, todten. — 4 *gepflegen*, verstärktes *pflegen*, ausüben.

XVI. ÂVENTIURE.

WIE SÎFRIT ERSLAGEN WART.

Siegfried verabschiedet sich von **Kriemhild**, die, durch Träume gewarnt, ihm zu bleiben räth; allein er zieht mit. Die Jäger trennen sich im Walde und finden sich beim Feuerplatze zusammen, um zu speisen. Hier erlegt Siegfried noch einen Bären. Als man zum Essen geht, fehlt der Wein, den Hagen nach dem Spessart gesendet. Hagen weiß eine Quelle in der Nähe und schlägt einen Wettlauf dahin vor. Siegfried siegt darin, wartet aber mit dem Trinken bis Gunther getrunken. Hagen durchbohrt ihn von hinten. Siegfried schilt ihre Untreue und stirbt. Sie beschließen zu erzählen, daß ihn Räuber erschlagen; aber Hagen kümmert es nicht, wenn man die Unthat erfährt.

916 Gunther und Hagene die recken vil balt, [illegible]
lobeten mit untriuwen ein pirsen in den walt. [illegible]
mit ir scarpfen gêren sie wolden jagen swîn,
bern unde wisende: waz mohte küeners gesîn?

917 Dâ mite reit ouch Sîfrit in hêrlîchem site. [illegible]
maniger hande spîse die fuorte man in mite. [illegible]
z'einem kalten brunnen verlôs er sît den lîp.
daz het gerâten Prünhilt des künic Guntheres wîp.

918 Dô gie der degen küene dâ er Kriemhilde vant. [illegible]
dô was nu ûf gesoumet sîn edel pirsgewant. [illegible]

916, 2 *pirsen*, Pirschen, mit Hunden jagen. — 4 *wisent* stm., Büffel. — *küeners*, von *waz* abhängig.
917, 1 *Dâ mite*, mit ihnen. — 3 *ze*, bei. — 4 *gerâten*, den Anschlag gemacht.
918, 2 *ûf soumen*, aufladen. — *pirsgewant*, Jagdkleidung. —

unde der gesellen: sie wolden über Rin.
done dórfte Kriemhilde nimmer léidér gesin.

919 Die sînen triutinne die kust' er an den munt. 862
«got lâze mich dich, vrouwe, gesehen noch gesunt, (927)
und mich diu dînen ougen. mit holden mâgen dîn
soltu kurzewîlen: i'ne mac hie heime niht gesîn.»

920 Do gedâhte s' an diu mære (sine torst' ir niht gesagen) 863
diu sin dâ Hagenen sagete: dô begonde klagen (928)
diu edele küniginne daz si ie gewan den lip.
dô weinde âne mâze des herren Sifrides wip.

921 Siu sprach zuo dem recken: «lât iuwer jagen sîn. 864
mir troumte hînaht leide, wie iuch zwei wildiu swîn (929)
jageten über heide: dâ wurden bluomen rôt.
daz ich sô sêre weine, des gêt mir wærliche nôt.

922 Ich fürhte harte sêre etelichen rât, 865
obe man der deheinem missedienet hât (930)
die uns gefüegen kunnen vientlichen haz.
belibet, lieber herre: mit triuwen rât' ich iu daz.»

923 Er sprach: «mîn triutinne, ich kume in kurzen tagen, 866
i'ne weiz hie niht der liute die mir iht hazzes tragen. (931)
alle dîne mâge sint mir gemeine holt:
ouch hân ich an den degenen hie niht ándérs versolt.»

924 «Neinâ, herre Sifrit: jâ fürht' ich dînen val. 867
mir troumte hînte leide, wie obe dir zetal (932)

918, 3 und das Gewand seiner Jagdgenossen.
919, 3 *holden*, freundlich gesinnten. — 4 *kurzewîlen*, dich unterhalten.
920, 1 *ir*, auf *mære* bezüglich; sie wagte es nicht, weil Siegfried ihr dies als Geheimniss mitgetheilt hatte. — 3 *ie gewan den lip*, je geboren wurde.
921, 2 *leide* adv., betrübend. — 4 *des gêt mir nôt*, dazu habe ich Ursache.
922, 1 *etelichen rât*, den Anschlag von manchem. — 2 *missedienen*, einen schlechten Dienst leisten, im Dienste sich vergehen und dadurch beleidigen. — 3 *gefüegen*, zufügen.
923, 3 *gemeine* adv., sammtlich. — 4 *niht anders*, als daß sie mir hold sind.
924, 1 *Neinâ*, durch *â* verstärktes *nein*. — 2 *obe*, über.

vielen zwêne berge: i'n gesach dich nimmer mê.
wil du von mir scheiden, daz tuot mir inneclîchen wê.

925 Er umbevie mit armen daz tugentrîche wîp: 868
mit minneclîchem kussen trût' er ir scœnen lîp. (923)
mit urloube er dannen schiet in kurzer stunt.
sine gesach in leider dar nâch nimmer mêr gesunt.

926 Dô riten sie von dannen in einen tiefen walt 869
durch kurzewîle willen. vil manic ritter balt (924)
volgten Gunthêre unde sînen man.
Gêrnôt und Gîselhêr die wârn dâ heime bestân.

927 Geladen vil der rosse kom vor in über Rîn, 870
die den jägetgesellen truegen brôt unde wîn, (925)
vleisc mit den vischen, und ander manigen rât,
den ein künic sô rîche harte pillîchen hât.

928 Sie hiezen herbergen für den grüenen walt 871
gên des wildes abeloufe die stolzen jegere balt, (926)
dâ sie dâ jagen solden, ûf einen wert vil breit.
dô was ouch komen Sîfrit: daz wart dem künige geseit.

929 Von den jagtgesellen wurdèn dô gar bestân 872
die warte in allen enden. dô sprach der küene man, (927)
Sîfrit der vil starke: «wer sol uns in den walt
wîsen nâch dem wilde, ir helde küene unde balt?»

930 «Welle wir uns scheiden», sprach dô Hagene, 873
«ê daz wir beginnen hie ze jagene! (928)
dâ bî wir mugen bekennen, ich und die herren mîn,
wer die besten jägere an dirre waltreise sîn.

925, 2 *trût er*, herzte er. — 3 *in kurzer stunt*, bald darauf.
926, 4 *bestân* part., geblieben.
927, 2 *den*, für die. — *jagetgeselle*, Jagdgenosse. — 3 *rât*, Vorrath.
928, 1 *herbergen*, die Herberge aufschlagen, mit *für* und acc., nicht *vor* und dat. — 2 *gên*, die ungefähre Richtung bezeichnend. — *abelouf*, der Ort, wo das Wild, das aus dem Walde getrieben wird, herauskommt. — 3 *wert*, Werder, Insel.
929, 1 *bestân*, besetzt. — 2 *warte* stf., Anstand der Jäger. — *in allen enden*, nach allen Seiten.
930, 3 *dâ bî*, daran. — 4 *waltreise*, Zug in den Wald.

931 Liute und gehünde suln wir teilen gar: 874
sô kêr' ieslîcher swar er gerne var. (939)
der danne jage daz beste, des sol er haben danc.»
dô wart der jeger bîten bi ein ándér niht lanc.

932 Dô sprach der herre Sîfrit: «ich hân der hunde rât, 875
niwan einen bracken, der sô genozzen hât (940)
daz er die verte erkenne der tiere durch den tan.
wir komen wol ze jegede», sprach der Kriemhilde man.

933 Dô nam ein alter jägere einen gúoten spürhunt: 876
er bráhté den herren in einer kurzer stunt (941)
dâ sie vil tiere funden. swaz der von lägere stuont,
di erjageten die gesellen, sô noh guote jägere tuont.

934 Swaz ir der bracke ersprancte, diu sluoc mit
sîner hant 877
Sîfrit der vil küene, der helt von Niderlant. (942)
sîn ros liuf sô sêre, daz ir im niht entran.
den lop er vor in allen an dem gejägede gewan.

935 Er was an allen dingen bíderbé genuoc. 878
sîn tier was daz êrste, daz er ze tôde sluoc, (943)
ein vil starkez halpful, mit der sînen hant:
dar nâch er vil schiere einen úngefüegen lewen vant.

936 Dô den der bracke ersprancte, den scôz er mit
dem bogen. 879
eine scharpfe strâle het er dar in gezogen: (944)
der lewe lief nâch dem scuzze wan drier sprunge lanc.
die sînen jagtgesellen die sagten Sîfride danc.

931, 1 *gehünde* stn. collectivisch, die Gesammtheit der Hunde. — 2 *swar*, wohin auch. — 3 wir würden erwarten: *der sol des haben danc*. — 4 sie trennten sich alsbald.

932, 1 *hân rât*, kann entbehren. — 2 *genozzen*, Jägerausdruck; der Hund bekommt von einem blutigen Stück des Wildes zu fressen, damit er die Witterung spürt (*die verte erkenne*). — 3 *verte* plur., aus dem unser Fährte entstanden. — 4 *jegede* stn., Jagd.

933, 1 *spürhunt* und *bracke* ist dasselbe. — 3 *läger* stn., Lager. — *stuont*, aufstand.

934, 1 *ersprengen*, aufspringen machen. — 3 *liuf*, Nebenform von *lief*. — 4 *lop* mhd. oft stm. — *gejägede* stn., Jagd.

935, 1 *an allen dingen*, in jeder Beziehung. — 2 sein Thier (*sîn*, weil es von ihm erlegt wurde), das er erschlug, war das erste, das überhaupt getödtet ward. — 3 *halpful* stn., ein unbekanntes Thier; der zweite Theil wol mit «Fohlen» zusammenhangend.

936, 2 *strâle* stf., Pfeil. — *dar in*, in den Bogen. — 3 *wan*, nur.

937 Dar nach sluoc er schiere einen wisent und einen elch, 880
starker ûre viere, und einen grimmen schelch. (940)
sin ros truoc in sô balde, daz ir im niht entran.
hirze oder hinden kunde im wenic engân.

938 Einen eber grôzen den vant der spürehunt. 881
als er begunde vliehen, dô kom an der stunt (941)
des selben gejegedes meister bestuont in ûf der slâ.
daz swin vil zornecliche lief an den küenen helet sâ.

939 Dô sluoc in mit dem swerte der Kriemhilde man: 882
ez het ein ander jegere sô samfte niht getân. (942)
dô er in hete ervellet, man vie den spürehunt.
dô wart sîn jaget daz riche wol den Burgonden kunt.

940 Dô sprâchen sine jegere: mug' ez mit fuoge wesen, (943)
sô lât uns, her Sifrit, der tier ein teil genesen
ir tuot uns hiute lære den berc und ouch den walt.
des begonde smielen der degen küene unde balt.

941 Dô hôrten s' allenthalben ludem unde dôz. 883
von liute und ouch von hunden der schal was sô grôz (944)
daz in dâ von antwúrte der berc und ouch der tan.
vier und zweinzec ruore die jegere heten verlân.

942 Dô muosen vil der tiere vliesen dâ daz leben. 884
dô wânden sie daz fuegen daz man in solde geben (945)
den pris von dem gejägede: des enkunde niht geschehen,
dô der starke Sifrit wart zer fiwerstat gesehen.

937, 1 *elch* stm., Elenthier. — 2 *ûr* stm., Auerochs. — [illegible] eine im südlichen und mittlern Europa früh ausgestorbene Hirschart, *tragelaphus*, Riesenhirsch. — *balde* adv., schnell.
938, 3 *meister*, Subject zweier Verba [illegible] und *bestuont*. Der [illegible] ist Siegfried; er heißt der Herr der Jagd, weil er das Vorzüglichste leistet. — *slâ* stf. (zu *slahen*), Spur des Wildes.
939, 2 *samfte*, leicht. — 3 *ervellen*, fällen. — [illegible] vgl. [illegible] — 4 *jaget* stn., Jagdbeute.
940, 1 *mug — wesen*, kann es mit Anstand geschehen. — 3 [illegible] — 4 *smielen*, lächeln.
941, 1 *ludem* stm., Lärm. — 2 *dôz* stm., im Singular nur selten [illegible] — 3 *antwurte*, antwortete, widerhallte. — 4 *ruore* stf., die in Bewegung gesetzte, losgelassene Meute (zu *ruoren*, [illegible]) — *verlân*, losgelassen.
942, 2 *fuegen*, bewirken, erreichen. — 4 *fiwerstat*, Feuerstätte, das Feuer war hauptsächlich zum Kochen und Braten angezündet [illegible] der.

943 Daz jaget was ergangen unde doch niht gar. 885
die zer fiwe̜rstete wolden, die brâhten mit in dar (951)
vil maniger tiere hiute und wildés genuoc.
hei waz man des zer kuchen des küneges ingesinde truoc!

944 Dô hiez der künic künden den jegeren ûz erkorn 886
daz er enbîzen wolde. dô wart vil lûte ein horn (952)
z'einer stunt geblâsen: dâ mite in wart erkant
daz man den fürsten edele dâ zen herbergen vant.

945 Dô sprach ein Sîfrits jägere: «herre, ich hân vernomen (953)
von eines hornes duzze daz wir nu suln komen
zuo den herbergen: antwúrten ich des wil.»
dô wart nâch den gesellen gevrâget blâsénde vil.

946 Dô sprach der herre Sîfrit: «nu rûme ouch wir den tan!» 887
sîn ros truoc in ebene: sie ilten mit im dan. (954)
si e̜rspranecten mit ir schalle ein tier vil gremilich:
daz was ein ber wilde. dô sprach der degen hinder sich:

947 «Ich wil uns hergesellen kurzewîle wern. 888
ir sult den bracken lâzen: jâ sihe ich einen bern, (955)
der sol mit uns hinnen zen herbergen varn.
er'n vliehe dann' vil sêre, er'n kan sih's nimmér bewarn.»

948 Der bracke wart verlâzen, der bere spranc von dan. 889
dô wolde in erriten der Kriemhilde man. (956)
er kom in ein gevelle: done̜ konde's niwet wesen.
daz starke tier dô wânde vor dem jägere genesen.

943, 3 *hiute* pl. von *hût* stf., Haut. — 4 *des*, des Wildes. — *ingesinde* ist dat.
944, 2 *enbîzen* stv., essen. — 3 *z'einer stunt*, einmal. — *dâ mite*, dadurch. — 4 *fürsten*, Gunthern.
945, 2 *duz* stm., Ton (von *diezen*); ich entnehme aus dem Hornsignale, daß u. s. w. — 4 dies *vil* widerspricht nicht dem *z'einer stunt*: dies bezeichnet nur die einzelnen Hornstöße, die öfter wiederholt wurden. Es war dies auch nöthig, bis sich alle zusammenfanden.
946, 1 *rûme*, wollen verlassen. — 4 *hinder sich*, zu den ihm Nachfolgenden.
947, 4 *dann'* hier noch dem beschränkenden *en* hinzugefügt; nhd. denn.
948, 1 *verlâzen*, losgelassen. — 2 *erriten*, reitend erreichen. — 3 *gevelle* stn., Ort, der durch umgestürzte Bäume, Steine u. s. w. unwegsam ist. — *niwet*, ältere Form von *niht* (aus *niwiht*); er konnte seinen Zweck nicht erreichen.

949 Dô spranc von sînem rosse der stolze ritter guot: 890
er begónde nâch loufen. daz tier was umbehuot, (1057)
ez enkonde im niht entrinnen: dô vienc er iz zehant,
ân' aller slahte wunden der helt ez schieré gebant.

950 Krazen noch gebizen kunde ez niht den man. 891
er band ez zuo dem satele: ûf saz der snelle sân. (1058)
er brâht' iz an die fiwerstat durch sînen hôhen muot,
z'einer kurzewîle, der recke küene unde guot.

951 Wie rehte hêrlîche er zen hérbergen reit! 892
sîn gêr was vil michel, stárc unde breit. (1059)
im hienc ein ziere wâfen hin nider an den sporn:
von vil rôtem golde fuort' der herre ein schœne horn.

952 Von bezzerm pirsgewæte gehórt' ich nie gesagen. 893
einen róc von swarzem pfellel den sach man in tragen (1060)
und einen huot von zobele, der rîche was genuoc.
hei waz er richer porten an sînem kochære truoc!

953 Von éinéme pantel was dar über gezogen 894
ein hût durch die süeze. ouch fuorter einen bogen (1061)
den man mit ántwérke muose ziehen dan,
der in spannen solde, er'n hete iz sélbé getân.

954 Von einer ludemes hiute was allez sîn gewant. 895
von houpte unz an daz ende gestreut man drûfe vant. (1062)
ûz der liehten riuhe vil manic goldes zein
ze beiden sînen sîten dem küenen jägermeister schein.

949, 2 *umbehuot*, sorglos, weil er vor dem Jäger jetzt sicher zu sein glaubte (947, 4).
950, 2 *zuo*, an. — *sân*, sogleich, was sô.
951, 3 *ziere*, schön, schmuck. — *wâfen*, Schwert.
952, 4 *kochære* stm., Kocher; verkürzt *kocher* 956, 2.
953, 1 *pantel* stn., Panther. — *dar über*, über den Kocher. — 2 *süeze* stf., Süßigkeit; der süße Geruch des Panthers wird in mittelalterlichen Naturgeschichten vielfach erwähnt. — 3 *antwerc* stn., Maschine, Winde. — *ziehen dan*, zurückziehen, nämlich die Sehne. — 4 *der*, wenn jemand. — *er*, Siegfried; er allein konnte ihn mit der Hand spannen.
954, 1 *ludem* stm. oder stn., ein unbekanntes Thier, vielleicht Fischotter (lutra). — 2 *gestreut*, Pelzwerk von anderer Farbe war auf die Haut jenes Thieres gewissermaßen gestreut. — 3 *riuhe* stf., Rauchwerk, Pelzwerk. — 4 *jägermeister*, dasselbe was *des gejeides meister* 938, 4.

955 Ouch fuort er Palmungen, ein ziere wâfen breit, 896
daz was alsô scherpfe, daz ez nie vermeit (863)
swâ man ez sluoc ûf helme: sîn ecke wâren guot.
der hêrliche jägere der was vil hôhé gemuot.

956 Sît daz ich iu diu mære gar bescheiden sol, 897
im was sîn edel kocher vil guoter strâle vol, (864)
von guldînen tüllen, diu sahs wol hende breit.
ez muosé balde ersterben swaz er dâ mit versneit.

957 Dô reit der ritter edele vil weidenlîche dan. 898
in sâhen zuo z'in komende die Guntheres man. (865)
sie liefen im engegene und enpfiengen im daz marc.
dô fuorte er bî dem satele einen bêren grôz unde starc.

958 Als er gestuont von rosse, dô lôste er im diu bant 899
von fuoze und ouch von munde. do erlûtte dâ zehant (866)
vil grôze daz gehünde, swaz des den bern sach.
daz tier ze walde wolde: die liute heten ungemach.

959 Der bere von dem schalle durch die kuchén geriet: 900
hei waz er kuchenknehte von dem fiwer schiet! (867)
vil kezzel wart gerüeret, zefüeret manic brant:
hei waz man guoter spîse in der aschen ligen vant!

960 Dô sprungen von dem sedelè die herren und ir man. 901
der bere begonde zurnen: der künic hiez dô lân (868)
allez daz gehünde daz an seilen lac.
und wær' iz wol verendet, sie heten vrœlichen tac.

961 Mit bogen und mit spiezen niht langer man daz lie, 902
dô liefen dar die snellen dâ der bere gie. (869)

955, 2 *scherpfe*, scharf. — *vermeit*, versagte.
956, 1 *bescheiden*, auseinandersetzen, berichten. — 3 *tülle* stn., die Röhre, womit die Schneide des Pfeils auf den Schaft befestigt wird. — *sahs* stn., Schneide.
957, 1 *weidenlîche* adv., jägermäßig. — 3 *enpfiengen im*, nahmen ihm ab. 4 *bî*, an den Sattel befestigt.
958, 2 *erlûten*, laut werden. — 3 *grôze* adv., sehr.
959, 1 *von*, infolge von. — 2 *schiet*, trennte, verjagte. — 3 *zefüeret*, auseinandergestreut.
960, 2 *lân*, loslassen. — 4 *heten*, hatten gehabt.
961, 1 nach *lie* statt *en* mit dem Conjunctiv wieder ein unabhängiger Satz. —

dô was sô vil der hunde daz dâ niemen scôz.
von des liutes scalle daz gebirge allez erdôz.

962 Der ber begonde vliehen vor den hunden dan: 963
im enkunde niht gevolgen wan Kriemhilde man.
der erliet in mit dem swerte, ze tôde er in dô sluoc.
hin wider zuo dem fiwere man den beren sider truoc.

963 Dô sprâchen die daz sâhen, er wære ein krefte man. 964
die stolzen jagetgesellen hiez man zen tischen gân. 970
ûf einen scœnen anger saz ir dâ genuoc.
hei waz man richer spîse den edelen jegeren dô truoc!

964 Die scenken kômen seine, die tragen solden wîn. 965
ez enkunde baz gedienet nimmer heleden sîn:
heten sie dar under niht sô valscen muot,
sô wæren wol die recken vor allen schânden behuot.

965 Dô sprach der herre Sîfrit: wunder mich des hât, 966
sît man uns von kuchen git sô manigen rât,
von wîn uns die scenken bringen niht den wîn.
man enpflége baz der jegere, ine wil niht jaget-
gesellé sîn.

966 Ich hete wol gedienet daz man mîn næme ware. 967
der künic von dem tische sprach in valsche dare:
man sol'z in gerne büezen swes wir gebresten hân.
ez ist von Hagenen schulden: der wil uns gern'
erdürsten lân.

967 Dô sprach von Tronege Hagene: vil lieber herre mîn, 968
ich wânde daz daz pirsen hiute solde sîn

961, 3 man schoß nicht, weil man fürchtete die Hunde zu treffen.
962, 3 *erloufen*, durch Laufen erreichen, einholen. — 4 [illegible] stn., Feuer.
963, 3 *saz*, setzte sich. — 4 *truoc*, brachte.
964, 1 [illegible] adv., zögernd, langsam, ironisch für: gar nicht. — [illegible] dabei. — 4 *wæren*, wären gewesen. — [illegible], bewahrt, frei.
965, 2 [illegible], Vorrath. — 3 [illegible], warum, [illegible] — 4 [illegible], wenn man nicht pflegt.
966, 1 [illegible], mich aufmerksam behandelte. — 2 [illegible], zu ihnen hin. — 3 [illegible], einem etwas, jemand Ersatz für etwas geben. — *gebreste* swm., Mangel.

dâ zem Spehtsharte: den wîn den sande ich dar.
sîn wir hînt' ungetrunken, wie wol ich mêre daz bewar!

968 Dô sprach der herre Sîfrit: ir lîp der habe undanc. 909
man solt' mir siben soume met und lûtertranc (977)
haben her gefüeret. dô des niht mohte sîn,
dô solt' man uns gesidelet haben nâher an den Rîn.

969 Dô sprach von Tronege Hagene: ir edelen ritter balt, 910
ich weiz hie vil nâhen einen brunnen kalt (978)
(daz ir niht enzürnet): dâ suln wir hine gân.
der rât wart manigem degene ze grôzen sorgen getân.

970 Sîfrit den recken dwanc des turstes nôt: 911
den tisch er deste ziter rucken dan gebôt: (979)
er wolde für die berge zuo dem brunnen gân.
dô was der rât mit meine von den recken getân.

971 Diu tier man hiez ûf wägenen füeren in daz lant, 912
diu dâ hete verhouwen diu Sîfrides hant. (980)
man jah im grôzer êren swer iz ie gesach.
Hagene sîne triuwe vil sêre an Sîfride brach.

972 Dô sie dannen wolden zuo der linden breit, 913
dô sprach von Tronege Hagene: mir ist des vil geseit (981)
daz niht gevolgen künne dem Kriemhilde man,
swenne er wolde gâhen: hei wolde er uns daz sehen lân!

973 Dô sprach von Niderlande der küene Sîfrit: 914
daz muget ir wol versuochen, welt ir mir loufen mit (982)

967, 4 *ungetrunken*, ohne Trank, ohne getrunken zu haben. — *wie wol* wie sehr. — *mêre*, in Zukunft. — *bewar*, vermeide, verhüte.
968, 1 *undanc*, keinen Dank; eine Verwünschungsformel.
969, 3 *daz — enzürnet*, ihr sollt nicht böse sein, ich sorge für Abhilfe.
970, 2 *deste*, desto. — *ziter* comp. vom adv. *zîte*, zeitig. — *dan*, fort. — 4 *mein* stn., Falschheit.
971, 1 *wägenen* von *wagen* stm., Wagen.
972, 1 *dannen*, von dannen, fort. — *linde*, unter einer Linde entsprang der Brunnen. — 3 *niht*, nichts, niemand.

ze wette zuo dem brunnen. sô daz sî getân,
dem sol man jehen danne den man sihet gewunnen hân.

974 "Nu welle ouch wir'z versuochen", sprach Hagene der degen. 915
dô sprach der starke Sîfrit "sô wil ich mich legen (860)
für die iuwern füeze nider an daz gras."
dô er daz gehôrte, wie liep daz Gunthere was!

975 Dô sprach der degen küene "ich wil iu mêre sagen, 916
allez mîn gewæte wil ich mit mir tragen, (861)
den gêr zuo dem schilde und al mîn pirsgewant."
den kocher zuo dem swerte vil schier' er umbe gebant.

976 Dô zugen sie diu kleider von dem lîbe dan: 917
in zwein wîzen hemeden sah man sie beide stân. (862)
sam zwei wildiu pantel sie liefen durch den klê;
doch sah man bî dem brunnen den küenen Sîfriden ê.

977 Den prîs an allen dingen truoc er vor manigem man. 918
daz swert lôst' er schiere, den kocher leit' er dan, (863)
den starken gêr er leinde an der linden ast.
bî des brunnen vluzze stuont der hêrlîche gast.

978 Die Sîfrides tugende wâren harte grôz. 919
den schilt leit' er nidere aldâ der brunne vlôz: (864)
swie harte sô in durste, der helt doch niene tranc
ê daz der künic getrunke: des sagt' er im vil bœsen danc.

979 Der brunne was küele, lûter unde guot. 920
Gunther sich dô neigte nider zuo der fluot. (865)

973, 1 jehen, den Preis zuerkennen.
974, 1 ouch nicht zu wir, sondern zum Verbum gehörig. — 2. Siegfried sucht für sich die Wette zu erschweren, er trägt außerdem seine Waffen und vollständige Kleidung. — 4 [illegible] ist auch Gunther.
975, 2 gewæte collectivum von wât stn. Kleidung. — [illegible] sammt, ebenso 4.
976, 2 sie, Gunther und Hagen, ebenso in den folgenden Zeilen. — 3 pantel, um die Schnelligkeit zu bezeichnen. — 4 ê, früher als jene beiden.
977, 2 leit' er dan, legte er fort. — 3 leinde prät. von leinen, lehnen. — 4 brunnen, hervorsprudelnder Quell, vluz, das Strömen, Fließen.
978, 1 tugende, feines Benehmen. — 2 aldâ, dort wo. — 3 [illegible] gehört zu [illegible] wie an [illegible] immer. — 4 [illegible] der König.

als er hete getrunken, dô rihte er sich von dan.
alsam het ouch gerne der küene Sîfrit getân.

980 Do engalt er sîner zühte. den bogen unt daz swert, 921
daz truoc allez Hagene von im danewert. (989)
dô spráng ér hin widere da er den gêr vant.
er sach nâch einem bilde an des küenén gewant.

981 Dâ der herre Sîfrit ob dem brunnen tranc, 922
er scôz in durch daz kriuze, daz von der wunden (990)
spranc
daz bluot im von dem herzen vast' an die Hagenen wât.
sô grôze missewende ein helet nimmer mêr begât.

982 Den gêr im gein dem herzen stecken er dô lie. 923
alsô grimmeclîchen ze flühten Hagene nie (991)
gelief noch in der werlde vor deheinem man.
dô sich der herre Sîfrit der starken wúndén versan.

983 Der herre tobelîchen von dem brunnen spranc: 924
im ragete von den herten ein gêrstange lanc. (992)
der fürste wânde vinden bogen oder swert:
sô müese wesen Hagene nâch sîme diensté gewert.

984 Dô der sêre wunde des swertes niht envant, 925
done hét et er niht mêre wan des scildes rant: (993)
er zuhte'n von dem brunnen. dô lief er Hagenen an:
done kunde im niht entrinnen des künic Guntheres man.

985 Swie wunt er was zem tôde, sô kretteclich er sluoc, 926
daz ûzér dem schilde dráté genuoc (994)
des edelen gesteines: der schilt vil gar zebrast.
sich hete gerne errochen der vil hêrliche gast.

979, 3 *rihte sich von dan*, erhob sich davon.
980, 1 *zühte*, feinen Erziehung; nämlich daß er gewartet hatte. — 2 *danewert*, fort, seitwärts. — 3 *gêr*, Siegfried's.
981, 4 *missewende* stf., unrechte Wendung, schlechte That.
982, 1 *gein dem herzen*, nach dem Herzen zu, er hatte ihn von hinten ins Herz getroffen. — 2 *grimmeclichen* adv., gewaltig, sehr. — 4 *versan, sich* mit gen., sich bewusst werden. — *wunden* ist sing. (*wunde* swf.).
983, 1 *tobelichen* adv., wie wahnsinnig. — 4 *sô*, wenn er das gefunden hätte. — *nâch*, entsprechend. — *gewert*, es wäre ihm sein Dienst (ironisch) entsprechend gelohnt worden.
985, 2 *drajen*, sich drehend bewegen, wirbeln, stieben.

986 Dô was gestrûchet Hagene vor sîner hant zetal. 927
von des slages krefte der wert vil lûte erhal.
het er swert enhende, sô wær' ez Hagenen tôt.
sô sêre zurnt' der wunde; des gie im wærlîchen nôt.

987 Erblichen was sîn varwe: ern mohte niht gestên. 928
sînes lîbes sterke diu muose gar zergên,
wand' er des tôdes zeichen in liehter varwe truoc.
sît wart er beweinet von schœnen vrouwen genuoc.

988 Dô viel in die bluomen der Kriemhilde man. 929
daz pluot von sîner wunden sah man vaste gân.
dô begonde er schelten (des twanc in grôziu nôt)
die ûf in gerâten heten den ungetriuwen tôt.

989 Dô sprach der verchwunde: »jâ ir vil bœsen zagen, 930
waz helfent mîniu dienest, daz ir mich habt erslagen?
ich was iu ie getriuwe: des ich engolten hân.
ir habet an iuwern mâgen leider übele getân.

990 Die sint dâ von bescholten, swaz ir wirt geborn
her nâch disen zîten. ir habet iuwern zorn
gerochen al ze sêre an dem lîbe mîn.
mit laster ir gescheiden sult von guoten recken sîn.«

991 Die ritter liefen alle, dâ er erslagen lac. 932
ez was ir genuogen ein vreudelôser tac.
die iht triuwe heten, von den wart er gekleit.
daz het wol verdienet der ritter küen' und gemeit.

992 Der künic von Burgonden klagete sînen tôt. 933
dô sprach der verchwunde: »daz ist âne nôt,
daz der nâch scaden weinet, der in dâ hât getân.
der dienet michel schelten: ez wære bezzer verlân.«

986, 1 [illegible] niedergeschlagen. — 3 [illegible] in der Hast.
987, 2 [illegible] Ende nehmen. — 3 der Tod hatte ihn mit seiner Farbe gezeichnet, ihn dadurch gewissermaßen als sein Eigentum bezeichnet.
988, 1 [illegible] einen Rathschlag machen gegen jemand [illegible] Tod durch Verrath.
989, 2 helfen meine euch geleisteten Dienste [illegible] — 4 ihr schadet eurer ganzen Verwandtschaft durch diese That.
990, 1 [illegible] dadurch geschändet. — 4 [illegible] abgesondert.
991, 1 die andern kommen hinzu durch den Lärm [illegible] beklagt.
992, 1 [illegible] verdammt, [illegible] großen Tadel — [illegible] das Weinen.

993 Dô sprach der grimme Hagene: «jane wéiz ich waz ir kleit. 934
ez hât nu allez ende unser sórge unt unser leit: (100[illegible])
wir vinden ir vil wénic die getürren uns bestân.
wol mich deich sîner hêrschaft hân ze râtè getân.»

994 «Ir müget iuch lîhte rüemen», sprach dô Sîfrit. 935
«het ich an iu erkennet den mortlichen sit, (1003)
ich hete wol behalten vor iu mînen lîp.
mich riuwet niht só sêre sô vrou Kriemhilt mîn wîp.

995 Nu müeze got erbarmen deich ie gewan den sun 936
dem man daz itewîzen sol nâh den zîten tuon (1004)
daz sîne mâge iemen mortliche hân erslagen.
möht' ich», sô sprach Sîfrit, «daz sold' ich pilliche klagen.

996 Dô sprach vil jæmerlîche der verchwunde man: 937
«welt ir, künic edele, triuwen iht begân (1006)
in der werlt an iemen, lât iu bevolhen sîn
ûf iuwér genâde die lieben triutinne mîn.

997 Und lât sie des geniezen, daz si iuwer swester sî. 938
durch aller fürsten tugende wont ir mit triuwen bî. (1007)
mir müezen warten lange mîn vater und mîne man.
ez enwart nie vrouwen leider an liebem vriundé getân.»

998 Die bluomen allenthalben von bluote wâren naz. 939
dô rang er mit dem tôde: unlange tet er daz, (1009)
want des tôdes wâfen ie ze sêre sneit.
dô mohte reden niht mêre der recke küen' unt gemeit.

999 Dô die herren sâhen daz der helt was tôt, 940
sie leiten in ûf einen schilt, der was von golde rôt. (1010)

993, 2 *allez*, gänzlich, für immer. — 4 *hêrschaft*, Herrenmacht, Herrlichkeit. — *ze râte tuon* mit gen., Rath, Abhilfe schaffen für: daß ich ihr ein Ende gemacht habe.

995, 2 *itewîzen*, vorwerfen; hier subst. Vorwurf. — [illegible] s. f., Futurum. — 3 *mortlîche*, nach Mörderweise.

996, 2 *triuwen iht begân*, irgendwie Treue beweisen, treu handeln.

997, 2 *wont ir bî*, steht ihr bei. — 4 *wart leider ge[illegible]*, geschah größere Leid.

998, 2 *unlange* adv., nicht lange. — 3 dem Tode wird häufig ein Schwert beigelegt.

und wurden des ze râte, wie daz solde ergân
daz man ez verhæle daz ez het Hagene getân.

1000 Dô sprâchen ir genuoge: »uns ist übele geschehen. 941
ir sult ez heln alle und sult gelîche jehen,
dâ er rite jagen eine, der Kriemhilde man,
in slüegen schâchære, dâ er füere durch den tan.

1001 Dô sprach von Tronege Hagene: »ich bringe'n in
daz lant. 942
mir ist vil unmære, und wirt ez ir bekant,
diu sô hât betrüebet den Prünhilde muot.
ez ahtet mich vil ringe, swaz sîn weinens getuot

999, 3 *wurden des ze râte* beriethen sich.
1000, 4 *schâchære* stm., Schächer, Räuber.
1001, 2 *unmære*, gleichgültig — *und* conditional. 4 *ez ahtet ringe mich*: mich kümmert wenig

XVII. ÂVENTIURE,

WIE KRIEMHILT IR MAN KLAGTE UND WIE ER BEGRABEN WART.

Hagen lässt Siegfried's Leiche vor Kriemhildens Thür tragen. Am Morgen will Kriemhild in die Messe: ein Kämmerer stoßt auf die Leiche. Kriemhild ahnt sofort, daß es Siegfried sei. Ihre Klage. Siegmund wird benachrichtigt und kommt mit Siegfried's Recken. Diese wollen zum Schwerte greifen; Kriemhild verhindert es. Siegfried wird begraben: seine Leiche blutet, als Hagen herantritt. Kriemhild wünscht ihn, als der Sarg schon geschlossen, nochmals zu sehen, und wird ohnmächtig weggetragen.

1002 Do erbiten sie der nahte und fuoren über Rin. 943
von heleden kunde nimmer wirs gejaget sin. (1014)
ein tier daz sie dâ sluogen, daz weinden edeliu kint.
jâ muosen sin engelten vil guote wigande sint.

1003 Von grozer übermüete muget ir hœren sagen, 944
und von eislîcher râche. dô hiez Hagene tragen (1015)
Sifriden alsô tôten von Nibelunge lant
für eine kemenâten dâ man Kriemhilde vant.

1004 Er hiez in tougenlichen legen an die türe, 945
daz si'n dâ solde vinden so si gienge der füre (1016)
hin zer mettine ê daz ez wurde tac,
der diu vrouwe Kriemhilt vil selten keine verlac.

1002, 1 *erbiten* pl. praet. von *erbiten*, erwarten. — 2 *wirs* adv., schlimmer.
1003, 2 *eislîch*, schrecklich, furchtbar. — *râche*, nicht eine Hindeutung auf die fernere Zukunft, sondern Hagen's Rache an Kriemhild ist gemeint. — 3 *von Nibelunge lant* mit *Sifriden* zu verbinden. — 4 *dâ man vant*, bezeichnet oft nichts weiter als, wo war, sich befand.
1004, 2 *der füre*, heraus. — 3 *mettîne*, *matutina* stf., Frühmesse. — 4 *der*, der Frühmessen. — *vil selten keine*, niemals eine. — *verlac*, durch Liegen versäumte.

1005 Man lûte dâ zem münster nâch gewonheit 946
vrou Kriemhilt diu schœne wahte manege meit:
ein lieht bat siu ir bringen und ouch ir gewant.
dô kom ein kameraere dâ er Sîtriden vant.

1006 Er sach in bluotes rôten: sîn wât was elliu naz. 947
daz ez sîn herre waere, niht enwesse er daz.
hin zer kemenâten daz lieht truog an der hant
von dem vil leider maere diu vrouwe Kriemhilt ervant.

1007 Dô siu mit ir vrouwen zem münster wolde gân, 948
dô sprach der kameraere: jâ sult ir stille stân:
ez lît vor dem gademe ein ritter tôt erslagen.
dô begonde Kriemhilt vil harte unmaezliche klagen.

1008 Ê daz siu rehte ervunde daz iz waere ir man, 949
an die Hagenen vrâge denken siu began,
wie er in solde vristen: dô wart ir êrste leit
von ir was allen vreuden mit sîme tôde widerseit.

1009 Dô seic siu zuo der erden, daz siu niht ensprach: 950
die schœnen vreudelôsen ligen man dô sach.
Kriemhilde jâmer wart unmâzen grôz:
dô erschrê siu nâch unkrefte daz al diu kemenâte erdôz.

1010 Dô sprach daz gesinde: »waz ob ez ist ein gast?« 951
daz bluot ir ûz dem munde von herzen jâmer brast.
dô sprach siu: »ez ist Sîtrit, der mîn vil lieber man:
ez hât gerâten Prünhilt, daz ez hât Hagene getân.

1005, 1 *lûte* = *lütte*, *lûte* prät. von *lûten*, läuten [illegible] — 2 [illegible] prät. von *wecken*.
1006, 1 *rôten* acc. sing. — 2 [illegible] dasselbe was [illegible] — 4 [illegible] erfuhr. *von dem*, derjenige von dem.
1007, 4 *unmaezliche* adv., im Übermaß, außerordentlich.
1008, 1 *ervunde*, erforscht hatte. — 3 [illegible], da wurde sie erst recht betrübt. — 4 in seinem Tode lag für sie der Grund, aller Freude gewissermaßen den Krieg anzukündigen, ihr zu entsagen.
1009, 1 [illegible] prät. von *sîgen*, sinken. — *daz*, so daß. — 4 [illegible] nachdem die Ohnmacht vorüber war.
1010, 1 [illegible], wie wäre es, wenn [illegible] sie such [illegible] zu trösten [illegible] Fremder.

1011 Diu vrouwe bat sich wîsen dâ siu den helt vant. 952
siu huop sîn schœne houbet mit ir vil wîzen hant. (1023)
swie rôt ez was von bluote, siu het in schiere erkant.
dô lac vil jæmerlîche der helt von Nibelunge lant.

1012 Dô rief vil trûreclîche diu küneginne milt: 953
«owê mir mînes leides! nu ist dir dîn schilt (1024)
mit swerten niht verhouwen: du bist ermorderôt.
unt wesse ich wer iz het getân, ich riete im immer
sînen tôt.

1013 Allez ir gesinde klagete unde sêrê 954
mit ir lieben vrouwen, wand' in was harte wê (1025)
umb' ir vil edelen herren, den sie dâ heten verlorn.
dô het gerochen Hagene harte Prünhilde zorn.

1014 Dô sprach diu jâmerhafte: «ir sult hine gân 955
und wecket harte balde die Sifrides man. (1026)
ir sult ouch Sigemunde mînen jâmer sagen,
ob er mir helfen welle den küenen Sifriden klagen.»

1015 Dô lief ein bote balde da er sie ligen vant, 956
die Sifrides helede von Nibelunge lant. (1027)
mit den vil leiden mæren ir vreude er in benam.
sie wolden'z niht gelouben unz man daz wéi-
nén vernam.

1016 Der bote kom ouch schiere dâ der künic lac. 957
Sigemunt der herre des slâfes niht enpflac: (1028)
ich wæn' sîn herze im sagete daz im was geschehen,
er'n möhte sînen lieben sun lebenden nimmér gesehen.

1011, 1 *bat sich wîsen*, bat, daß man sie führte.
1012, 2 *nu ist dir*, begründend: es ist dir doch. — 3 *ermorderôt*, alterthümliche Form des Particips von *ermorderen*, früher *ermurderin*. — 4 was Kriemhild 1010, 4 sagte, war der Ausdruck tiefster Ahnung, dem widerspricht nicht, daß sie hier erklärt, sie wisse den Mörder nicht; vgl. 1033, 4. — *im*, zu seinem Verderben.
1013, 1 *sêre* praet. von *serien*, *schrien*. — 2 *vrouwen*, Herrin.
1014, 1 *jâmerhaft*, Jammer habend. — 4 *helfen*, nach germanischer Sitte helfen die Verwandten und Freunde um den Todten klagen, um demselben sein Recht zu thun, eine Sitte, die noch in den Klageweibern nachklingt. (Vgl. 1067, 2.)
1015, 4 *daz weinen*, Krimhildens und der Frauen.

1017 Wachet, herre Sigemunt, mich hât nâch iu gân 958
Kriemhilt mîn vrouwe. der ist ein leit getân (1020)
daz ir vor allen leiden an ir herze gât:
daz sult ir klagen helfen, wand' ez iuch sêre bestât.

1018 Ûf rihte sich dô Sigemunt: er sprach „waz sint
dîn leit 959
der schœnen Kriemhilde, diu du mir hâst geseit?“ (1021)
der bote sprach mit weinen: „i'ne kan iu niht
verdagen:
jâ ist von Niderlanden der kuene Sîfrit erslagen.“

1019 Dô sprach der herre Sigemunt: „lât daz
schimpfen sîn 960
und alsô bœsiu mære durch den willen mîn, (1022)
daz ir daz saget iemen daz er sî erslagen:
wand' i'ne kunde in nimmer unz an mîn ende
verklagen.“

1020 „Welt ir mir niht gelouben daz ir mich hœret
sagen, 961
sô muget ir selbe hœren Kriemhilde klagen (1023)
unt allez ir gesinde den Sîfrides tôt.“
vil sêre erscrac dô Sigemunt: des gie im wærlîchen nôt.

1021 Mit hundert sînen mannen er von den betten spranc. 962
sie zuhten zuo den handen diu scharpfen wâfen (1024)
lanc.
sie liefen zuo dem wuofe vil jæmerlîche dan.
dô kômen tûsent recken des kuenen Sîfrides man.

1022 Dô sie sô jæmerlîche die vrouwen hôrten klagen, 963
dô wânden sumelîche, sie solden kleider tragen. (1025)

1017, 1 *nâch*, um euch zu holen. — 3 *an h. gât*, mich geht an.
1018, 3 *verdagen* gewöhnlich mit acc. der Person, hier steht der Dativ.
1019, 1 *schimpfen*, scherzen. — 4 ich könnte, wenn es wirklich wahr wäre.
1021, 2 *zuhten zuo den handen*, nahmen schnell in die Hand. — 3 *wuof* stm., Wehklage. — 4 *man* ist gen. plur., tausend Recken, bestehend aus Siegfried's Mannen.
1022, 2 *kleider tragen*: manche meinten, sie sollten sich doch erst ordentlich anziehen, ehe sie zu den Frauen eilten. —

jane mohten sie der sinne vor leide niht gehaben:
in wart vil michel swære in ir hérzén begraben.

1023 Dô kom der künec Sigemunt da er Kriemhilde vant. 964
er sprach: «owê der reise here in ditze lant. (1035)
wer hât mich mînes kindes und iuch des iuwern man
bi alsô guoten friunden sus mortlîch âné getân?»

1024 «Hei solde ich den bekennen», sprach daz vil edele wîp, 965
«holt enwurde im nimmer mîn herze unt ouch mîn lîp: (1036)
ich geriete im alsô leide daz die friunde sîn
von den mînen schulden müesen wéinénde sîn.»

1025 Sigemunt der herre den fürsten umbeslôz. 966
dô wart von sînen vriunden der jâmer alsô grôz, (1037)
daz von dem starkem wuofe palas unde sal
und ouch diu stat ze Wormez von ir wéinén erschal.

1026 Done kunde niemen træsten daz Sifrides wîp. 967
man zôch ûz den kleidern den sînen schœnen lîp. (1038)
man wuosch im sîne wunden und leit' in ûf den rê.
dô was sînen liuten von grôzem jâméré wê.

1027 Dô sprâchen sîne recken von Nibelunge lant: 968
«in sol immer rechen mit willen unser hant. (1039)
er ist in dirre bürge, der iz hât getân.
dô îltén nâch wâfen alle Sifrides man.

1028 Die ûz erwelten degene mit schilden kômen dar, 969
einlef hundert recken: die hete an sîner schar (1040)

1022, 3 *der sinne*, Besinnung.
1023, 4 *bî*, in der Nähe, in dem Hause von. — *âne tuon* mit acc. und gen., berauben.
1024, 3 ich machte gegen ihn solche schlimme Anschlage. — 4 *von ... schulden*, auf meine Veranlassung, durch mich.
1026, 3 *rê* stm., Todtenbahre. — 4 *jâmere*, die gewohnliche mhd. Form des Dativ ist *jâmer*.
1027, 2 *mit willen*, bereitwillig. — 4 *nâch wâfen*, sie hatten 1021, 2 zwar die Schwerter schon ergriffen, aber waren doch nicht vollstandig gewaffnet.
1028, 2 *einlef*, elf; wir müssen annehmen, daß tausend der Nibelunge waren, die übrigen hundert sind Siegemund's specielles Gefolge. Vgl. 761, 4.

Sigemunt der herre. sînes sunes tôt
den wolde er gerne rechen: des gie im wærlîchen nôt.

1029 Sine wessen wen sie solden mit strîte dô bestân. 970
sine tæten'z Gunther unde sîne man, (1043)
mit den der herre Sîfrit an daz gejagede reit.
Kriemhilt sach sie gewâtent: daz was ir grœzlîche leit.

1030 Swie michel wær' ir jâmer und swie starc ir nôt, 971
doch vorhte siu harte der Nibelunge tôt (1044)
von ir bruoder mannen, daz sin ez understuont.
siu warnt' sie güetlîche sô vriunde liebe vriunde tuont.

1031 Dô sprach diu jâmers rîche: «mîn her Sigemunt, 972
wes welt ir beginnen? iu ist niht rehte kunt. (1045)
jâ hât der künic Gunther sô manigen küenen man:
ir welt iuch alle vliesen, welt ir die recken bestân.

1032 Mit ûf erburten schilden in was ze strîte nôt. 973
diu edele küneginne bat und ouch gebôt (1046)
daz si'z mîden solden, die recken vil gemeit.
dô si'z niht lâzen wolden, daz was ir wærlîchen leit.

1033 Siu sprach: «herre Sigemunt, ir sult iz lâzen stân 974
unz ez sich baz gefüege: sô wil ich mînen man (1047)
immer mit iu rechen. der mir in hât benomen,
wirde ich des bewîset, ich sol im schadelîche komen.

1034 Ez ist der übermüeten hie bî Rîne vil: 975
dâ von ich iu des strîtes râten niht enwil. (1048)
sie habent wider einen ie wol drîzec man.
nu lâz' in got gelingen als sie umb' uns gedienet hân.

1029, 2 *Gunther* acc., von dem *tæten* vertretenden *tuon* abhängig.
1030, 3 *daz*, so daß. — *ez*, daß sie kämpften.
1031, 1 *mîn her*, vor Namen ehrender Titel, französisch monsieur. — 2 *iu* [illegible] — *kunt*, ihr kennt die Verhältnisse nicht recht. — 4 ihr geht in euer Verderben, wenn ihr mit ihnen kämpft. — *vliesen*, zu Grunde richten.
1032, 1 *erburn*, erheben. — *in was nôt ze*, sie waren begierig nach.
1033, 2 bis eine bessere Gelegenheit zur Rache kommt. — *sô*, dann. — 4 *bewîsen einen* mit gen., jemand wovon überzeugen. Die Stimme der Ahnung genügt ihr nicht. — *im schadelîche komen*, ihm verderblich werden.
1034, 2 *dâ von*, deshalb. — 4 Gott gebe ihnen solchen Erfolg, wie sie es um uns verdient haben.

1035 Ir sult hie belîben, unt dolt mit mir diu leit; 976
als iz tagen beginne, ir helde vil gemeit, (1047)
sô helfet mir besarken den mînen lieben man.»
dô sprâchén die degene: «daz sol wérdén getân.»

1036 In enkunde niemen daz wunder vólságen 977
von rittern unt von vrouwen, wie man die hôrte klagen, (1048)
sô daz man des wuofes wart in der stat geware.
die edelen burgære die kômen gâhénde dare.

1037 Sie klageten mit den gesten, want in was harte leit. 978
die Sîfrides schulde in niemen het geseit, (1049)
durch waz der edele recke verlür den sînen lîp.
dô weinden mit den vrouwen der guoten burgære wîp.

1038 Smide hiez man gâhen, wurken einen sarc, 979
von silber und von golde, vil michel unde starc. (1050)
man hiez in vaste spengen mit stahel, der was guot.
dô was al den liuten harte trûréc der muot.

1039 Diu naht was zergangen: man sagte ez wolde tagen. 980
dô hiez diu edele vrouwe zuo dem münster tragen (1051)
Sîfrit den herren, ir vil lieben man.
swaz er dâ vriunde hête, die sah man wéinénde gân.

1040 Dô si in zem münster brâhten, vil der glocken klanc. 981
dô hôrt' man allenthalben vil maniges pfaffen sanc. (1052)
dô kom der künic Gunther mit den sînen man,
und ouch der grimme Hagene zuo dem wúofé gegân.

1041 Er sprach: «vil liebiu swester, owê der leide dîn, 982
daz wir niht mohten âne des grôzen schaden sîn. (1053)

1035, 1 *doln* swv., dulden, vertragen. — 2 *als*, sobald. — 3 *besarken*, in den Sarg legen.

1036, 1 *volsagen*, vollständig sagen: wie außerordentlich viel von Rittern und Frauen geklagt wurde. — 4 *burgære*, Stadtbewohner.

1037, 3 *durch waz*, weswegen. — *verlür*, verloren hatte. — 4 *vrouwen* Kriemhildens.

1038, 3 *spengen*, mit Spangen beschlagen.

1039, 1 *was zergangen*, hatte ein Ende genommen.

1040, 1 *vil — klanc*, erklangen viele Glocken.

1041, 1 *der leide* kann gen. plur., aber auch sing. (nom. *diu leide*) sein. — 2 *âne sîn*, überhoben sein. —

wir müezen klagen immer den Sîfrides lîp.
»daz tuot ir âne schulde«, sprach daz jâmerhafte wîp.

1042 «Wær' in dar umbe leide, sô'n wær' es niht geschehen. 983
ir hetet mîn vergezzen, des mag ich wol jehen, (1054)
dâ ich dâ wart gescheiden von mîme lieben man.
daz wolde got«, sprach Kriemhilt, »wær' iz mir selber getân.

1043 Sie louten vaste ir lougen. Kriemhilt begonde jehen: 984
«swelher sich unschuldige, der lâze daz gesehen; (1055)
der sol zuo der bâre vor den liuten gên.
dâ bî mac man die wârheit harte schiere verstên.»

1044 Daz ist ein michel wunder: vil dicke ez noch geschiht, 985
swâ man den mortmeilen bî dem tôten siht, (1056)
sô bluotent im die wunden: als ouch dâ gescach.
dâ von man die sculde dâ ze Hagenen gesach.

1045 Die wunden vluzzen sêre alsam sie tâten ê. 986
die ê dâ sêre klageten, des wart nu michel mê. (1057)
dô sprach der künic Gunther: «ich wil'z iuch wizzen lân.
in sluogen schâchære: Hagene hât es niht getân.»

1046 «Mir sint die schâchære», sprach sin, «vil wol bekant. 987
nu lâz' ez got errechen noch sîner vriunde hant. (1058)
Gunther und Hagene, jâ habet ir iz getân.»
die Sîfrides degene heten dô ze strîte wân.

1041, 4 *âne schulde*, ohne Ursache, ohne Grund.
1042, 3 dort wo ich von meinem Manne getrennet wurde, nämlich durch den Tod.
1043, 1 Sie leugneten hartnäckig. — 2 *sich unschuldigen*, sich für unschuldig erklären. — 3 *vor*, in Gegenwart, *der liute*, des Volkes. — 4 *dâ bî verstên*, daran erkennen.
1044, 2 *mortmeilec* adj., mit Mord befleckt. — 3 auf diesem Glauben beruhte das Bahrrecht, derjenige, auf dem der Verdacht des Mordes ruhte, musste an die Bahre treten und den Leichnam berühren. — 4 daran sah man, daß die Schuld bei Hagen war.
1045, 1 *ê*, vorher, beim Morde selbst. — 2 *des*, des Klagens. — *michel* neutr., in adv. Bedeutung, viel.
1046, 4 *heten wân ze*, erwarteten, daß der Streit beginnen würde.

1047 Dô sprach aber Kriemhilt: «nu habt mit mir die nôt.» 988
dô kômen dise beide dâ sie in funden tôt, (1079)
Gêrnôt ir bruoder und Giselher daz kint.
in triuwen sie in klageten mit den ánderen sint.

1048 Sie weinden innecliche den Kriemhilde man. 989
man solde messe singen: zuo dem münster dan (1080)
giengen allenthalben man wîp unde kint.
die sîn doch lihte enbâren, die weinten Sifriden sint.

1049 Gêrnôt und Giselher sprâchen: «swester mîn, 990
nu trœste dich nâch tôde, als iz doch múoz sîn. (1081)
wir wellen dich's ergetzen die wîle unt wir geleben.»
done kunde ir trôst deheinen zer werlde níemén gegeben.

1050 Sîn sarc der was bereitet wol umbe'n mitten tac. 991
man huop in von der bâre dâ er ûfe lac. (1082)
in wolde noch diu frouwe lâzen niht begraben.
des muosen al die liute michel arebeite haben.

1051 In einen rîchen pfellel man den tôten want. 992
ich wæne man dâ iemen âne weinen vant. (1083)
dô klagete herzenlîche Uote, ein edel wîp,
und allez ir gesinde den sînen wætlîchen lîp.

1052 Dô man daz gehôrte, daz man zem münster sanc, 993
unt in gesarket hête, dô huop sich grôz gedranc: (1084)
durch willen sîner sêle waz opfers man dô truoc!
er hete bî den vînden doch guoter vríundé genuoc.

1047, 1 *habt*, behaltet, erträgt. — 2 *dise*, auf das Folgende deutend. — 4 *in triuwen*, aufrichtig.
1048, 4 die ihn doch leicht entbehren konnten, die zu ihm in keiner nähern Beziehung standen.
1049, 3 *ergetzen* mit acc. und gen., jemand für etwas entschädigen. — *die wîle unt*, so lange. — 4 *gegeben*, verstärktes *geben*.
1050, 1 *bereitet*, fertig. — *mitten tac*, Mittag; *mitte* adj.
1051, 2 *iemen* = *niemen*. — 3 *ein*, in der epischen Poesie häufig auch von schon genannten Personen.
1052, 1 *zem*, im. — 2 *sarken*, in den Sarg legen; der Sarg wurde im Münster ausgestellt. — 3 *opfer*, Opfergeld bei der Seelenmesse.

1053 Kriemhilt diu arme z'ir kameræren sprach 994
«sie suln durch mîne liebe lîden ungemach,
die im iht guotes gunnen und mir wesen holt;
durch Sîfrides sêle sol man teilen sîn golt.»

1054 Dehein kint was sô kleine daz witze mohte haben, 995
daz muose gên zem opfer. ê er würde begraben,
baz danne hundert messe man dâ des tages sanc.
von Sîfrides vriunden wart dô grôzer gedranc.

1055 Dô man dâ hete gesungen, daz volc huop sich
von dan. 996
dô sprach diu vrouwe Kriemhilt: «ir'n sult niht [illegible]
eine lân
hînte mich bewachen den ûz erwelten degen.
ez ist an sîme lîbe al mîn vröudé gelegen.

1056 Drî tage und drî nahte wil ich in lâzen stân, 997
unz ich mich geniete mîns vil lieben man. [illegible]
waz ob daz got gebiutet daz mich ouch nimet der tôt?
sô wære wol verendet mîn armer Kriemhilde nôt.»

1057 Zen herbergen giengen die liute von der stat. 998
pfaffen unde münche sîn beliben bat [illegible]
und allez sîn gesinde, daz des heldes pflac.
sie heten naht vil arge unt vil müelichen tac.

1058 Ân' ezzen und ân' trinken beleip dâ manic man. 999
die ez nemen wolden, den wart daz kunt getân, [illegible]
daz man's in den vollen gæbe: daz schuof Sigemunt.
dô was den Nibelungen vil michel arebeite kunt.

1053, 2 *sie* deutet auf das folgende *die*: diejenigen, welche. — *lîden ungemach*, Unruhe haben, indem man für ihn so viele Messen singt. — 4 *teilen*, vertheilen.
1054, 1 *witze*, Verstand, jedes Kind, das schon zu Verstande gekommen war.
1055, 1 *huop sich von dan*, begab sich hinweg. — 2 *niht eine lân*, mich nicht allein. — 4 *gelegen*, liegt darnieder, *an sîme lîbe*, mit seinem Leben.
1056, 2 *sich genieten* mit gen., sich an etwas ersättigen. — 4 *mîn* gen. und dazu *armer Kriemhilde*: die Noth von mir armen Kriemhild.
1057, 1 Die Stadtbewohner kehrten in ihre Häuser zurück. — 4 *arge*, schlimme.
1058, 2 *ez*, Essen und Trinken. — 3 *volle*, Fülle. — *daz schuof*, dafür sorgte.

1059 Die drîe tagezîte, sô wir hœren sagen, (1069)
die dâ kunden singen, daz sie muosen tragen
vil der arebeite. waz man in opfers truoc!
die vil arme wâren, die wurden rîché genuoc.

1060 Swaz man vant der armen die es niht mohten hân, 1060
die hiez man dort zem opfer mit dem golde gân
ûz sîn selbes kamere. do er niht solde leben.
umbe sîne sêle wart manic tûsent marc gegeben.

1061 Urbor ûf der erden teilte s'in diu lant, 1061
swâ sô man diu klôster und guote liute vant. (1070)
silber unde wæte gap man den armen genuoc.
sin tet dem wol gelîche daz s'im holden willen truoc.

1062 An dem drittem morgen ze rehter messezît 1062
sô was bi dem münster der kirchof alsô wît (1071)
von den lantliuten weinens alsô vol:
sie dienden im nâch tôde als man lieben vriunden sol.

1063 In den tagen vieren, man hât gesaget daz, 1063
ze drizec tûsent marken, oder dannoch baz, (1072)
wart durch sîne sêle den armen dâ gegeben.
dô was gelegen ringe sîn grôziu schœne und ouch
sîn leben.

1064 Dô gote dâ wart gedienet und daz man vol gesanc, 1064
mit ungefüegem leide vil des volkes ranc. (1073)

1059, 1 *tagezît*, Dauer eines Tages; während der drei Tage. — 2 *daz* von *sagen* abhängig, als wenn in diesem Verbum der Hauptsatz läge: *daz hœren wir sagen.* — *singen*, Messe singen. — 3 *in*, den singenden Pfaffen.

1060, 3 *ûz*, mit *golde* zu verbinden. — *sîn*, Siegfried's. — *solde*, es war vom Schicksal bestimmt. — 4 *umbe*, um — willen.

1061, 1 *Urbor* stf., Grundstück das eine Rente einträgt (*erbart*): sie verschenkte an die Klöster im Lande Ländereien, die ihnen Renten trugen. — 2 *guote liute* sind Kranke und Arme. — 3 *wæte* von *genuoc* abhängig, während *silber* von *gap*. — 4 *tet dem gelîche*, that dem entsprechend, bewies durch ihr Thun. — *im*, Siegfrieden.

1062, 2. 3 Der Kirchhof, der vor dem Münster lag, war voll von weinendem Volke aus dem Lande. — 4 das Weinen um den Todten wird als ein Dienst betrachtet, den man demselben thut, vgl. zu 1014, 4.

1063, 2 *ze*, bis zu der Summe von. — 4 *was gelegen ringe*, lag am Boden.

1064, 1 *daz* vertritt das *dô* im ersten Theile des Satzes, wie franz. *que*. — *vol gesanc*, zu Ende gesungen hatte. —

man hiez in ûz dem munster zuo dem grabe tragen.
die sîn ungérn' enbâren, die sah man weinen unde klagen.

1065 Vil lûte sêrende daz liut gie mit im dan. 1005 1064
vrô enwas dâ niemen, weder wîp noch man.
ê daz man in begruebe, man sanc unde las:
hei waz guoter pfaffen ze sîner pitilde was!

1066 Ê daz zem grabe kœme daz Sîfrides wîp, 1006 1065
dô ranc mit solhem jâmer der ir getriuwer lîp,
daz man sie mit dem brunnen vil dicke dâ vergóz.
ez was ir ungemüete vil harte unmæzlichen grôz.

1067 Ez was ein michel wunder daz sîn ie genas: 1007 1066
mit klage ir hélfénde manic vrouwe was.
dô sprach diu küneginne: ir Sîfrides man,
ir sult durch iuwer triuwe an mir genâdé begân.

1068 Lât mir nâch mîme leide daz kleine liep geschehen, 1008 1067
daz ich sîn schœne houbet noch eines müeze sehen.
dô bat si's alsô lange mit jâmers sinnen starc,
daz man zebrechen muose den vil hêrlichen sarc.

1069 Dô brâhte man die vrouwen dâ sîn in ligen vant. 1009 1068
siu huop sîn schœne houbet mit ir vil wîzen hant:
dô kuste s' alsô tôten den edelen ritter guot.
ir vil liehten ougen vor leide wéinéten bluot.

1070 Ein jæmerlichez scheiden wart dô dâ getân. 1010 1069
dô truoc man sie von dannen: sine mohte niht gegân.
dô vant man sinnelôse daz hêrliche wîp.
vor leide möht' ersterben der ir vil wünneclicher lîp.

1064, 4 die ihn ungern vermissten, die ihm Nahestehenden.
1065, 1 *mit im*, mit dem Todten. — 4 *pitilde stf.*, Begräbniss, von *sepelire*, begraben. — *ze*, bei.
1066, 3 *brunne*, frisches Wasser. — *vergôz*, begoss. — 4 *ungemüete stn.*, Trauer.
1068, 1 *liep stn.*, Freude. — 2 *eines*, einmal. — *müeze*, möge, dürfe. — 3 *mit jâmers sinnen*, mit jammernden Gedanken, jammernd.
1069, 3 *alsô tôten*, so todt wie er war; vgl. [illegible]
1070, 3 *sinnelôse*, ohnmächtig; acc. sing. des Femin., weil *daz wîp* folgt. — 4 *mohte*, hätte können.

1071 Dô man den edelen herren hete nu begraben, 1011
léit âne mâze sah man die alle haben (1080)
die mit im komen wâren von Nibelunge lant.
vil selten vrœlichen man dô Sigemunden vant.

1072 Dô was der etelicher der drîer tage lanc 1012
vor dem grôzem leide niht az noch entranc. (1081)
dô mohten sie dem lîbe sô gar geswichen niht:
sie nerten sich nâch sorgen, sô noch genúogén geschiht.

1071, 4 *vil selten*, durchaus niemals.
1072, 1 *der etelicher*, mancher unter diesen. — 2 *vor*, wegen. — 3 *geswichen* stv. mit dat., jemand im Stiche lassen. — 4 *nerten sich*, erhielten sich, indem sie wieder Speise zu sich nahmen.

XVIII. ÂVENTIURE,

WIE SIGEMUNT WIDER ZE LANDE FUOR.

Siegemund schickt sich zur Abfahrt an und fordert Kriemhilden auf, ihn zu begleiten; diese aber lässt sich von ihren Verwandten bewegen zu bleiben. Giselher gibt Siegemunden das Geleite.

1073 Der sweher Kriemhilde gie dâ er sie vant. 1013
er sprach zer küneginne: wir suln in unser lant. (1082)
wir wæn' unmære geste bi dem Rine sîn.
Kriemhilt, vil liebiu vrouwe, nu vart ir zuo den landen mîn.

1074 Sît daz uns untriuwe âne hât getân 1014
hie in disen landen des iuwern edelen man, (1083)
des ensult ir niht engelten: ich wil iu wæge sîn
durch mînes suns liebe: des sult ir âne zwîvel sîn.

1075 Ir sult ouch haben, vrouwe, allen den gewalt, 1015
den iu ê tete künde Sîfrit der degen balt. (1084)
daz lant und ouch diu krône daz sî iu undertân.
iu sulen gerne dienen alle Sîfrides man.

1076 Dô sagete man den knehten, sie solden rîten dan: 1016
dô wart ein michel gâhen nâh rossen getân. (1085)

1073, 1 *sweher*, Schwiegervater. — 2 *suln*, wollen fahren. — 3 *unmære*, unlieb.
1075, 2 mit welchem euch früher Siegfried bekannt machte, den ihr bei Lebzeiten kennen lerntet.
1076, 1 die Knechte rüsten alles zur Abreise. —

bi ir starken vinden was in ze wesen leit.
vrouwen unde megeden hiez man súochen diu kleit.

1077 Dô der künic Sigemunt wolde sîn geriten. 1017 (1088)
dô begonden Kriemhilt ire mâge biten
daz siu bî ir muoter solde dâ bestân.
dô sprach diu vrouwe hêre: «daz kunde müelich ergân.

1078 Wie möhte ich den mit ougen immer an gesehen, 1018 (1089)
von dem mir armem wîbe sô leide ist geschehen?»
dô sprach der junge Gîselher: «vil liebiu swester mîn,
du solt durch dîne triuwe hie bî dîner muoter sîn.

1079 Die dir dâ habent beswæret und betrüebét den muot. 1019 (1090)
der bedárftu niht ze dienste: nu zere mîn eines guot.»
siu sprach zuo dem recken: «jane mâges niht geschehen.
vor leide mües' ich sterben, swenne ich Hagenen solde sehen.»

1080 «Des tuon ich dir ze râte, vil liebiu swester mîn. 1020 (1091)
du solt bî dînem bruoder Gîselhere sîn.
jâ wil ich dich ergetzen dînes mannes tôt.»
dô sprach diu gotes arme: «des wære Kriemhilde nôt.

1081 Dô ez ir der junge sô güetlîch erbôt, 1021 (1092)
dô begonde vlêgen Uote und Gêrnôt

1076, 3 *starker vînt* ist ein Todfeind, einer dem man sehr feindlich gesinnt ist. — 4 *kleit*, die Reisekleider.
1077, 1 *müelich ergân*, schwerlich geschehen.
1078, 1 *durch dîne triuwe*, um deiner Treue willen; er beschwort sie bei ihrer Treue.
1079, 2 *zere*, verzehre; lebe von dem was ich besitze.
1080, 1 Dessen überhebe ich dich, nämlich ihn zu sehen. — 3 *tôt*, man erwartet den Genetiv: dich entschädigen für den Tod deines Mannes (vgl. 1142, 3).
1081, 1 *der junge*, der junge Mann. — *ez ir sô güetlîch erbôt*, ihr so freundliche Anerbietungen machte. —

und ir getriuwe mâge: sie bâten s' dâ bestân
sîn hete lützel kunnes under Sîfrides man.

1082 «Sie sint iu alle vremede», sô sprach Gêrnôt. 1022
niemen lebet sô starker, er'n müeze ligen tôt. (1063)
daz bedénket, liebiu swester, und troestet iuwern muot.
belîbet bî den vriunden: ez wirt iu wærlîchen guot.»

1083 Sîn lobete Gîselhêre, sîn wolde dâ bestân. 1023
diu ros gezogen wâren den Sigemundes man, (1064)
als sie wolden rîten zer Nibelunge lant:
dô was ouch ûf gesoumet al der recken gewant.

1084 Dô gie der herre Sigemunt zuo Kriemhilde stân; 1024
er sprach zuo der vrouwen: «die Sîfrides man (1065)
iu wartent bî den rossen. nu suln wir rîten hin,
wand' ich vil ungerne bî den Burgonden bin.»

1085 Dô sprach diu vrouwe Kriemhilt: «mir râtent vriunde mîn, 1025
swaz ich hân der getriuwen, ich sûle hie bî in sîn: (1066)
ich habe niemen mâge in Nibelunge lant.»
leit was ez Sigemunde, dô ér'z an Kriemhilde ervant.

1086 Dô sprach der künic Sigemunt: «daz lât iu niemen sagen. 1026
vor allen mînen mâgen sult ir krône tragen (1067)
alsô gewalteclîchen als ir ê habt getân.
ir'n sult des niht engelten daz wir den helt verloren hân.

1087 Und vart ouch mit uns widere durch iuwer kindelîn: 1027
daz ensult ir niht, vrouwe, verweiset lâzen sîn. (1068)

1081, 3 *getriuwe*, die ihr aufrichtig gesinnt waren. — 4 *hete* conj., im Sinne der Bittenden. — *kunne*, Verwandtschaft.
1082, 1 *vremede*, im Gegensatz zu verwandt. — 4 *vriunden*, Verwandten.
1083, 1 *lobete*, versprach. — 2 *gezogen*, aus dem Stall auf den Hof geführt. — 3 *als sie*, wie solchen, die.
1084, 1 *stân*, hintreten. — 3 *iu wartent*, harren auf euch. — *hin*, von hier.
1085, 1 *vriunde mîn*: der Artikel fehlt nach alterthümlicher Weise. — 3 *habe* conj. — *niemen* mit gen. (*mâge*), keine Verwandte.
1086, 1 lasst euch in dieser Beziehung nichts einreden.
1087, 1 *ouch* bezieht sich auf *kindelîn*. —

swenn' iuwer sun gewahset, der trœstet iu den muot.
die wîle sol iu dienen manic hélet küene unde guot.»

1088 Siu sprach: «herre Sigemunt, jane mac ich
rîten niht. 1028
ich muoz hie belîben, swaz halt mir geschiht, (1099)
bî den mînen mâgen, die mir helfen klagen.»
dô begónden disiu mære den guoten recken missehagen.

1089 Sie sprâchen al gelîche: «sô möhte wir wol jehen 1029
daz uns aller êrste wære leit geschehen, (1100)
woldet ir belîben bî unsern vînden hie:
sô geriten hovereise noch helde sorclîcher nie.»

1090 «Ir sult âne sorge gote bevolhen varn: 1030
man git iu guot geleite (ich heiz' iuch wol bewarn) (1101)
zuo Sigemundes lande. mîn liebez kindelîn
daz sol ûf genâde iu recken wol bevolhen sîn.»

1091 Dô sie wol vernâmen, daz sîn niht wolde dan, 1031
dô weinden al gemeine die Sigemundes man. (1102)
wie rehte jâmerlîchen schiet dô Sigemunt
von vroun Kriemhilde! dô was im ungemüete kunt.

1092 «Sô wê der hôhgezîte», sprach der künec hêr. 1032
«ez geschiht von kurzewîle hin für nimmer mêr (1103)
künige noch sînen mâgen daz uns ist geschehen.
man sol uns nimmer mêre hie zen Burgonden sehen.»

1093 Dô sprâchen offenlîche die Sifrides man: 1033
«ez möhte noch diu reise in ditze lant ergân, (1104)

1087, 3 *gewahset*, heranwachst. 4 *die wîle*, so lange.
1088, 2 *halt*, in Concessivsätzen: auch. 3 die Hilfe der Verwandten bei der Klage um den Todten scheint Kriemhilden wirksamer als die von noch so theilnehmenden Nichtverwandten; ein Beweis für die Geschlossenheit der Familienbeziehung im altgermanischen Bewusstsein. — 4 *missehagen*, schlecht behagen.
1089, 2 *aller êrste*, nun erst recht. — 4 *sorclîcher* adv. compar., mit größerer Sorge, Trubsal.
1091, 4 *dô was — kunt*, da, als er von ihr scheiden musste, wusste er was Trauer war.
1092, 1 *Sô*, im Ausruf vor *wê* wie vor *wol*. — 3 einem Konige noch seinen Verwandten. — *daz*, dasjenige was.
1093, 1 *offenlîche*, offentlich, unverholen. — 2 *reise*, Kriegszug: um Rache zu nehmen. —

sô wir den reht' erfunden, der uns den herren sluoc.
sie habent von sînen mâgen starker vînde genuoc.

1094 Er kuste Kriemhilde: wie jâmerlich er sprach, 1034
dô sin belîben wolde und er daz rehte ersach (1100)
»nu rîten vreuden âne heim in unser lant.
alle mîne sorge sint mir êrste nu bekant.«

1095 Sie riten ân' geleite von Wormez an den Rîn. 1035
sie mohten wol des muotes sicherlichen sîn. (1101)
ob sie in vîentschefte wurden an gerant,
daz sich weren wolde der kuenen Nibelunge hant.

1096 Sine gerten urloubes dâ ze keinem man. 1036
dô sah man Gêrnôten und Gîselheren gân (1102)
zuo z'im minnecliche. in was sîn schade leit.
des brâhten in wol innen die helde kuene und gemeit.

1097 Dô sprach gezogenliche der fürste Gêrnôt: 1037
»got weiz daz wol von himele, an Sîfrides tôt (1103)
gewan ich nie die schulde, daz ich daz hôrte sagen
wer im hie vîent wære. ich sol in pillîche klagen.

1098 Dô gab in guot geleite Gîselher daz kint: 1038
er brâhte sórgénde ûz dem lande sint (1104)
den künic mit sînen recken heim ze Niderlant.
wie lützel man der mâge dar inne vrœliche vant!

1099 Wie sie nu gefueren, des enkan ich niht gesagen. 1039
man hôrt' hie z'allen zîten Kriemhilde klagen, (1105)

1093, 1 *sie*, die Mörder. — *von sînen mâgen*, von seiten seiner (Siegfried's) Verwandten.
1094, 3 *rîten*, lasst uns reiten. — *vreuden âne*, freudenberaubt.
1095, 2 *des muotes*, in der Gesinnung, des Sinnes. — 3 *gerant*, angegriffen.
1096, 1 *ze*, bei, von. — 3 *im*, Siegemund.
1097, 3 *daz* hängt ab von *die schulde*: ich habe keine Schuld an seinem Tode, insofern ich gewusst hätte, wer ihm hier feindlich gesinnt gewesen. Denn dann hätte er ihn warnen und retten können.
1098, 2 *sorgende*, mit Sorgen, sorglich. — 4 *der mâge*, Siegfried's. — *dar inne*, in Niederland.
1099, 1 *Wie — gefueren*, wie es ihnen ergieng. — 2 *hie*, in Worms. —

daz ir niemen trôste daz herze joch den muot,
ez entæte Giselher: der was getriuwe unde guot.

1100 Prünhilt diu schœne mit übermüete saz. 1040
swaz geweinde Kriemhilt, unmære was ir daz. (1111)
sine wart ir guoter triuwen nimmer mê bereit.
sît getét ouch ir vrou Kriemhilt diu vil herzenlichen leit.

1099, 3 *joch*, und. — 4 *ez entæte*, ausgenommen daß es that.
1100, 4 *herzenlîchen*, zu Herzen gehenden.

XIX. ÂVENTIURE.

WIE DER NIBELUNGE HORT ZE WORMEZ KOM.

Drei und ein halbes Jahr danach versöhnt sich Kriemhild mit Gunther. Bald darauf bewegen die Burgunden Kriemhilden, den Nibelungenhort nach Worms bringen zu lassen, der ihr als Morgengabe gebührte. Kriemhild schenkt davon mit freigebiger Hand, sodaß Hagen Schaden befürchtet, ihr den Schatz mit Gewalt nimmt und ihn in den Rhein versenkt. Es verfließen von Siegfried's Tode an dreizehn Jahre.

1101 Dô diu edele Kriemhilt alsô verwitewet wart, 1041
bî ir inne lande der grâve Eckewart ([illegible])
beleip mit sînen mannen: der diende ir z'allen tagen.
der half ouch sîner vrouwen sînen herren dicke klagen.

1102 Ze Wormez bî dem münster ein gezimber man ir slôz, 1042
wît unde vil michel, rîch unde grôz, ([illegible])
dâ siu mit ir gesinde sît âne vreude saz.
siu was zer kirchen gerne und tet vil willeclîchen daz.

1103 Dâ man begruob ir vriedel, wie selten siu daz lie, 1043
mit trûrigem muote siu alle zît dar gie. ([illegible])
siu bat got den guoten sîner sêle pflegen.
vil dicke wart beweinet mit grôzen triuwen der degen.

1101, 2 inne für in deme, in dem. — 4 vrouwen, Gebieterin.
1102, 1 gezimber stn., Gebäude. — slôz, zusammenfügte, baute. — 3 saz, wohnte. — 4 zer kirchen, in der Kirche.
1103, 1 Es entsprechen sich Dâ — dar (2): dorthin, wo man ihn begraben hatte.

1104 Uote und ir gesinde sie trôsten z'aller stunt. 1044
dô was ir daz herze sô grœzliche wunt: (1115)
ez kunde niht vervâhen, swaz man ir trôstes bôt.
siu hete nâch liebem vriunde die aller grœzisten nôt.

1105 Die nâch liebem manne ie mêr wip gewan. 1045
man mohte ire tugende kiesen wol dar an. (1116)
siu klaget' unz an ir ende die wile werte ir lip.
sît rach sich wol mit ellen des küenen Sîfrides wîp.

1106 Sus saz siu nâch ir leide, daz ist alwâr, 1046
nâch ir mannes tôde wol vierdehalbez jâr, (1117)
daz siu ze Gunthêre nie dehein wort gesprach
unt ouch ir vient Hagenen in der zîte nie gesach.

1107 Dô sprach von Tronege Hagene: «möht ir daz tragen an, 1047
daz ir iuwer swester ze vriunde möhtet hân? (1118)
sô kœm' ze disen landen daz Nibelunges golt:
des möht ir vil gewinnen, würd' uns diu künegìnne holt.»

1108 Er sprach: «wir suln'z versuochen. mîne brúoder sint ir bî: 1048
die sul wir'z piten werben daz si unser vriunt sî, (1119)
ob wir'n ir an gewinnen, daz siu daz gerne sehe.»
«i'ne trouwe's niht», sprach Hagene, «daz ez ímmér geschehe.»

1109 Dô hiez er Ortwinen hin ze hove gân 1049
unt den márgrâven Gêren. dô daz was getân, (1120)
man brâhte ouch Gêrnôten und Giselher daz kint.
si versúochten'z vriuntlichen an vroun Kriemhilde sint.

1104, 3 *vervâhen*, helfen. — 4 *vriunde*, Geliebtem. — *nôt*, Sehnsucht.
1105, 1 *ie mêr*, jemals mehr. — 2 *ire* ist nicht flect. Possess., sondern der Genetiv von *siu*, gewöhnlich *ir*.
1106, 1 das *leit* wird in der nächsten Zeile näher bezeichnet. — 2 *vierdehalbez jâr*, drei und ein halbes Jahr, viertehalb Jahre. — 3 sodaß sie (während der Zeit).
1107, 1 *tragen an*, bewerkstelligen. — 4 *des*, des Goldes.
1108, 1 *Er*, Gunther. — 2 die (Brüder) wollen wir bitten es auszurichten, zu betreiben. — 3 *wir'n* = *wir in*; *in*, den Schatz, den der Dichter im Sinne hat, wenn er auch 1107, 3 *golt* sagte. — 4 *trouwe's*, glaube es. — *immer*, jemals.
1109, 4 *vroun Kriemhilde*, wahrscheinlich der Accusativ, doch wäre auch der Dativ denkbar (726, 1).

1110 Dô sprach von Burgonden der küene Gernôt: 1050
vrouwe, ir klaget ze lange den Sîfrides tôt.
iu wil der künic rihten daz er's niht hât erslagen:
man hœrt iuch z'allen zîten sô rehte grœzlîchen klagen.

1111 Sîn sprach: des ziht in niemen: in sluoc diu Hagenen hant. 1051
wâ man in verhouwen solde, dô er daz an mir ervant,
wie moht' ich des getrouwen daz er im trüege haz?
ich hete wol behüetet», sprach diu küneginne, «daz,

1112 Daz ich niht vermeldet hete sînen lîp: 1052
sô lieze ich nu mîn weinen, ich vil armez wîp.
holt wird' ich in nimmer, die ez dâ hânt getân.
dô begónde vlégen Gîselher, der vil wætlîche man.

1113 «Ich wil den künic grüezen», dô sîn im des verjach. 1053
mit sînen besten vriunden man in vor ir sach.
dône torste Hagene für sie niht gegân:
wol wesse er sîne schulde, er het ir leidé getân.

1114 Dô sîn verkiesen wolde ûf Gunther den haz, 1054
ob er sie küssen solde, ez zæme im deste baz.
wær' ir von sînem râte leide niht getân,
sô möht' er vrevelliche zuo Kriemhildé gegân.

1115 Ez enwart nie suone mit sô vil trahenen mê 1055
gefüeget under vriunden. ir tet ir schade wê.
si verkôs ûf sie alle wan ûf den einen man.
in hete erslagen niemen, het ez Hagene niht getân.

1110, 3 *rihten*, Recht schaffen, vor Gericht [illegible] er im Siegfrieden).
1111, 2 *wa — solde*, von *ervant* abhängig. — 3 [illegible] glauben. — 4 *behüetet*, verhütet.
1112, 1 *niht*, die Negation steht, für uns überflüssig, weil der Sinn des ganzen Satzes negativ ist. — *vermelden*, verrathen, indem sie die verwundbare Stelle angab. — 2 dann brauchte ich jetzt nicht zu weinen.
1113, 1 *grüezen*, als Zeichen der Versöhnung. — 2 [illegible] sind wieder Verwandte; die *besten*, die nächsten.
1114, 1 *verkiesen*, aufgeben, fahren lassen. — 2 so wäre es passend, daß er (Hagen) sie geküsst hätte. — 4 *vrevelliche*, [illegible] unerschrocken.
1115, 2 *gefüeget*, zu Stande gebracht. — Sie konnte das ihr zugefügte Leid nicht vergessen. — 3 *verkiesen ûf*, [illegible] verzeihen.

1116 Dar nâch vil unlange dô truogen sie daz an 1056
daz diu vrouwe Kriemhilt den grôzen hort gewan (1129)
von Nibelunges lande und fuorte in an den Rîn.
er was ir morgengâbe, er solt' ir pilliche sîn.

1117 Dár nâch fúor Giselher unde Gêrnôt. 1057
ahzec hundert mannen Kriemhilt dô gebôt (1130)
daz si'n holen solden da er verborgen lac,
dâ sîn der degen Albrich mit sînen besten vriunden pflac.

1118 Dô man die von Rîne nâch dem schátze komen sach, 1058
Albrich der vil küene zuo sînen vriunden sprach: (1131)
«wir getürren ir des hordes vor gehaben niht,
sît sîn ze morgengâbe diu edele küneginne giht.

1119 Doch enwurde ez nimmer», sprach Albrich, «getân, 1059
niwan daz wir übele dâ verlorn hân (1132)
samet Sîfrîde die guoten tarnhût:
want díe truoc alle zîte der schœnen Kriemhilde trût.

1120 Nu ist ez Sîfrîde leider übele komen, 1060
daz uns die tarnkappen der helt het benomen (1133)
unt daz im muose dienen allez ditze lant.»
dô gie der kamerære dá er die slüzzele vant.

1121 Ez stuonden vor dem berge die Kriemhilde man, 1061
und ouch ein teil ir mâge. den scáz trúoc mán (1134)
dán zúo dem sêwe an diu schiffelîn:
den fuort' man ûf den ünden unz ze berge an den Rîn.

1116, 1 *vil unlange*, kurze Zeit.

1117, 1 *Dar nâch*, nach dem Schatze. — 4 *besten vriunden*, nächsten Angehörigen.

1118, 3 *vor gehaben* mit dat. und acc., einem etwas vorenthalten; der Accusativ ist *niht*. — 4 da ihn als Morgengabe in Anspruch nimmt.

1119, 2 *niwan daz wir*, hätten wir nicht. — 3 zugleich mit Siegfried.

1120, 1 Es ist Siegfried zum Unheil ausgeschlagen; in dem Besitze des Goldes und der Tarnkappe ruhte der eigentliche Fluch, das Verhängniss, das Siegfrieden hinraffte.

1121, 3 *dan*, fort. — *sêwe* dat. von *sê* stm., die See. — 4 *ünde* stf., Welle (*unda*). — *unz ze berge*, bis hinauf, weil der Schatz im Norden gedacht wird.

1122 Nu muget ir von dem horde wunder hœren sagen: 1062
swaz zwelf kanzwagene meiste mohten tragen (1119)
in vier tagen und nahten von dem berge dan.
ouch muose ir ietslicher des tages drî stunde gân.

1123 Ez enwas niht anders wan gesteine unde golt. 1063
unt ob man al die werlde het dâ von versolt, [illegible]
sin wære niht minner einer marke wert.
jane het es âne schulde niht gar Hagene gegert.

1124 Der wunsch der lac dar under, von golde ein
rüetelîn. 1064
der daz het erkunnet, der mohte meister sîn (1120)
wol in aller werlde über ietslichen man.
der Albriches mâge kom vil mit Gêrnôte dan.

1125 Dô sie den hort behielten in Guntheres lant 1065
und sich's diu küneginne allez underwant, [illegible]
kamere unde türne sin wurden vol getragen.
man gehôrte nie daz wunder von guote mêre gesagen.

1126 Und wær' sin tûsent stunde noch alse vil gewesen, 1066
und solt' der herre Sîfrit gesunder sîn genesen, [illegible]
bî im wære Kriemhilt hendeblôz bestân.
getriuwer wîbes künne ein helt nie mêre gewan.

1127 Dô siu den hort nu hête, dô brâhte s' in daz lant 1067
vil unkunder recken. jâ gap der vrouwen hant (1124)
daz man sô grôzer milte mêre nie gesach.
siu pflac vil grôzer tugende: des man der kü-
neginne jach.

1122, 2 *meiste* adv., am meisten, mit voller Last. — 4 [illegible], gewöhnlich *nahten*. — [illegible] der Wagen. — *drî stunde*, dreimal.
1123, 2 *al die werlde* plur., jedermann. — *versolt* [illegible], bezahlt. — 3 *sîn*, des Schatzes. — *minner* adj., weniger. — [illegible] im Betrage von (mit gen.). — 4 *âne schulde*, ohne Grund, d. h. *niht gar*, durchaus nicht.
1124, 1 *wunsch*, das Höchste was man wünschen kann. — 2 *erkunnet*, erforschen: nämlich seine Macht und Eigenschaft. — 3 [illegible] gehört zu *man*.
1125, 1 *behielten*, aufbewahrten. — 2 [illegible], es übernahm. — 2 *sîn*, damit, mit dem Horte. — 4 *wunder*, unerhört vieles.
1126, 3 *hendeblôz*, mit leerer Hand: als Bezeichnung ihrer grenzenlosen Freigebigkeit. — 4 *getriuwer* compar. — *wîbes künne*, Weibes Art, soviel als: Weib.
1127, 1 *brâhte*, veranlasste zu kommen. — 4 Der Genetiv [illegible] hängt von *jach* ab.

1128 Den armen unt den richen begonde siu nu geben 1068
daz daz reite Hagene, obe siu solde leben (1142)
noch deheine wile, daz siu sô manigen man
in ir dienst gewunne daz ez in leide müese ergân.

1129 Dô sprach der künec Gunther: «ir íst líp únde guot, 1069
zwiu sol ich daz wenden swaz siu dâ mit getuot? (1143)
ja erwarp ich daz vil kûme daz siu mir wart sô holt.
nu enruochen war siu teile beidíu ir silber und ir golt.»

1130 Hagene sprach zem künige: «ez solde ein frumer man 1070
deheinem einem wîbe niht des hordés lân. (1144)
siu bringet ez mit gâbe noch unz ûf den tac
daz'z vil wol geriuwen die kuenen Burgonden mac.»

1131 Dô sprach der künic Gunther: «ich swuor ir einen eit 1071
daz ich ir getæte nimmer mêre leit, (1145)
und wil es fürbaz hüeten: siu ist diu swester mîn.»
dô sprach aber Hagene: «lât mich den schúldigen sîn.»

1132 Ir sumelicher eide wâren umbehuot. 1072
dô nâmen sie der witewen daz kréftige guot: (1146)
Hagene sich der slüzzel aller underwant.
daz zurnde ir bruoder Gérnôt, do er daz réhté bevant.

1133 Dô sprach der herre Giselher: «Hagene hât getân 1073
vil leides mîner swester: ich sold' iz understân. (1147)
unde wær' er niht mîn mâc, ez gienge im an den lîp.»
iteniuwez weinen tet dô Sîfrides wîp.

1128, 2 *reite*, redete. — 4 *in*, ihm und den burgundischen Konigen. — 4 *leide ergân*, ubel, zum Ungluck ausfallen.

1129, 1 *ir ist*, ihr gehort. — *lîp unde guot*: sie hat freie Verfugung uber sich und ihren Besitz. — 2 *wenden*, abwenden, verhindern. — 3 *vil kûme*, mit großer Muhe. — 4 *enruochen*, wollen wir uns nicht darum kümmern.

1130, 1 *frum* adj., tüchtig. — 2 *einem* ist fur uns entbehrlich. — 3 *unz ûf den tac*, dahin.

1131, 3 *hüeten* mit gen., auf etwas Acht haben.

1132, 1 Nach mhd. Construction wird man nicht *ir* von *sumelicher* abhangig machen, sondern *ir* hängt von *eide* ab und zu *eide* tritt attributiv *sumelicher*. — *umbehuot*, nicht gehalten, wurden gebrochen. — 2 *kreftec*, sehr zahlreich, groß.

1133, 4 *iteniuwez*, erneutes.

1134 Dô sprach der herre Gêrnôt: ê daz wir immer sîn 1074
gemuet mit disem golde, wir solden'z in den Rîn (1078)
allez heizen senken, daz'z immer wurde man.
sin gie vil klegeliche für Giselher ir bruoder stân.

1135 Sin sprach: vil lieber bruoder, du solt ge-
denken mîn: 1075
beidiu lîbes unde guotes soltu mîn voget sîn. (1079)
dô sprach er zuo der vrouwen: daz sol sîn getân,
als wir nu komen widere; wir haben rîtennes wân.

1136 Der kunic und sîne mâge rûmten dô daz lant, 1076
die aller besten drunder die man inder vant: (1080)
niwan Hagene aleine, der beleip dâ durch haz
den ér truoc Kriemhilde, unt tet vil willecliche daz.

1137 Ê daz der kunic riche wider wære komen, 1077
die wîle hete Hagene den grôzen scaz genomen. (1081)
er sancte'n dâ ze Lôche allen in den Rîn.
er wânde er sold' in niezen, des enkunde niht gesîn.

1138 Die fürsten kômen widere, mit in vil manic man. 1078
Kriembilt ir schaden grôzen klagen dô began (1082)
mit meiden unt mit vrouwen: in was harte leit.
gerne wær' ir Giselher aller triuwên bereit.

1139 Dô sprâchen sie gemeine: er hât übelê getân. 1079
er 'ntweich der fürsten zorne alsô lange dan (1083)
unz er gewan ir hulde. sie liezen in genesen:
dône kunde im Kriemhilt nimmer vinder gewesen.

1140 Ê daz von Tronege Hagene den scatz alsô verbarc, 1080
dô heten si'z gevestent mit eiden alsô starc,

1134, 2 *gemüet*, belästigt, geärgert. — 3 [illegible] einem Menschen gehörte.
1135, 2 *voget*, Schirmherr. — 4 *wir — wân*, wir haben vor wegzureiten, einen Ritt vor. Es wird nicht gesagt, weswegen sie wegreiten, der Grund ist auch gleichgültig. Hagen benutzt ihre Abwesenheit.
1136, 4 *willecliche* adv., gern, absichtlich.
1137, 2 *die wîle*, inzwischen. — 3 *sancte'n*, versenkte ihn. — 4 *niezen*, hier mit acc. genießen, Nutzen haben.
1138, 3 *in*, den Fürsten, ihren Brüdern.
1139, 2 *entweich*, wich aus; er ließ sich so lange vor ihnen nicht sehen, bis sie wieder versöhnlicher gestimmt waren. — 4 Kriemhildens Feindschaft hatte jetzt ihren Höhepunkt erreicht.
1140, 2 *vesten* für *vestenent*, festmachen, festsetzen. — *alsô* dient hier nur zur Verstärkung von *starc*; nicht ist damit *dô* zu verbinden. —

daz er verholn wære unz ir éiner möhte leben.
sît enkúnden si's in selben noch ander niemén gegeben.

1141 Mit iteniuwen leiden beswæret was ir muot, 1081
umbe ir mannes ende. unt dô sie ir daz guot (1150)
alsô gar genâmen. dô gestuont ir klage
des lîbes nimmer mêre unz an ir júngésten tage.

1142 Nâch Sîfrides tôde, daz ist alwâr, 1082
siu wonde in manigem sêre drîuzéhen jâr, (1157)
daz siu des recken tôdes vergezzen kunde niht.
siu was im getriuwe: des ir diu meiste menige giht.

1140, 3 *unz*, so lange. — 4 *si's*, sie davon, von dem Schatze.
1141, 3 *gestuont*, stand stille, ruhte. — 4 *des lîbes* hängt von *nimmer* ab: nie mehr in ihrem Leben. — *jungesten*, letzten.
1142, 2 *wonde*, lebte. — 4 *diu meiste menige*, das ganze Volk.

XX. ÂVENTIURE,

WIE KÜNIC ETZEL ZE BURGONDEN NÂCH KRIEMHILDE SANDE.

König Etzel, dessen Gemahlin Helche gestorben, sendet den Markgrafen Rüdiger von Bechlaren nach Worms, um Kriemhild zu werben. Gunther beräth sich mit den Seinen; Hagen räth ab, auf den Antrag einzugehen, wird aber überstimmt. Man theilt Kriemhild von der Werbung mit; sie will nichts davon wissen, gestattet aber, daß Rüdiger vor ihr erscheinen darf. Er bringt seine Botschaft nochmals an, sie verspricht am andern Morgen Bescheid zu geben. Die Übrigen reden ihr dringend zu. Die Boten kommen, sich Antwort zu erbitten. Sie lehnt immer noch ab, bis Rüdiger sagt, er wolle sie für alles entschädigen, was ihr je geschehen, und dies mit Eiden beschwört; da endlich entschließt sie sich. Das ihr gebliebene Gold will sie mitnehmen, aber Hagen verwehrt es. Rüdiger tröstet sie darüber. Der Markgraf Eckewart, fünfhundert Mann und hundert Jungfrauen begleiten sie. Boten werden abgesendet, um ihre Ankunft zu melden.

1143 Daz was in einen zîten dô vrou Helche erstarp 1083
unt daz der künic Etzel umb' ein ánder vrouwen warp: (1150)
dô rieten sîne vriunde in Burgonden lant
z'einer stolzen witewen, diu was vrou Kriemhilt genant.

1144 Sît daz erstorben waere der schoenen Helchen lîp, 1084
sie sprâchen: »welt ir immer gewinnen edel wîp, (1151)
die hoehsten und die besten die künic ie gewan,
sô nemt die selben vrouwen: der starke Sîfrit was ir man.

1143, 1 *in einen zîten*, zu einer Zeit, einstmals. — 3 *in Burgonden lant* gehört zu *witewen*.
1144, 1 *Sît daz*, da. — 2 *immer*, je, überhaupt. — 4 *die selben*, die genannte.

1145 Dô sprach der künic rîche: «wie möhte daz ergân, 1085
sît ich pin ein heiden unt des toufes nine hân? (1168)
sô ist diu vrouwe kristen: dâ von lobet si'z niht.
ez müese sîn ein wunder, ob ez immér geschiht.»

1146 Dô sprâchen aber die snellen: «waz ob si'z lihte tuot? 1086
durch iuwern namen den hôhen und iuwer michel guot (1169)
sô sol man'z doch versuochen an daz vil edele wîp.
ir müget vil gerne minnen den ir vil wætlîchen lîp.»

1147 Dô sprach der künic edele: «wem ist nu bekant 1087
under iu bî Rîne liute unde lant?» (1170)
dô sprach von Bechelâren der guote Rüedigêr:
«ich hân erkant von kinde die edelen küneginne hêr.

1148 Gunther und Gêrnôt, die edelen ritter guot, 1088
der dritte heizet Gîselher: ir ietslîcher tuot (1171)
swaz er der besten êren und tugende mac begân:
ouch hânt ir altmâge her daz sélbé getân.

1149 Dô sprach aber Etzel: «vriunt, du solt mir sagen, 1089
op siu in mînem lande krône solde tragen. (1172)
und ist ir lîp sô schœne sô mir ist geseit,
den mînen besten vriunden sol ez nimmer werden leit.»

1150 «Si gelîchet sich mit schœne wol der vrouwen mîn, 1090
Helchen der vil rîchen. jane kunde niht gesîn (1173)
in dirre werlde schœner deheines küniges wîp.
den siu lobet ze vriunde, der mac wol trœsten sînen lîp.»

1145, 2 *touf* stm., Taufe. — 3 *sô*, andererseits. — *lobet si'z*, stimmt sie darin ein.
1146, 1 *lihte* adv., vielleicht. — 3 *an*, bei.
1147, 2 *liute*, Volk. — 4 *von kinde*, von Kindheit an; wohl auf *küneginne* nicht auf *ich* zu beziehen.
1148, 3 *begân*, *begên*, thun. — 4 *altmâge*, Altvordern. — *her*, bisher immer.
1149, 2 *solde*, ob es ihr anstände. — 4 *werden leit*, sie werden es nicht zu bereuen haben.
1150, 1 *sich gelîchen*, sich vergleichen, sich gleichstellen, gleichkommen. — *mit*, in Bezug auf. — 4 *ze vriunde*, zum Geliebten; derjenige, mit dem sie sich verlobt, vermählt.

1151 Er sprach: «sô wirb ez, Ruedegêr, als liep als ich dir sî. 1091
und sol ich Kriemhilde immêr geligen bî, (1170)
des wil ich dir lônen sô ich beste kan:
sô hâstu mînen willen sô rehte verrê getân.

1152 Ûzer mîner kameren sô heiz' ich dir geben 1092
daz du unt dîne gesellen vrœlîche muget leben, (1171)
von rossen und von kleidern allez daz du wil.
des heize ich iu bereiten zuo der boteschefte vil.»

1153 Des antwurte Ruedegêr, der marcgrâve rîch: 1093
«gerte ich dînes guotes, daz wære unlobelich. (1172)
ich wil dîn bote gerne wesen an den Rîn
mit mîn selbes guote, daz ich hân von der hende dîn.»

1154 Dô sprach der künic rîche: «nu wenne welt ir varn 1094
nâch der minneclîchen? got sol iuch bewarn (1173)
der reise an allen êren, unt ouch die vrouwen mîn.
des helfe mir gelücke daz si uns genædic müeze sîn.»

1155 Dô sprach aber Ruedegêr: «ê wir rûmên daz lant, 1095
wir müezen ê bereiten wâfen unt gewant, (1174)
alsô daz wir's êre vor fürsten mugen hân.
ich wil ze Rîne fueren fünf hundert wætlîcher man.

1156 Swâ man zen Burgonden mih unt die mîne sehe, 1096
daz ir ietslîcher danne dir des jehe, (1175)
daz nie künic deheiner alsô manigen man
sô verre baz gesande dan du ze Rîne habest getân.

1157 Und ob du'z, künic rîche, dar umbe niht wil lân, 1097
sin was ir edelen minne Sîfride undertân, (1176)

1151, 1 *wirb ez*, richte du die Botschaft aus. — *als liep als ich dir sî*, so wahr ich dir lieb bin. — 2 *immêr*, jemals noch. — 4 *verre* adv., sehr.
1152, 2 *gesellen*, die Begleiter auf der Reise nach Worms. — 3 *von*, von *allez* abhängig, an.
1153, 2 *unlobelich*, unlöblich, nicht zu loben. — 4 er will die Reise auf seine Kosten unternehmen.
1154, 1 *nu*, also. — 3 *der reise* gen. von *bewarn* abhängig, auf der Fahrt. — *vrouwen*, Kriemhild.
1156, 4 *baz*, in besserer Ausrüstung. — *getân*, soviel als *gesandet*.
1157, 1 Verkürzte Ausdrucksweise, wenn das Folgende nicht etwa ein Grund für dich ist, von deiner Absicht zu lassen, so will ich dir sagen. — 2 *minne* gen., in Bezug auf ihre Liebe. —

dem Sigemundes kinde: den hâstu hie gesehen:
man moht' im grôzer êren mit rehter wârheite jehen.»

1158 Dô sprach der künic Etzel: «was sîn des recken wîp, 1098 (1181)
sô was wol alsô tiure des edelen fürsten lîp.
daz ich niht versmâhen die küneginne sol.
durch ir grôzen schœne sô gevellet siu mir wol.»

1159 Dô sprach der marcgrâve: «sô wil ich iu daz sagen 1099 (1182)
daz wir uns heben hinnen in vier unt zweinzec tagen.
ich enbíute iz Gotelinde, der lieben vrouwen mîn,
daz ich nâch Kriemhilde selbe bote welle sîn.»

1160 Hin ze Becheláren sande Rüedegêr. 1100 (1183)
dô wart diu marcgrâvinne trûrec unde hêr.
er 'nbôt ir daz er solde dem künige werben wîp:
si gedâhte minneclîche an der schœnen Helchen lîp.

1161 Dô diu marcgrâvinne die boteschaft vernam, 1101 (1184)
ein téil wás ir leide, weinens sie gezam,
ob siu gewinnen solde vrouwen alsam ê.
sô siu gedâht' an Helchen, daz tet ir inneclîche wê.

1162 Rüedegêr von Ungern in siben tagen reit. 1102 (1185)
des was der künec Etzel vrô únt gemeit.
dâ zer stat ze Wiene bereite man in wât.
dô mohte er sîner reise dô niht langer haben rât.

1163 Dâ ze Becheláren im warte Gotelint: 1103 (1186)
diu junge marcgrâvinne, daz Rüedegêres kint,
sah ir vater gerne unde sîne man:
dô wart ein liebez piten von schœnen kindén getân.

1157, 3 *hie gesehen*, Beziehung auf eine sonst nicht bekannte Sage.
1158, 3 *versmâhen* mit acc., verschmähen.
1159, 2 *uns heben hinnen*, von hier aufbrechen.
1160, 2 *trûrec unde hêr*, traurig und froh; dies wird noch näher in der folgenden Strophe ausgeführt. — 3 *dem künige*, für den König.
1161, 2 *mich gezimt eines dinges*, mir steht etwas an. — 3 *ob*, bei dem Gedanken, ob. — *solde*, würde.
1162, 4 da alles bereit war, so war kein Grund länger zu warten.
1163, 4 *liebez piten*, freundliches Harren. — *kinden*, Jungfrauen.

1164 Ê daz der edele Ruedegêr ze Bechelâren reit 1164
ûz der stat ze Wiene, dô wâren in diu kleit (1085)
rehte volleclichen ûf den soumen komen:
die fuoren in der mâze daz in wart wênic iht genomen.

1165 Dô sie ze Bechelâren kômen in die stat, 1165
die sînen reisgesellen herebergen bat (1086)
der wirt vil minneclîchen unt schuof in guot gemach.
Gotelint diu rîche den wirt siu gerne komen sach.

1166 Sam tet sîn liebiu tohter, diu junge marcgrâvin: 1166
derne kunde nimmer sîn komen lieber sîn. (1087)
die helde ûz Hiunen lande wie gerne siu sie sach!
mit lachêndem muote diu edele juncvrouwe sprach:

1167 Nu si uns grôze willekomen mîn vater und sîne man. 1167
dô wart ein schœne danken mit vlîze dâ getân (1088)
der jungen marcgrâvinne von manigem ritter guot
vil wol wesse Gotelint des herren Ruedegêres muot.

1168 Dô siu des nahtes nâhen bî Rüedegêre lac, 1168
wie güetliche vrâgen diu marcgrâvinne pflac, (1089)
war in gesendet hête der künic von Hiunen lant!
er sprach: mîn vrou Gotelint, ich tuon dir'z gerne bekant.

1169 Dâ sol ich mîme herren werben ein ander wîp, 1169
sît daz ist erstorben der schœnen Helchen lîp. (1090)
ich wil nâch Kriemhilde rîten an den Rîn:
diu sol hie zen Hiunen gewaltec küniginne sîn.

1170 Daz wolde got, sprach Gotelint, und möhte daz geschehen. 1170
sît daz wir ir hœren sô maniger êren jehen. (1091)

1164, 3 *volleclichen*, vollständig. — 4 *soume*, die Saumthiere. — *in der mâze*, in der Weise; die Sendung war von Gewaffneten begleitet und dadurch vor Raub geschützt.
1165, 2 *herebergen*, in die Herberge bringen.
1166, 3 *die helde*, Rüdger's Begleiter.
1167, 1 *sî*, soll uns sein: dritte Person. — 2 *schœne* Adj., es könnte auch das Adverbium *schône* stehen. — 4 sie kannte sein Verhaben.
1168, 2 *pflac*, nur umschreibend.
1169, 1 *dâ*, erklärend; etwa nämlich.

si ergazte uns mîner vrouwen lihte in alten tagen:
ouch möhte wir sie gerne zen Hiunen krône lâzen tragen.»

1171 Dô sprach der maregrâve: «triutinne mîn. 1111
die mit mir sulen rîten hinnen an den Rîn, (1194)
den sult ir minneclîche bieten iuwer guot.
sô helde varent rîche, sô sint sie hôhé gemuot.»

1172 Sîn sprach: «ez ist deheiner der'z gerne von mir nimt, 1112
i'ne gebe ir ietslîchem swaz im wol gezimt. (1195)
ê daz ir hinnen scheidet und ouch iuwer man.»
dô sprach der marcgrâve: «daz ist mir líebé getân.»

1173 Hei waz man rîcher pfellel von ir kamere truoc! 1113
der wart den edelen recken ze teile dô genuoc, (1196)
erfullet vlîzeclîchen von halse unz ûf den sporn.
die im dar zuo gevielen, die het im Rüedegêr erkorn.

1174 An dem sibenden morgen von Bechelâren reit 1114
der wirt mit sînen recken. wâfen unde kleit (1197)
fuorten sie den vollen durh der Beier lant.
sie wurden ûf der strâzen durch rouben selten an gerant.

1175 Inre tagen zwelfen sie kômen an den Rîn. 1115
done kunden disiu mære niht verholen sîn. (1198)
man sagete'z dem künige unde sînen man,
dâ kœmen vremde geste. der wirt dô vrâgén began,

1176 Ob iemen sie bekande. daz man'z im solde sagen. 1116
man sah ir soumære sô rehte swære tragen: (1200)

1170, 3 *ergazte* conj., würde entschädigen. — *in alten tagen*, später.
1171, 4 *sô*, wenn Helden reich ausgestattet fahren.
1172, 1. 2 es ist keiner, dem ich nicht, jedem unter ihnen, wenn er es gerne nimmt, geben möchte. — 2 *gezimt*, gefällt.
1173, 3 *erfullen*, füttern, und zwar mit Pelzwerk. — 4 *dar zuo*, zu diesem Zwecke, zu der Reise.
1174, 3 *den vollen*, die Fülle, in vollem Maße. — 4 *ûf der strâzen*, unterwegs. — *rouben*, die Baiern standen in dem Rufe, räuberisch zu sein.
1176, 1 *Ob*, wenn, im Falle daß. — *bekande* conj., kennte. — 2 *swære* adv. (für *swâre*), schwer. —

daz sie vil riche wâren, daz wart dâ wol bekant
man schuof in herberge in der witen stat zehant.

1177 Dô die vil unkunden wâren în bekomen, 1117
dô wart der selben herren vaste war genomen.
sie wundert' wannen fueren die recken an den Rin
der wirt nâch Hagenen sande, ob sie im kundec
mohten sin.

1178 Dô sprach der von Tronege: „i'n hân ir niht
gesehen. 1118
als wir sie nu geschouwen, ich kan iu wol verjehen,
von swannén sie riten her in ditze lant.
sie sulen sin vil vremde, i'ne habe sie schiere bekant.

1179 Den gesten herberge wâren nu genomen. 1119
in vil richiu kleider was der bote komen
und sine hergesellen. ze hove sie dô riten:
sie fuorten guotiu kleider vil harte spæhe gesniten.

1180 Dô sprach der snelle Hagene: „als ich mih kan
verstân, 1120
wand' ich den herren lange niht gesehen hân,
sie varent dem geliche sam ez si Ruedegêr,
von hiunischen landen der degen kuene unde hêr.

1181 „Wie sol ich daz gelouben", sprach der künic
zehant, 1121
„daz der von Bechelâren kœme in ditze lant?"
als der künic Gunther die rede vol gesprach,
Hagene der kuene den guoten Ruedegêren sach.

1176, 3 das zeigte sich an den schwerbeladenen Saumthieren.
1177, 1 *in bekomen*, in die Herberge gebracht waren. — 2 man schenkte ihnen große Aufmerksamkeit. — 3 [illegible] gekommen waren. — 4 *ob*, der Begriff des Fragens liegt in *sande* verborgen. — *kundec*, bekannt.
1178, 1 *niht*, noch nicht. — 4 sie müssen sehr weit her sein, wenn ich sie nicht bald erkenne.
1179, 2 *der bote*, Rüdiger, hatte reiche Kleider angezogen. — 4 *spæhe*, kunstvoll.
1180, 1 Soweit ich urtheilen kann: er ist nicht sicher, weil so lange Zeit verschwunden. Hagen war in seiner Jugend als Geisel an Etzel's Hofe gewesen. — 3 *dem geliche*, so aussehend.
1181, 3 *rede gesprach*, zu Ende gesprochen hatte. — 4 er sieht ihn jetzt in größerer Nähe und erkennt ihn bestimmt.

1182 Er und sîne vriunde liefen alle dan. 1122
dô sach man von den rossen fünf hundert ritter stân. (1206)
dô wurden wol enpfangen die von Hiunen lant.
boten nie getruogen alsô hêrlich gewant.

1183 Dô sprach harte lûte von Tronege Hagene: 1123
«nu sîn gote willekomen dise degene, (1207)
der voget von Bechelâren unt alle sîne man.»
der antpfanc wart mit êren den snellen Híunén getân.

1184 Des küniges næhsten mâge die giengen dâ man s' sach. 1124
Ortwîn von Metzen zuo Rüedegêre sprach: (1208)
«wir haben in aller wîle mêre nie gesehen
geste hie sô gerne: des wil ich wærliche jehen.»

1185 Des gruozes sie dô dancten den recken über al. 1125
mit den hergesinden sie giengen in den sal, (1209)
dâ sie den künic funden bî manigem küenen man.
der herre stuont von sedele: daz was durch grôze zuht getân.

1186 Wie rehte zühteclîchen er zuo den boten gie! 1126
Gunther und Gérnôt vil vlîzeclîch enpfie (1210)
den gast mit sînen mannen, als im wol gezam.
den guoten Rüedegêre er bî der héndé genam.

1187 Er brâhte'n zuo dem sedele dâ er selbe saz: 1127
den gesten hiez man scenken (vil gerne tet man daz) (1211)
mete den vil guoten unt den besten wîn,
den man kunde vinden in dem lande al umbe'n Rîn.

1188 Giselher und Gêre die wâren beide komen, 1128
Dancwart und Volkêr die hêtén vernomen (1212)

1182, 1 *dan*, aus dem Saale, den Ankommenden entgegen. — 2 *stân*, absteigen.
1183, 2 *gote willekomen*, das höchste Wesen wird gegenwartig gedacht und soll den Eintretenden in Schutz nehmen. (J. Grimm.)
1184, 3 *in aller wîle*, in der ganzen Zeit.
1185, 1 *über al*, sämmtlich. — 2 *hergesinde* swm., einer der zum Heergefolge gehört. — 4 *zuht*, Höflichkeit.
1187, 1 Er setzte den Gast neben sich.

umbe dise geste: sie wâren vrô gemuot,
si enpfiengen vor dem kunige die ritter edel unde guot.

1189 Dô sprach zuo sîme herren von Tronege Hagene: 1129
»ez solden immer dienen dise degene [illegible]
daz uns der marcgrâve ze liebe hât getân:
des solde lôn enpfâhen der schœnen Gotelinde man.

1190 Dô sprach der künic Gunther: »i'ne kan daz niht verdagen. 1130
wie si sich gehaben beide, daz sult ir mir sagen, [illegible]
Ezel unde Helche ûzer Hiunen lant.«
dô sprach der marcgrâve: »ich tuon'z iu gerne bekant.«

1191 Dô stuont er von dem sedele mit allen sînen man. 1131
er sprach zuo dem kunige: »und mac daz sîn getân, [illegible]
daz ir mir, fürste, erloubet, sone wil ich niht verdagen
diu mære diu ich bringe sol ich iu willeclichen sagen.«

1192 Er sprach: »swaz man uns mære bî iu enboten hât, 1132
diu erloube ich iu ze sagene, âne vriunde rât. [illegible]
ir sult sie lâzen hœren mich unt mîne man,
wand' ich iu aller êren hie ze werbenne gan.«

1193 Dô sprach der bote biderbe: »iu enbiutet an den Rîn 1133
getriuwelichen dienest der grôze voget mîn, [illegible]
dar zuo allen vriunden die ir muget hân:
ouch ist disiu boteschaft mit grôzen triuwen getân.

1194 In bat der kunic edele klagen sîne nôt. 1134
sîn volc ist âne freude: mîn vrouwe diu ist tôt, [illegible]

1188, 3 *[illegible]*, in Bezug auf, von. — 4 [illegible] Gegenwart von.
1189, 2 *dienen*, durch Dienst vergelten. — *dise degene*, die Ritter hier am Hofe. — 3 mit Bezug auf den frühern Aufenthalt Hagen's bei Etzeln.
1191, 1 Er steht auf, nach Botenart, um die Botschaft zu [illegible]. — 4 *diu mære*, gemeinsames Object von *bringe* und *sagen*.
1192, 1 *mære* gen. plur., von *swaz* abhängig. — *bî iu*, durch euch. — 2 ohne mich vorher mit meinen Verwandten berathen zu haben. — 4 *aller êren*, von *gân* abhängig, zu *werbenne* kann man noch den pronominalen Accusativ ergänzen.
1193, 4 *triuwen*, treue Gesinnung.

Helche diu vil riche, mînes herren wîp,
an der nu ist verweiset vil maniger juncvrouwen lîp,

1195 Kint der edelen fürsten, diu siu gezogen hât: 1135
dâ von ez inme lande vil jâmerliche stât. (1219)
di'n hânt nu leider niemen der ir mit triuwen pflege.
des wæn' ouch sich vil seine des küniges sórgé gelege.»

1196 «Nu lôn' im got», sprach Gunther, «daz er den dienest sîn 1136
sô willeclich enbiutet mir und den vriunden mîn. (1220)
den sînen gruoz ich gerne hie vernomen hân:
daz sulen gerne dienen beide mâge unt mîne man.»

1197 Dô sprach von Burgonden der recke Gêrnôt: 1137
«die werlt mac immer riuwen der schœnen Helchen tôt, (1221)
durch ir vil manige tugende, der siu kunde pflegen.»
der rede gestuont im Hagene, der vil zierliche degen.

1198 Dô sprach aber Rüedegêr, der edele bote hêr: 1138
«sît ir mir, künic, erloubet, ich sol iu sagen mér (1222)
waz iu mîn lieber herre her enboten hât,
sît im sîn dinc nâch Helchen sô rehte kumberlîchen stât.

1199 Man sagete mînem herren, Kriemhilt si âne man, 1139
her Sîfrit si erstorben. und ist daz sô getân, (1223)
wolt ir ir des gunnen, sô sol siu krône tragen
vor Étzélen recken: daz hiez ir mîn herre sagen.

1195, 1 *Kint:* es wurden die Jungfrauen der edelsten Familien an Etzel's Hof gesendet, um feine Bildung und Erziehung zu genießen; vgl. Weinhold, die deutschen Frauen in dem Mittelalter S. 87. — 2 *dâ von*, deshalb. — 4 *sich gelege*, sich beruhige, beschwichtigt werde.

1196, 4 *dienen*, verdienen, oder durch Dienst vergelten. — zu *mâge* muß auch *mîne* ergänzt werden.

1197, 4 *der rede gestuont im*, in Bezug auf die Rede trat ihm bei, stimmte ihm bei.

1198, 4 *nâch*, die Sehnsucht bezeichnend. — *kumberlîchen* adv., kummervoll, betrübt.

1199, 2 *ist — getân*, verhält sich das so. — 3 *wolt* = *woldet*.

1200 Dô sprach der künic rîche (wol gezogen was sîn muot): 1140
»sin hœret mînen willen, ob si'z gerne tuot. (1260)
den wil ich iu kunden in disen drien tagen.
ê ih'z an ir erfunde, zwiu solde ich Etzeln versagen?«

1201 Die wîle man den gesten hiez schaffen guot gemach. 1141
in wart dâ sô gedienet, daz Rüedegêr des jach (1261)
daz er dâ friunde hête under Gunthêres man.
Hagene im diente gerne: er het im ê alsam getân.

1202 Alsus beleip dô Rüedegêr unz an den dritten tac. 1142
der künic nâch râte sande (vil wîslich er pflac) (1262)
und ob ez sîne mâge dûhte guot getân
daz Kriemhilt nemen solde den künic Etzeln ze man.

1203 Sie rieten'z al gemeine, niwan Hagene, 1143
der sprach ze Gunthêre deme degene: (1263)
»habt ir rehte sinne, sô wirt ez wol behuot,
ob si's joch volgen wolde, daz si'z nimmer getuot.

1204 »War umbe?« sprach dô Gunther, »solde ih's volgen niht? 1144
swaz der küneginne liebes geschiht. (1264)
des sol ich ir wol gunnen: sie ist diu swester mîn.
wir solden'z selbe werben, op ez ir êre mohte sîn.

1205 Dô sprach aber Hagene: »nu lât die rede stân. 1145
het ir Etzeln künde, als ich sîn künde hân, (1265)
sol sîn in danne minnen, als ich iuch hœre jehen,
sô ist iu aller êrste von schulden sorgen geschehen.«

1200, 2 wenn Kriemhild damit einverstanden ist, meinen Willen werde ich ihr mittheilen. — 3 innerhalb der nächsten drei Tage. — 4 warum sollte ich Etzeln eine abschlägige Antwort geben, ehe ich Kriemhildens Gesinnung erforscht?

1201, 4 *ê*, wieder Bezug auf Hagen's Aufenthalt bei Etzeln.

1202, 2 *nâch râte*, um sich Rath bei seinen Verwandten zu holen. — *pflac* absol., handelte.

1203, 2 *deme*, vollere Form von *dem*. — 3 *rehte sinne*, vernünftige Überlegung. — *behuot*, vermieden. — 4 *joch*, wenn auch, selbst wenn.

1204, 4 *werben*, betreiben.

1205, 2 *het* für *hetet*. — 3 *minnen*, heirathen. — 4 dann habt ihr erst rechten Anlaß besorgt zu sein, zu fürchten.

1206 «War umbe?» sprach dô Gunther. «ich behüete wól daz, 1146
daz ich im kome sô nâhen daz ich deheinen haz (1230)
von ime dulden müese, und wurde siu sîn wîp.»
dô sprach aber Hagene: «ez gerǽtet nímmér mîn lîp.»

1207 Man hiez nâh Gêrnôte und Gîselhere gân, 1147
ob die herren beide dûhte guot getân (1231)
daz Kriemhilt nemen solde den rîchen künic hêr.
noch widerreite'z Hagene und ander niemánnes mêr.

1208 Dô sprach von Burgonden Gîselher der degen: 1148
«nu müget ir, vriunt Hagene, noh der triuwen pflegen: (1232)
ergetzet sie der leide und ir ir habet getân.
an swiu ir wol gelunge, daz solt ir ungevêhet lân.»

1209 «Dâ habet ir mîner swester getân sô manegiu leit», 1149
sô sprach aber Gîselher, der recke vil gemeit, (1233)
«daz siu des hete schulde ob siu iu wære gram.
nie man deheiner vrouwen noch mêre fréudén benam.»

1210 «Daz ich dâ wol bekenne, daz tuon ich iu kunt. 1150
sol sie nemen Etzel, gelebet siu an die stunt. (1234)
si getúot uns noch vil leide, swie si'z getraget an.
jâ wirt ir díenénde vil manic wætlicher man.»

1211 Des antwurte Hagenen der küene Gêrnôt: 1151
«ez mag alsô belîben unz an ir beider tôt, (1235)
daz wir gerîten nimmer in Étzélen lant.
wir suln ir sîn getriuwe: daz ist zen êren uns gewant.»

1206, 3 *und wurde siu*, für den Fall daß sie würde. — 4 *mîn lîp*, ich.
1207, 1 *nâh*, um sie zu holen. — 4 *niemannes* hangt von *mêr* ab, und sonst niemand weiter.
1208, 2 *triuwen pflegen*, treu handeln. — 3 *und* in der Bedeutung des Relativs. — 4 *swiu* instrument. von *swaz*, woran auch immer. — *solt* = *soldet*. — *ungevêhet lân*, ungehasst lassen; dasselbe was sonst *lâzen âne haz* (296, 3).
1209, 3 *des hete schulde*, Grund dazu hatte. — 4 *freuden* gen. pl., von *mêre* abhangig.
1210, 1 *Daz*, was. — *bekenne*, weiß. — 2 *an die stunt*, bis zu dem Zeitpunkt, daß die Ehe zu Stande kommt.
1211, 2. 3 Er hält es für wahrscheinlich, daß sie in ihrem Leben Etzeln und Kriemhild gar nicht mehr sehen, wegen der großen Entfernung. Darum scheint ihm Hagen's Besorgniss grundlos. — 4 *uns gewant*, das gereicht uns zur Ehre.

1212 Dô sprach aber Hagene: »mir mac niemen widersagen. 1152
und sol diu edele Kriemhilt Helchen krône tragen, 1236
siu getuot uns leide, swie siu gefüeget daz.
ir sult iz lân belîben: daz zimet iu recken michel baz.«

1213 Mit zorne sprach dô Giselher, der schœnen Uoten suon: 1153
»wir suln doch niht alle meinlîchen tuon. 1237
swaz êren ir geschæhe, vrô solten wir des sîn.
swaz ir geredet, Hagene, ich diene ir durch die triuwe mîn.«

1214 Dô daz gehôrte Hagene, dô wart er ungemuot. 1154
Gêrnôt und Giselher, die stolzen ritter guot, 1238
und Gunther der rîche ze jungest rieten daz,
ob ez lobete Kriemhilt, sie woltenz lâzen âne haz.

1215 Dô sprach der fürste Gêre: »ich wil'z der vrouwen sagen, 1155
daz si ir den künec Etzel lâze wol behagen. 1239
dem ist sô manic recke mit vorhten undertân:
er mac sie wol ergetzen swaz ir leides ist getân.«

1216 Dô gie der snelle recke da er Kriemhilde sach. 1156
si enpfie in güetlîche: wie balde er dô sprach! 1240
»ir müget mich gerne grüezen und geben botenbrôt.
iuch wil gelücke scheiden ûz aller iuwerre nôt.

1217 Ez hât durch iuwer minne, vrouwe, her gesant 1157
ein der aller beste der ie küneges lant 1241
gewan mit vollen êren oder krône solde tragen:
ez werbent ritter edele, daz hiez iu iuwer bruoder sagen.«

1212, 1 *widersagen*, widersprechen. — 3 *leit* adv.
1213, 2 *meinlîchen* adv., verrätherisch, schlecht. — 4 [illegible] bezeichnet das Motiv.
1214, 1 *ungemuot*, zornig, verstimmt. — 4 *ez lobete*, damit einverstanden wäre.
1215, 3 *vorhten* dat. pl. von *vorhte*.
1216, 3 *ir müget*, ihr habt Ursache. — 4 *iuwerre* dat. sing. des Femin. von *iuwer*, euer.
1217, 4 *ez werbent*, die Botschaft richten aus. — *bruoder*, Gunther, denn an diesen als den Ältesten ist die Botschaft bestellt.

1218 Dô sprach diu jâmers rîche: «in sol verbieten got 1158
und allen mînen vriunden, daz sie deheinen spot (1242)
an mir armer üeben. waz sold' ich einem man
der ie herzen liebe von guotem wîbé gewan?»

1219 Siu widerreit' ez sêre. dô kômen aber sint 1159
Gêrnôt ir bruoder unt Gîselher daz kint. (1243)
die bâten minneclîche trœsten sie den muot:
ob siu den künic genæme, ez wær' ir wærlichen guot.

1220 Überwinden kunde niemen dô daz wîp, 1160
daz siu minnen wolde deheines mannes lîp. (1244)
dô bâten sie die degene: «nu lâzet doch geschehen,
ob ir anders niht getuot, daz ir den boten ruochet sehen.»

1221 «Daz ẹnwil ich niht versprechen», sprach daz edele wîp, 1161
«ich ensehe gerne den Rüedegêres lîp (1245)
durch sîne manige tugende. wær' ér niht her gesant,
swer'z ander boten wære, dem wær' ich immer umbekant.»

1222 Siu sprach: «ir sult in morgen heizen here gân 1162
zuo mîner kemenâten. ich wil in hœren lân (1246)
vil gar den mînen willen sol ich im selbe sagen.»
ir wart eriteniuwet daz ír vil grœzlîche klagen.

1223 Dô gert' ouch niht anders der edele Rüedegêr 1163
wan daz er gesæhe die küneginne hêr: (1247)
er weste sich sô wîsen, ob ez immer sold' ergân,
daz siu sich den recken überreden müese lân.

1218, 4 *herzen liebe*, herzliche Freude.
1219, 3 *sie* gehört zu *bâten*.
1220, 3 *doch*, doch wenigstens das. — 4 *anders niht*, nichts anderes, nichts weiter.
1221, 1 *versprechen*, verreden. — 2 *ich ensehe*, daß ich nicht sehen wolle. — 4 wer anders von Boten es wäre, von dem ließe ich mich nicht kennen lernen.
1222, 3 *willen*, gemeinsames Object von *hœren lân* und *sagen*. — *vil gar*, ganz vollständig. — 4 *eriteniuwen*, erneuen, auffrischen.
1223, 3 *er weste sich*, er kannte sich; *sô wîsen*, als einen so Erfahrenen. — *immer*, überhaupt. — *ergân*, nämlich daß er sie sähe. — 4 *den recken*, Subject des Infinitivsatzes.

1224 Des andern morgens vrüeje, dô man die messe sanc, 1164 (1220)
die edelen boten kômen. dô wart dâ grôz gedranc.
die mit Rüedegêre ze hove solden gân.
der sah man dâ gekleidet vil manigen wætlichen man.

1225 Kriemhilt diu hêre und vil trûrec gemuot, 1165 (1221)
sin warte Rüedegêre, dem edelen boten guot.
der vant sie in der wæte die si alle zite truoc:
dâ bi truoc ir gesinde richer kléider genuoc.

1226 Siu gienc im engegene zuo der türe stân, 1166 (1222)
und enpfie vil güetliche den Etzélen man.
niwan selbe zwelfter er dar in zuo ir gie.
man bôt im grôzen dienest: ir'n kômen hôher boten nie.

1227 Man hiez den herren sitzen unde sine man. 1167 (1223)
die zwêne marcgrâven sah man vor ir stân,
Eckewart und Gêren, die edelen recken guot.
durch die hûsvrouwen sie sâhen niemen wol gemuot.

1228 Sie sâhen vor ir sitzen vil manic schœne wip. 1168 (1224)
dô pflac niwan jâmers der Kriemhilde lip.
ir wât was vor den brüsten der heizen trähene naz.
der edele marcgrâve wol sáh an Kriemhilde daz.

1229 Dô sprach der bote hêre: «vil edeles küniges kint, 1169 (1225)
mir unt mînen gesellen, die mit mir komen sint,
sult ir daz erlouben daz wir vor iu stân
und sagen iu diu mære nâch wiu wir her geriten hân.»

1230 «Nu si iu erloubet», sprach diu kunegin, 1170 (1226)
«swaz ir reden wellet. alsô stât min sin,
daz ich ez gerne hœre: ir sit ein bote guot.»
die andern dô wol hôrten ir unwilligen muot.

1224, 1 *sanc*, gesungen hatte. — 4 *der*, unter denen. — *gekleidet*, in prägnantem Sinne: in Hofkleidern.
1225, 1 *gemuot* statt *gemuote*, wenn man es von *der* abhängig macht. — 3 *wæte*, sie hatte nicht, wie sonst beim Empfange von Gästen üblich war, schönere Kleider angezogen. — 4 *dâ bî*, daneben.
1226, 3 *dar in*, in die Kemenate. — 4 *dienest*, Aufmerksamkeit.
1227, 4 weil die Hausfrau traurig war, so war es auch ihre Umgebung.
1229, 4 *nâch wiu*, in welcher Absicht; *nâch* bezeichnet das Ziel.
1230, 4 sie nahmen aus ihrer Rede ab, daß sie nicht willig war, auf den Vorschlag einzugehen.

1231 Dô sprach von Bechelâren der fürste Rüedegêr: 1171
«mit triuwen grôze liebe Ezèl ein künic hêr (1255)
hât iu enboten, vrouwe, her in ditze lant:
er hât nâh iuwer minne vil guote recken her gesant.

1232 Er enbiut iu inneclîche líep âne leit: 1172
stæter vriuntschefte der sî er iu bereit, (1256)
als er ê tet vroun Helchen, diu im ze herzen lac.
jâ hât er nâch ir tugenden vil dicke unvrǿlîchen tac.»

1233 Dô sprach diu küneginne: «marcgrâve Rüedegêr, 1173
wær' iemen der bekande diu mînen scharpfen sêr, (1257)
der bæte mich niht triuten noch deheinen man.
jâ vlôs ich ein den besten den ie vróuwé gewan.»

1234 «Waz mac ergetzen leides», sprach der vil küene man, 1174
«wan friuntlîche liebe swer die kan begân, (1258)
unt der dan einen kiuset der im ze rehte kumet?
vor herzenlîcher leide niht sô grœzlîche frumet.

1235 Und gerúochet ir ze minnen den edelen herren mîn, 1175
zwelf vil richer krône sult ir gewaltec sîn. (1259)
dar zuo git iu mîn herre wol drízec fürsten lant,
diu ellîu hât betwungen sîn vil ellenhaftiu hant.

1236 Ir sult ouch werden vrouwe über mánigen werden man, 1176
die mîner vrouwen Helchen wâren undertân, (1260)
und über manige vrouwen, der sîu het gewalt,
von hôher fürsten künne», sprach der küene degen balt.

1231, 2 *liebe*, Freundlichkeit. — *ein*, nach epischer Weise; nicht so zu verstehen, als ob Kriemhild von Etzeln noch nicht vernommen habe.
1232, 1 *enbiut* = *enbiutet*. — *inneclîche*, von Herzen. — 3 *tet* vertritt: bereit war. — *ze herzen*, am Herzen. — 4 *nâch*, die Sehnsucht bezeichnend.
1234, 2 *friuntlîche liebe*: man erwartet *friuntlîchiu*, aber es ist von *begân* abhängig gemacht durch eine Art Attraction. — 3 *der*, wenn jemand. — *kiuset*, erwählt. — *ze rehte kumet*, passend ist. — 4 *vor*, den Schutz bezeichnend. — *leide* stf., Trübsal.
1235, 2 *gewaltec* mit gen., Macht haben über.
1236, 1 *vrouwe*, Gebieterin. — 3 *vrouwen*, gemeint sind die bei Helchen erzogenen edeln Jungfrauen.

15*

1237 »Dar zuo git iu min herre, daz hiezet er iu sagen, 1177
ob ir geruochet krône bi dem künige tragen. (1291)
gewalt den aller hôhsten, den Helche ie gewan:
den sult ir gewaldecliche hâben vor Etzeln man.«

1238 Dô sprach diu küneginne: »wie mohte minen lip 1178
immer des gelusten deich wurde heledes wip? (1292)
mir hât der tôt an einem sô rehte leit getân,
des ich unz an min ende muoz unvrœliche stân.«

1239 Dô sprâchen aber die Hiunen: »küneginne rich, 1179
iwer lében wirt bi Etzeln sô rehte lobelich, (1293)
daz ez iuch immer wunnet, ist daz ez ergât:
want der künic riche vil manigen zieren degen hât.

1240 Helchen juncvrouwen und iuwer magedin, 1180
soltèn die bi ein ander ein gesinde sin, (1294)
dâ bi mohten recken werden wol gemuot.
lât ez iu, vrouwe, râten: ez wirt iu wærlichen guot.«

1241 Siu sprach in ir zuhten: »nu lât die rede stân 1181
unze morgen vrüeje. sô sult ir here gân: (1295)
ich wil iu antwurten des ir dâ habet muot.«
des muosen dô gevolgen die recken küen' unde guot.

1242 Dô sie zen herbergen alle kômen dan, 1182
dô hiez diu edele vrouwe nâch Giselhere gân, (1296)
und ouch nâch ir muoter. den beiden sagt' siu daz,
daz sie gezæme weinen und niht anderes baz.

1243 Dô sprach ir bruoder Giselher: »swester, mir'st geseit, 1183
und wil'z ouch wol gelouben, daz elliu diniu leit (1297)

1238, 2 *mich gelustet* mit gen., nach etwas. — 4 *des*, weswegen. — *stân*, bleiben, sein.
1239, 3 *wunnen*, mit Wonne erfüllen. — *ist daz ez*, wenn der Fall eintritt daß; *ez*, daß ihr ihn zum Manne nehmt.
1241, 1 *in ir zuhten*, in ihrer feinen Weise: sie will nicht sofort Nein sagen, wiewol sie innerlich entschlossen ist, abzulehnen. — 3 *des — muot*, auf das was ihr wünschet.
1242, 4 sie könne nicht wieder fröhlich werden, weinen sei das einzige, was ihr anstehe. Vgl. 1245, 2.

der künic Etzel swende, und nímestu ín ze man.
swaz ander iemen râte, sô dunket ez mich guot getân.»

1244 «Er mac dich wol ergetzen», sprach aber Giselher. 1184 (1268)
«vome Róten zuo dem Rine, von der Élbe unz an daz mer,
sô ist künec deheiner sô gewaltec niht.
du maht dich vrewen balde, sô er din ze konen giht.»

1245 «Min vil lieber bruoder, zwiu rætestu mir daz? 1185 (1269)
klagen unde weinen mir immer zæme baz.
wie solde ich vor recken dâ ze hove gân?
wart min lip ie schœne, des pin ich âné getân.»

1246 Dô sprach diu vrouwe Uote ir lieben tohter zuo: 1186 (1270)
«swaz dine bruoder râten, liebez kint, daz tuo:
volge dinen friunden: sô mac dir wol gescehen.
ich hân dich doh sô lange mit grózem jâmér gesehen.»

1247 Dô bat siu got vil dicke füegen ir den rât, 1187 (1271)
daz siu ze gebene héte golt silber unde wât,
sam ê bi ir manne, do er noch was gesunt:
si gelébt' doch nimmer mêre sit sô vrœliche stunt.

1248 Si gedâhte in ir sinne: «und sol ich minen lip 1188 (1272)
geben einem heiden (ich pin ein kristen wîp),
des muoz ich zer werlde immer schande hân.
gæb' er mir ellin riche, ez ist vón mir immer ungetân.»

1249 Dâ mite si'z lie beliben. die naht unz an den tac 1189 (1273)
diu vrouwe an ir bette mit vil gedanken lac.
diu ir vil liehten ougen getrúckénten nie,
unze si aber den morgen hin ze mettine gie.

1243, 3 *swende*, verschwinden mache. — 4 *ez*, nämlich daß du ihn nimmst.
1244, 1 Der Genetiv, wofür entschädigt wird, fehlt hier, ist aber leicht zu ergänzen. — 3 *gewaltec*, mächtig. — 4 *balde*, mit Recht. — *kone* swf., Ehefrau.
1245, 4 *des*, des Schönseins, oder des schönen Leibes.
1246, 1 *sprach — zuo*, sagte zu ihr, nicht: redete zu.
1247, 1 *vil dicke* gehört zu *bat*. — *den rât*, den Vorrath, die Mittel. — 4 *ê*, wie mit ihrem ersten Manne.
1248, 3 *zer werlde*, auf der Welt, so lange ich lebe. — 4 *ungetân*, nicht gethan; es geschieht nimmer daß ich ihn nehme.
1249, 3 *getruckenten* von *trucken* (= *truckenen*), trocken werden. — 4 *aber*, wiederum.

1250 Ze rehter messezîte die künige wâren komen. 1190
sie heten aber ir swester under hende genomen: (1270)
jâ rieten si ir ze minnen den künic ûz Hiunen lant.
die vrouwen sie deheiner lützel vrœliche vant.

1251 Dô hiez man dar gewinnen die Etzelen man, 1191
die nu mit urloube wâren gerne dan, (1271)
geworben oder gescheiden, swie ez dô mohte sîn.
ze hove kom dô Rüedegêr. die helde reiten wider in,

1252 Daz man rehte erfüere des edelen fürsten muot, 1192
und tæten daz bezîte: daz dûhte s' alle guot:
ir wege wæren verre wider in ir lant.
man brâhte Rüedegêren dâ er Kriemhilde vant.

1253 Vil minneclîche bitten der recke dô began 1193
die edelen küneginne, sîn solde in hœren lân
waz sîn enbieten wolde in Etzelen lant.
er wæn' an ir niht anders niwan lougenen vant;

1254 Daz si nimmer minnen wolde mêr deheinen man. 1194
dô sprach der marcgrâve: „daz wære missetân. (1274)
zwiu woldet ir verderben einen alsô scœnen lîp?
ir muget noch mit êren werden guotes mannes wîp.“

1255 Niht half daz sie gebâten, unze Rüedegêr 1195
gesprach in heimlîche die küneginne hêr, (1275)
er wolde sie ergetzen swaz ir ie gescach.
ein teil begonde ir senften ir vil grôzer ungemach.

1256 Er sprach zer küneginne: „lât iuwer weinen sîn. 1196
ob ir zen Hiunen hêtet niemen danne mîn, (1276)

1250, 2 *under hende nemen*, vorgenommen, um ihr aufs neue zuzureden. — 4 *vrœliche* acc. sing. fem.

1251, 1 *gewinnen*, bringen. — 2 *wâren dan*, abgereist wären. — 3 *geworben oder gescheiden*, verrichteter oder unverrichteter Sache. — 4 *die helde*, seine Begleiter. — *wider in*, zu ihm.

1252, 1 *erfüere*, erforschen sollte. — *fürsten*, Gunther's. — 2 *dûhte* conj. prät.

1253, 4 *wæn'*, glaube ich. — *an ir*, bei ihr. — *lougenen*, gewöhnlich *lougen*, Leugnen, abschlägiger Bescheid, Verneinung.

1254, 2 *missetân*, unrecht gethan. — 3 *verderben*, zu Grunde gehen lassen.

1255, 4 *ein teil*, ein wenig. — *senften*, sanft werden, sich mildern, durch seine letzten Worte.

1256, 2 *danne*, als, wie nach einem Comparativ. — *mîn*, der Genetiv hängt von *niemen* ab; ebenso die folgenden Genetive. —

getriuwer mîner mâge, und ouch der mîner man,
er müese's sêre engelten, und het in iemen iht getân.»

1257 Dâ von wart geringet dô der vrouwen muot. 1197
siu sprach: «sô swert mir eide, swaz mir iemén getuot, (1279)
daz ir sît der næhste, der büeze mîniu leit.»
dô sprach der marcgrâve: «des pin ich, vróuwé, bereit.»

1258 Mit allen sînen mannen swuor ir dô Rüedegêr 1198
mit triuwen immer dienen, unt daz die recken hêr (1280)
ir nimmer niht versageten ûz Etzelen lant,
des si êre haben solde: des sichert' ir Rüedgêres hant.

1259 Do gedâhte diu getriuwe: «sît ich vriunde hân 1199
alsô vil gewunnen, sô sol ich reden lân (1281)
die liute swaz sie wellen, ich jâmerhaftez wîp.
waz ob noch wirt errochen des mînen lieben mannes lîp?»

1260 Si gedâhte: «sît daz Etzel der recken hât sô vil, 1200
sol ich den gebieten, sô tuon ich swaz ich wil. (1282)
er ist ouch wol sô riche daz ich ze gebene hân:
mich hât der leide Hagene mîns guotes âné getân.»

1261 Siu sprach ze Rüedegêre: «het ich daz vernomen 1201
daz er niht wære ein heiden, sô wolde ich gerne komen (1283)
swar er hete willen, und næme in z'einem man.»
dô sprah der marcgrâve: «die rede sult ir, vrouwe, lân.

1262 Er hât sô vil der recken in kristenlicher ê, 1202
daz in bi dem künige nimmer wirdet wê. (1283)

1256, 4 *er*, auf *iemen* bezüglich.
1257, 1 *ringen*, erleichtern. — 3 *büezen*, abstellen, rachen.
1258, 2 *dienen*, dienen zu wollen. — 3 *nimmer niht*, die doppelte Negation hebt im Mhd. sich nicht auf. — *ûz Etzelen lant* mit *recken* zu verbinden. — 4 *sichern*, *einem eines dinges*, jemand etwas zusichern.
1259, 2 *reden lân*, darüber daß sie einen Heiden genommen (1218, 3). — 4 *waz ob*, was thut das, wenn.
1260, 4 in ihrer Armuth sieht sie ein Hinderniss, ihre Rachegedanken auszuführen.
1261, 1. 2 wenn ich gehört hätte, daß er kein Heide wäre; oder: wenn ich nicht wüsste, daß er ein Heide wäre
1262, 1 *ê*, Gesetz, Religion. —

waz ob ir daz verdienet daz er töufet sînen lîp?
des müget ir gerne werden des künic Etzelen wîp.

1263 Dô sprâchen aber ir bruoder: »nu lobt iz, swester mîn. 1263
iuwer ungemüete daz sult ir lâzen sîn. (1286)
sie bâten's alsô lange unz daz doch in trûren lîp
lobete vor den helden, sîn wurde Etzelen wîp.

1264 Sîn sprach: »ich wil iu volgen, ich vil ârmiu künegîn, 1264
daz ih var zen Hiunen, sô daz nu mac gesîn, (1287)
swenne ich hân die vriunde die mich füeren in sîn lant.«
des bôt dô vor den helden diu schœne Kriemhilt ir hant.

1265 Dô sprach der marcgrâve: »habet ir zwêne man, 1265
dar zuo hân ich ir mêre: ez wirdet wol getân (1288)
daz wir iuch wol nâch êren bringen über Rîn.
ir'n sult niht, vrouwe, langer hie zen Burgonden sîn.

1266 Ich hân fünf hundert manne und ouch der mâge mîn: 1266
die suln iu hie dienen, unt dâ heime sîn, (1289)
vrouwe, swi ir gebietet. ich tuon iu selbe alsam,
swenn' ir mich mant der mære, daz ih mih's nimmér gescham.

1267 Nu heizet iu bereiten iuwer pfertkleit: 1267
die Rüedegêres ræte iu nimmer werdent leit; (1290)
und saget ez iuwern mageden die ir dâ füeren welt.
jâ kumt uns ûf der strâze vil manic ûz erwelter helt.

1268 Sie heten noch gesmîde daz man dâ vor reit 1268
bî Sîfrides zîten, daz sie vil manige meit (1291)

1262, 3 *verdienet*, (durch Dienstleistungen) erreicht. — 4 *des*, aus diesem Grunde, in dieser Aussicht.

1263, 1 *lobt iz*, erklärt euch einverstanden damit.

1264, 2 *sô — gesîn*, sobald es thunlich ist. — 3 *swenne*, wann. — 4 das versprach sie mit Handschlag in Gegenwart der Helden.

1265, 2 *dar zuo*, zu diesen zweien. — *ez wirdet wol getân*, es lässt sich wohl ausführen.

1266, 1 *manne* gen. pl. — 2 *die* zu verbinden mit *swie ir gebietet*, euerm Gebote gewärtig sein. — 3 *tuon in*, ich diene. — 4 *der mære*, mit Bezug auf seinen Eid (1258). — daß ich nicht nöthig habe mich zu schämen.

1267, 1 *pfertkleit*, nicht Reitkleid, sondern die Ausrüstung der Pferde, das Reitzeug. — 3 *füeren*, mit euch nehmen. — 4 *kumt uns*, stößt zu uns. — *helt*, der uns entgegenreitet.

1268, 1 *Sie*, Kriemhild und ihre Frauen. — *gesmîde* stn., Geschmeide; hier das Metall am Reitzeuge für das Reitzeug selbst. — *reit*, beim Reiten verwendete.

mit êren mohte füeren, swenn' siu wolde dan.
hei waz man guoter sätele den schœnen vróuwén gewan!

1269 Ob sie ê ie getruogen deheiniu rîchen kleit. 1209
der wart zuo z'ir verte vil manigez nu bereit, (1292)
wand' in von dem künige sô vil gesaget wart.
sie sluzzen ûf die kisten, die ê stuonden wol bespart.

1270 Sie wâren vil unmüezec wol fünftehalben tac. 1210
sie suochten ûz den valden des vil dar inne lac. (1293)
Kríemhilt ir kamere enslíezén began.
siu wolde machen rîche alle Rüedegêres man.

1271 Siu hete noch des goldes von Nibelunge lant 1211
(siu wânde ez zen Hiunen teilen solde ir hant), (1294)
daz ez hundert mœre ninder kunden tragen.
diu mære hôrte Hagene dô von Kriemhilde sagen.

1272 Er sprach: «sît mir Kriemhilt nimmer wirdet holt, 1212
sô muoz ouch hie belîben daz Sîfrides golt. (1295)
zwiu solde ich mînen vînden lân sô michel guot?
ich weiz wol waz Kriemhilt mit disem scátzé getuot.

1273 Ob siu in bræhte hinnen, ich wil gelouben daz, 1213
er wurde doch zerteilet ûf den mînen haz. (1296)
si'n habent ouch niht der rosse die in solten tragen.
in wil behalten Hagene, daz sol man Kriemhilde sagen.»

1274 Dô siu gehôrt' diu mære, dô was ir grimme leit. 1214
ez wart ouch den künegen allen drin geseit. (1297)
sie wolden'z gerne wenden; dô des niht geschach,
Rüedegêr der edele harte vrœlîche sprach:

1269, 3 *von dem künige*, von der Macht und dem Glanze Etzel's. — 4 *bespart*, von *besperren*, zuschließen.
1270, 3 *kamere*, Schatzkammer. — *enslíezen*, aufschließen.
1271, 2 *zen Hiunen*, bei den Heunen, im Heunenlande; auch hier vertritt der Volksname den Landesnamen. — 3 *ninder*, durchaus nicht. — *kunden*, hätten konnen.
1273, 1 *ich wil gelouben*, ich möchte glauben, ich glaube sicher. — 2 *zerteilet*, ausgetheilt. — *ûf den mînen haz*, um Haß gegen mich zu erwecken.
1274, 3 *wenden*, verhindern. Warum es nicht geschah, wird nicht ausdrücklich gesagt; der Dichter will damit die Unentschlossenheit der Könige gegenüber dem entschiedenen Hagen bezeichnen.

1275 «Richin kuneginne, zwiu klaget ir daz golt? 1215 ([illegible])
iu ist der kunic Etzel sô grœzlîchen holt.
gesêhent iuch sînin ougen, er git iu alsô vil
daz ir'z verswendet nimmer: des ich iu, vrouwe,
swern wil.

1276 Dô sprach diu kuneginne: vil edel Ruedegêr, 1216 ([illegible])
ez gewan nie kuniges tohter richeite mêr
danne der mich Hagene âne hât getân.»
dô kom ir bruoder Gêrnôt hin zer kameren gegân.

1277 Mit gewalt des kuniges slüzzel stiez er an die tür: 1217 ([illegible])
golt daz Kriemhilde reichte man der für,
ze drizec tûsent marken oder dannoch baz.
er hiez iz nemen die geste: liep was Gunthêre daz.

1278 Dô sprach von Bechelâren der Gotelinde man: 1218 ([illegible])
«ob ez min vrouwe Kriemhilt allez mohte hân,
swaz sin ie wart gefüeret von Nibelunge lant,
sin solde lützel rüeren min öder der kuneginne hant.

1279 Nu heizet ez behalten, wand' ich es niht wil. 1219 ([illegible])
jâ fuort' ich von lande des mînen alsô vil,
daz wir's ûf der strâze haben guoten rât
und unser koste hinnen harte hêrlichen stât.»

1280 Dâ vor in aller wîle gefüllet zwelf schrîn 1220 ([illegible])
des aller besten goldes daz inder mohte sin,
hêtén ir megede: daz fuorte man von dan,
und gezierde vil der vrouwen daz sie zer verte
solden hân.

1281 Gewalt des grimmen Hagenen dûhte sie ze starc. 1221 ([illegible])
sin het ir opfergoldes noch wol tûsent marc:

1276, 2 *richeite* gen. von *mêr* abhängig. — 4 *kamere* st. und sw. declinirt. Hagen hat Kriemhilden das Gold weggenommen und es in Gunther's Schatzkammer gethan. Diese öffnet nun Giselher und vertheilt davon.
1277, 1 *stiez*, steckte. — 2 *der für*, heraus.
1278, 3 *sîn*, des Goldes. — 4 *lützel*, wenig, soviel wie nichts.
1279, 1 *behalten*, aufbewahren, wieder in die Schatzkammer thun. — 3 daß wir es (das uns zugedachte Geld) leicht entbehren können. — 4 *koste*, Zehrung, der Aufwand auf der Heimreise [illegible].
1280, 1 *in aller wîle*, in der ganzen Zeit. — 4 *gezierde* stn., Schmuck.
1281, 2 *opfergolt*, Gold zum Opfer bei der Seelenmesse. —

siu teilte'z sîner sêle. ir vil lieben man.
daz dûhte Rüedegêren mit grôzen tríuwén getân.

1282 Dô sprach diu klagende vrouwe: «wâ sint die vriunde mîn, 1222
die durch mîne liebe wellent éllénde sîn? (1305)
die suln mit mir rîten in der Hiunen lant?
die nemen scaz den mînen und koufen ros unt gewant.»

1283 Dô sprach zer küneginne der marcgrâve Eckewart: 1223
«sít daz ich aller érste iwer gesinde wart, (1306)
só hân ich iu mit triuwen gedienet», sprach der degen,
«und wil unz an mîn ende des selben immer bî iu pflegen.

1284 Ich wil ouch mit mir füeren fünf hundert mîner man, 1224
der ich iu ze dienste mit rehten triuwen gan. (1307)
wir sîn vil ungescheiden, ez'n túo dán der tót.»
der rede neig im Kriemhilt: des gie ir wærlîche nôt.

1285 Dô zôh man dar die mære: sie wolden varen dan. 1225
dâ wart vil michel weinen von vriundén getân. (1308)
Uote diu vil rîche und manic schœne meit
die zeigten daz in wære nâch vroun Kriemhilde leit.

1286 Hundert richer mägede fuort' siu mit ir dan: 1226
die wurden sô gekleidet als in daz wol gezam. (1309)
dó vielen in die trehene von liehten ougen nider.
si gelêbete vil der vreuden ouch bî Etzelen sider.

1287 Dô kom der herre Giselher und ouch Gêrnôt 1227
samet ir gesinde, als in ir zuht gebôt. (1310)
dô wolden sie beleiten ir liebe swester dan:
dô fuorten sie ir recken wol tûsent wætlicher man.

1281, 3 *sîner sêle*, für seine Seele; zu *sîner* gehört der Genetivsatz *ir vil lieben man*, als wenn stände: *der sêle sîn*.
1282, 2 *durch mîne liebe*, mir zu Liebe. — *éllende*, in der Fremde lebend. — 4 *nemen*, mögen nehmen. — *scaz*, Geld.
1283, 2 *aller erste*, mit Bezug auf 700, 4. — *gesinde*, Gefolge; es kann auch swm. sein, Begleiter, Gefolgsmann.
1284, 3 *ez'n tuo*, soviel als *ez enscheide uns*, wenn uns nicht trennt. — 4 *der rede neig im*, für die Rede verneigte sich (dankend) vor ihm.
1285, 4 *daz in wære leit nâch Kriemhilde*, daß sie traurig waren in Sehnsucht nach Kriemhilde.
1287, 3 *beleiten dan*, fort begleiten. — 4 *ir recken*, unter ihren Recken, von ihren Recken. — *wætlicher man* hängt von *tûsent* ab.

1288 Dô kom der snelle Gêre und ouch Ortwîn: 1228
Rûmolt der kuchenmeister dâ mite muose sîn. (1311)
sie scuofen die nahtsëlde unz an Tuonouwe stat.
dô reit niht furbaz Gunther wan ein lützel für die stat.

1289 Ê sie von Rîne fuoren, sie heten fur gesant 1229
ir boten harte snelle in der Hiunen lant. (1312)
die dem künige sageten daz im Rüedegêr
ze wîbe hete erworben die edelen küneginne hêr.

1288, 2 *dâ mite*, bei der Begleitung. — 3 *scuofen*, besorgten. — 4 *fur baz*, weiter. — *die stat*, Worms.
1289, 1 *fur*, voraus. — 3 *sageten*, sagen sollten.

XXI. ÂVENTIURE,

WIE KRIEMHILT ZUO DEN HIUNEN FUOR.

Giselher und Gernot kehren zurück. Kriemhild kommt nach Baiern; Empfang in Passau durch Bischof Pilgerin, der die Königin eine Strecke begleitet. Ankunft und Empfang in Bechelaren durch Gotelint und ihre Tochter. Kriemhild gelangt nach Treisenmauer, Etzel's Burg an der Treisam.

1290 Die boten lâzen rîten: wir suln iu tuon bekant 1230
wie diu küneginne füere durch diu lant, (1316)
óder wâ vón ir schieden Gîselhêr und Gêrnôt.
sie heten ir gedienet als in ir triuwe daz gebôt.

1291 Unz an die Tuonouwe ze Vergen sie dô riten. 1231
si begónden urloubes die küneginne biten, (1317)
wan sie wider wolten rîten an den Rîn.
done mohte'z âne weinen von guoten friunden
niht gesîn.

1292 Gîselher der snelle sprach zer swester sîn: 1232
«swenne daz du, vrouwe, bedurfen wellest mîn, (1318)
ob dir iht gewerre, daz tuo mir bekant:
sô rîte ich dir ze dienste in daz Etzelen lant.»

1293 Die ir mâge wâren, die kuste s' an den munt. 1233
vil minnecliche sceiden sach man an der stunt (1319)

1290, 1 *lâzen*, wollen wir lassen. — 4 *gedienet*, Dienste geleistet, Aufmerksamkeit erwiesen.
1291, 4 *ez*, das Umkehren, das Scheiden. — *gesîn*, geschehen.
1292, 2 *swenne daz*, soviel als *swenne*.

vone Rüedegêres des maregrâven man.
dô fuort' diu küneginne vil manege magt wol getân.

1294 Hundert unde viere, die truogen richiu kleit 1234
von gemâlet richen pfellen. vil der schilde breit 1290
fuort' man bî den vrouwen nâhen ûf den wegen.
dô kêrte von ir dannen vil manic hêrlicher degen.

1295 Sie zogeten dannen balde nider durch Pêyer lant. 1235
dô sagte man diu mære, dâ wæren fur gesant 1291
vil unkunder geste, dâ noch ein klôster stât
unt dâ daz In mit fluzze in die Tuonoûwe gât.

1296 In der stât ze Pazzouwe saz ein biscof. 1236
herbérge wurden lære unt ouch des fursten hof: 1292
sie ilten gegen den gesten ûf in Beyer lant,
dâ der biscof Pilgerin die schœnen Kriemhilde vant.

1297 Den recken von dem lande was daz niht ze leit, 1237
dô sie ir volgen sâhen sô manige schœne meit. 1293
dâ trûte man mit ougen der edelen ritter kint.
vil guote herberge gap man den edelen gesten sint.

1298 Der bischof mit sîner nifteln ze Pazzouwe reit. 1238
dô daz den burgæren von der stât wárt geseit, 1294
daz dar kœme Kriemhilt, des fursten swester kint,
diu wart wol enpfangen von den koufliuten sint.

1299 Daz sie beliben solden, der biscof hete's wân. 1239
dô sprach der herre Eckewart: «ez ist ungetân. 1295
wir müezen varen nidere in Ruedegêres lant.
uns wartet vil der degene: wan iz ist in allen
wol bekant.»

1293, 3 *man* dat. plur. Man sah Abschied nehmen von Rüdegers Mannen, *an der stunt*, damals.
1294, 2 *gemâlet*, bunt verziert. — 3 *nâhen*, es ritten Ritter den Frauen zur Seite. — 4 *degen*, Giselher und Gernot mit ihren Rittern.
1295, 2 *fur*, vorwärts. — *rennen*, eigentlich das Ross laufen lassen, eilen. — 3 *noch*, noch heut.
1296, 2 *herberge*, Wohnhäuser. — *lære*, indem die Bewohner sie verließen, um den Gästen entgegenzureiten.
1297, 1 *von dem lande*, aus Baiern. — 3 *kint*, Kinder, Töchter.
1298, 1 *niftel* swf., Nichte. Pilgerin ist ein Bruder der Frau Ute. — 4 der Nachsatz entspricht wie häufig nicht genau dem Vordersatze: da ward sie.
1299, 1 *solden*, würden. — *hete's wân*, hoffte es. — 2 *ez ist ungetân*, es geschieht nicht. — 3 *nidere*, abwärts.

1300 Diu mære nu wol wesse diu schœne Gotelint. 1240
si beréite sich mit vlîze und ir vil edele kint. (1327)
ir het enboten Rüedegêr daz in daz dûhte guot,
daz siu der küneginne dâ mite trǒsté den muot,

1301 Daz siu ir rite engegene mit den sînen man 1241
ûf zúo der Ense. dô daz wart getân, (1328)
dô sah man allenthalben die wege unmüezec stên:
si begónden gegen den gesten beidiu riten unde gên.

1302 Nu was diu küneginne ze Everdingen komen. 1242
genuoge ûz Peyer lande, solden s' hân genomen (1329)
den roup ûf der strâzen nâch ir gewoneheit,
sô heten sie den gesten dâ getân vil lihte leit.

1303 Daz was wol understanden von dem márc-
grâven hêr: 1243
er fuorte tûsent ritter unde dannoch mêr. (1330)
dô was ouch komen Gotelint, Rüedegêres wîp:
mit ír kom hêrlîche vil maniges edelen recken lîp.

1304 Dô si über die Trûne kómen bi Ense ûf daz velt, 1244
dô sah man ûf gespannen hütten unt gezelt, (1331)
dâ die geste solden die nahtselde hân.
diu koste was den gesten dâ von Rüedegêr getân.

1305 Gotelint diu schœne die herberge lie 1245
hinder ir beliben. ûf den wegen gie (1332)
mit klíngénden zoumen manic pférit wol getân.
der antpfanc wart vil schœne: liep was iz Rüe-
degêr getân.

1306 Die in ze bêden sîten kómen ûf den wegen, 1246
die riten lobelîche: der was vil manic degen. (1333)

1300, 2 *kint*, Tochter. — 3 *tróste den muot*, sie damit erfreute.
1301, 2 *ûf*, die Donau aufwärts. — 3 *unmüezec stên*, in großer Thätigkeit (der darauf Gehenden und Reitenden) sein. — 4 *si*, Rudiger's Mannen und Gotelint.
1303, 1 *understanden*, verhindert: daß man sie beraubte.
1304, 2 *gespannen: spannen* im Mhd. stark flectiert. — 4 *koste*, Zehrung, Bewirthung.
1305, 3 *pferit*, die vollere Form von *pfert*. — 4 es war Rüdiger lieb, daß es gethan wurde, daß es geschah.
1306, 1 *in kómen*, zu ihnen stießen, kamen. —

sie pflâgen ritterschefte, daz sach vil manic meit.
ouch was der ritter dienest der küneginne niht ze leit.

1307 Dô zuo den gesten kômen die Ruedegeres man, 1227
vil der trünzûne sach man ze berge gân
von der recken hende mit ritterlichen siten.
dâ wart wol ze prîse vor den vrouwen geriten.

1308 Daz liezen sie belîben. dô gruozte manic man 1228
vil güetliche ein ander. dô fuorten sie von dan
die schœnen Gotelinde dâ sin Kriemhilde sach.
die vrouwen dienen kunden, die heten kleinen gemach.

1309 Der voget von Bechelâren ze sîme wîbe reit. 1229
der edelen marcgrâvinne was daz niht ze leit,
daz er sô wol gesunder was von Rîne komen.
ir was ein teil ir swære mit grôzen vröuden benomen.

1310 Dô si'n hete enpfangen, er hiez sie ûf daz gras 1230
erbeizen mit den vrouwen, swaz ir dâ mit ir was.
dâ wart vil unmüezec manic edel man:
dâ wart vrouwen dienest mit grôzem vlîze getân.

1311 Dô sach diu vrouwe Kriemhilt die marcgrâvinne stên 1231 (1338)
samet ir gesinde: sin lie niht nâher gên.
daz pfärit mit dem zoume zucken sin began,
und bat sich snellecliche heben von dem satele dan.

1312 Den biscof sach man wîsen sîner swester kint, 1232 (1339)
in und Eckewarten zuo Gotelinde sint.
dâ wart vil michel wîchen an der selben stunt.
dô kust' diu ellende an den Gotelinde munt.

1306, 3 sie übten ritterliches Spiel. — 4 *niht ze leit*, sehr angenehm.
1307, 2 *ze berge gân*, aufwärts steigen, in die Luft fliegen. — 4 *ze prîse*, preiswürdig.
1308, 1 *Daz*, das Reiten. — 2 *ein ander*, der eine den andern. — 4 *kleinen gemach*, wenig Ruhe, viel zu thun.
1309, 4 *swære* ist Subject, *ein teil* ist adv. acc.
1310, 2 *swaz ir*, was von ihnen (den Frauen), wie viele ihrer.
1311, 2 *nâher gên*, zu ergänzen: ihr Pferd, sie ritt nicht weiter. — 3 *zucken*, stark ziehen. — 4 *dan*, weg, herab.
1312, 1 *wîsen*, führen. — 3 *wîchen*, Ausweichen der Umstehenden. — 4 *diu ellende*, Kriemhild, weil sie hier fremd ist.

1313 Dô sprach vil minnecliche daz Rüedegêres wîp: 1253
«nu wol mich, liebiu vrouwe, deich iuwern schœnen lîp (1340)
hân in disen landen mit ougen mîn gesehen.
mir enkunde an disen zîten nimmer lieber geschehen.»

1314 «Nu lôn' iu got», sprach Kriemhilt, «vil edele Gotelint. 1254
sol ich gesunt beliben und Botelunges kint, (1341)
ez mag iu komen ze liebe daz ir mich habet gesehen.»
in beiden was unkünde daz sider muosé geschehen.

1315 Mit zühten zuo z'ein ander gie vil manic meit. 1255
dô wâren in die recken mit dienste vil bereit. (1342)
sie sâzen nâch dem gruoze nider ûf den klê.
si gewúnnen maniger künde, die in vil vremde wâren ê.

1316 Man hiez den vrouwen schenken. ez was wol mitter tac: 1256
daz edel ingesinde dâ niht langer lac. (1343)
sie riten dâ sie funden manige hütten breit:
dâ was den edelen gesten vil michel dienést bereit.

1317 Die naht sie heten ruowe unz an den morgen vruo. 1257
die von Bechelâren bereiten sich dar zuo (1344)
wie sie behalden solden vil manigen werden gast.
wol het geschaffet Rüedigér daz in dâ wénic iht gebrast.

1318 Diu venster an den mûren sah man offen stân: 1258
diu burc ze Bechelâren diu was ûf getân. (1345)
dô riten dar in die geste die man vil gerne sach.
den hiez der wirt vil edele schaffen guotén gemach.

1319 Diu Rüedegêres tohter mit ir gesinde gie, 1259
dâ sin die küneginne vil minneclich enpfie. (1346)

1313, 3 *mit ougen mîn:* das Fehlen des Artikels ist ungewöhnlich.
1314, 3 *komen ze liebe*, zur Freude ausschlagen. — 4 *unkünde*, unbekannt. — *daz*, das was.
1315, 3 *nâch dem gruoze*, nach der ersten Begrüßung. — 4 *si*, die Ritter. — *maniger*, Jungfrauen; es kann gen. pl., aber auch gen. sing. sein.
1316, 1 *schenken*, einschenken. — 2 *lac*, lagerte.
1317, 3 *behalden*, beherbergen. — 4 *geschaffet*, besorgt.
1318, 4 *gemach* ist stm. und stn.

dâ was ouch ir muoter, des maregrâven wîp.
mit liebe wart gegruezet vil maniger juncvrouwen lîp.

1320 Sie viengen sich behanden unde giengen dan 1260
in einen palas witen, der was vil wol getân, ([illegible])
dâ diu Tuonouwe under hine vlôz.
sie sâzen gegen dem lufte und heten kurzewile grôz.

1321 Wes sie dâ mêre pflægen, des enkan ich niht gesagen. 1261
daz in sô ubele zogete, daz hôrte man dô klagen ([illegible])
die Kriemhilde recken: wand' iz was in leit.
hei waz dô guoter degene mit in von Bechelâren reit!

1322 Vil minneclichen dienest Rüedegêr in bôt. 1262
dô gap diu kuneginne zwélf pôuge rôt ([illegible])
der Gotelinde tohter, unt alsô guot gewant
daz siu niht bezzers brâhte in daz Étzélen lant.

1323 Swie ir genomen wære der Nibelunge golt, 1263
allè die sie gesâhen, die machte siu ir holt ([illegible])
noch mit dem kleinem guote daz siu dâ mohte hân.
des wirtes ingesinde wart grôziu gâbé getân.

1324 Dà widere bôt dô êre diu vrouwe Gotelint 1264
den gesten von dem Rine sô güetliche sint, ([illegible])
daz man dô der vremden harte wênic vant.
sine trüegen ir gesteine oder ir vil hêrlich gewant.

1325 Dô sie enbizzen wâren unt daz siu solden dan, 1265
von der hûsvrouwen wart geboten an ([illegible])

1319, 4 *juncvrouwen*, wahrscheinlich die Kriemhildens.
1320, 1 *behanden*, bei den Handen, *viengen sich*, fassten sich. — 3 *dâ — under*, unter welchem. — 4 *gegen dem lufte*, der Luft zugewendet, sodaß die frische Luft sie anwehte.
1321, 2 daß es so schlecht vorwärts mit ihnen gieng, daß die Reise so langsam gieng. — 4 *reit*, mit Kriemhildens *recken*: die *degene* sind die in Bechelaren heimischen Ritter.
1322, 4 *niht bezzers* nämlich *gewandes*, kein besseres Gewand als was sie ihr gegeben.
1323, 2 *ir*, sich. — 4 *gâbe*, Geschenke.
1324, 1 *Dâ widere*, auf der andern Seite. — 4 *ir*, Gotelindens, was sie von ihr bekommen hatte.
1325, 1 *enbizzen wâren*, gegessen hatten. — 2 *gebieten an*, in activer Construction mit doppeltem Accusativ, in passiver mit Nominativ und Accusativ.

getriuwelîcher dienest daz Etzelen wîp.
dâ wart vil getriutet der schœnen júncvróuwen lîp.

1326 Siu sprach zer küneginne: «swenn' iuch nu dunket guot, 1266
ich weiz wol daz iz gerne mîn lieber vater tuot, (1353)
daz er mich zuo z'iu sendet in der Hiunen lant.»
daz si ir getriuwe wære, vil wol daz Kriemhilt ervant.

1327 Diu ros bereitet wâren unt für Bechelâren komen. 1267
dô het diu edele künegin urloup nu genomen (1354)
von Rüedegêres wîbe und von der tohter sîn.
dô sciet ouch sich mit gruoze vil manic schœne magedîn.

1328 Ein ander sie vil selten gesâhen nâch den tagen. 1268
ûzer Medelicke ûf handen wart getragen (1355)
manic goltvaz rîche, dar inne brâht' man wîn
den gesten zuo der strâze: sie muosen willekomen sîn.

1329 Ein wirt was dâ gesezzen, Astólt was der genant: 1269
der wîste sie die strâze in daz Ôsterlant (1356)
gegen Mûtâren die Tuonouwe nider.
dâ wart vil wol gedienet der rîchen küneginne sider.

1330 Der biscof minnecliche von sîner nifteln schiet. 1270
daz siu sich wol gehabete, wie vast' er ir daz riet (1357)
unt daz si ir êre koufte als Helche het getân!
hei waz siu grôzer êren sît dâ zen Hiunen gewan!

1331 Zuo der Treisem brâhte man die geste dan. 1271
ir pflâgen vlîzecliche die Rüedegêres man, (1358)
unze daz die Hiunen riten über lant.
dô wart der küneginne vil michel êre bekant.

1325, 3 *getriuwelicher*, treugemeinter. — 4 *getriutet*, geherzt von Kriemhilden. *júncvrouwen*, Gotelindens Tochter, dieselbe ist auch mit *Siu* (1326, 1) gemeint.
1327, 1 *für*, vor die Burg. 4 *sciet sich*, trennten sich voneinander.
1328, 1 *nâch den tagen*, nach dieser Zeit. 3 *goltvaz*, goldenes Gefäß. 4 *zuo der strâze*, auf die Straße; sie kehrten nicht dort ein. — *willekomen*, willkommen geheißen; der Trunk war der Willkomm.
1330, 2 *sich wol gehabete*, fröhlich wäre. 3 *ir* dat., für sich. — 4 *dâ zen Hiunen*, dort bei den Heunen.
1331, 3 bis die Heunen sie empfangend entgegenkamen, machten Rüdiger's Mannen die Honneurs. — 4 *bekant*, die ihr erwiesen wurde.

1332 Bi der Treisem héte der kunic von Hiunen lant 1272
eine burc vil riche, diu was wol bekant,
geheizen Treisenmûre: vrou Helche saz da é
unt pflac so grozer tugende daz waetlich nimmer
mér ergé,

1333 Ez entaete danne Kriemhilt, diu also kunde geben. 1273
siu mohte nâch ir leide daz liep vil wol geleben
daz ir ouch jâhen ére die Étzélen man,
der siu sit grôzen vollen bi den heldén gewan.

1334 Diu Etzelen hérschaft was witén erkant, 1274
daz man z'allen ziten in sime hove vant
die küenésten recken von den ie wart vernomen
under kristen und ûnder heiden: die wâren mit
im alle komen.

1335 Bi im was z'allen ziten, daz waetlich mér ergé, 1275
kristenlicher orden unt ouch der heiden é.
in swie getânem lebene sich ietslicher truoc,
daz schuof des kuniges milte daz man in allen
gap genuoc.

1333, 1 *Ez entaete danne*, wenn sie nicht übte, die *tugende*, es müsste denn sein, daß Kriemhild sie übte.
1334, 1 *hérschaft*, Macht. — 2 *daz*, so daß. — 4 diese vielen an seinem Hofe lebenden Ritter zogen mit ihm Kriemhilde entgegen.
1335, 1 *daz — ergé*, was schwerlich je wieder geschehen möchte. — 2 *orden*, Glaube. — 3 *leben*, Art des Lebens, Lebensweise. — *sich truoc*, sich befand.

XXII. ÂVENTIURE,

WIE ETZEL MIT KRIEMHILDE BRÛTE.

Etzel hat von Kriemhildens Ankunft vernommen und empfangt sie festlich in Tulne an der Donau. Sie reiten sammtlich nach Wien, wo das Beilager gehalten wird. Das Fest währt siebzehn Tage. Am achtzehnten reiten sie weiter und kommen endlich nach Etzelnburg, wo sie bleiben und Kriemhild als gewaltige Königin neben Etzeln thront.

1336 Sin was ze Treisenmûre unz an den vierden tac. 1276
diu molte ûf der strâze die wîle nie gelac, (1363)
sine stübe, sam ez brunne, allenthalben dan.
dâ riten durch Österrîche des künic Etzelen man.

1337 Dô was ouch dem künige vil rehte nu geseit, 1277
des im von gedanken swunden sîniu leit, (1364)
wie hêrlichen Kriemhilt dâ kœme durch diu lant.
der künic begonde gâhen dâ er die minneclichen vant.

1338 Von vil maniger sprâche sah man ûf den wegen 1278
vor Etzelen rîten vil manigen küenen degen, (1365)
von kristen und von heiden vil manige wîte schare.
dâ sie die vrouwen funden, sie kômen hêrlichen dare.

1336, 2 *gelac*, ruhte. 3 *sine stübe*, ohne zu stieben. — *sam ez brunne*, als ob es brennte. *brunne* conj. praet. von *brinnen*.
1337, 2 *des*, dasjenige, solche Kunde, durch welche. — *von gedanken*, infolge der angenehmen Gedanken, die sich daran knüpften.
1338, 1 *von* zu verbinden mit *degen*. Es waren da Ritter, die verschiedene Sprachen redeten.

1339 Von Riuzen und von Kriechen reit dâ vil manic man; 1279
den Pœlân unt den Vlâchen sah man swinde gân (1366)
ir ros diu vil guoten, dâ sie mit kreften riten.
swaz sie site hêten, der wart vil wênic vermiten.

1340 Von dem lant ze Kiewen reit dâ vil manic degen, 1280
unt die wilden Pescenære. dâ wart vil gepflegen (1367)
mit den bogen schiezen zen vogelen die dâ flugen.
die pfîle sie vil sêre zuo den wenden vaste zugen.

1341 Ein stat bî Tuonouwe lît in Ôsterlant, 1281
diu ist geheizen Tulne: dâ wart ir bekant (1368)
vil manic site vremede, den si ê nie gesach.
si enpfiengen dâ genuoge, den sît leit von ir gescach.

1342 Vor Étzéln dem kunege ein gesinde reit, 1282
vrô ùnd vil rîche, hövsch ùnt gemeit, (1369)
wol vier und zweinzec fürsten rîch ùnde hêr.
daz sie ir vrouwen sâhen, dâ von engerten sie niht mêr.

1343 Der herzoge Râmunc ûzer Vlâchen lant, 1283
mit siben hundert mannen kom er für sie gerant: (1370)
sam vliegénde vogele sáh mán sie varn.
dô kom der fürste Gibeche mit vil hêrlichen scharn.

1344 Hornboge der snelle wol mit tûsent man 1284
kêrte von dem kunege gein sîner vrouwen dan. (1371)
vil lûte wart geschallet nâch des landes siten.
von der Hiunen mâgen wart ouch dâ sêre geriten.

1345 Dô kom von Tenemarke der kuene Hâwart, 1285
unt Irinc der vil snelle, vor valsce wol bewart, (1372)

1339, 4 *site* gen. pl., von *wan* abhängig; Gebrauche. — *vermiten*, unterlassen. Jedes Volk zeigte sich in seiner nationalen Eigenthümlichkeit.
1340, 3 *zen vogelen*, auf die Vögel. 4 *zuo den wenden*, von *diu wende*, der Punkt, wo etwas wendet, umkehrt, also die äußerst mögliche Spannung des Bogens bezeichnend.
1342, 4 *dâ von*, deshalb; damit zu verbinden *niht*.
1343, 2 *sie*, Kriemhilden. 3 *varn*, sich bewegen.
1344, 4 *sêre*, eifrig. — *geriten*, turniert.
1345, 2 *valsce*, *valsche* stm., Falschheit.

unt Irnfrit von Düringen, ein wætlicher man:
si enpfiengen Kriemhilde daz si's êre muosen hân.

1346 Mit zwelf hundert mannen, die fuorten s' in ir schar. 1286
dô kom der herre Blœdelin mit drin tûsent dar, (1373)
der Etzelen bruoder ûzer Hiunen lant:
der kom vil hêrliche da er die küneginne vant.

1347 Dô kom der künic Etzel und ouch her Dietrich 1287
mit allen sîn gesellen. dâ was vil lobelich (1374)
manic ritter edele biderbe unde guot.
des wart vroun Kriemhilde vil wol gehœhêt der muot.

1348 Dô sprach zer küneginne der herre Rüedegêr: 1288
«vrouwe, ich wil enpfâhen hie den künic hêr. (1375)
swen ich iuch heize küssen, daz sol sîn getân:
jane muget ir niht geliche grüezen Etzelen man.»

1349 Dô huop man von dem môre die küneginne hêr. 1289
Etzel der vil riche enbeite dô niht mêr, (1376)
er stuont von sinem rosse mit manigem küenem man:
man sah in vrœliche gegen Kriemhilde gân.

1350 Zwêne fürsten riche, als uns daz ist geseit, 1290
bî der vrouwen giengen unt truogen ir diu kleit. (1377)
dâ ir der künic Etzel hin engegene gie,
dâ siu den fürsten edele mit kusse güetlich enpfie.

1351 Ûf ruhte si ir gebende: ir varwe wol getân 1291
diu lûhte ir ûz dem golde. dâ was vil manic man: (1378)
die jâhen daz vrou Helche niht schœner kunde sîn.
dâ bi sô stuont vil nâhen des küniges bruoder Blœdelin.

1345, 4 *si's*, sie davon.
1347, 2 *mit allen sin gesellen*, bezieht sich nur auf Dietrich. — 2 *lobelich* ist wol Adverb.
1348, 2 Zu der bedeutenden Stellung, die Rudiger hier einnimmt (vgl. auch 1358, 4), passen seine Worte. Er fuhrt dem Konig die Braut zu, er gibt an, wen die Königin dem Range gemaß kussen soll. — 3 *sîn getân*, geschehen. — 4 *geliche* adv., auf gleiche Weise.
1349, 4 *gegen Kriemhilde*, auf Kriemhilde zu.
1350, 2 *diu kleit*, die Schleppe.
1351, 1 *Ûf ruhte*, schob in die Hohe; das *gebende* verdeckte theilweise den Mund, musste daher geschoben werden, wenn man kussen wollte.

1352 Den hiez sie küssen Ruedegêr, der marcgrave rîch, 1292
unt den künic Gibechen. dâ stuont ouch hêr (1376)
Dietrich.
der recken küste zwelve daz Etzelen wîp:
dô enpfie sin sus mit gruoze vil maniges ritters lîp.

1353 Al die wîle unt Etzel bî Kriemhilde stuont, 1293
dô tâten dâ die tumben als noch die liute tuont: (1377)
vil manigen puneiz rîchen sah man dâ gerîten.
daz tâten kristen helde und ouch die heiden nâch
ir siten.

1354 Wie rehte ritterlîche die Dietriches man 1294
die schefte liezen vliegen mit trunzûnen dan (1378)
hôhe über schilde, von guoter ritter hant!
von den tiuschen gesten wart dunkel manic
schildes rant.

1355 Dâ wart von schefte brechen vil michel dôz ver-
nomen. 1295
dô wâren von dem lande die recken alle komen, (1379)
unt ouch des küneges geste. vil manic edel man.
dô gie der künec rîche mit vroun Kriemhilde dan.

1356 Sie sâhen bî in stênde ein vil hêrlich gezelt. 1296
von hütten was erfüllet al umbe daz velt, (1380)
dâ sie solden ruowen nâch ir arebeit.
von helden wart gewîset dar under manic schœniu meit

1357 Mit der küneginne dâ sin sit gesaz 1297
ûf rîche stuolgewæte. der marcgrâve daz (1381)
hete wol geschaffen daz man ez vant vil guot
daz gesidele Kriemhilde: des vrout' sich Etzelen muot.

1352, 4 *sus*, sonst, im Übrigen. — *mit gruoze*, nicht mit Kuss, wie die vorher Genannten.
1353, 1 *Al die wîle unt*, während der ganzen Zeit daß. — *unt* hat hier den Sinn eines Relativums. — 2 *die tumben*, die jungen Leute.
1354, 3 *von* ist mit *vliegen* zu verbinden. — 4 wer die deutschen Gäste sind, wird sich nicht sicher bestimmen lassen, wahrscheinlich die Thüringer.
1355, 2 die Recken von dem Lande sind die Heunen.
1356, 2 *al umbe*, ringsum. — 3 *dâ* auf *velt* bezüglich, in welchem. — 4 *gewîset dar under*, hinunter (unter die Zelte) geführt.
1357, 2 *stuolgewæte* stn., Stuhlteppiche. — 3 *geschaffen*, besorgt. — *ez* deutet das folgende *gesidele* an.

1358 Waz dô redete Etzel, daz ist mir umbekant: 1298
in der sînen zeswen lac ir wîziu hant. (1385)
si gesâzen minneclîche dâ Rüedegêr der degen
den künec niht wolde lâzen Kriemhilde heinlîche pflegen.

1359 Dô hiez man lân belîben den bûhurt über al. 1299
mit êren wart verendet dâ der grôze schal. (1386)
dô giengen zuo den hütten die Etzelen man:
man gap in herberge vil wîten allenthalben dan.

1360 Der tac der het nu ende: sie schuofen ir gemach, 1300
unz man den liehten morgen aber schînen sach. (1387)
dô was zuo den rossen komen manic man:
hei waz man kurzewîle dem künege z'êrên began!

1361 Der künec ez nâch den êren die Hiunen scaffen bat. 1301
dô riten sie von Tulne ze Wiene zuo der stat. (1388)
dâ funden sie gezieret vil maniger vrouwen lîp:
si enpfiengen wol mit êren des künec Etzelen wîp.

1362 Mit harte grôzem vollen sô was in bereit 1302
swaz sie haben solden. vil manic helt gemeit (1389)
sich vreute gegen dem schalle. herbérgen man began.
des küneges hôhgezîte huop sich vil vrœlichen an.

1363 Sine mohten gehérbergen niht alle in der stat: 1303
die niht geste wâren, Rüedegêr die bat (1390)
daz sie herberge næmen in daz lant.
ich wæn' man alle zîte bî vroun Kriemhilde vant

1364 Den herren Dietrîchen und ander manigen degen. 1304
sie heten sich der ruowe mit arebeit bewegen, (1391)

1358, 2 *zeswe* swf., die Rechte. — 3 *dâ*, dort wo. — 4 er wollte dem König nicht gestatten, vertraulich (mit Rücksicht auf das eheliche Beiwohnen) sich mit Kriemhilt zu beschäftigen. *heinlîche* kann auch subst. (gen. von *pflegen* abhängig) sein, von welchem wieder *Kriemhilde* abhängt.

1360, 1 *sie schuofen ir gemach*, sie sorgten für ihre (Nacht-) Ruhe. — 3 *zuo den rossen komen*, zu Pferde gestiegen.

1361, 1 *nâch den êren*, der Ehre gemäß. — 2 zu verbinden: *zuo der stat ze Wiene*. — 4 *si*, die Frauen.

1362, 3 *gegen dem schalle*, im Hinblick auf, in Erwartung von dem fröhlichen Lärm.

1363, 1 *gehérbergen*, unterbringen; *alle* ist Object. — 2 *niht geste*, die im Lande heimisch waren. — 3 *daz lant*, hier im Gegensatz zur Stadt.

1364, 2 *mit arebeit*, durch Anstrengung. —

durch daz sie den gesten trœsten wol den muot.
Ruedegêr und sîne vriunde heten kurzewîle guot.

1365 Diu hôhzît was gevallen an einen pfinxtac, 1305
dâ der künec Etzel bî Kriemhilde lac
in der stat ze Wiene. sin wæn' sô manigen man
bî ir êrsten manne nie ze dienste gewan.

1366 Sin kunte sich mit gâbe dem der sie nie gesach. 1306
vil maniger dar under zuo den gesten sprach:
»wir wânden daz vrou Kriemhilt niht guotes mohte hân:
nu ist hie mit ir gâbe vil manic wunder getân.«

1367 Diu hôhzît diu werte wol sibenzehen tage. 1307
ich wæn' man von deheinem künige mære sage
des hôhzît grœzer wære: daz ist uns gar verdeit.
alle die dâ wâren die truogen iteniuwe kleit.

1368 Sin wæn' in Niderlande dâ vor nie gesaz 1308
mit sô manigem recken. dâ bî geloube ich daz,
was Sîfrit rich des guotes, daz er nie gewan
sô manigen recken edelen sô siu sach vor Etzeln stân.

1369 Ouch gap nie deheiner zuo sîn selbes hôhgezît 1309
sô manigen rîchen mantel, tief unde wît,
noch sô guoter kleider, der si vil mohten hân,
sô sie durch Kriemhilde heten alle getân.

1370 Ir friunde und ouch die geste die heten einen muot, 1310
daz sie dâ niht ensparten deheiner slahte guot:
swes iemen an sie gerte, daz gâben sie bereit.
des gestuont dâ vil der degene von milte blôz âne kleit.

1371 Wie siu ze Rîne sæze, si gedâht' ane daz, 1311
bî ir edelem manne: ir ougen wurden naz.

1364, 3 *durch daz*, damit.
1365, 3 *man*, Dienstmann. — 4 *manne*, Ehemann.
1366, 1 *kunte* prät. von *kunden*, bekannt machen, [illegible] durch Geschenke. — 2 *dar under*, unter den Beschenkten.
1367, 3 *grœzer*, stattlicher. Wir haben nichts davon gehört.
1368, 2 *sô manigem recken*, so viele Recken, wie ihr hier dienten. — *dâ bî*, außerdem.
1369, 1 *zuo*, den Zweck bezeichnend. — 2 *tief*, umfangreich. — 3 *guoter kleider*; der Genetiv hängt von *nie* ab. — 4 *getân*, gegeben hatten.
1370, 1 *Ir* bezieht sich auf die Recken. — *heten einen muot*, waren darin alle eines Sinnes. — 3 *bereit*, bereitwillig. — 4 *des*, infolge dessen.

siu hete's vaste hæle. deiz iemen kunde sehen.
ir was nâch manigem leide sô vil der êrên geschehen.

1372 Swaz iemen tet mit milte, daz was gar ein wint 1312
unz an Dietrîchen: swaz Botelunges kint (1399)
im gegeben hête, daz was gar verswant.
ouch begíe dâ michel wunder des milten Rüedegêres hant.

1373 Ûzer Ungerlande der fürste Blœdelîn 1313
der hiez dâ lære machen vil manic leitschrîn (1400)
von silber und von golde: daz wart dâ hin gegeben.
man gesách des küneges helde sô rehte vrœliche leben.

1374 Wärbel unde Swemmelîn, des küniges spileman, 1314
ich wæn' ir ieslicher zer hôhgezît gewan (1401)
wol ze tûsent marken oder dannoch baz,
dâ diu schœne Kriemhilt bî Etzeln under krône saz.

1375 An dem áhtzéhenden morgen von Wiene sie dô riten. 1315
dâ wart in ritterschefte schilde vil versniten (1402)
von speren die dâ fuorten die recken an der hant.
sus kom der künic Etzel unz in daz híunísche lant.

1376 Ze Heimburc der alten sie wâren über naht. 1316
done kunde niemen wizzen wol des volkes aht, (1403)
mit wie getâner krefte sie riten über lant.
hei waz man schœner vrouwen in sîner heimüete vant!

1377 Ze Misenburc der richen dâ schiften sie sich an. 1317
daz wazzer wart verdecket von ross und ouch von man, (1404)
alsam ez erde wære, swaz man sîn vliezen sach.
díe wegemüeden vrouwen heten senfte und ouch gemach.

1371, 3 *hæle* stf., Verheimlichung; *hæle hân* mit gen., etwas verheimlichen. — *deiz = daz ez*; *iemen* für *niemen*.
1372, 2 *unz an*, im Vergleich mit. — 3 *verswant* part. von *verswenden*; das wurde gänzlich ausgegeben.
1373, 3 *von* zu verbinden mit *lære*.
1375, 2 *in ritterschefte*, in ritterlichem Spiele. — *versniten*, zerhauen.
1376, 2 *aht* stf., Schätzung, die ungefähre Zahl. — 3 *krefte*, Menge. — 4 *heimüete* stf., Heimat; *sîner*, Etzel's.
1377, 1 *schiften sich an*, schifften sich ein, um über die Donau zu setzen. 3 soweit man das Wasser fließen sah, so weit der Blick reichte. — 4 *senfte*, Ruhe.

1378 Zesamene was geslozzen manic schilt vil guot, 1318
daz in niht enschadete die unde noch diu fluot. [illegible]
dar über was gespannen vil manic guot gezelt,
sam ob sie noch heten beidiu lant unde velt.

1379 Dô kômen disiu mære ze Etzelnburc von dan. 1319
dô vreuten sich dar inne wîp unde man. [illegible]
daz Helchen ingesinde, des ê diu vrouwe pflac,
gelebte bî Kriemhilde sît manigen vrœlichen tac.

1380 Dô stuont dâ wartende vil manic edel meit, 1320
die von Helchen tôde heten manigiu leit. 1407
siben künige tohter Kriemhilt noch dâ vant:
von den was gezieret wol allez Etzelen lant.

1381 Diu juncvrouwe Herrât noch des gesindes pflac, 1321
diu Helchen swester tohter, an der vil tugende lac, [illegible]
diu gemahele Dietriches, eins edelen küneges kint,
diu tohter Nantwînes: diu hete vil der êren sint.

1382 Gegen der geste kunfte vreute sich ir muot: 1322
ouch was dar zuo bereitet vil kreftigez guot. [illegible]
wer kunde iu daz bescheiden, wie sît der künec saz?
si gelébten dâ zen Hiunen nie mit küneginne baz.

1383 Dô der künec mit sîme wîbe von dem stade reit, 1323
wer ieslichiu wære, daz wart dô wol geseit 1410
der edelen Kriemhilde: sin gruozte s' deste baz.
hei wie gewalteclîchen siu sît an Helchen stat gesaz!

1384 Getriuwelîcher dienste wart ir vil bekant. 1324
dô teilt' diu küneginne golt unt gewant, [illegible]
silber unt gesteine: swaz siu des über Rîn
mit ir zen Hiunen brâhte, daz muose gar zer-
geben sîn.

1378, 1 *geslozzen*, gebunden. — 4 als ob sie auf fest m Lande wären.
1379, 1 *von d[illegible]n*, von da weg, weiter. — 3 [illegible] die bei Helchen erzogenen Jungfrauen.
1380, 4 Zu verbinden *wol gezieret*, schön geschmückt [illegible], durch welche.
1381, 1 führte die Aufsicht über die Jungfrauen. — 4 [illegible] stf. swf., Verl[illegible]bte.
1382, 1 *[illegible]*, die Erwartung bezeichnend. — 2 [illegible], bereit gehalten — 4 *[illegible]*, mit einer Königin.
1383, 2 *[illegible] n*, [illegible]e der Jungfrauen. — 4 *stat* stf., Stelle, Platz.
1384, 4 *zergeben*, durch Vertheilen ausgeben.

1385 Ouch wurden ir mit dienste sider undertân 1325
alle des küniges mâge unt alle sine man, (1412)
daz nie diu vrouwe Helche sô gewáldeclich gebôt,
sô sie nu muosen dienen unz an den Kriemhilde tôt.

1386 Dô stuont mit sölhen êren der hof unt ouch daz lant, 1326
daz man dâ z'allen ziten die kurzewile vant, (1413)
swar nâch ieslichem daz herze truoc den muot,
durh des küneges liebe unt der küneginne guot.

1385, 4 wie sie jetzt Kriemhilden bis an ihren Tod dienen mussten.
1386, 3 *den muot*, das Verlangen. — 4 dem König zu Liebe und um das Gut der Königin zu erwerben, kamen die Ritter an deu Hof und trieben da ihre Kurzweil.

XXIII. ÂVENTIURE,

WIE KRIEMHILT IR LEIT GEDÂHT ZE RECHEN.

So lebt Kriemhild bis ins siebente Jahr und gebiert während der Zeit einen Sohn, Namens Ortlieb. Sie hatte alle Ehre und Gewalt, vergaß aber dabei nie ihre Rachegedanken. Eines Nachts, im dreizehnten Jahre ihrer Ehe, bittet sie Etzeln, Boten an den Rhein zu senden und ihre Verwandten zu einem Feste einzuladen. Etzel bestimmt dazu die beiden Spielleute Swemmelin und Werbelin zu der Sendung. Kriemhild trägt ihnen besonders auf, Hagen solle ja nicht zurückbleiben.

1387 Mit vil grôzen êren, daz ist alwâr, 1327
wonten sie mit ein ander unz an daz sibende jâr. (1440)
die zît diu küneginne eins sunes was genesen.
des kund' der künic Etzel nimmer vrœlicher wesen.

1388 Sine wolde niht erwinden, sine wurbe sint 1328
daz getoufet würde daz Etzêlen kint (1441)
nâch kristenlichem rehte: Ortliep wart ez genant.
des wart vil michel freude uber elliu Etzelen lant.

1389 Swaz ie guoter tugende an vroun Helchen lac, 1329
des vleiz sich vrou Kriemhilt dar nâch vil manigen tac. (1442)
die site sie lêrte Herrât, diu ellende meit.
diu hete tougenliche nâch Helchen grœzlîchiu leit.

1387, 1 [illegible], während der Zeit. — 4 [illegible] darum er, dessen wegen.
1388, 1 Sie wollte nicht davon ablassen, es sachlich zu betreiben, daß das Kind christlich getauft würde.
1389, 2 Sie strebte es Helchen gleichzuthun. — 3 [illegible] pl., nem sing. [illegible], auch Herrat war dort im Lande eine Fremde. — 4 [illegible] Schmerz.

1390 Den vremden unt den kunden was siu vil wol bekant. 1330
die jâhen daz nie vrouwe besæze ein küneges lant (1417)
bezzer unde milter: daz heten sie für wâr.
daz lop siu truoc zen Hiunen unz an daz driuzéhende jâr.

1391 Nu hete siu wol erkunnen daz ir niemen widerstuont, 1331
alsô noch fürsten wîbe küneges recken tuont, (1418)
unt daz siu alle zite zwelf künige vor ir sach.
si gedâht' ouch maniger leide der ir dâ héimé gescach.

1392 Si gedâht' ouch maniger êren von Nibelunge lant, 1332
der siu dâ was gewaltic unt die ir Hagenen hant (1419)
mit Sîfrides tôde hete gar benomen,
ób im dáz immer noch ze leide möhte komen.

1393 «Daz geschæhe ob ich in bringen möhte in ditze lant.» 1333
ir troumte daz ir gienge vil dicke an der hant (1420)
Gîselher ir bruoder: siu kuste'n z'aller stunt
vil ofte in senftem slâfe: sit wart in arebeiten kunt.

1394 Ich wæn' der übele vâlant Kriemhilde daz geriet 1334
daz si sich mit friuntschefte von Gunthere schiet, (1421)
den siu durch suone kuste in Burgonden lant.
do begónde ir aber salwen von heizen trähenen ir gewant.

1395 Ez lac ir an dem herzen spât' ûnde vruo, 1335
wie man sie âne schulde brâhté dar zuo (1422)

1390, 1 *siu*, Kriemhild. — 3 *daz — für wâr*, das hielten sie für die Wahrheit, glaubten sie bestimmt.

1391, 1 *erkunnen*, erforschen; mit starkem Particip, früher (1121, 2) schwach. — 2 wie es noch der Fall ist, daß die Recken eines Königs der Gemahlin des Fürsten nicht Widerstand leisten. — 4 *der*, Attraction für *diu*.

1392, 4 *ob* noch von *gedâhte* abhängig. — *immer*, jemals.

1393, 2 *ir gienge an der hant*, an ihrer Seite gienge. — 4 *arebeiten*, Noth erdulden.

1394, 1 *vâlant* (altes Part.), Teufel. — 2 *mit friuntschefte*, in Bezug auf Freundschaft. — *sich schiet*, sich lossagte. — 3 *durch suone*, um der Versöhnung willen. — 4 *salwen* swv., trüb werden.

1395, 2 *brâhte*, gebracht hatte. —

daz siu muose minnen einen heidenischen man.
die nôt die het ir Hagene unde Gunther getân.

1396 Des willen in ir herzen kom siu vil selten abe. [illegible]
si gedâhte: ich pin sô riche unt hân sô grôze habe [illegible]
daz ich mînen vînden getuo ge noch ein leit.
des wære et ich von Tronege Hagenen gerne bereit.

1397 Nâch den getriuwen jâmert dicke'z herze mîn: [illegible]
die mir dâ leide tâten, möhte ich pi den sîn, [illegible]
sô würde wol errochen mînes vriwendes lîp:
des ich kûme erbeite, sprach daz Etzelen wîp.

1398 Ze liebe sie dô hêten alle 's kuneges man, [illegible]
die Kriemhilde recken: daz was vil wol getân [illegible]
der kameren dêr pflac Eckewart, dâ von er friunt gewan.
den Kriemhilde willen kunde niemen understân.

1399 Si dâhte z'allen zîten: ich wil den kunec piten, [illegible]
daz er ir des gonde mit güetlichen siten, [illegible]
daz man ir friwende bræhte in der Hiunen lant.
den argen willen niemen an der küneginne ervant.

1400 Dô siu eines nahtes bi dem kunige lac, 1310
mit armen umbevangen het er sie, als er pflac (1427)
die edelen vrouwen triuten: siu was im sô sin lip.
dô gedâhte ir vîende daz vil hêrliche wip.

1401 Siu sprach zuo dem kunige: vil lieber herre mîn, [illegible]
ich wolde iuch bitten gerne, moht' iz mit hulden sin, [illegible]

1395, 4 *die nôt*, diese Qual.
1396, 1 *Des willen*, ihren Feinden ein Leid anzuthun, sich zu rächen. — *kom siu abe*, wich sie ab, mit gen. von. — 3 [illegible], doch.
1397, 1 *jâmern*, schmerzlich verlangen. — [illegible] — 3 *vriwendes*, Geliebten.
1398, 1 *Ze liebe hêten*, hatten gern. — 2 [illegible], das war recht gehandelt. — 3 *kameren*, Schatzkammer. — [illegible] pl., Freunde.
1399, 2 *gonde*, gönnen möchte, Übergang aus directer in indirecte Rede. 3 *friwende*, Verwandte. — 4 *ervant*, erforschte, ergründete.
1401, 2 *moht' iz mit hulden sîn*, wenn ihr es erlauben wolltet; *hulde*, Erlaubniss, gewöhnlich [illegible] —

daz ir mich sehen liezet ob ich daz het versolt
ob ir den mînen vriwenden wæret innecllchen holt.»

1402 Dô sprach der künic rîche (getriuwe was sîn muot): 1342
«ich bringe iuch des wol innen, swâ liep unde guot (1429)
den recken widerfüere, des müese ich freude hân,
wand' ich von wîbes minne nie bezzer friwende gewan.»

1403 Dô sprach diu küneginne: «iu ist daz wol geseit, 1343
ich hân vil hôher mâge; dar umbe ist mir sô leit (1430)
daz mich die sô selten ruochent hie gesehen.
ich hœre mîn die liute niwán für éllénde jehen.»

1404 Dô sprach der künec Etzel: «vil liebiu vrouwe mîn, 1344
diuht' ez sie niht ze verre, sô lüede ich über Rîn (1431)
swelh' ir dâ gerne sæhet her in mîniu lant.»
des vreute sich diu vrouwe, dô siu den willen sîn ervant.

1405 Siu sprach: «welt ir mir triuwe leisten, herre mîn, 1345
sô sult ir boten senden ze Wormez über Rîn. (1432)
so enbiute ich mînen friwenden des ich dâ habe muot:
sô kumt uns her ze lande vil manic edel ritter guot.»

1406 Er sprach: «swenn' ir gebietet, sô lâzet ez geschehen. 1346
ir'n kundet iuwer vriwende sô gerne niht sehen (1433)
als ich sie gesæhe, der edelen Uoten kint.
mich müet daz harte sére daz si uns sô lange vremde sint.

1407 Ob ez dir wol gevalle, vil liebiu vrouwe mîn, 1347
sô wold' ich gerne senden nâch den friwenden dîn (1434)

1401, 3 *versolt*, verdient.
1402, 1 Sein Sinn war aufrichtig, ohne Falsch. — 2 *liep unde guot*, Liebes und Gutes. — 4 *von*, durch.
1403, 3 *gesehen*, besuchen. — 4 ich hore, daß die Leute mich nur für die Fremde ausgeben, mich die Fremde nennen.
1404, 2 *lüede* für *ladete*. — 3 *swelh*, diejenigen welche. — *her* mit *lüede* zu verbinden.
1405, 3 *des—muot*, was ich im Sinne habe, was ich wünsche.
1406, 1 *lâzet ez geschehen*, veranlasst daß es geschieht. — 4 daß sie uns so lange nicht besucht haben.

die mînen videlære in Burgonden lant
die guoten videlære hiez er bringen sâ zehant.

1408 Sie îlten harte balde dâ der kunec saz
bî der kuneginne. er saget' in beiden daz,
sie solden boten werden in Burgonden lant.
dô hiez er in bereiten harte hêrlich gewant.

1409 Vier unt zweinzec recken bereite man diu kleit.
ouch wart in von dem kunege diu boteschaft geseit
wie sie dar laden solden Gunther und sîne man.
Kriemhilt diu vrouwe sie sunder sprechen began.

1410 Dô sprach der kunec rîche: "ich sage iu wie ir tuot.
ich enbiute mînen vriwenden liep und allez guot,
daz sie geruochen rîten her in mînin lant.
ich hân sô lieber geste harte wênic noch bekant.

1411 Und ob sie mînes willen wellen iht begân,
die Kriemhilde mâge, daz sie des niht enlân,
sine komen an disem sumere zuo mîner hôhgezît,
wand' vil der mînen wünne an mînen konemâgen lît."

1412 Dô sprach der videlære, der stolze Swemmelîn:
"wennè sol iuwer hôhzît in disen landen sîn?
daz wir daz iuwern friwenden kunnen dort gesagen."
dô sprach der kunec Etzel: "zen næhsten sunnewenden tagen."

1413 "Wir tuon swaz ir gebietet", sprach dô Wärbelîn.
in ir kemenâten bat sie diu kunegin
bringen tougenlichen dâ siu die boten gesprach:
dâ von vil manigem degene sît wênic liebes geschach.

1407, 1 *videlære* stm., Fiedler.
1408, 3 *her laden*, dorthin ins Land einladen. — 4 [illegible] besonders, heimlich.
1410, 2 Die einleitende Höflichkeitsformel, der Inhalt der Botschaft ist in der nächsten Zeile angedeutet.
1411, 2 [illegible] sagt ihnen, daß [illegible] nicht unterlassen, zu kommen.
1412, 4 [illegible] gehört zu [illegible] zur Zeit der nächsten Sonnenwende.

1414 Siu sprach zen boten beiden: «nu dienet michel guot, 1354 (1442)
daz ir mînen willen vil güetlîchen tuot,
und saget swaz ich enbiete heim in unser lant.
ich mache iuch guotes rîche unt gibe iu hêrlîch gewant.

1415 Und swaz ir mîner friwende immer muget gesehen 1355
ze Wormez bî dem Rîne, den sult ir niht verjehen (1443)
daz ir noch ie gesæhet betrüebet mînen muot:
unt saget mînen dienest den helden küene unde guot.

1416 Bitet daz sie leisten daz in der künec enbôt, 1356
unt mich dâ mite scheiden von aller mîner nôt. (1444)
die Hiunen wellent wænen deich âne vriwende sî.
ob ich ein ritter wære, ich kœme in étwénne bî.

1417 Und saget ouch Gêrnôte, dem edelen bruoder mîn, 1357
daz im zer werlde niemen holder müge gesîn: (1445)
bitet daz er mir bringe mit im in ditze lant
unser besten friwende, deiz uns zen êren sî gewant.

1418 Sô saget ouch Gîselhêre, daz er wol gedenke dran, 1358
daz ich von sînen schulden nie leides niht gewan: (1446)
des sæhen in vil gerne hie diu ougen mîn.
ich hete'n hie vil gerne durch die grôzen triuwe sîn.

1419 Saget ouch mîner muoter die êre die ich hân. 1359
und ob von Tronege Hagene welle dort bestân, (1447)
wer sie danne solde wîsen durch diu lant?
dem sint die wege von kinde her zen Hiunen wol bekant.»

1420 Die boten niht enwessen wâ von daz was getân, 1360
daz sie von Tronege Hagenen niwet solden lân (1448)

1414, 1 *dienet*, verdienet euch; *daz*, dadurch daß.
1415, 4 *mînen dienest*, meine Empfehlung.
1416, 1 *leisten*, befolgen, thun. — 3 *wellent wænen*, möchten glauben. — 4 *ich kœme in bî*, ich käme ihnen nahe. — *étwénne*, irgend einmal, manchmal.
1417, 3 *mit im*, mit sich. — 4 *besten friwende*, nächsten Verwandten. — *deiz* = *daz ez*.
1418, 1 *Sô*, ebenso. — 4 *hete'n* = *hete in*, würde ihn haben.
1420, 1 *wâ von*, aus welchem Grunde.

beliben bî dem Rîne. ez wart in sider leit.
mit im was manigem degene zem grimmen tôde widerseit.

1421 Brieve unde boteschaft was in mit gegeben.
sie fuoren guotes rîche und mohten schône leben.
urloub gap in Etzel und ouch sîn schœne wîp.
in was von guoter wæte wol gezierét der lîp.

1420, 3 *in*, den Fiedlern. — 4 *mit im*, in ihm wurde manchem Degen der Frieden aufgekündigt, welches Aufkündigen den grimmen Tod zur Folge hatte.
1421, 1 *boteschaft*, die mündlichen Aufträge.

XXIV. ÂVENTIURE,

WIE WERBEL UND SWEMMEL DIE BOTSCHAFT WURBEN.

Etzel's Boten kommen in zwölf Tagen nach Worms. Hagen erräth sogleich den Grund ihrer Sendung. Sie richten Gunthern die Einladung Etzel's und Kriemhildens aus. Er will ihnen nach sieben Tagen Bescheid ertheilen. Hagen räth von der Reise ab; erst als ihm Gernot und Giselher Furcht vorwerfen, ist er dafür. Der Kuchenmeister Rumolt ist ebenfalls dagegen. Hagen räth, streitbar nach Heunen Land zu ziehen, und die Boten hinzuhalten, damit Kriemhild keine ihnen schädliche Vorkehrungen treffen könne. Gunther will die Boten beschenken, sie lehnen es aber ab. Sie nehmen Abschied, auch von Ute, die sie reich beschenkt, und kehren zurück. In Bechlarn und bei Etzeln melden sie die Ankunft der Gäste. Kriemhild fragt die Boten aus, wer alles komme. Festliche Vorbereitungen zum Empfange.

1422 Dô Etzel zuo dem Rîne sîne boten sande, 1362
dô flugen disiu mære von lant ze lande: (1450)
mit boten harte snellen er bat und ouch gebôt
zuo sîner hôhgezîte: des holte maneger dâ den tôt.

1423 Die boten dannen fuoren ûzer Hiunen lant 1363
zuo den Burgonden: dar wâren sie gesant, (1451)
nâch drin edelen künegen und ouch nâch ir man.
sie solden komen Etzeln: des man dô gâhén began.

1424 Hin ze Bechelâren kômen sie geriten. 1364
dâ diente man in gerne, daz enwart dâ niht vermiten, (1452)

1422, 3 *mit boten*, vermittelst, durch Boten.
1423, 4 *sie*, die Könige. — *man*, die Boten.
1424, 2 *vermiten*, unterlassen. —

Ruedger sinen dienest enbôt und Gotelint
bi in hin ze Rine, und ouch ir béidére kint.

1425 Sine liezen s' âne gâbe von in niht scheiden dan, 1365
daz deste baz gefuoren die Etzelen man.
Uoten und ir kinden enbôt dô Ruedegêr,
sine boten in sô wæge deheinem marcgrâven mêr.

1426 Si enbuten ouch Prunhilde dienest unde guot, 1366
stæteclîche triuwe und willigen muot.
dô sie die rede vernâmen, die boten wolden varn:
sie bat diu marcgrâvinne got von himele bewarn.

1427 Ê daz die boten kœmen vol durch Peyer lant, 1367
Warbel der vil snelle den guoten bischof vant.
waz der dô sinen friunden hin ze Rine enbôt,
daz ist mir niht gewizzen: niwan sin golt alsô rôt

1428 Gap er den boten ze minne. riten er sie lie. 1368
dô sprach der biscof Pilgerim: „und solde ich s' sehen hie,
mir wære wol ze muote, die swester sune min:
wand' ich mac vil selten zuo z'in komen an den Rin."

1429 Welhe wege sie fuoren ze Rine durch diu lant, 1369
des kan ich niht bescheiden. ir silber unt gewant
daz ennam in niemen: man vorhte ir herren zorn.
jâ was vil gewaltec der edele kunec wol geborn.

1430 Inre tagen zwelfen sie kômen an den Rin, 1370
ze Wormez zuo dem lande, Warbel und Swemmelin.

1424, 1 [illegible] — [illegible] die ursprüngliche Form [illegible] ahd. [illegible]
1425, 1 es gabe keinen Markgrafen mehr, [illegible] wie er.
1426, 2 [illegible], beständig. [illegible]
1427, 1 [illegible], ganz. — 4 [illegible], bekannt [illegible] weiß, [illegible] nur so viel weiß ich.
1428, 1 [illegible], Andenken; die ursprüngliche Bedeutung des Wortes. [illegible], niemals, durchaus nicht
1429, 4 [illegible], Etzel.
1430, 2 ze Wormez [illegible], nach Worms in das Land, in das Land in welchem Worms liegt.

dô sagte man diu mære den künegen und ir man,
dâ kœmen boten vremde: Gunthér dô vrâgén began.

1431 Dô sprach der vogt von Rine: «wer tuot uns daz bekant, 1371
von wannen dise vremden riten in daz lant?» (1459)
daz enwesse niemen unze daz sie sach
Hagene von Tronege dô ze Gunthere sprach:

1432 «Uns koment niuwemære, des wil ich iu verjehen. 1372
die Etzeln videlære die hân ich hie gesehen. (1460)
sie hât iuwer swester gesendet an den Rîn:
sie suln uns durch ir herren gróze willekomen sîn.»

1433 Sie riten al bereite für den palas dan. 1373
ez gefüoren nie hêrlîcher fürsten spileman. (1461)
des küneges ingesinde enpfie sie sâ zehant:
man gap in herberge unt hiez behalten ir gewant.

1434 Ir reisekleider wâren rîch und sô wol getân, 1374
jâ möhten sie mit êren für den künic gân: (1462)
der enwolden sie niht mêre dâ ze hove tragen.
ob ir iemén geruochte, die boten hiezén daz sagen.

1435 In der selben mâze man ouch liute vant 1375
die ez vil gerne nâmen: den wart ez gesant. (1463)
dô leiten an die geste verre bezzer wât,
als ez boten küneges ze tragene hêrlîche stât.

1436 Dô gie mit urloube, dâ der künic saz, 1376
daz Etzeln gesinde: gerne sah man daz. (1464)

1431, 4 *Hagene*, gemeinsames Subject von *sach* und *sprach*.
1432, 1 *niuwemære* stn., Neuigkeiten. — 4 *durch ir herren*, nicht um Kriemhildens willen.
1433, 1 *al bereite*, bereits; in dem Augenblick wo er das sprach. — 2 *gefüeren*, fahren dahin. — 4 *behalten*, aufbewahren.
1434, 3 sie hätten recht wohl in ihren Reisekleidern vor dem Könige erscheinen können, so schön waren dieselben, aber sie zogen neue an und verschenkten die auf der Reise getragenen. — 4 ob jemand geruhte sie zu nehmen, das ließen sie verkünden; der sollte es nur aussprechen.
1435, 1 *In der selben mâze*, in solcher Beschaffenheit. — 4 *ze tragene*, sie zu tragen.

Hagene zuhteclîche gegen den boten spranc
unt enpfie sie minneclîche. des sageten im die knappen danc.

1437 Durch diu kunden mære vrâgen er began, 1377
wie sich Etzel gehabete unde sîne man. (1405)
dô sprach der videlære: «daz lant gestuont nie baz,
noch sô vrô die liute; nu wizzet endeclîche daz.»

1438 Sie giengen zuo dem wirte. der palas der was vol. 1378
dô enpfie man die geste sô man von rehte sol (1406)
güetlîchen grüezen in ander kunige lant.
Wärbel vil der recken dâ bî Gunthêre vant.

1439 Der kunec gezogenlîche grüezen sie began. 1379
«sît willekomen beide, ir Hiunen spileman, (1407)
und iuwer hergesellen. hât iuch her gesant
Etzel der rîche zuo der Burgonden lant?»

1440 Si nigen deme künige; dô sprach Wärbelîn: 1380
«dir enbiutet holden dienest der liebe herre mîn, (1408)
und Kriemhilt dîn swester, her in ditze lant.
sie habent uns iu recken ûf guote triuwe gesant.»

1441 Dô sprach der fürste rîche: «der mære bin ich vrô. 1381
wie gehabet sich Etzel», sô sprach der künic dô, (1409)
«und Kriemhilt mîn swester ûzer Hiunen lant?»
dô sprach der videlære: «diu mære tuon ich iu bekant.

1442 Daz sich noch nie gehabten deheine liute baz 1382
dan si sich gehabent beide, ir sult wol wizzen daz. (1410)
und allez ir gedigene, die mâge und ouch ir man.
sie vreuten sich der verte, dô wir scieden von dan.»

1436, 3 *gegen den boten*, den Boten entgegen. — 4 *knappe*, der noch nicht zum Ritter geschlagene junge Mann.
1437, 1 *Durch — mære*, um es zu erfahren. — 3 *gestuont baz*, war in besserem Zustande.
1440, 2 *holden*, freundlichen. — 4 *ûf guote triuwe*, im Vertrauen auf eure aufrichtige Gesinnung.
1441, 3 *ûzer* bezeichnet hier nicht die Abstammung, sondern den Wohnsitz, den Ort, wo Kriemhild jetzt zu Hause ist.
1442, 3 *gedigene* collect. von *degen*, Gefolge.

1443 «Genâde sîner dienste, die er mir enboten hât, 1383
unde mîner swester, sit ez alsô stât, (1471)
daz sie lebent mit freuden, der künec und sîne man:
wande ich doh der mære gefrâget sórgènde hân.»

1444 Die zwêne jungen künege die wâren ouch nu komen: 1384
sie heten disiu mære alrêrst dô vernomen. (1472)
durch sîner swester liebe die boten gerne sach
Giselher der junge zuo z'in minneclîchen sprach:

1445 «Ir boten solt uns grôze willekomen sîn, 1385
ob ir dicker woldet her rîten an den Rîn: (1473)
ir fündet hie die friunde die ir gérne möhtet sehen.
iu solde hie ze lande vil wênic léidés geschehen.»

1446 «Wir getríwen iu áller êren», sprach dô Swemmelîn. 1386
«ine könde iu niht bediuten mit den sinnen mîn, (1474)
wie rehte minneclîche iu Ézel enbóten hât
unt iuwer edeliu swester, der dinc in hôhen êren stât.

1447 Genâde unde triuwe mant iuh des küneges wîp, 1387
unt daz ir ie was wæge iwer hérze unt iuwer lîp. (1475)
und ze vórdérst dem künege sîn wir her gesant,
daz ir geruochet rîten in daz Etzelen lant.

1448 Daz wir iuch des bæten, vil vaste uns daz gebôt 1388
Etzel der rîche in allen daz enbôt, (1476)
ob ir iuch iuwer swester niht sehen woldet lân,
sô wold' ér doch gerne wizzen waz ér iu hêté getân,

1443, 1 *Genâde*, Dank; mit gen., für. — 2 *unde mîner swester*, und für die Empfehlungen meiner Schwester, vgl. zu 1281, 3. — 4 *sorgende*, mit Sorgen, mit Besorgniss, es mochte nicht gut stehen.
1444, 1 Gernot und Giselher. — 2 *alrêrst*, nun erst. — 4 *Giselher*, gemeinsames Subject zweier Satze.
1445, 1 *solt*=*soldet*, hättet Ursache. — 3 *die friunde*, solche Freunde.
1446, 2 *bediuten*, deutlich machen, berichten. — *mit den sinnen mîn*, mit allen meinen Geisteskräften.
1447, 1 *genâde* und *triuwe* sind Genetive.
1448, 2 *Etzel* wiederum gemeinsames Subject von *gebôt* und *enbôt*. — 3 wenn ihr euch von eurer Schwester nicht wolltet sehen lassen, so möchte er wissen, was ér euch gethan; es wäre ja möglich, daß ihr einen Grund hattet, Kriemhilde nicht wiedersehen zu wollen.

1449 Daz ir in alsô vremdet unde sînin lant,
ob in diu küneginne wære nie bekant,
sô möht' er doch verdienen daz ir in ruochet sehen.
swenne daz ergienge, sô wær' im liebe geschehen.

1450 Dô sprach der künec Gunther: »über dise siben naht
sô künde ich iu diu mære wes ich mich hân bedâht
mit den mînen friunden. die wîle sult ir gân
in iuwer herberge und sult vil guote ruowe hân.«

1451 Dô sprach aber Wärbelîn: »unt möhte daz geschehen,
daz wir mîne vrouwen kunden ê gesehen,
Uoten die vil rîchen, ê wir schuofen uns gemach?«
Gîselher der edele dô vil zühteclîchen sprach:

1452 »Daz ensol iu niemen wenden. welt ir für sie gân,
ir habet mîner muoter willen gar getân:
want sîn sihet iuch gerne durch die swester mîn,
vrouwen Kriemhilde: ir sult ir willekomen sîn.«

1453 Gîselher sie brâhte dâ er die vrouwen vant.
die boten sach sîn gerne von der Hiunen lant.
sîn gruozte s' minneclîche durh ir tugende muot.
dô sagten ir diu mære die boten hövesch unde guot.

1454 »Jâ enbiutet iu mîn vrouwe«, sô sprach Swemmelîn,
»dienest unde triuwe. möhte daz gesîn,
daz sîn iuch dicke sæhe, ir sult gelouben daz,
sô wære ir in der werlde mit deheinen vreuden baz.«

1449, 1 [illegible] fern von ihm haltet.
1450, 1 über, darüber hinaus, nach Verlauf von. — 2 [illegible] wozu ich mich entschlossen habe.
1452, 1 daran soll euch niemand hindern. — 2 [illegible] meiner Mutter [illegible], handelt ihr ganz in ihrem Sinne.
1453, 3 [illegible] der Anstand veranlasste sie, sie minniglich zu grüßen.
1454, 4 so könnte keine Freude der Welt ihr größeres Wohlbehagen gewähren.

1455 Dô sprach diu küneginne: «des enmac niht gesîn. 1395
swie gerne ich dicke sæhe die lieben tohter mîn, (1483)
sô ist leider mir ze verre des edelen küneges wîp.
nu sî immer sælic ir und Etzelen lîp.

1456 Ir sult mich lâzen wizzen, ê ir'z gerûmet hie, 1396
wenne ir wider wellet: ine gesách sô gerne nie (1484)
boten in langen zîten denn' ich iuch hân gesehen.
die knappen ir dô lobeten daz sie daz liezén geschehen.

1457 Zen herbergen fuoren die von Hiunen lant. 1397
dô het der künec rîche nâch friunden sîn gesant. (1485)
Gunther der edele vrâgte sîne man,
wie in diu rede geviele. vil maniger sprechen dô began,

1458 Daz er wol mohte rîten in Etzelen lant: 1398
daz rieten im die besten die er dar under vant, (1486)
âne Hagene eine. dem was ez grimme leit.
er sprach zem künige tougen: «ir habt iu selben widerseit.

1459 Nu ist iu doch gewizzen waz wir haben getân. 1399
wir mügen immer sorge zuo Kriemhilde hân: (1487)
wand' ich sluoc ze tôde ir man mit miner hant.
wie getórste wir geriten in daz Etzelen lant?

1460 Dô sprach der künec rîche: «mîn swester lie den zorn. 1400
mit kusse minnecliche siu hât ûf uns verkorn (1488)
daz wir ir ie getâten, ê daz siu hinnen reit:
ez ensî et, Hagene, danne iu einem widerseit.

1455, 1 es möge Etzeln und ihr immer wohl ergehen.
1456, 1 *ê: rûmen hie*, diesen Ort hier verlassen. — 2 *wider wellet*, zurück (kehren) wollt. — 3 *in langen zîten*, seit langer Zeit. — 4 *die knappen*, die Boten. — daß sie damit einverstanden waren, daß sie ihrem Wunsche gemäß thun wurden.
1457, 4 *diu rede*, die in Rede stehende Sache.
1458, 1 *er*, Gunther. — *wol*, mit gutem Grunde, mit Ehren. — 3 *âne*, ausgenommen; hier folgt nicht der Accusativ, sondern der Nominativ.
1459, 2 *sorge*, Furcht; *zuo*, in Bezug auf, in Hinblick auf. — 4 *getorste* (für *getörsten*) *wir*, konnten wir wagen.
1460, 2 hat sie uns verziehen, was wir ihr je taten. — 4 *ez ensî*, es müsste denn sein, daß. — *iu einem*, euch allein.

1461 "Nu lât iuch niht betriegen", sprach Hagene, "swes sie jehen, 1461 (1489)
die boten von den Hiunen, welt ir Kriemhilde sehen.
ir muget dâ wol verliesen die êre und ouch den lîp:
ez ist vil lancræche des künec Etzelen wîp."

1462 Dô sprach zuo dem râte der fürste Gêrnôt: 1462 (1490)
"sît daz ir von schulden furhtet dâ den tôt
in hiunischen rîchen, solde wir'z dar umbe lân
wir ensæhen unser swester, daz wær' vil übele getân."

1463 Dô sprach der fürste Gîselher zuo dem degene: 1463 (1491)
"sît ir iuch schuldec wizzet, friwent Hagene,
sô sult ir hie belîben unt iuch vil wol bewarn,
und lâzet die geturren mit uns zuo mîner swester varn."

1464 Dô begonde zürnen von Tronege der degen: 1464 (1492)
"ine wil daz ir iemen füeret ûf den wegen
der mit iu getürre rîten ze hove baz.
sît ir niht welt erwinden, ich sol iu wol erzeigen daz."

1465 Dô sprach der kuchenmeister, Rûmolt der degen: 1465 (1493)
"der vremden unt der kunden möht ir wol heizen pflegen
nâch iuwer selbes willen: wand' ir habt vollen rât.
ich wæne niht daz Hagene iuch noch vergîselet hât.

1466 Welt ir niht volgen Hagenen, iu rætet Rûmolt, 1466 (1494)
wand' ich iu bin mit triuwen vil dienestlîchen holt,
daz ir sult hie belîben durch den willen mîn,
und lât den künec Etzelen dort bî Kriemhilde sîn.

1461, 4 *lancræche* adj., von langer Rache, rachgierig.
1462, 1 Gernot gab auch zu dem Rathe seine Rede. — 2 *von schulden*, mit Recht. — 4 *lân wir ensæhen*, unterließen zu besuchen.
1463, 4 *die geturren*, diejenigen die Muth haben.
1464, 2 *ûf den wegen*, auf der Reise. — 3 *getürre baz*, mehr Muth habe. — 4 *daz*, daß ich auch Muth habe.
1465, 2 Wenn ihr hier bliebt, gebräche es euch an nichts, ihr hättet vollauf, um für die Heimischen und Gäste sorgen zu können; es ist also gar kein Grund, aus diesen angenehmen Verhältnissen herauszugehen. — 4 *vergîselen* mit acc., jemand als Geisel, als Kriegsgefangenen dem Feinde preisgeben, also verrathen. Hagen hat sich euch bisjetzt immer als auf euer Bestes denkend und das Beste rathend erwiesen.
1466, 2 *dienestlîchen*, dienstbeflissen.

1467 Wie kunde iu in der werlde immer baz gewesen? 1407 (1495)
ir müget vor iuwern vinden harte wol genesen.
ir sult mit guoten kleidern zieren wol den lip:
trinket win den besten unt minnet wætlichiu wîp.

1468 Dar zuo git man iu spîse die besten dį ie gewan 1408 (1496)
in der wérlte künec deheiner. ob des niht mohte ergân,
ir soldet noh beliben durch iuwer schœne wip,
ê ir sô kintliche soldet wâgén den lip.

1469 Des rât' ich iu beliben. rich sint iuwer lant: 1409 (1499)
man mac iu baz erlœsen hie héimé diu pfant
danne dâ zen Hiunen. wer weiz wie'z dâ gestât?
ir sult beliben, herre: daz ist der Rûmoldes rât.»

1470 «Wir wellen niht beliben», sprach dô Gêrnôt, 1410 (1500)
«sit daz uns min swester sô friuntlich erbôt
unt Étzél der riche. zwiu solde wir daz lân?
der dar niht gerne welle, der mac hie héimé bestân.»

1471 Des antwurte Hagene: «lât iúh unbílden niht 1411 (1504)
mine rede dar umbe, swie halt iu geschiht.
ich rât' iu an den triuwen, welt ir iuch bewarn,
sô sult ir zuo den Hiunen vil gewärliche varn.

1472 Sît ir niht welt erwinden, so beséndet iuwer man, 1412 (1505)
die besten die ir vindet oder inder müget hân.
sô wel ich ûz in allen tûsent ritter guot:
sonę mag iu niht gewerren der arge Kriemhilde muot.»

1473 «Des wil ich gerne volgen», sprach der künec zehant. 1413 (1506)
dô hiez er boten riten witen in siniu lant:

1467, 1 *gewesen*, sein. — 2 hier konnen euch eure Feinde nicht schaden.
1468, 2 *ob — ergân*, wenn das aber auch nicht der Fall wäre. — 4 *kintliche* adv., einfältig, unbesonnen.
1469, 1 *Des*, deshalb. — 2 *erlœsen diu pfant*, die versetzten Pfänder auslösen; wenn ihr in irgendeine Noth kommt, ist der Sinn, so kann man euch hier zu Hause leichter davon befreien, als dort bei den Heunen.
1471, 1 *unbilden*, ungemaß dunken. — 3 *an den triuwen*, aufrichtig. — 4 *gewärliche* adv., streitbar, gerüstet.
1472, 1 *gewerren*, schaden. — *der arge muot*, die bose Gesinnung.

dô brâhte man der helde drîu tûsent oder mêr.
sie wânden niht z'erwerben alsô grœzlîchiu sêr.

1474 Sie riten vrœliche in Guntheres lant. 1114
man hiez in geben allen ross unt gewant,
die dâ varen solden von Burgonden dan.
der kunec mit guotem willen der vil manegen gewan.

1475 Dô hiez von Tronege Hagene Dancwart den bruoder sîn 1115
ir beider recken ahzec füeren an den Rîn.
die kômen ritterlîche: harnasch unt gewant
fuorten die vil snellen in daz Guntheres lant.

1476 Dô kom der küene Volkêr, ein edel spilman, 1116
zuo der hovereise mit drîzec sîner man:
die heten solch gewæte, ez möhte ein kunec tragen.
daz er zen Hiunen wolde, daz hiez er Gunthere sagen.

1477 Wer der Volkêr wære, daz wil ich iuch wizzen lân: 1117
er was ein edel herre: im was ouch undertân
vil der guoten recken in Burgonden lant.
durch daz er videlen konde, was er der spileman genant.

1478 Hagene welte tûsent: die hete er wol bekant. 1118
unt waz in starken sturmen hete getân ir hant,
oder swaz si ie begiengen, des het er vil gesehen.
den konde anders niemen niwan frümekeite jehen.

1474, 1 [illegible] gebotes [illegible] zu der Fahrt war.

1475, 3 [illegible]

1476, 1 [illegible] von den gewöhnlichen Spielleuten [illegible]

1477, 1 [illegible]

1478, 1 [illegible]

1479 Die boten Kriemhilde vil sêre dâ verdrôz: 1119
wand' ir vórhté z'ir herren diu was harte grôz. (1512)
sie gerten tägeliche urloúbés von dan.
des engonde in niht Hagene: daz was durch listé getân.

1480 Er sprach zuo sime herren: »wir süln daz wol bewarn 1120
daz wir sie lâzen riten ê daz wir selbe varn (1513)
dar nâch in tagen sibenen in Etzelen lant.
treit uns iemen argen willen, daz wirt uns deste baz bekant.

1481 Sone mac ouch sich vrou Kriemhilt bereiten niht dar zuo 1121
daz uns durh ir ræte iemen schaden tuo. (1514)
hât aber siu den willen, ez mac ir leide ergân:
wir füeren mit uns hinnen sô manigen úz erwelten man.

1482 Schilde unde sätele unt allez ir gewant, 1122
daz sie füeren wolden in Etzelen lant, (1515)
daz was nu gar bereitet vil manigem küenem man.
die boten Kriemhilde hiez man für Guntheren gân.

1483 Dô die boten kômen, dô sprach Gêrnôt: 1123
»der künec wil gevolgen des uns Étzel her enbôt. (1516)
wir wellen komen gerne zuo siner hôhgezit
und sehen unser swester: daz ir des âne zwifel sit.«

1484 Dô sprach der künec Gunther: »kunnét ir uns gesagen 1124
wenne si diu hôhzit oder in welhen tagen (1517)
wir dar komen solden?« dô sprach Swemmelin:
»zen næhsten sunewenden sol siu wærliche sin.«

1479, 2 *für herren*, in Bezug auf ihren Herrn; sie fürchteten, wegen des langen Ausbleibens getadelt zu werden. — 4 [illegible] aus Klugheit.
1480, 1 *bewarn*, verhindern. — 3 sie wollen sieben Tage nach den Boten abreisen; diese Zeit genügt auf der ersten Strecke, um zu erproben, ob man ihnen feindlich gesinnt ist, [illegible], daß Kriemhild ein großes Heer versammle.
1481, 3 *leide ergân*, zum Unheil ausfallen.
1483, 2 der König will dem Folge leisten, was uns Etzel durch seine Boten wissen ließ; seiner Einladung [illegible]; daran liegt keinen Zweifel.
1484, 2 *in welhen tagen*, innerhalb welcher Zeit.

1485 Der kunec in erloubte, des was noh niht geschehen, 1125
ob sie wolden gerne froun Prunhilde sehen,
daz sie für sie solden mit sînem willen gân.
daz understuont dô Volkêr: daz was ir liebe getân.

1486 »Jan' ist mîn vrouwe Prunhilt nu niht sô wol gemuot, 1126
daz ir sie müget schouwen«, sprach der ritter guot.
»bitet unze morgen: sô lât man s' iuch sehen.
dô sie sie wânden schouwen, dône kunde's niht geschehen.

1487 Dô hiez der fürste rîche, er was den boten holt, 1127
durch sîn selbes tugende tragen dar sîn golt (1520)
ûf den breiten schilden: des moht' er vile hân.
ouch wart in rîchiu gâbe von sînen vriunden getân.

1488 Giselher und Gêrnôt, Gêre und Ortwîn, 1128
daz sie ouch milte wâren, daz tâten sie wol schîn.
alsô rîche gâbe sie buten die boten an,
daz si se vor ir herren niwet torsten enpfân.

1489 Dô sprach zuo dem künige der bote Wärbelîn: 1129
»her künic, lât iuwer gâbe hie ze lande sîn.
wir mügen ir niht gefüeren: mîn herre iz uns verbôt,
daz wir iht gâbe næmen: ouch ist es harte lützel nôt.

1490 Dô wart der vogt von Rîne dâ von vil ungemuot, 1130
daz sie versprechen wolden sô rîches küneges guot:
doch muosen sie enpfâhen sîn golt und sîn gewant,
daz sie mit in fuorten sît in Etzelen lant.

1491 Sie wolden sehen Uoten ê daz sie schieden dan. 1131
Giselher der snelle brâht' die spileman

1485, 3 *mit sînem willen*, mit seiner Bewilligung. — 4 [illegible], ihr angenehm, ihr recht.
1486, 1 *wol gemuot*, sie ist nicht so gestimmt, nicht in der Stimmung. — 4 da war wiederum ein Hinderniss da.
1487, 3 *vile*, die ursprüngliche Form von *vil*, ahd. *filu*. — 4 *vriunden*, Verwandten, sie werden in der folgenden Strophe einzeln genannt.
1488, 4 *se*, geschwächt aus *si*. — *vor ir herren*, aus Furcht vor ihrem Herrn. — *enpfân*, annehmen.
1490, 2 *versprechen*, abschlagen. — 3 er ließ nicht nach, weil seine Ehre sonst darunter gelitten hätte.

für sîne muoter Uoten. diu vrouwe enbôt dô dan,
swaz siu êren hête, daz wære ir liebé getân.

1492 Dô hiez diu küneginne ir porten und ir golt 1432
geben durch Kriemhilde, want der was siu holt, (1525)
unt durch den künec Etzeln den selben spileman.
sie mohten'z gerne enpfâhen: ez was mit triuwén getân.

1493 Urlóup genomen hêten die boten nu von dan 1433
von wîben und von mannen, vrœlich sie dô dan (1526)
fuoren unz in Swâben; dar hiez sie Gérnôt
sîne héldé beleiten, daz ez in niemen missebôt.

1494 Dô sich die von in schieden die ir solden pflegen, 1434
diu Etzelen hêrschaft sie vridet' ûf allen wegen: (1527)
des ennam in niemen ros noch ir gewant.
sie îlten harte balde in daz Etzelen lant.

1495 Swâ sie der vriunde iht wessen, daz tâten sie
den kunt, 1435
daz die Burgonden in vil kurzer stunt (1528)
kœmen her von Rîne in der Hiunen lant.
dem bischof Pilgerîme wart ouch daz mæré bekant.

1496 Dô sie für Bechelâren die strâze nider riten, 1436
man sagete'z Rüedegêre, daz wart niht vermiten, (1529)
unde Gotelinde, des marcgrâven wîp.
daz siu sie sehen solde, daz wart vil vrœlich ir lîp.

1497 Gâhen mit den mæren sah man die spileman. 1437
Etzeln sie funden in der stat ze Gran. (1530)
dienest über dienest, der man im vil enbôt,
sageten sie dem künige. vor liebe wart er freuden rôt.

1491, 4 *siu*, Kriemhild. — *ir*, Uten.
1492, 2 *durch Kriemhilde*, um Kriemhildens willen. — 4 das Geschenk kam aus aufrichtiger Gesinnung.
1493, 1 *von dan* mit *urloup* zu verbinden. — 4 *daz*, so daß; infolge des Geleites. — *ez in missebôt*, ihnen Ungebührliches zufügte.
1494, 2 *vriden*, schirmen, sicher stellen: die Furcht vor Etzel's Macht.
1495, 1 *daz — den*, wir würden erwarten *den — daz*.
1496, 1 *für Bechelâren*, an Bechelaren vorbei.
1497, 3 *dienest* hier stn. — 4 *vor liebe*, vor Freude. — *freuden rôt*, roth wie man von der Freude wird.

1498 Dô diu küneginne diu mære rehte ervant, 1438
daz ir bruoder solden komen in daz lant,
dô was ir wol ze muote: sin lônt' den spilman
mit vil grôzer gâbe: daz was ir êre getân.

1499 Sie sprach: »nu saget beide, Wärbel und Swemmelîn, 1439
welhe mîne mâge zer hôhzît wellen sîn,
der besten die wir ladeten her in ditze lant:
nu saget waz redete Hagene, dô er diu mær' bevant?«

1500 Er sprach: »er kom zer sprâche an einem morgen fruo: 1440
lützel guoter sprüche redet' er dar zuo. (780)
dô sie die reise lobten her in Hiunen lant,
daz was dem grimmem Hagenen gar zem tôde genant.

1501 Ez koment iuwer bruoder die künige alle drî 1441
in hêrlichem muote. swer mêr dâ mite sî,
der mære ich endecliche wizzen niht enkan.
ez lobte mit in rîten Volkêr der küene spileman.«

1502 »Des enbær' ich harte lîhte«, sprach des küneges wîp, 1442
»deich immer hie gesæhe den Volkêres lîp.
Hagenen bin ich wæge: der ist ein helt guot.
daz wir in hie sehen müezen, des stât mir hôhe der muot.«

1503 Dô gie diu küneginne dâ sie den künec sach. 1443
wie rehte minneclîche vrou Kriemhilt dô sprach:
»wie gevallent iu diu mære, vil lieber herre mîn?
des ie mîn wille gerte, daz sol nu verendet sîn.«

1504 »Dîn wille der'st mîn vreude«, sprach der künic dô. 1444
»ine wart mîn selbes mâge nie sô rehte vrô,

1498, [illegible] dat. pl. [illegible] das gereichte ihr zur Ehre.
1499, 2 nicht *mîner mâge*, weil [illegible] nicht [illegible] ist. — [illegible] unter den Nächsten.
1500, 1 *sprâche*, Besprechung, Berathung. — 2 *guoter*, freundlich, wohlmeinend. — 3 *lobten*, gelobten. — 4 *zem tôde genant*: als wenn man den Tod nennte, es bedeutete für ihn ebensoviel als sterben.
1501, 2 *swer mêr sî*, wer sonst noch. — *dâ mite*, mit ihnen.
1502, 1 [illegible] Darüber bin ich froh.

ob si immer komen solden her in mîniu lant.
durh liebe dîner friunde sô ist mîn sórgé verswant.»

1505 Des küneges ambetliute die hiezen über al 1445
mit gesidele rihten palas unde sal (1538)
gegen den lieben gesten die in dâ solden komen.
sît wart von in dem künege vil michel wünné benomen.

1504, 4 deinen Freunden (Verwandten) zu Liebe ist meine Sorge, mein Leid gänzlich verschwunden (eigentlich: verschwinden gemacht).

1505, 1 *ambetliute*, Amtleute, Beamte: die die Hofämter innehaben. — 2 *rihten*, versehen. — 3 *gegen*, in Erwartung von.

XXV. ÂVENTIURE,

WIE DIE HERREN ALLE ZEN HIUNEN FUOREN.

Die reisefertigen Burgunden sucht Ute durch Erzählung ihrer bösen Träume zum Bleiben zu bewegen. Land und Leute werden Rumolt anbefohlen. Sie setzen über den Rhein, reiten durch Ostfranken und kommen am zwölften Morgen an die Donau. Hagen geht, um den Fährmann zu suchen und findet zwei Meerfrauen, die sich baden. Von ihnen erfährt er, daß alle bis auf des Königs Kaplan in Heunenland sterben müssen, auch theilen sie ihm mit, wo er den Fährmann finde. Er solle sich bei demselben für Amelrich ausgeben. Hagen thut es; der Fährmann aber erkennt den Betrug und schlägt Hagen, worauf dieser ihn tödtet. Er setzt nun die Burgunden nacheinander über und stürzt den Kaplan ins Wasser, der aber nicht untergeht, sondern zu Fuße an den Rhein zurückkehrt.

1506 Nu lâzen daz belîben, wie sie gebâren hie. 1446
hôchgemuoter recken die gefuoren nie 1389
sô rehte hêrlîche in deheines küneges lant.
sie heten swaz sie wolden, beidiu wâfen unt gewant.

1507 Der vogt von dem Rîne kleidet' sîne man, 1447
sehzec unde tûsent, als ich vernomen hân 1390
und niwen tûsent knehte gegen der hôhgezît.
die sie dâ heime liezen, die beweinten ez sît.

1508 Dô truoc man diu gereite ze Wormez über den hof. 1448
dô sprach dâ von Spîre ein alter bischof 1391

1506, 1 *hie*, hier bei Etzeln. — 2 *hôchgemuoter* compar.
1507, 2 *sehzec*, Hagen hatte achtzig nach Worms gebracht (1475, 2), aber nur sechzig davon ausgewählt, wie aus den dreitausend nur tausend. — 3 *gegen*, die Richtung wohin bezeichnend. — 4 *ez*, daß sie zu dem Feste gefahren.

zuo der schœnen Uoten: «unser friunde wellent varn
gegen der hôhgezite: got müeze ir êre dâ bewarn.»

1509 Dô sprach zuo z'ir kinden diu edele Uote: 1449
«ir soldet hie beliben, helde guote. (1542)
mir ist getroumet hinte von angestlicher nôt,
wie allez daz gefügele in disem lande wære tôt.»

1510 «Swer sich an troume wendet», sprach dô Hagene, 1450
«der enweiz der rehten mære niht ze sagene, (1543)
wenne ez im zen êren volleclichen stê.
ich wil daz min herre ze hóve nâch úrloúbe gê.

1511 Wir suln gerne riten in Etzelen lant: 1451
dâ mac wol dienen künegen guoter helde hant, (1544)
dâ wir dâ schouwen müezen Kriemhílde hôhgezit.»
Hagene riet die reise: iedoch gerónw éz in sit.

1512 Er hete'z widerrâten, wan daz Gêrnôt 1452
mit ungefüegen sprüchen im alsô missebôt: (1545)
er mant' in Sifrides, vroun Kriemhilde man;
er sprach: «dâ von wil Hagene die grôzen hove-
reise lân.»

1513 Dô sprach von Tronege Hagene: «durh vorhte ich
niht entuo. 1453
swenn' ir gebietet, helde, sô sult ir grifen zuo. (1546)
jâ rite ich mit iu gerne in Etzelen lant.»
sit wart von im verhouwen mánic hélm únde rant.

1514 Diu schif bereitet wâren. dâ was vil manic man: 1454
swaz sie kleider hêten, diu trúoc mán dar an. (1547)
sie wâren vil unmüezec vor âbéndes zit.
sie huoben sich von hûse vil harte vrœliche sit.

1509, 3 *mir ist getroumet*, mir hat geträumet. — 4 *gefügele* stn., Gevögel, collect. zu *vogel*.
1510, 1 *sich wendet an*, sich kehrt an. — 2 der wird durch Träume sich oft bestimmen lassen, etwas zu thun, was seiner Ehre nachtheilig ist. — 4 *ze hove*, zu den Frauen.
1511, 4 *gerouw* præt. von *riuwen*, gewöhnlich lautet dasselbe *rou*, *gerou*.
1512, 1 *wan daz*, ausgenommen daß, wenn nicht. — 3 *mant' in*, erinnerte ihn. — *man* gen. sing. in unflectierter Form. — 4 *da von*, deshalb.
1513, 1 Furcht hat auf mein Handeln keinen Einfluß. — *ich tuo*, gewöhnlich *ich tuon*.
1514, 1 *schif*, um über den Rhein zu setzen. — 2 *dar an*, auf die Schiffe.

1515 Gezelt unde hütten spien man an daz gras 1455
anderthalp des Rînes. dô daz geschehen was, 1528)
den künec bat noch belîben sîn vil schœnez wîp.
sîn trûte noch des nahtes den sînen wætlîchen lîp.

1516 Pusûnen, flöytieren huop sich des morgens fruo, 1456
daz si varen solden: dô griffen sie dô zuo. 1529)
swer hete liep an arme, der trûte friundes lîp.
des schiet sît vil mit leide des künec Etzelen wîp.

1517 Diu kint der schœnen Uoten die heten einen man, 1457
küenen und getriuwen: dô sie wolden dan, 1530)
dô sagte er dem künege tougen sînen muot.
er sprach: «des muoz ich trûren daz ir die hove-
reise tuot.»

1518 Er was geheizen Rûmolt und was ein helt zer hant. 1458
er sprach: «wem welt ir lâzen liute unde lant? 1531)
daz niemen kan erwenden iu recken iuwern muot!
diu Kriemhilde mære nie gedûhtén mich guot.»

1519 «Daz lant si dir bevolhen unt ouch mîn kindelîn, 1459
unt diene wol den vrouwen: daz ist der wille mîn. 1533)
swen du sehest weinen, dem trœste sînen lîp.
ja getûot uns nimmer leide des künec Etzelen wîp.»

1520 Diu ros bereitet wâren den künegen und ir man. 1460
mit minneclîchem küssen schiet vil maniger dan, 1534)
dem in hôhem muote lebete dô der lîp.
daz muose sît beweinen vil manic wætlîchez wîp.

1521 Dô man die snellen recken sah zen rossen gân, 1461
dô kôs man vil der vrouwen trûreclîchen stân. 1535)
daz ir vil langez scheiden sagt' in wol ir muot
ûf grôzen schaden ze komene, daz herze niene
sanfte tuot.

1516, 1 *Pusûnen* ist Verbum wie *floytieren* auch: Posaunen- und Flötenblasen. — 2 *dô* = *dâ*, da nun. — *griffen zuo*, schritten zur Ausführung ihres Vorhabens. — 4 diesem Herzen (*friundes*) machte nachher in trauriger Weise vielfach Etzel's Weib ein Ende.
1518, 1 *helt zer hant*, thatkräftiger Held. — 2 *lâzen*, überlassen, anvertrauen. — 3 *erwenden*, umwenden, ändern.
1519, 3 *dem trœste sînen lîp*, den tröste.
1521, 3 ihr Herz sagte ihnen, daß ihr Scheiden auf lange Zeit ihnen zu großem Schaden ausschlagen würde. — 4 *daz*, was, solche Ahnung thut dem Herzen nicht wohl. *herze* ist st. flectierter Dativ.

1522 Die snellen Burgonden sich ûz huoben. 1462
dô wart in dem lande ein michel uoben: (1558)
beidenthalp der berge weinde wîp und man.
swie dort ir volc getæte, sie fuoren vrœliche dan.

1523 Die Nibelunges helde kômen mit in dan 1463
in tûsent halspergen, die ze hûse heten lân
vil manige schœne vrouwen, di si gesâhen nimmer mê.
die Sîfrides wunden tâten Kriemhilde wê.

1524 Dô scihten sie ir reise gegen dem Meune dan, 1464
ûf durch Ôstervranken, die Guntheres man. (1560)
dar leite sie dô Hagene: dem was ez wol bekant.
ir márschálk was Dancwart, der helt von Burgonden lant.

1525 Dô sie von Ôstervranken gein Swanevelde riten, 1465
dô mohte man sie kiesen an hêrlichen siten, (1561)
die fürsten unt ir mâge, die helde lobesam.
an dem zwelften morgen der künic zer Tuonóuwe quam.

1526 Dô reit von Tronege Hagene z'aller vorderóst: 1466
er was den Nibelungen ein helflicher trôst. (1562)
do erbeizt' der degen küene nider ûf den sant,
sin ross er harte balde zuo z'einem bóumé gebant.

1527 Daz wazzer was engozzen, diu scif verborgen: 1467
ez ergie den Nibelungen ze grôzen sorgen, (1563)

1522, 1 *sich ûz huoben*, machten sich auf, um das Land zu verlassen — 2 *uoben*, Treiben, Rührigkeit, Bewegung. — 3 *beidenthalp* mit gen., auf beiden Seiten von. — 4 *swie — getæte*, wie es auch ihrem Volke dort ergehen mochte.

1523, 1 *komen dan*, zogen fort. — 2 *halsperc* (der erste Theil wahrscheinlich aus *al* entstellt), der Ringpanzer, Kettenpanzer — 4 der Verlust, der Mord ihres Gatten schmerzte Kriemhilden noch immer.

1524, 1 *scihten*, rüsteten; *dan*, fort.

1525, 2 da konnte man sehen, daß sie sich stattlich benahmen. — 4 sie kommen am zwölften Morgen an die Donau, der Zug geht natürlich langsamer als die Fahrt der Boten

1526, 1 *vorderôst*, mit alterthümlicher Flexion für *vorderst*, *vorderst* (1117, 3). — 2 *helflîche*, hilfebringend, hülfreich — 4 *zuo z'einem boume*, an einen Baum.

1527, 1 *engozzen*, auseinander gegossen, übergetreten — 2 sie waren sehr besorgt. —

wie sie kœmen ubere: der wâc was in ze breit.
dô erbeizte zuo der erden vil manic rittér gemeit.

1528 «Leide», sô sprach Hagene, «mac dir wol hie geschehen, 1468
voget von dem Rîne. nu maht du selbe sehen, (1564)
daz wazzer ist engozzen, vil starc ist im sîn fluot.
jâ wæn' wir hie verliesen noch hiute manigen helet guot.»

1529 «Waz wîzet ir mir, Hagene?» sprach der künec hêr. 1469
«durch iuwer selbes tugende untrœstet uns niht mêr. (1565)
den furt sult ir uns suochen hin über an daz lant,
daz wir von hinnen bringen beidiu ross unt ouch gewant.»

1530 «Jan' ist mir», sprach Hagene, «mîn leben niht sô leit, 1470
daz ich mich welle ertrenken in disen ünden breit: (1566)
ê sol von mînen handen ersterben manic man
in Etzelen landen: des ich vil guoten willen hân.

1531 «Belîbet bî dem wazzer, ir stolzen ritter guot. 1471
ich wil die vergen suochen selbe bî der fluot, (1567)
die uns bringen übere in Gelfrâtes lant.»
dô nam der starke Hagene sînen guoten schildes rant.

1532 Er was vil wol gewâfent: den schilt er dannen truoc, 1472
sînen hélm ûf gebunden, lieht was er genuoc. (1568)
dô truog er ob der brünne ein wâfen alsô breit
daz ze bêden ecken harte vreislichen sneit.

1527, 3 *wâc* stm., Woge, Flut.
1529, 1 *wîzen* stv. mit dat. und acc., einem etwas vorwerfen. — 2 *untrœsten*, muthlos machen. — 3 *furt* stm. (zu *waten*), der Ort, wo man den Fluß durchschreiten kann.
1530, 1 Hagen erklärt es für unmöglich, ohne Schiffe hinüberzukommen, weil der Strom zu tief.
1531, 2 *verge* swm., Fahrmann (zu *varn*).

1533 Dô suochte er nâh den vergen wider unde dan. 1473
er hôrte wazzer giezen: losen er began. (1569)
in einem schœnen brunnen daz tâten wîsiu wîp:
sie wolden sih dâ küelen unde badeten ir lîp.

1534 Hagene wart ir innen, er sleich in tougen nâch. 1474
dô sie daz versunnen, dô wart in dannen gâch. (1570)
daz sie im entrunnen, des wâren sie vil hêr.
er nam in ir gewæte: der helet schadete in niht mêr.

1535 Dô sprach daz eine merewîp, Hadebûrc was siu genant: 1475
«edel ritter Hagene, wir tuon iu hie bekant. (1571)
swenn' ir uns, degen küene, gebt wider unser wât,
wie iu zuo den Hiunen disiu hovereise ergât.»

1536 Sie swebeten sam die vogele vor im ûf der fluot. 1476
des dûhten in ir sinne stárc únde guot. (1572)
swaz sie im sagen wolden, er geloúbte in's deste baz.
des er dô hin z'in gerte, wol beschieden sie im daz.

1537 Siu sprach: «ir müget wol rîten in Etzelen lant. 1477
des setze ich iu ze bürgen mîn triuwe hie zehant, (1573)
daz helde nie gefuoren in deheinin riche baz
nâch alsô grôzen êren: nu geloúbet wærlichen daz.»

1538 Der rede was dô Hagene in sînem herzen hêr. 1478
dô gap er in ir kleider und sûmte sich niht mêr. (1574)
dô sie dô an geleiten ir wunderlich gewant,
dô sageten sie im rehte die reise in Etzelen lant.

1533, 1 *wider unde dan*, den Strom auf und ab. — 2 *giezen*, rauschen. — *losen* swv., lauschen, horchen. — 3 *brunne*, Quell. — *daz*, das Rauschen.

1534, 2 *versinnen*, gewahr werden. — *wart in gâch*, eilten sie, hatten sie es eilig; *dannen*, von dannen, hinweg. — 3 *hêr*, froh.

1535, 1 *zuo den Hiunen* mit *hovereise* zu verbinden.

1536, 2 *des*, deshalb glaubte er, daß sie sehr weise waren und die Gabe der Weissagung hatten. — 4 *hin z'in*, in Bezug auf sie, von ihnen.

1537, 1 *Siu*, die eine, die 1535 gesprochen hatte. — 2 *triuwe*, Zusicherung.

1538, 3 *wunderlich*, wunderbar; *an geleiten*, angelegt hatten. Ihr Gewand ist in der ursprünglichen Gestalt der Sage ein sogenanntes Schwanenhemd; es sind Schwanenjungfrauen, die die Fähigkeit haben, Menschen- und Vogelgestalt anzunehmen.

1539 Dô sprach daz ander merewîp, diu hiez Sigelint 1179
"ich wil dich warnen, Hagene, daz Aldriânes kint.
durh der wæte liebe hât mîn muome dir gelogen:
und kumestu zen Hiunen, sô bistu sêre betrogen.

1540 Jâ soltu kêren widere; daz ist an der zît: 1180
wand' ir helde küene alsô geladet sît
daz ir sterben müezet in Etzelen lant.
swelhe dar geritent, die habent den tôt an der hant."

1541 Dô sprach aber Hagene: "ir trieget âne nôt. 1181
wie möhte ez sich gefüegen daz wir alle tôt
solden dâ beliben durh iemannes haz?"
si begunden im diu mære sagen künftlîcher baz.

1542 Dô sprach aber diu eine: "ez muoz alsô wesen, 1182
daz iuwer deheiner kan dâ niht genesen,
niwan des küneges kappelân: daz ist uns wol bekant,
der kumet gesunder widere in daz Guntheres lant."

1543 Dô sprach in grimmem muote der küene Hagene: 1183
"daz wære mînen herren müelich ze sagene,
daz wir zen Hiunen solden vliesen alle en lîp.
nu zeige uns über'z wazzer, daz aller wîseste wîp."

1544 Sîn sprach: "sît du der verte niht wellest haben rât: 1184
swâ obene bî dem wazzer ein herberge stât,
dâ inne ist ein verge und niender anderswâ."
der mære der er vrâgte, der geloubet' er sich sâ.

1539, 2 *daz*, der Artikel beim Vocativ, wie [illegible]. — 4 *sêre betrogen*, so bist du sehr bethört.
1540, 2 *alsô*, in solcher Absicht. — 4 *die habent den tôt an der hant*, denen steht der Tod nahe, zur Seite: der Tod ergreift den Menschen, um ihn fortzuführen.
1541, 4 *künftlîcher baz*, noch weiter genauer.
1542, 4 *gesunder* flectierte Form, als ein Gesunder.
1543, 2 *müelich* adj., beschwerlich. es würde meinen Herren Beschwerde, Kummer machen, wenn ich es ihnen mittheilte. — 3 *zen Hiunen*, bei den Heunen, im Heunenlande. — *en*, aus *den*; es könnte auch heissen *alle'n lîp*, wie [illegible]. — 4 *über'z wazzer*, den Weg über das Wasser. — *wîseste*: den Meerfrauen wird besondere Weisheit zugeschrieben, wie allen Meergottheiten.
1544, 1. 2 verkürzte Ausdrucksweise, zu ergänzen: so höre, so will ich dir sagen. — 4 *geloubet' er sich*, davon stand er ab.

1545 Dem ungemuoten recken sprach diu eine nâch: 1485
«nu bitet noch, her Hagene: jâ ist iu gar ze gâch. (1581)
vernemet noch baz diu mære, wie'r komet über sant.
dirre marc herre der ist Élsê genant.

1546 Sîn bruoder ist geheizen der degen Gelpfrât, 1486
ein herre in Beyer lande. vil müelich ez iu stât, (1582)
welt ir durh sîne marke. ir sult iuh wol bewarn
und sult ouch mit dem vergen vil bescheidenlîchen varn.

1547 Der ist sô grimmes muotes, er lât iuch niht genesen, 1487
ir enwelt mit guoten sinnen bî dem helde wesen: (1583)
welt ir daz er iuh füere, sô gebet im den solt.
er hüetet disses landes unt ist Gelpfrâde holt.

1548 Und kum er niht bezite, sô ruofet über fluot, 1488
unt jeht ir heizet Amelrîch. der was ein helt guot, (1584)
der durch fîentschefte rûmte ditze lant.
sô kumet iu der verge, swenn' im der name wirt genant.»

1549 Der übermüete Hagene den vróuwén dô neic: 1489
er'n redete niht mêre, wan daz er stille sweic. (1585)
dô gie er bî dem wazzer hôher an den sant,
dâ er anderthalben eine herberge vant.

1550 Er begonde ruofen vaste über fluot. 1490
«nu hol mich hie, vérge», sprach der degen guot: (1586)
«sô gib' ich dir ze miete von golde ein bouc vil rôt.
jâ ist mir dirre verte, daz wizze, wærliche nôt.»

1551 Der verge was sô rîche, daz im niht dienen zam: 1491
dâ von er lôn vil selten von iemen dâ genam. (1587)

1545, 3 *baz*, weiter. — *über sant*, an das jenseitige Ufer. — 4 *marc*, *marke* stf., Grenze, Grenzland.

1546, 1 *vil müelîch ez iu stât*, ihr habt viel Mühsal zu erdulden. — 4 *varn*, *mit*, verfahren. — *bescheidenlîchen* adv., verständig, vorsichtig.

1547, 3 *den solt*, den ein Fahrmann zu verlangen hat: fordert nicht, daß er es umsonst thue. Allerdings ist dies kein gewöhnlicher Fahrmann, vgl. 1551. — 4 *disses* gen. für *dises*. — *holt*, treuergeben.

1548, 2 *jeht*, sagt. — 3 *fîentschefte* acc. pl., feindliche Verhältnisse.

1549, 1 *neic*, verneigte sich dankend. — 2 sondern er schwieg stille. — 4 *anderthalben*, auf der andern Seite.

1550, 3 *ein* für *einen*.

1551, 1 daß es ihm nicht zukam, das Fergenamt zu führen, um damit seinen Lebensunterhalt zu verdienen.

ouch wâren sîne knehte vil hôhe gemuot.
noch stuont allez Hagene eine dischalp der fluot.

1552 Dô ruofte er mit der krefte daz al der wâc erdôz, 1492
wan des heldes sterke was michel unde grôz: (1548)
»nu hol mich Amelrîchen: ich pin der Elsen man,
der durch grôze fîentschaft von disen landen entran.«

1553 Vil hôhe aneme swerte einen bouc er im dô bôt, 1493
lieht ünde schœne was er von golde rôt, (1549)
daz er in über fuorte in Gelpfrâdes lant.
der übermüete verge nam selbe'z ruoder an die hant.

1554 Ouch was der selbe verge vil müelich gesit. 1494
diu gir nâch grôzem guote vil bœsez ende git. (1550)
dô wold' er verdienen daz Hagenen golt sô rôt:
des leit er von dem degene den swertgrimmigen tôt.

1555 Der verge fuor genôte hin über an den sant. 1495
den er dâ nennen hôrte, dô er des niht envant, (1551)
dô zurnde er ernestlichen: als er Hagenen sach,
vil harte grimmeclichen er dô zuo dem helde sprach:

1556 »Ir muget wol sîn geheizen benamen Amelrîch: 1496
des ich mich hie verwæne, dem sît ir ungelîch. (1552)
von vater und von muoter was er der bruoder mîn.
nû ir mich betrogen habt, ir muezet dischalben sîn.«

1557 »Nein, durch got den rîchen«, sprach dô Hagene. 1497
»ich bin ein vremder recke unt sorge ûf degene. (1553)
nu nemet vriuntliche hine mînen solt,
daz ir mich über füeret: ich pin iu wærlîchen holt.«

1551, 4 *allez*, immer. — *disehalp*, diesseits.
1552, 1 *mit der krefte*, mit solcher Kraft.
1553, 1 *aneme* = *an dem*. Er steckt den Armring an das Schwert. — 4 *selbe'z* = *selbe daz*, er kommt selbst, nicht einer seiner Knechte.
1554, 1 *müelich gesit*, von solchem Charakter, daß schwer mit ihm umzugehen war. — 4 *swertgrimmigen tôt*, schrecklicher Tod durchs Schwert.
1556, 1 *benamen*, aus *bî namen*, mit Namen. — 2 *sich verwænen* mit gen., vermuthen. — 3 *von*, von seiten. — 4 *disehalben*, auf dieser Seite bleiben (auf welcher sich der Fahrmann jetzt auch befindet), ich setze euch nicht über.
1557, 2 *sorge ûf*, bin besorgt um.

1558 Dô sprach aber der verge: «des mac niht gesîn. 1498
ez habent fîánde die lieben herren mîn: (1594)
dar umbe ich niemen vremden füere in ditze lant.
sô liep dir sî ze lebene, sô trit vil balde ûz an
den sant.»

1559 «Nunę tuot des niht», sprach Hagene: «trûrec ist
mîn muot. 1499
nemet von mir ze minne ditze golt vil guot (1595)
unt füert uns über túsent ross unt alsô manigen man.»
dô sprach der grimme verge: «daz wirdet nímmér getân.»

1560 Er huop ein starkez ruoder, michel unde breit, 1500
er slúoc éz ûf Hagenen (des wart er ungemeit), (1596)
daz er in dem schiffe strûchte ûf sînin knie.
sô rehte grimmer verge kom dem Tronegære nie.

1561 Dô wolde er baz erzurnen den übermüeten gast: 1501
er sluoc eine schalten, daz diu gar zerbrast, (1597)
Hagenen über daz houbet: er was ein starker man.
dâ von der Elsen verge grôzen schaden dâ gewan.

1562 Mit grímmígem muote greif Hagene zehant 1502
vil balde z'einer scheiden, da er ein wâfen vant. (1598)
er sluoc im ab daz houbet und warf ez an den grunt.
diu mære wurden schiere den stolzen Burgonden kunt.

1563 An den selben stunden do er den schifman sluoc, 1503
daz schif daz vlôz en ouwe: daz was im leit genuoc. (1599)
ê er'z gerihte widere, müeden er began:
dô zôh vil krefteclîche des künec Guntheres man.

1558, 4 *sô liep dir sî*, so wahr es dir lieb ist. — Hagen war bereits in das Schiff gestiegen.

1559, 1 ich habe ein bekümmertes Herz. — 3 *alsô manigen man*, ebenso viele Mannen.

1560, 2 *er sluoc ez ûf*, er schlug damit auf. — *ungemeit*, unfroh. — 4 *kom*, begegnete.

1561, 2 die *schalte* unterscheidet sich vom *ruoder:* dieses dient auch zum Steuern, jenes nur zum Fortstoßen des Schiffes.

1562, 3 *an den grunt*, des Wassers.

1563, 1 Zu derselben Zeit: naturlich, weil niemand es lenkte. — 2 *en ouwe*, den Strom abwärts; zu goth. *ahva*, lat. *aqua* gehörig. — 3 *gerihte widere*, zurück lenkte. — 4 *zôh*, der volle Ausdruck wäre *an dem ruoder;* vgl. 1561, 2.

1564 Mit zugen harte swinden kêrte ez der gast, 1564
unz im daz starke ruoder in sîner hende brast.
er wolde zuo den recken ûz an einen sant.
dâ was deheinez mêre: hei wie schiere er'z gebant!

1565 Mit einem seiltvezzel! daz was ein porte smal. 1565
gegen einem walde kêrte er hin ze tal. (1600)
dô vant er sînen herren an dem stade stân:
dô gie im hin engegene vil manic waetlîcher man.

1566 Mit gruoze in wol enpfiengen die rîttere guot. 1566
dô sâhen s' in dem sciffe riechên daz bluot (1601)
von einer starken wunden die er dem vergen sluoc.
dô wart von den degenen gevrâget Hagene genuoc.

1567 Dô der künic Gunther daz heize bluot ersach 1567
sweben in dem sciffe, wie balde er dô sprach: (1602)
«wan saget ir mir, Hagene, war ist der verge komen?
iuwer starkez ellen waen' im daz leben hât benomen.»

1568 Dô sprach er lougenliche: «dâ ich daz scif dâ vant, 1568
bî einer wilden wîden, dâ lôste'z mîn hant. (1603)
ich hân deheinen vergen hiute hie gesehen:
ez ist ouch niemen leide von mînen sculden hie geschehen.»

1569 Dô sprach von Burgonden der herre Gêrnôt: 1569
«hiute muoz ich sorgen ûf lieber friunde tôt, (1604)
sît wir der sciflinte bereite niht hân,
wie wir komen übere. des muoz ich trûrende stân.»

1570 Vil lûte rief dô Hagene: «leit nider ûf daz gras, 1570
ir knehte, diu gereite. ich gedenke daz ich was (1605)
der aller beste verge den man bî Rîne vant:
ja getrouwe ich iuch wol bringen über in Gelpfrâdes lant.»

1564, 1 *kêrte*, wendete um. — 3 *ûz an einen sant*, an das Ufer. — 4 *deheinez*, kein Ruder.
1565, 1 *seiltvezzel*, das Band zum Umhängen des Schildes; mit diesem bindet Hagen das zerbrochene Ruder zusammen. — 4 *im*, Hagen.
1566, 2 *riechen* stv., rauchen. — 3 *er*, [illegible].
1567, 2 *sweben*, sich bewegen, fließen. — 3 *wan saget*, warum nicht oder sagt mir doch.
1568, 1 *lougenliche* adv., verleugnend. — 2 *wîde* swf., Weide.
1569, 3 *sît*, da. — *bereite*, zur Hand, zur Verfügung.
1570, 2 die Geschirre werden den Pferden abgenommen, damit dieselben leichter hinüberschwimmen. — *ich gedenke*, ich erinnere mich der Zeit.

1571 Daz sie deste balder kœmen über fluot, 1511
diu ros sie ane sluogen: der swimmen daz wart guot, (1606)
wand' in der starken ünde deheine'z dâ benam.
etlîchez ouwet' verre, als ez ir müedé gezam.

1572 Dô truogen sie zem sceffe ir golt und ouh ir wât, 1512
sit daz sie der verte niht mohten haben rât. (1607)
Hagene was dâ meister: des fuort' er ûf den sant
vil manegen rîchen recken in daz unkunde lant.

1573 Zem êrsten brâht' er übere tûsent ritter hêr: 1513
dar nâch sîne recken. dannoch was ir mêr: (1608)
niwen tusent knehte fuort' er an daz lant.
des tages was unmüezec des küenen Tronegæres hant.

1574 Do er sie wol gesunde brâht' über die fluot, 1514
do gedâhte vremder mære der snelle degen guot, (1610)
diu im ê dâ sageten diu wilden merewîp.
des het des küneges kapelân nâch verlorn sînen lîp.

1575 Bi dem kappelsoume er den pfaffen vant: 1515
ob dem heilectuome er leinte an sîner hant. (1611)
des mohte er niht geniezen: dô in Hagene sach,
der gotes arme priester muose lîden ungemach.

1576 Er swanc in ûz dem sciffe: dar zuo was im gâch. 1516
dô riefen ir genuoge: «vâhâ, herre, vâch!» (1612)
Giselher der junge, zurnen er'z began.
er'n wold' iz doch niht lâzen: daz was im léidé getân.

1577 Dô sprach von Burgonden der herre Gêrnôt: 1517
«waz hilfet iuh nu, Hagene, des kappelânes tôt? (1613)

1571, 2 *ane sluogen*, trieben mit Schlägen in den Strom. — 3 weil keine der starken Wellen ihnen (den Rossen) es (das Schwimmen) benahm. — 4 *ouwen*, im Strome treiben; vgl. zu 1563, 2; sie kamen nicht gerade hinuber.
1572, 3 *meister*, der Lenker des Ganzen.
1573, 2 *sîne recken*, seine sechzig Ritter. — *dannoch*, noch. — 4 *des tages*, an jenem Tage.
1574, 2 *vremder mære*, der sonderbaren Kunde. — 4 *nâch*, beinahe.
1575, 1 *kapelsoum* stm., Geräth zum Gottesdienste. — 2 *er leinte an sîner hant*, er lehnte sich, stützte sich auf seine Hand. — 3 *des*, daß er bei dem Heiligthume war. — 4 *gotes* dient zur Verstärkung von *arm*.
1576, 2 *vâha* imper. von *vâhen*, mit verstärkendem *a*. — 4 *er*, Hagen ließ von seinem Vorhaben nicht ab, den Kaplan todten zu wollen; *im*, Giselhern.

taet' ez ander iemen, ez sold' im wesen leit.
umbe welhe sculde habt ir dem priester widerseit?

1578 Der pfaffe swam genôte: er wolde sîn genesen, 1518
ob im iemen hulfe: des moht' dô niht gewesen, 1849
wan der grimme Hagene vil zornec was gemuot.
er stiez in zuo dem grunde: daz dûhte niemenne guot.

1579 Dô der arme priester der helfe niht ensach, 1519
dô kêrt' er wider übere: des leid er ungemach. 1850
swie er niht swimmen kunde, im half diu gotes hant
daz er kom wol gesunder hin wider ûz ân daz lant.

1580 Dô stuont der arme priester und schutte sîne wât. 1520
dâ bî sach wol Hagene daz sîn niht waere rât 1851
daz im für maere sageten diu wilden merewîp.
er dâhte: «dise degene müegen vliesen den lîp.

1581 Dô sie daz scif entluoden und gar getruogen dan 1521
swaz sie dar ûfe hêten, der drier künege man, 1852
Hagene ez sluoc ze stucken und warf ez an die fluot.
des hete michel wunder die recken küene unde guot.

1582 «Zwiu tuot ir dáz, brúoder?» sô sprach Dancwart: 1522
«wie sul wir komen übere, sô wir die widervart 1853
rîten von den Hiunen wider an den Rîn?»
sît, dô saget' im Hagene daz des kunde niht gesîn

1583 Dô sprach der helt von Tronege: ich tuon iz ûf den wân, 1523
ob wir an dirre reise deheinen zagen hân, 1854
der uns entrinnen welle durch zagelîche nôt,
der muoz an disem wâge doch lîden schamelîchen tôt.»

1578, 1 *swam*: dem widerspricht nicht 1574, 3; denn jenes bezeichnet nur, daß er strebte sich über dem Wasser zu halten. Er glaubte mit dem Leben davonzukommen, wenn ihm jemand Beistand leistete. — 4 *niemenne*, alte Form des Accusativ von *nieman*.
1579, 2 er kehrte an das Ufer zurück, das sie verlassen hatten.
1580, 2 *dâ bî sach*, daran erkannte. — *daz sîn niht waere rât*, daß das nicht umgangen werden konnte. — 3 *für maere*, als Kunde.
1581, 3 er zerschlug es und ließ es die Flut dahintreiben.
1582, 2 *widervart*, Rückfahrt, Rückreise.
1583, 1 *ûf den wân*, in der Hoffnung. — 3 *durch zagelîche nôt*, aus feiger Angst. — 4 auch wenn er umkehrt, kommt er nicht über den Fluß und in die Heimat. — *schamelîch*, schmählich.

1584 Sie fuorten mit in einen ûz Burgonden lant, 1524
der was ein helt zen handen, Volkêr was er genant. (1620)
der redete spæheliche allen sînen muot.
swaz ie begie Hagene, daz dûht' den videlære guot.

1585 Ir ros bereitet wâren, die soumer wol geladen. 1525
sie heten an der verte noch deheinen schaden
genomen der sie muote, wan des küneges kapelân.
der muose ûf sînen füezen hin wider zuo dem Rîne gân.

1584, 3 *spæheliche* adv., zierlich. — *allen sînen muot*, alles was er im Sinne hatte.
1585, 1 *soumer*, dasselbe was *soumære*. — 3 *muote* præt. von *müejen*, kränken.

XXVI. ÂVENTIURE.

WIE GELFRÂT ERSLAGEN WART VON DANCWARTE.

Hagen theilt den Burgunden die Weissagung mit und dass er den Fahrmann erschlagen. Gelpfrat und Else haben inzwischen von dem Tode des Fahrmanns vernommen und greifen Hagen und Dancwart, welche die Nachhut haben, von hinten an. Gelpfrat wird von Dancwart [illegible], sein Bruder Else entflieht. In Passau empfängt sie Pilgerin [illegible]. An der Mark finden sie Eckewart schlafend, dem Hagen sein Schwert nimmt, aber dann wiedergibt. Eckewart eilt nach Bechelaren voraus, um Rüdigern die Ankunft der Burgunden zu melden. Rüdiger [illegible] erfreut darüber.

1586 Dô sie nu wâren alle komen ûf den sant, 1526
der künec begonde vrâgen: wer sol uns durch daz lant
die rehten wege wîsen, daz wir niht irre varn?
dô sprach der starke Volkêr: daz sol ich eine bewarn.

1587 Nu enthaldet iuch, sprach Hagene, ritter unde kneht. 1527
man sol friunden volgen: jâ dunket ez mich reht.
vil ungefüegiu mære diu tuon ich iu bekant:
wir enkomen nimmer widere in der Burgonden lant.

1588 Daz sageten mir zwei merwîp hiute morgen fruo, 1528
daz wir niht komen widere. nu rât' ich waz man tuo.

1586. [illegible] unz verirren [illegible]
1587. [illegible] A, haltet euch [illegible] und Singulare

daz ir iuch wâfent, helde. ir sult iuch wol bewarn!
wir haben hie starke fînde; daz wir gewärliche varn.

1589 Ich wânde an lügene funde diu wîsen merwîp. 1529 (1629)
sie jâhen daz gesunder unser deheines lîp
wider ze lande kœme, niwan der kappelân:
dar umbe ich in gerne hiute ertrenket wolde hân.»

1590 Dô flugen disiu mære von schare baz ze schare. 1530 (1630)
des wurden snelle helde vor leide missevare,
dô sie begonden sorgen ûf den herten tôt
an dirre hovereise: des gie in wærlîchen nôt.

1591 Dâ ze Mœringen sie wâren über komen, 1531 (1631)
dâ dem Elsen vergen was der lîp benomen.
dô sprach aber Hagene: sît daz ich fînde hân
verdienet ûf der strâze, wir werden sicherlîch bestân.

1592 Ich sluoc den selben vergen hiute morgen fruo. 1532 (1632)
sie wizzen wol diu mære. nu grîfet balde zuo,
ob Gelpfrât und Else hiute hie bestê
unser ingesinde, daz iz in schadelîch ergê.

1593 Ich erkénne sie sô küene, ez wirdet niht verlân. 1533 (1633)
diu ros diu sult ir lâzen deste sanfter gân,
daz des iemen wæne, wir vlíehen ûf den wegen.»
«des râtes wil ich volgen», sô sprach Gíselher der degen

1594 «Wer sol daz gesinde wîsen über lant?» 1534 (1634)
sie sprâchen: «daz tuo Volkêr, dem ist hie wol bekant

1588, 1 *daz* hängt auch noch von [illegible] ab.
1589, 1 *lügene* stf., Lüge: ich glaubte daß ich [illegible] auf einer Lüge ertappen würde. — 3 *ze lande*, heim.
1590, 1 *baz* weiter. — 2 *missevare*, von übler Farbe, [illegible] erblassten, entfärbten sich. — 4 sie hatten Ursache zu [illegible] oder besorgt zu sein.
1591, 1 *verdienet*, mir zugezogen. — [illegible] angegriffen.
1592, 1 *den selben vergen*, den erwähnten Fährmann. — 2 *sie*, der Dichter hat schon die in der folgenden Zeile Genannten im Sinn.
1593, 1 Ich kenne sie als so kühn. — 2 *sanfter*, ruhiger. — [illegible] *wænen*.
1594, 2 *sie*, die Ritter, man. —

stige unde strâze, der küene spileman.
ê daz man's vollen gerte, man sah wol gewâtent stân

1595 Den snellen videlære. den helm er ûf gebant: 1535 (1660)
in herlicher varwe was sin wîgewant.
er bant ouch z'eime scatte ein zeichen, daz was rôt:
sit kom er mit den kunegen in eine græzliche nôt.

1596 Dô was tôt des vergen Gelpfrâte komen 1536 (1661)
mit gewærem mære: dô het ez ouch vernomen
Else der vil starke. ez was in beden leit.
sie sanden nâch ir helden: die wâren schieré bereit.

1597 In vil kurzen zîten, ich wil'z iuch hœren lân, 1537 (1662)
sah man zuo in rîten die scaden heten getân
in starkem urlinge, vil ungefuegin sêr:
der kômen Gelpfrâte wol siben hundert oder mêr.

1598 Dô sie ir grimmen finden begonden rîten nâch, 1538 (1663)
jâ leiten sie ir herren. den was ein teil ze gâch
nâch den küenen gesten: sie wolden anden zorn.
des wart der herren friunde sider mêré verlorn.

·1599 Dô hete von Tronege Hagene wol gefüeget daz 1539 (1664)
(wie möhte sîner friunde ein helt gehueten baz?),
er pflac der nâchhuote mit den sînen man,
und Danewart sîn bruoder: daz was vil wîslich getân.

1600 In was des tages zerunnen: des enheten sie
niht mêr. 1540 (1665)
er vorhte an sînen vriunden leit ûnde sêr.
sie riten under schilden durch der Beyer lant:
dar nâch in kurzer wîle die helde wurden an gerant.

1594, 4 ehe man das Begehren vollständig ausgesprochen hatte.
1595, 2 *wîgewant*, Streitgewand. — 3 *z'eime*, an einen.
1596, 1 *tôt*, mit alterthümlicher Auslassung des Artikels bei nachfolgendem Genetiv. — *komen*, zugekommen, zu Ohren gekommen. — 2 *mit gewærem mære*, mit zuverlässiger Nachricht. — *dô*, zu der Zeit.
1597, 2 Männer, die im Kriege schon viel Schaden angestiftet hatten.
1598, 1 *grimmen finden*, bittern Feinden. — 3 *nâch*, um zu erreichen. — *anden*, ahnden, rächen. — 4 *mêre*, eine ziemliche Menge.
1599, 1 *gefüeget daz*, das so eingerichtet.
1600, 1 *In — zerunnen*, der Tag war ihnen ausgegangen, zu Ende gegangen. — *des*, des Tages. — 3 *under schilden*, von ihren Schilden gedeckt.

1601 Beidenthalp der strâzen und hinden vaste nâch 1541
sie hôrten hüeve klaffen: dem liute was ze gâch. (1641)
dô sprach der küene Dancwart: «man wil uns hie bestân.
nu binden ûf die helme: daz ist rætlich getân.»

1602 Sie hielten ab ir verte, als iz muoste sîn. 1542
sie sâhen in der vinster der liehten schilde schîn. (1642)
dône wolde Hagene niht langer sie verdagen:
«wer jaget uns ûf der strâze?» daz muos' im Gelpfrât dô sagen.

1603 Dô sprach der marcgrâve ûzer Beyer lant: 1543
«wir suochen unser vînde und haben her nâch gerant. (1643)
i'ne weiz niht wer mir hiute mînen vergen sluoc.
der was ein helt zen handen: daz ist mir léidé genuoc.»

1604 Dô sprach von Tronege Hagene: «und was der verge dîn? 1544
der wolde uns niht füeren. des ist dîn schulde mîn: (1644)
dô sluoc ich den recken. deiswâr des gie mir nôt:
ich hete von sînen handen vil nâch gewúnnén den tôt.

1605 Ich bôt im ze miete gólt únd gewant, 1545
daz er uns über fuorte, hélt, in dîn lant. (1645)
daz zurnde er sô sére, daz er mich dô sluoc
mit einer starken scalte: des wart ih grimmé genuoc.

1606 Dô kom ich zuo dem swerte und wert' im sînen zorn 1546
mit einer starken wunden: des wart der helt verlorn. (1646)

1601, 2 *huof*, gen. *huoves*, Rosshuf. — *klaffen*, tönen. — *dem liute*, dem Volke Gelpfrat's und Elsens. — *ze gâch*, zu eilig: sonst hätten sie ihre Gegner unbemerkt von hinten überfallen können. — 4 *binden ûf*, wollen wir aufbinden: die Helme wurden aufgesetzt und mit dem *helmbant* (180, 4) befestigt.

1602, 1 *hielten ab ir verte*, hielten inne mit ihrer Weiterfahrt. — 2 *vinster* stf., Finsterniss.

1603, 2 *her*, hierher; nicht ist *her* mit *nâch* zu verbinden. — *gerant*: rennen mhd. mit *haben*, nhd. *sein*.

1604, 2 *füeren*, übersetzen. — *des*, in Bezug darauf. — 3 *deiswâr* = *daz ist wâr*, wahrlich.

1605, 4 *grimme*, zornig, erzürnt; *genuoc*, sehr.

daz bringe ich iu ze suone, swie iuch dunket guot.
dô gie ez an ein strîten: sie wâren hêrte gemuot.

1607 «Ich wesse wol», sprach Gelpfrât, «dô hie für gereit 1547
Gunthêr und sîn gesinde, daz uns tæte leit
Hagene von Tronege. nu sol er niht genesen.
für des vergen ende der helt muoz hie pfant wesen.»

1608 Sie neigten über schilde ze stiche nu diu sper, 1548
Gelpfrât und Hagene: in was z'ein ander ger.
Else unde Dancwart vil hêrlîche riten.
si versuochten wer sie wâren: dâ wart vil grimme gestriten.

1609 Wie mohten sich versuochen immer helde baz? 1549
von einer starken tjoste hinder'z ors gesaz
Hagene der küene von Gelpfrâtes hant.
im brast daz fürbüege: dô wart im strûchen bekant.

1610 Von ir ingesinde der krach der scefte scal. 1550
dô erholte ouch sich dort Hagene, der ê was zetal
komen von dem stiche nider an daz gras.
er waene unsanftes muotes wider Gelpfrâte was.

1611 Wer in diu ros behielde, daz ist mir umbekant. 1551
sie wâren zuo der erden komen ûf den sant,
Hagene unde Gelpfrât: ein ander liefen an.
des hulfen ir gesellen, daz in wart strîten kunt getân.

1612 Swie pitterlîchen Hagene zuo Gelpfrâte spranc, 1552
der edele marcgrâve des schildes hin im swanc

1606, 3 dafür will ich euch Sühne geben, wie es euch gut dünkt. — 4 *hêrte*, fest, tapfer.
1607, 1 *hie für*, hier vorbei. — 4 *pfant*, den Ersatz [illegible].
1608, 2 *in was ger*, sie hatten Verlangen; *z'ein ander*, aufeinander loszustürmen. — 3 *riten*, ritten gegeneinander. — 4 [illegible], wie tapfer sie waren; *versuochten*, erprobten.
1609, 2 er fiel hintenüber vom Rosse. — 3 *von*, durch. — 4 da lernte er kennen was Straucheln, Fallen ist.
1610, 1 *krach*, [illegible], das Krachen. — 2 nun hatte sich auch Hagen erholt. — *zetal*, herab, vom Rosse. — 4 *unsanftes*, unfreundlich; er war ihm nicht sehr freundlich und liebreich gesinnt.
1611, 1 *behielde*, in Obhut hatte. — 3 es liefen sich an die Ritter beider Parteien, wie auch *ir gesellen*.
1612, 1 *zuo Gelpfrâte spranc*, auf Gelpfrat losging. — 2 [illegible], schlug ihm weg. —

ein vil michel stücke, deiz fiwer dræte dan.
des was vil nâh erstorben des künic Guntheres man.

1613 Dô begonde er rüefen Dancwarten an. 1553
«hilfâ, lieber bruoder, jâ hât mich bestân (1653)
ein helt ze sînen handen: er'n lât mich niht genesen.»
dô sprach der küene Dancwart: «des sol ich scheidære wesen.»

1614 Der helt dô spranc dar nâher und sluoc im einen slac 1554
mit eime scarpfen wâfen, dâ von er tôt gelac. (1654)
Else wolde gerne rechen dô den man.
er und sîn gesinde schieden scedelîche dan.

1615 Im was erslagen der bruoder: selbe wart er wunt. 1555
wol ahzec sîner degene beliben dâ zestunt (1655)
mit dem grimmen tôde: der herre muose dan
flühteclîchen wenden von den Guntheres man.

1616 Dô die von Beyer lande wichen ûz dem wege, 1556
dô hôrt' man nâch hèllen die vreislichen slege: (1656)
dô jageten die von Tronege ir fianden nâch,
die's niht engelten wânden: den was állén ze gâch.

1617 Dô sprach an ir flühte Dancwart der degen: 1557
«wir suln wider wenden balde ûf disen wegen, (1657)
und lâze wir sie rîten: sie sint von bluote naz.
gâhen wir zen friunden: ich râte wærlichen daz.»

1618 Dô sie hin wider kômen dâ der scáde was gescehen, 1558
dô sprach von Tronege Hagene: «helde, ir sult besehen (1658)

1612, 3 *deiz*: für *daz ez*.
1613, 3 *ein helt ze sînen handen*, dasselbe was *ein helt ze hant* (1518, 1). — 4 *scheidære* stm., Entscheider: dem will ich bald ein Ende machen.
1614, 1 *dar nâher*, näher hinzu. — 4 *scedelîche*, mit großem Schaden.
1615, 3 *mit*, vermittelst, durch. — 4 *flühteclîchen* adv., flüchtig. — *wenden*, sich wenden.
1616, 2 *nâch*, hinter ihnen her. — 4 *ze*, verstärkend.
1617, 1 *an ir flühte*, während sie flohen. — 2 *wider wenden*, umkehren.
1618, 2 *besehen*, untersuchen, zusehen. —

wes uns hie gebreste oder wen wir hân verlorn
hie in disem strite durch den Gelpfrades zorn.

1619 Sie heten vlorn viere: die muosen sie verklagen. 1559
die wâren wol vergolten: dâ wider was erslagen
der von Beyer lande hundert oder baz.
des wâren den von Tronege ir schilde trüebe unde naz.

1620 Ein teil schein ûz den wolken des liehten mânen prehen. 1560
dô sprach aber Hagene: «niemen sol verjehen
den mînen lieben herren waz wir hie haben getân:
lât sie unze morgen âne sorge bestân.»

1621 Dô sie nu nâch in kômen die dort striten ê, 1561
dô tet dem ingesinde diu muede harte wê.
«wie lange sul wir rîten?» des vrâgte manic man.
dô sprach der küene Danewart: «wir mügen niht hêrberge hân.

1622 Ir müezet alle rîten unz ez werde tac.» 1562
Volkêr der snelle, der des gesindes pflac,
bat den marscalch vrâgen: «wâ sul wir hinte sîn,
dâ gerâsten unser mœre und ouch die lieben herren mîn?»

1623 Dô sprach der küene Danewart: «i'ne kan's iu niht gesagen. 1563
wir enmügen niht geruowen ê iz beginne tagen:
swâ wir'z danne vinden, dâ legen uns an ein gras.»
dô sie diu mære hôrten, wie leit in sümelichen was!

1624 Si beliben unvermeldet des heizen bluotes rôt, 1564
unze daz diu sunne ir liehtez schînen bôt

1618, 3 *wes uns hie gebreste*, an wem wir hier Mangel haben, was uns hier fehlt.
1619, 2 *vergolten*, bezahlt. — 4 *des*, infolge dessen.
1620, 1 *blicken*, *prehen* inf. als subst., das Glänzen, der Schein.
1621, 1 *nu* ist mit *dô* zu verbinden; *in kômen*, sie einholten.
1623, 3 wo wir alsdann eine passende Gelegenheit finden. — *legen uns*, wollen wir uns legen, lagern. — 4 *in sümelichen*, manchen unter ihnen, ironisch für: vielen.
1624, 1 *Si*, die gestritten hatten. — *unvermeldet*, unverrathen, nicht verrathen; mit gen., in Bezug auf. Niemand entdeckte, daß sie blutbefleckt waren. —

dem morgen über berge, daz ez der künic gesach
daz sie gestriten hêten. der helt vil zornec-lichen sprach:

1625 «Wíe nu, fríunt Hagene? iu wæn' versmâhet daz, 1565
daz ich pî in wære dâ iu die ringe naz (1665)
sus wurden von dem bluote. wer hât daz getân?»
er sprach: «daz tet Else: der het uns nähtén bestân.

1626 Durch den sînen vergen wir wurden an gerant. 1566
dô sluoc Gelpfrâten mînes bruoder hant. (1666)
sît entran uns Else. des twang in michel nôt:
in hundert und uns viere beliben in dem strite tôt.»

1627 Wir kunnen niht bescheiden wâ sie sich lei-ten nider. 1567
al die lantliute die gevriesen sider (1667)
daz ze hove füeren der edelen Uoten kint.
sie wurden wol enpfangen dâ ze Pazzouwe sint.

1628 Der edelen künege œheim, der biscof Pilgerîn, 1568
dem wart vil wol ze muote, dô die neven sîn (1668)
mit alsô vil der recken kômen in daz lant.
daz er in willec wære, daz wart in schíeré bekant.

1629 Sie wurden wol enpfangen von vriunden ûf den wegen. 1569
dâ ze Pazzouwe man konde ir niht gepflegen. (1669)
sie muosen über'z wazzer, dâ sie funden velt.
dâ wurden ûf gespannen beide hütten und gezelt.

1630 Sie muosen dâ beliben allen einen tac 1570
und ouch die naht mit vollen. wie schône man ir pflac! (1670)

1624, 3 *daz*, sodaß.
1625, 1 *iu versmâhet*, euch dünkt es verächtlich, ihr verschmäht es. — 4 *nähten* dat. pl., nachts, in dieser Nacht.
1627, 1 *sich leiten nider*, sich lagerten.
1628, 4 *willec*, willfährig, bereitwillig. — *daz … bekant*, das lernten sie bald kennen.
1629, 2 *ir niht gepflegen*, nicht für sie sorgen, sie nicht unterbringen. — 3 *velt*, freies Feld, auf dem andern Ufer der Donau.
1630, 1 *allen einen*, einen ganzen. — 2 *mit vollen*, vollständig.

dar nâch si muosen rîten in Rüedegêres lant
dem wurden ouch diu mære dar nâch vil schiere bekant.

1631 Dô die wegemüeden ruowe genâmen 1571
unde sie dem lande nâher quâmen,
dô funden s' ûf der marke slâfende einen man,
dem von Tronege Hagene ein starkez wâfen an gewan.

1632 Jâ was geheizen Eckewart der selbe ritter guot. 1572
er gewan dar umbe vil trûrigen muot,
daz er verlôs daz wâfen von der helde vart:
die marke Rüedegêres funden s' übele bewart.

1633 «Owê mir dirre schande», sprach dô Eckewart. 1573
«jâ riuwet mich vil sêre der Burgonden vart.
sît ich vlôs Sîfriden, sît was mîn freude ergân.
owê, herre Rüedegêr, wie hân ich wider dich getân!»

1634 Dô hôrte vil wol Hagene des edelen recken nôt: 1574
er gab im wider sîn wâfen und sehs pouge rôt.
«die habe dir, helt, ze minnen, daz du mîn friunt sîst.
du bist ein degen küene, swie eine du ûf der marke bist.»

1635 «Got lône iu iuwer pouge», sprach dô Eckewart. 1575
«doch riuwet mich vil sêre zen Hiunen iuwer vart.
ir sluoget Sîfriden: man ist iu hie gehaz.
daz ir iuch wol behüetet, in triuwen rât' ich iu daz.»

1636 «Nu müeze uns got behüeten», sprach dô Hagene. 1576
«jan' hânt niht mêre sorge dise degene 1678

1631, 1 [illegible] genommen [illegible] ausgeruht hatten. — 2 [illegible] dem Lande Etzels.
1632, 2 er wurde wegen dieses Verlustes sehr traurig. — [illegible], durch.
1633, 3 [illegible] zweiten, seitdem [illegible] [illegible] vergangen, [illegible] worden; seit der Zeit hatte ich keine Freude mehr.
1634, 3 [illegible], behalte dir. — 4 [illegible], liegst.
1635, 1 [illegible] gen. pl. — 2 [illegible], betrübt [illegible], macht mich traurig.
1636 Hagen weist die bevorstehende Sorge, die er [illegible] kennt, ab, und auf die nächstliegende hin.

wan umb' die herberge, die künige und ir man,
wâ wir in disem lande noch hînte nahtselde hân.

1637 Diu ros sint uns verdorben ûf den verren wegen, 1577
unt der spîsé zerunnen», sprach Hagene der degen. (1677)
«wir vinden'z ninder veile: uns wære wirtes nôt,
der uns noch hînte gæbe durch sîne tugende sîn brôt.»

1638 Dô sprach aber Eckewart: «ich zeig' iu einen wirt, 1578
daz ir ze hûse selten sô wol bekomen birt (1678)
in deheinem lande, als iu hie mac geschehen,
ob ir vil snelle degene wellet Rüedegêren sehen.

1639 Der sitzet bî der strâze und ist der beste wirt 1579
der ie kom ze hûse. sîn herze tugende birt, (1679)
alsam der süeze meije daz gras mit bluomen tuot.
so er sol helden dienen, sô ist er vrœlich gemuot.»

1640 Dô sprach der künec Gunther: «welt ir mîn bote sîn, 1580
ob uns welle enthalten durch den willen mîn (1680)
mîn lieber friunt Rüedigêr, mîn mâge und unser man?
daz wil ih immer dienen sô ich aller beste kan.»

1641 «Der bote pin ich gerne», sprach dô Eckewart. 1581
mit vil guotem willen huob er sich an die vart (1681)
und sagete Rüedegêre als er hete vernomen.
im was in manigen zîten niht sô lieber mære komen.

1642 Man sah ze Bechelâren îlen einen degen. 1582
selbe erkande in Rüedegêr; er sprach: «ûf disen wegen (1682)

1637, 1 *verdorben*, umgekommen; daher ihnen Rüdiger Rosse schenkt (1691, 1). — *verre* adj., fern. — 3 *ez*, was wir brauchen. — *veile*, käuflich.

1638, 2 *ze hûse bekomen*, als Gast in ein Haus kommen. — *sô wol*, so vortrefflich: mit Bezug auf die Aufnahme. — *birt*, seid (von dem Stamme von *bin*). — 4 *sehen*, besuchen.

1639, 2 *der ie ze hûse*, der jemals ein Haus besaß. — *birt*, trägt, bringt hervor. — 3 *mit bluomen*, in Bezug auf Blumen.

1640, 2 *enthalten*, bei sich behalten, beherbergen. — 4 *sô ich aller beste kan*, so gut ich nur immer kann.

1641, 2 sehr bereitwillig. — 3 wie er es vernommen hatte, wie man ihm aufgetragen hatte. — 4 *im*, Rüdigern. — *in manigen zîten*, in langer Zeit.

dort her gâhet Eckewart, ein Kriemhilde man.
er wânde daz die vînde im heten leide getân.

1643 Dô gie er für die porte da er den boten vant.
daz swert er abe gurte und leite'z von der hant.
diu maere diu er brâhte wurden niht verdaget
den wirt und sîne friunde: ez wart in schiere gesaget.

1644 Er sprach zem marcgrâven: mich hât zuo z'iu gesant
Gúnthér der herre von Burgonden lant
und Gíselher sîn bruoder und ouch Gêrnôt.
der recken ieslîcher in sînen dienest her enbôt.

1645 Daz selbe hât ouch Hagene unde Volkêr
mit triuwen vlîzeclîche. noch sage ich iu mêr,
daz iu des küneges marscalch bî mir daz enbôt
daz den guoten knehten waer' iuwer herberge nôt.

1646 Mit lachendem munde sprach dô Ruedegêr:
«nu wol mich dirre maere, daz die künege hêr
geruochent mîner dienste: der wirt in niht verseit.
koment sie mir ze hûse, des pin ich vrô unt gemeit.»

1647 Dánewárt der marscalch der hiez iuch wizzen lân 1587
wén ir ze hûse mit in soldet hân:
sehzec sneller recken unt tûsent ritter guot
und niwen tûsent knehte. dô wart er vrœlich gemuot.

1648 «Nû wol mich dirre geste», sprach dô Ruedegêr, 1588
«daz mir koment ze hûse dise recken hêr.

1643, 2 *gurte* (= *gurtete*) prät. von *gurten*. — [illegible], aus der Hand.
1644, 2 *von Burgonden lant* ist nicht mit *herre*, sondern mit *Gêrnôt* zu verbinden. — *der herre*, der Fürst.
1645, 1 *Daz selbe hât*, ebenso hat auch Hagen euch seine Dienstbereitwilligkeit entboten. — 3 *bî mir*, durch mich. — 4 [illegible] ist gen.
1646, 3 *geruochent mîner dienste*, sich um meine Dienste kümmern, geruhen sie anzunehmen. — *der* gen. pl.
1647, 2 *ze hûse hân*, beherbergen. — 3 *sehzec recken*: der Genetiv hängt von dem Zahlworte ab.

den ich noch vil selten iht gedienet hân.
nu ritet in engegene, beide mâge unde man.»

1649 Dô ilten zuo den rossen ritter unde kneht. 1589
swaz in gebôt ir herre, daz dûhte s' alle reht: (1689)
dô liezen s' in der dienste zogen deste baz.
noch enwéste es niht vrou Gôtelint, diu in ir kemenâten saz.

1648, 3 *vil selten*, niemals. — *iht*, in irgendwelcher Beziehung.
1649, 3 *liezen s' in zogen*, beeilten sich; *der dienste*, mit den Diensten. — *baz*, mehr.

XXVII. ÂVENTIURE,

WIE SIE ZE BECHELÂREN KÔMEN.

Rüedeger meldet seiner Frau und Tochter die Gäste an. Diese werden auf das freundlichste empfangen. Auf Anregung von Hagen wird Giselher mit Rüedegers Tochter verlobt. Die Gäste [illegible] Morgen bleiben. Beim Abschiede erhalten sie Geschenke: Gunther ein Waffenkleid, Gernot ein Schwert, Hagen einen Schild, den Nudung gehabt hatte, Volker zwölf Armringe. Rüedeger reitet mit [illegible]. [illegible] melden Etzeln das Nahen der Gäste.

1650 Dô gie der marcgrâve, dâ er die vrouwen vant,
sîn wîp mit sîner tohter, unt sagete in zehant
diu vil lieben mære, diu er hete vernomen,
daz in ir frouwen bruoder dar ze hûse solden komen.

1651 »Vil liebiu trûtinne«, sprach dô Rüedegêr,
»ir sult vil wol enpfâhen die edeln künige hêr,
sô sie mit ir gesinde her ze hove gân.
ir sult ouch schône grüezen Hagenen Guntheres man.

1652 Mit in kumet ouch einer, der heizet Dancwart;
der ander heizet Volkêr, an zühten wol bewart.
die sehse sult ir küssen unt diu tohter mîn,
und sult ouch bî den recken in zühten güetlîche sîn.«

1651, 1 [illegible] Frau [illegible] 2 [illegible] freundlich.
1652, 2 [illegible] bewart, [illegible] wohl [illegible] gesammelt.

1653 Daz lobeten dô die vrouwen und wâren sîn bereit. 1593
sie suochten ûz den kisten diu hêrlichen kleit, (1693)
dar inne sie begegene den recken wolden gân.
dâ wart vil michel vlîzen von schœnen frouwen getân.

1654 Gevelschet frouwen varwe vil lützel man dâ vant. 1594
sie truogen ûf ir houbet von golde liehtiu bant
(daz wâren scapel rîche), daz in ir schœne hâr
zefuorten niht die winde: daz ist an den triuwen wâr.

1655 In solhen unmuozen sul wir die vrouwen lân. 1595
hie wart vil michel gâhen über velt getân (1694)
von Rüedegêres vriunden dâ man die fürsten vant.
sie wurden wol enpfangen in des maregrâven lant.

1656 Dô sie der maregrâve zuo z'im komen sach, 1596
Rüedegêr der snelle, wie vrœlich er sprach! (1695)
»sît willekomen, ir herren, und ouch iuwer man.
hie in mînem lande wie gerne ich iuch gesehen hân!«

1657 Dô nigen im die recken mit triuwen âne haz. 1597
daz er in willekomen waere, vil wol erzeigt' er daz. (1696)
besunder gruozte er Hagenen: den het er ê bekant.
sam tet er Volkêren ûzer Búrgónden lant.

1658 Er enpfie ouch Dancwarten. dô sprach der küene degen: 1598
»sît ir uns welt bernochen, wer sol danne pflegen (1697)
des unsern ingesindes, daz wir haben brâht?«
dô sprach der maregrâve: »ir sult haben guote naht.

1653, 3 *begegene* adv., entgegen, gleichbedeutend mit [illegible].
1654, 1 *Gevelschet*, künstlich: durch Schönheitsmittel. — 2 *bant*, goldene Reife. — 3 *scapel*, hier der sogenannte künstliche [illegible]. — 4 *an den triuwen*, aufrichtig, wirklich.
1655, 2 *hie*, im Gegensatz zu den Gemächern der Frauen, also etwa: auf dem Hofe.
1656, 1 *zuo z'im*, auf sich zu. — 4 *hie in mînem lande* darf nicht mit *willekomen* verbunden werden, weil sonst der [illegible] nach heißen würde: *her in mîn lant*; doch kommt zuweilen bei *willekomen* auch *hie* vor.
1657, 2 *erzeigen*, beweisen. — 3 *besunder*, besonders; außer der an alle gerichteten Begrüßung.
1658, 2 *bernochen* mit acc., für jemand sorgen. Gegensatz zwischen uns und dem *ingesinde*.

1659 Und allez iwer gesinde, swaz ir in daz lant
habt mit iu gefueret, ross und gewant,
dem scaffe ich solhe huote, daz sin niht wirt verlorn
daz iu ze scaden bringe gegen einigem sporn.

1660 Spannet ûf, ir knehte, die hutten an daz velt.
swaz ir hie verlieset, des wil ich wesen gelt.
ziehet abe die zoume, diu ros lâzet gân.
daz het iu wirt deheiner dâ vor vil selten getân.

1661 Des vreuten sich die geste. dô daz gescaffet was, 1660
die herren riten dannen. sich leiten in daz gras
uber al die knehte: sie heten guot gemach.
ich wæne in an der verte nie sô sanftê gescach.

1662 Diu edele marcgrâvinne was fur die burc gegân 1661
mit ir vil schœnen tohter. dô sah man bî ir stân
die minneclichen vrouwen und manige scœne meit:
die truogen vil der bouge unde hêrlichiu kleit.

1663 Daz edele gesteine lûhte verre dan 1662
ûz ir vil richen wæte: sie wâren wol getân.
dô kômen ouch die geste und erbéizten sâ zehant.
hei waz man grôzer zuhte an den Búrgónden vant!

1664 Sehs unt drizec mägede unt ander manic wip, 1663
den was wol ze wunsche gescäffen der lip,
die giengen in engegene mit manigem kuenem man.
dâ wart ein scœne grüezen von edelen vrôuwén getân.

1659, 3 *huote*, Behutung. — *wirt verlorn*, zu Grunde geht, umkommt. — 4 *gegen einigem sporn*, im Betrage von einem einzigen Sporn.
1660, 2 *gelt* stm., Bezahlung, Ersatz. — 4 nämlich auf ihrer ganzen bisherigen Reise; vgl. 1661, 4.
1661, 2 *dannen*, vom Felde, auf welchem der Empfang stattfand, in die Burg.
1662, 1 besonders ehrenhaft war es für die Gäste, wenn auch die Frauen ihnen entgegengiengen. Beim Hausherrn war dies das Gewöhnliche.
1663, 3 *kômen*, waren angekommen. — 4 *an*, bei.
1664, 1 *ander manic wîp*, nicht: manches andere Weib, sondern: außerdem manches Weib, Gegensatz *wîp* und *maget*. — 2 *gescaffen*, beschaffen.

1665 Diu junge marcgrâvinne kust' die künige alle drî 1604
(alsam tet ir muoter): dâ stuont ouch Hagene bî. (1704)
ir vater hiez in küssen; dô blihte siu in an:
er dûhte sie sô vorhtlich, daz si'z vil gerne hete lân.

1666 Doch muoste siu dâ leisten daz ir der wirt gebôt. 1605
gemischet wart ir varwe, bléich ünde rôt. (1705)
siu kuste ouch Danewarten, dar nâch den spileman:
durch sînes lîbes ellen wart im daz grüezén getân.

1667 Diu junge marcgrâvinne nám bî der hant 1606
Giselher den recken von Burgonden lant: (1706)
alsam tet ir muoter Gunthér den küenen man.
sie giengen mit den helden vil harte vrœliche dan.

1668 Der wirt gie bî Gêrnôte in einen wîten sal. 1607
ritter unde frouwen gesâzen dâ zetal. (1707)
dô hiez man balde scenken den gesten guoten wîn.
jane dorften nimmer helede baz gehándélet sîn.

1669 Mit lieben ougen blicken wart gesehen an 1608
diu Rüedegêres tohter: diu was sô wol getân. (1708)
jâ trûte s' in den sinnen vil manic ritter guot.
daz konde ouch siu verdienen: siu was vil hôhé gemuot.

1670 Si gedâhten swes sie wolden: des enmoht' ab niht geschehen. 1609
hin ünd her widere wart dâ vil gesehen (1709)

1665, 1 Der Empfang der Gäste durch die junge Markgräfin wird vom Dichter mit eingehenderen Zügen geschildert als der durch die Mutter, und mit Recht, weil die liebliche Gestalt der Tochter das Interesse vorzugsweise in Anspruch nimmt, doch wird der Etikette durch die Worte der Parenthese Genüge gethan. — 3 ihr Vater befahl ihr ihn zu küssen. — 4 *vorhtlich* adj., schrecklich, furchterregend.

1667 Sie gehen paarweise (*gesellet*), bei jedem der drei Könige eines von der Familie des Wirthes. Die drei andern Burgunden werden hier nicht erwähnt, weil zu ihnen niemand von der Familie sich gesellen konnte. Sie sind in 1667, 1 gemeint.

1668, 1 *bî*, neben. — 2 *gesâzen*, setzten sich; *zetal*, nieder. — 4 *handeln*, behandeln, namentlich von Behandlung der Gäste gebraucht.

1669, 1 *lieben*, freundlichen. — 3 *trûte s'*, herzte sie; *in den sinnen*, in Gedanken; vgl. 1670, 1.

1670, 2 die Blicke giengen hin und her, von einer zur andern.

an mägede und an vrouwen: der saz dâ genuoc.
der edele videlære dem wirte holden willen truoc.

1671 Nâch gewonheite sô schieden sie sich dâ,
ritter unde vrouwen die giengen anderswâ.
dô rihte man die tische in dem sale wît.
den unkunden gesten man diende hêrlîche sît.

1672 Durch der geste liebe hin ze tische gie 1611
diu edele marcgrâvinne. ir tohter si dô lie
belîben bî den kinden, dâ si von rehte saz.
die geste ir niht ensâhen: si muote wærlîchen daz.

1673 Dô si getrunken hêten unt gezzen über al, 1612
dô wîste man die schœnen wider in den sal.
gämelîcher sprüche der wart dâ niht verdeit:
der redete vil dâ Volkêr, ein degen küen' unt gemeit.

1674 Dô sprach offenlîchen der edele spileman: 1613
„vil rîcher marcgrâve, got hât an iu getân
vil genædeclîchen, wand' er iu hât gegeben
ein wîp sô rehte schœne, dar zuo ein wunnec-
lîchez leben.

1675 Ob ich ein fürste wære“, sprach der spileman, 1614
„und solde ich tragen krône, ze wîbe wolde
ich hân
die iuwern schœnen tohter: des wünschet mir
der muot.
diu ist minneclîch ze sehene, dar zuo edel unde guot.“

1676 Dô sprach der marcgrâve: „wie möhte daz gesîn,
daz iemer künec gerte der lieben tohter mîn?

1671, 1 Germanische Sitte war es, daß Männer und Frauen gesondert saßen; erst aus Frankreich wurde die Sitte [illegible] Damen, wobei man in bunter Reihe saß, [illegible] 2 [illegible] die Ruhe muß ergänzt werden [illegible]
1672, 1 Um die Gäste besonders zu ehren, erscheint die Wirtin am Tische. [illegible] Jungfrauen.
1673 [illegible] sämmtlich [illegible], für [illegible] hält, von [illegible] Spott, Scherz.
1674, 1 [illegible]
1675 [illegible] Haupt.

wir sîn ellende, ich únd mîn wîp:
waz hilfet grôziu schœne dán der júncvróuwen lîp?

1677 Des antwurte Gêrnôt, der wol gezogene man: 1615
und solde ich triutinne nâch mînem willen hân, (1716)
sô wold' ich solhes wîbes immer wesen vrô.
des antwurte Hagene vil harte güetlîchen dô:

1678 Nu sol mîn herre Gîselher nemen doch ein wîp: 1616
ez ist sô hôher mâge der marcgrâvinne lîp, (1717)
daz wir ir dienden gerne, ich und sîne man,
und solde s' under krône dâ zen Búrgónden gân.

1679 Diu rede Rüedegêren duhte harte guot, 1617
und ouch Gotelinde: jâ freute s' in den muot. (1718)
sît truogen an die helde daz sie ze wîbe nam
Gîselher der edele, als ez wol künege gezam.

1680 Swaz sich sol gefüegen, wer mac daz understên? 1618
man bat die juncvrouwen hin ze hove gên. (1719)
dô swuor man im ze gebene daz wünneclîche wîp.
dô lobte ouch er ze minnen den ir vil minnec-
lîchen lîp.

1681 Man bescie der juncvrouwen bürge unde lant. 1619
des sichert' dâ mit eiden des edelen küniges hant, (1720)
und ouch der herre Gêrnôt, daz wurde daz getân.
dô sprach der marcgrâve: sît ich der bürge
niht enhân,

1682 Sô sol ich iu mit triuwen immer wesen holt. 1620
ich gibe zuo mîner tohter silber unde golt (1721)

1676, 3 *ellende*, in der Fremde; wir haben keine Heimat. — 4 *dan*, demnach, also. — *lîp* acc., nicht dat. für *lîbe*.
1677, 2 *nâch mînem willen*, wie ich mir sie wünschte.
1678, 2 *ist hôher mâge*, ist von hoher Verwandtschaft. — 4 *under krône gân*, Königin werden.
1679, 2 *freute s'*, erfreute sie. — 3 *truogen an*, ordneten an, richteten ein. — *ze wîbe nam*; *wîp* heißt auch die Braut.
1680, 2 *ze hove*, in die Gesellschaft. — 4 *minnen*, heirathen.
1681, 1 *Man*, die burgundischen Könige; als Morgengabe. — 2 *sichert'*, wies an, sicherte zu. — 3 daß das vollzogen werden sollte.
1682, 2 statt des Landbesitzes erhält Rüdegers Tochter Geld als Mitgift.

swaz hundert sóumære meiste mugen getragen.
daz ez des heldes mâgen nâch êren müge wol behagen.

1683 Dô hiez man sîn beide stên an einen rinc 1621
nâch gewonheite. vil manic jungelinc
in vrœlichem muote ir zegagene stuont:
si gedâhten in ir sinnen sô noch die tumben gerne tuont.

1684 Dô man begonde vrâgen die minneclichen meit, 1622
ob sîu den recken wolde, ein teil was ez ir leit, (1758)
unt dâhte doch ze nemene den wætlichen man.
sîu scamte sich der vrâge sô manic magt hât getân.

1685 Ir riet ir vater Rüedegêr daz sîu spræche jâ 1623
unt daz si in gerne næme. vil schiere dô was dâ
mit sînen wîzen handen, der sie umbeslôz,
Gîselher der junge, swie lützil sîn sîn doch genôz.

1686 Dô sprach der marcgrâve: ir edelen künege rîch, 1624
als ir nu wider rîtet (daz ist gewonlich)
heim ze Burgonden, sô gib' ich iu mîn kint,
daz ir sie mit iu füeret. daz gelôbtén sie sint.

1687 Swaz man dâ scalles hôrte, den muosen sie doch lân. 1625
man hiez die juncvrouwen z'ir kemenâten gân, (1761)
und ouch die geste slâfen und ruowen an den tac.
dô berêitte man die spîse: der wirt in guetliche pflac.

1688 Dô sie enbizzen wâren, sie wolden dannen varn 1626
gegen der Hiunen landen. (daz heiz' ich wol bewarn, (1762)

1682, 3 *meiste* adv., am allermeisten, wenn sie tragen soviel sie können.
1683, 1 *stên an einen rinc*, in einen Kreis treten. — 2 *zegagene*, gegenüber.
1684, 2 die Frage war ihr etwas unangenehm, weil sie sich schämte.
1685, 4 wie wenig Nutzen sie auch von ihm, von der Verlobung mit ihm, hatte.
1686, 2 *als*, sobald, wann. — *gewonlich*, gewöhnlich, üblich.
1687, 1 Es war Abend geworden und die gesellige Lust musste ein Ende nehmen. — 4 *spîse*, das Nachtessen; die Hauptmahlzeit fand erst abends statt.
1688, 2 *daz* ... *bewarn*, ich werde dafür sorgen, daß das verhindert wird, nicht geschieht. —

sprach der wirt vil edele: «ir sult noch hie bestân:
wand' ich sô lieber geste selten her gewunnen hân.»

1689 Des antwurte Dancwart: «jane mag es niht gesîn. 1627
wâ næmet ir die spîse, daz brôt und ouch den wîn, (1728)
daz ir sô manigem recken noch hînte müeset hân?»
dô daz der wirt gehôrte, er sprach: «ir sult die rede lân.

1690 Mîne vil lieben herren, ir sult mir niht versagen. 1628
jâ gæbe ich iu die spîse ze vierzéhen tagen, (1729)
mit allem dem gesinde daz mit iu her ist komen:
mir hât der künec Etzel noch vil wênic iht genomen.»

1691 Swie sére sie sich werten, sie muosen dâ bestân 1629
unz an den vierden morgen. dô wart dâ getân (1730)
von des wirtes milte daz verre wart geseit:
er gap den sînen gesten beidiu róss unde kleit.

1692 Ez enkunde niht wern lánger, sie muosen dannen varn. 1630
Rüedgêr der küene konde vil wênic iht gesparn (1731)
von der sînen milte: swes iemen gerte nemen,
daz versaget' er niemen: ez muose in állen gezemen.

1693 Ir edel ingesinde brâhte für daz tor 1631
gesatelet vil der mære. dô kom zuo z'in dâ vor (1732)
vil der vremden recken: sie truogen schilde enhant,
wand' sie wolden rîten in daz Étzélen lant.

1694 Der wirt dô sîne gâbe bôt úber al 1632
ê daz die edelen geste kœmen für den sal. (1733)

1688, 4 *selten her*, niemals bisher; von der Negation hängt der Genetiv *geste* ab.
1689, 3 *hân*, behalten, beherbergen.
1690, 1 *niht versagen*, es nicht abschlagen. — 2 ich konnte euch vierzehn Tage lang beköstigen. — 4 Etzel hat mir noch nichts von dem genommen, was er mir geschenkt hat.
1691, 3 *daz*, dasjenige, was weithin verkündigt wurde.
1692, 1 *wern*, dauern, anstehen: sie durften nicht länger zögern. — 2 *konde*, verstand von seiner Freigebigkeit nichts zu sparen, er war im höchsten Maße freigebig. — 4 *gezemen*, gefallen.
1693, 1 *ingesinde* sind die Knechte, welche die Rosse heranführen. — 2 *in*, den Knechten. — 3 *vremden recken*, der burgundischen Ritter.
1694, 2 *für den sal*, vor den Saal hinaus.

er konde milteclîche mit grôzen êren leben.
die sîne schœnen tohter die het er Gîselher gegeben.

1695 Dô gap er Gunthêre, dem helde lobelîch,
daz wol truoc mit êren der edele künec rîch,
swie selten er gâbe enpfienge, ein wâfenlîch gewant.
dar nâch neic dô Gunther des edelen Rüedegêres hant.

1696 Dô gap er Gêrnôte ein wâfen guot genuoc,
daz er sît in stürmen vil hêrlîchen truoc.
der gâbe im vil wol gunde des marcgrâven wîp:
dâ von der guote Rüedigêr sît muose vliesen den lîp.

1697 Gotlint bôt Hagenen, als ir wol gezam,
ir minneclîche gâbe, sît sie der kunec nam,
daz er âne ir stiure zuo der hôhgezît
von ir varn niht solde: doh widerredet' er ez sît.

1698 „Alles des ich ie gesach", sprach dô Hagene,
„sone gerte ich niht mêre hin ze tragene
niwan jenes schildes dort an jener want:
den wolde ich gerne füeren in daz Etzelen lant."

1699 Dô diu marcgrâvinne Hagenen rede vernam,
ez mande sie ir leide: weinens sie gezam.
dô gedâhte si vil tiure an Nuodunges tôt.
den het erslagen Witege: dâ von sô het si jâmers nôt.

1700 Sin sprach zuo dem degene: „den schilt wil ich iu geben.
daz wolde got von himele, daz er noh solde leben,
der in dâ truoc enhende! der lag in sturme tôt.
den muoz ich immer weinen: des gât mir armem wîbe nôt.

1695, 2 [illegible] mit [illegible] zu verbinden. — [illegible], es gereichte ihm nicht zur Schande, wiewol er ein König war, das Geschenk anzunehmen. — 3 [illegible], Waffenkleidung, Harnisch. — 4 [illegible]
1696, 4 dâ von, durch das Schwert, das er Gernot geschenkt hatte.
1697, 3 stiure stf., Steuer, Beihilfe. — 4 er widersprach dem, er wollte das ihm angebotene Geschenk nicht annehmen. — [illegible] bezieht sich hier wie häufig nicht auf eine entferntere, sondern die nächste Zukunft.
1698, 2 hin, von hinnen. — 3 jenes schildes der Genitiv hängt von dem in mêre liegenden [illegible] ab.
1699, 2 weinens sie gezam, es war natürlich, daß sie weinte. — 3 tiure adv., sehr.
1700, 2 wolde, möchte wollen. — 4 des gât mir nôt, dazu habe ich Ursache.

1701 Diu edele marcgrâvinne von dem sedele gie, 1639
mit ir vil wîzen handen sîn den schilt gevie: (1740)
diu vrouwe truoc in Hagenen, er nam in an die hant.
diu gâbe was mit êren an den recken gewant.

1702 Ein hulft von liehtem pfelle ob sîner varwe lac, 1640
bezzern schilt deheinen belûhte nie der tac, (1741)
von edelem gesteine: swer sîn hete gegert
ze koufen, an der koste was er wol tûsent marke wert.

1703 Den schilt hiez dô Hagene von im tragen dan. 1641
dô begonde Dancwart hin ze hove gân. (1742)
dem gap vil rîchiu kleider des marcgrâven kint.
diu truoc er dâ zen Hiunen vil harte hêrlîche sint.

1704 Allez daz der gâbe von in wart genomen, 1642
in ir deheines hende waer' ir niht bekomen, (1743)
wan durch des wirtes liebe, der'z in sô schône bôt.
sît wurden s' im sô vient daz sie in muosen slahen tôt.

1705 Volkêr der snelle mit sîner videlen dan 1643
gie gezogenlîche für Gotelinde stân. (1744)
er videlte süeze dœne und sanc ir sîniu liet:
dâ mite nam er urloup, dô er von Bechelâren schiet.

1706 Ir hiez diu marcgrâvinne eine lade tragen. 1644
von friuntlîcher gâbe müget ir nu hœren sagen. (1745)
dar ûz nam sie zwelf pouge und spien s' im an
die hant.
»die sult ir hinnen füeren in daz Etzelen lant,

1707 Und sult durh mînen willen sie ze hove tragen, 1645
swenne ir wider wendet, daz man mir müge sagen, (1746)

1701, 2 *gevie*, erfasste. — 3 *truoc*, brachte. — 4 *gewant*, verwendet. *an*, auf.
1702, 1 *hulft* stf., Decke, Hülle (zu *heln* gehörig). — *ob sîner varwe*, über der natürlichen Farbe des Schildes, der von Holz war. — *belûhte* praet. von *belûhten*, bestrahlen. — 3 *von* gehört noch zu *hulft*. — 4 *an der koste*, in Bezug auf den Preis.
1703, 2 wir müssen annehmen, daß Dancwart, in seinem Amte als Marschall, noch draußen mit den Vorkehrungen zur Abreise zu thun gehabt hatte.
1704, 1 *der gâbe* hängt von *daz* ab. — 3 *wan*, wäre es nicht gewesen.
1705, 1 *dan*, von seinem Platze. — 3 *dœne* stn., Melodie. — 4 *dâ mite*, mit diesen Liedern.
1706, 1 *lade*, Lade, Kästchen. — 3 *spien* praet. von *spannen*, aufspannen, aufreihen.
1707, 2 der Satz mit *swenne* gehört in den mit *daz — sagen*.

wie ir mir habet gedienet dâ zer hôhgezit.
des diu vrouwe gerte, vil wol léister daz sit.

1708 Dô sprach der wirt zen gesten: »ir sult dest sanfter varn. 1646
ich wil iuch selbe leiten und heizen wol bewarn (1705)
daz iu ûf der strâze niemen muge geschaden.«
dô wurden sîne soume harte schiere geladen.

1709 Der wirt wart wol bereitet mit fûnf hundert man 1647
mit rossen und mit kleidern. die fuort' er mit im dan (1706)
vil harte frœlichen zuo der hôhgezit:
der einer mit dem lebene kom nie ze Bechelâren sit.

1710 Mit kusse minnecliche der wirt dô dannen schiet: 1648
alsô tet ouch Giselher als im sîn tugent riet. (1707)
mit umbeslozzen armen sie trûten schœniu wip.
daz muose sit beweinen vil maniger juncvrouwen lip.

1711 Dô wurden allenthalben diu venster ûf getân. 1649
der wirt mit sînen mannen zen rossen wolde gân. (1708)
ich wæn' ir herze in sagete diu krefteclichen leit:
dâ weinde manic vrouwe und manic wætlichiu meit.

1712 Nâch ir lieben friunden genuoge heten sêr, 1650
die sie ze Bechelâren gesâhen nimmer mêr. (1709)
doch riten sie mit vreuden nider über sant
zetal bi Tuonouwe unz in daz hiunische lant.

1713 Dô sprach zen Burgonden der ritter vil gemeit, 1651
Ruedegêr der edele: »jâ sulen niht verdeit (1710)
wesen unser mære, daz wir zen Hiunen komen.
im hât der künic Etzel nie sô liebes niht vernomen.«

1707, 3 *gedienet*, im höfischen Sinne: im Dienste einer Frau Thaten vollbringen.

1708, 1 *dest*, desto: ihr habt um so weniger Ursache, euch Unruhe wegen der Fahrt zu machen, als ich euch Geleit geben will. — 4 *soum* stm., Saumthier.

1709, 4 von denen kein einziger lebend nach Bechelaren (zurück) kam.

1710, 3 *unbeslozzen* statt *umbeslozzenen*, die Arme um sie geschlungen. — *sie*, Rüdiger und Giselher.

1711, 3 *kreftec-lichen*, großen.

1712, 1 *sêr*, schmerzliche Sehnsucht. — *genuoge*, viele der Abreisenden. Trotzdem (*doch*) ritten sie fröhlich.

1713, 1 *in* mit *liebes* zu verbinden: nichts was ihm so lieb wäre.

1714 Zetal durch Ôsterriche der bote balde reit: 1652
den liuten allenthalben wart daz wol geseit, (1753)
daz die helde kœmen von Wormez über Rîn.
des küneges ingesinde kond' éz niht liebér gesîn.

1715 Die boten für strîchen mit den mæren 1653
daz die Nibelunge zen Hiunen wæren. (1754)
«du solt sie wol enpfâhen, Kriemhilt, vrouwe mîn:
dir koment nâch grôzen êren die lieben brúodére dîn.»

1716 Kríemhílt die vrouwe in ein venster stuont: 1654
siu warte nâch den mâgen, sô friunt nâch friunden tuont.
von ir vater lande sach siu manigen man;
der künic vriesc oúch diu mære: vor liebe er láchén began.

1717 «Nu wol mich mîner vreuden», sprách Kríemhílt. 1655
«hie bringent mîne mâge vil manigen niuwen schilt
und halsperge wîze: swer nemen welle golt,
der gedénke mîner leide, und wil im immer wesen holt.»

1714, 1 *der bote*, den Rudiger voraussendet, um ihre Ankunft zu melden. — 3 *über Rîn*, jenseit des Rheines.
1715, 1 *für*, voraus. — *strîchen* intr., hauptsächlich von den Boten gebraucht: eilen. — 2 *zen Hiunen*, im Heunenlande. — 4 *bruodere*, die ursprüngliche Form, gewöhnlich *bruoder*, *brueder*.
1716, 2 *warte*, schaute aus. — 4 *vor liebe*, vor Freude.
1717, 3. 4 wer Gold (von mir) nehmen will, der erinnere sich an mein Leid, helfe es mir rächen, und ich will ihm immer hold sein, ihm reichlich Gold geben.

XXVIII. ÂVENTIURE.

WIE DIE BURGONDEN ZE ETZELN BÜRGE KÔMEN.

Dietrich von Bern mit seinen Mannen reitet den Gästen entgegen und warnt dieselben, indem er sie erinnert, daß Kriemhild noch immer Siegfried's Tod beweine. Sie kommen an den Hof, wo namentlich Hagen die Aufmerksamkeit auf sich zieht. Kriemhild empfängt die Gäste, küsst aber nur Giselhern. Sie fragt, ob man ihr den Nibelungenhort mitgebracht habe. Die Gäste sollen ihre Waffen abgeben, aber Hagen verweigert es. Dietrich bekennt, er habe die Recken gewarnt. Etzel erkundigt sich, als er Hagen sieht, wer er sei, und erinnert sich an dessen früheren Aufenthalt an seinem Hofe.

1718 Dô die Burgonden kômen in daz lant,
dô gevriesch ez von Berne der alte Hildebrant.
er sagte'z sîme herren. ez was im harte leit:
er bat in wol enpfâhen die ritter küene und gemeit.

1719 Wolfhart der snelle hiez bringen diu marc.
dô reit mit Dietrîche vil manic degen starc,
dâ er sie enpfâhen wolde, zuo z'in an daz velt.
dâ heten s' ûf gebunden vil manic hêrlîch gezelt.

1720 Dô sie von Tronege Hagene verriste sach,
zuo den sînen herren gezogenlîch er sprach:
„nu sult ir snellen recken von dem sedele stân,
und gêt in hin engegene, die iuch hie wellent enpfân.

1718, 3 sîme herren, Dietrich. — leit, weil er Kriemhildens Gesinnung kannte.
1719, 3 zuo z'in, auf sie zu, ihnen entgegen. — 4 [illegible], auf die Rosse gebunden.
1720, 1 verriste adv., ganz in der Ferne. — 3 [illegible]; hier ist der Sattel gemeint, der auch wohl als ein Sitz bezeichnet werden kann, also vom Pferde absteigen.

1721 Dort kúmet her éin gesinde, daz ist mir wol bekant. 1659
ez sint vil snelle degene von Amelunge lant. (1761)
die füeret der von Berne: sie sint vil hôhgemuot.
ir sult iz niht versmâhen swaz man iu díenéste tuot.»

1722 Dô stuonden von den rossen (daz was michel reht) 1660
neben Dietriche manic rítter unde kneht. (1762)
sie giengen zuo den gesten dâ man die helede vant:
sie gruozten minnecliche die von Burgonden lant.

1723 Dô sie der herre Dietrich gegen im komen sach, 1661
hie müget ir hœren gerne, waz der degen sprach (1763)
zuo den Uoten kinden. ir reise was im leit:
er wânde ez weste Rüedegêr, daz er'z in hêté geseit.

1724 «Sît willekomen, ir herren, Gunthér und Giselhér, 1662
Gêrnôt unde Hagene: sam si Volkêr (1764)
unt Dancwart der snelle. ist iu daz niht bekant?
Kriemhilt noh sêre weinet den helt von Nibelunge lant.»

1725 «Sin mac vil lange weinen», sprach dô Hagene: 1663
«er lit vor manigem jâre ze tôde erslagene. (1765)
den künec von den Hiunen sol sin holden haben:
Sifrit kumet niht widere, er ist nu lángé begraben.»

1726 «Die Sifrides wunden lâzen wir nu stên: 1664
sol leben diu vrouwe Kriemhilt, noch mac schade ergên. (1766)
sô redete von Berne der herre Dietrich.
«trôst der Nibelunge, dâ vor behüeté du dich.

1721, 4 wenn man euch eine Aufmerksamkeit (von solcher Seite) erweist.

1723, 4 er glaubte, daß Rüdiger mit den Verhältnissen an Etzel's Hofe, namentlich in Bezug auf Kriemhild, bekannt wäre und die Gäste davon unterrichtet hätte. Sie hätten dann umkehren sollen; aus ihrem Kommen schließt er (1724, 4), daß sie nichts wissen.

1725, 2 *erslagene* flectierte Form; gewöhnlicher wäre die starke Form *erslagener*. — 3 *holden haben*, lieben.

1726, 1 *wunden*, Tod. — *stên*, auf sich beruhen. — 2 er kommt auf seine Warnung zurück.

1727 «Wie sol ich mich behüeten?» sprach der künic hêr. 1665
«Etzel uns boten sande (wes sol ich vrâgen mêr?), 1725
daz wir zuo z'im solden rîten her in daz lant:
ouch hât uns manigiu mære mîn swester Kriemhilt gesant.»

1728 «Ich kan iu wol gerâten», sprach aber Hagene. 1666
«nu bitet iu diu mære baz ze sagene 1726
den herren Dietrîchen unt sîne helde guot,
daz sie iuch lâzen wizzen der vrouwen Kriemhilde muot.»

1729 Dô giengen sundersprâchen die drî künege rîch, 1667
Gunther und Gêrnôt und ouch her Dietrîch. 1727
«nu sage uns, von Berne vil edel ritter guot,
wie dir sî gewizzen umb' der küneginne muot.»

1730 Dô sprach der voget von Berne: «waz sol i'u mêre sagen? 1668
ich hœre alle morgen weinen unde klagen 1728
mit jâmerlîchen sinnen daz Etzelen wîp
dem rîchen gote von himele des starken Sîfrides lîp.»

1731 «Ez ist et unerwendet», sprach der küene man, 1669
Volkêr der videlære, «daz wir vernomen hân. 1729
wir suln ze hove rîten und suln lâzen sehen
waz uns snellen degenen müge zen Hiunen geschehen.»

1732 Die küenen Burgonden hin ze hove riten: 1670
sie kômen hêrlîche nâch ir landes siten. 1730
dô wundert' dâ zen Hiunen vil manegen küenen man
umb' Hagenen von Tronege, wie der wære getân.

1727, 1 *Wie*, hier nicht: auf welche Weise, sondern: inwiefern hatte ich Ursache mich zu hüten, da ja sowohl Etzel als Kriemhilt uns so freundlich einluden. Warum soll ich [illegible] weiter erkundigen?
1729, 1 *sundersprâchen*, sich heimlich besprechen. — 4 *wie dir sî gewizzen*, wie es dir bekannt ist; *umb'*, in Bezug auf.
1730, 1 *waz i'u mêre*, als ich schon gesagt habe (1724). — 3 *mit jâmerlîchen sinnen*, in jammernder Weise.
1731, 1 *et*, doch nun einmal. — *unerwendet*, unabwendbar. — 2 *daz*, was, nämlich die uns drohende Gefahr. Jetzt ist es zu spät umzukehren.
1732, 3 *wundert'*, sie waren neugierig. — 4 *wie der wære getân*, wie er wohl aussähe.

1733 Durch daz man sagete mære (des was im genuoc) 1671 (1773)
daz er von Niderlanden Sîfrîden sluoc.
sterkest aller recken, den Kriemhilde man.
des wart michel vrâgen ze hove nâh Hagenen getân.

1734 Der helt was wol gewahsen, dáz ist álwár: 1672 (1774)
grôz was er zen brusten. gemischet was sîn hâr
mit einer grîsen varwe. diu bein im wâren lanc,
und eislich sîn gesihene. er hete hérlichen ganc.

1735 Dô hiez man herbergen die Burgonden man. 1673 (1775)
Gúnthérs gesinde wart gesundert dan.
daz riet diu küniginne diu im vil hazzes truoc.
dâ von man sît die knehte an der herberge sluoc.

1736 Danewart Hagenen bruoder der was marscalch. 1674 (1776)
der künec im sîn gesinde vlîzeclich bevalch,
daz er ir wol pflæge und in gébé genuoc.
der helt von Burgonden in allen guoten willen truoc.

1737 Kriemhilt diu schœne mit ir gesinde gie 1675 (1777)
dâ sin die Nibelunge mit valschem muote enpfie.
sin kuste Gîselhêren und nam in bi der hant.
daz sah von Tronege Hagene: den helm er vástér gebant.

1738 «Nâh sus getânem gruoze», spräch Hágene, 1676 (1778)
«mügen sich verdenken snelle degene:
man grüezet sunderlingen die künge und ir man.
wir haben niht guoter reise zuo dirre hôhgezit getân.»

1733, 1 *Durch daz*, weil. — *im*, für ihn; um diese Neugier zu erwecken. 3 *sterkest* sw. Form des Neutrum: das Stärkste unter allen Recken. — 4 *ze hove*, bei Hofe.
1734, 2 *grôz*, stark. — *zen brusten*, an der Brust. — 3 *grîs*, grau. — 4 *gesihene* stn., Blick.
1735, 1 *man* sind die Ritter, von denen abgesondert die Knechte untergebracht werden. — 3 *riet*, veranstaltete. — 4 *dâ von*, infolge dessen.
1736, 2 *vlîzeclich* adv., angelegentlich. — 4 *der helt*, Danewart.
1737, 4 *vaster* adv., fester. Er zog das Band des Helmes fester an, um die Bereitschaft zum Kampfe auszudrücken.
1738, 1 *sus getân*, so beschaffen. — 2 *verdenken* reflexiv, sich bedenken, sich vorsehen. — 3 *sunderlingen*, abgesondert, verschieden.

1739 Sîn sprach: "nu sît willekomen swer iuch gerne siht. 1677
durch iuwer selbes friuntschaft grüez' ich iuch niht. 1798
saget waz ir mir bringet von Wormez über Rîn,
dar umbe ir mir sô grôze soldet willekomen sîn."

1740 "Het ich gewest diu mære", sprach dô Hagene, 1678
"daz iu gâbe solden bringen degene, 1799
ich wære wol sô rîche, het ich mich baz verdâht,
daz ich iu mîne gâbe her ze lande hete brâht."

1741 "Nu sult ir mich der mære mêre wizzen lân: 1679
hort der Nibelunge, war habet ir den getân? 1800
der was doch mîn eigen, daz ist iu wol bekant:
den solt ir mir gefüeret hân in Etzelen lant."

1742 "Entriuwen, mîn vrou Kriemhilt, des ist vil manec tac, 1680
deich hort der Nibelunge niht mêr gepflac. 1801
den hiezen mîne herren senken in den Rîn:
dâ muoz er wærlîche unz an daz jungeste sîn."

1743 Dô sprach diu küneginne: "ich hân's ouch gedâht. 1681
ir habet mir's noch vil wênic her ze lande brâht, 1802
swie'r mîn eigen wære und ich sîn wîlen pflac.
des hân ich alle zîte vil manigen trûrigen tac."

1744 "Ich bringe iu den tiuvel", sprach aber Hagene. 1682
"ich hân an mînem schilde sô vil ze tragene 1803
und an mîner brünne: mîn helm der ist lieht,
daz swert an mîner hende, des enbringe ich iu niht."

1739, 1 [illegible] diejenigen der [illegible] 2 ich [illegible] wegen eurer Freundschaft, auch habt ihr [illegible] dass ich euch willkommen heissen [illegible]
1740, 1 gewest part. von [illegible], in schwacher Form.
1741, 1 [illegible], hattet ihr selbst.
1742, 1 [illegible] im Wahrheit [illegible] manchen Tag her. — 2 [illegible] Accusativ. [illegible] der jüngste Tag.
1743, 2 [illegible] mir davon, von dem Horte [illegible]
1744, 1 [illegible] Worte [illegible] Kriemhilt [illegible] Waffen [illegible] Sitte war.

1745 Dô sprach diu küneginne zen recken über al: 1683
«man sol deheinin wâfen tragen in den sal. (1786)
ir helde, ir sult mir s' ûf gében: ich wil s' behalten lân.»
«entriuwen», sprach dô Hagene, «daz wirdet nimmér getân.

1746 Jane ger ich niht der êren, fürsten wine milt, 1684
daz ir zen herbergen trüeget mînen schilt (1787)
und ander mîn gewæfen: ir sît ein künegin.
daz enlêrte mich mîn vater niht: ich wil sélbe kameraere sîn.»

1747 «Owê mîner leide», sprach dô Kriemhilt. 1685
«war umbe wil mîn bruoder und Hagene sînen schilt (1788)
niht lâzén behalten? sie sint gewarnôt.
und wesse ich wer iz tæte, ich riete im immer sînen tôt.»

1748 Des ántwurtè mit zorne der herre Dietrich: 1686
«ich pin'z der hât gewarnet die edelen fürsten rîch, (1789)
und Hagenen den küenen, den Burgonden man.
nu zuo, vâlandinne, du solt mih's niht geniezen lân.»

1749 Des schamte sich vil sêre daz Étzélen wîp: 1687
siu vorhte bitterlîchen den Dietriches lîp. (1790)
dô gie siu von in balde, daz siu niht ensprach,
wan daz siu swinde blicke an ir vîande sach.

1750 Behenden sich dô viengen zwêne degene: 1688
daz eine was her Dietrich, daz ander Hagene. (1791)

1745, 3 *ûf geben*, aufgeben, übergeben.
1746, 2 *trüeget*, solltet tragen. — 4 *kameraere*: die Kammerer nehmen sonst den Gästen die Waffen ab und heben sie auf.
1747, 2 *mîn bruoder*, Gunther. Hagen spricht für diesen und die andern, denn auch die übrigen behalten ihre Waffen. — 3 *gewarnôt* alterthümliche Flexion (ahd. *warnôt*), gewarnt. — 4 [illegible], getan hat.
1748, 4 *vâlandinne*, Teufelin. — [illegible] stehen.
1749, 2 *bitterlîchen*, sehr. — 3 [illegible] — 4 [illegible], mit furchtbaren Blicken auf ihn.

dô sprach gezogenlichen der recke vil gemeit.
„daz iuwer komen zen Hiunen daz ist mir wærliche leit."

1751 Durch daz diu küneginne alsô gesprochen hât,
dô sprach von Tronege Hagene: „des wirt wol allez rât."
sus redeten mit ein ander die zwêne küene man.
daz sach der künec Etzel: dar umbe er vrâgen began.

1752 „Diu mære ich weste gerne", sprach der künec rich,
„wer jener recke wære, den dort her Dietrich
sô friuntlich enpfâhet. er treit vil hôhen muot:
swer sîn vater wære, er mac wol sîn ein helet guot."

1753 Des antwurte'm künege ein Kriemhilde man:
„er ist geborn von Tronege, sîn vater hiez Aldriân.
swie blîd' er hie gebâre, er ist ein grimmer man.
ich lâze iuch daz schouwen, daz ich gelogen niene hân."

1754 „Wie sol ich daz erkennen daz er sô grimmec ist?"
dannoch er niht enwiste vil manigen argen list,
den sît diu küneginne an ir mâgen begie,
daz siu ir mit dem lebene deheinen von den Hiunen lie.

1755 „Wol erkande ich Aldriânen: dér wás mîn man.
lop und michel êre er hie bî mir gewan.
ich machet' in ze ritter und gap im mîn golt.
Helche, diu getriuwe, was im inneclichen holt.

1756 Dâ von ich wol erkenne allez Hagenen sint.
ez wurden mîne gisel zwei wætlichiu kint.

1751, 2 *des — r[illegible]*, das wird sich schon finden. Er hat [illegible] keine Furcht, wenn er auch den A[illegible]gang kennt.
1752, 4 *swer — wære*, wer auch sein Vater gewesen [illegible].
1753, 1 *[illegible] antwurte dem*, — [illegible] einer der Mannen, die mit Kriemhilde gekommen waren [illegible] Kriemhildens Mannen kennen die Gesinnung derselben [illegible] Hunnen auf den bevorstehenden Kampf.
1754, 2 *[illegible]*, damals noch. — 4 [illegible], forthin.
1756, 1 *Dâ [illegible]*, infolge dessen. — [illegible], was später folgt, [illegible] ganz, durchaus. —

er und von Spâne Walther: die wuohsen hie ze man.
Hagenen sande ich widere: Walthér mit Hilte-
gunde entran.»

1757 Er gedâhte langer mære, diu wâren ê geschehen. 1695
sînen friunt von Tronege den het er reht' ersehen, (1798)
der im in sîner jugende vil starken dienest bôt.
sît frumt' er im in alter vil manigen lieben vriwent tôt.

1756, 4 *widere* adv., zurück.
1757, 1 *langer mære*, Geschichten, die sich vor langer Zeit zugetragen hatten. — 2 *ersehen*, erkannt. — 4 *frumt' er tôt*, machte er todt, tödtete.

XXIX. ÂVENTIURE,

WIE ER NIHT GÊN IR ÛF STUONT.

Hagen und Volker setzen sich, während die Könige noch auf dem Hofe stehen, auf eine Bank dem Saal gegenüber. Kriemhild sieht sie und geht mit gewaffneter Schar zu ihnen. Hagen fragt Volkern, ob er ihm beistehen wolle, und dieser verspricht es. Volker räth, vor Kriemhild aufzustehen, aber Hagen verweigert es. Er legt Siegfried's Schwert vor sich hin, bei dessen Anblick Kriemhild weint. Auch gesteht er zu, daß er Siegfrieden erschlagen habe. Die Heunen fürchten sich mit den beiden zu kämpfen, die sich zu den Königen zurückbegeben und mit ihnen in den Palast gehen, wo Etzel sie freundlich empfängt: das war am Abend vor Sonnenwende. Man geht zu Tische.

1758 Dô schieden sich die zwêne recken lobelich, 1696
Hagene von Tronege, unt ouch her Dietrich. (1799)
dô blihte über ahsel der Guntheres man
nâch einem hergesellen, den er vil schiere gewan.

1759 Dô sah er Volkêren bî Gîselhere stên: 1697
den spæhen videlære den bat er mit im gên, (1800)
wand' er vil wol erkande sînen grimmen muot.
er was an allen dingen ein ritter küene unde guot.

1760 Noch liezen sie die herren ûf dem hove stên, 1698
niwan sie zwêne aleine sach man dannen gên (1801)
über den hof vil verre für einen palas wît.
die ûz erwelten degene vorhten niemannes nît.

1758, 4 *nâch*, das Streben, Verlangen bezeichnend.
1759, 2 *spæhe*, kunstreich, klug. — 4 *an allen dingen*, in jeder Beziehung.
1760, 1 *si*, man. — 2 *sie*, Volker und Hagen.

1761 Si gesâzen vor dem hûse gegen eime sal, 1699
der was Kriemhilde, ûf eine banc zetal. (1802)
dô lûhte in vor ir libe ir hêrlich gewant.
genuoge die sie sâhen sie heten gérné bekant.

1762 Alsam tier diu wilden wurdèn gekapfet an 1700
die übermüeten helde von den Hiunen man. (1803)
do ersâh sie durch ein venster daz Etzelen wîp:
des wart aber betrüebet der schœnen Kriemhilde lip.

1763 Ez mande sie ir leide: weinen siu began. 1701
des hete michel wunder die Etzelen man, (1804)
waz ir sô schiere ertrüebet hété den muot.
siu sprach: «daz hât Hagene, ir helde küene unde guot.»

1764 Sie sprâchen zuo der vrouwen: «wie ist daz geschehen? 1702
wand' wir iuch niuweliche haben vrô gesehen. (1805)
nie niemen wart sô küene, der'z iu hât getân,
heizet ir'z uns rechen, ez sol im an sîn leben gân.»

1765 «Daz wolde ich immer dienen, swer ræche miniu leit: 1703
alles des er gerte, des wær' ich im bereit. (1806)
ich bint' mich iu ze füezen», sprach des künges wip:
«rechet mich an Hagenen, daz er vlíesé den lip.»

1766 Dô garten sich vil balde sehzec küener man: 1704
durch Kriemhilde willen sie wolden hine gân (1807)
und wolden slahen Hagenen, den vil küenen man,
und ouch den videlære. daz wart mit râté getân.

1761, 1 *gegen*, gegenüber. — 4 hätten gerne gewusst wer sie wären.
1763, 3 *ertrüeben*, trübe, traurig machen. — 4 *hât*, hat gethan: nämlich *ertrüebet*.
1764, 2 *niuweliche* adv., kürzlich; *wand' wir haben*, wir haben ja doch. — 3 *nie niemen*: die doppelte Negation verstärkt; *wart*, wurde geboren. — *ez*, das weswegen ihr betrübt seid.
1765, 1 *swer*, wenn irgend jemand. — 3 ich lege mich bittend euch zu Füßen.
1766, 1 *garten* = *garweten* prat. von *garwen*, bereiten, rüsten (zu *gar*). — 3 *slahen*, erschlagen. — 4 *mit râte*, in verrätherischer Weise, indem sie ihnen nicht widersagt hatten.

1767 Dô diu küneginne ir sear sô kleine sach, 1705
in eime grimmem muote si zuo den helden sprach
«des ir dâ habet gedingen, des sult ir abe gân.
jane durfet ir sô ringe nimmer Hagenen bestân.

1768 Swie starc unt swie küene von Tronege Hagene sî, 1706
noch ist verre sterker, der im dâ sitzet bî,
Volkêr der videlære: der ist ein übel man.
jane sult ir die helde niht sô lîhte bestân.»

1769 Dô sie daz gehôrten, dô garte sich ir mêr. 1707
vier hundert sneller recken. diu küneginne hêr
was des vil genœte daz siu in tæte leit.
dâ von wart sît den degenen vil michel sorge bereit.

1770 Dô siu vil wol gewâfent ir gesinde sach, 1708
zuo den snellen recken diu küneginne sprach:
«nu bîtet eine wîle: jâ sult ir stille stân.
ich wil under krône zuo mînen vîanden gân.

1771 Und hœret itewîze, waz mir hât getân 1709
Hagene von Tronege, der Guntheres man.
ich weiz in sô übermüeten daz er mir lougent niht.
sô ist ouch mir unmære swaz im dar úmbe geschiht.

1772 Dô sach der videlære, ein küene spileman, 1710
die edelen küneginne ab einer stiegen gân
nider abeme hûse. als er daz gesach,
Volkêr der vil küene zuo sîme hergesellen sprach:

1773 «Nu schouwet, vriunt Hagene, wâ siu dort here gât 1711
diu uns âne triuwe in'z lant geladet hât.

1767, 1 *ringe*, geringe: in so geringer Anzahl.
1768, 3 *übel*, böse, schlimm. — 4 *lîhte*, dasselbe was *ringe* in der vorhergehenden Strophe.
1769, 3 *genœte* adj., eifrig bedacht, mit gen. — 4 *den degenen*, den burgundischen Helden.
1770, 1 *under krône*, mit der Krone auf dem Haupte.
1771, 1 *itewîze* stm., Vorwurf: hört was ich ihm vorwerfen werde. — 3 [illegible] vor mir, mir gegenüber. — 4 *sô*, ein Gegensatz: auf der andern Seite.
1772, 1 *videlære* und *spileman* scheint ein Pleonasmus, nur erklärlich dadurch, daß *der videlære*, *Volkêr der videlære* stehende epische Formel geworden. — 3 *abeme* = *ab deme*, herab von dem.

in' gesách mit künges wîbe nie sô manegen man,
die swert enhende trüegen, alsô stritlîchen gân.

1774 Wizzet ir, friunt Hagene, ob sie iu sîn gehaz? 1712
sô wil ich iu daz râten, ir hüetet deste baz (1815)
des lîbes unt der êren. jâ dunket ez mich guot.
als ich mich versinne, sie sint vil zórnéc gemuot.

1775 Und sint ouch sümelîche zen brusten alsô wît, 1713
swer sîn selbes hüete, der tuo daz enzît. (1816)
ich wæne sie die liehten brünne drunder tragen:
wen sie dâ mite meinen, daz kan ich níemén gesagen.»

1776 Dô sprach in zornes muote Hagène der küene man: 1714
«ich weiz wol daz iz allez ist ûf mich getân, (1817)
daz sie diu liehten wâfen tragent an der hant.
vor den möht' ich geriten noh in der Búrgónden lant.

1777 Nu saget mir, vriunt Volkêr, ob ir mir welt gestân. 1715
ob mit mir wellent striten die Kriemhilde man? (1818)
daz lâzet ir mich hœren, als lieb als ich iu sî.
ich won iu immer mêre mit triuwen dienstlîchen bî.»

1778 «Ich hilfe iu sicherlîchen», sprach der spileman. 1716
«ob ich uns hie engegene sæhe en künec gân (1819)
mit allen sînen recken, die wîle ich leben muoz,
sô entwîche ich iu durh vorhte ûz helfe nimmer einen fuoz.»

1779 «Nu lône iu got von himele, vil edel Volkêr. 1717
ob sie mit mir striten, wes bedárf ich danne mêr? (1820)

1773, 4 *stritlîchen* adv., streitgerüstet, streitbar.
1774, 1 *sîn*, vielleicht sind. — 2 *baz*, mehr. — 4 *als ich mich versinne*, soviel ich bemerken kann.
1775, 2 *hüete*, acht haben will, sich in acht nehmen will. — *enzît*, in Zeiten. — 3 *drunder* gemeint ist: unter den Kleidern. Volker schließt dies aus der Breite ihrer Brust. — 4 auf wen sie es damit (mit dem Anlegen von Panzern) abgesehen haben, das weiß ich nicht.
1776, 2 *ûf mich*, gegen mich, um mich zu verderben. — 4 diese möchten mich kaum an der Rückkehr verhindern.
1777, 2 *ob*, wenn. — 4 *ich won iu bî*, ich bin euch zur Seite. — *immer mêre*, immer fortan.
1778, 3 so lange es mir bestimmt ist zu leben. — 4 *iu*, von euch. — *ûz helfe*, aus der Hilfe, gewissermaßen heraustretend.

sit ir mir helfen wellet, als ich hân vernomen,
sô sulen dise recken vil gewarlîchen komen.

1780 «Nu stê wir von dem sedele», sprach der spileman, 1718
«siu ist ein küneginne: und lât sie für gân. (1820)
bieten ir die êre: siu ist ein edel wîp.
dâ mite ist ouch getiuret unser iewéders lîp.»

1781 «Nein durch mîne liebe», sprâch Hâgene. 1719
«sô wolden sich versinnen dise degene (1821)
daz ih'z durch vorhte tæte, und solde ich hine gên.
ich enwil durch ir deheinen nimmer von dem sedele stên.

1782 Jâ zimet ez uns beiden zewâre lâzen baz. 1720
zwiu solde ich dén êren, der mir ist gehaz? (1822)
daz engetuon ich nimmer, die wîle ich hân den lîp.
ouch enruoche ich waz mich nîdet des kunec Etzelen wîp.»

1783 Der übermüete Hagene leit' über sîniu bein 1721
ein vil liehtez wâfen, ûz des knopfe scein (1824)
ein vil liehter jaspes grüener danne ein gras.
wol erkande'z Kriemhilt, daz ez Sîfrides was.

1784 Dô siu daz swert erkande, dô gie ir trûrens nôt. 1722
sîn gehilze daz was guldîn, diu scheide ein porte rôt. (1825)
ez mande sie ir leide: weinen siu began.
ich wæne ez hete dar umbe der küene Hagene getân.

1785 Volkêr der küene zôh nâher ûf der banc 1723
einen videlbogen starken, michel unde lanc, (1826)

1779, 1 *sô* mögen sie immerhin gewaffnet kommen, sollen sie nur herankommen

1780, 1 *stê wir* (*stê* für *stên*), wollen wir aufstehen. — *sedel*, gemeint ist die *banc* (1761, 2). — 2 *fur gân*, vorbeigehen: wir wollen so lange stehen, bis sie vorbei ist. — 3 *bieten*, wir wollen bieten. — 4 *iewéder*, was *ietweder*, jeder von beiden.

1781, 2 *sich versinnen*, bei sich denken. — 3 *und — gên*, wenn ich von meinem Platze fortgehen würde.

1782, 4 *nîden* stv., hassen.

1783, 2 *knopf*, der Knauf des Schwertes. — *scein*, leuchtete. — 4 *ez*, das Schwert.

1784, 2 *gehilze* stn., Griff am Schwerte. — *rôt*, nämlich von Golde.

1785, 1 *nâher*, näher an sich heran. —

gelich eime swerte, vil scarpf unde breit.
dô sâzen unervorhten die zwêne degene gemeit.

1786 Nu dûhten sich sô hêre die zwêne küene man 1724
daz sie niht enwolden von dem sedele stân (1827)
durch níemánnes vorhte. des gie in an den fuoz
diu edele küneginne und bôt in vîntlichen gruoz.

1787 Siu sprach: «nu saget mir, Hagene, wer hât nâh in gesant, 1725
daz ir getorstet rîten her in ditze lant, (1828)
und ir daz wol erkandet waz ir mir habet getân?
hetet ir guote sinne, ir solt ez pilliche lân.»

1788 «Nâch mir ensande niemen», sprach dô Hagene. 1726
«man ladete her ze lande drîe degene: (1829)
die heizent mîne herren, sô bin ich ir man.
deheiner hovereise bin ich sélden hinder in bestân.»

1789 Siu sprach: «nu saget mir mêre, zwiu tâtét ir daz, 1727
daz ir daz habet verdienet, daz ich iu bin gehaz? (1830)
ir sluoget Sifriden, den mînen lieben man:
des ich unz an mîn ende immer gnuoc ze weinen hân.»

1790 Er sprach: «waz sol des mêre? der rede ist nu genuoc. 1728
ich pin'z et aber Hagene, der Sifriden sluoc, (1831)
den helt ze sînen handen. wie sêre er des engalt
daz diu vrouwe Kriemhilt die schœnen Prünhilde scalt!

1791 Ez ist et âne lougen, küneginne rîch, 1729
ich hân es alles sculde, des schaden scedelich. (1832)

1785, 3 *gelich*, in Gestalt von. Sein Schwert wird hier und anderwarts bildlich als Fiedelbogen bezeichnet, im Zusammenhange mit Volker's Beinamen. — 4 *unervorhten* adj. (eigentlich starkes Part.), furchtlos.
1786, 3 *an den fuoz*, dicht an sie heran.
1787, 3 *und*, in causalem Sinne: da. — 4 *guote sinne*, rechten Verstand. — *solt* = *soldet*, ihr hattet sollen.
1788, 4 *hinder einem bestân*, hinter einem zurückbleiben: mit gen. in Bezug auf etwas. Ich habe jede ihrer Hofreisen mitgemacht.
1789, 2 *verdienet*, euch zugezogen. — 4 *des*, worüber, weswegen.
1790, 2 *ich pin'z et aber Hagene*, ich bin eben wieder Hagen, bin derselbe Hagen. — 4 *scalt*, beleidigte.

un reche'z swer der welle, ez sî wîp oder man.
ih'n wolde in danne liegen, ich hân in leides vil getân.»

1792 Sîn sprach: «nu hœrt, ir recken, wa er mir lougent niht 1730
aller mîner leide. swaz im dâ von gesciht, (1853)
daz ist mir vil unmære, ir Etzelen man.»
die übermüeten degene ein ander sâhen sie an.

1793 Swer den strît dâ huebe, sô wære dâ geschehen 1731
daz man den zwein gesellen der êren muese jehen, (1854)
wan si'z in stürmen hêten vil dicke wol getân.
des sich jene vermâzen, durch vorhte muosen sie daz lân.

1794 Dô sprach ein der recken: «wes sehet ir mich an? 1732
daz ich ê dâ lobete, des wil ich abe gân, (1855)
durch niemannes gâbe verliesen mînen lîp.
jâ wil uns verleiten des künec Etzelen wîp.»

1795 Dô sprach dâ bî ein ander: «des selben hân ich muot. 1733
der mir gæbe türne von rôtem golde guot, (1856)
disen videlære wolde ich niht bestân,
durh sîne swinde blicke, die ich an im gesehen hân.

1796 Ouch erkenne ich Hagenen von sînen jungen tagen: 1734
des mac man von dem recken lihte mir gesagen. (1857)
in zwein und zweinzec stürmen hân ich in gesehen,
dâ vil maniger vrouwen ist herzenleide geschehen.

1797 Er unt der von Spâne trâten manigen stic, 1735
dô sie hie bî Etzeln vâhten manigen wîc (1858)

1791, 3 *der* geschwächt aus *dar*, zur Verstärkung des relativen *swer*. — 4 es müsste denn sein, daß ich euch gegenüber lügen wollte.

1792, 1 *wa er*, wie er hier. — *lougent niht*, zugesteht. — 2 *miner leide*, die Leiden, die ich durch ihn habe.

1793, 1 *Swer — huebe*, wenn jemand — erhoben, begonnen hätte, so wären solche Thaten da geschehen. — 3 *ez wol tuon*, tapfer kämpfen. — 4 *jene*, die *degene* (1792, 4).

1794, 1 *ir*: zu den andern Degen (1792, 4); *wes*, warum. — 4 *verleiten*, ins Verderben führen.

1795, 1 *dâ bî*, daneben. — 2 *der*, wenn einer

1796, 2 darum braucht man mir von dem Recken (und seiner Tapferkeit) nicht viel zu sagen.

1797, 1 *trâten manigen stic*, machten manchen Zug, in verschiedene Länder. — 2 *vâhten* præt. pl. von *vehten*. — *wîc* stm., Kampf.

ze êrén dem künege: des ist vil geschehen.
dar umbe muoz man Hagenen der êren pilliche jehen.

1798 Dannoch was der recke sîner jâre ein kint. 1736
daz dô die tumben wâren, wie grîse die nu sint! (1839)
nu ist er komen ze witzen und ist ein grimmec man.
ouch treit er Palmungen, daz er vil übele gewan.»

1799 Dâ mite was gescheiden daz dâ niemen streit. 1737
dô wart der küneginne vil herzenlichen leit. (1840)
die helde kêrten dannen: jâ vorhten sie den tôt
von dem videlære: des gie in sicherlichen nôt.

1800 Dô sprach der videlære: «wir haben daz wol ersehen 1738
daz wir hie vînde vinden, als wir ê hôrten jehen. (1841)
wir suln zuo den künegen hin ze hove gân:
sone tar unser herren mit strite niemen bestân.»

1801 Wie dicke ein man durch vorhte manigiu dinc verlât, 1739
swâ sô friunt bî friunde friúntlîchen stât, (1842)
und hât er guote sinne, daz er's niht entuot.
schade vil maniges mannes wirt von sinnen wol behuot.

1802 «Nu wil ich iu volgen», sprach dô Hagene. 1740
sie giengen dâ sie funden die zieren degene (1843)
in grôzem äntpfänge an dem hove stân.
Volkêr der vil küene lûte sprèchén began

1803 Zuo den sînen herren: «wie lange welt ir stên, 1741
daz ir iuh lâzet dringen? ir sult ze hove gên (1844)

1798, 2 *daz*, was: was damals die Jungen waren, die damals jung waren.
1799, 1 *was gescheiden*, war die Sache beigelegt.
1800, 2 *hôrten jehen*, mit Beziehung auf Dietrich's und schon früher (1635, 3) Eckewart's Warnung.
1801, 1 Ein allgemeiner Ausspruch. — *verlât*, unterlasst. — 2 *swâ sô*, wo immer, wenn irgendwo. — 4 *von sinnen*, durch Verstand, durch Besonnenheit.
1802, 1 *Nu*, ein Causalverhältniss: also. — 3 sie wurden von Etzel's Recken begrüßt, die sich um sie drängen (1803, 2).
1803, 2 *dringen* mit acc., drängen.

und hœret an dem künege, wie der si gemuot.
dô sach man sich gesellen die helde küene unde guot.

1804 Der fürsté von Berne der nam an die hant 1742
Gunthern den richen von Burgonden lant. (1845)
Irnfrit nam Gêrnôten, den vil küenen man:
dô sah man Rüedegêren ze hove mit Gîselhere gân.

1805 Swie iemen sich gesellet' und ouch ze hove gie, 1743
Vôlkér und Hagene geschiedén sich nie, (1846)
niwan in eime sturme, an ir endes zit.
daz muosen edele vrouwen beweinen grœzlichen sit.

1806 Dô sach man mit den künegen hin ze hove gân 1744
ir edelen ingesindes tûsent küener man, (1847)
dar über sehzec recken, die wâren mit in komen:
die hete in sîme lande der küene Hagene genomen.

1807 Hâwart und ouch Irinc, zwên' ûz erwelte man, 1745
die sah man geselleclichen bi den künegen gân. (1848)
Dancwart und Wolfhart, ein tiwerlicher degen,
die sach man wol ir tugende vor den ánderen pflegen.

1808 Dô der voget von Rîne in den palas gie, 1746
Etzél der riche daz langer niht enlie, (1849)
er spranc von sîme sedele, als er in komen sach.
ein gruoz sô rehte schœne von künege nie mêr
geschach.

1809 «Sît willekomen, her Gunthêr, und ouch her Gêrnôt, 1747
und iuwer bruoder Gîselher. min dienst ich iu enbôt (1850)
mit triuwen vlizeclichen ze Wormez über Rîn.
und allez daz gesinde sol mir willekomen sin.

1803, 3 *hœret an dem künege*, hört aus dem Munde des Königs. — 4 *sich gesellen*, sich paarweise zusammenthun.

1804, 1 Auch die Männer führten sich bei der Hand.

1805, 1 Die Paarung war verschieden, wie es gerade die Gelegenheit ergab, wiewol hier auch die Standesunterschiede und Rangfolge sehr beobachtet wurden. Hagen aber und Volker giengen immer gepaart zusammen.

1806, 2 *ingesindes* hängt von *man* ab: Mannen, die ihr Gefolge bildeten. — 4 *genomen*, ausgehoben.

1807, 2 *geselleclichen* adv., sie bildeten auch ein Paar, ebenso Dancwart und Wolfhart.

1809, 4 Der König grüßt jeden besonders, zuerst, ihrem Alter nach, die drei burgundischen Könige, dann Volker und Hagen. Es kann auffallen, Dancwart nicht erwähnt zu sehen. Wahrscheinlich gieng er unmittelbar vor dem Gesinde, und ist unter dem Gruß (1809, 4) mit inbegriffen.

1810 Nu sît uns grôze willekomen, ir zwêne degene, 1748
Volkêr der küene und ouch her Hagene, (1851)
mir und mîner vrouwen her in ditze lant.
siu hât iu boten manigen hin ze Rîne gesant.»

1811 Dô sprach von Tronege Hagene: «des hân ich vil
vernomen. 1749
wær' ich durch mîne herren zen Hiunén niht (1852)
komen,
sô wære ich iu zen êren geriten in daz lant.»
dô nam der wirt vil edele die lieben geste bî der hant.

1812 Er brâhte sie zem sedele dâ er selbe saz. 1750
dô schancte man den gesten (mit vlîze tet man daz) (1853)
in wîten goldes schalen mete, môraz unde wîn,
und bat die ellenden grôze willekomen sîn.

1813 Dô sprach der künec Etzel: «des wil ich iu
verjehen, 1751
mir enkunde in dirre werlde lieber niht geschehen (1854)
denne ouch an iu helden, daz ir mir sît bekomen.
des ist der küneginne michel trûrén benomen. —

1814 Mich nimet des michel wunder, waz ich iu habe
getân, 1752
sô manigen gast vil edelen den ich gewunnen hân, (1855)
daz ir nie geruochet komen in mîniu lant.
daz ich iuh nu gesehen hân, daz ist zen vreuden
mir gewant.»

1815 Des antwurte Rüedegêr, ein ritter hôhgemuot: 1753
«ir muget sie sehen gerne: ir triuwe diu ist guot, (1856)
der mîner vrouwen mâge sô schône kunnen pflegen.
sie bringent iu ze hûse vil manigen wætlichen degen.»

1810, 3 *her*, mit *willekomen* zu verbinden.
1812, 2 *mit vlîze*, eifrig, aufmerksam. — 3 *môraz* (im lat. *moratum vinum*), Wein aus Maulbeersaft: ein sehr beliebtes Getränk. — 4 *bat*, hieß.
1813, 3 *ouch* dient nur zur Verstärkung von *iu*. — *bekomen*, kommen.
1814, 2 da ich doch so manchen edeln Gast bekommen habe, da mich so viele besuchen. — 4 *zen vreuden gewant*, zur Freude ausgeschlagen, sehr erfreulich.
1815, 2 *muget*, habt Ursache. — 3 *der*, auf *triuwe* bezüglich. — 4 *ze hûse*, ins Haus.

1816 An sunewenden âbent die herren wâren komen 1754
in Etzeln hof des rîchen. vil selten ist vernomen (1875)
von alsô hohem gruoze als er die helde enpfie.
nu was ouch ezzens zite: der künic mit in ze
tische gie.

1817 Ein wirt bî sînen gesten schœner nie gesaz. 1755
man gab in volleclîchen trinken unde maz: (1876)
alles des sie gerten, des was man in bereit.
man hete von den helden vil michel wunder geseit.

1816, 2 *ist vernomen*, hat man gehört. — 3 *als*, wie derjenige war, mit welchem. — 4 *zite* stf., dasselbe was *zît*.
1817, 1 *schœner*, stattlicher. — 2 *maz* stn., Speise. — 4 weil sie so berühmt waren, erwies man ihnen solche Ehre.

XXX. ÂVENTIURE,

WIE SIE DER SCHILTWAHT PFLÂGEN.

Es ist Abend geworden: die Gäste begeben sich zur Ruhe. Hagen will Schildwache halten; Volker erbietet sich sie zu theilen. Volker spielt mit seinem Geigenspiel die Helden in Schlaf. Die Heunen wollen die Gäste im Schlafe ermorden, ziehen sich aber zurück, als sie die beiden bemerken. Volker spottet ihnen nach.

1818 Der tac der hete nu ende und nâhet' in diu naht, 1756
die wegemüeden recken ir sorge si ane vaht, (1862)
wann' sie solden ruowen und an ir bette gân.
daz beredete Hagene: ez wart in sciere kunt getân.

1819 Gunther sprach zem wirte: «got lâze iuch wol gelében. 1757
wir wellen varen slâfen: ir sult uns urloup geben. (1863)
swenne ir daz gebietet, sô kome wir morgen fruo.»
er sciet von sînen gesten vil harte vrœlichen duo.

1820 Dringen allenthalben die geste man dô sach. 1758
Volkêr der küene zuo den Hiunen sprach: (1864)
«wie getürret ir den recken für die füeze gân?
und welt ir's iuch niht miden, sô wirt iu leide getân.

1818, 2 *si* nimmt das Object nochmals auf. — *ane vaht*, focht an, beunruhigte. — 4 *bereden* mit acc., reden von etwas: Hagen mahnt zum Aufbruche.

1820, 1 *die geste* ist Object von *dringen*, drangen: die Drangenden sind die Heunen. — 4 *sich miden* mit gen., sich einer Sache enthalten.

1821 Sô slah' ich etlîchem sô swæren gîgen slac. 1759
hât er getriuwen iemen, daz er'z beweinen mac. (1865)
wan wiehet ir uns recken? jâ dunket ez mich guot.
ez heizent allez degene und sint gelîche niht gemuot.

1822 Dô der videlære sô zorneclîchen sprach, 1760
Hagene der küene hinder sich dô sach. (1866)
er sprach: «ir ratet rehte der küene spileman.
ir Kriemhilde helde, ir sult zen hêrbergen gân.

1823 Des ir dâ habet willen, ich wæn' iz iemen tuo. 1761
welt ir ihtes beginnen, sô komet uns morgen fruo (1867)
und lât uns ellenden hînte haben gemach:
jâ wæne ez von heleden mit solhem willen ie geschach.»

1824 Dô brâhte man die geste in einen wîten sal: 1762
den funden sie berihtet den recken über al (1868)
mit vil rîchen betten, lanc unde breit.
in riet diu vrouwe Kriemhilt diu aller grœzesten leit.

1825 Vil manigen kolter spæhe von Arraz man dâ sach 1763
der vil liehten pfellel und manic petteclach (1869)
von arâbîschen sîden, die beste mohten sîn.
dar üffe lâgen listen: die gâben hêrlîchen schîn.

1826 Diu declachen härmîn vil manegiu man dâ sach, 1764
und von swarzem zobele, dar under si ir gemach (1870)
des nahtes scaffen solden unz an den liehten tac.
ein künec mit sîm' gesinde nie sô hêrlîch gelac.

1827 «Owê der nahtselde», sprach Giselher daz kint. 1765
«und owê mîner friunde die mit uns komen sint. (1871)

1821, 1 *gîgen*, wieder das Schwert als Geige. — 3 *wi[illegible]*, geht uns aus dem Wege. — 4 nicht jeder, der ein Degen heißt, ist auch wie ein Degen gesinnt.
1823, 1 *iemen* für *niemen*. — 4 das haben Helden, die eine solche Absicht (wie ihr) hatten, immer gethan: nämlich daß sie am Tage ihre Absicht ausführten.
1824, 2 *berihten*, einrichten, versehen. — *den reck[illegible]*, für die Recken. — 4 *in riet*, gegen sie ersann.
1825, 1 *kolter* stm. (lat. *culcita*), Steppdecke, auf welcher der Schlafende liegt. — 2 *der pfellel*: der Genetiv bezeichnet den Stoff, aus dem die Decken gemacht sind. — *petteclach*, Bettdecke. — 4 *liste*, Leiste, Borte.
1826, 1 *härmîn*, von Hermelin (*harm*); *declachen* stn., Laken zum Zudecken.

swie et ez uns mîn swester sô güetlîche erbôt,
ich fürhte daz wir müezen von ir schulden ligen tôt.»

1828 «Nu lâzet iuwer sorgen», sprach Hagene der degen. 1766
«ich wil noch hînte selbe der sciltwache pflegen. (1872)
ich trouwe iuch wol behüeten unz uns kumet der tac.
des sît gar ân' angest: so genése denne swer der mac.»

1829 Dô nigen sie im alle und sagten im des danc. 1767
sie giengen zuo den betten. diu wîle was niht lanc (1873)
daz sich geleget hêten die wætlîchen man.
Hagene der küene der helt sich wâfen began.

1830 Dô sprach der videlære, Vólkēr der degen: 1768
«versmâht' ez iu niht Hagene, sô wolde ich mit (1874)
iu pflegen
der sciltwache hînte unze morgen fruo.»
der helt vil minneclîche dancte Volkêre duo.

1831 «Nu lône iu got von himele, vil lieber Volkêr. 1769
z'allen mînen sorgen son' gerte ich niemen mêr, (1875)
niwan iuch aleine, swâ ich hete nôt.
ich sol ez wol verdienen, mich enwende's der tôt.»

1832 Dô garten sie sich beide in liehtez ir gewant. 1770
dô nam ir ietwedere den schilt an sîne hant, (1876)
und giengen ûz dem hûse für die tür stân.
dô pflâgen sie der geste: daz was mit triuwén getân.

1833 Volkêr der snelle, zuo des sales want 1771
sînen scilt den guoten leint' er von der hant. (1877)
dô gie er hin widere, die videlen er genam:
dô diend' er sînen friunden als ez dem héldé gezam.

1827, 3 *swie et*, wiewol doch.
1828, 2 *sciltwache:* in der Überschrift dieser *aventiure* steht *schiltwaht* in gleicher Bedeutung. — 4 *denne*, dann: wenn es Tag ist.
1829, 4 *wâfen* inf. für *wâfenen*, aber mhd. immer so syncopiert.
1831, 2 *ze*, für. — 3 *swâ ich hete nôt*, wo irgend ich in Noth kame. — 4 *mich enwende's*, wenn mich nicht daran verhindert.
1832, 1 *garten sich in ir gewant*, zogen ihr Gewand an.
1833, 1 *zuo*, an. — 3 *hin widere*, wieder zurück in den Saal.

1834 Undèr die tür des hûses saz er ûf den stein. 1772
küener videlære wârt nie dehein.
dô im der seiten dœnen sô suozlîch erklanc,
die stolzen ellenden sagten's Volkère danc.

1835 Dô klungen sîne seiten daz al daz hûs erdôz. 1773
sîn ellen zuo der fuoge diu beidiu wâren grôz.
süezer unde senfter videlen er began:
dô entswebet' er an den betten vil manegen sorgenden man.

1836 Dô sie entslâfen wâren und er daz ervant, 1774
dô nam der degen widere den schilt an die hant,
und gie ûz dem gademe für den turn stân,
und huote dér ellénden vor den Kriemhilde man.

1837 Des nahtes wol enmitten, i'ne weiz iz è geschach, 1775
daz Volkèr der küene einen hèlm schînen sach
verre ûz einer vinster. die Kriemhilde man
wolden an den gesten scaden gerne hân getân.

1838 Dô sprach der videlære: «friunt her Hagene, 1776
uns zimet disiu sorge ensamt ze tragene.
ich sihe gewâfent liute vor dem hûse stên:
als ich mich versinne, ich wæn' sie wellent uns bestên.»

1839 «Sô swiget», sprach dô Hagene, «lât se uns her
näher baz. 1777
ê sị unser werden innen, sô wirt hie helmevaz
verrucket mit den swerten von unser zweier hant.
sie werdent Kriemhilde hin wider übele gesant.»

1834, 1 In der Vertiefung der Thür war ein steinerner Sitz angebracht. — 2 *küener* compar. — 3 *dœnen* swv., tönen, klingen, hier subst. der Ton. — *suozlîch* adv., lieblich.

1835, 2 *fuoge* stf., höfisches Benehmen: er war ein starker, aber auch feingebildeter Mann. Das Saitenspiel gehörte damals zur feinen Bildung und Erziehung. — 4 *entswebet*, einschläfern.

1836, 1 *ervant*, bemerkte. — 3 *gadem*: so wird der Saal mehrfach bezeichnet. — *turn*: diesen Thurm müssen wir uns unmittelbar über oder neben der Thür denken; vielleicht daß man durch denselben, eine Art Vorbau, in welchem auch der steinerne Sitz war (1834, 1), hinaustrat. — 4 *vor*, gegen.

1837, 1 nach *weiz* muß *ich* ergänzt werden.

1838, 4 *als ich mich versinne*, soviel ich beurtheilen kann.

1839, 1 *näher baz*, weiter näher, noch näher, man kann ergänzen: herankommen. — 2 *helmevaz* stn., Helmgefäß; die Helmwölbung für den Helm. — 3 *verrucken*, von der Stelle rücken. — 4 *übele* adv., in üblem Zustande.

1840 Ein der Hiunen recken vil schiere daz gesach 1778
daz diu tür wás behüetet: wie balde er dô sprach! (1885)
«des wir dâ heten willen, jan' mag es niht ergân.
ich sihe den videlære an der schiltwache stân.

1841 Der treit ûf sîme houbte einen helm glanz, 1779
lûter unde herte, stárc únde ganz. (1886)
ouch lohent im die ringe sam daz fiwer tuot.
bî im stêt ouch Hagene: des sint die geste wol behuot.»

1842 Zehant sie kêrten widere. dô Volkêr daz ersach, 1780
wider sînen gesellen er zorneclîchen sprach: (1887)
«nu lât mich zuo den recken von dem hûse gân:
ich wil vrâgen mære der vrouwen Kriemhilde man.»

1843 «Nein durh mîne liebe», sprach dô Hagene. 1781
«komet ir von dem hûse, die snellen degene (1888)
bringent iuch mit swerten lihte in sölhe nôt,
daz ich iu müese helfen, wær'z aller mîner mâge tôt.

1844 Sô wir danne beide kœmen in den strit, 1782
ir zwéne oder viere in einer kurzen zît (1889)
sprungen zuo dem hûse und tæten uns diu leit
an den slâfénden, diu nimmer würdén verkleit.»

1845 Dô sprach aber Volkêr: «sô lât doch daz geschehen, 1783
daz wir sie bringen innen daz ich sie habe gesehen, (1890)
daz des iht haben lougen die Kriemhilde man,
daz si ungetriuwelîche vil gerne hêtén getân.»

1846 Zehant dô rief in Volkêr hin engegene: 1784
«wie gêt ir sus gewâfent, ir snellen degene? (1891)
welt ir scâchen rîten, ir Kriemhilde man?
dar sult ir mich ze helfe und mînen hergesellen hân.»

1841, 1 *glanz* adj., glänzend. — 3 *lohen*, funkeln, leuchten.
1842, 2 *wider*, zu. — 3 *von*, von dem Hause weg.
1844, 3 *sprungen*, würden springen. — *diu leit*, solches Leid. — 4 das man nimmer verschmerzen konnte.
1845, 1 *doch*, doch wenigstens. — 3 *haben lougen* mit gen., etwas nicht Wort haben: daß sie das nicht leugnen können. — 4 *ungetriuwelîche* adv., verrätherisch.
1846, 2 *wie*, warum; wie kommt es daß. — 3 *scâchen*, schâchen, rauben. 4 *dar*, dahin, dazu.

1847 Des antwurte im niemen. zornec was sîn muot: 1785
»pfî, ir zagen bœse«, sprach der helt guot, ([illegible])
»wolt ir slâfende uns ermordert hân?
daz ist sô guoten helden noch vil selten her getân.«

1848 Dô wart der küneginne rehte daz geseit 1786
daz ir bôten niht enwurben. von schulden was ([illegible])
ir leit.
dô fuogte si'z anders: vil grimmec was ir muot.
des muosen sît verderben helde küene unde guot.

1847, 3 *wolt* — *woldet.* — 4 *sô*, wie wir sind. — *her*, bisher.
1848, 2 *niht enwurben*, nichts ausgerichtet hatten. — 3 *fuogte*, veranstaltete.

XXXI. ÂVENTIURE,

WIE SIE ZE KIRCHEN GIENGEN.

Am Morgen gehen die Burgunden und Heunen zur Kirche, jene in ihrer Rüstung. Auf Etzel's Frage antwortet Hagen, es sei Sitte in ihrem Lande, drei Tage bei Festen so zu gehen. Kriemhild schweigt dazu. Nach der Kirche wird turniert; Volker tödtet einen vornehmen Heunen; seine Verwandten wollen ihn rächen, aber Etzel wehrt es. Kriemhild geht Dietrich um Hilfe an, der sie jedoch ablehnt. Nun wendet sie sich an Etzel's Bruder, Blödelin, und verheißt ihm eine Braut und ein Land. Er verspricht sie zu rächen. Etzel und Kriemhild gehen mit den Gästen zu Tische. Ihr Kind wird gebracht und macht an der Tafel die Runde. Hagen prophezeit dem Kinde kein langes Leben.

1849 «Mir kuolent sô die ringe»: sô sprach Volkèr. 1787
«jâ wæn' diu naht uns welle nu niht wern mêr. (1894)
ich kiuse'z von dem lufte ez ist vil schiere tac.»
dô wahten si der manigen, der noch slâfende lac.

1850 Do erschein der lichte morgen den gesten in den sal. 1788
Hagène begonde wecken die recken über al, (1895)
ob sie zuo dem münster zer messe wolden gân.
nâch siten kristenlichen man vil liuten began.

1851 Die sungen ungeliche, daz dâ vil wól schéin, 1789
kristen unde heiden die wâren niht enein. (1896)

1849, 3 *kiuse*, merke, spüre es; *von*, an. — *luft* im Mhd. stm.
1850, 1 *erschein*, leuchtete. — 3 *ob*, mit der Frage, ob; oder: wenn sie zum Münster wollten, so möchten sie aufstehen.
1851, 1 Sie harmonierten nicht in ihrem Gesange. — *schein*, sich zeigte. — 2 *enein* für *in ein*, einig, eins.

dô wolden zuo der kirchen die Guntheres man
sie wâren von den betten al geliche gestân.

1852 Dô naten sich die recken in alsô guot gewant, 1790
daz nie helde mêre in deheines küneges lant 1897
ie bezzer kleider brâhten. daz was Hagenen leit:
er sprach: jâ sult ir helde hie tragen ânderiu kleit.

1853 Jâ sint iu doch genuogen diu mære wol bekant. 1791
nu traget für die rôsen diu wâfen an der hant, 1898
für scapel wol gesteinet die liehten helme guot:
sît wir wol erkennen der argen Kriemhilde muot.

1854 Wir müezen hiute strîten, daz wil ich iu sagen. 1792
ir sult für sîden hemde die halsperge tragen, 1899
und für die vêhen mentel die guoten schilde wît,
ob iemen mit iu zürne, daz ir vil werliche sît.

1855 Mînè vil lieben herren, dar zuo mâge und man, 1793
ir sult vil willeclichen zuo der kirchen gân, 1900
und klaget gote dem rîchen sorge und iuwer nôt,
und wizzet sicherlichen daz uns nâhét der tôt.

1856 Ir'n sult ouch niht vergezzen, swaz ir habet getân, 1794
und sult vil vlîzeclîche dâ gein gote stân. 1901
des wil ich iuch warnen, recken vil hêr.
ez enwelle got von himele, ir vernemet messe
nimmer mêr.

1857 Sus giengen zuo dem münster die fürsten und
ir man. 1795
ûf dem vrônen vrîthove dâ hiez sie stille stân 1902

1852, 3 *leit*, daß sie nicht ihre Rüstung anlegen.
1853, 1 *iu genuogen*, vielen unter euch. — *diu mære*, die Sache, die Sachlage. — 2 *für*, anstatt. — 3 die künstlichen Schapel wurden zum Schmucke auch von Männern getragen.
1854, 2 *sîden* gen. pl., von Seide. — 3 *vêhen* von *vêch*, bunt, namentlich von verschiedenfarbigem Pelzwerk. — 4 *iu zürne*, mit euch in Zwist, in Streit gerathe.
1855, 3 *iuwer* muß auch vor *sorge* ergänzt werden.
1856, 2 *vlîzeclîche*, eifrig, andächtig. — *gein gote*, Gott gegenüber, vor Gott. — 3 *warnen*, vorbereiten; *des*, darauf.
1857, 2 *vrône* adj., dem Herrn gehörig, heilig. — *vrîthof* stm., der eingefriedete Raum um die Kirche, der als Asyl galt. —

Hagene der küene, daz sie sich schieden niht.
er sprach: «jâ weiz noch niemen waz von den Hiunen
uns geschiht.

1858 Leget, mîne friunde, die schilde für den fuoz, 1796
und geltet ob iu iemen biete swachen gruoz, (1903)
mit tiefen verchwunden: daz ist Hagenen rât;
daz ir sô werdet funden daz ez iu lobelichen stât.»

1859 Volkêr unde Hagene, die zwêne giengen dan 1797
für daz wîte münster. daz wart durh daz getân, (1904)
daz sie daz wolden wizzen daz des küneges wîp
müese mit in dringen: jâ was vil grimméc ir lîp.

1860 Dô kom der wirt des landes und ouh sîn
schœne wîp. 1798
mit rîchém gewande gezieret was ir lîp, (1905)
der vil snellen recken, die man sach mit ir varn:
dô kôs man hôhe stouben von den Kriemhilde scharn.

1861 Dô der künec rîche sus gewâfent sach 1799
die künege und ir gesinde, wie balde er dô (1906)
sprach!
«wie sihe ich friunde mîne under helmen gân?
mir'st leit ûf mîne triuwe, und hât in iemen iht getân.

1862 Ich sol'z in gerne büezen swie sie dunket guot. 1800
hât iemen in beswæret daz herze und ouch den muot,
des bringe ich sie wol innen daz ez mir ist vil leit.
swaz sie mir gebietent, des pin ich alles in bereit.»

1857, 3 damit sie zusammenhielten.
1858, 1 *für den fuoz*, nicht: auf die Erde, sondern so, daß die Schilde mit der untern Spitze auf der Erde ruhen. — 2 *geltet*, bezahlt. — *swach*, schlecht. Unter dem unfreundlichen Gruß ist hier ein feindseliger Angriff zu verstehen. — 3 *verchwunde* swf., todtliche Wunde.
1859, 3 *daz wolden wizzen*, das beabsichtigten. — 4 *mit in dringen*, sich mit ihnen drängen, indem sie ihr den Eingang versperrten.
1860, 2 *ir* bezieht sich auf das folgende *recken*. — 4 *hôhe stouben*, hoch den Staub aufwirbeln.
1861, 3 *under helmen*, mit den Helmen auf dem Haupte. — 4 *ûf mîne triuwe*, bei meiner Treue.
1862, 1 *in büezen*, ihnen Entschädigung geben; *ez*, dafür.

1863 Des antwurte Hagene: «uns hât niemen niht getân. 1801
ez ist site miner herren, daz sie gewâfent gân (1888)
z'allen hôhgeziten ze vollen drien tagen.
swaz man uns hie getæte, wir soldenz Etzelen sagen.

1864 Vil wol hôrte Kriemhilt waz Hagene dô sprach. 1802
wie rehte fientliche si im under d'ougen sach! (1889)
sine wolde doch niht melden den site von ir lant,
swie lange sin den hête zén Burgónden bekant.

1865 Swie grimme und swie starke si in vient wære, 1803
het iemen geságet Etzelen diu rehten mære, (1890)
er hete wol understanden daz dóch sit dâ geschach.
durch ir vil starken übermuot ir deheiner im's verjach.

1866 Dô gie vil grôziu menege mit der küneginne dan: 1804
done wolden dise zwêne idoch niht hôher stân (1891)
zweier hande breite. daz was den Hiunen leit.
jâ muose sin sich dringen mit den hélden gemeit.

1867 Etzeln kameraere dûhte daz niht guot: 1805
jâ heten sie den recken erzurnet dô den muot, (1892)
wan daz sine torsten vor dem kunege hêr.
dâ was vil michel dringen unt doch niht ánderes mêr.

1868 Dô man dâ gote gediende unt daz sie wolden dan, 1806
vil balde kom zen rossen vil manec Hiunen man. (1893)
dô was bi Kriemhilde vil manec schœniu meit:
wol siben tûsent degene bi der küneginne reit.

1869 Kriemhilt mit ir vrouwen in diu vénster gesaz 1807
zuo Étzéln dem richen: vil liep was im daz. (1894)

1863, 3 während der Dauer von vollen drei Tagen. — 4 wenn man uns hier irgendetwas thäte.
1864, 3 *melden*, verrathen: daß dies nicht die Sitte ihres Landes war, denn sie fürchtete weitere Erörterungen und Vereitelung ihrer Pläne.
1865, 2 *diu rehten mære*, den wahren Sachverhalt.
1866, 2 *hôher stân*, zurücktreten. — 3 *breite* subst., Breite.
1867, 1 Die Kämmerer giengen der Königin voraus, um Platz zu machen. — 4 *niht anderes mêr*, nichts weiter.
1868, 4 *reit*, man erwartet den Plural des Verbums; *siben tûsent* wird als die Gesammtmasse in einen singularen Begriff gefasst: die Zahl von siebentausend.
1869, 2 *zuo*, neben. —

sie wolden schouwen riten die helde vil gemeit.
hei waz vremder recken vor in ûf dem hove reit!

1870 Dô was ouch der marschalch mit den knehten komen, 1808
Dancwart der vil küene: der het zuo z'im genomen (1915)
sîns herren ingesinde von Burgonden lant.
diu ros man wol gesatelet den küenen Nibelungen vant.

1871 Dô sie zen rossen kômen, die künege und ir man, 1809
Volkêr der starke râten began, (1916)
sie solden bûhurdieren nâh ir landes siten.
des wart von den helden sît vil hêrlich geriten.

1872 Der helt het in gerâten des sie doh niht verdrôz. 1810
der bûhurt unt daz scallen diu wurden beidiu grôz. (1917)
ûf den hof vil witen kom vil manec man.
Etzel unde Kriemhilt daz selbe schóuwén began.

1873 Ûf den bûhurt kômen sehs hundert degene 1811
der Dietriches recken, den gésten zegégene. (1918)
sie wolden kurzewîle mit dén Burgónden hân.
het er's in gegunnen, sie heten'z gérné getân.

1874 Hei waz guoter recken in dâ nâch reit! 1812
dem herren Dietriche dem wart daz geseit. (1919)
mit Guntheres mannen daz spil er in verbôt.
er vorhte sîner manne: des gie im sicherlichen nôt.

1875 Dô dise vone Berne gescheiden wâren dan, 1813
dô kômen von Bechelâren die Rüedegêres man
fünf hundert under schilde für den sal geriten:
liep wær' dem marcgrâven daz si'z hétén vermiten.

1869, 3 *riten*, turnieren.
1870, 1 Die Knechte satteln den burgundischen Rittern die Rosse.
1871, 3 *bûhurdieren*, den *bûhurt* reiten. — 4 *des*, infolge dieses Rathes.
1873, 2 *der Dietriches recken*, welche Dietrich's Recken bildeten. — *zegegene*, entgegen. — 4 *gegunnen*, gegönnt, gestattet.
1874, 4 *sîner manne*, für seine Mannen

1876 Dô reit er wîslichen zuo z'in durh die schar 1814
und sagete sinen degenen, sie wæren des gewar (1920)
daz in unmüote wæren die Guntheres man:
ob sie den bûhurt liezen, daz wære im liebe getân.

1877 Dô sie von in gescheiden, die helde vil gemeit, 1815
dô kômen die von Düringen, als uns daz ist (1921)
geseit,
unt der von Tenemarken wol tûsent kuener man.
von stichen sah man vliegen vil der trünzüne dan.

1878 Irnfrit unde Hâwart in den bûhurt riten. 1816
ir heten die von Rîne vil stolzlich erbiten: (1922)
sie buten manige tjoste den von Düringen lant.
des wart von stichen dürkel vil manic hêrlicher rant.

1879 Dô kom der herre Blœdelin mit drin tûsent dar. 1817
Etzel unde Kriemhilt nâmen sin wol war, (1923)
wande vor in beiden diu ritterschaft gescach.
diu küneginne ez gerne durh leit der Bürgonde sach.

1880 Scrûtân und Gibeke ûf den bûhurt riten, 1818
Râmunc und Hornboge nâch hiunischen siten. (1925)
sie hielten gegen den heleden von Burgonden lant.
die scefte dræten hôhe über des kuneges sales want.

1881 Swes iemen dâ pflæge, sô was ez niwan schal. (1926)
man hôrt' von schilde stœzen palas unde sal
harte lût' erdiezen von Guntheres man.
den lop daz sin gesinde mit grôzen êren gewan.

1882 Dô was ir kurzewile sô michel und sô grôz, 1819
daz dürh die kovertiure der blanke sweiz dô flôz (1927)

1876, 1 *wîslichen* adv., verständig, besonnen. — 2 *sie wæren des gewar*, sie konnten das wohl bemerken.
1877, 1 *in*, den Gästen. — 4 *von stichen*, infolge von Stichen, von verstochenen Speeren.
1878, 2 *ir erbiten*, auf sie gewartet. — *stolzlich* adv., stattlich.
1879, 4 *durh leit der Burgonde*, weil dadurch den Burgunden Leid zugefügt wurde oder werden konnte.
1880, 3 *hielten*, hielten stille; *gegen*, gegenüber.
1881, 1 es war nur Lärm, kein ernstlich gemeinter Kampf.
1882, 2 *kovertiure* stf., Decke der Rosse, die beinahe bis auf die Erde herabreichte.

von den vil guoten rossen diu die helde riten.
si versúochten'z an die Hiunen mit vil hôhvérten siten.

1883 Dô sprach der videlære, Volkêr der spilman: 1820
«ich wæn' uns dise recken türren niht bestân. (1928)
ich hôrte ie sagen mære sie wæren uns gehaz.
nune kunde'z sich gefüegen zwâre niemêre baz.»

1884 «Zen herbergen füeren», sprach aber Volkêr, 1821
«sol man uns die mœre, und rîten danne mêr (1929)
gegen âbénde, sô des wirdet zît.
waz op diu küneginne lóp den Búrgónden gît?»

1885 Dô sâhen s' einen riten sô weigerlichen hie, 1822
daz ez al der Hiunen getet deheiner nie. (1930)
jâ moht' er in den zinnen wol haben herzen trût.
er fuor sô wol gekleidet sam eines rítteres prût.

1886 Dô sprach aber Volkêr: «wie möhte ich daz verlân? 1823
jener trût der vrouwen muoz ein gepiuze hân. (1931)
ez kunde niemén gescheiden: ez gât im an den lîp.
jane ruoche ich ob ez zürne des künec Etzelen wîp.»

1887 «Nein durch mîne liebe», sprach der künec sân. 1824
«ez wîzent uns die liute, ob wir sie bestân. (1932)
ir lât iz heben die Hiunen: daz füeget sich noh baz.»
dannóch der künec Etzel bi der küneginne saz.

1888 «Ich wil den bûhurt mêren», sprach dô Hagene. 1825
«lât die vrouwen schouwen und die degene,

1883, 4 es gäbe keine passendere Gelegenheit, um den Haß zu zeigen, als jetzt.

1884, 2 *riten* conj. præs., wir wollen reiten. — 4 er hofft, daß die Burgunden den Preis davontragen werden.

1885, 1 *weigerlîchen* adv., stattlich. — 3 *in den zinnen*, auf den Zinnen, von welchen aus Frauen zuschauten; denn in den Fenstern des Saales saßen nicht alle. — 4 *ritteres*, diese Form des Genetivs wie der Nominativ *rittere* waren im 13. Jahrhundert veraltet; es hieß *ritter*, *ritters*. — *prût* = *brût*, Braut.

1886, 2 *trût*, Liebling. — *gepiuze*, *gebiuze* stn., Stoß; von einem st. verb. *biuze bôz*. — 3 *gescheiden*, schlichten.

1887, 3 *heben*, anfangen, anheben. — *füeget sich baz*, ist passender.

wie wir kunnen riten: daz ist guot getân.
man git doh lop deheinen des kunec Guntheres man.

1889 Volkêr der vil snelle den bûhurt wider reit. 1826
daz wart sît maniger vrouwen grœzlîchen leit. (1885)
er stach dem rîchen Hiunen daz sper durch sînen lîp:
daz sah man sît beweinen beide maget unde wîp.

1890 Vil harte hurteclîche Hagene und sîne man, 1827
mit sehzec sîner degene riten er began (1886)
nâch dem videlære, dâ daz spil geschach.
Etzel unde Kriemhilt ez bescheidenlîchen sach.

1891 Done wolden die künege ire spileman 1828
bî den fîenden niht âne huote lân. (1887)
dâ wart von tûsent heleden vil kunstlich geriten.
sie tâten daz sie wolden in vil hôhverten siten.

1892 Dô der rîche Hiune ze tôde was erslagen, 1829
man hôrte sîne mâge wuofen unde klagen. (1888)
dô vrâgte al daz gesinde: «wer hât ez getan?»
«daz hât der videlære, Volkêr der küene spileman.

1893 Nâch swerten und nâch schilden riefen dâ zehant 1830
des marcgrâven mâge von der Hiunen lant: (1889)
sie wolden Volkêren ze tôde erslagen hân.
der wirt ûz eime venster vil sêre gâhen began.

1894 Dô huop sich von den liuten allenthalben schal. 1831
die künege und ir gesinde erbeizten für den sal. (1890)

1888, 1 es ist zwar gleichgultig, denn man ist hier von vornherein nicht gewillt, uns zu loben, auch wenn wir uns beim Buhurt auszeichnen.
1889, 1 *wider reit*, er ritt zurück in die Schar der buhurdierenden Heunen. — 3 dem 1885, 1 erwähnten.
1890, 1 *hurteclîche* adv., mit einem *hurt*, Losrennen. — 3 *nâch*, hinter — her. — 4 *bescheidenlîchen*, deutlich.
1891, 3 *kunstlîch* adv., kunstgemäß, geschickt. Die tausend Helden sind die Burgunden (Nibelunge).
1892, 2 *wuofen* stv., wehklagen. — 4 auch hier sind *videlære* und *spileman* verbunden; s. zu 1772, 1.
1893, 2 ein Markgraf also war der von Volker Getödtete. — 4 wie man in das Fenster (die Fensternische) tritt, so auch aus demselben

diu ros ze rucke stiezen die Burgonden man.
dô kom der künec Etzel: der herre ez schéi-
dén began.

1895 Ein des Hiunen mâge, den er bî im vant, 1832
ein vil starkez wâfen brach er im ûz der hant: (1939)
dô sluoc er s' alle widere: wand' im was vil zorn.
«wie het ich mînen dienest an disen heleden verlorn!

1896 Ob ir hie bî mir slüeget disen spileman», 1833
sprach der künec Etzel, «daz wære missetân. (1940)
ich sah vil wol sîn rîten, do er den Hiunen stach,
deiz âne sîne schulde von eime strûché gescach.

1897 Ir müezet mîne geste vride lâzen hân.» 1834
dô wart er ir geleite. diu ros diu zôh man dan (1941)
zuo den herbergen: sie heten manigen kneht,
die in ze díenéste mit vlîze wárén gereht.

1898 Der wirt mit sînen friunden in den palas gie. 1835
zorn er mêr deheinen dâ niht werden lie. (1942)
dô rihte man die tische, daz wazzer man in truoc.
dô heten die von Rîne starker vînde genuoc.

1899 É die hérrén gesæzen, des was harte lanc. 1836
diu Kriemhilde sorge sie ze sêre twanc. (1945)
siu sprach: «fürsté von Berne, ich suoche's
dînen rât,
helfe und genâde: mîn dinc mir angestlîchen stât.»

1900 Des antwurte ir Hildebrant, ein recke lobelich: 1837
«swer sleht die Nibelunge, der tuot iz âne mich, (1946)

1895, 2 *brach*, entriß mit Heftigkeit. — 3 *widere*, zurück. — 4 *wie*, ausrufend, wie sehr! oder elliptisch: wie ziemte mir, stände mir das, wenn all die Aufmerksamkeit, die ich ihnen erwiesen, durch euer Thun vernichtet wurde.

1896, 1 *hie bî mir*, hier vor meinen Augen. — 4 *von eime strûche*, infolge eines Strauchelns.

1897, 2 *geleite*, schützende Begleitung. — 4 *gereht*, bereit; hier mit *ze*.

1899, 1 *gesæzen*, sich gesetzt hatten. — *des was*, damit dauerte es sehr lange, darüber vergieng eine sehr lange Zeit. — 3 *suoche's*, ich suche in Bezug darauf.

1900, 2 *sleht* dritte Person præs. von *slahen*, erschlagen. — *âne mich*, ohne meine Unterstützung. —

durh deheines scatzes liebe. ez mac im werden leit:
sie sint noh umbetwungen, die snellen ritter gemeit.»

1901 Dô sprach in sînen zühten dar zuo her Dietrich: 1838
«die bete lâ belîben, küneginne rîch. (1949)
mir habent dîne mâge der leide niht getân,
daz ich die degene küene mit strite wellé bestân.

1902 Diu bete dich lützel êret, vil edeles fursten wip, 1839
daz du dînen mâgen rætest an den lip. (1950)
sie kômen ûf genâde her in ditze lant.
Sîfrît ist unerrochen von der Dietriches hant.»

1903 Dô siu der úntriuwe an dem Bérner nine vant, 1840
dô lobete s' alsô balde in Blœdelines hant (1951)
eine wite marke die Nuodunc ê besaz.
sit dô sluoc in Dancwart, daz er der gâbe gar vergaz.

1904 Siu sprach: «du solt mir helfen, herre Blœdelin. 1841
jâ sint in disem hûse die viande min. (1952)
die Sifriden sluogen, den minen lieben man.
swer mir daz hilfet rechen, dem bin ih immer undertân.»

1905 Des antwurte ir Blœdel: «vrouwê, nu wizzet daz, 1842
jan' getâr ich in vor Etzeln gerâten keinen haz, (1953)
wande er dîne mâge vrôwe gerne siht.
tæt' ich in iht ze leide, der künec vertrüege mir sin niht.»

1906 «Neinâ, herre Blœdel, ich pin dir immer holt. 1843
jâ gib' ich dir ze miete silber unde golt, (1954)

1900, 3 *durh — liebe*, mit *sleht* zu verbinden.
1901, 1 *in sinen zühten*: im Gegensatz zu der etwas derben Art Hildebrand's — 3 *der leide niht*, nicht solches, derartiges Leid
1902, 2 *rætest an den lip*, Anschläge auf ihr Leben machst. — 4 *unerrochen*, nicht gerochen.
1903, 2 *lobete in Blœdelines hant*, versprach Blödelin mit Handschlag — *alsô balde*, alsbald. — 4 *daz*, sodaß.
1904, 4 *undertân*, ergeben, zu allem bereit.
1905, 2 *in gerâten keinen haz*, keinen feindlichen Anschlag auf sie machen. — *vor Etzeln*, *vor* bezeichnet das was ihn verhindert. — 3 *vrôwe* flect. Form (acc. pl.) von *vrô*.
1906, 1 *Neinâ*, als Entgegnung auf die letzte Zeile, indem sie dem befürchteten Zorne des Königs ihre Huld entgegensetzt. —

und eine maget schœne, daz Nuodunges wîp:
sô maht du gerne triuten den ir vil minneclîchen lîp.

1907 Daz lant zuo den bürgen wil ich dir allez geben: 1844
sô maht du, ritter edele, mit vreuden immer leben, (1955)
gewinnestu die marke dâ Nuodunc inne saz.
swaz ich dír gelobe hiute, mit triuwen léist' ích dir daz.»

1908 Dô der herre Blœdel die mieté vernam, 1845
unt daz im durch ir schœne diu vrouwe wol gezam, (1956)
mit strite wânde er dienen daz minneclîche wîp.
dar umbe muost' der recke dô verlíesén den lîp.

1909 Er sprach zer künegimne: «gêt wider in den sal. 1846
ê is iemen werde inne, sô hebe ich einen schal. (1957)
ez muoz erarnen Hagene swaz er in hât getân:
ich antwurt' in gebunden des künec Guntheres man.»

1910 «Nu wâfent iuch», sprach Blœdel, «alle mîne man. 1847
wir suln den vîanden in die hérbérge gân. (1958)
des wil mich niht erlâzen daz Etzelen wîp.
dar umbe suln wir helde alle wâgén den lîp.»

1911 Dô diu künegimne Blœdelînen lie 1848
in des strîtes willen, ze tische siu dô gie (1959)
mit Étzéln dem künege und ouch mit sînen man.
siu hete swinde ræte an die géstè getân.

1912 Dô der strît niht anders kunde sîn erhaben 1849
(Kriemhilde leit daz alte in ir hérzen was begraben), (1963)

1906, 3 *wîp*, Braut.
1907, 4 *leist' ich*, erfülle ich.
1908, 2 *wol gezam*, wohl anstand, gefallen konnte: weil sie so schön war. — 3 *dienen*, verdienen.
1909, 4 *antwurt'*, überantworte. — *man*, Hagen.
1910, 2 *in die herberge*, wo die Knechte sind.
1911, 2 *in des strîtes willen*, zu dem Kampfe bereitwillig. — 4 *swinde*, furchtbar. — *ræte*, Anschläge; *an*, gegen.
1912, 1 *erhaben* part. von *erheben*, anfangen. Nach der Wiltinasaga veranlasst Kriemhild das Kind, Hagen zu schlagen, und dadurch wird des Kindes Tod und die Rache herbeigeführt. Eine ähnliche Überlieferung kannte der Dichter (oder sein Umarbeiter), die aber im Weiteren nicht benutzt wurde.

dô hiez sin tragen ze tische den Étzelen sun.
wie kunde ein wîp durch râche immer vreis-
lîcher tuon?

1913 Dar giengen an der stunde vier Etzelen man: 1850
sie truogen Ortlieben, den jungen künec, dan ([illegible])
zuo der fürsten tische, dâ ouch Hagene saz.
des muosiz kint ersterben durch sînen mort-
lîchen haz.

1914 Dô der künec rîche sînen sun ersach, 1851
zuo sînen konemâgen er güetliche sprach: ([illegible])
«nu seht ir, friunde mîne, diz ist mîn einec sun,
und ouch iuwer swester: daz mac iu allen wesen frum.

1915 Gevæht er nâch dem kunne, er wirt ein küene man, 1852
rîch únd vil edele, starc und wol getân. ([illegible])
leb' ich deheine wîle, ich gib' im zwélf lánt:
sô mag iu wol gedienen des jungen Ortliebes hant.

1916 Dar umbe bite ich gerne iuch, lieben friunde mîn, 1853
swenn' ir ze lande rîtet wider an den Rîn, ([illegible])
sô sult ir mit iu füeren iuwer swester sun,
und sult ouch an dem kinde vil genædeclîchen tuon.

1917 Und ziehet in zen êren, unz er wérdé ze man. 1854
hât iu in den landen iemen iht getân, ([illegible])
daz hilfet er iu rechen, gewahset im sîn lîp.
die rede hôrte ouch Kriemhilt, des künec Etzelen wîp.

1918 «Im solden wol getrouwen dise degene, 1855
gewüehse er z'einem manne», sô sprach Hagene: ([illegible])
«doch ist der künec junge sô veiclîch getân.
man sol mich sehen selden ze hôve nâh Órtliebe gân.

1913, 1 *Dar giengen*, sie giengen hin, um das Kind zu holen. — *an der stunde*, sofort. — 4 *muosiz* = *muose ez*. — *sînen*, Hagen's.
1914, 4 *iuwer swester* gen. von *sun* abhängig.
1915, 1 *Gevæht* von *gevâhen*, arten. — *kunne*, Geschlecht, Verwandtschaft.
1916, 1 *Dar umbe*, deshalb; nicht mit *bite* zu verbinden. — 2 *ze lande*, heim. — 3 der Knabe soll seiner Ausbildung wegen an den burgundischen Hof geschickt werden.
1918, 3 *veiclîch*, zum Tode bestimmt; er sieht nicht aus, als wenn er lange leben würde. — 4 *man sol*, man wird. — *selten*, niemals; denn er wird die Zeit nicht erleben.

1919 Der künec an Hagenen blihte: die rede was im leit. 1856
swie niht dar umbe redete der fürste vil gemeit, (1970)
ez betrúobte im sîn herze und beswârte im den muot.
dô was der Hagenen wille niht ze kurzewîle guot.

1920 Ez tet den fürsten allen mit dem künege wê 1857
daz Hagene von sîm' kinde hete gesprochen ê. (1971)
daz si'z vertragen solden, daz was in ungemach.
sin' wessen niht der mære waz von dem recken sît geschach.

1919, 2 *dar umbe*, davon. — 4 Hagen war nicht gestimmt zum Scherzen.
1920, 3 *vertragen*, hingehen lassen. — *ungemach*, Unbequemlichkeit: es war ihnen unangenehm.

XXXII. ÂVENTIURE,

WIE BLŒDELÎN ERSLAGEN WART.

Blodel geht mit tausend Mann in die Herberge, wo Dancwart mit den Knechten ist, und beginnt den Kampf. Er wird von Dancwart erschlagen. Ein neues Heer der Heunen ruckt heran, und todtet sammtliche neuntausend Knechte. Dancwart schlagt sich bis an den Saal durch, in welchem die Fürsten tafeln.

1921 Blœdelînes recken die wâren alle gar: 1858
mit tûsent halspergen huoben sie sich dar (1970)
dâ Dancwart mit den knehten ob den tischen saz.
dâ huop sich under helden der aller grœzeste hâz.

1922 Alsô der herre Blœdel für die tische gie, 1859
Dancwárt der marschalch in vlîzeclîche enpfie: (1971)
«willekómen her ze hûse, mîn her Blœdelîn.
jâ wundert mich der mære: waz sol disiu rede sîn?»

1923 «Jane darftu mich niht grüezen», sprach dô Blœdelîn. 1860
«wan ditze komen daz mîne daz muoz dîn ende sîn, (1972)
durch Hagenen dînen bruoder, der Sîfriden sluoc.
des engiltest du zen Hiunen und ander degene genuoc.»

1921, 3 *ob den tischen*, über Tische, beim Essen.
1922, 3 *her ze hûse*, hier im Hause. — 4 *disiu rede*, diese Sache: was bedeutet das, daß ihr zu uns kommt?

1924 «Neinâ, herre Blœdel», sprách nu Dánewárt: 1861 (1976)
«sô möhte uns balde riuwen disiu hovevart.
ich was ein wênic kindel dó Sîfrit vlôs den lîp:
i'ne wéiz niht waz mir wîzet des künec Etzelen wîp.»

1925 «Jane weiz ich dir der mære nimḗr ze sagene: 1862 (1977)
ez tâten dîne mâge, Gunthér und Hagene.
nu wert iuch víl ellénden: ir künnet niht genesen,
ir müezet mit dem tôde pfant daz Kriemhilde wesen.»

1926 «Sone welt ir niht erwinden», sprách Dánewárt. 1863 (1978)
«sô riuwet mich mîn vlêhen: daz wære baz gespart.»
der snelle degen küene von dem tische spranc:
er zôch ein scharpfez wâfen, daz was michel unde lanc.

1927 Dô sluoc er Blœdeline einen swínden swertes slac, 1864 (1979)
daz im daz houbet schiere vor den füezen lac.
«daz sî dîn morgengâbe», sprach Dancwart der degen,
«zuo Nuodunges briute, der du mit minnen wol- dest pflegen.

1928 Man mac sie morgen mehelen einem anderm man: 1865 (1980)
wil er die brûtmiete, dem wirt alsam getân.»
ein vil getriuwer Hiune hete im daz geseit,
daz in diu küneginne riet sô grœzlichiu leit.

1929 Dô sâhen Blœdelînes man, ir herre lac erslagen: 1866 (1981)
done wolden sie den gesten niht langer daz vertragen.
mit ûf erbürten swerten sie sprungen für diu kint,
in grimmigem muote: daz gerou vil manigen sint.

1924, 1 *Neinâ*, nicht doch. — 2 *balde*, mit Fug. — 3 *wênic*, armselig, klein. — *kindel:* ein Widerspruch der Sage, den der Dichter nicht bemerkte und daher auch nicht entfernte.

1925, 1 *nimer*, nichts weiter. — 4 *pfant — wesen*, Kriemhilden verpfändet werden; *mit dem tôde*, indem ihr sterbt.

1926, 2 ich hätte dann besser gethan, mein Flehen zu sparen.

1927, 4 *zuo*, die Morgengabe, die du zu, mit der Braut bekommst.

1928, 1 *mehelen*, verloben. — 2 wenn dieser den Brautlohn verdienen will, indem er uns zu erschlagen versucht. — 3. 4 diese Zeilen suchen die Unwahrscheinlichkeit zu heben, daß Dancwart um Kriemhildens Verheißungen weiß; dadurch entsteht aber eine andere Unwahrscheinlichkeit, indem dann die Unbefangenheit Dancwart's (1922, 3) auffallen muß.

1929, 3 *diu kint*, die jungen Männer, die Knappen.

1930 Vil lûte rief dô Dancwart daz gesinde allez an: 1867
ir sehet wol, edelen knehte, wie ez wil umbe gân. (1982)
nu wert iuch ellenden, deiswâr des gât uns nôt,
swie uns diu edele Kriemhilt sô rehte güetlich enbôt.

1931 Die niht swert enhêten, die reichten fur die banc 1868
und huoben von den füezen vil manigen scâmel lanc: (1983)
der Burgonden knehte in wolden niht vertragen.
dâ wart von swæren stüelen durch helme biulen vil geslagen.

1932 Wie grimme sich dô werten diu ellenden kint! 1869
sie triben ûz dem hûse die gewâfenden sint: (1984)
doch beléip ir tôt dar inne fünf hundert oder baz.
dô was daz ingesinde von bluote rôt unde naz.

1933 Disiu starken mære wurden dan geseit 1870
den Étzêlen recken (ez was in grimme leit), (1985)
daz erslâgen wære Blœdel unde sîne man:
daz hete Hagenen bruoder mit den knéhtén getân.

1934 Ê ez der künec erfunde, die Hiunen, durh ir haz, 1871
der garte sich zwei tûsent oder dannoch baz. (1986)
sie giengen zuo den knehten, daz muos' et alsô wesen,
und liezen des gesindes ninder éinén genesen.

1935 Die ungetriuwen brâhten für'z hûs ein michel her. 1872
die ellenden knehte die stuonden wol ze wer. (1987)
waz half ir baldez ellen? sie muosen ligen tôt:
dar nâch in kurzen stunden huop sich ein vréislichiu nôt.

1936 Hie müget ir hœren wunder bî ungefüege sagen. 1873
niwen tûsent knehte die lâgen tôt erslagen, (1988)

1930, 2 *wie — gân*, wie es geschehen wird, wie die Sache steht. — 4 *enbôt*, Botschaft sandte.
1931, 1 *fur die banc*, langten vor die Bank hin, vor welcher die Fußschemel standen. — 4 *biule* swf., Beule.
1932, 3 *ir*, der Mannen Blœdel's. — 4 *daz ingesinde*, der Burgunden.
1933, 1 *dan*, von dort, weiter. — 4 *hete* conj. praet.
1934, 2 *die Hiunen* steht als einzeln vorangehender Begriff außer der Construction.
1935, 2 *stuonden ze wer*, vertheidigten sich. — *wol*, tapfer.
1936, 1 *bî ungefüege*, neben Ungeheuerlichkeit. — *wunder*, Wunderbares und Unerhörtes. —

dar über ritter zwelfe der Dancwartes man.
man sah in alters eine noch bî den vîänden stân.

1937 Der schal der was geswiftet, der dôz der was gelegen. 1874
dô blihte über ahsel Dancwart der degen. (1989)
er sprach: «owê der friunde die ich verlorn hân!
nu muoz ich leider eine bî mînen fîänden stân.»

1938 Diu swert genôte vielen ûf sîn eines lîp. 1875
daz muose sît beweinen vil maneges heldes wîp. (1990)
den schilt den ruhte er hôher, den vezzel nider baz:
dô frumte er vil der ringe mit bluote vliezénde naz.

1939 «Sô wê mir dirre leide», sprach Aldrîânes kint. 1876
«nu wîchet, Hiunen recken, ir lât mich an den wint, (1991)
daz der luft erküele mih stúrmmüeden man.»
dô sah man den recken vil harte hêrlîche gân.

1940 Alsô der strîtes müede ûz dem hûse spranc, 1877
waz iteniuwer swerte ûf sîme helme erklanc! (1992)
die niht gesehen hêten, waz wunders tet sîn hant,
die sprungen hin engegene dem von Burgonden lant.

1941 «Nu wolde got», sprach Dancwart, «möht' ich den boten hân 1878
der mînen bruoder Hagenen kunde wizzen lân (1993)
daz ich vor disen recken stên in solher nôt!
er hulfe mir von hinnen oder ér gelæge bî mir tôt.»

1942 Dô sprâchen Hiunen recken: «der bote muostu sîn, 1879
sô wir dich tragen tôten für den bruoder dîn. (1994)

1936, 3 *dar über*, außerdem. — *Dancwartes man*, von den sechzig, welche ihm und Hagen gehörten. — 4 *alters eine*, weltverlassen, ganz allein.
1937, 1 *swiften*, beschwichtigen. — *was gelegen*, hatte sich gelegt.
1938, 1 *genôte*, eifrig, dicht. — 3 *vezzel* stm., dasselbe was *schiltvezzel*. Dieser Schildriemen war also beweglich; Dancwart musste ihn nach unten schieben, um den Schild weiter unten anzufassen und denselben dadurch höher zu rücken.
1939, 2 *an den wint*, an die Luft. — 3 *sturmmüede*, müde vom Kampfe.
1940, 2 *iteniuwer*: Schwerter, die noch nicht im Kampfe gewesen waren. Es drangen immer neue Kämpfer herzu (1940, 4).
1941, 3 *ich stên* 1. pers. præs. von *stên*, stehen.

sô sihet im êrste leide der Gúnthêres man.
du hâst dem künege Etzeln sô grôzen schaden hie getân.

1943 Er sprach: nu lât daz dreuwen und stêt ûf hôher baz. 1880 (1996)
ja getúon ich etelichem noh die ringe naz.
ich wil diu mære selbe hin ze hove sagen,
und wil ouh mînen herren mînen grôzen kumber klagen.»

1944 Er leidet' sich sô sêre den Étzélen man, 1881 (1997)
daz sie in mit den swerten torsten niht bestân.
dô schuzzen sie der gêre sô vil in sînen rant
daz er in durch die swære muose lâzen von der hant.

1945 Dô wânden s' in betwingen, do er niht schildes truoc. 1882 (1998)
hei waz er tiefer wunden durch die helme sluoc!
des muose vor im strûchen vil manic küener man:
dar umbe lop vil grôzen der küene Dancwart gewan.

1946 Ze beiden sînen siten sprungen sie im zuo. 1883 (1999)
jâ kom ir eteslicher in den strit ze fruo.
dô gie er vor den vînden alsam ein eberswîn
ze walde tuot vor hunden: wie möht' er küenér gesîn?

1947 Sîn vart diu wart erniuwet von heizem bluote naz. 1884 (2000)
janę kunde ein einic recke gestrîten nimmer baz
mit sînen vîänden danne er het getân.
man sach den Hagenen bruoder ze hove hêrlîchen gân.

1948 Truhsæzen unde scenken die hôrten swerte klanc. 1885 (2001)
vil maneger dô daz trinken von der hende swanc,

1942, 3 dann sieht Gunther's Mann (Hagen) erst etwas was ihm leid ist.
1943, 1 *dreuwen*, drohen. — *stêt ûf hôher*, weicht, tretet zurück.
1944, 1 *leidet sich*, machte sich leid, unangenehm; durch seine Schwertschläge. — 2 sie wagten nicht in unmittelbarer Nähe mit ihm zu kämpfen. — 4 der Schild wurde so schwer von den hineingeschossenen Wurfspießen, daß Danewart ihn nicht mehr zu halten vermochte.
1946, 1 *im zuo*, auf ihn los. — 4 *ze walde*, in den Wald; oder im Walde. — *möht'*, hätte können.
1947, 1 *erniuwen*, auffrischen. Wo er gieng, da floß immer von frischem Blut. — *ein einec recke*, ein alleinstehender Recke.
1948, 2 *daz trinken*, das Getränk. — *swanc*, warf fort. *von der hende*, aus der Hand. —

und etesliche spîse, die man ze hove truoc:
dô kom im vor der stiegen der starken vîndé genuoc.

1949 «Wie nu, ir trúhsǽzen?» sprach der müede degen. 1886
«jâ soldet ir der geste güetlîche pflegen, (2001)
und sóldét den herren guote spîse tragen,
und liezet mich diu mære mînen lieben herren sagen.»

1950 Swelher durch sîn ellen im für die stiegen spranc, 1887
der sluoc er eteslîchem sô swæren swertes swanc, (2002)
daz sie durch die vorhte ûf hôher muosen stân.
ez het sîn starkez ellen vil michel wúndér getân.

1948, 4 *kom*, begegnete. — *stiegen*, die Treppe, die zum Speisesaale führte.
1949, 4 *liezet*, solltet lassen.
1950, 1 *durch sîn ellen*, durch seine Kraft bewogen. — *im für die stiegen spranc*, ihm voraus die Stiege emporsprang und ihm dadurch den Eingang in den Saal wehrte.

XXXIII. ÂVENTIURE,

WIE DIE BURGONDEN MIT DEN HIUNEN STRITEN.

Dancwart tritt in die Thür und verkündet was geschehen. Hagen schlägt dem jungen Ortlieb das Haupt ab. Der Kampf beginnt, viele Heunen fallen: Dancwart hält an der Thür Wache. Kriemhild ruft Dietrich um Hilfe an; dieser erreicht von den burgundischen Königen, daß er mit Etzel und Kriemhild, sowie seinen sechshundert Mannen den Saal verlassen darf. Auch Rüdiger und den Seinen wird dasselbe gewährt. Alle andern im Saale befindlichen Heunen werden erschlagen.

1951 Alsô der küene Dancwart undèr die türe getrat, 1888
daz Etzeln gesinde er hôher wichen bat. ([illegible])
mit bluote was berunnen allez sîn gewant:
ein vil starkez wâfen daz truog er blôz an sîner hant.

1952 Vil lûte rief dô Dancwart vor dem gademe: 1889
«ir sitzet al ze lange, bruoder Hagene. ([illegible])
iu unde got von himele klage ich unser nôt:
ritter unde knehte sint in der herberge tôt.»

1953 Er rief im hin engegene: «wer hât daz getân?» 1890
«daz hât der herre Blœdel unde sîne man. ([illegible])
ouch hât er's sêre engolten, daz wil ich iu sagen:
ich hân mit mînen handen im sîn houbet abe geslagen.»

1951, 2 *hôher wichen*, zurückweichen. — *bat*, befahl. — 3 *berunnen*, überströmt.
1952, 1 er ruft, noch ehe er wirklich in den Saal eingetreten ist.

1954 «Daz ist ein schade kleine», spràch Hágene, 1891
dâ man saget mære von eime degene, (2007)
ob er von recken henden verliuset sînen lip:
in suln deste ringer klagen wætlîchiu wîp.»

1955 «Nu saget mir, bruoder Dancwart, wie sît ir sô rôt? 1892
ich wæne ir von wunden lidet grôze nôt. (2008)
ist er índer inme lande, der'z iu hât getân,
in ernér der übele tiuvel, ez muoz im an sîn leben gân.»

1956 «Ir sehet mich wol gesunden: mîn wât ist bluotes naz. 1893
von ander manne wunden ist mir geschehen daz, (2009)
der ich alsô manegen hiute hân erslagen,
ob ich des swern solde, i'ne kúnd' iz nímmér gesagen.»

1957 Er sprach: «bruoder Dancwart, sô hüetet uns der tür, 1894
und lât der Hiunen einen komen niht der für. (2010)
ich wil réden mit den recken, als uns des dwinget nôt.
unser ingesinde liget unverdienet tôt.»

1958 «Sol ich sîn kamerære», sprach der küene man, 1895
«alsô richen künegen ich wol gedienen kan: (2011)
sô pflige ich der stiegen nâch den éren mîn.»
den Kriemhilde degenen kunde leider niht gesîn.

1959 «Mich nimet des michel wunder», spràch Hágene, 1896
«waz nu hinne rûnen die Hiunen degene. (2012)

1954, 1 Wenn jemand durch die Hand eines Helden sein Leben verloren hat, wie Blœdel durch Dancwart, so hat man nicht nöthig ihn zu beklagen. — 4 *ringer*, weniger.

1955, 4 *in erner*, es sei denn daß ihn errette.

1956, 4 ich könnte die Zahl nicht nennen, könnte nicht beschwören, wie viel ich erschlagen.

1957, 2 *der für*, hinaus. — 3 ich will sie zur Rede stellen. — *dwinget*, gewöhnlich mit *tw* anlautend.

1958, 1 *kamerære:* der Kämmerer hat den Platz an der Thür, um jeden Eintretenden sogleich zu sehen.

1959, 2 *hinne* für *hie inne*, hier im Saale. — *rûnen*, raunen, sich zuflüstern. —

sie wæn' des lihte enbæren der an der tür stât,
unt diu hovemære gesäget den Bürgônden hât.

1960 Ich hân vernomen lange von Kriemhilde sagen, 1897
daz siu ir herzen leide wolde niht vertragen. (2013)
nu trinken wir die minne und gelten 's küneges wîn.
der junge vogt der Hiunen der muoz der êriste sîn.»

1961 Dô sluoc daz kint Ortlieben Hagène der hélt guot, 1898
daz im gegen der hende ame swérte vlôz daz bluot (2014)
und der küneginne'z houbet spranc in die scôz.
dô huop sich under degenen ein mort vil grimmec unde grôz.

1962 Dar nâch sluog er dem magezogen einen swinden slac 1899
mit beiden sînen handen, der des kindes pflac, (2015)
daz im daz houbet schiere vor tische nider lac.
ez was ein jämerlicher lôn, den er dem magezogen wac.

1963 Er sach vor Etzeln tische einen spileman: 1900
Hägene in sîne zorne gâhen dar began. (2016)
er sluoc im ûf der videlen abe die zeswen hant,
«daz habe dír ze bóteschefte in der Búrgónden lant.»

1964 «Sô wê mir miner hende», sprach Wérbel der spileman. 1901
«her Hagene von Tronege, waz het ich iu getân? (2017)
ich kom ûf grôze triuwe in iuwer herren lant.
wie klenke ich nu die dœne, sít ih verlorn hân die hant?»

1959, 3 sie wurden den Thurhüter (Danewart) gern entbehren, um ungehindert hinauszukommen. — 4 *hovemære*, Nachricht für den Hof.

1960, 2 *leide* dat.: daß sie ihr Leid nicht wollte hingehen lassen, ohne es zu rächen. — 3 *minne trinken*, zum Gedächtniss jemandes trinken: zu Ehren der Todten; hier ist wol zunächst an Siegfried gedacht. Sie trinken die *minne* im Blut der Erschlagenen. — 4 *êriste*, vollere Form von *êrste*.

1961, 2 *gegen der hende*, nach der Hand hin; *ame*, am Schwert herab. — 3 *küneginne'z* = *küneginne daz*.

1962, 3 *nider lac*, auf der Erde lag. — 4 *lôn*, für seine Erziehung. — *wac* praet. von *wegen*, zuwägen.

1963, 3 *ûf der videlen*, während er spielte, seine Hand auf der Geige ruhte. — 4 wenn du wieder eine Botschaft nach Burgund bringen willst (wie die Einladung zu dem Feste), so melde, daß du deine Hand verloren hast.

1964, 3 *ûf*, in Erwartung von. — 4 *klenken*, klingen lassen.

1965 Hagenen ahte ringe, gevidelt' er nimmer mêr. 1902
dô frumte er in dem hûse diu verchgrimmen sêr (2018)
an den Etzeln recken, der er sô vil ersluoc.
dô brâhte er in dem hûse ze tôde liutés genuoc.

1966 Volkêr der vil snelle von dem tische spranc: 1903
sîn videlboge im lûte an sîner hende erklanc. (2019)
dô videlte ungefuoge Guntheres spileman.
hei waz er im ze vînde der küenen Híunén gewan!

1967 Ouch sprungen von den tischen die drîe kü-
nege hêr. 1904
sie wolden'z gerne scheiden, ê daz scáden ge- (2020)
scæhe mêr.
sine mohten'z mit ir sinnen dô niht understân,
dô Volkêr unde Hagene sô sêre wüetén began.

1968 Dô sach der vogt von Rîne ungeschéidén den
strit: 1905
dô sluoc der fürste selbe vil manige wunden wît (2021)
durh die liehten ringe den vîänden sîn.
er was ein helt zen handen: daz tet er grœz-
lichen schîn.

1969 Dô kom ouch zuo dem strite der starke Gêrnôt: 1906
jâ frumte er der Hiunen vil manegen helt tôt, (2022)
mit eime scarpfem swerte, daz im gap Rüedegêr.
den Étzélen recken tet er diu grœzlichen sêr.

1970 Der junge sun vroun Uoten zuo dem strite spranc: 1907
sîn wâfen hêrlîchen durch die helme erklanc (2023)
den Etzelen recken ûzer Hiunen lant.
dâ tet vil michel wunder des küenen Giselheres hant.

1965, 2 *verchgrimme*, wüthend aus Leben gehend, im Leben wüthend.
1966, 3 *ungefuoge* adv., schrecklich, gewaltig. — 4 er machte sich viele Feinde unter den Heunen, deren Verwandte er erschlug.
1967, 2 *scaden* gen. von *mêr* abhängig. — 3 *mit ir sinnen*, mit ihrer geistigen Kraft, ihrer Klugheit, Besonnenheit.
1968, 1 *ungescheiden*, ungeschlichtet: sah, daß er nicht geschlichtet werden konnte.
1970, 3 *den recken* zunächst mit *helme* zu verbinden.

1971 Swie frum sie alle wæren, die künige und ouch ir man, 1908 (2024)
doch sah man vor in allen Giselheren stân
gégen den vîanden: er was ein helt guot.
er frumte dâ mit wunden vil manegen vallen in daz pluot.

1972 Ouch werten sich vil sêre die Etzelen man. 1909 (2025)
dô sah man die geste hóuwénde gân
mit den vil liehten swerten durh des küneges sal.
dô hôrt' man allenthalben von wuofe grœzlichen schal.

1973 Dô wolden die dar ûze z'ir friunden sîn dar în: 1910 (2026)
die nâmen an den türnen vil kléinén gewin.
dô wæren die dar inne vil gerne für den sal:
Dancwárt liez ir deheinen die stiegen ûf noch zetal.

1974 Des huop sich vor den türnen vil stárkér gedranc 1911 (2027)
und ouch von den swerten grôzer helmklanc.
des kom der küene Dancwart in eine grôze nôt:
daz besórgté sin bruoder, als im sîn triuwé gebôt.

1975 Vil lûte rief dô Hagene Volkêren an: 1912 (2028)
«sehet ir dort, geselle, mînen bruoder stân
vor hiunischen recken under starken slegen?
vriunt, nert mir den bruoder ê wir vlíesén den degen.

1976 «Daz tuon ich sicherlichen», sprach der spilman. 1913 (2029)
er begónde vídelénde durch den palas gân:
ein hertez swert im ofte an sîner hende erklanc.
die recken von dem Rîne im sageten grœzlichen danc.

1971, 1 *frum*, tapfer. — 2 es fällt auf, hier nochmals Giselher erwähnt zu finden; Lachmann vermuthet *Volkêren*. — 4 *frumte vallen*, machte fallen.
1972, 1 *Ouch*, auf der andern Seite.
1973, 1 *die dar ûze*, die Heunen, die nicht im Saale waren. — *sîn*, darin ein Verbum der Bewegung; ebenso in *wæren* 3. — *dar în*, dahinein. — 2 *turnen*: auch hier sind über der Hauptthür Thürme, vgl. zu 1836, 3. — *kleinen gewin*, großen Schaden.
1974, 2 *helmklanc*, Klingen der Helme, die von den Schwertern getroffen werden. — 4 *besorgen*, sorglich bedenken.
1975, 4 *nert* imp. von *nern*, nähren, retten
1976, 2 *videlende*: überall ist hier natürlich unter dem Bilde der Fiedel das Schwert zu verstehen.

1977 Volkêr der vil küene zuo Dancwarte sprach: 1914
«ir habet erliten hiute vil grôzen ungemach. (2030)
mich bat iuwer bruoder durch helfe zuo z'iu gân.
welt ir nu sîn dar ûze, sô wil ich innerthalben stân.»

1978 Dancwart der snelle stuont ûzerhalp der türe: 1915
er werte in die stiege, swaz ir kom der füre. (2031)
des hôrt' man wâfen hellen den heleden an der hant.
sam tet ouch innerthalben Volkêr von Búrgónden lant.

1979 Der küene videlære rief über die menege: 1916
«der sal ist wol beslozzen, vriwent hêr Hagene. (2032)
jâ ist alsô verschranket diu Étzélen türe:
von zweier helde handen dâ gênt wol tûsent rigele füre.»

1980 Dô von Tronege Hagene die tür sah sô behuot, 1917
den schilt warf ze rucke der mære helt guot: (2033)
alrêrst begond' er rechen daz im dâ was getân.
dô heten sîne vinde ze lebene keiner slahte wân.

1981 Dô der vogt von Berne rehte daz ersach, 1918
daz Hagene der starke sô manegen helm brach, (2034)
der künec von Amelunge spranc ûf eine banc;
er sprach: «hie scenket Hagene daz aller wírsíste tranc.»

1982 Der wirt het grôze sorge, als im dô daz gezam 1919
(waz man im lieber vriunde vor sînen ougen nam!), (2035)
wand' er vor sînen vînden vil kûme dâ genas.
er saz vil angestliche: waz half in daz er künec was?

1977, 1 bisher hatte Danewart sich nach zwei Seiten vertheidigen müssen, gegen die von außen und von innen Andrängenden.

1978, 2 *der füre*, davor, vor dieselbe.

1979, 3 *verschranken*, mit Schranken versehen; Schranken sind an einem Thore die vorgeschobenen Riegel oder Balken. Darauf bezieht sich auch die folgende Zeile: aus den Handen zweier Helden gehen wohl tausend Riegel vor, sie sind soviel werth wie tausend Riegel.

1980, 2 er schiebt den Schild auf den Rücken, um ungehindert dreinschlagen zu können.

1981, 3 *von Amelunge*: zu ergänzen *lande*. — 4 ironisch von dem vergossenen Blute. — *wirsiste*, schlimmste.

1982, 4 seine königliche Gewalt und Würde konnte ihm hier nichts helfen.

1983 Kriemhilt diu riche rief Dietrichen an: 1920
«nu hilf mir, ritter edele, mit dem libe dan, (2036)
durch aller fürsten tugende ûz Amelunge lant:
wan erreichét mich Hagene, ich hân den tôt an der hant.»

1984 «Wie sol ich iu gehelfen», sprach her Dietrich, 1921
«edeliu küneginne? nu sorge ich umbe mich. (2037)
ez sint sô sêre erzürnet die Guntheres man,
daz ich an disen ziten gefriden niemen enkan.»

1985 «Neinâ, herre Dietrich, vil edel ritter guot, 1922
lâzâ hiute schînen dînen tugentlichen muot, (2038)
daz du mir helfest hinnen: oder ich belibe tôt.»
der sorge gie Kriemhilt vil harte grœzliche nôt.

1986 «Daz wil ich versuochen, ob ich iu gehelfen kan; 1923
wand' ich in langen ziten nie gesehen hân (2039)
sô bitterlich erzürnet manegen ritter guot.
jâ sihe ich durh die helme von swerten springén daz pluot.»

1987 Mit kraft begonde ruofen der degen ûz erkorn, 1924
daz sîn stimme erlûte alsam ein wisentes horn, (2040)
unt daz diu burc vil wite von sîner kraft erdôz.
diu sterke Dietriches was unmæzliche grôz.

1988 Dô gehôrte Gunther ruofen disen man 1925
in dem herten sturme: losen er began. (2041)
er sprach: «Dietrîches stimme ist in mîn ôre komen:
ich wæne im unser degene haben etwen hie benomen.

1989 Ich sihe in ûf dem tische: er winket mit der hant. 1926
ir friunt unde mâge von Burgonden lant, (2042)

1983, 3 *ûz Amelunge lant* mit *fürsten* zu verbinden. — 4 so muß ich sofort sterben.
1984, 2 *nu*, begründend: ich habe genug Sorge um mich selbst. — 4 *gefriden*, beschützen, sicher stellen.
1985, 2 *lâzâ* imper. *lâz* mit der Partikel *â*. — 3 *daz*, darin daß.
1986, 4 *von*, die Ursache, das Ausgehen wovon bezeichnend.
1987, 2 *erlûte* praet. von *erlûten*, erklingen. — Das Horn des *wisent* wurde als Instrument gebraucht, auf dem geblasen wurde.
1988, 4 *etwen* acc. von *etwer*, irgend wer. — *benomen*, erschlagen.

gehabet ûf des strites, lât hœren unde sehen,
waz hie deme degene von mînen mannen sî geschehen.»

1990 Dô der künec Gunther bat und ouch gebôt, 1927
sie habten ûf mit swerten in des strites nôt. (2043)
daz was gewalt vil grôzer daz dâ niemen sluoc.
er vrâgte den von Berne der mære schíeré genuoc.

1991 Er sprach: «vil edel Dietrich, waz ist iu hie getân 1928
von den mînen vriunden? willen ich des hân, (2044)
buoze unde suone bin ich iu bereit.
swaz iu iemen tæte, daz wær' mir inneclîchen leit.»

1992 Dô sprach der herre Dietrich: «mir ist niht getân. 1929
lât mich ûz dem hûse mit iuwerm vride gân (2045)
von disem herten strite mit dem gesinde mîn:
daz wil ich sicherlîchen immer díenénde sîn.»

1993 «Wie vlêhet ir sô schiere?» spräch Wólfhárt. 1930
«jâ hât der videlære die tür nie sô verspart, (2046)
wir entslíezen sie sô wîte daz wir dar füre gân.»
«nu swîget», sprach her Dietrich: «ir habet den tíuvél getân.»

1994 Dô sprach der künec Gunther: «erlouben ich iu wil, 1931
füeret ûz dem hûse lützel oder vil, (2047)
âne mîne vînde: die suln hie bestân.
sie hânt mir zen Hiunen sô rehte léidé getân.»

1995 Dô er daz erhôrte, under árm ér beslôz 1932
die edelen küneginne: der sórgé was grôz. (2048)

1989, 3 *gehaben ûf* mit gen., mit etwas inne halten; vgl. 1990, 2
1990, 3 das war eine sehr große Macht, die da bewirkte, daß der Streit aufhörte.
1991, 2 *willen ich des hân*, ich bin gewillt. — 3 *buoze*, *suone* sind Genetive.
1992, 2 *mit iuwerm vride*, indem ich Frieden und Schutz von euch erhalte.
1993, 1 *sô schiere*, sobald: dazu, zum Flehen ist es noch immer Zeit, wir haben es jetzt nicht nöthig. — 3 *wir entsliezen*, daß wir sie nicht offnen könnten.
1994, 3 *âne*, ausgenommen.
1995, 1 *erhœren*, hören. — *under arm beslôz*, nahm unter den Arm.

dô fuort' er anderthalben Etzeln mit im dan.
ouch gie mit Dietriche sehs hundert wætlicher man.

1996 Dô sprach der marcgrâve, der edele Ruedegêr: 1933 (2049)
«sol aber ûzem hûse iemen komen mêr
die iu doch gerne dienen, daz lâzet uns vernemen:
sô sol ouch vride der stæte guoten vriunden gezemen.»

1997 Des antwurte Giselher von Burgonden lant: 1934 (2050)
«vride unde suone sî iu von uns bekant,
sît ir sît triuwen stæte, ir und iuwer man.
ir sult unangestlichen mit iuwern vriunden hinnen gân.»

1998 Dô Rüedegêr der herre gerûmte den sal, 1935 (2051)
fünf hundert oder mêre im volgten über al,
der von Bechelâren, vriunt und sîner man,
von den der künic Gunther schaden grôzen sît gewan.

1999 Dô sach ein Hiunen recke Etzelen gân 1936 (2052)
bî Dietrîche nâhen: genozzen wold' er's hân.
dem gap der videlære einen solhen slac,
daz im vor Etzeln füezen daz houbet schiere gelac.

2000 Dô der wirt des landes kom für daz hûs gegân, 1937 (2053)
dô kêrte er sich hin widere und sach Volkêren an.
«owê mir dirre geste, ditz ist ein grimmiu nôt,
daz alle mîne recken sulen vor in ligen tôt.

2001 Ach wê der hôhgezîte», sprach der künec hêr. 1938 (2054)
«dâ vihtet einer inne, der heizet Volkêr.

1996, 2 *ûzem* für *ûz dem*. — *iemen mêr*, jemand weiteres. — 3 *die* auf *iemen* bezüglich, weil darunter nicht nur einer verstanden ist. — 4 *vride der stæte*, der feste unverbrüchliche Frieden.
1997, 2 *sî bekant*, sei mitgetheilt, verkündet. — 3 *triuwen* (gen. pl.) *stæte*, fest in der Treue.
1998, 2 *über al*, im Ganzen. — 3 *vriunt* gen. pl., in unflectierter Form.
1999, 2 er wollte diese Gelegenheit benutzen, um auch zu entwischen.
2000, 2 er erwähnt hier nur Volkern, weil dieser eben vor seinen Augen einen Hunnen erschlagen.

alsam ein eber wilde, und ist ein spileman.
ich danke's mîme heile daz ich dem tíuvél entran.

2002 Sîn leiche lûtent übele, sîn züge die sint rôt: 1939
jâ vellent sîne dœne vil manigen helt tôt. (2055)
i'ne weiz niht waz uns wîze der selbe spileman:
wand' ich gast nie deheinen sô rehte léidén gewan.»

2003 Sie heten die sie wolden lâzen für den sal: 1940
dô huop sich innerthalben ein grœzlicher schal. (2058)
die geste sêre râchen daz in ê geschach.
Volkêr der vil küene, hei waz er hélmé zerbrach!

2004 Sich kêrte gegen dem schalle Gunthér der künec hêr. 1941
«hœrt ir die dœne, Hagene, die dort Volkêr (2059)
videlet mit den Hiunen, swer zuo den türnen gât?
ez ist ein rôter anstrich, den er zem videlbogen hât.»

2005 «Mich riuwet âne mâze», sô sprach Hagene, 1942
«deich vor dem degene ie gesaz in disem gademe. (2060)
ich was sîn geselle unde ouch er der mîn:
und kome wir immer widere, daz suln wir noch mit triuwen sîn.

2006 Nu schouwe, künec hêre, Volkêr ist dir holt: 1943
er dienet willecliche dîn silber unt dîn golt. (2061)
sîn videlboge im snidet durch den herten stâl:
er brichet ûf den helmen diu liehte schînénden mâl.

2001, 3 *eber:* der Vergleich von Kämpfenden mit Ebern ist in der altdeutschen Poesie sehr häufig. — 4 *danke's*, danke dafür.
2002, 1 *leich* stm., Gesang aus ungleichen Strophen zum Saitenspiel und Tanz. — *zuc*, Streich des Fiedelbogens und Schwertes.
2003, 1 *lazen* part. für *gelâzen*. — 3 *daz*, dasjenige was.
2004, 3 *swer*, wenn einer. — 4 *anstrich*, Strich auf der Geige; dasselbe Bild wie 2002, 1. — *zem*, an dem.
2005, 1 *Mich riuwet*, mir thut leid. — 2 daß ich im Saale sitzen geblieben bin, ohne dem Degen zu folgen. Zwar ist auch Volker im Saale, aber an der Thür, also von Hagen entfernt. Nach Hagen's Ansicht jedoch sollten *gesellen* immer nebeneinander kämpfen. — 4 *widere*, nach Haus zurück.
2006, 4 *liehte* adv., hell. — *mâl* stn., Zeichen; namentlich Zierrat der Rüstung.

2007 Une gesach nie videlære sô hêrlîchen stân, 1944
alsô der degen Volkêr hiute hât getân.
die sînen leiche hellent durch helm unde rant.
jâ sol er rîten guotiu ross und tragen hêrlich gewant.

2008 Swaz der Hiunen mâge in dem sâle was gewesen, 1945
der enwás nu deheiner dar inne mê genesen.
des was der schal geswiftet, daz niemen mit in streit:
diu swert von handen legeten die küenen recken gemeit.

2007, 4 *sol*: es hât er verdient.

XXXIV. ÂVENTIURE,

WIE SIE DIE TÔTEN ABE WURFEN.

Auf Giselher's Vorschlag werden die Leichen aus dem Saale geworfen; darunter auch manche Verwundete. Volker verspottet die Heunen, daß sie die Wunden nicht pflegen, und tödtet einen, der dies für eine Aufforderung im Ernst hält. Etzel eilt in den Kampf, wird aber zurückgehalten. Hagen verhöhnt ihn. Kriemhild bietet dem Gold, der ihr Hagen's Haupt bringt. Volker spottet über die Feigheit von Etzel's Mannen.

2009 Die herren nâch ir müede gesâzen dô zetal. 1946
Volkêr unde Hagene die giengen für den sal. (2064)
sich leinden über schilde die übermüeten man.
dô wart dâ rede vil spæhe von in béidén getân.

2010 Dô sprach von Burgonden Giselher der degen: 1947
«jane müget ir, lieben vriunde, noch ruowe niht gepflegen: (2065)
ir sult die tôten liute ûz dem hûse tragen.
wir werden noch bestanden, ich wil'z iu wærlichen sagen.

2011 Sine suln uns under füezen hie niht langer ligen. 1948
ê daz uns die Hiunen mit sturme an gesigen,
wir gehóuwen noch die wunden, diu mir vil sanfte tuot.
des hân ich», sprach dô Giselher, «einen stætigen muot.»

2010, 1 *wir werden noch bestanden*, es ist mit den Angriffen noch nicht zu Ende, es kommen noch mehr.
2011, 3 *die wunden*, eine solche Wunde, in collectivem Sinne. — *diu — tuot*, die mir das Herz erfreut. — 4 *stæte*, fest. *muot*, Absicht, Wille.

2012 Sô wol mich sölhes herren, sprach dô Hagene,
der rât enzæme niemen wan einem degene,
den uns mîn junger herre hiute hât getân.
des mugt ir Burgonden alle vrœlîche stân.

2013 Dô volgten sie dem râte [illegible]
siben tûsent tôten wurfen sie dar [illegible]
vor des sales stiegen vielen sie ze tal.
dô huop sich von ir mâgen ein vil klagelîcher schal.

2014 Ez was ir etelîcher sô mæzlîchen wunt,
der sîn sanfter pflæge, er würde noch gesunt,
der von dem hôhen valle muose ligen tôt.
daz klageten dô ir friunde: des gie in wærlîche nôt.

2015 Dô sprach der videlære, Volkêr ein helt gemeit:
nu kiuse ich des die wârheit, als mir ist geseit.
die Hiunen sint bœse, sie klagent sam diu wîp.
nu solden sie beruochen der sêre wunden lîp.

2016 Dô wânde ein marcgrâve, er reit' iz durch guot.
er sach einen sînen mâc gevallen in daz pluot.
er beslôz in mit den armen und wold' in tragen dan.
den schôz ob im ze tôde der vil küene spileman.

2017 Dô d'andern daz sâhen, diu fluht huop sich dan.
si begunden alle vluochen dem selben spileman.
einen gêr er ûf zuhte, vil scharpf unde hart,
der von einem Hiunen zuo z'im dar ûf geschozzen wart.

2018 Den schôz er krefteclîchen durch die burc dan
über daz volc vil verre. den Etzelen man [illegible]

2012, 1 wohl mir, daß [illegible] einen solchen Herrn habe [illegible] Held sein, um einen solchen Rath zu geben.
2013, 2 [illegible] gemeinsames [illegible] worden.
2014, 1 [illegible] in geringem Maße. — 2 [illegible] wenn [illegible] ihm [illegible] — 3 [illegible]
2015, 3 [illegible]
2016, 1 [illegible] von den Hunnen. — [illegible] in guter Absicht.
2017, 1 [illegible] Flucht von da. — 3 [illegible] empor. — 4 [illegible] auf die Treppe.

gab er herberge hôher von dem sal.
sîn vil starkez ellen die liute vorhten über al.

2019 Dô stuonden vor dem hûse vil manec tûsent man. 1956
Volkêr unde Hagene reden dô began (2073)
mit Etzeln dem künege allen ir muot.
des kômen sit in sorge die helede küene unde guot.

2020 «Ez zæme», sô sprach Hagene, «vil wol volkes trôst, 1957
daz die herren væhten z'aller vorderôst, (2074)
alsô der mînen herren hie ieslîcher tuot:
die houwent durch die helme, nâch swerten vliuzet daz pluot.

2021 Etzel was sô küene, er vazte sînen schilt. 1958
«nu vart gewerlîche», sprach vrou Kriemhilt, (2075)
«und bietet ir den recken daz golt über rant:
wan erreichet iuch dort Hagene, ir habet den tôt an der hant.»

2022 Der künec was sô küene, er wolde erwinden niht. 1959
daz von sô rîchen fürsten selden nu geschiht: (2076)
man muos' in bî dem vezzel ziehen wider dan.
Hagene der grimme in aber hœnen began.

2023 «Ez was ein verriu sippe», sprach Hagene der degen 1960
«die Etzel unde Sîfrit zesamne hânt gepflegen. (2077)
er minnet' Kriemhilde ê si ie gesæhe dich:
künec vile bœse, war umbe rætest ûne mich?»

2018, 3 er veranlasste, daß sie weiter zurück vom Saal [illegible] gewissermaßen niederließen, stehen blieben. Sie wagten sich nicht in die Nähe des Saales.
2019, 3 *allen ir muot*, alle ihre Gedanken; sie scheuten sich nicht, [illegible] verhöhnen.
2020, 1 *volkes trôst*, einem Könige, der der Trost seines Volkes ist. [illegible] meinen, es würde Etzeln ebenso ziemen, an der Spitze der Seinen zu fechten wie die Burgunden. [illegible] werden.
2021, 3 sie will, daß er nicht selbst kämpft, sondern seine Mannen durch Anbieten von Gold zum Kampfe anfeuert. *[illegible]*, über dem Schilde, auf dem Schilde, weil das Gold in den Schild gefüllt wurde.
2022, 2 Fürsten haben jetzt selten so viel persönlichen Muth.
2023, 1 Siegfried und Etzel haben innerlich nichts Verwandtes, jener war ein tapferer Held, dieser ist feige. *[illegible]*, machst du Anschläge auf mich.

2024 Dise rede hôrte des edelen kuneges wîp. 1961 ([illegible])
des wart in unmuote der Kriemhilde lîp,
daz er sie torste scelden vor Etzelen man:
dar umbe si aber râten an die geste began.

2025 Sin sprach: der mir von Tronege Hagenen sluege 1962 ([illegible])
unde mir sîn houbet her für mich truege,
dem fult' ich rôtes goldes den Etzelen rant,
dar zuo gæbe ich im ze miete vil guote bürge
unde lant.

2026 «Nu enweiz ich wes sie bîtent», sprach der
spileman. 1963 ([illegible])
«ine gesach nie helde mêre sô zagelîchen stân,
dâ man hôrte bieten alsô hôhen solt.
jâne sold' in Etzel dar umbe nimmer werden holt.

2027 Die hie sô lasterlîchen ezzent des fürsten brôt 1964 ([illegible])
unde im nu geswîchent in der grœzesten nôt,
der sihe ich hie manigen vil zageliche stân,
und wellent doch sîn küene: sie müezen's immer
schande hân.»

2024, 2 *wart in unmuote*, wurde unmuthig, betrübt. — 3 *v. E.*, in Gegenwart.
2026, 2 *zagelîchen* adv., unentschlossen, feige. — 4 *dar umbe*, weil sie so feige sind.
2027, 1 *lasterlîchen* adv., schimpflich. — 4 und doch wollen sie für kühn gelten.

XXXV. ÂVENTIURE,

WIE ÎRINC ERSLAGEN WART.

Iring von Dänemark entschließt sich mit Hagen zu kampfen, und zwar ohne von seinen Mannen begleitet zu sein. Er kämpft mit verschiedenen Burgunden und erschlägt vier Ritter. Giselher schlagt ihn nieder, aber Iring erholt sich und verwundet Hagen. Kriemhild dankt ihm. Er kehrt aufs neue in den Kampf zurück und fällt durch Hagen's Hand. Die Thüringer und Dänen eilen ihn zu rächen, werden von den Burgunden in den Saal gelassen und sämmtlich erschlagen.

2028 Dô rief von Tenemarke der marcgrâve Îrinc: 1965 (2084)
«ich hân ûf êre lâzen nu lange mîniu dinc
und hân in volkes stürmen des besten vil getân.
nu brinc mir mîn gewæfen: jâ wil ich Hagenen bestân.»

2029 «Daz wil ich widerrâten», sprach dô Hagene. 1966 (2085)
«sô heiz ûf hôher wîchen die Hiunen degene.
gespringent iuwer zwêne oder drî in den sal,
die sende ich ungesunde die stiegen wider hin zetal.»

2030 «Dar umbe ih'z niht enlâze», sprach aber Îrinc. 1967 (2086)
«ich hân ouch ê versuochet sam sorclichiu dinc.
jâ wil ich mit dem swerte eine dich bestân.
waz hilft dîn übermüeten, daz du mit rede hâst getân?»

2028, 2 *ûf êre lâzen*, der Ehre anvertraut. — *nu lange*, nun schon seit langer Zeit, so lange. — 4 *brinc*, an einen Knappen gewendet.
2030, 1 *Dar umbe*, weil du so drohst. — 2 *sam sorclichiu dinc*, ebenso furcht erregende Sachen. — 4 *übermüeten*, prahlen.

2031 Dô wart gewâfent balde der degen Irinc 1968
und Irnvrit von Düringen, ein küener jungelinc,
und Hâwart der starke, wol mit tûsent man:
swes Irinc begunde, sie wolden's alle im gestân.

2032 Dô sah der videlære eine vil grôze scar, 1969
die mit Iringe gewâfent kômen dar.
sie truogen ûf gebunden vil manegen helm guot
dô wart der küene Volkêr ein teil vil zornec gemuot.

2033 „Seht ir, vriunt Hagene, dort Iringen gân 1970
der iuh mit dem swerte lobt' eine bestân?
wie zimet helede lugene? ich wil unprîsen daz.
ez gênt mit im gewâfent wol tûsent recken oder baz."

2034 „Nu heizet mich niht liegen", sprach Hâwartes man. 1971
„ich wil'z gerne leisten swaz ich gelobet hân.
durh deheine vorhte wil ih's abe gân:
swie grimlich nu sî Hagene, ich wil in eine bestân."

2035 Ze vüezen bôt sich Irinc mâgen unde man, 1972
daz sie in eine liezen den recken bestân.
daz tâten sie ungerne: wand' in was wol bekant
der übermüete Hagene ûzer Burgonden lant.

2036 Doch bat er sie sô lange daz ez sît geschach. 1973
dô daz ingesinde den willen sîn ersach,
daz er warp nâh êren, dô liezen sie in gân.
dô wart von in beiden ein grimmez strîten getân.

2037 Irinc von Tenemarken hôhe truoc den gêr. 1974
sich dahte mit dem schilde der tiwer degen hêr.

2031, 4 sie wollten alle ihm darin zur Seite stehen.
2032, 3 *ûf gebunden*, auf dem Haupte mit dem *Helmbande* befestigt. — 4 *ein teil*, etwas sehr, hier gar sehr.
2033, 3 *unprîsen* swv., tadeln. — 4 *baz*, noch mehr.
2034, 1 *Nu — liegen*, an seine Mannen gewendet: macht mich nicht zum Lügner, straft meine Worte nicht Lügen. — *Hâwartes man*, Iring. — 4 *grimlîch*, schrecklich.
2036, 3 *warp nâch êren*, nach Ehre rang.
2037, 2 *dahte* prät. von *decken*. —

dô lief er ûf zuo Hagenen vaste für den sal:
dô huop sich von den degenen ein vil grœzlicher schal.

2038 Dô scuzzen sie die gêre mit kreften von der hant 1975
durh die vesten scilde ûf liehtez ir gewant, (2094)
daz die gêrstangen vil hôhe dræten dan.
dô griffen zuo den swerten die zwêne grimme küenen man.

2039 Des küenen Hagenen ellen daz was starke grôz: 1976
dô sluoc ûf in Îrinc daz al daz hûs erdôz. (2095)
palas unde türne erhullen nâch ir slegen.
done kondé niht verenden des sînen willén der degen.

2040 Îrinc lie Hagenen unverwundet stân. 1977
zuo dem videlære gâhen er began. (2096)
er wânde in möhte twingen mit sînen starken slegen:
daz konde wol bescermen der vil zierlîche degen.

2041 Dô sluoc der videlære daz über des schildes rant 1978
dræte daz gespenge von Volkêres hant. (2097)
den liez er dô belîben: er was ein übel man:
dô lief er Gunthêren vón den Búrgónden an.

2042 Dô was ir ietwedere ze strîte starc genuoc. 1979
swaz Gunther und Îrinc ûf ein ander sluoc, (2098)
daz enbrâhte niht von wunden daz vliezénde pluot.
daz behüote ir gewæfen: daz was starc unde guot.

2043 Gunthêrn er lie belîben und lief Gêrnóten an: 1980
daz fiwer ûz den ringen er houwen im began. (2099)

2037, 3 *ûf*, die Treppe hinauf.
2038, 4 *grimme* adv. zu *küenen* gehörig, in schrecklicher Weise kühnen, sehr kühnen.
2039, 1 *starke* adv., sehr. — 3 *erhullen nâch ir slegen*, tönten hinter ihren Schlägen her, hallten von ihren Schlägen wider.
2040, 3 *in möhte*, er konnte ihn. — 4 *bescermen* mit acc., sich vor etwas, gegen etwas schirmen.
2041, 3 *er*, das erste: Iring, das zweite: Volker. — 4 *Gunthêren von den Burgonden*, Gunthern von Burgund.
2042, 4 *daz behuote* (für *behuotte*), das verhinderte.

dô hete von Burgonden der starke Gêrnôt
den küenen Îringen erslagen næhlichen tôt.

2044 Dô spranc er von dem fürsten: snel er was genuoc. 1981
der Burgonden viere der helt vil balde sluoc, (2100)
des edelen ingesindes von Wormez über Rîn.
done konde Giselhêre nimmer zörner gesîn.

2045 «Goteweiz, her Îrinc», sprach Giselher daz kint, 1982
«ir müezet mir die gelten die vor iu tôt sint (2101)
gelegen hie ze stunden.» dô lief er in an,
er sluoc den Tenelender, daz er muose dâ bestân.

2046 Er seôz vor sînen handen nider in daz pluot, 1983
daz si alle wolden wænen daz der helt guot (2102)
ze strîte nimmer mêre gesluege keinen slac.
Îrinc doh âne wunden hie vor Giselhere lac.

2047 Von des helmes dôze und von des swertes klanc 1984
wâren sîne witze worden harte kranc. (2103)
daz sich der degen küene des lebens niht versan.
daz hete mit sînen kreften der starke Giselher getân.

2048 Do im begonde entwichen von hóubté der dôz, 1985
den er ê dâ dolte von dem slage grôz, (2104)
er dâhte: «ih pin noch lebende unde ninder wunt:
nu ist mir aller êrste daz ellen Giselheres kunt.»

2049 Dô hôrte er beidenthalben die vîände stân. 1986
wisten sie diu mære, im wære mêr getân. (2105)

2043, 4 *næhlichen* adv., beinahe.
2044, 1 *dem fursten*, Gernot. — 2 *viere*, von den Rittern, dem Gefolge der Fürsten (*ingesinde* 3). — 4 *zörner* compar. von *zorn* adj., zornig. *mir ist zorn*, ich bin zornig, zürne.
2045, 1 *Goteweiz*, betheuernde Formel: weiß Gott. — 3 *hie ze stunden*, hier auf der Stelle. — 4 *bestân*, daß er nicht weiter konnte, er fiel hin.
2046, 1 *sînen*, Giselher's. — 2 *wolden wænen*, hatten glauben mogen. — 3 *ze strîte*, im Kampfe.
2047, 1 Von dem Lärm, den der vom Schwerte getroffene Helm machte. 2 *sîne witze*, seine Besinnung. — *kranc*, schwach: er wurde ohnmächtig. — 3 *sich des lebens niht versan*, kein Bewusstsein seines Lebens hatte.
2049, 2 sie hielten ihn für todt: hätten sie gewusst, daß er nur betaubt war, so hätten sie ihn getödtet.

ouch het er Giselhêren dâ bi im vernomen.
er dâhte wie er solde von den vîänden komen.

2050 Wie rehte tobeliche er ûz dem pluote spranc! 1987
sîner snelheite er mohte sagen danc. (2106)
dô lief er ûz dem hûse da er aber Hagenen vant,
und sluoc im slege swinde mit sîner ellenthafter hant.

2051 Dô gedâhte Hagene: «du muost des tôdes wesen. 1988
dich envride der übele tiuvel, dune kanst niht genesen.» (2107)
doch wundet' Îrinc Hagenen durch sinen helmhuot.
daz tet der helt mit Wasken: daz was ein wâfen alsô guot.

2052 Dô der herre Hagene der wúndén enpfant, 1989
do erwaget' im ungefuoge daz swert an sîner hant. (2108)
aldâ muos' ím entwichen der Hâwartes man:
hin nider von der stiegen Hagene im vólgén began.

2053 Îrinc der vil küene en schilt uber houbet swanc. 1990
und wær' diu selbe stiege drier stiegen lanc, (2109)
die wile liez in Hagene nie slahen einen slac.
hei waz rôter vanken ob sîme hélmé gelac!

2054 Wider zuo den sînen kom Îrinc wol gesunt. 1991
dô wurden disiu mære Kríemhilde kunt, (2110)
waz er von Tronege Hagenen mit strîte hete getân:
des im diu küneginne vil hôhe dánkén began.

2055 «Nu lôn' dir got, Îrinc, vil mære helt guot, 1992
du hâst mir wol getrœstet daz herze und ouch den muot. (2111)

2050, 3 Hagen stand vor dem Hause; mit Giselher hatte Iring im Saale gefochten.
2051, 3 *helmhuot* stm., Helm. — 4 *alsô*, verstärkend, sehr.
2052, 2 *erwagen*, sich bewegen: indem er damit schlug. — *ungefuoge*, schrecklich heftig.
2053, 1 *en* = *den*. — *uber houbet*, er hielt den Schild zum Schutze übers Haupt, weil die Schläge von oben, von dem höherstehenden Hagen kamen. — 2 wäre sie dreimal so lang gewesen als sie war. — 3 während der ganzen Zeit ließ Hagen Iringen nicht zum Schlagen kommen; Iring hatte genug zu thun, um sich gegen Hagen's Schläge zu wehren.
2054, 4 *vil hôhe*, gar sehr.

er sluoc im rôt von pluote Hagenen sîn gewant.
Kriemhilt nam im selbe den schilt vor liebe von der hant.

2056 "Ir muget im mâzen danken," sô sprach Hagene. 1993
"wold' er'z noch versuochen, daz zæme degene:
kæm' er danne widere, sô wær' er ein küene man.
diu wunde frumet iuch kleine, die ich von im enpfangen hân.

2057 Daz ir von miner wunden die ringe sehet rôt, 1994
daz hât mich erreizet ûf maniges mannes tôt.
ich pin alrêrste erzürnet ûf Hâwartes man.
mir hât der degen Irinc schaden kleinen noch getân."

2058 Dô stuont gegen dem winde Irinc von Tenelant: 1995
er kuolte sich in ringen, den helm er abe gebant.
dô sprâchen al die liute, sîn ellen wære guot.
des hete der marcgrâve einen rîche hôhen muot.

2059 Aber sprach dô Irinc: "mîne vriunt, wizzet daz, 1996
daz ir mich wâfent balde: ich wil'z versuochen baz,
ob ich noch müge betwingen den übermüeten man."
sîn schilt was verhouwen: einen bezzern er gewan.

2060 Vil schiere wart der recke dô gewâfent baz. 1997
einen gêr vil starken nam er durch den haz,
dâ mite er aber wolde Hagenen dort bestân.
dô warte im vîentlîche der mortgrimmige man.

2061 Sin mohte niht erbîten Hagene der degen. 1998
er lief im hin engegene mit schuzzen und mit slegen

2055, 3 *Hagenen* [illegible] Dat. [illegible] dem Hagen rötete [illegible].
2056, 1 *mâzen* dat. pl., mässig: ihr habt nicht Ursache ihm so sehr zu danken. — 4 *frumen* mit dat., jemand helfen, nützen. — *kleine* adv., wenig = nichts.
2057, 2 *erreizen* [illegible] wie unser [illegible] anzustacheln, reizen.
2058, 1 er stellte sich dem Winde gegenüber, um sich anwehen zu lassen. — 4 *rîche* adv., mächtig, sehr.
2059, 2 *baz*, noch weiter. — [illegible]
2060, 3 *dâ mite*, mit welchem, auf [illegible]. — 4 *mortgrimmec*, im Morde wüthend.
2061, 1 Hagen konnte nicht warten, bis Irinc [illegible] herangekommen. — 2 [illegible] mit Geschossen. —

die stiegen an ein ende: sîn zurnen daz was grôz.
Îrinc sîner sterke dô vil wênéc genôz.

2062 Sie sluogen durch die scilde dei'z lóugén began 1999
von fiwerrôten winden. der Hâwartes man (2118)
wart von Hagenen swerte kreftéclîchen wunt
durh schilt und durch brünne: des er wart nimmer mêr gesunt.

2063 Dô der degen Îrinc der wúndén enpfant, 2000
den schilt er baz ruhte über diu helmbant. (2119)
des schaden in dûht' der volle, den er dâ gewan:
sît tet im aber mêre des künec Guntheres man.

2064 Hagène vor sînen füezen einen gêr lígen vant: 2001
er scôz Îringen, den helt von Tenelant. (2120)
daz im von dem houbte diu stange ragete dan.
im hete der recke Hagene den grimmen éndé getân.

2065 Îrinc muost' entwîchen zuo den von Tenelant. 2002
ê daz man dô dem degene den helm ab gebant, (2121)
man brach den gêr von houbte: dô nâhet' im der tôt.
daz weinden sîne mâge: des gie in wærlîche nôt.

2066 Dô kom diu küneginne über in gegân: 2003
den starken Îringen klagen siu began. (2122)
siu weinde sîne wunden, ez was ir grimme leit.
dô sprach vor sînen mâgen der recke küene unt gemeit:

2067 Lât die klage belîben, vil hêrlîchez wîp. 2004
waz hilfet iuwer weinen? jâ muoz ich mînen lîp (2123)
verliesen von den wunden die ich enpfangen hân.
der tôt wil mich niht langer iu und Etzeln dienen lân.

2061, 3 *an ein ende*, bis ans Ende, bis die Treppe herunter.
2063, 2 er ruckte den Schild höher herauf. — 3 es dünkte ihn das volle Maß des Schadens; aber Hagen that ihm noch mehr (4).
2064, 3 *diu stange* des Wurfspeeres: derselbe blieb im Kopfe sitzen. — 4 *ende* im Mhd. stm. und stn.
2065, 3 man zog ihm den Speer aus dem Haupte.
2066, 1 *über in*, weil er sterbend am Boden lag. — 4 *vor* in Gegenwart.

2068 Er sprach zuo den von Düringen unt den von Tenelant: 2005
die gâbe sol enpfâhen iwer dehéines hant
von der küneginne, ir liehtez golt vil rôt,
und bestêt ir Hagenen, ir muezet kiesen den tôt.

2069 Sîn varwe was erblichen, des tôdes zeichen truoc 2006
Irinc der küene: daz was in leit genuoc.
genesen niht enkunde der Hâwartes man:
dô muost' ez an ein strîten von den von Tenemarke gân.

2070 Irnfrit unde Hâwart die sprungen für daz gadem 2007
wol mit tûsent helden. vil ungefüegen kradem
hôrt' man allenthalben kreftec unde grôz.
hei waz man starker gêre zuo den Burgonden scoz!

2071 Irnfrit der küene lief an den spileman, 2008
des er schaden grôzen von sîner hant gewan.
der edele videlære den lantgrâven sluoc
durch einen helm vesten: jâ was er grimme genuoc.

2072 Dô sluoc der herre Irnfrit den küenen spileman, 2009
daz im muosen bresten diu ringes gespan,
unt daz sich beschutte diu brünne fiwerrôt.
doch viel der lantgrâve vor dem videlære tôt.

2073 Hâwart unde Hagene zesamne wâren komen. 2010
er mohte wunder kiesen, der'z hete war genomen.

2068, 2 niemand von euch soll sich durch die Anerbietungen der Königin (2065, 1) bewegen lassen, mit Hagen zu kämpfen.

2069, 1 der Tod hatte ihn gezeichnet, gewissermaßen als sein Eigenthum. — 4 die Dänen konnten nicht umhin, jetzt zu kämpfen, um Iring's Tod zu rächen.

2071, 2 *sîner*, Volker's.

2072, 2 *gespan* stn. (zu *spannen*), die Stelle, wo die Panzerringe ineinander gefügt sind. Die einzelnen Ringe des Kettenpanzers lösten sich voneinander und die Brünne wurde mit den herabfallenden Ringen überdeckt (*beschutte*). — 3 *fiwerrôt* bezieht sich auf die *ringe*: mit den von den Schlägen Funken stiebenden Ringen wurde sie bedeckt.

diu swert genôte vielen den helden an der hant.
Hâwart muoste ersterben von dem ûz Burgonden lant.

2074 Dô die Tênen und die Düringe ir herren sâhen tôt, 2011
dô huop sich vor dem hûse ein vreislichiu nôt, (2130)
ê sie die tür gewunnen mit ellenthafter hant.
des wart dâ verhouwen vil manec helm unde rant.

2075 «Wîchet», sprach dô Volkêr, «und lât sie her în gân. 2012
ez ist sus unverendet des sie dâ habent wân: (2131)
sie müezen drinne ersterben in vil kurzer zît.
sie arnent mit dem tôde daz in diu küneginne gît.»

2076 Dô die übermüeten kômen in den sal, 2013
vil manegem wart daz houbet geneiget sô zetal (2132)
daz er muose ersterben von ir swinden slegen.
wol streit der künec Gêrnôt: sam tet ouch Gîselher der degen.

2077 Tûsent unde viere die kômen in daz hûs: 2014
von swerten sach man blicken vil manegen swinden sûs. (2133)
sît wurden doch die recken alle drinne erslagen.
man mohte michel wunder vón den Búrgónden sagen.

2078 Dar nâch wart ein stille, dô der scal verdôz. 2015
daz bluot allenthalben durh diu löcher vlôz (2134)
unt dâ zen rigelsteinen von den tôten man.
daz heten die von Rîne mit grôzem éllén getân.

2073, 3 *genôte vielen*, schlugen dicht aufeinander folgende Schläge.

2074, 3 ehe sie bis an die Thür des Saales vordrangen.

2075, 2 *sus*, auf andere Weise, sonst. — *ist unverendet*, kommt nicht ans Ziel, wird nicht erreicht. — 4 *arnen*, ernten; entgelten, büßen.

2076, 2 *neigen* mit acc., beugen; das st. Verb. ist intrans.

2077, 2 *blicken* swv., leuchten, glänzen. — *sûs* stm., das Sausen des die Luft durchschneidenden Schwertes, das zugleich mit einem Glanze (*blicken*) verbunden ist.

2078, 1 *verdiezen*, verklingen. — 2 *löcher*, Öffnungen in der Mauer zum Abfließen. — 3 *rigelstein*, Rinnstein, in welchem der *regen* abfließt. *dâ zen rigelsteinen*, dort in den Rinnsteinen.

2079 Dô sâzen aber ruowen die von Burgonden lant.
diu wâfen mit den schilden si leiten von der hant.
dô stuont noch vor dem hûse der küene spilman:
er warte ob iemen wolde noch zuo z'in mit strîte gân.

2080 Der künec klagte sêre, sam tet ouch sîn wîp.
megede unde vrouwen die quelten dâ den lîp.
ich waene des daz hête der tôt ûf sie gesworn:
des wart noch vil der recken von den gesten verlorn.

2079, 1 ruowen, um auszuruhen. — [illegible], wie schon vorher [illegible].
2080, 2 quelen swv., martern: mit Klagen. — 3 der Tod hatte, wie ich glaube, ihnen Untergang geschworen. — [illegible], nämlich der heutige [illegible]. — [illegible], durch. — [illegible], vernichtet.

XXXVI. ÂVENTIURE,

WIE DIU KÜNIGIN DEN SAL VEREITEN HIEZ.

Die Burgunden ruhen aus: ein neues Heer der Heunen greift sie an. Es ist Abend geworden; die Burgunden begehren, mit Etzeln zu sprechen. Dieser aber will von Frieden nichts wissen. Sie verlangen nun, daß man sie ins Freie lasse, damit sie dort fallen. Aber Kriemhild verhindert es; sie stellt als Bedingung die Auslieferung Hagen's, die verweigert wird. Da heißt sie den Saal anzünden. Die durstenden Helden trinken das Blut der Erschlagenen. So kommt der Morgen heran, mit welchem der Kampf von neuem beginnt.

2081 «Nu bindet abe die helme», sprach Hagene der degen. 2018
«ich und mîn geselle sulen iuwer pflegen. (2127)
und welnt iz noch versuochen die Etzelen man,
sô warne ich mîne herren sô ich aller schiereste kan.»

2082 Do entwâfent' daz houbet manic ritter guot: 2019
sie sâzen ûf die wunden, die vor in in daz pluot (2128)
wâren zuo dem tôde von ir handen komen.
dâ wart der edelen geste vil übele goumé genomen

2083 Noch vor dem âbénde schuof der künec daz, 2020
und ouch diu küneginne, daz ez versuochten baz (2129)
die hiunischen recken. der sah man vor in stân
noch wol zweinzec tûsent: die muosen dâ ze
strîte gân.

In der Überschrift: *vereiten* swv., verbrennen.
2081, 2 *mîn geselle*, Volker. — 4 *sô aller schiereste*, so schnell als möglich.
2082, 2 *vor in*, vor ihren Füßen. — 3 [illegible], das Ziel bezeichnend. — 4 *goume* stf., Beobachtung: *goume nemen* mit gen., beobachten. [illegible] adv., in böser Weise.

2084 Sich huob ein sturm herte zuo den gesten sân. 2021
Dancwart, Hagenen bruoder, der vil snelle man,
spranc von sînen herren zen vînden für die tür.
man wânde er wære erstorben: er kom gesunder wol dar für.

2085 Der herte strît werte unz in'z diu naht benam. 2022
dô werten sich die geste, als iz guoten helden zam,
den Etzelen mannen den sunerlangen tac.
hei waz noch guoter degene vor in veigê gelac!

2086 Z'einen sunewenden der grôze mort geschach 2023
daz diu vrouwe Kriemhilt ir herzen leit errach
an ir næhsten mâgen unde manigem man:
dâ von der künec Etzel vreude nimmer mê gewan.

2087 In was des tages zerunnen: dô gie in sorge nôt. 2024
si gedâhten daz in bezzer wære ein kurzer tôt
dan lange dâ ze quelne ûf ungefüegiu leit.
eins vrides sie dô gerten, die stolzen ritter gemeit.

2088 Sie bâten daz man bræhte den künec zuo in dar. 2025
die bluotvarwen helde unde harnaschvar
trâten ûz dem hûse, die drie künege hêr.
sine wessen wem ze klagene diu ir vil grœzlichen sêr.

2089 Etzel unde Kriemhilt die kômen beide dar. 2026
daz lant daz was ir eigen; des mêrte sich ir schar.
er sprach zuo den gesten: nu saget waz welt ir mîn?
ir wænet vride gewinnen: daz kunde müelich gesîn.

2084, 1 *zuo den gesten*, auf die Gäste hin, gegen die Gäste. — 3 *von*, von ihnen weg. — 4 man hätte denken sollen, er wäre gefallen wie er nur heraustrat: aber er kam unverletzt vor den Saal.
2085, 1 bis die Nacht ihnen die Möglichkeit des ferneren Kampfes benahm. — 3 *den mannen*, gegen die Mannen. — *sunerlanc*, so lang wie im Sommer.
2086, 4 *dâ von*, infolge davon. — *vreude nimmer mê*, immer dauerndes Leid.
2087, 1 *sorge* Gen. sing. — 3 *queln* hier stv. intrans., sich quälen. — *ûf*, in Erwartung von.
2088, 2 *bluotvar*, blutfarbig. — *harnaschvar* in unflectierter Form, weil dem Substantiv nachgesetzt, nach dem Harnisch farbig. Das Metall machte schwarz und schmutzig, daher man sich wusch, wenn man den Harnisch ablegte.
2089, 2 darum wurde ihre Schaar immer größer.

2090 Ûf schaden alsô grôzen   als ir mir habet getân, 2027 (2147)
(ir sult is niht geniezen,   sol ich mîn leben hân)
mîn kint daz ir mir sluoget   und vil der mâge mîn,
vride unde suone   sol iu vil gar versaget sîn.»

2091 Des antwurte Gunther: «des twanc uns grôziu nôt. 2028 (2148)
allez mîn gesinde lac   vor dînen helden tôt
an der herberge: wie hete ich daz versolt?
ich kom zuo dir ûf triuwe,   ich wând' daz du mir wærest holt.»

2092 Dô sprach von Burgonden   Giselher daz kint: 2029 (2149)
«ir Etzélen helde,   die noch hie lebende sint,
waz wîzet ir mir recken?   waz hân ich iu getân?
wand' ich vriuntliche   in ditze lant geriten hân.»

2093 Sie sprâchen: «dîner güete   ist al diu burc vol 2030 (2150)
mit jâmer zuo dem lande.   jâ gonden wir dir wol,
daz du nie komen wærest   von Wormez über Rîn.
daz lant habt ir verweiset,   du unt ouch die brüeder dîn.»

2094 Dô sprach in zornes muote   Gúnthér der degen: 2031 (2151)
«welt ir dítze starke hazzen   z'einer suone legen
mit úns ellénden recken,   deist beidenthalben guot.
ez ist gar âne schulde   swaz uns Étzél getuot.»

2095 Dô sprach der wirt zen gesten: «mîn und iuwer leit 2032 (2152)
diu sint vil ungeliche.   diu michel arebeit

2090, 1 *Ûf*, im Hinblick auf: nach so großem Schaden, wie ihr mir zugefügt habt. — 3 der Schaden wird hier näher bezeichnet.
2091, 4 *ûf triuwe*, im Vertrauen auf deine aufrichtige Gesinnung
2092, 1 *wand' ich*, da ich ja doch. — *vriuntliche*, wie ein Freund; darauf bezieht sich ironisch *güete* der nächsten Zeile.
2093, 2 *mit jâmer*, die Güte äußert sich in Jammer, die Giselher angestiftet. — *zuo dem lande* mit *burc* zu verbinden, sammt dem Lande.
2094, 2 wollt ihr diesen bittern Haß in eine Versöhnung mit uns verwandeln, den Haß ablegen, indem ihr euch mit uns versöhnt. — 3 *beidenthalben*, für euch wie für uns.
2095, 2 *diu arebeit des scaden*, die Noth, die ich habe durch den Schaden. — *diu arebeit* steht außer der Construction; genauer wäre: wegen der Noth.

des schaden zuo den schanden, die ich hie hân genomen,
des sol iwer dekeiner nimmer lebende hinnen komen.«

2096 Dô sprach zuo dem künege der starke Gêrnôt:
»sô sol iu got gebieten daz ir friuntlichen tuot.
slahet uns ellenden, und lât uns zuo ziu gân
hin nider an die wîte: daz ist iu êre getân.

2097 Swaz uns geschehen kunne, daz lâzet kurz ergân.
ir habt sô vil gesunder, und turren s' uns bestân,
daz sie uns sturmmüede lâzent niht genesen.
wie lange suln wir recken in disen arbeiten wesen?«

2098 Die Étzélen recken die heten'z nâch getân,
daz sie sie wolden lâzen für den palas gân.
daz gehôrte Kriemhilt: ez was ir grimme leit.
des wart den ellenden der vride gâhes widerseit.

2099 »Neinâ, Hiunen recken, des ir dâ habet muot,
ich râte an rehten triuwen, daz ir des niht entuot,
daz ir die mortræchen iht lâzet für den sal:
sô müesen iuwer mâge lîden den tœtlichen val.

2100 Ob ir nu niemen lebte wan diu Uoten kint,
die mînen edelen bruoder, und koment s' an den wint,
erkuolent in die ringe, sô sît ir alle vlorn.
ez enwurden küener degene nie zer werlde geborn.«

2101 Dô sprach der junge Gîselher: »vil schœniu swester mîn,
des getrûwet' ich vil übele, dô du mich über Rîn
ladetes her ze lande in dise grôze nôt.
wie hân ich an den Hiunen hie verdienet den tôt?

2096, 2 wenn ihr auf unsere Bitte nicht hören wollt, so möge. — 3 *slahet uns ellenden*, eine Vorausnahme dessen was die Folge des Herauskommens ins Freie sein wird.
2098, 1 *nâch getân*, beinahe. — 4 *gâhes* adv. gen. von *gâch*, eilig, sofort. — *widerseit*, aufgesagt, versagt.
2099, 2 *an rehten triuwen*, in wirklich aufrichtiger Gesinnung. — 3 *mortræche* adj., sich mit Mord rächend. — 4 wenn ihr es thätet, so.
2100, 4 *nie zer werlde*, niemals auf der Welt, nie im Leben.
2101, 4 *verdienet*, verschuldet. — *an den Hiunen*, den Hunnen gegenüber.

2102 Ich was dir ie getriuwe, nie getét ich dir leit. 2039
ûf sólhén gedingen ich her ze hove reit, (2159)
daz du mir holt waerest, vil edeliu swester mîn.
bedenke an uns genâde: ez mac niht ánders gesîn.»

2103 «I'ne mac iu niht genâden: ungenâde ich hân. 2040
mir hât von Tronege Hagene sô grôziu leit getân, (2160)
ez ist vil unversüenet, die wîle ich hân den lîp.
ir müezet's alle engelden», sprach daz Etzelen wîp.

2104 «Welt ir mir Hagenen einen ze gîsele geben, 2041
sone wil ich niht versprechen ich'n welle iuch lâzen leben: (2161)
wand' ir sît mîne bruoder und éiner muoter kint:
sô rede ih'z nâch der suone mit disen helden die hie sint.»

2105 «Nune welle got von himele», sprach dô Gêrnôt. 2042
«ob unser tûsent waeren, wir laegen alle tôt. (2162)
der sippen dîner mâge, ê wir dir éinen man
gaeben hie ze gîsel. ez wirdet nimmér getân.»

2106 «Wir müesen doch ersterben», sprach dô Gîselher. 2043
«uns enscheidet niemen von ritterlîcher wer. (2163)
swer gerne mit uns vehte, wir sîn et aber hie,
wand' ich deheinen mînen friunt an triuwen nie verlie.»

2107 Dô sprach der küene Dancwart (im zaeme niht ze dagene): 2044
«jane stêt noh niht eine mîn bruoder Hagene. (2164)

2102, 4 *bedenke — genâde*, denke daran, gnädig an uns zu handeln. *gesîn*, wir sind auf deine Gnade angewiesen.

2103, 1 *genâden*, gnädig sein. — *ungenâde ich hân*, ich habe (nur) Ungnade (zu ertheilen). — 3 *unversüenet*, ohne Sühne, ohne Versöhnung.

2104, 1 *Hagenen einen*, den einzigen Hagen. — 4 so bespreche ich es zum Zwecke der Versöhnung mit diesen Helden, so will ich mit ihnen wegen einer Versöhnung reden.

2105, 3 *sippe* adj. zu verbinden mit *unser*: von uns, die zu der Sippschaft deiner Verwandtschaft gehören, eigentlich ein Pleonasmus.

2106, 3 wir sind eben wieder hier, wie vorher, zum Kampfe bereit. — 4 *wand'* anknüpfend an den Gedanken: wir wollen kämpfen, denn u. s. w. — *an triuwen*, in Bezug auf Treue, mit der Treue nie im Stiche ließ.

2107, 1 *zaeme*, hätte geziemt (er als Bruder hätte den nächsten Anlaß hier zu reden).

die hie den vride versprechent, ez mac in werden leit.
des bringe wir mich innen: daz si in wærlich geseit

2108 Dô sprach diu küneginne: »ir helde vil gemeit, 2045 (2105)
nu gêt der stiegen näher und rechet mînin leit.
daz wil ich immer dienen als ich von rehte sol.
der Hagenen übermuete der gelôn' ich im wol.

2109 Lât einen ûz dem hûse niht komen über al. 2046 (2106)
sô heiz' ich vieren enden zünden an den sal
sô werdent wol errochen elliu mînin leit.
die Etzelen degene die wurden schiere bereit

2110 Die noh hie ûze stuonden, die triben s' in den sal 2047 (2107)
mit slegen und mit scuzzen: des wart vil grôz
der schal.
doh wolden nie gescheiden die fürsten und ir man:
sine konden von ir triuwen niht ein ander verlân.

2111 Den sal hiez dô zünden daz Etzelen wîp. 2048 (2108)
dô quelte man den recken mit fiwer dâ den lîp.
daz hûs von einem winde vile balde enbran.
ich wæn' daz volc deheinez græzer ängest gewan.

2112 Genuoge ruoften drinne: »owê dirre nôt! 2049 (2109)
wir mohten michel gerner sîn in sturme tôt.
ez mohte got erbarmen: wie si wir alle vlorn!
nu richet ungetuoge an uns diu küneginne ir zorn.

2113 Ir einer sprach dar inne: »wir muezen ligen tôt 2050 (2110)
waz hilfet uns daz gruezen daz uns der künec
enbôt?
mir tuot von starker hitze der durst sô rehte wê,
des wæn' mîn leben sciere in disen sorgen zergê.

2107, 3 *die*, Etzel und Kriemhild.
2109, 1 *einen niht*, keinen einzigen, überhaupt. — 2 *vieren enden*, dat., an den vier Ecken.
2110, 1 *ûze*, von den Burgunden. — *ûze* adv., außen. — 3 *gescheiden*, sich nicht trennen. — 4 *von ir triuwen*, mit der ihrer Treue.
2111, 3 *enbran*, praet. von *enbrennen*, entbrennen, in Brand gerathen. — 4 *volc*, Schaar von Kriegern.
2112, 2 *gerner*, lieber. — 3 *mohte*, wäre Grund, Ursache.
2113, 2 *daz gruezen*, beim Empfange (1802, 1). — 4 *wæn* in den Satz eingeschoben, aber doch den Conjunctiv regierend, deshalb glaube ich, daß ... ein Ende nehmen wird.

2114 Dô sprach von Tronege Hagene: «ir edelen ritter guot, 2051
swen der durst twinge, der trinke hie daz pluot. (2171)
daz ist in solher hitze noh bezzer danne win.
ez enmac an disen ziten et nû niht bézzér gesin.»

2115 Dô gie der recken einer da er einen tôten vant: 2052
er kniete im zuo der wunden, den helm er abe gebant: (2172)
dô begonde er trinken daz vliezénde pluot.
swie ungewon er's wære, ez dûhte in grœzlichen guot.

2116 «Nu lône iu got, her Hagene», sprach der müede man, 2053
«daz ich von iuwer lêre sô wol getrunken hân. (2173)
mir ist noch vil selten gescenket bezzer win.
leb' ich deheine wile, ich sol iu immer wæge sin.»

2117 Dô d'andern daz gehôrten, daz ez in dûhte guot, 2054
dô wart ir michel mêre die trunken ouch daz pluot. (2174)
dâ von gewan vil krefte ir etesliches lip.
des engált an lieben friunden sit vil manec wætlichez wip.

2118 Daz fiwer viel genôte ûf sie in den sal: 2055
dô leiten si'z mit schilden von in hin zetal. (2175)
der rouch und ouch diu hitze in tâten beidiu wê.
ich wæn' der jâmer immer mêr an heleden ergê.

2119 Dô sprach von Tronege Hagene: «stêt zuo des sales want, 2056
lât niht die brende vallen ûf iuwer helmbant. (2176)
tret sie mit den füezen tiefer in daz pluot.
ez ist ein übel hôhzit die uns diu kuneginne tuot.»

2114, 4 *an disen ziten*, in den gegenwärtigen (Zeit-) Verhältnissen. — *et nû*, nun doch einmal: es gibt kein besseres Mittel.
2115, 2 *er kniete im zuo der wunden*, er kniete neben ihm hin bei der Wunde, an der Stelle, wo er die Todeswunde empfangen. — 4 *ungewon*, ungewohnt.
2116, 2 *von*, infolge von. — *sô wol*, so vortrefflich.
2117, 4 infolge ihrer wiedergewonnenen Kräfte musste manches Weib Nachtheil haben an ihrem Geliebten, den sie tödteten.
2118, 2 *von in*, von sich weg. Sie stießen die Feuerbrände von sich und warfen sie auf die Erde. — 4 *immer* für *nimmer*.
2119, 1 an der Wand sind sie am meisten vor den von oben herabfallenden Branden sicher. — 3 *tret* für *tretet*.

2120 In sus getânen leiden in doch der naht zeran. 2057
noch stuont vor dem hûse der küene spileman 2178
unde Hagene sîn geselle, geleinet über rant.
sie warten scaden mære von den ûz Etzelen lant.

2121 Dô sprach der videlære: «nu gê wir in den sal: 2058
sô waenent des die Hiunen daz wir sîn über al 2179
tôt von dirre quâle diu an uns ist getân:
sie sehent uns noh begegene in strîte ir etelichen gân.»

2122 Dô sprach von Burgonden Gîselher daz kint: 2059
«ich waen' ez tagen welle: sich hebet ein küeler wint. (2180)
nu lâze uns got von himele noch lieber zît geleben.
uns hât mîn swester Kriemhilt ein arge hôhgezît gegeben.»

2123 Dô sprach aber einer: «ich kiuse nu den tac. 2060
sît daz ez uns nu bezzer wesen niene mac, 2181
sô wâfent ir iuch, helde, gedenket an den lîp.
jâ kumt uns aber schiere des künec Etzelen wîp.»

2124 Der wirt wolde waenen, die geste waeren tôt 2061
von ir arbeite und von des fiwers nôt: 2182
dô lebte ir noch dar inne sehs hundert küener man,
daz nie künec deheiner bezzer degene gewan.

2125 Der ellenden huote hete wol ersehen 2062
daz noch die geste lebten, swie vil in was geschehen 2183
ze schaden unt ze leide, den herren unde ir man.
man sah sie in dem gademe noh vil wol gesunde stân.

2126 Man sagete Kriemhilde, ir waere vil genesen. 2063
dô sprach diu küneginne, daz kunde nimmer wesen 2184

2120, 2 *noch*, wie früher, aber inzwischen war er mit den andern in den Saal getrieben worden, auch wenn nicht ausdrücklich gesagt wird, daß er wieder heraustrat. — 4 *mære* vertritt den Dativ, und von *mære* hängt *scaden* ab.
2121, 2 *über al*, sämmtlich. — 4 *etelîchen* ist dat. pl., abhängig von *begegene*.
2122, 3 *lieber* compar., *noch* mit *geleben* zu verbinden: eine freundlichere Zeit.
2123, 3 *gedenket an den lîp*, denket an euer Leben, denkt euer Leben zu erhalten, zu vertheidigen.
2124, 1 *daz*, von solcher Beschaffenheit, daß.
2125, 1 *huote*, die als Spione ausgeschickten, um die Fremden zu beobachten.
2126, 1 *genesen*, am Leben geblieben. —

daz ir deheiner lebte von des fiwers nôt:
«ich wil des baz getrouwen daz sie alle ligen tôt.»

2127 Noch genæsen gerne die fürsten und ir man, 2064
ob noch iemen wolde genâde an in begân. (2185)
die'n kunden sie niht vinden an den von Hiunen lant:
dô râchen sie ir sterben mit vil williger hant.

2128 Des tages wider morgen grüezen man in bôt 2065
mit hertem úrlínge: des kômen helde in nôt. (2186)
dô wart zuo z'in gescozzen vil manec starker gêr:
sich werten ritterlichen die recken küene unde hêr.

2129 Dem Etzeln gesinde erweget was der muot, 2066
daz sie wolden dienen daz Kriemhilde guot: (2187)
dar zuo sie wolden leisten daz in der künec gebôt.
des muose maniger schiere von in kiesén den tôt.

2130 Von gehéize und ouch von gâbe man mohte wun-
der sagen. 2067
siu hiez golt daz rôte dar mit schilden tragen: (2188)
siu gab ez swer sîn ruochte und ez wolde enpfân.
jane wart nie grœzer solden mér ûf vîndé getân.

2131 Ein michel kraft der recken dar zuo gewâfent gie. 2068
dô sprach der küene Volkêr: «wir sin et aber hie. (2189)
i'ne gesach ûf vehten nie helde gerner komen,
die daz golt des küneges uns ze vâre hânt genomen.»

2132 Dô riefen ir genuoge: «næher, helede, baz, 2069
daz wir dâ suln verenden, und tuon bezîte daz. (2190)

2126, 3 *von*, infolge von. — 4 Übergang aus indirecter in directe Rede.
2127, 4 sie rächten sich dafür daß sie sterben mussten mit kampfbereiter Hand.
2128, 1 *wider morgen*, gegen Morgen. — *grüezen in bôt mit úrlinge*, mit Kampf, kämpfend auf sie losgieng.
2129, 1 *erwegen*, in Bewegung setzen, aufregen. — 3 *dar zuo*, außerdem Gewinnsucht und Mannestreue waren die Motive. — 4 *von in*, durch sie, die burgundischen Recken (2128, 1).
2130, 1 *geheiz* stm., Versprechen, Verheißung. — 2 *mit schilden*, auf Schilden, in Schilden. — 4 *solden* swv., bezahlen; hier subst. — *ûf vînde*, gegen Feinde; *ûf* bezeichnet den, gegen den das *solden* gerichtet ist.
2131, 1 *dar zuo*, herzu. — 3 *ûf vehten*, um zu fechten. — 4 *vâre* stf., Nachstellung: *uns ze vâre*, um uns zu verderben, zu schaden.
2132, 2 *und* anknüpfend an *næher*: kommt näher und lasst uns thun. —

hie belibet niemen wan der doh sterben sol.
dô sah man schiere ir schilde stecken gêrschuzze vol.

2133 Waz mac ich sagen mêre? wol zwelf hundert man 2070
die versúochtén'z vil sêre wider unde dan. [illegible]
dô kuolten mit den wunden die geste wol ir muot.
ez enmóht' niemán gescheiden: des sah man vliezén daz pluot

2134 Von verchtiefen wunden: der wart dâ vil geslagen. 2071
ieslichen nâch sîn vriunden hôrte man dô klagen. [illegible]
die biderben stúrben alle dem richen kunege hêr.
des heten holde mâge nâch in grœzlichiu sêr.

2132, 3 *belîbet*, bleibt auf dem Platze.
2133, 2 *wider unde dan*, wiederholentlich. — 3 *kuolen den muot*, wie wir auch sagen: den Muth (das Muthchen) kühlen. — [illegible] die sie schlugen.
2134, 1 *verchtief* adj., tief bis ans Leben (*verch*) gehend. — 2 *nâch*, die Sehnsucht bezeichnend. — *sîn* für *sînen*. — 4 *holde mâge* Verwandte, die ihnen hold gesinnt waren.

XXXVII. ÂVENTIURE,

WIE DER MARCGRÂVE RÜEDEGÊR ERSLAGEN WART.

Rüdiger kommt und schlägt einen Heunen nieder, der ihm vorwirft, daß er unthätig beim Kampfe geblieben. Kriemhild mahnt ihn an seinen Eid und er entschließt sich mit schwerem Herzen zum Kampfe. Giselher wähnt, er komme ihnen zu helfen, aber Volker belehrt ihn eines Bessern. Schon soll der Streit beginnen, da bittet Hagen Rüdigern um seinen Schild, da seiner zerhauen sei. Rüdiger gibt ihm denselben und empfängt dafür die Verheißung von Hagen und Volker, im Kampf sich von ihm fernhalten zu wollen. Rüdiger und Gernot todten sich gegenseitig; Rüdiger's Mannen werden sämmtlich erschlagen. Da es stille geworden, wähnt Kriemhild, Rüdiger unterhandle mit den Gästen; da zeigt man ihr seine Leiche. Etzel und Kriemhild wehklagen.

2135 Ez héten die éllénden wider mórgen guot getân. 2072
wíne der Gótelinde kom ze hove gegân. (2193)
dô sah er beidenthalben diu grœzlichen sêr:
daz weinte innecliche der getriuwe Ruedegêr.

2136 «Owê mir», sprach der recke, «deich ie den lîp gewan. 2073
daz disen grôzen jâmer kan niemen understân! (2194)
swie gerne ih'z vriden wolde, der künec entuot es niht,
wand' er der sînen leide ie mêr und mêrè gesiht.»

2137 Dô sande an Dietrichen der guote Ruedegêr, 2074
ob si'z noch kunden wenden an den künegen hêr. (2195)

2135, 1 *guot getân*, wacker gefochten. — 2 *wine* mit nachgesetztem Artikel: der Gemahl.
2136, 1 daß ich jemals geboren wurde. — 2 *daz*, anrufend: o daß, daß doch. — 3 *ez vriden*, es beilegen, Frieden stiften.
2137, 2 *si'z* = *ez*, das was ihnen bevorstand, ihr Verhängniss.

dô enbôt im der von Berne: wer möht' iz understân?
ez enwil der künec Etzel scheiden niemen lân.

2138 Dô sah ein Hiunen recke Ruedegêren stân
mit weinenden ougen und hete's vil getân.
der sprach zer küneginne: nu seht ir wie er stât,
der doch gewalt den meisten hie bî Etzelen hât.

2139 Unt dem ez allez dienet, liut unde lant.
wie ist sô vil der bürge an Ruedegêr gewant,
der er von dem künege sô manege haben mac!
er gesluoc in disen stürmen noch nie lobelichen slac.

2140 Mich dúnkét er'n ruoche wie ez hie umbe gât,
sît daz et er den vollen nâch sînem willen hât.
man giht im, er sî kuener danne iemen müge sîn:
daz ist in disen sorgen worden bœsliche schîn.

2141 Mit trûrigem muote, der vil getriuwe man,
den er daz reden hôrte, der helt der bliht' in an.
er dâht': «du solt ez arnen. du gihest ich sî verzaget:
du hâst diu dînen mære ze hôve ze lûte gesaget.

2142 Die fûst begond' er twingen: dô lief er in an,
und sluoc sô kreftecliche den hiunischen man,
daz er im vor den füezen lac vil schiere tôt.
dô was aber gemêret des künec Etzelen nôt.

2143 «Hin, du zage bœser», sprach dô Ruedegêr,
«ich hân doch genuoge leit unde sêr:
daz ich hie niht envihte, zwiu wîzest du mir daz?
jâ wære ich den gesten von grôzen schúlden gehaz.

2137, 1 Etzel gestattet nicht, daß jemand die Sache [illegible] schlichte.
2138, 2 *hete's vil getân*, hatte dessen viel gethan, Rüdiger hatte viel geweint. — 3 der unter Etzel's Mannen der mächtigste ist.
2140, 1 *wie ez hie umbe gât*, wie es hier zugeht, [illegible] nicht mit [illegible] zu verbinden. — 2 *sît daz et er*, da er nur, wenn er nur. — 4 *bœsliche* adv., schlecht. das hat sich hier schlecht (d. h. mit der gewöhnlichen leichten Ironie für: gar nicht) gezeigt.
2142, 1 *fûst* stf., Faust. — *twingen*, zusammendrücken, pressen, ballen. — 4 *aber*, wiederum.
2143, 1 *Hin*, fort mit dir. — 2 *genuoge* adv., in hinreichendem Maße.

2144 Und allez daz ich mohte, daz het ich in getân, 2081
niwan daz ich die recken her gefüeret hân. (2202)
jâ was ich ir geleite in mînes herren lant:
des ensol mit in niht striten mîn vil éllendes hant.»

2145 Dô sprach zem marcgrâven Etzèl der künec hêr: 2082
«wie habt ir uns geholfen, vil edel Rüedegêr! (2203)
wand' wir sô vil der veigen hie ze lande hân,
wir bedórften ir niht mêre: ir habt vil übele getân.»

2146 Dô sprach der ritter edele: «da beswârt' er mir
den muot 2083
und hât mir geitewîzet êre unde guot, (2204)
des ich von dînen handen hân sô vil genomen:
daz ist dem lügenære ein teil unstäteliche komen.»

2147 Dô kom diu küneginne und het iz ouch gesehen 2084
daz von des heldes zorne dem Hiunen was ge- (2205)
schehen.
siu klaget' ez ungefuoge; ir ougen wurden naz.
siu sprach zuo Rüedegêre: «wie habe wir ver-
dienet daz,

2148 Daz ír mir unt dem künege méret unser leit? 2085
nu habt ir uns, edel Rüedegêr, allez her geseit, (2206)
ir woldet durh uns wâgen die êre und ouch
daz leben.
ich hórt' in vil der recken den prîs vil grœz-
lichen geben.

2149 Ich mane iuch der genâden und ir mir habt ge-
sworn, 2086
do ir mír zuo Etzeln rietet, ritter ûz erkorn, (2207)

2144, 2 *niwan daz ich — hân*, wenn ich nicht — hätte. — 3 *geleite* kann stn. aber auch swm. sein, Begleiter, Geleiter. Sie stehen, da er ihr Geleiter gewesen ist, unter seinem Schutze, er kann also mit ihnen nicht fechten. Diesen Grund stellt er voran, er lässt seine persönlichen Gründe noch ganz bei Seite. — 4 *ellende* hier wol schon in dem Sinne des Nhd., unglücklich, der sich aus der ursprünglichen Bedeutung leicht entwickelte.

2145, 2 *wie* nicht fragend, sondern ausrufend, es liegt ein Vorwurf darin: das also ist eure Hilfe!

2146, 1 *da* begründet. — 2 *geitewîzet*, zum Vorwurf gemacht. — 4 *unstäteliche komen*, zur *unstæte*, ungünstigen Lage, Unglück, ausgeschlagen: ist ihm schlecht bekommen. *ein teil*, ironisch.

2148, 2 *allez her*, immer bisher.

2149, 1 *und* vertritt das Relativum. — 2 *zuo Etzeln rietet*, riethet Etzeln zu nehmen. —

daz ir mir woldet dienen an unser eines tôt.
des wart mir armem wîbe nie sô grœzliche nôt.

2150 »Daz ist âne lougen, ich swuor iu, edel wîp, 2087 (2208)
daz ich durch iuch wâgte die êre und ouch den lîp:
daz ich die sêle vliese, des enhân ich niht gesworn.
zuo dirre hôhgezîte brâht' ich die fürsten wol geborn.«

2151 Siu sprach: »gedenke, Ruedegêr, der grôzen triuwen dîn, 2088 (2209)
der stæte und ouch der eide, daz du den schaden mîn
immer woldest rechen, und elliu mîniu leit.«
dô sprach der marcgrâve: ich hân iu selten iht verseit.

2152 Etzel der rîche vlêgen ouch began. 2089 (2210)
dô buten sie sich beide ze füezen für den man.
den edelen marcgrâven unmuotes man dô sach.
der vil getriuwe recke harte jâmerlîchen sprach:

2153 »Owê mir gotes armem, deich ditz gelebet hân. 2090 (2211)
aller mîner êren der muoz ich abe stân,
triuwen unde zühte, der got an mir gebôt.
owê got von himele, daz mih's niht wendet der tôt!

2154 Swelhez ich nu lâze unt daz ander begân, 2091 (2212)
sô hân ich bœsliche und vil übele getân:
lâz' aber ih siu beide, mich schiltet elliu diet.
nu ruoche mich bewîsen der mir ze lebene geriet.«

2149, 3 *an*, bis zu. — 4 *des*, euer Dienst, eure Hilfe.
2150, 2 *die êre* hier etwas mehr Äußerliches, in den folgenden Zeilen liegt der Gedanke, daß Rüdiger, indem er den Frieden an den Königen bricht, ewig verloren zu sein fürchtet, als ein Meineidiger.
2151, 2 *stæte* stf., Beständigkeit. — 4 ich habe euch niemals etwas abgeschlagen, habe also bisher meine Versprechungen und Schwüre redlich gehalten.
2152, 2 *für den man*, sie knieten vor ihn hin. — 3 *unmuotes sach*, man sah ihn traurig sein.
2153, 2 *abe stân* mit gen., abstehen von etwas. — 3 *der*, Attraction für *die*: die Gott mir verliehen.
2154, 1 *Swelhez*, wir: welches von beiden (für *swederz*). — 2 *bœsliche*, schlecht, niederträchtig. — 3 *siu beide*, die beiden Dinge, welche 2154, 1 gemeint sind. — 4 *der — geriet*, der durch seinen Rath mich ins Leben rief: Umschreibung für Gott.

2155 Dô bâten sie genôte, der künec und ouch sîn wîp. 2092
des muosen sider recken verlíesén den lîp (2213)
vor Rüedegêres handen, dâ ouch der helt erstarp.
ir müget daz hie wol hœren, daz er vil jâmerlichen warp.

2156 Er wiste schaden gewinnen und ungefüegiu leit. 2093
er hête dem künege vil gérné verseit, (2214)
und ouch der küneginne. vil sêre vorhte er daz,
ob er ir einen slüege, daz im diu werlt trüege haz.

2157 Dô sprach zuo dem künege der vil küene man: 2094
»her künec, nu némt hin widere al daz ich von iu hân, (2215)
daz lant mit den bürgen: des sol mir niht bestên.
ich wil ûf mînen füezen in daz éllénde gên.«

2158 Dô sprach der künec Etzel: »wer hülfe danne mir? 2095
daz lant zuo den bürgen daz gib' ich allez dir, (2217)
daz du mich rechest, Rüedegêr, an den vînden mîn.
du solt ein künec gewaltec beneben Etzelen sîn.«

2159 Dô sprach aber Rüedegêr: »wie sol ih'z ane vân? 2096
heim ze mînem hûse ich sie geladen hân, (2218)
trinken unde spîse ich in güetlîchen bôt,
und gab in mîne gâbe: wie sol ich râten in den tôt?

2160 Die liute wænent lihte daz ich sî verzaget. 2097
deheinen mînen dienest hân ich in widersaget, (2219)
den vil edelen fürsten unde den ir man:
ouch riuwet mich diu vriuntschaft die ich mit in geworben hân.

2155, 4 *jâmerlîchen warp*, voll Jammer verfuhr, handelte.
2156, 1 *wiste gewinnen*, wusste daß er gewinnen würde. 4 *ir* = von den Burgunden.
2157, 2 *hin widere*, wieder fort, zurück. 3 *bestên*, zurückbleiben, angehören. 4 *ûf mînen füezen*, zu Fuß wie ein Bettler. *ellende* stn., Fremde, Verbannung.
2158, 2 *gib' ich*, zu eigen, während es vorher dein Lehen war. 4 *beneben* aus *bi-in-eben*, neben. *Etzelen*, mir.
2159, 1 *ane vân*, anfangen: wie kann ich da möglich machen.
2160, 1 Der Schein der Feigheit kann allerdings leicht auf mich fallen. — 2 *widersagen*, abschlagen. 4 *riuwet mich*, jammert mich. *vriuntschaft*, das angeknüpfte verwandtschaftliche Verhältniss. *geworben*, betrieben, angeknüpft habe.

2161 Gîselher dem degene gab ich die tohter mîn.
sine kunde in dirre werlde niht baz verwendet sîn
ûf zuht und ouch ûf êre, ûf triuwe und ouch ûf guot.
ine gesach nie kunec sô jungen sô rehte tugent-
lich gemuot.

2162 Dô sprach aber Kriemhilt: vil edel Ruedegêr,
nu lâ dich erbarmen unser beider sêr,
mîn und ouch des kuneges. gedenke wol dar an,
daz nie wirt deheiner sô leide geste gewan.

2163 Dô sprach der marcgrâve wider daz edele wîp:
ez muoz noch hiute gelten der Ruedegêres lîp
swaz ir und ouch mîn herre mir liebes habt getân:
dar umbe muoz ich sterben, daz mac niht len-
ger gestân.

2164 Ich weiz wol daz noch hiute mîn burge und
mînin lant
iu müezen ledec werden von ir eteliches hant.
ich bevilhe iu ûf genâde mîn wîp und mînin kint
und ouch die vil ellenden die dâ ze Bechelâren sint.

2165 »Nu lôn' dir got, Ruedegêr«, sprach der kunec dô.
er unt diu kuneginne, sie wurden beidiu vrô.
»uns suln dîne liute vil wol bevolhen wesen:
ouch trouwe ich mînem heile daz du maht selbe
wol genesen.«

2166 Dô liez er an die wâge sêle unde lîp.
dô begonde weinen daz Etzelen wîp.
er sprach: ich muoz iu leisten als ich gelobet hân.
owê der mînen friunde, die ich vil ungerne bestân.

2161, 2 *verwenden*, anbringen. — 3 *ûf*, in Hinsicht auf.
2162, 4 *leide*, verhasste, unangenehme.
2163, 4 *gestân*, bleiben: das kann nicht länger anstehen, muß [illegible] geschehen.
2164, 2 *ledec*, erledigt. — *von* [illegible], durch die Hand von irgend einem unter ihnen, der mich tödtet.
2165, 3 wir wollen gut für deine Leute sorgen, doch glaube ich nicht daß es nöthig sein wird, daß du stirbst — [illegible] weil der König über Rüdiger's Tod selbst unglücklich sein würde.
2166, 1 *[illegible]*, setzte auf's Spiel, wagte. — 3 *leisten*, erfüllen.

2167 Man sah in von dem künege trûreclîchen gên. 2104
dô vant er sîne recken vil nâhen bî im stên. (2226)
er sprach: «ir sult iuch wâfen, alle mîne man.
die küenen Burgonden muoz ich leidér bestân.»

2168 Sie hiezen balde springen dâ man ir gewæfen vant. 2105
ez der helm wære, oder des schildes rant, (2227)
von ir ingesinde wart ez in dar getragen.
sît hôrten leidiu mære die stolzen éllénden sagen.

2169 Gewâfent wart dô Rüedegêr mit fünf hundert man: 2106
dar über zwélf récken ze helfe er gewan. (2228)
die wolden prîs erwerben in des sturmes nôt:
sin' wessen niht der mære daz in sô nâhté der tôt.

2170 Dô sah man Rüedegêre under helme gân. 2107
ez truogen swert diu scarpfen des marcgrâven man, (2229)
dar zuo vor ir handen die liehten schilde breit.
daz sach der videlære: ez was im grœzliche leit.

2171 Dô sah der junge Giselher sînen sweher gên 2108
mit ûf gebundem helme. wie moht' er dô verstên (2230)
waz er dâ mite meinte, niwan allez guot?
des wart der künec edele sô rehte vrœlich gemuot.

2172 «Nu wol mich solher vriunde», sprach Giselher der degen, 2109
«die wir hân gewunnen ûfe disen wegen. (2231)
wir suln mînes wîbes vil wol geniezen hie.
mir ist liep ûf mîne triuwe daz ie der hîrât ergie.»

2167, 1 *trûreclîchen* adv., in trauriger Weise.
2168, 2 *ez — wære*, es mochte nun sein der Helm. — 3 *ingesinde*, von den Knappen. — 4 *sît*, als sie Rüdiger's Tod vernahmen; denn da waren noch nicht alle seine Mannen gefallen (2224).
2169, 2 diese Recken standen in keinem dienstbaren Verhältniss zu Rüdiger, wie bei den Mannen der Fall war. — 4 *nâhte*, nahe war.
2171, 2 *gebundem*=*gebundenem*. — *wie — verstên*, wie konnte er da begreifen. — 3 *niwan*, er konnte nur denken, daß er damit alles Gute bezweckte.
2172, 1 *vriunde*, Verwandte. — 2 *ûfe*, dasselbe was *ûf*. — *disen wegen*, dieser Reise. — 4 *hîrât* stm., Verlobung, Vermählung.

2173 'Ine weiz wes ir iuch trœstet', sprah dô der spileman. 2110
'wâ gesâht ir ie durh suone sô manegen helt gân
mit ûf gebunden helmen, die truegen swert enhant?
an uns wil dienen Ruedegêr sîne burge und sînin lant.'

2174 Bedaz der videlære die rede vol sprach, 2111
Ruedegêrn den edelen man vor dem hûse sach.
sînen schilt den guoten sazt' er für den vuoz.
dô muos' er sînen friunden versagen dienest unde gruoz.

2175 Der edele marcgrâve rief in den sal: 2112
'ir küenen Nibelunge, nu wert iuch über al.
ir soldet mîn geniezen, nu engëltet ir mîn.
ê dô wâren wir friunde: der triuwen wil ih ledec sîn.'

2176 Do erscrahten dirre mære die nôthaften man: 2113
wand' ir deheiner vreude dâ von niht gewan,
daz mit in wolde strîten dem si dâ wâren holt.
sie heten von ir vînden vil michel arebeit gedolt.

2177 'Nune welle got von himele', sprach Gunther der degen, 2114
'daz ir iuch genâden sult an uns bewegen
unt der vil grôzen triuwe, der wir doch heten muot.
ich wil iu des baz getrouwen daz ir'z nimmer getuot.'

2178 'Jane mac ich's niht gelâzen', sprah dô der küene man: 2115
'ich muoz mit iu strîten, wand' ih'z gelobet hân.
nu wert iuch, küenen helde, sô lieb iu sî der lîp.
mich enwolde's niht erlâzen des künec Etzelen wîp.'

2173, 1 *sich trœsten* mit gen., sich eines Dinges getrösten; worauf ihr euern Trost gründet.
2174, 1 *Bedaz*, während. — 4 *versagen*, aufsagen, aufkündigen.
2175, 4 *der triuwen — sîn*, von dieser Treue will ich mich lossagen.
2176, 1 *erschrahten* præt. von *erschrecken* swv., schreckten auf, erschraken. — *nôthaft*, in Noth befindlich, bedrängt. — 4 der Sinn dieser Zeile ist: ihre Feinde hatten ihnen Noth genug gemacht, es war nicht nöthig, daß auch noch ein Freund mit ihnen kämpfte.
2177, 3 *der [illegible]*, die wir doch vermutheten. — 4 [illegible]

2179 «Ir widersagt uns nu ze spâte», sprach dô der
künec hêr. 2116
«nu müez' iu got vergelten, vil edel Rüedegêr, (2238)
triuwe unde minne, die ir uns habt getân,
ob ir'z an dem ende woldet güetlicher lân.

2180 Wir solden'z immer dienen, daz ir uns habt
gegeben, 2117
ich und mîne mâge, ob ir uns liezet leben, (2239)
der hêrlîchen gâbe, dô ir uns brâhtet her
in Etzeln lant mit triuwen, des gedénket, edel
Rüedegêr.

2181 «Wie wol ich iu des gunde», sprach Rüedegêr
der degen. 2118
«daz ich iu mîne gâbe mit vollen solde wegen (2240)
alsô willeclîchen als ich des hete wân!
sone wurde mir dar umbe nimmer schéltén getân.»

2182 «Erwindet, edel Rüedegêr», sprach dô Gêrnôt. 2119
«wand' ez wirt deheiner gesten nie erbôt (2241)
sô rehte minneclîchen als ir uns habt getân,
des sult ir wol geniezen, ob wir bî lebene bestân.»

2183 «Daz wolde got», sprach Rüedegêr, «vil edel
Gêrnôt, 2120
daz ir ze Rîne wæret und ich wære tôt (2242)
mit etelichen êren, sît ich iuch sol bestân!
ez enwart noch nie an helden wirs von friundén getân.»

2184 «Nu lôn' iu got, her Rüedegêr», sprach aber
Gêrnôt, 2121
«der vil rîchen gâbe. mich riuwet iuwer tôt, (2243)

2179, 4 elliptisch aufzufassen: es wäre auch alles sehr dankenswerth, wenn ihr nicht durch das Ende, euer jetziges Auftreten, es gewissermaßen alles rückgängig machtet, wenn ihr euch jetzt zuletzt freundlicher zeigtet. Die folgende Strophe führt den Vordersatz mit *ob* weiter.
2180, 3 *der gâbe* mit *geben* (1) zu verbinden: gegeben von der herrlichen Gabe, den herrlichen Geschenken.
2181, 2 *wegen*, zuwägen. — 3 *als — wân*, wie ich das hoffte.
2183, 3 *mit etelichen êren*, mit irgendwelcher Ehre, auf irgendwie ehrenhafte Weise. — *sît*, da ich mit euch kämpfen soll, wünschte ich das eher.

sol an in verderben sô tugentlicher muot.
hie trage ich iuwer wâfen, daz ir mir gâbet, helt guot.

2185 Daz ist mir nie geswichen in aller dirre nôt 2122
under sînen recken lît manic ritter tôt.
ez ist lûter unde stæte, hêrlich unde guot
ich wæn' sô rîche gâbe ein recke nimmer mêr getuot.

2186 Und welt ir niht erwinden ir'n wellet zuo
z'uns gân, 2123
slaht ir mir iht der vriunde, die ich noh
hinne hân,
mit iuwer selbes swerte nim' ich iu den lîp:
sô riuwet ir mich, Rüedegêr, und iuwer hêrlichez wîp.

2187 »Daz wolde got, her Gêrnôt, und möhte daz ergân, 2124
daz aller iuwer wille wære hie getân,
unt daz genesen wære iuwer friunde lîp!
jâ sol iu wol getrouwen bêdiu mîn tohter und mîn wîp.

2188 Dô sprach von Burgonden der schœnen Uoten
kint: 2125
wie tuot ir sô, her Rüedegêr? die mit mir
komen sint,
sie sint in alle wæge. ir grîfet übele zuo.
die iuwern scœnen tohter welt ir verwitewen ze fruo.

2189 Swenn' ir und iuwer recken mit strîte mich bestât, 2126
wie rehte unvriuntlîche ir daz schînen lât
daz ich iu wol getrouwe für alle ander man,
dâ von ich z'einem wîbe iuwer tohter mir gewan.

2190 »Gedenket iuwer triuwe, vil edel künec hêr, 2127
gesende iuch got von hinnen«: sô sprach Rüedegêr.

2184, 3 *an iu verderben*, mit euch zu Grunde gehen.
2185, 3 *lûter*, lauter, hell. *stæte*, fest, dauerhaft.
2186, 4 *riuwet ir mich*, thut ihr mir leid, dauert ihr mich.
2187, 2 *iuwer wille*, daß ich gefallen wäre. — 4 mein Weib und meine Tochter haben an euch eine Stütze.
2188, 1 Giselher redet. — 3 *ir grîfet übele zuo*, ihr fasst es schlimm an, beginnt etwas Böses.
2189, 2 an euerm unfreundschaftlichen Thun zeigt sich nicht, oder: nach diesem Thun sollte man nicht denken. — 4 *dâ von*, weshalb.
2190, 2 *gesende*, wenn — sendet. —

«lât die juncvrouwen niht engelten mîn:
durch iuwer selbes tugende sô ruochet ir genædec sîn.»

2191 «Daz tæt' ich pillîchen», sprach Gîselher daz kint: 2128
«die hôhen mîne mâge, die noch hier inne sint, (2250)
suln die von iu ersterben, sô muoz gescheiden sîn
diu vil stæte vriuntschaft zuo dir und ouch der tohter dîn.»

2192 «Nu müez' uns got genâden», sprah dô der küene man. 2129
dô huoben sie die schilde, alsô sie wolden dan (2251)
striten zuo den gesten in Kriemhilde sal.
dô rief vil lûte Hagene von der stiegen zetal:

2193 «Belîbet eine wîle, vil edel Rüedegêr.» 2130
alsô sprach dô Hagene. «wir wolden reden mêr, (2252)
ich und mîne herren, als uns des twinget nôt.
waz mac gehelfen Etzeln unser éllénder tôt?»

2194 «Ich stên in grôzen sorgen», sprach aber Hagene. 2131
«den schilt den mir vrou Gotelint gap ze tragene, (2253)
den habent mir die Hiunen zerhouwen vor der hant.
ich fuort' in friwentlîche in daz Étzélen lant.

2195 Daz des got von himele ruochen wolde, 2132
daz ich schilt sô guoten noch tragen solde (2254)
sô den du hâst vor hende, vil edel Rüedegêr!
so bedórfte ich in den stürmen deheiner halsperge mêr.»

2196 «Vil gerne wære ich dir guot mit mînem schilde, 2133
torst' ich dir'n gebieten vor Kríemhilde. (2255)

2190, 3 Giselher soll die Verlobung nicht auflösen.
2191, 1 das wäre die Jungfrau wohl werth; aber es ist aus mit diesem Verhältniss, wenn ihr einen meiner Verwandten tödtet.
2192, 1 nun so sei uns Gott gnädig! Das Schicksal ist nun ein unabwendbares. — 2 *alsô sie*, als ob sie, als solche die. — 3 *striten*, um zu streiten.
2193, 4 *unser* gen. pl., dazu *ellender* als Apposition. — *Etzeln* ist Accusativ.
2194, 4 *friwentlîche* adv., in freundschaftlicher Gesinnung.
2195, 4 dann hätte ich in Kämpfen keinen Panzer mehr nothig; *halsperge* hier stf.
2196, 1 *wære guot*, wäre hilfreich, wollte helfen. — 2 *vor* bezeichnet was ihn verhindert. —

doch nim du in hin, Hagene, unt trage'n an der hant.
hei soldest du in fueren in der Búrgonden lant!»

2197 Dô er im sô willeclichen den schilt ze gebene bôt, 2134
dô wart genuoger ougen von heizen trahenen rôt. (2296)
ez was diu leste gâbe die sider immer mêr
gebôt deheinem degene von Bechelâren Ruedegêr.

2198 Swie grimme Hagene wære und swie hérté gemuot, 2135
ja erbarmet' im diu gâbe die der helt guot (2297)
bî sînen lesten zîten sô nâhen het getân.
vil manec ritter edele mit im trûrén began.

2199 «Nu lône iu got von himele, vil edel Ruedegêr. 2136
éz wirt iwer geliche deheiner nimmer mêr (2298)
der ellenden recken sô hêrliche gebe.
got sol daz gebieten daz iuwer tugent immer lebe.»

2200 «Sô wê mir dirre mære», sprach aber Hagene. 2137
«wir heten ander swære sô vil ze tragene:
sul wir mit friunden striten, daz si got gekleit.»
dô sprach der marcgrâve: «daz ist mir innec-
lichen leit.»

2201 «Nu lôn' ich iu der gâbe, vil edel Ruedegêr. 2138
swie halt gein iu gebâren dise recken hêr, (2299)
daz nimmer iuch gerüeret in strite hie min hant,
ob ir sie alle slüeget die von Burgonden lant.»

2202 Des neig im mit zuhten der guote Ruedegêr. 2139
sie weinten allenthalben, daz disiu herzen sêr (2300)
niemen scheiden kunde: daz was ein michel nôt.
vater aller tugende lag an Ruedegêre tôt.

2196, 3 *trage'n* = *trage en*; *en* geschwacht aus *in*.
2197, 2 *wart* sing., das Verbum bei folgendem Plural des Subjectes. — 3 *leste*, letzte, Superlativ von *laz*, aus *lezzeste*. — *immer mêr*, jemals mehr.
2198, 2 *erbarmet' im*, rührte ihn. — 3 *bî* zu verbinden mit *nâhen*.
2199, 2 *geliche* swm. — 4 Gott möge wollen, verhängen, daß die Tugend, die ihr besitzt, ewig lebe.
2200, 3 derselbe Gedanke, der schon 2176, 4 ausgedrückt war.
2201, 2 *gebâren*, sich benehmen mögen, *gên iu*, an euch handeln. — 3 *daz* mit *lôn'* zu verbinden: darin, dadurch daß.
2202, 4 in Rüdiger starb der Vater aller Tugend, alles ritterlichen feinen höfischen Wesens. Durch seinen Tod ist die *tugent* verwaist.

2203 Dô sprach von dem hûse Volkêr der spileman: 2140
«sît min geselle Hagene den fride hât getân, (2261)
den sult ir alsô stæte haben von miner hant.
daz habt ir wol verdienet, dô wir kômen in daz lant.

2204 Vil edel marcgrâve, ir sult mîn bote sîn. 2141
dise rôten bouge gap mir diu marcgrâvin, (2262)
daz ich sie tragen solde hie zer hôhgezît:
die müget ir selbe schouwen, daz ir mîn ge-
ziuc des sît.»

2205 «Daz wolde got von himele», sprach dô Rüedegêr, 2142
«daz iu diu marcgrâvinne noch solde geben mêr! (2263)
diu mære sage ich gerne der triutinne min,
gesihe ich sie gesunde: des sult ir âne zwivel sin.»

2206 Als er im daz gelobete, den schilt huop Rüedegêr: 2143
des muotes er retobete, done beit er dâ niht mêr, (2264)
er lief zuo den gesten eim' degene gelîch.
manegen slac vil swinden sluoc der marcgrâve rîch.

2207 Die zwêne stuonden hôher, Volkêr und Hagene, 2144
wand' ez im ê gelobten die zwêne degene. (2265)
noch vant er alsô küenen bî dem turne stân,
daz Rüedegêr des strites mit grôzen sorgen began.

2208 Durch mortræchen willen sô liezen in dar in 2145
Gunther unde Gêrnôt: sie heten helede sin. (2266)
dô stuont ûf hôher Giselher: ze wâre ez was im leit.
er versach sich noch des lebenes: dar umbe er
Rüedegêren meit.

2209 Dô sprungen zuo den finden des marcgrâven man. 2146
man sah sie nâch ir herren vil degenliche gân. (2267)

2203, 1 *von dem hûse*, vom Hause her, herunter. — 3 *alsô*, ebenso.
2204, 1 *bote:* ihr sollt der Markgräfin berichten, wenn ich todt bin, daß ich ihre Armringe bei dem Feste getragen. — 4 *geziuc* stm., Zeuge.
2205, 4 *gesunde* entweder acc. sing. fem. (auf die Markgräfin bezogen) oder sw. Form.
2206, 2 *retobete* für *ertobete*, toben, rasen: *des muotes*, er kam von Sinnen.
2207, 1 sie traten zurück. — 3 *er*, Rüdiger. — *bî dem turne*, der Thurm über der Eingangsthür des Saales.
2208, 1 in mörderischer Absicht. — 3 *ez*, der Kampf. — 4 *sich versehen* mit gen., Zuversicht haben auf. Er hoffte noch mit dem Leben davon zu kommen, wollte also nicht mit Rüdiger kämpfen.

diu sûlenden wâten sie truogen an der hant
des brast dâ vil der helme und manec lendich r[illegible]

2210 Dô sluogen die vil müeden manigen swinden slac 2147
den von Bechelâren, der eben und tiefe wac, 2207
durch die liehten ringe vaste unz ûf daz verch.
sie tâten in dem sturme diu vil hêrlichen werch.

2211 Daz edele ingesinde was nu kômen gar dar in: 2148
Volkêr unde Hagene die sprungen balde hin. 2208
sine gâben vride niemen, wan dem einem man.
von ir beider hende daz pluot durh helme nider ran.

2212 Wie rehte gremeliche vil swerte drinne erklanc! 2149
vil der schiltspangen ûz den slegen spranc: 2209
des reis ir schiltgesteine verhouwen in daz pluot.
sie vâhten alsô grimme, daz man ez nimmer
mêr getuot.

2213 Der vogt von Bechelaren gie wider unde dan,. 2150
alsô der mit ellen in sturme werben kan. 2210
dem tet des tages Rüedegêr harte wol gelich,
daz er ein recke wære, vil küene unt onh
vil lobelich.

2214 Hie stuonden dise recken, Gunthêr und Gêrnot 2151
sie sluogen in dem strite vil manegen helt tôt. 2211
Giselher unt Danewart, die zwêne ez ringe wac:
des frumten sie vil manegen unz ûf ir jungêsten tac.

2215 Vil wol zeigte Rüedegêr, daz er was starc
genuoc. 2152
küene und wol gewâfent: hei waz er helde sluoc! 2212

2210, 2 *wac*, sich neigte; der gleichmäßig und tief eindrang. — [illegible] der Sitz des Lebens. — 4 *werch* mundartliche Form für *werc*.
2211, 1 Rüdiger's Ritter. — 2 *hin*, herzu.
2212, 2 *schiltspange* stf., Band am Schilde. [illegible] Beschlag [illegible] *spangen* waren angeschlagen. Indem nun die Beschläge lossprangen, fielen auch die Edelsteine, womit sie geziert waren, herunter — 3 *reis* pret. von *rîsen*, fallen. — *schiltgesteine* stn., die Edelsteine, womit der Schild geschmückt ist.
2213, 3 *dem tet gelîch*, handelte dem entsprechend, zeigte durch sein Thun
2214, 3 *ringe wac*, unpersönlich, sie achteten es geringe, nämlich wie viele starben. — 4 sie beförderten manchen bis zu seinem letzten Tage hin.

daz sach ein Burgonde: zornes gie im nôt.
dâ von begunde nâhen des edelen Rüedegêres tôt.

2216 Gêrnôt der starke, den helt den rief er an. 2153
er sprach zem marcgrâven: «ir welt mir mîner man (2274)
niht genesen lâzen, vil edel Rüedegêr.
daz müet mich âne mâze: ich'n kan's niht an
gesehen mêr.

2217 Nu mag iu iuwer gâbe wol ze scaden komen, 2154
sît ir mir mîner vriunde habt sô vil genomen. (2275)
nu wendet iuch her umbe, vil edel küene man.
iwer gâbe wirt verdienet so ich âller hôhéste kan.»

2218 Ê daz der marcgrâve vol zuo z'im kœme dar, 2155
des muosen liehte ringe werden missevar. (2276)
dô sprungen zuo ein ander die êre gernde man.
ir ietwedere schermen für starke wúndén began.

2219 Ir swert sô scherpfe wâren, ez enkunde niht
gewegen. 2156
dô sluoc Gêrnôten Rüedegêr der degen (2277)
durch hélm vlinshérten, daz nider vlôz daz pluot.
daz vergalt im schiere der ritter küene unde guot.

2220 Die Rüedegêres gâbe an hende er hôhe erwac: 2157
swie wunt er wær' zem tôde, er sluoc im (2278)
einen slac
durch den schilt vil guoten unz ûf diu helmgespan.
dâ von muos' ersterben der schœnen Gotelinde man.

2221 Jane wart nie wirs gelônet sô richer gâbe mêr. 2158
dô vielen beide erslagene, Gêrnôt und Rüedegêr, (2279)

2215, 3 *ein Burgonde*, Gernot.
2217, 3 *her umbe*, um nach dieser Seite. — 4 [illegible] durch Dienste vergolten, bezahlt, so hoch, so theuer ich nur kann. — *hôheste* Superlativ des Adverbiums.
2218, 1 ehe er durch die Kampfenden sich zu ihm durcharbeitete. — 4 *schermen*, sich schützen. *für*, gegen.
2219, 1 *gewegen*, das Gegengewicht halten: ihren Schwertern konnte nichts widerstehen. — 3 *vlinsherte*, steinhart.
2220, 1 *erwegen*, emporheben, emporschwingen. — 3 *helmgespan* stn., die Stellen, wo der Helm zusammengefügt ist. Vgl. 2072, 2.

gelîch in dem sturme, von ir beider hant.
alrêrst erzurnde Hagene dô er den grôzen schaden vant.

2222 Dô sprach der helt von Tronege: »ez ist uns übele komen. 2159
wir haben an in beiden sô grôzen schaden genomen, (2281)
den nimmer überwindent ir liute und ouh ir lant.
die Ruedegêres helde sint unser ellenden pfant.«

2223 »Owê mînes bruoder, der tôt ist hie gefrumt. 2160
waz mir der leiden mære z'allen zîten kumt! (2282)
ouh muoz mich immer riuwen der edele Ruedegêr.
der schade ist beidenthalben unt diu vil grœzlichen sêr.«

2224 Dô Giselher der herre sach sînen sweher tôt, 2161
die dô dar inne wâren, die muosen lîden nôt. (2283)
der Tôt der suochte sêre dâ sîn gesinde was.
der von Bechelâren dô langer einer niht genas.

2225 Gunther unde Giselher und ouch Hagene, 2162
Danewart und Volkêr, die guoten degene, (2284)
die giengen dâ sie funden ligen die zwêne man:
dô wart dâ von den heleden mit jâmer weinen getân.

2226 »Der Tôt uns sêre roubet«, sprach Giselher daz kint. 2163
»nu lâzet iuwer weinen, und gê wir an den wint, (2285)
daz die ringe erkuolen uns sturmmüeden man.
jâ wæn' uns got langer niht ze lebene hie engan.«

2221, 3 *gelîch*, auf gleiche Weise, zugleich. — 4 *erzürnen*, zornig werden.
2222, 4 *sint unser pfant*, sind uns verpfändet, ihr Leben ist uns verpfändet.
2223, 1 wahrscheinlich ist Giselher der Redende. — 4 *beidenthalben*, auf beiden Seiten in Beziehung auf beide Gefallene.
2224, 2 nachdem Rüdiger gefallen, enthält sich Giselher, wie auch Hagen und Volker, nicht mehr des Kampfes. — 3 der Tod suchte sich unter den Kämpfenden sein Gesinde heraus, um es mitzunehmen.
2225, 4 *weinen getân*, geweint.
2226, 1 *roubet*, beraubt; *uns* ist Accusativ.

2227 Den sitzen, disen leinen sah man dâ manegen degen. 2164
sie wâren aber müezec: dâ wâren tôt gelegen (2286)
die Rüedegêres helde. vergangen was der dôz.
sô lange wert' diu stille daz sîn Etzeln verdrôz.

2228 «Owê mir dirre dienste», sprach des küniges wîp: 2165
«dine sint niht sô stæte, daz unser vînde lîp (2287)
müge des engelten von Rüedegêres hant.
er wil sie wider bringen in der Burgonden lant.

2229 Waz hilfet, künec Etzel, daz wir geteilet hân 2166
mit im swaz er wolde? der helt hât missetân. (2288)
der uns dâ solde rechen, der wil der suone pflegen.»
des antwurte ir Volkêr, der vil zierliche degen:

2230 «Der réde enist sô niht leider, vil edeles küneges wîp. 2167
getörste ich heizen liegen alsus edelen lîp, (2289)
sô het ir tiuvellîchen an Rüedegêr gelogen.
er unt die sînen degene sint an der suone gar betrogen.

2231 Er tet sô willecliche daz im der künec gebôt, 2168
daz er und sîn gesinde ist hie gelegen tôt. (2290)
nu sëhet al úmbe, Kriemhilt, wem ir nû gebieten welt.
in hât unz ûf den ende gedienet Rüedegêr der helt.

2232 Welt ir des niht gelouben, man sol'z iuch sehen lân.» 2169
durch ir herzen leide sô wart dô daz getân: (2291)
man truoc den helt verhouwen dâ in der künec sach.
den Étzélen degenen sô rehte leide nie geschach.

2227, 1 *leinen*, sich anlehnen, sich aufstützen. — 2 *müezec*, unbeschäftigt: mit Kampf.
2228, 1 *dirre dienste*, mit Beziehung auf Rüdiger. — 2 *stæte*, zuverlässig.
2230, 1 Leider steht es nicht so um die Sache. — 2 wenn ich wagen dürfte einer Lüge zu zeihen jemand, der so edel geboren ist, so würde ich sagen, daß ihr in teuflischer Weise Rüdigern verlogen habt. — 4 er und seine Ritter sind gänzlich um die Sühne gekommen, haben nichts weniger als Sühne erreicht oder beabsichtigt.
2231, 3 *al umbe*, rings umher.
2232, 2 *daz*, das Folgende.

2233 Dô sie den marcgrâven sâhen tôten tragen,
ez enkunde ein schrîbære geprieven noch gesagen
die manegen ungebære von wîbe und ouch von man,
diu sich von herzen jâmer aldâ zeigen began.

2234 Der Etzelen jâmer der wart alsô grôz,
als eines lewen stimme der rîche künec erdôz
mit herzen leidem wuofe; alsam tet ouch sîn wîp.
sie klageten ungefuoge des guoten Rüedegêres lîp.

2233, 2 *schrîbære* stm., Schreiber. *geprieven* swv., auf-schreiben, zu …
— 3 *ungebære* stF., übles Benehmen, Traurigkeit.

XXXVIII. ÂVENTIURE,

WIE HERN DIETRÎCHES RECKEN ALLE WURDEN ERSLAGEN.

Dietrich von Bern vernimmt das Wehklagen und entsendet Helpfrich, der die Kunde von Rudiger's Tod bringt. Er schickt nun Hildebrand zu den Burgunden, Näheres zu erfahren. Auf Wolfhart's Anregung begleiten ihn gewaffnet alle Recken. Hildebrand erbittet den Leichnam Rudiger's. Wolfhart's Heftigkeit und Jähzorn führt zum Kampfe, in welchem Volker den Siegestab erschlägt und von Hildebrand getödtet wird. Wolfhart und Giselher tödten sich gegenseitig. Dietrich's Mannen fallen bis auf Hildebrand, der vor Hagen entflieht; von den Burgunden bleiben nur Gunther und Hagen. Hildebrand kehrt zu Dietrich zurück, der durch ihn das Geschehene und den Fall seiner Mannen erfährt und um sie klagt.

2235 Dô hôrt' man allenthalben jâmer alsô grôz, 2172
daz palas unde türne von dem wuofe erdôz. (2290)
dô hôrt' ez ouch von Berne ein Dietrîches man:
durch disiu starken mære wie balde er gâhen began!

2236 Dô sprach er zuo dem fürsten: »hœrt, mîn her Dietrich. 2173
swaz ich noh her gelebt hân, sô rehte unmügelich (2291)
gehôrt' ich klage nie mêre, als ich nu hân vernomen.
ich wæn' der künec Etzel ist selbe zuo dem schaden komen.«

2235, 1 *starc*, gewaltig, außerordentlich. — *gâhen*, nämlich zu Dietrich.
2236, 2 *noh her*, bisher noch. — 2 *unmügelich*, unmöglich, über alle Vorstellung groß. — 4 der König hat selbst Schaden genommen, ist gefallen.

2237 Wie mohten s' anders alle haben solhe nôt? 2174 ([illegible])
der künec oder Kriemhilt, ir einez daz ist tôt
von den kuenen gesten durh ir nît gelegen.
ez weinet ungefuoge vil manec zierlicher degen.»

2238 Dô sprach der helt von Berne: «mîne vil lieben man, 2175 ([illegible])
nu gâhet niht ze sêre. swaz hie hânt getân
die ellenden recken, des gât in michel nôt.
und lât sie des geniezen daz ich in mînen fride bôt.»

2239 Dô sprach der küene Wolfhart: «ich wil dar gân 2176 ([illegible])
und wil der mære vrâgen, waz sie haben getân
und wil'z iu sagen danne, vil lieber herre mîn,
als ich ez dort ervinde, waz diu klage muge sîn.»

2240 Dô sprach der herre Dietrich: «swâ man zornes sih versiht, 2177 ([illegible])
ob ungetüegiu vrâge danne dâ geschiht,
daz betrüebet recken lihte den ir muot.
jane wil ich niht, Wolfhart, daz ir die vrâge gein in tuot.»

2241 Dô bat er Helpfrichen vil balde dar gân 2178 ([illegible])
und hiez in daz ervinden an Etzelen man
oder ân den gesten selben, waz wære dâ geschehen.
done het man von liuten sô grôzen jâmer nie gesehen.

2242 Der bote begonde vrâgen: «waz ist hie getân?» 2179 ([illegible])
dô sprach einer drunder: «dâ ist vil gar zergân
swaz wir vrenden heten in der Hiunen lant.
hie lît erslagen Rüedegêr von der Burgonden hant.

2237, 1 *anders*, sonst. — 3 *durh ir nît*, infolge ihres Hasses, ihrer Feindschaft.
2238, 4 Dietrich hatte sich beim beginnenden Kampfe aus dem Saale entfernt (1995, 4) und seitdem keinen Antheil genommen. Das *vridebieten* liegt in der Erklärung, die Dietrich der Königin gegenüber gemacht (1992).
2239, 3 *denne*, *danne*, alsdann. — 4 was der Gegenstand der Klage ist.
2240, 1 wo man Zorn erwartet, befürchtet. Das jähzornige Wesen Wolfhart's war schon 1993 hervorgetreten. — 4 *gein in*, ihnen gegenüber.
2241, 2 *ervinden*, erforschen, erkunden; *an*, bei, von.
2242, 2 *einer drunder*, einer von Etzel's Mannen (2241, 2).

2243 Die mit im dar in kômen, der ist einer niht genesen.» 2180
done konde Helpfriche nimmer leider wesen. (2302)
jane gesaget' er mære sô rehte ungerne nie.
der bote ze Dietrîche vil sêre weinende gie.

2244 «Waz habt ir uns erfunden?» sprach dô Dietrich. 2181
«wie weinet ir sô sêre, degen Helpfrich?» (2303)
dô sprach der edele recke: «ich mac wol balde klagen:
den guoten Rüedegêre hânt die Búrgónde erslagen.»

2245 Dô sprach der helt von Berne: «daz ensol niht wellen got. 2182
daz wære ein starkiu râche und ouch des tiuvels spot. (2304)
wâ mite hete Rüedegêr an in daz versolt?
jâ ist mir daz wol künde, er ist den éllénden holt.»

2246 Des antwurte Wolfhart: «und heten si'z getân, 2183
sô solt' ez in allen an ir leben gân. (2305)
ob wir'z in vertrüegen, des wære wir geschant.
jâ hât uns vil gedienet des guoten Rüedegêres hant.»

2247 Der vogt von Amelunge hiez iz ervarn baz. 2184
vil harte seneliche er in ein venster saz: (2306)
dô bat er Hildebrande zuo den gesten gân,
daz er an in erfünde, waz dâ wære getân.

2248 Der sturmküene recke, meister Hildebrant, 2185
weder schilt noch wâfen truog er an der hant: (2307)
er wolde in sînen zühten zuo den gesten gân.
von sîner swester kinde wart im ein strâfen getân.

2244, 2 wie kommt es, daß ihr so sehr weint. — 3 *balde*, mit gutem Grunde.
2245, 2 *des tiuvels spot*, darüber würde der Teufel höhnisch jubeln.
2246, 3 *geschant* part. von *schenden*, beschimpfen: das wäre für uns eine Schande.
2247, 2 *seneliche* adv., leidvoll, traurig.
2248, 3 *in sînen zühten*, in seiner ruhigen höflichen Weise; nicht kriegerisch. — 4 *swester kinde*, Wolfhart. — *strâfen*, schelten, tadeln.

2249 Dô sprach der grimme Wolfhart: „welt ir dar blôzer gân,
sô mag ez âne ein schelten nimmer wol gestân:
sô muezt ir lasterlîche tuon die widervart;
komt ir dar gewâfent, daz etelîcher wol bewart.“

2250 Dô garte sich der wîse durch des tumben rât.
ê daz er's innen wurde, dô wâren in ir wât
alle Dietrîches recken unt truogen swert enhant.
dem helde was iz leide: vil gerne hêt ér'z erwant.

2251 Er vrâgte war sie wolden. „wir wellen mit iu dar.
waz ob von Tronege Hagene deste wirs getar
gein iu mit spotte sprechen, des er wol kan gepflegen.“
dô er daz gehôrte, dô gestatte's in der degen.

2252 Dô sach der küene Volkêr wol gewâfent gân
die recken von Berne, die Dietrîches man,
begürtet mit den swerten: sie truogen schilt enhant.
er saget' ez sînen herren ûzer Burgonden lant.

2253 Dô sprach der videlære: „ich sihe dort hér gân
sô rehte vîentlîche die Dietrîches man
gewâfent under helme: sie wellent uns bestân.
ich wæn' ez an daz übele welle uns ellenden gân.“

2254 In den selben zîten kom ouch Hildebrant.
dô sazt' er für die füeze sînes schildes rant,
er begonde vrâgen die Guntheres man:
„owê ir guoten helde, waz het iu Rüedegêr getân?

2255 Mich hât mîn herre Dietrich her zuo z'iu gesant:
ob erslagen hête iwer deheines hant

2249, 1 *blôzer*, ungewaffnet. — 2 *gestân*, bleiben; nicht ohne Tadel abgehen. — 4 was, wenn ihr gewaffnet dorthin kommt, mancher (von den Burgunden) wol vermeidet.
2250, 4 *dem helde*, Hildebrand.
2251, 2 es konnte doch sein, daß dann Hagen weniger wagt euch zu verspotten. — 4 *gestaten* swv., *state* geben, gestatten, mit dat. und gen.
2252, 3 *begürten*, umgürten.
2253, 4 *daz übele*, das Böse, das Unglück: ich glaube, jetzt kommt unser Unglück.
2254, 1 *In den selben zîten*, während er das sprach (inzwischen). [illegible] war herangekommen.

den edelen marcgrâven, als uns daz ist geseit,
wir'n kunden überwinden niht diu grœzlichen leit.»

2256 Dô sprach von Tronege Hagene: «daz mære ist ungelogen. 2193 (2315)
wie wol ich in des gunde, het iuch der bote betrogen.
durch Rüedegêres liebe, daz lebte noch sîn lîp,
den immer mugen weinen beidiu man unde wîp!»

2257 Dô sie daz rehte erhôrten daz er wære tôt, 2194 (2316)
dô klageten in die recken: ir triuwe in daz gebôt.
den Dietrîches recken sah man trähene gân
über bérte und über kinne: in was vil léidé getân.

2258 Der herzoge ûzer Berne Sigestap dô sprach: 2195 (2317)
«nu hât gar ein ende genomen der gemach,
den uns ie fuogte Rüedegêr nâh unser leide tagen.
vröude ellender diete lît von iu héldén erslagen.»

2259 Dô sprach von Amelungen der degen Wolfwîn: 2196 (2318)
«und ob ich hiute sæhe tôt den vater mîn,
mir enwurde nimmer leider denn' umbe sînen lîp.
owê wer sol nu trœsten des guoten marcgrâven wîp?»

2260 Dô sprach in zornes muote der degen Wolfhart: 2197 (2319)
«wer wîset nu die recken sô manege herevart,
alsô der marcgrâve vil dicke hât getân?
owê, vil edel Rüedegêr, daz wir dich sús vlóren hân!»

2261 Wolfprant und Helpfrich unde Helmnôt, 2198 (2320)
mit állén ir vriunden sie weinten sînen tôt.

2255, 4 *überwinden*, verwinden.
2256, 2 *het iuch der bote betrogen*, hatte er euch eine falsche Nachricht gebracht.
2257, 1 *rehte*, bestimmt, sicher.
2258, 2 *gemach*, *den uns fuogte*, die Bequemlichkeit, die uns verschaffte, bereitete. — 3 *nâh unser leide tagen*, nach der Zeit unseres Leides (*leide* stf.), nach unserem Umherirren in der Verbannung.
2259, 3 ich hätte deswegen keinen größeren Schmerz als um Rüdiger's Leben. — *denn'* nach comp., denn, als.
2261, 2 *vriunden*, Verwandten.

vor siuften mohte vrâgen nilit mêre Hildebrant.
er sprach: «nu tuot, ir degene, dar nâch min herre hât gesant.

2262 Gebt uns Ruedegêren alsô tôten ûz dem sal, 2199
an dem gar mit jâmer lit unser vrenden val: 2320
und lât uns an im dienen daz er ie hât began
an uns vil grôze triuwe und an manegem andern man.

2263 Wir sin ouch ellende als Ruedegêr der degen. 2200
wes lâzet ir uns piten? lât in uns after wegen 2321
tragen, daz wir nâch tôde lônen noh dem man.
wir heten'z pillicher bi sîme lebene getân.

2264 Dô sprach der kunec Gunther: «nie dienest wart sô guot 2201
sô den ein vriunt vriunde nâch dem tôde tuot. (2322)
daz heiz' ich stæte triuwe, swer die kan begân.
ir lônet im von schulden: er hât iu liebe getân.

2265 «Wie lange suln wir vlêgen? sprach Wolfhart der degen. 2202
«sit unser trôst der beste von iu ist tôt gelegen, 2323
und wir sin leider mêre mügen niht gehaben,
lâten uns tragen hinnen dâ wir den recken begraben.

2266 Des antwurte Volker: «niemen in iu git. 2203
nemten in dem hûse dâ der degen lit (2324)
mit starken verchwunden gevallen in daz pluot:
so ist éz ein voller dienest den ir hie Ruedegêre tuot.»

2261, 3 *siuften* swv., seufzen. — 4 *tuot dar nâch*, thut dasjenige, wonach, weswegen. Die folgende Bitte lag genau genommen nicht in Dietrich's Auftrage (2217, 3).

2262, 1 *alsô tôten*, todt wie er ist. — 2 der in jämmerlicher Weise den Fall unserer Freunde verursacht hat. — 3 *dienen*, durch Dienst lohnen.

2263, 1 *ellende*, fremd in diesem Lande. — 2 *after wegen*, eigentlich den Wegen nach: hinweg.

2264, 3 *die*, Treue nach dem Tode.

2265, 2 *von iu tôt gelegen*, durch euch getodtet ist. — 3 und da wir ihn leider nicht mehr haben konnen, namlich den lebendigen Trost. — 4 *lâten* = *lât in*.

2266, 1 Gunther war bereitwillig gewesen; erst Wolfhart's Zorn reizt Volkern dazu, die Bitte abzuschlagen. — 2 *nemen*, holt ihn euch. 4 *ein voller*, ein vollstandiger, an dem nichts mangelt.

2267 Dô sprach der kuene Wolfhart: «got weiz, her spileman, 2204
ir endürfet uns niht reizen: ir habt uns leit getân. (2326)
törst' ich vor mînem herren, sô kœmet ir's in nôt:
des müezen wir'z lâzen, wand' er uns strîtén verbôt.»

2268 Dô sprach der videlære: «der vorhte ist gar ze vil, 2205
swaz man im verbiutet, der'z allez lâzen wil. (2327)
daz enkan ich niht geheizen rehten heldes muot.
diu rede dûhte Hagenen von sînem hergesellen guot.

2269 «Des enlât iuch niht gelangen», sprach aber Wolfhart. 2206
«ich entrihte iu sô die seiten, swenn' ir die widervart (2328)
rîtet gegen Rîne, daz ir'z wol muget sagen.
iuwer übermüeten mag ich mit êren niht vertragen.

2270 Dô sprach der videlære: swenn' ir die seiten mîn 2207
verirret guter dœne, der iuwer helmes schîn (2329)
muoz vil trüebe werden von der mînen hant.
swie halt ich gerîte in der Burgonden lant.»

2271 Dô wold' er zuo z'im springen, wan daz in niht enlie 2208
Hildebrant sîn œheim: in vaste z'im gevie. (2330)
«ich wæn' du woldest wüeten durch dînen tumben zorn.
mînes herren hulde du hetes immer mêr verlorn.

2272 «Lât abe den lewen, meister, er'st so grimmé gemuot. 2209
kumt er mir zen handen», sprach Volkêr der dëgen guot, (2331)

2267, 3 *vor*, aus Furcht vor. — *ir's*, ihr dadurch, deswegen. — 4 *wand' er* auch dies war nicht ausdrücklich gesagt, wiewol auch nachher (2310, 4) Hildebrand gegenüber Dietrich dasselbe sagt.

2268, 1. 2 Wer alles was man ihm verbietet aus Furcht unterlasst, der hat gar zu viel zu furchten.

2269, 1 *mich gelanget* mit gen., mich verlangt nach etwas: das verlangt nicht, daß ich euch zeige, ob ich Furcht oder Heldensinn habe. — 2 *entrihten*, aus der Richt bringen, in Unordnung bringen. — *widervart*, Rückweg.

2270, 2 *verirren*, irre führen: wenn ihr meine Saiten ihrer guten Töne beraubt. — 4 ob ich heimkehre, das bleibe dahingestellt.

2271, 1 *er*, Wolfhart. — 2 *Hildebrant* ist Subject zweier Verba (*enlie* und *gevie*). — *gevie*, er zog ihn zu sich. — 3 *wüeten*, rasen.

2272, 1 *Lât abe*, lasst los. — 2 *zen handen*, unter die Hand.

het er die werlt alle mit sîner hant erslagen,
ich slahe in daz er'z widerspel nimmer mêre darf gesagen.

2273 Des was vil harte erzürnet der Bernære man. 2210
den schilt gezuhte Wolfhart, ein sneller degen guot:
alsam ein lewe wilder lief er vor in dan.
im wart ein gæhez volgen von sînen vriunden getân.

2274 Swie witer sprunge er pflæge für des sales want, 2211
doch ergâhte in vor der stiege der alte Hildebrant:
er wolde in vor im lâzen niht komen in den strît.
sie funden daz sie suochten an den ellenden sît.

2275 Dô gesprance zuo Hagenen meister Hildebrant: 2212
diu swert man hôrte erklingen an ir beider hant.
sie wâren sêre erzürnet: daz moht' man kiesen sint.
von ir zweier swerten gie der fiwerrôter wint.

2276 Die wurden dô gescheiden in des strîtes nôt: 2213
daz tâten die von Berne, als in ir kraft gebôt.
zehant dô wande Hildebrant von Hagenen wider dan:
dô lief der starke Wolfhart den küenen Volkêren an.

2277 Er sluoc den videlære ûf den helm guot, 2214
daz des swertes ecke unz an die spangen wuot.
daz vergalt mit ellen der küene spileman.
dô sluog er Wolfharten, daz er stieben began.

2278 Des fiwers ûz den ringen hiuwen sie genuoc. 2215
haz ir ieslicher dem anderen truoc.

2272, 4 *er'z* = *er daz*. — *widerspel* stn., Wiedererzählung, die Erzählung von dem Streite, wenn er zurückgekehrt ist. Ich werde ihm dasselbe unmöglich machen.
2273, 3 *vor in*, den Bernern voraus. — 4 *gæhe* adj., schnell, eilig.
2274, 1 *für*, vor die Wand hin. — 2 *ergâhen*, durch Eilen erreichen, einholen.
2275, 4 die die Luft durchsausenden Schwerter machen einen Wind, der von den stiebenden Funken gewissermaßen roth ist.
2276, 1 sie wurden durch andere herandringende Kämpfer getrennt. — 3 *wande*, wandte sich.
2277, 2 *die spangen*, die Bänder am Helme. — *wuot* von *waten*, durchdringen. — 4 *stieben*, von Funken stieben, d. i. der ganze Mann für die Rüstung.
2278, 1 *hiuwen* praet. pl. von *houwen*, hauen. —

die sciet dô von Berne der degen Wolfwîn:
ob ez ein helt niht wære, des enkunde nimmér gesîn.

2279 Gúnthèr der recke mit williger hant 2216
enpfie die helde mære von Amelunge lant. (2338)
Gíselhèr der herre, diu liehten helmvaz,
der trumt' er dâ vil manigez von pluote rôt unde naz.

2280 Danewart, Hagenen bruoder, was ein grim-
mec man. 2217
swaz er dâ vor hête in strîté getân. (2339)
den Etzelen recken, daz was gar ein wint:
nu vaht vil tobeliche des küenen Aldriânes kint.

2281 Ritschart unde Gèrbart, Helpfrîch und Wichart. 2218
die heten in manegen stürmen vil selten sich (2340)
gespart:
des brâhten sie wol innen die Guntheres man.
dô sach man Wolfpranden in strîte hêrliche gân.

2282 Dô vaht alsam er wuote der alde Hildebrant. 2219
vil der guoten recken vor Wolfhartes hant (2341)
mit tôde muose vallen von swerten in daz pluot.
sus râchen Rüedegêren die recken küene unde guot.

2283 Dô vaht der herre Sigestap als im sîn ellen riet. 2220
hei waz er in dem strîte der guoten helme schriet (2342)
den sînen vîánden, Dietrîches swester sun!
er enkunde in dem sturme nimmer bezzers niht getuon.

2284 Vólkèr der starke, dô er daz ersach 2221
daz Sigestap der küene den bluotégen bach (2343)

2278, 1 *[illegible]* derjenige der sie auseinander brachte.
2279, 1 *williger*, kampfbereiter. — 3 *diu liehten*, steht außerhalb der Construction.
2280, 3 *ein wint*, nichts gegen sein jetziges Kämpfen [illegible].
2281, 2 *sich gespart*, sich geschont. *vil selten*, niemals.
2282, 3 *mit tôde*, im Tode, todt. — *von swerten*, durch Schwerter, ungenau, da in diesem Satze nur von Wolfhart die Rede ist, mithin auch nur von einem Schwerte, unter welchem viele fallen.
2283, 2 *schriet* praet. von *schrôten*, zerschneiden, zerhauen. — 4 er hätte nicht tapferer kämpfen können als er that.

kom ûz herten ringen. daz was dem helde zorn.
er spranc im hin engegene. dô hete er gestap verlorn.

2285 Von dem videlære vil schiere dâ daz [illegible]
er begonde im sîner künste alsolhen teil dâ geben,
daz er von sînem swerte muose ligen tôt.
daz rach der alte Hildebrant, als im sîn ellen daz gebôt.

2286 "Owê liebes herren", sprach meister Hildebrant,
"der hie lît erstorben von Volkêres hant.
nune sol der videlære langer niht genesen."
Hildebrant der küene, wie kunde er grimmer gewesen?

2287 Dô sluoc er Volkêren, daz im den helmbant
stuben allenthalben zuo des sales want
von helme und ouch von schilde, dem küenen spilman;
dâ von der starke Volkêr dô den ende dâ gewan.

2288 Dô drungen zuo dem strîte die Dietrîches man.
sie sluogen daz die ringe vil verre dræten dan,
unt daz man ort der swerte vil hôhe vliegen sach.
sie holten ûz den helmen den heize vliezenden bach.

2289 Dô sach von Tronege Hagene Volkêren tôt.
daz was zer hôhgezîte sîn aller meistiu nôt,
die er dâ hete gewunnen an mâgen und an man.
owê wie harte Hagene den helt dô rechen began!

2290 "Nune sol es niht geniezen der alte Hildebrant.
mîn helfe lît erslagene von des heldes hant.

2284, 3 [illegible] pret. von [illegible] — [illegible]
2285, 2 *kunst* mit Beziehung auf das durchgeführte Bild vom Geigenspiel für den Schwertkampf.
2286, 1 weh um einen so lieben Herrn. — [illegible]
2287, 2 *allenthalben*, nach allen Seiten. — [illegible] also aus [illegible] herausgenommen werden [illegible]
2288, 4 *holn*, herausholen, indem sie die Helme und [illegible] die Häupter zerspalteten.
2289, 2 [illegible] — [illegible] Bezug auf

der beste hergeselle, den ich ie gewan.»
den schilt ruht' er hôher: dô gie er hóuwende dan.

2291 Helpfrich der starke Dancwarten sluoc. 2228
Gunther und Gîselher, den was ez leit genuoc, (2351)
dô sie in sâhen vallen in der starken nôt.
er hete mit sînen handen wol vergolten sînen tôt.

2292 Die wîle gie dô Wolfhart beide wider unde dan, 2229
allez hóuwénde die Guntheres man. (2352)
er was die dritten kêre komen durch den sal:
dâ viel von sînen handen vil manec récké ze tal.

2293 Dô rief der herre Gîselher Wolfharten an: 2230
«owê daz ich sô grimmen vîent ie gewan. (2353)
edel ritter küene, nu wendet gegen mîn.
ich wil'z helfen enden: ez enmac niht lángér gesîn.»

2294 Zuo Gîselhere kêrte Wolfhart in den strît. 2231
dô slúoc ir ietwedere vil manege wunden wît. (2354)
sô rehte kreftecliche er zuo dem künege dranc
daz ime'z pluot únder füezen al über daz hóubét gespranc.

2295 Mit swinden slegen grimmen der schœnen Uoten kint 2232
enpfie Wólfhárten den küenen helt, sint. (2355)
swie starc der degen wære, er kunde niht genesen.
ez endorfte künec sô junger nimmer küenér gewesen.

2296 Dô sluoc er Wolfharten durch eine brunne guot, 2233
daz im von der wunden nider vlôz daz pluot. (2356)

2290, 4 *dan* von dannen, vorwärts.
2292, 1 *wider unde dan*, auf und ab, hin und her. [illegible] 3 *kêre* stf., Umkehr: er hatte zum dritten Mal den Saal hauend durchschritten.
2293, 3 *gegen mîn*, zu mir her, nach mir [illegible] *gegen* mit *gen* im 13. Jahrhundert veraltet.
2294, 4 *ime'z* = *ime dez*, *ime daz*. Er schritt mit so mächtigen Schritten, daß das Blut der Erschlagenen bis an sein Haupt spritzte.
2295, 4 es konnte nicht sein, daß ein so jugendlicher König kühner wär als Giselher.

er wunte zuo dem tôde den Dietrîches man.
ez enhet an' einen recken zwâre [illegible]

2297 Alsô der küene Wolfhart der wunden enpfant,
den schilt liez er vallen, hôher an der hant
huob er ein starkez wâfen: daz was scharpf genuoc.
durch helm unt durch ringe der helt dô Gîselheren sluoc.

2298 Sie heten beide ein ander den grimmen tôt getân.
dône lebte ouch nu niht mêre der Dietrîches man.
Hildebrant der alte Wolfhárten vallen sach:
im wæn' vor sînem tôde sô rehte leide nie geschach.

2299 Dô wâren gar erstorben die Guntheres man
und ouch die Dietrîches. Hildebrant was gegân
dâ Wolfhart was gevallen nider in daz pluot:
er beslôz mit armen den recken küen' unde guot.

2300 Er wolde'n ûzem hûse mit im tragen dan:
er was ein teil ze swære, er muose in ligen lân.
dô blihte ûz dem bluote der rewende man:
er sach wol daz im gerne sîn neve het geholfen dan.

2301 Dô sprach der tôtwunde: „vil lieber œheim mîn,
ir mügt an disen zîten mir niht frum gesîn:
nu hüetet iuch vor Hagenen: ja dunket ez mich guot.
er treit in sîme herzen einen grimmigen muot.

2302 Unt ob mich mîne mâge nâch tôde wellen klagen,
den næhsten unt den besten den sult ir von mir sagen,
daz sie nâch mir niht weinen: daz ist âne nôt.
vor eines küneges handen lig' ich hie hêrlîchen tôt.

2296, 3 *zuo dem tôde*, tödtlich. — 4 [illegible] wenn er [illegible] Recke gewesen wäre.
2297, 2 er fasste das Schwert mit beiden Händen, um kräftiger zu hauen, schwang es also auch höher, holte weiter aus.
2298, 4 *vor sînem tôde*, in seinem ganzen Leben.
2300, 2 *ein teil*, etwas, für: viel. — 3 *rewen* [illegible] — 4 *neve* hier in der Bedeutung Oheim (vgl. 2301, 1).
2301, 2 *an disen zîten*, unter den gegenwärtigen Verhältnissen, wie die Sachen stehen.
2302, 2 [illegible] bezeichnet auch die nächsten. — [illegible] — 3 [illegible] bezeichnet wieder die Sehnsucht.

2303 Ich hân ouch sô vergolten hier inne mînen lîp, 2240
daz ez wol mugen beweinen der guoten ritter wîp. (2303)
ob iuch des iemen vrâge, sô müget ir balde sagen,
vor mîn eines handen lît wol hûndért erslagen.

2304 Dô gedâht' ouch Hagene an den spileman, 2241
dem der küene Hildebrant sîn leben an gewan: (2304)
dô sprach er zuo dem degene: »ir geltet mîniu leit.
ir habt uns hinne erbunnen vil maneges réckén gemeit.

2305 Er sluoc ûf Hildebranden, daz man wol vernam 2242
Bálmúngen diezen, den Sîfride nam (2305)
Hagene der küene, dâ er den helt sluoc.
dô werte sich der alte: jâ was er küené genuoc.

2306 Der recke Dietrîches sluoc ein wâfen breit 2243
ûf den helt von Tronege, daz ouch vil sére sneit. (2306)
done kund' er niht verwunden den Guntheres man:
dô sluoc ab in Hágene durh eine brünne wol getân.

2307 Dô der alde Hildebrant der wúndén enpfant, 2244
dô vorhte er schaden mére von der Hagenen hant: (2307)
den schilt warf über rucke der Dietrîches man.
mit der starken wunden der helt dô Hagenen entran.

2308 Dâ was niemen lebende al der degene, 2245
niwan die einen zwêne, Gunthér und Hagene. (2308)
mit bluote gie berunnen der alte Hildebrant:
er brâhte leidiu maere dâ er Dietrîchen vant.

2309 Dô sah er trûreclîche sitzen hie den man. 2246
der leide michel mére der fürste dô gewan. (2309)

2303, 3 *balde*, kühnlich. 4 *vor mîn eines handen*, vor den Händen von mir, dem einen; *mîn* ist Genetiv.
2304, 2 *an gewan*, abgewann, raubte. 4 *erbunnen* [illegible] missgönnen: ihr habt sie uns nicht gegönnt, indem ihr sie tödtetet.
2306, 4 *ab* für *aber*, andererseits, dagegen.
2307, 3 *warf über rucke*, er warf ihn nicht fort, sondern nach hinten, so daß er auf den Rücken zu sitzen kam, dadurch war er im Fliehen weniger behindert.
2308, 2 *die einen zwêne*, die einzigen zwei. — 4 [illegible] wo Dietrich war.

er sah ouch Hildebranden in sîner brünne rôt:
dô vrâgte er in der mære, als im diu sorge gebôt.

2310 »Nu sagt mir, meister Hildebrant, wie sît ir sô naz 2247
von dem verchpluote? oder wer tet iu daz? (2304)
ich wæne ir mit den gesten zem hûse habt gestriten;
ich verbôt ez iu sô sêre, dô het ir'z pillîch vermiten.«

2311 Dô sagt' er sînem herren: »ez tet Hagene. 2248
der sluog mir dise wunden in dem gademe, (2305)
dô ich von dem recken wolde wenden dan.
mit mînem lebene kûme ich dem tievel entran.«

2312 Dô sprach der Bernære: »vil rehte ist iu geschehen, 2249
dô ir mich friuntschefte den recken hôrtet jehen, (2306)
daz ir den vride brâchet, den ich in hete gegeben.
het ih's niht immer scande, ir soldet vliesen daz leben.«

2313 »Nu enzürnet niht sô sêre, mîn herre Dietrich. 2250
an mir und mînen friunden der schade ist alze rîch. (2307)
wir wolden Rüedegêren getragen haben dan:
des enwolden uns niht gunnen des künec Guntheres man.«

2314 »Sô wê mir dirre leide! ist Ruedegêr doch tôt, 2251
daz muoz mir sîn ein jâmer vor aller mîner nôt. (2308)
Gotelint diu edele ist mîner basen kint.
ach wê der armen weisen die dâ ze Bechelâren sint.«

2309, 3 *rôt*, von Blut. — 4 *sorge*, Furcht, Besorgniss, daß Hildebrand mit den Gästen gestritten.
2310, 2 *verchpluot*, Lebensblut. — 3 *zem hûse*, beim Hause. — 4 *het* = *hætet*; da hättet ihr doch Ursache gehabt es zu vermeiden.
2311, 4 *tievel* hier und 2001, 4 zur Bezeichnung eines bösen dämonischen Wesens.
2312, 4 *scande*, weil Hildebrand Dietrich's Erzieher war.
2313, 2 *alze rîch*, allzu groß. Ich und meine Verwandten haben solchen Schaden genommen, daß ich vielmehr zu bemitleiden wäre.
2314, 1 *doch*, also doch, also wirklich. — 3 *pasen kint*, Base: Vaters Schwester. — 4 *weisen* bezieht sich nicht nur auf Rüdiger's Tochter, die durch seinen Tod eine Waise ist, sondern alle Bewohner der Burg heißen dadurch verwaist.

2315 Riuwen unde leides mant' in dô sîn tôt. 2252
er begónde starke weinen: des gie dem helede nôt. (2375)
«owê getriuwer helfe, die ich verlorn hân!
jane überwinde ich nimmer des künec Étzélen man.

2316 «Müget ir mir, meister Hildebrant, diu rehten
mære sagen, 2253
wer der recke wære, der in dâ hât erslagen?» (2376)
er sprach: «daz tet mit kreften der starke Gêrnôt:
vor Rüedegêres handen ist ouch der helt gelegen tôt.»

2317 Er sprach ze Hildebrande: «nu saget mînen man, 2254
daz sie sich balde wâfen; wand' ich wil dár gân. (2377)
und heizet mir gewinnen mîn liehtez wîcgewant.
ich wil selbe vrâgen die helde ûz Burgonden lant.

2318 Dô sprach meister Hildebrant: «wer sol zuo
z'iu gên? 2255
swaz ir habt der lebenden, die seht ir bî iu stên. (2378)
daz pin ich alterseine: die andern die sint tôt.»
do erschraht' er dirre mære: des gie im wærliche nôt;

2319 Wand' er leit sô grôzez zer werlde nie gewan. 2256
er sprach: «und sint erstorben alle mîne man, (2379)
sô hât mîn got vergezzen, ich armer Dietrich.
ich was ein künec hêre, vil gewaltic unde rich.»

2320 «Wie kunde ez sich gefüegen», sprah aber Dietrich, 2257
«daz si alle sint erstorben, die helde lobelich, (2380)
von den strîtmüeden, die doch heten nôt?
wan durch mîn ungelücke, in wære vremde noch der tôt.

2315, 1 *Riuwen* gen. pl. von *riuwe*, Trauer. — 3 *helfe*, für Helfer. — 4 ich kann seinen Verlust nimmer verschmerzen.
2316, 2 *dâ* ist mit *der* zu verbinden, nicht: dort.
2317, 3 *gewinnen*, herbeibringen.
2318, 1 für wen ist dieser Auftrag bestimmt? ihr habt keine Mannen mehr, die kommen konnten.
2319, 1 *zer werlde nie*, nie im Leben. — 3 *armer*, im Gegensatz zu dem *rîch* der folgenden Zeile.
2320, 1 wie konnte das aber so kommen, wie war das möglich? — 3 *von*, durch. — *heten nôt*, so viel durchgemacht hatten. — 4 wäre es nicht um meines Unglücks willen, weil ich unglücklich sein soll.

2321 Sît daz ez mîn unsælde niht langer wolde entwesen,
sô saget mir, ist der geste noch iemen genesen?
dô sprach meister Hildebrant ‚daz weiz got, niemen mêr
niwan Hagene aleine und Gunther der künec hêr.'

2322 Owê, lieber Wolfhart, sol ich dich hân verlorn,
sô mac mich balde riuwen daz ich ie wart geborn!
Sigestap und Wolfwîn und ouch Wolfprant,
wer sol mir danne helfen in der Amelunge lant?

2323 Helpfrîch der vil küene, und ist mir der erslagen,
Gerbart und Wîchart, wie solde ich die verklagen?
daz ist an mînen vreuden mir der leste tac.
owê daz vor leide niemen sterben ne mac!

2321, 1 [illegible] mit [illegible] mir mein Unheil das nun einmal nicht ersparen wollte.
2322, 4 [illegible] ist Accusativ. wer soll mir beistehen, in das Amelungenland zurückzukehren.
2323, [illegible] in Beziehung auf meine Freude.

XXXIX. AVENTIURE.

WIE GUNTHER UNDE HAGENE UNDE KRIEMHILT WURDEN ERSLAGEN.

Dietrich waffnet sich und geht mit Hildebrand nach dem Saale hin, und fordert Gunthern und Hagen auf, sich ihm zu ergeben. Sie verweigern es. Dietrich kämpft zuerst mit Hagen, bezwingt und bindet ihn und bringt ihn Kriemhilden, die ihn in Gewahrsam führen lässt. Dietrich kehrt zurück und bezwingt Gunthern ebenso. Kriemhild verlangt von Hagen den Schatz zurück; er sagt, er habe geschworen, ihn nicht zu verrathen, so lange einer der Könige lebe. Da lässt Kriemhild Gunthern enthaupten und trägt das Haupt Hagen hin. Da er auch jetzt nichts verräth, tödtet sie ihn eigenhändig mit Siegfried's Schwerte und wird dafür von Hildebrand erschlagen. Dietrich und Etzel klagen um die Todten.

2324 Dô suocht' der herre Dietrich selbe sîn gewant: 2261
im half, daz er sich wâfent', meister Hildebrant. [illegible]
dô klagete alsô sêre der kreftige man,
daz daz hûs erdiezen von sîner stimmé began.

2325 Dô gewan er widere rehten heldes muot. 2262
in grimme wart gewâfent dô der degen guot, [illegible]
einen schilt vil vesten den nam er an die hant.
sie giengen balde dannen, er unde meister Hildebrant.

2326 Dô sprach von Tronege Hagene: ich sihe dort here gân 2263
den herren Dietrichen: der wil uns bestân [illegible]

2324, 4 *erdiezen*, widerhallen.
2325, 2 *grimme* stf., Zorn, Wuth: er werde zornig, während er sich waffnete.

nâch sînem starkem leide, daz im ist hie geschehen.
man sol daz hiute kiesen wem man des besten
muge jehen.

2327 Jane dunket sich von Berne der herre Dietrich 2264
nie sô starc des lîbes und ouch sô gremelich, (2296)
und wil er'z an uns rechen, daz im ist getân»,
alsô redete Hagene, «ich getár in rehte wol bestân.»

2328 Dise rede hôrte Dietrîch und Hildebrant. 2265
er kom da er die recken beide stênde vant (2297)
ûzen vor dem hûse, geleinet an den sal.
sînen schilt den guoten den sazte Dietrich zetal.

2329 In leitlichen sorgen sprach dô Dietrich: 2266
«wie habt ir sô geworben, Gunther, künec rich, (2298)
wider mich ellenden? waz het ich iu getân?
alles mînes trôstes des pin ich éiné bestân.

2330 Iuch endûhte niht der volle an der grôzen nôt, 2267
dô ir uns Rüedegêren den helt sluoget tôt: (2299)
nu habet ir mir erbunnen aller mîner man.
jane het ich iu helden sölher leide niht getân.

2331 Gedenket an iuch selben unde an iuwer leit, 2268
tôt der iuwer vriunde und ouch diu arebeit, (2300)
ob ez iu guoten recken beswæret' iht den muot.
owê wie rehte unsanfte mir tôt der Ruedegêres tuot!

2332 Ez gescach in dirre werlde nie manne leider mêr. 2269
ir gedâhtet übele an mîn und iuwer sêr. (2301)

2326, 1 *des besten jehen*, den Preis des Kampfes zuerkennen.
2327, 1 er kann sich durchaus nicht so stark vorkommen, daß ich nicht wagte mit ihm zu kämpfen; wie stark und schrecklich er sich auch zu sein dünke, so wage ich's doch.
2328, 3 *geleinet*, angelehnt: sie waren müde. — 4 *zetal*, was sonst heißt *für sînen fuoz*.
2329, 1 *leitlich*, leidvoll. — 2 *geworben*, gehandelt, gethan. — 3 *wider mich*, an mir. — 4 *eine* mit gen., beraubt.
2330, 1 *der volle*, das volle Maß, genug. — 4 *sölher leide*, derartiges Leid, das solche Rache erheischt hätte.
2331, 2 *tôt* und *arebeit* sind Subjecte von *beswæret*, die durch *ez* noch einmal aufgenommen werden. — 4 *unsanfte* adv., schmerzlich, weh.
2332, 2 *übele* hat hier die Bedeutung einer Negation: wenig, nicht.

swaz ich freuden hête, diu liget von iu erslagen.
janę kan ich nimmer mêre die mîne mâgé verklagen.»

2333 «Janę sîn wir niht sô schuldic», sprach dô Hagene. 2270
«ez giengen iuwer helde zuo disem gademe, (2392)
gewâfent wol ze vlîze mit einer schar sô breit.
mich dunket daz diu mære iu niht rehte sîn geseit.»

2334 «Waz sol ich gelouben mêre? mir seit' ez Hildebrant, 2271
dô mîne recken gerten von Amelunge lant (2393)
daz ir in Rüedegêre gæbet ûz dem sal.
dô bütet ir niwan spotten den küenen helden her ze tal.»

2335 Dô sprach der künec von Rîne: «sie jâhen wolden tragen 2272
Rüedegêren hinnen: den hiez ich in versagen (2394)
Étzéln ze leide, und niht den dînen man:
unze daz dô Wolfhart dar umbe scéltén began.»

2336 Dô sprach der helt von Berne: «ez muose et alsô sîn. 2273
Gunther, künec edele, durch die zuhte dîn (2395)
ergetze mich der leide di mir vón dir sint geschehen,
und süene iz, ritter küene, daz ich des künne dir gejehen.

2337 Ergip dich mir ze gisel, du und ouch dîn man: 2274
sô wil ich behüeten, so ịh áller beste kan, (2396)
daz dir hie zen Hiunen niemen niht entuot.
dunę solt an mir niht vinden niwan triuwe unde guot.»

2338 «Daz enwelle got von himele», sprah dô Hagene, 2275
«daz sich dir ergæben zwêne degene, (2397)

2333, 2 *giengen*, kamen. — 3 *gewâfent — vlîze*, sehr sorgfältig gewaffnet. — *breit*, ausgedehnt, groß.
2334, 4 *dô bütet ir*, da hättet ihr angeboten.
2335, 1 *jâhen*, daß sie wollten. — 3 *den dînen man* naml. *ze leide*. — 4 so stand die Sache, bis Wolfhart u. s. w.
2336, 3 *di* geschwächte Form für *diu*. — 4 daß ich das von dir sagen könne, nämlich daß du es gesühnt hast.
2337, 2 *behüeten*, dafür Sorge tragen.

die noch so werliche gewâfent gegen dir stênt
und noch so ledecliche vor ir vianden gênt.

2339 Ir ensult iz niht versprechen so redet Dietrich, 2276
Gunther unde Hagene. ir habt beide mich
so sêre beswæret, daz herze und ouch den muot,
welt ir mich ergetzen, daz ir'z vil billichen tuot.

2340 Ich gibe iu mine triuwe und sicherliche hant, 2277
daz ich mit iu rite heim in iuwer lant.
ich leite iuch nâch den êren oder ich gelige tot,
und wil durch iuch vergezzen der minen græzlichen nôt.

2341 Nune muotet sin niht mêre, sprach aber Hagene. 2278
von uns enzimt daz mære niht wol ze sagene,
daz sich iu ergæben zwên' alsô kuene man.
nu siht man bi iu niemen wane Hildebrande stân.

2342 Dô sprach meister Hildebrant: got weiz, her Hagene, 2279
der iu den vride biutet mit iu ze tragene,
ez kumt noch an die stunde daz ir in möhtet nemen.
die suone mines herren möht ir iu lâzen gezemen.

2343 Jâ næme ich ê die suone, sprach aber Hagene. 2280
ê ih sô lasterliche ûz einem gademe
fluhe, meister Hildebrant, als ir hie habt getân.
ich wânde daz ir kundet baz gein vianden stân.

[illegible], 2 [illegible], dir gegenüber. — 4 [illegible] adv., frei, unbehindert.

2339, 3 herze und muot als nähere Erklärung zu [illegible]. — 4 daz ihr wohl Ursache habt mich zu entschädigen.

2340, 1 triuwe, Versprechen. — sicherlich, zuverlässig, [illegible] soviel als sicherheit, Zusicherung. — 3 leite, begleite. [illegible] den Anforderungen der Ehre gemäß.

2341, 2 von uns, über uns, de[illegible]. — 3 ergæben, ergeben hätten. — 4 [illegible], die ursprüngliche Form von wan, außer. — Hildebrande [illegible], neben dem häufigeren [illegible].

2342, 2 der, wenn jemand. — 3 an die stunde, [illegible] Ursache hätte. — 4 [illegible] gezemen, gefallen.

2343, 1 [illegible] Stand halten.

2344 Des antwurte Hildebrant: «zwiu verwîzet ir mir daz? 2281
nu wer wás der ûfme schilde vor dem Wáskensteine saz, (2403)
dô im von Spanje Walther sô vil der friunde sluoc?
ouch habt ir noch ze zeigen an iu sélbén genuoc.»

2345 Dô sprach der herre Dietrich: «daz ęnzimt niht helede lip, 2282
dáz sie súln scelten sam diu alten wip. (2404)
ich verbiute iu, Hildebrant, daz ir iht sprechet mêr.
mich ellenden recken twinget grœzlichiu sêr.

2346 Lât hœren», spràch Dietrich, «recke Hagene, 2283
waz ir beide spràchet, vil snelle degene, (2405)
dô ir mich gewâfent zuo z'iu sâhet gân?
ir jâhet daz ir eine mit strîte woldet mich bestân.»

2347 «Jane lougent iu des niemen», sprach Hagene der degen, 2284
«ine welle'z hie versuochen mit den starken slegen, (2406)
ez ęnsi daz mir zebreste daz Nibelunges swert.
mir įst zórn daz unser beider ist ze gîsél gegert.»

2348 Dô Dietrich gehôrte den grimmen Hagenen muot, 2285
den schilt vil balde zuhte der snelle degen guot. (2407)
wie balde gein im Hagene von der stiegen spranc!
Niblúnges swert daz guote vil lûte ûf Dietriche erklanc.

2349 Dô wesse wol her Dietrich daz der küene man 2286
vil grimmes muotes wære: schermen im began (2408)

2344, 1 *verwîzen* stv., zum Vorwurf machen. — 2 *wer etc.*, wer war derjenige. — 3 Beziehung auf Walther's Kampf mit den Burgonden, welchem Hagen anfangs zusah, weil er Walther's Freund war, während Walther seine Verwandten im Einzelkampfe nacheinander todtete. — 4 *zeigen*, aufzuweisen, was nicht in der Ordnung ist.

2345, 4 *twinget* sing. des Verbums bei folgendem Plural des Subjectes.

2347, 1. 2 ich gestehe daß ich es versuchen will, mit euch im Einzelkampfe zu streiten. — 4 *mir ist zorn*, mich ärgert, kränkt es. — *ze gîsel*, als Geisel.

2348, 2 er ergriff rasch den Schild, der vor ihm auf der Erde gestanden (2328, 1).

die noch sô werliche gewâfent gegen dir stênt
und noch sô ledecliche vor ir vînden gânt.

2339 Ir ensult iz niht versprechen, sô redet Dietrîch, 2276
Gunther unde Hagene. ir habt beide mich
sô sêre beswæret, daz herze und ouch den muot;
welt ir mich ergetzen, daz ir'z vil pillîchen tuot.

2340 Ich gibe iu mîne triuwe und sicherlîche hant, 2277
daz ich mit iu rîte heim in iuwer lant.
ich leite iuch nâch den êren oder ich gelige tôt,
und wil durch iuch vergezzen der mînen grœzlîchen nôt.

2341 Nune muotet sîn niht mêre, sprach aber Hagene. 2278
von uns enzimt daz mære niht wol ze sagene,
daz sich iu ergæben zwên' alsô küene man.
nu siht man bî iu niemen wane Hildebrande stân.

2342 Dô sprach meister Hildebrant: got weiz, her Hagene, 2279
der iu den vride biutet mit iu ze tragene,
ez kumt noch an die stunde daz ir in möhtet nemen.
die suone mînes herren möht ir iu lâzen gezemen.

2343 Jâ næme ich ê die suone, sprach aber Hagene, 2280
ê ih sô lasterlîche ûz einem gademe
flühe, meister Hildebrant, als ir hie habt getân.
ich wânde daz ir kundet baz gein vianden stân.

2338, 3 [illegible], dir gegenüber. — 4 [illegible]
2339, 3 [illegible] und *muot* als nähere Erklärung zu [illegible]. — 4 daß Ihr [illegible] Ursache habt mich zu entschädigen.
2340, 1 *triuwe*, Versprechen. — *sicherlich*, zuverlässig. — [illegible] als *sicherheit*, Zusicherung. — 3 *leite*, begleite. [illegible] Anforderungen der Ehre gemäß.
2341, 2 [illegible], über uns. [illegible] — 3 *ergæben*, ergeben hätten. — 4 [illegible], die ursprüngliche Form von *wan*, außer. — [illegible], neben dem häufigeren [illegible].
2342, 2 *der*, wenn jemand. — 3 [illegible], daß ihr [illegible] Ursache hättet. — 4 [illegible] gefallen.
2343, 1 [illegible] Stand halten.

2344 Des antwurte Hildebrant: »zwiu verwîzet ir mir daz? 2281
nu wer wás der ûfme schilde vor dem Wáskensteine saz, (2403)
dô im von Spanje Walther sô vil der friunde sluoc?
ouch habt ir noch ze zeigen an iu sélbén genuoc.«

2345 Dô sprach der herre Dietrich: »daz enzimt niht helede lîp, 2282
dáz sie súln schelten sam diu alten wîp. (2404)
ich verbiute iu, Hildebrant, daz ir iht sprechet mêr.
mich ellenden recken twinget grœzlichiu sêr.

2346 Lât hœren«, sprách Dietrich, »recke Hagene, 2283
waz ir beide sprâchet, vil snelle degene, (2405)
dô ir mich gewâfent zuo z'iu sâhet gân?
ir jâhet daz ir eine mit strîte woldet mich bestân.«

2347 »Jane lougent iu des niemen«, sprach Hagene der degen. 2284
»ine welle'z hie versuochen mit den starken slegen, (2406)
ez ensî daz mir zebreste daz Nibelunges swert.
mir ist zórn daz unser beider ist ze gîsel gegert.«

2348 Dô Dietrich gehôrte den grimmen Hagenen muot, 2285
den schilt vil balde zuhte der snelle degen guot. (2407)
wie balde gein im Hagene von der stiegen spranc!
Niblúnges swert daz guote vil lûte ûf Dietriche erklanc.

2349 Dô wesse wol her Dietrich daz der küene man 2286
vil grimmes muotes wære: schermen im began (2408)

2344, 1 *verwîzen* stv., zum Vorwurf machen. — 2 *wer was*, wer war derjenige. — 3 Beziehung auf Walther's Kampf mit den Burgunden, welchem Hagen anfangs zusah, weil er Walther's Freund war, während Walther seine Verwandten im Einzelkampfe nacheinander tödtete. — 4 *zeigen*, aufzuweisen, was nicht in der Ordnung ist.
2345, 4 *twinget* sing. des Verbums bei folgendem Plural des Subjectes.
2347, 1. 2 ich gestehe daß ich es versuchen will, mit euch im Einzelkampfe zu streiten. — 4 *mir ist zorn*, mich ärgert, kränkt es. — *ze gîsel*, als Geisel.
2348, 2 er ergriff rasch den Schild, der vor ihm auf der Erde gestanden (2328, 1).

der herre von Berne vor angeslîchen slegen.
wol erkand' er Hagenen, den vil zierlîchen degen.

2350 Ouch vorht' er Baltmungen, ein wâfen starc genuoc. 2287
under wîlen Dietrich mit listen wider sluoc,
unze daz er Hagenen mit strîte doch betwanc.
er sluoc im eine wunden: diu was tief unde lanc.

2351 Dô gedâht' der herre Dietrich: du bist in nôt erwigen: 2288
ih hân's lützel êre, soltu tôt vor mir geligen.
ich wil'z sus versuochen, ob ich ertwingen kan
dich mir ze einem gisel. daz wart mit sorgen getân.

2352 Den schilt liez er vallen: sîn sterke diu was grôz, 2289
Hagenen von Tronege mit armen er beslôz.
des wart dô betwungen von im der küene man.
Gunther der edele dar umbe trûren began.

2353 Hagenen bant dô Dietrich und fuort' in dâ er vant 2290
die edelen küneginne, und gab ir bî der hant
den küenesten recken der ie swert getruoc.
nâch ir vil starkem leide dô wart si vrœlich genuoc.

2354 Vor liebe neic dem degene daz Etzelen wîp: 2291
»immer sî dir sælic dîn herze und ouch dîn lîp.
du hâst mich wol ergetzet aller mîner nôt.
daz sol ich immer dienen, mich ensûme's der tôt.«

2355 Dô sprach der herre Dietrich: »ir sult in lân genesen, 2292
edeliu küneginne. und mac daz noch gewesen,
wie wol er iuch ergetzet daz er iu hât getân!
er sol des niht engelten daz ir in seht gebunden stân.«

2349, 1 *erkand' er*, kannte er, wusste wie tapfer Hagen war.
2350, 2 *under wîlen*, dazwischen. — *mit listen*, kunstmäßig. — *wider sluoc*, schlug dagegen.
2351, 1 *erwigen* part. von *erwîhe, erweic, erwigen*, ermatten, erschöpfen, *in nôt*, von der Anstrengung. — 3 *sus*, auf andere Weise. — 4 *mit sorgen*, mit Mühe, nicht ohne Gefahr.
2353, 2 *gab ir bî der hant*, gab in ihre Hand.
2354, 4 *mich ensûme's*, es sei denn, daß mich daran aufhalte, daran verhindere.
2355, 2 *daz*, daß er nämlich leben bleibt. — 3 *daz* für *des daz*, für das was. — 4 seine Gefangenschaft und Wehrlosigkeit soll ihm keinen Schaden bringen.

2356 Dô hiez siu Hagenen füeren an sîn ungemach, 2293 (2415)
dâ er lac beslozzen unt dâ in niemen sach.
Gunthér der künec edele rüefen dô began:
«war kom der helt von Berne? der hât mir léidé getân.»

2357 Dô gie im hin engegene der herre Dietrich. 2294 (2416)
daz Guntheres ellen daz was vil lobelich:
donę beit ouch er niht mêre, er lief her für den sal.
von ir beider swerten huop sich ein grœzlicher scal.

2358 Swie vil der herre Dietrich lange was gelobt, 2295 (2417)
Gunther was sô sêre erzürnet und ertobt,
wand' er nâch starkem leide sîn herzevîent was:
man sagt ez noch ze wunder, daz dô her Dietrich genas.

2359 Ir ellen und ir sterke beide wâren grôz. 2296 (2418)
palas unde türne von den slegen dôz,
dô sie mit swerten hiuwen ûf die helme guot.
ez het der künec Gunther einen hêrlichen muot.

2360 Sit twanc in der von Berne, sam Hagenen ê geschach. 2297 (2419)
daz pluot man durch die ringe dem helde vliezen sach
von einem scarpfen swerte: daz truoc her Dietrich.
doch het gewert her Gunther nâch müede lobeliche sich.

2361 Der herre wart gebunden von Dietriches hant, 2298 (2420)
swie künege niht solden liden solhiu bant.
er dâht' ob er sie lieze, den künec und sinen man,
alle die sie fünden, die müesen tôt vor in bestân.

2362 Díetrích von Berne der nam in bî der hant: 2299 (2421)
dô fuort' er in gebunden da ęr Kriemhilde vant.

2356, 1 *an sîn ungemach*, dahin wo er es unbequem hatte, in den Kerker
2357, 3 er lief heraus vor den Saal.
2358, 2 *ertobt*, rasend geworden: er kämpfte wie ein Rasender. — 3 *[illegible]*, das ihm Dietrich gethan hatte. — 4 *ze wunder*, als ein Wunder.
2360, 2 *dem helde*, Gunthern. — 3 *von*, infolge von. — 4 *nâch müede*, in Anbetracht seiner Ermüdung durch die vorangegangenen Kämpfe
2361, 2 *swie*, wiewohl. — 3 *lieze*, losließe.

dô was mit sînem leide ir sorgen vil erwant.
si sprach: «willekomen Gunther ûzer Burgonden lant.»

2363 Er sprach: «ich solde iu nîgen, vil edele swester mîn, 2360
ob iuwer gruezen mohte genædeclicher sîn.
ich weiz iuch, küneginne, sô zornec gemuot,
daz ir mich und Hagenen vil swache grüezen getuot.»

2364 Dô sprach der helt von Berne: «vil edeles küneges wîp, 2361
ez enwart nie gisel mêre sô guoter ritter lîp,
als ich in, vrouwe hêre, an in gegeben hân:
nu sult ir die ellenden mîn vil wol geniezen lân.»

2365 Siu jach siu tœt' iz gerne. dô gie her Dietrich 2362
mit weinenden ougen von den helden lobelich.
sit rach sich grimmeclichen daz Etzelen wîp:
den ûz erwelten degenen nam siu beiden den lîp.

2366 Siu lie sie ligen sunder durch ir ungemach, 2363
daz ir sit dewedere den andern nie gesach,
unz siu ir bruoder houbet hin für Hagenen truoc.
der Kriemhilde râche wart an in beiden genuoc.

2367 Dô gie diu küneginne dâ siu Hagenen sach. 2364
wie rehte fientliche siu zuo dem recken sprach!
«welt ir mir geben widere daz ir mir habt genomen,
sô muget ir noch wol lebende heim zen Burgonden komen.»

2368 Dô sprach der grimme Hagene: «diu rede ist gar verlorn, 2365
vil edeliu küneginne. jâ hân ich des gesworn,

2362, 3 *mit sînem leide*, dadurch daß ihm Leid geschah, war von ihren Sorgen vieles geendet, hatten viele ihrer Sorgen ein Ende gefunden.
2363, 1 *nîgen*, danken. — 4 *mich und Hagenen* hängt von dem selbst. gebrauchten Infinitiv *gruezen* ab, der jedoch die Rection des Verbums behält; *swache* adv., schlecht, wenig.
2364, 3 *an in*, in ihnen. — 4 ihr sollt sie von mir, von meiner Verwendung für sie, Nutzen haben lassen.
2366, 1 *sunder*, abgesondert. — 2 *dewedere*, keiner von beiden. — 3 *bruoder* gen. sing.
2367, 3 *genomen*: nämlich den Nibelungenhort. Es ist nicht sowohl Habgier als das Verlangen, das ihr zugefügte Unrecht der Beraubung gut gemacht zu sehen.
2368, 1 *verlorn*, umsonst. —

daz ich den hort iht zeige die wîle daz sie leben,
deheiner mîner herren, sô sol ich in niemen geben.»

2369 «Ich bringe'z an ein ende», sô sprah daz edele wîp. 2306
dô hiez siu ir bruoder nemen sâ den lîp. (2429)
man sluoc im abe daz houbet: bî hâre siu ez truoc
für den helt von Tronege. dô wart im léidé genuoc.

2370 Alsô der ungemuote sîns herren houbet sach, 2307
wider Kriemhilde dô der recke sprach: (2430)
«du hâst iz nâch dîm' willen z'einem ende brâht,
und ist ouch rehte ergangen als ich mir hété gedâht.

2371 Nu ist von Burgonden der edele künec tôt. 2308
Giselher der junge, und ouch her Gêrnôt. (2431)
den scaz den weiz nu niemen wan got unde mîn:
der sol dich, vâlandinne, immer wol verholen sîn.»

2372 Siu sprach: «sô habt ir übele geltes mich gewert. 2309
sô wil ich doch behalten daz Sîfrides swert. (2432)
daz truoc mîn holder vriedel, dô ich in jungest sach,
an dem mir herzeleide von iuwern scúldén geschach.»

2373 Siu zôh iz von der scheiden: daz kunde er niht erwern. 2310
dô dâhte siu den recken des lîbés behern. (2433)
siu huob ez mit ir handen, daz houpt si im abe sluoc.
daz sach der künec Etzel: dô was im léidé genuoc.

2374 «Wâfen», sprach der fürste, «wie ist nu tôt gelegen 2311
von eines wîbes henden der aller beste degen (2434)
der ie kom ze sturme oder ie schilt getruoc!
swie vîent ich im wære, ez ist mir léidé genuoc.»

2368, 3 *iht*, nicht. — *die wîle daz*, so lange. — 4 *sô*, so lange, *sol*, werde.
2369, 1 *bringe'z an ein ende*, bringe es zu Ende, mache ihm ein Ende; ebenso 2370, 3.
2370, 1 *ungemuote*, traurige. — 4 *rehte ergangen*, ganz so gekommen, ausgegangen.
2371, 3 *den scaz weiz*, den Ort wo der Schatz liegt, kennt. — *mîn* der Genetiv hängt von *wan* ab: außer mir.
2372, 1 *gelt*, Zahlung, Ersatz. — 2 *doch*, doch wenigstens. — 3 *jungest*, zum letzten Male.
2373, 1 *erwern*, abwehren, verhindern. — 2 *behern* mit acc. und gen., berauben (von *her*, Heer, abgeleitet).

2375 Dô sprach der alte Hildebrant „jâ genuzét si es niht, 2312
daz si in slahen torste. swaz halt mir geschiht, 2436
swie er mich selben brahte in angestliche nôt,
idoh sô wil ich rechen des kuenen Tronegæres tôt."

2376 Hildebrant mit zorne zuo Kriemhilde spranc, 2313
er sluoc der küneginne einen swæren swertes swanc. 2437
jâ tet ir diu sorge von Hildebrande wê.
waz mohte sie gehelfen daz siu sô grœzlichen schrê?

2377 Dô was gelegen aller dâ der veigen lîp. 2314
ze stücken was gehouwen dô daz edele wîp. 2438
Dietrich und Etzel weinen dô began:
sie klageten innecliche beidiu mâge unde man.

2378 Diu vil michel êre was dâ gelegen tôt. 2315
die liute heten alle jâmer unde nôt. 2439
mit leide was verendet des küniges hôhgezît,
als ie diu liebe leide z'aller jüngéste gît.

2379 I'ne kan iu niht bescheiden, waz sider dâ geschach: 2316
wan ritter unde vrouwen weinen man dâ sach, 2440
dar zuo die edelen knehte, ir lieben friunde tôt.
hie hât daz mære ein ende: daz ist der Nibelunge nôt.

2375, 3 *swie*: dieser Satz gehört in den Nachsatz als Zwischensatz: ich räche ihn, obwol er mich selbst in Noth brachte (im Kampfe).
2376, 2 *swanc* stm., Schwung, Hieb. *swære*, weh thuend. — 3 *sorge*, Furcht. *von Hildebrande*, von seiten Hildebrand's, die sie durch ihn hatte.
2377, 1 *aller* mit *lîp* zu verbinden: sämmtliche zum Tode bestimmte waren nun gefallen.
2378, 1 *êre*, Herrlichkeit. — 4 *diu liebe*, die Freude. *leide* stf., Trauer. — *z'aller jungeste*, zu allerletzt.
2379, 2 *wan*, nur soviel weiß ich. — 3 [illegible] acc. von *weinen* abhängig. — 4 *mære*, Erzählung.

WORTREGISTER.

NAMENVERZEICHNISS.

Eckewart, Markgraf der burgundischen Könige, begleitet Kriemhild nach Niederland und später zu Etzeln.

Elbe, Flußname (1244, 2).

Else, Herr der Mark am rechten Donauufer (in Baiern) 1545, 4, der Bruder des Markgrafen Gelptrat.

Ense, Flußname: die Ens 1301, 2.

Etzel (die obliquen Casus *Etzeln* und *Etzelen*), Sohn des Botelung, Bruder Blödel's, König der Heunen; der historische Attila, Gemahl der Helche; seine zweite Gemahlin ist Kriemhild.

Etzeln burc, Etzel's Residenz: Gran in Ungarn 1379, 1.

Everdingen, Efferding an der Donau 1302, 1.

Gelpfrât (gen. *Gelpfrâtes* und *Gelpfrâdes*), der Bruder Else's, Herr im Baierlande, wird von Hagen erschlagen.

Gêrbart, einer von Dietrich's Mannen 2281, 1. 2323, 2.

Gêre, Markgraf und Verwandter der burgundischen Könige.

Gêrnôt, der zweite Sohn Dancrat's und der Uote, Bruder Kriemhildens.

Gibeche, ein König an Etzel's Hofe, 1343, 4. 1352, 2. 1880, 1.

Gîselher (im Dat. und Acc. in der Casur *Gîselhêre*, *Gîselhêren* 1118, 1. 1737, 3. 2044, 4. 2049, 3), der jüngste Sohn Dancrat's und Uotens, daher er *daz kint*, *der junge* heißt, verlobt mit Rüdiger's Tochter.

Gotelint, *Gôtelint*, die Gemahlin des Markgrafen Rüdiger von Bechlaren.

Gran, die Residenz Etzel's 1497, 2.

Gunther (in älterer Form *Gunthere*, als nomin. 776, 4, als acc. 164, 4, in der Casur dat. und acc. auch *Gunthere*, *Guntheren* 926, 3. 1203, 2. 1695, 1. 2041, 4), der älteste der burgundischen Könige, Gemahl Brenhildens; er heißt *der voget von Rîne*, *der fürste vonme Rîne*. Gunther heißt auch der Sohn Siegfried's und Kriemhildens (716, 2).

Hadeburc, eine der beiden Wasserfrauen an der Donau, die Hagen die Zukunft verkünden 1535, 1.

Hagene, der ältere Sohn Aldrian's, Bruder Danewart's, Verwandter der burgundischen Könige, aus Tronege, daher er häufig *Hagene von Tronege*, *der helt von Tronege* genannt wird, in seiner Jugend als Geisel an Etzel's Hofe.

Hâwart, ein dänischer Fürst, lebt als Verbannter an Etzel's Hofe, ist Iring's Lehnsherr, daher dieser *Hâwartes man* genannt wird (2031, 1. 2052, 3. 2062, 2. 2069, 3); er wird von Hagen getödtet 2073, 1.

Heimburc, genannt *diu alte* 1376, 1, Stadt an der ungrischen Grenze.

Helche, Etzel's erste Gemahlin, die Tochter ihrer Schwester ist Herrat 1381, 2.

Helmnôt, einer von Dietrich's Mannen 2261, 1.

Helpfrîch, ebenfalls ein Dietrich's Mann, erschlägt Danewart 2291, 1.

Herrât, die Tochter Näntwin's, die Schwestertochter der Helche, Dietrich's Verlobte 1381, 1.

Hessen, Landesname, eigentlich Volksname 176, 1.

Hildebrant, gewöhnlich *der alte* oder *meister* genannt, Dietrich's Lehrer und Wolfhart's Oheim.

Hiltegunt, die Geliebte Walther's von Spanien, welcher mit ihr von Etzel's Hofe entflieht 1756, 4.

Hiune, Volksname: Heune (Hunne); König der Heunen ist Etzel (Attila), der daher *der künec von Hiunen lant* heißt (1168, 3. 1250, 3 und öfter); *ze Hiunen* bezeichnet das Land 1169, 4. 1170, 1 u. s. w.

Hornboge, einer von Etzel's Mannen 1344, 1. 1880, 2.

Hûnolt, Kämmerer der burgundischen Könige 11, 4. 173, 1. 209, 1. 241, 3. 235, 1. 563, 1. 716, 1.

India, Indien: Edelsteine von Indien erwähnt 402, 1.

Îrinc, Hawart's Lehnsmann, aus Dänemark, lebt mit seinem Herrn bei Etzel; er wird von Hagen im Zweikampfe erschlagen.

Irnfrit, Landgraf von Thüringen, ebenfalls bei Etzel lebend, wird von Volker getödtet.

Riuze, Reuße, Russe: an Etzel's Hofe 1339, 1.

Roten, die Rhone (Rhodanus): 1244, 2.

Rüedeger, *Rüedgêr*, Markgraf von Bechlaren, Gemahl der Gotelind; seine Tochter, die in der Klage Dietlind genannt wird, verlobt er dem Giselher.

Rûmolt, Küchenmeister der burgundischen Könige.

Sahse, Volksname: Sachse; Herr der Sachsen ist Liudeger; dient auch zur Bezeichnung des Landes, *von Sahsen* 170, 1.

Santen, Xanten, am Niederrhein, Wohnsitz Siegmund's 20, 4. 708, 4.

Schilbune, Sohn des Nibelung; sein Bruder heißt ebenfalls Nibelung 87, 3. 721, 3.

Schrûtân, an Etzel's Hofe, turniert mit den Burgunden 1880, 1.

Sigelint, Gemahlin des Königs Siegmund von Niederland, die Mutter Siegfried's.

Sigelint ist auch der Name des einen der beiden Meerweiber, die Hagen weissagen 1539, 1.

Sigemunt, König von Niederland, Gemahl der Sieglind, Vater Siegfried's.

Sigestap, Dietrich's Schwestersohn, wird als *herzoge ûzer Berne* bezeichnet (2258, 1), von Volker getödtet (2284, 4).

Sindolt, Schenke der burgundischen Könige.

Sîvrit, *Sîfrit*, Siegfried, der Sohn König Siegmund's und der Sieglind, Gemahl Kriemhildens. Siegfried heißt auch der Sohn Gunther's und der Brünhild 719, 4.

Spâne, *Spanje*, Spanien: die Heimat Walther's 1756, 3. 1797, 1. 2344, 3.

Spehtshart, Spessart 967, 3.

Spîre, Speier: ein Bischof von Speier wird erwähnt 1508, 2.

Swâben, Landesname: Schwaben, eigentlich dat. pl. des Volksnamens 1493, 3.

Swanevelt, ein Gau in Franken, nördlich von der Donau, ursprünglich *Swalevelt* 1525, 1.

Swemmelîn, Spielmann des Königs Etzel, wird mit Werbel als Bote nach Worms gesendet.

Tene, Volksname: Däne 2076, 1.

Tenelant, Dänemark; Iring heißt *der helt von Tenelant* 2064, 2.

Tenelender, so heißt Iring 2045, 4.

Tenemarke, bezeichnet das Land Liudegast's, der König von Dänemark ist, wie das Hawart's und die Heimat Iring's, während *Tenelant* von Liudegast nicht gebraucht wird.

tiutsch, deutsch: die *tiutschen geste* 1354, 4 sind wahrscheinlich die Thüringer.

Treisem, Flußname: die Traisen, ein Nebenfluß der Donau in Österreich 1331, 1.

Treisenmûre, Traismauer, an der Mündung der Traisen, die Burg der Helche 1331, 3. 1336, 1.

Tronegære, der, heißt Hagen 1560, 4. 1573, 4; *die Tronegære* seine Mannen 234, 1. 699, 2.

Tronege, Hagen's Geburtsort, wonach er *Hagene von Tronege, der helt von Tronege* heißt.

Trûne, die Traun, ein Nebenfluß der Donau 1304, 1.

Tulne, Tuln, Stadt an der Donau 1341, 2. 1361, 2.

Tuonouwe, die Donau 1288, 3 u. s. w.

Ungerlant, das Land der Ungarn 1373, 1. Bloedel heißt *ûzer Ungerlande*.

Ungern, Landesname: Ungarn, eigentlich dat. pl. des Volksnamens 1162, 1.

Uote, Gemahlin Dancrat's, Mutter der burgundischen Könige und Kriemhildens, die Schwester Pilgrim's von Passau.

Vergen, Pföring an der Donau, unterhalb Ingolstadts; hier setzt Kriemhild über 1291, 1.

Vlâche, Volksname: Wallache 1339, 2; Herzog der Wallachen ist Ramung 1343, 1.

Volker von Alzeie, genannt der Fiedler, der Spielmann, Vasall der burgundischen Könige.

Walther von Spâne, als Geisel an Etzel's Hofe, entflieht mit seiner Geliebten, Hildegund, von dort und kämpft auf dem Rückwege mit